Agent immobilier

Vente • Achat • Location

DANS LA MÊME COLLECTION

ASSOCIATIONS, *10e éd.*
F. Lemeunier
BAUX COMMERCIAUX, INDUSTRIELS ET ARTISANAUX, *12e éd.*
A. d'Andigné-Morand
BAUX D'HABITATION, *3e éd.*
H. des Lyons et Y. Rouquet
COMPTABILITÉ ET GESTION DES ASSOCIATIONS, *9e éd.*
M.-J. Desouches et S. De Penanster
CONSTRUCTION ET GESTION DE L'IMMEUBLE, *1re éd.*
P. Gareau
COPROPRIÉTÉ, *17e éd.*
M. Weismann
FORMULAIRE DE LA COPROPRIÉTÉ ET DES BAUX, *1re éd.*
G. Azéma
FISCALITÉ DU PATRIMOINE IMMOBILIER, *15e éd.*
Y. Blaise
IMMOBILIER DE L'ENTREPRISE, *2e éd.*
G. Amoyel, G. Gillet, P. More, J.-M. Moyse, R. Pouget et O. Straub
MARCHAND DE BIENS, *5e éd.*
B. Valeyre, T. Delesall
RELATIONS ENTRE VOISINS (Les), *8e éd.*
B. Le Court
SOCIÉTÉS CIVILES IMMOBILIÈRES, *8e éd.*
M. Bühl et D. Alvera
TRAVAUX ET COMPTABILITÉ DE LA COPROPRIÉTÉ, *2e éd.*
D. Cordier

SERVICE RELATIONS CLIENTS
Tél. 08 20 80 00 17
Fax 01 40 64 89 90

www.editions-delmas.com

Cet ouvrage est paginé de 1 à 390

ISBN 2 247 05411 0
ISSN 0750 3431
Dépôt légal : décembre 2003

Une collection d'ouvrages pratiques de droit et de gestion sur la vie privée, professionnelle et publique, l'Encyclopédie Delmas est une collection des Éditions Dalloz.

Créée en 1955 par Francis Lemeunier aux Éditions Jacques Delmas et Cie, la Collection « Encyclopédie Delmas pour la vie des affaires - Ce qu'il vous faut savoir » ® a une présentation inédite déposée à titre de modèle et de marque de fabrique en France et à l'étranger.

Delmas est une collection des éditions Dalloz
31-35, rue Froidevaux
75014 Paris
75685 PARIS CEDEX 14
Tél. 01 40 64 54 54
Fax 01 40 64 54 71

encyclopédie
DELMAS

Agent immobilier

Vente • Achat • Location

ONZIÈME ÉDITION
2003

Guy AMOYEL

Jean-Marie MOYSE

DELMAS

encyclopédie
DELMAS

Agent immobilier

Vente • Achat • Location

G. AMOYEL, J.-M. MOYSE

ONZIÈME ÉDITION
PARIS 2003
À JOUR AU
1 OCTOBRE 2003

Cette onzième édition comporte l'exposé de la totalité des problèmes posés par l'exercice de l'activité d'agent immobilier, depuis l'installation et l'organisation de l'agence jusqu'à la réglementation professionnelle et la rédaction des promesses de vente. Elle permet à tout agent immobilier de connaître exactement ses droits et de faire face aux problèmes qui peuvent se poser dans l'exercice de sa profession, et à tout client d'un agent immobilier de comprendre les règles applicables lors de la vente ou de la location d'un bien.

Sont ainsi passés en revue :
- les principes directeurs lors de l'installation de l'agence et son organisation de travail;
- les groupements d'agence et l'appartenance syndicale ainsi que les franchises;
- les **conditions d'obtention** et de délivrance de la carte professionnelle agent immobilier ou administrateur de biens;
- la réglementation spécifique applicable aux mandats qui leur sont délivrés;
- les pouvoirs qui leur sont conférés en vertu des mandats;
- les conditions de détermination de la rémunération et de la charge du paiement de la commission;
- les rapports juridiques et sociaux des agents immobiliers avec leurs collaborateurs.

Sont examinées, en outre, les règles applicables à l'établissement des avant-contrats constatant l'accord intervenu sous la médiation éventuelle de l'agent immobilier. Des modèles de promesse de vente type faciliteront l'application des règles exposées. Sont également traités :
- les différents droits de préemption à l'occasion de la vente d'un appartement;
- les conditions suspensives tenant à l'obtention d'un prêt;
- les conséquences de la loi SRU pour l'établissement des contrats de vente et les délais de réflexion et de rétractation de l'acquéreur d'un bien immobilier;
- plus généralement, tous les problèmes posés lors de la rédaction d'un acte de vente.

Les conséquences fiscales (TVA, droits d'enregistrement, plus values, ISF, régimes fiscaux) de l'achat et de la vente sont exposées à jour des dispositions de Robien et de la loi de finances pour 2004, comprenant la réforme des plus-values immobilières des particuliers. L'approche fiscale de l'investissement, les choix de structures sociales, les stratégies juridiques et fiscales et toutes les approches financières de l'investissement sont analysés.

La dernière jurisprudence ponctue les explications données dans les développements de cet ouvrage à jour au regard de la loi du 2 janvier 1970.
Guy Amoyel, spécialiste des questions de financement, a accepté de m'apporter son concours dans la rédaction de cette onzième édition comme il l'avait fait lors des quatre précédentes.

J.-M. M.

Les auteurs

Guy Amoyel, après avoir collaboré pendant 30 ans à des activités de financement, est actuellement consultant d'une société de services immobiliers orientés sur les grands acteurs du marché et maître de conférences associé à Paris I-Panthéon Sorbonne.

Jean-Marie Moyse, avocat à la Cour de Paris, est spécialiste en droit immobilier et en droit fiscal. Il est chargé de cours en 3e cycle, DESS immobilier d'entreprise à l'université de Paris I et professeur à l'École supérieure des professions immobilières.

Sommaire

PAGES

A. Acheter, vendre et financer un bien immobilier 9

Partie I. Le métier d'agent immobilier 21

B. Réglementation professionnelle et protection du consommateur 23

C. Obligations professionnelles 41

D. L'agent immobilier et ses collaborateurs 51

E. Les groupements de professionnels immobiliers 63

F. L'implantation et l'organisation de l'agence 69

Partie II. Les conventions liées à la mission de l'agent immobilier 79

G. Le mandat : caractères spécifiques, étendue et durée 81

H. Promesses de vente • Offres d'achat 111

I. Conditions suspensives et résolutoires • Droits de préemption 127

J. Rédaction des promesses 155

K. Rémunération de l'agent immobilier 179

L. Rémunération de l'administrateur de biens 195

Partie III. L'acquisition, la détention et la revente d'immeubles 205

M. Choix du cadre juridique de l'acquisition 207

N. Modes de financement et régime fiscal en financement classique 233

O. Mode de financement et régime fiscal en crédit-bail immobilier 263

Partie IV. Les responsabilités de l'agent immobilier et de l'administrateur de biens 285

P. Responsabilité civile 287

Q. Responsabilité pénale • Abus de confiance 293

Documents de travail 299

1. Modèles 301
2. Textes et jurisprudence 355
3. Lexique 383

Index thématique alphabétique 385

Principales abréviations citées

AJPI	Actualité juridique de la propriété immobilière
Ann. loyers	Annales des loyers
art.	article
art. L.	article, partie législative
art. D.	article, partie réglementaire
BIC	Bénéfices industriels et commerciaux
BNC	Bénéfices non commerciaux
BODACC	Bulletin officiel des annonces civiles et commerciales
Bull. civ.	Bulletin des arrêts de la Cour de cassation, chambres civiles
Bull. crim.	Bulletin des arrêts de la Cour de cassation, chambre criminelle
BVP	Bureau de vérification de la publicité
CA	Cour d'appel
C. civ.	Code civil
CCH	Code de la construction et de l'habitation
C. com.	Code de commerce
C. consom.	Code de la consommation
C. rur.	Code rural
C. urb.	Code de l'urbanisme
C. baux	Code des baux et de la copropriété
CGI	Code général des impôts
CRDS	Contribution au remboursement de la dette sociale
CSG	Contribution sociale généralisée
Cass. civ.	Cour de cassation, chambre civile
Cass. com.	Cour de cassation, chambre commerciale
Cass. req.	Cour de cassation, chambre des requêtes
Cass. crim.	Cour de cassation, chambre criminelle
Cass. soc.	Cour de cassation, chambre sociale
D.	Recueil Dalloz
Defrénois	Répertoire du notariat Defrénois
DGI	Direction générale des impôts
DIA	Déclaration d'intention d'aliéner
DPU	Droit de préemption urbain
EURL	Entreprise unipersonnelle à responsabilité limitée
FNAIM	Fédération nationale des agents immobiliers et mandataires en vente de fonds de commerce
Gaz. Pal.	Gazette du Palais
GIE	Groupement d'intérêt économique
ICH	Institut d'études économiques et juridiques appliquées à la construction et à l'habitation
Insee	Institut national de la statistique et des études économiques
IRPP	Impôt sur le revenu des personnes physiques
IS	Impôt sur les sociétés
ISF	Impôts de solidarité sur la fortune
JCP éd. N.	Juris-Classeur périodique, édition notariale
JO	Journal officiel
JOAN	Journal officiel, débats de l'Assemblée nationale
Orpi	Organisation régionale des professions immobilières
Quot. jur.	Le Quotidien juridique
Rép. min.	Réponse ministérielle
Rev. sociétés	Revue des sociétés
s.	et suivants
SA	Société anonyme
Safer	Sociétés d'aménagement foncier et d'établissement rural
SARL	Société anonyme à responsabilité limitée
SCI	Société civile immobilière
SNC	Société en nom collectif
somm.	sommaire
TASS	Tribunal des affaires de Sécurité sociale
TGI	Tribunal de grande instance
TNS	Travailleurs non salariés
TVA	Taxe sur la valeur ajoutée
Urssaf	Union de recouvrement des cotisations de Sécurité sociale et d'allocations familiales
VRP	Voyageurs, représentants, placiers
ZAC	Zone d'aménagement concerté
ZAD	Zone d'aménagement différé
ZIF	Zone d'intervention foncière

A Acheter, vendre et financer un bien immobilier

Nos 101 à 120

PAGES

I. Facteurs à prendre en compte 9
A. Les facteurs de décision 9
B. Les facteurs juridiques 10
C. Les facteurs fiscaux 11
D. Les facteurs financiers 11
II. La réglementation 12
A. Historique de la réglementation 12
B. Domaine d'application du mandat 13
C. Évolution de la réglementation 13
D. Domaine d'application de la loi du 2 janvier 1970 et personnes concernées par la réglementation 14
III. Les professionnels concernés 15
A. L'agent immobilier 15
B. L'administrateur de biens 15
C. Le marchand de biens 16
D. Le vendeur de listes 16
E. Le promoteur immobilier et la vente de son programme 17
F. La loi du 2 janvier 1970 est-elle applicable aux relations entre professionnels de l'immobilier ? 18
G. Le cas particulier des sociétés immobilières 19

I. Facteurs à prendre en compte

A. Les facteurs de décision

101 L'immobilier n'est pas un bien de consommation courante, du fait que les sommes en jeu sont souvent considérables et nécessitent l'intervention d'organismes financiers, que le marché est vaste et diversifié, et que la mise en œuvre des décisions se trouve nécessairement ralentie par les nombreuses démarches d'ordre privé ou administratif préalables à la vente.

La décision d'acquérir, de même que celle de vendre, ne peut donc être prise qu'à la suite d'une réflexion approfondie, quand bien même elle s'inscrirait dans un contexte d'urgence. La concrétisation d'une opération immobilière passe obligatoirement par un stade d'analyse tenant compte du bien immobilier lui-même mais aussi de l'environnement juridique, financier et fiscal tant de l'acquéreur que du vendeur.

Enfin, la recherche d'un acquéreur peut être réalisée directement par le vendeur, ou passer par l'entremise d'un professionnel spécialisé.

Au niveau de la prise de décision, les motivations des acteurs peuvent être multiples en fonction de l'affectation du bien.

• En matière de logement, les motivations peuvent provenir d'un besoin familial, qu'il s'agisse de problèmes successoraux, matrimoniaux, ou de la modification des composantes familiales.

Ce besoin peut également être lié à une modification des revenus, en hausse ou en baisse, ou à une modification des critères qualitatifs liés à l'environnement du bien (qualité du quartier, du voisinage, les transports, les écoles, les problèmes de santé, la pollution, sécurité...).

La décision peut reposer aussi sur une motivation purement patrimoniale ou d'investissement, le logement étant considéré alors comme un produit de placement.

• En matière d'immobilier professionnel ou commercial, les motivations peuvent être celles de l'entreprise utilisatrice, qui vend ou achète en fonction d'une analyse à moyen ou long terme de ses besoins ou de l'investisseur, qui achète ou vend sur une logique pure de rendement locatif ou de plus-value à long terme[1].

B. Les facteurs juridiques

102 L'immeuble vendu doit être défini en droit comme étant autonome ou soumis à des contraintes collectives, telles qu'un régime de copropriété.

Il est indispensable que la nature juridique de l'immeuble soit déterminée (logement, local professionnel, bureau, local commercial, etc.), car les possibilités d'utilisation peuvent être conditionnées par un règlement privé ou par des réglementations publiques. Le plus souvent, l'acquisition d'un logement est réalisée directement par une personne physique.

Cependant, dans un souci de gestion locative ou pour des raisons de prévisions familiales ou successorales, en vue de la transmission du patrimoine immobilier, l'acquéreur pourra songer à constituer une structure d'accueil pour recueillir la propriété du bien.

▷ Cette structure sera le plus souvent une société civile, laquelle est facile à constituer et ne fait l'objet d'aucune imposition distincte de celle de ses associés.

Le choix d'une autre forme de société, comme nous le verrons (voir chapitre L), se révèle très complexe et ne sera envisagé qu'en raison d'avantages spécifiques, n'ayant rien à voir avec le simple besoin de se loger.

À ces considérations s'ajoute la nécessité d'avoir recours à des professionnels de la rédaction d'actes, au premier rang desquels figurent les notaires.

Préalablement à la vente, des avant-contrats sont souvent établis pour avoir le temps de traiter les problèmes liés au financement, aux contraintes administratives et locatives (certificats d'urbanisme, droits de préemption des municipalités et des locataires, etc.) ainsi qu'à l'apurement éventuel des charges de copropriété.

De ce fait, l'acte définitif ne pourra pas être établi immédiatement et tant que les conditions préalables à la vente n'auront pas été clarifiées.

1. Voir dans la même collection, *Immobilier de l'entreprise*, par G. Amoyel, G. Gillet, P. More, J.-M. Moyse, R. Pouget et O. Straub.

C. Les facteurs fiscaux

1. Droits d'enregistrement

103 Pendant longtemps, les droits d'enregistrement perçus en France à l'occasion de la vente d'un bien immobilier étaient bien plus importants que ceux perçus chez nos partenaires de l'Union européenne, où ils varient généralement de 1 à 3 % du montant de la transaction.

Aujourd'hui, le législateur a unifié le montant de ces droits pour les fixer à un taux uniforme de 4,89 % du montant de la transaction sans distinction de la destination de l'immeuble, qu'il soit à usage d'habitation ou professionnel ou commercial.

La loi de finances pour 1999, en ce qui concerne les droits perçus à l'occasion de la vente d'un **terrain à bâtir au profit d'un particulier**, remplace la TVA par le droit d'enregistrement au taux uniforme de 4,89 %.

Aujourd'hui, sauf pour les terrains à bâtir cédés au profit d'une personne morale, entraînant l'application de la TVA au taux de 19,60 %, le régime de droit commun est constitué par la perception d'une taxe sur les mutations immobilières appelée « droit d'enregistrement » au taux unique de 4,89 %.

Enfin, il convient de préciser que pour un immeuble construit depuis moins de cinq ans, la vente pourra être soumise à la taxe sur la valeur ajoutée (TVA), qu'il soit à usage d'habitation ou commercial.

La TVA sera comprise dans le prix de vente, et sera ou non récupérable en fonction de la situation de l'acquéreur et de la destination qu'il entend donner au bien (immobilier professionnel et commercial).

2. Fiscalité de la revente

104 À la fiscalité indirecte s'ajoute la fiscalité directe liée à la revente de l'immeuble.

La vente d'un immeuble peut entraîner pour le vendeur une taxation de la plus-value qu'il réalise par rapport à son prix de revient d'origine. L'incidence de cette taxation des plus-values peut empêcher ou retarder la vente.

Par ailleurs, la décision d'acquérir un bien immobilier peut créer des contraintes à court ou long terme au regard de l'impôt de solidarité sur la fortune (ISF).

Le vendeur dont le bien a été déclaré à une valeur inférieure au titre de l'ISF craindra la mise en évidence d'un patrimoine sous-évalué, qui pourra entraîner des rappels d'imposition et une taxation supérieure dans l'avenir.

L'acquéreur de son côté, au fur et à mesure du remboursement de ses crédits, pourra mettre en évidence un patrimoine taxable s'il n'est pas affecté à une utilisation professionnelle.

La fiscalité applicable en cas de location du bien constitue également un paramètre déterminant lors de l'investissement à caractère locatif.

- ▷ Ces considérations se trouvent amplifiées par les taxes diverses et variées liées à l'acquisition, la détention et la revente d'un bien immobilier, des incidences à prendre en compte lors de la décision d'acquisition et de revente.

D. Les facteurs financiers

105 Ces facteurs intéressent principalement l'acquéreur, qui au moment de sa décision d'investir, devra apprécier sa trésorerie disponible, sa capacité d'emprunt au regard de ses revenus actuels et futurs et des charges qu'il assume par ailleurs, ou qui résulteront de son investissement (travaux éventuels, droits, impôts et taxes, charges de copropriété et d'utilisation normale).

▷ Une marge de sécurité tenant compte des aléas économiques devra toujours être prise en compte dans le budget de l'acquéreur, et lui sera le plus souvent recommandée s'il recourt au crédit. Cette marge de sécurité devra également s'apprécier au niveau de la durée choisie pour le financement.

L'acquéreur d'un logement dispose d'une gamme étendue de financements pour financer son projet. L'acquisition pourra être conditionnée par la revente d'un bien et nécessiter la mise en place d'un **crédit relais** pendant le temps nécessaire à cette revente.

En cas d'investissement locatif, le financement devra faire l'objet d'une approche en trésorerie, mais également fiscale, au regard des revenus escomptés et du régime d'imposition qui leur sera applicable.

▷ L'approche du marché du financement doit être examinée attentivement, et à défaut de pouvoir l'apprécier par soi-même, il est prudent de s'entourer de conseils avisés compte tenu de la durée et du poids des financements concernés.
Une assurance contre les risques maladie, invalidité, perte d'emploi et loyers impayés sera si ce n'est imposée, à tout le moins souhaitable.

L'immobilier commercial recèle des modalités de financement plus complètes, passant soit par le crédit classique, soit par le crédit-bail immobilier, et nécessite une approche très technique.

II. La réglementation

A. Historique de la réglementation

106 Les activités d'intermédiaire ou d'agent d'affaires sont apparues dès l'aube de la civilisation.

À Rome, sans aucune analogie sauf sémantique avec le plus vieux métier du monde, on les appelait *proxénètes*. Ce nom recouvrait les activités réalisées par toutes les personnes se livrant à des opérations d'entremise !

En Grèce, cette activité existait également et le salaire des intermédiaires était appelé « salaire d'interprète ».

En France, au Moyen Âge, leur profession était déjà réglementée. Sous l'appellation de « courtiers » ou « couratiers », ils étaient plus spécialement chargés des opérations de change dans le cadre du commerce entre les États.

Au XVIIe siècle, des bureaux d'adresses permettaient la réalisation d'opérations commerciales de quelque nature que ce soit.

Le vocable de « gens d'affaires », devenu par la suite « agent d'affaires », apparaît au XVIIIe siècle pour désigner ceux qui participent en tant qu'entremetteurs à des activités rapprochant vendeurs et acquéreurs, propriétaires ou locataires, de marchandises et services.

107 Le Code de commerce de 1807 donna une existence légale aux agents d'affaire, dans son article 632 qui répute acte de commerce toute entreprise d'agence ou bureau d'affaires.

En 1913, la Chambre syndicale des mandataires en vente de fonds de commerce a pris l'initiative du mouvement syndical dans le monde des intermédiaires immobiliers[1].

En 1921 fut créée la Chambre syndicale des agents immobiliers de France. Elle a créé des règles d'éthique professionnelle qui ont servi de fondation à la réglementation postérieure[2].

La profession s'est véritablement organisée, après la première Guerre mondiale, époque de la création des premiers syndicats professionnels, tels que la FNAIM et la CNAB, lesquels ont réunis par spécialité et affinités, les professionnels de la transaction et de l'administration de biens.

La réglementation actuelle a poussé sur les racines des règles déontologiques que s'étaient imposées librement les adhérents de ces syndicats ce qui explique que la profession a été étroitement liée à l'élaboration des lois actuelles et de leurs décrets d'application.

B. Domaine d'application du mandat

108 Le domaine d'application du mandat recouvre actuellement celui de la loi elle-même. Ainsi à chaque fois que la loi se trouve applicable, il s'en trouve de même des règles régissant le mandat. Il est donc nécessaire de recenser les professions qui peuvent être concernées par l'application de cette réglementation, à l'occasion de l'exercice de leurs activités dans le domaine immobilier, ce qui permettra de fixer les limites de son domaine d'application.

Dans un premier temps, seront rappelées les activités réglementées telles qu'elles sont énumérées par la loi, puis seront examinées les professions qui sont susceptibles d'exercer des activités dont la définition est proche de celle définie par la réglementation, telles que celles de **marchand de biens** et de **promoteur immobilier**, ainsi que les activités de négociation qui peuvent être soumises à la loi quand elles sont exercées pour le compte d'une de ces personnes.

C. Évolution de la réglementation

109 La première réglementation est constituée par l'ordonnance du 16 décembre 1958[3] ayant pour objet les seules activités d'entremise réalisées par les agents immobiliers.

Cette ordonnance interdisait aux agents immobiliers de percevoir une rémunération à l'occasion d'une vente ou d'une location tant que l'opération n'avait pas été effectivement conclue. L'agent immobilier ne pouvait plus percevoir aucun fonds, que ce soit à titre d'avances sur commission ou de séquestre pour le compte des parties. Il s'agissait de protéger le public contre la pratique consistant pour certains agents immobiliers à réclamer une provision sur leur commission avant le dénouement des transactions.

Par la suite, la loi du 21 juin 1960[4], tout en reprenant cette interdiction générale de percevoir une rémunération tant que l'opération n'est pas définitivement conclue, a créé des exceptions pour les activités de séquestre.

Ces activités étaient désormais autorisées si l'agent immobilier présentait des garanties de restitution des fonds à l'égard du public. Cette loi s'est inspirée du système de garantie créé par la FNAIM et la CNAB, à travers les caisses de caution mutuelle qu'elles avaient instituées sur un plan régional puis national. Ces

1. Sous l'impulsion de M. Vignon, son premier président.
2. Sous l'impulsion de professionnels réputés comme Edmond Largier et Jean-Marie Esnault.
3. Ord. n° 58-1229, 16 déc. 1958, JO 17 déc. 1958 p. 11344.
4. L. n° 60-580 du 21 juin 1960 sur la réglementation des agences mobilières et immobilières, répertoire des agents; abrogée par la loi du 2 janv. 1970.

caisses garantissaient aux clients de l'agent immobilier, en cas de détournement, la restitution des fonds qui avaient été séquestrés entre ses mains.

Avec la loi du 21 juin 1960[1] et le décret du 25 mars 1965[2] apparaît la distinction entre l'activité d'agent immobilier et celle d'administrateur de biens, toutes deux réglementées. L'obligation de fournir une garantie de restitution des fonds à l'égard de la clientèle pour chacune des activités d'agence immobilière et d'administration de biens se trouve affirmée. Les mouvements de fonds doivent désormais faire l'objet d'un enregistrement sur un registre répertoire et donner lieu à la délivrance d'un reçu.

Enfin, tous les professionnels de l'immobilier, agents immobiliers ou administrateurs de biens, ne peuvent exercer leurs activités à l'égard de la clientèle sans être titulaires d'un mandat écrit[3].

La loi du 2 janvier 1970 et son décret du 20 juillet 1972 reprendront pour l'essentiel les dispositions de la loi du 21 juin 1960 en les complétant.

Aujourd'hui, un projet de réforme de la réglementation est à l'étude suite à un rapport déposé par Monsieur Bernard Vorms, ayant pour objet de faire le point de l'application de la réglementation actuelle et de proposer un certain nombre d'améliorations notamment en ce qui concerne le renouvellement des cartes professionnelles et les rémunérations perçues, sans exclure les possibilités offertes par les nouvelles technologies de l'internet[4].

VERS UNE SIMPLIFICATION DU DROIT

La loi n° 2003-591 du 2 juillet 2003 habilitant le Gouvernement à simplifier le droit autorise, dans son article 27, le gouvernement à prendre toutes mesures pour « simplifier la législation applicable à l'entremise et à la gestion des immeubles et fonds de commerce ».

Est ainsi visée la fameuse loi Hoguet du 2 janvier 1970. Outre les conditions relatives aux cartes professionnelles, l'activité quotidienne de l'agent immobilier sera modifiée.

Quelle qu'elle soit, la modification qui sera retenue par voie d'ordonnance le sera dans un délai de douze mois suivant la publication de la loi d'habilitation. C'est ainsi que les nouvelles dispositions relatives à l'activité d'entremise et de gestion des immeubles et de fonds de commerce devront être prises avant le 2 juillet 2004. Il est toutefois possible que ces dispositions soient assorties d'une entrée en vigueur différée, comme l'avait été la loi du 2 janvier 1970

Dès parution de ces mesures, vous trouverez sur notre site :
www.editions-delmas.com
un commentaire de celles-ci.

D. Domaine d'application de la loi du 2 janvier 1970 et personnes concernées par la réglementation

110 Cette loi concerne dans son domaine d'application l'exercice des activités portant sur l'entremise ou l'administration des biens d'autrui dans le secteur des immeubles et des fonds de commerce.

Les activités concernées sont énumérées par l'article 1er, à savoir :

« *1° L'achat, la vente, l'échange, la location ou sous-location, en nu ou en meublé, d'immeubles bâtis ou non bâtis;*

2° L'achat, la vente ou la location-gérance de fonds de commerce;

3° La cession d'un cheptel mort ou vif;

1. Décr. n° 65-226, 25 mars 1965, fixant les conditions d'application de la loi du 21 juin 1960.
2. Cass. com., 9 avr. 1970; voir des extraits au n° 3201 • Cass. 1re civ., 16 mai 1995; voir des extraits au n° 3201 • Cass. 1re civ., 20 janv. 1993, Gaz. Pal. 1993.2 panor. 145; Bull. civ. I, n° 25.
3. Décr. n° 72-678, 20 juill. 1972 d'application de la loi du 2 janv. 1970; voir n° 3203.
4. Voir le rapport sur le site de l'ANIL, www.anil.org

4° La souscription, l'achat, la vente d'actions ou de parts de sociétés immobilières donnant vocation à une attribution de locaux en jouissance ou en propriété;

5° L'achat, la vente de parts sociales non négociables, lorsque l'actif social comprend un immeuble ou un fonds de commerce;

6° La gestion immobilière;

7° À l'exclusion des publications par voie de presse, la vente de listes ou de fichiers relatifs à l'achat, la vente, la location ou sous-location en nu ou en meublé d'immeubles bâtis ou non bâtis.

8° La conclusion de tout contrat de jouissance d'immeubles à temps partagé régi par les articles L. 121-60 et suivants du Code de la consommation. »

Les paragraphes 1, 2, 3, 4 et 5 relèvent du domaine de l'agent immobilier, le paragraphe 6 de celui de l'administrateur de biens et du syndic de copropriété, alors que le paragraphe 7 ajouté par la loi du 21 juillet 1994[1] concerne exclusivement les marchands de listes.

III. Les professionnels concernés

A. L'agent immobilier

111 L'agent immobilier est défini comme celui qui se livre ou prête son concours à des opérations portant sur les biens d'autrui, concernant la vente ou la location d'immeubles ou de fonds de commerce.

La réglementation concerne tant la vente, l'achat, l'échange ou la location du bien lui-même que les transferts de droits sur des parts sociales d'une société qui en serait propriétaire.

◊ La jurisprudence étend l'application de la loi à la cession d'un simple droit au bail, lequel, bien que non visé par la loi, constitue l'un des éléments du fonds de commerce[2].

Le domaine d'application est donc très général et a vocation à couvrir toutes les opérations portant sur des actifs immobiliers ou des fonds de commerce.

En dehors du domaine d'application de la loi du 2 janvier 1970, l'agent immobilier se livre traditionnellement à des activités périphériques et complémentaires, telles que l'agence d'assurances, l'entremise en matière d'opérations de banque, la vente de produits d'épargne, le conseil patrimonial, la rédaction d'actes, la maîtrise d'ouvrage, la promotion immobilière, les activités de marchand de biens, etc.

▷ Chacune de ces activités fait l'objet d'une réglementation particulière, que l'agent immobilier devra respecter en tenant compte des incompatibilités qui pourraient en résulter.

B. L'administrateur de biens

112 L'administrateur de biens est un gestionnaire qui ne se livre à des opérations d'entremise qu'à titre exceptionnel et seulement pour des clients ayant une certaine ancienneté dans son cabinet. Ses activités portent sur :

– la gestion des locations depuis la recherche d'un locataire, la conclusion des baux jusqu'à la reddition des comptes suite à la perception des loyers et au paiement des charges;

1. L. n° 94-624, 21 juill. 1994 sur l'habitat, C. baux.
2. Cass. crim., 25 mars 1991, Gaz. Pal. 1991. 2 somm. p. 475; voir jurisprudence n° 3201.

– la représentation d'une personne morale telle qu'un syndicat de copropriété, pour la gestion des fonds et intérêts communs, ainsi que les contrats qui peuvent être souscrits avec les tiers.

La première définition correspond à la gestion de biens classique pour le compte de particuliers ou de personnes morales.

La seconde concerne spécifiquement l'activité de syndic de copropriété réglementée par la loi du 10 juillet 1965[1].

Pour ces deux types d'activité, l'administrateur de biens agit en qualité de mandataire et doit, conformément à la loi, détenir un mandat écrit dont nous verrons plus loin les caractéristiques (voir nos 650 et s.).

C. Le marchand de biens[2]

113 Les marchands de biens ne sont pas concernés par la réglementation de la loi du 2 janvier 1970, puisqu'ils achètent eux-mêmes des biens immeubles, ou des fonds de commerce, en vue de les revendre. Contrairement à l'agent immobilier, ils n'agissent donc pas en qualité de mandataire mais seulement en qualité de propriétaires des biens qu'ils achètent en vue de leur revente.

Le bien objet de la transaction est un élément du stock du marchand de biens, lequel pourrait s'adresser à un agent immobilier pour le louer, le vendre ou l'acheter. Une difficulté apparaît lorsque le marchand de biens n'est pas encore propriétaire du bien faisant l'objet d'une transaction.

☐ Il s'agit de l'hypothèse dans laquelle le marchand de biens est bénéficiaire d'une promesse de vente avec faculté de substitution qu'il cède à un tiers, lequel réalisera seul l'acquisition définitive.

En agissant ainsi, le marchand réalise une opération portant sur les biens d'autrui, puisqu'il n'est pas encore propriétaire, et peut dès lors se trouver en infraction avec la loi du 2 janvier 1970 s'il n'est pas titulaire d'une carte professionnelle et d'un mandat.

La Cour de cassation, dans deux arrêts, a considéré que cette activité de cession de promesse de vente pouvait entrer dans le domaine d'application de la loi réglementant les activités d'entremise[3]. En effet, une telle manière d'agir constitue une activité d'entremise.

À ce propos, une loi du 29 janvier 1993[4], dite loi Sapin, répute nulle toute cession à titre onéreux des droits conférés par une promesse de vente portant sur un immeuble lorsque cette cession est consentie par un professionnel de l'immobilier.

Cette réglementation semble désormais clore définitivement le débat. Il sera désormais exceptionnel qu'un marchand de biens cède une promesse de vente en raison de la nullité encourue si cette cession est consentie à titre onéreux.

D. Le vendeur de listes

114 Cette activité s'est développée dans les années soixante-dix en raison d'une lacune de la réglementation qui a été comblée par la loi du 21 juillet 1994.

Il s'agissait d'offrir aux particuliers, par voie d'annonces de presse ou d'accès à des serveurs, téléphoniques ou télématiques, un service « sans commission » permettant la vente, l'achat ou la location d'un bien immobilier.

1. L. n° 65-557, 10 juill. 1965 sur le statut de la copropriété.
2. Voir aussi dans la même collection Marchand de biens, par J.-L. Monnot et T. Delesalle.
3. Cass. com., 19 juin 1972; voir des extraits au n° 3203 • CA Paris, 1re civ. 10 oct. 1989, D. 1989 IR 317 • CA Paris, 9e ch. B, 4 juin 1992, D. 1993, 480, note Fortin.
4. L. n° 93-122 du 29 janv. 1993 sur la prévention de la corruption et la transparence économique; C. baux; C. com.

Dans la réalité, il était demandé au consommateur le versement d'une somme d'argent qualifiée d'abonnement, afin d'accéder à un fichier offrant la vente ou la location de biens immobiliers.

Des malhonnêtetés pouvaient porter soit :

- sur le caractère gratuit de la prestation, alors qu'une somme d'argent était toujours perçue avant même que le service ne soit donné;
- sur les droits et biens dont les annonces étaient diffusées sans aucun contrôle ni aucune garantie.

Les infractions commises à cette occasion sont sanctionnées sur le fondement de la publicité trompeuse[1], ou par les peines applicables en matière d'escroquerie[2].

Aujourd'hui, ces opérateurs sont soumis à la loi du 2 janvier 1970 et doivent obligatoirement établir une convention écrite avec leurs clients en autant d'exemplaires que de parties ayant un intérêt distinct.

Cette convention doit préciser :

- les caractéristiques du bien immobilier recherché par le client;
- la nature de la prestation à fournir au client;
- le montant de la rémunération;
- les conditions de remboursement de tout ou partie de la rémunération lorsque la prestation n'est pas fournie au client dans le délai prévu.

En l'absence d'une telle convention, le vendeur de listes ne peut percevoir aucune rémunération d'aucune des parties à peine de commettre une infraction réprimée par les articles 9 et suivants de la loi du 2 janvier 1970.

Ce résultat a été obtenu grâce à la pression des organisations syndicales de professionnels de l'immobilier, dont les constitutions de partie civile sont parfaitement recevables en raison du trouble collectif causé à la profession par ce type d'infraction[3].

Bien entendu, cette réglementation n'est pas applicable à l'hypothèse du particulier qui passe des annonces dans la presse pour acheter, vendre ou louer un bien immobilier. L'article 7 de la loi exclut expressément l'activité de presse.

E. Le promoteur immobilier et la vente de son programme

115 Pour la vente de son programme, le promoteur immobilier peut soit s'adresser à un agent immobilier soit à des collaborateurs directs qui seront chargés de la commercialisation ou même d'une mission plus étendue tenant à la conception de l'opération, l'assistance à la réalisation et à la commercialisation du programme. La jurisprudence a été amenée à délimiter à cette occasion le domaine d'application de la loi du 2 janvier 1970.

Tout d'abord, la loi n'est à l'évidence pas applicable à un salarié de la société de construction qui se chargerait de la vente du programme, le contrat le liant au promoteur étant un contrat de travail salarié et non un mandat. Ne rentre pas non plus dans le domaine d'application de la loi une société de construction ayant reçu du promoteur une mission portant non seulement sur la vente de l'immeuble mais encore sur sa conception et sa réalisation avec fourniture d'une assistance[4].

Par contre, un agent commercial ayant reçu mandat de commercialisation du promoteur rentre dans le domaine d'application de la loi[5].

1. C. consom., art. L. 121-1.
2. CA Montpellier, 3e ch. corr., 22 avr. 1980.
3. Cass. 1re civ., 1er déc. 1993, Bull. civ. I, no 349 • CA Paris, 25e ch. B, 13 déc. 1991, D. 1992, IR p. 41.
4. Cass. 1re civ., 1er déc. 1993, Gaz. Pal. 1994.1 panor. 66; Bull. civ. I, no 349 • CA Paris, 25e ch. B, 13 déc. 1991, D. 1992 IR 41.
5. Cass. crim., 17 nov. 1993, Gaz. Pal. 1994.1 somm. 24; Bull. crim. no 342.

F. La loi du 2 janvier 1970 est-elle applicable aux relations entre professionnels de l'immobilier ?

116 À l'occasion de la jurisprudence qui s'est dégagée, en ce qui concerne les rapports existant entre les intermédiaires entre eux, la Cour de cassation a affirmé que la loi du 2 janvier 1970 n'était pas applicable entre les commerçants professionnels de l'immobilier (voir n° 757).

Deux interprétations étaient possibles :

- une interprétation restrictive limitant l'exclusion de la loi aux rapports pouvant exister entre deux ou plusieurs agents immobiliers œuvrant dans l'intérêt d'un client;
- une interprétation extensive excluant l'application de la loi à chaque fois que des rapports contractuels se nouaient entre des personnes physiques ou morales exerçant leurs activités sous forme commerciale dans le domaine de l'immobilier.

La loi du 2 janvier 1970, à notre sens, est une loi d'ordre public de protection des particuliers, elle n'a pas une vocation générale et ne doit donc recevoir application que dans la mesure où l'un des cocontractants mérite d'être protégé.

Cette loi ne devrait donc pas s'appliquer en présence de commerçants professionnels de l'immobilier lorsqu'ils contractent à l'occasion d'une opération immobilière.

Il en va ainsi des rapports pouvant exister entre les agents immobiliers, les marchands de biens, les promoteurs immobiliers et toute personne exerçant généralement ces activités dans un but spéculatif dans le domaine de l'immobilier.

◊ Un arrêt de la Cour d'appel de Versailles avait fait application de ce principe dans les rapports existant entre un agent immobilier et son client promoteur immobilier. La cour d'appel a considéré que la loi n'a pas vocation à s'appliquer dans ses articles concernant les règles de forme et de fond du mandat et qu'une simple reconnaissance d'honoraires donnée par un promoteur à un agent immobilier, constitue un titre de créance valable et opposable au débiteur, quand bien même ce titre ne remplirait pas les conditions prévues par l'article 6 de la loi du 2 janvier 1970.

Toutefois, cette interprétation n'a pas été retenue par la Cour de cassation dans son arrêt du 17 décembre 1991[1], lequel a cassé l'arrêt rendu par la Cour d'appel de Versailles, au seul motif que la loi du 2 janvier 1970 n'opère aucune distinction suivant la qualité ou la profession du client.

117 En revanche, la loi n'est pas applicable dans les rapports entre les agents immobiliers entre eux et ne conditionne pas, un partage de rémunération par la détention d'un mandat[2]. Il en est de même, pour un tiers intervenant à la négociation ou un apporteur d'affaire, ainsi qu'il a été jugé dans les rapports entre l'agent mandataire du client et un agent commercial[3].

▷ En conclusion, la loi sera toujours applicable dans les rapports entre un négociateur immobilier et son client, peu importe alors la qualité juridique de ce négociateur, agent immobilier, administrateur de biens, agent commercial, la détention d'une carte professionnelle et d'un mandat étant toujours obligatoire et conditionnant son droit à rémunération.

Par contre, la loi n'est plus applicable dans les rapports entre le mandataire du client et des tiers négociateurs intervenant dans la transaction; ce qui exclut la

1. Cass. 1re civ., 17 déc. 1991, Gaz. Pal. 1992 1 panor. p. 67 • Dans le même sens, CA Paris, 25e ch. B, 10 juill. 1992, D. 1992 IR p. 223.
2. Cass. 1re civ., 3 janv. 1996, Gaz. Pal. 1996 2 panor. p. 226.
3. Cass. 1re civ., 13 mai 1997, Gaz. Pal. 14 et 15 janv. 1998 panor. p. 1.

détention par les tiers intervenants, d'une carte professionnelle ou d'un mandat pour pouvoir prétendre au paiement d'une rémunération d'intervention[1].

118 Une simple lettre d'engagement de payer la rémunération, remise par la mandataire du client à son confrère ou au tiers intervenant, serait donc suffisante pour justifier le paiement de la rémunération convenue au titre d'un partage de commission.

La délégation de mandat par le mandataire d'origine au profit du tiers intervenant, ne peut présenter d'intérêt que dans l'éventualité ou ce tiers serait amené à exécuter des diligences particulières et autonomes, sans être couvert par le mandataire d'origine.

Le simple fait d'apporter un client et de lui faire visiter le bien objet du mandat ne nécessite donc pas la détention d'un mandat distinct de celui du mandataire d'origine, la rémunération de l'apporteur ne rentrant pas dans le cadre de la loi et étant établie librement avec le mandataire originaire.

▷ Il convient cependant que l'apporteur d'affaire ou de client agisse avec la plus grande prudence en raison des sanctions pénales prévues par la loi, sachant que les juridictions pénales ne sont pas tenues par les décisions de nature civile en raison de la règle d'indépendance de ces juridictions.

G. Le cas particulier des sociétés immobilières

119 Les investisseurs institutionnels et les banques choisissent souvent une option tenant à la création de personnes morales destinées à recueillir la propriété d'un ou plusieurs biens immobiliers. L'objectif poursuivi est de :

- dissocier la gestion de cet élément d'actif des activités exercées par ailleurs (banque, assurance,...);
- permettre à des partenaires extérieurs de souscrire au capital social;
- loger l'actif immobilier dans une structure *ad hoc* permettant ultérieurement une cession de l'actif au moyen d'une cession de parts ou actions.

Le plus souvent l'un des associés de la structure assure les fonctions de gestionnaire pour le compte des associés investisseurs et la question se pose de savoir s'il se trouve soumis, dans le cadre des actes d'administration et de gestion, aux dispositions de la loi du 2 janvier 1970, ce qui impliquerait la détention d'une carte professionnelle « administration de biens ».

La question ne peut se poser que dans la mesure où le gestionnaire n'a pas la qualité de mandataire social de la structure propriétaire, cette qualité étant incompatible avec la notion de tiers ou de client au sens de la loi du 2 janvier 1970; ce qui exclut l'application de la loi.

Cependant, un associé qui n'a pas la qualité de mandataire social peut être amené à réaliser, dans l'intérêt social, des opérations d'administration ou de gestion, allant jusqu'à la revente de tout ou partie de l'immeuble.

Dans la mesure où cet associé n'a pas la qualité de tiers et qu'il agit tant dans son propre intérêt que dans celui de la société, il ne peut avoir la qualité de « client », qui est seule retenue par la jurisprudence pour entraîner l'application de la loi.

120 Nous pouvons évoquer également le cas d'une société foncière cotée en bourse, dont tous les immeubles sont la propriété de personnes morales, filiales à 100 % de la société foncière, et sont gérés par une société d'administration de bien, également filiale à 100 %.

1. Cass. 1re civ., 3 janv. 1996, Bull. civ. I, no 1 • Cass. 1re civ., 13 mai 1997, Bull. civ. IV, no 152.

La question de la détention d'une carte professionnelle « Gestion » par la société d'administration de bien du groupe s'est posée à l'occasion d'un changement de dirigeant.

La préfecture de Paris semble considérer dans cette situation que la société d'administration, ne réalisant que des opérations pour le compte du groupe et aucune pour le compte de tiers, ne rentrait pas dans le domaine d'application de la réglementation et n'avait donc pas besoin de carte professionnelle « Gestion ». ■

PARTIE

I

Le métier d'agent immobilier

B. Réglementation professionnelle et protection du consommateur 23
C. Obligations professionnelles 41
D. L'agent immobilier et ses collaborateurs 51
E. Les groupements de professionnels immobiliers 63
F. L'implantation et l'organisation de l'agence 69

B

Nos 201 à 232

Réglementation professionnelle et protection du consommateur

PAGES

I. Inscription au registre du commerce 24

II. Aptitude professionnelle 24

A. La possession de diplômes d'études supérieures 25
B. Diplômes complétés par une ancienneté 27
C. L'ancienneté jugée suffisante 28
D. Théorie ou pratique ? 29
E. Droit des ressortissants des États membres de l'UE 29

III. Assurance responsabilité civile professionnelle 30

IV. La garantie financière 31

A. Cautionnement et garantie 32
B. Le montant de la garantie 33
C. La mise en jeu de la garantie 34
D. Faillite du professionnel 34
E. Responsabilité du garant à l'égard des tiers en cas de dépassement du plafond de la garantie 35
F. Cessation de la garantie 36

V. Les incapacités d'exercer 37

VI. Délivrance de la carte professionnelle et renouvellement 38

A. Formalités d'obtention de la carte 38
B. Renouvellement de la carte 39

201 Les professions d'agent immobilier et de marchand de listes, ainsi que celle d'administrateur de biens, ont pour point commun le mandat unissant le professionnel à son client, mais se différencient au regard de la prestation fournie.

Alors que l'agent immobilier et le marchand de listes exercent des activités tendant à rapprocher vendeur/acquéreur, bailleur/locataire, l'administrateur de biens gère le patrimoine de ses mandants, et n'exerce qu'exceptionnellement une mission d'entremise.

L'INSEE répertorie les activités d'agent immobilier ou activités annexes dans différentes rubriques de la nomenclature NAF, telles que 703.A, Agence immobilière, 703.C, Administrateur d'immeubles résidentiels (Syndics), 703.D, Administrateur d'autres biens immobiliers.

☐ Il existe environ 28 000 entreprises, dont l'effectif moyen ne dépasse pas trois salariés.

Deux **cartes professionnelles** ont été créées par la réglementation, l'une au titre de la transaction immobilière (pour les agents immobiliers et marchands de listes), l'autre au titre de l'administration de biens.

L'article 1er du décret du 20 juillet 1972[1] distingue donc les deux activités en prévoyant la délivrance pour la première, d'une carte professionnelle portant la mention « transactions sur immeubles et fonds de commerce », et pour la seconde « gestion immobilière ».

La délivrance de ces cartes est nécessaire pour chacune des activités exercées.

▷ Une personne exerçant en même temps les deux activités devra donc être titulaire des deux cartes.

L'obtention de ces cartes est subordonnée à la justification de l'aptitude professionnelle, à la couverture de l'activité par un **contrat d'assurance** au titre de la responsabilité civile professionnelle, et à la justification d'une **garantie financière** suffisante assurant au client la restitution des fonds détenus pour son compte par le professionnel.

En outre, les activités d'agent immobilier, de marchand de listes et d'administrateur de biens sont par nature commerciales[2], et obligent celui qui les exerce à être inscrit en qualité de commerçant au **registre du commerce et des sociétés.**

I. Inscription au registre du commerce[3]

202 Cette obligation ne résulte pas de la loi du 2 janvier 1970, même si elle y fait directement allusion dans les incapacités en déclarant que le postulant à la carte ne doit pas avoir fait l'objet d'une des « *condamnations énumérées à l'article 1er de la loi du 30 août 1947, relative à l'assainissement des professions commerciales et industrielles* »[4].

Normalement, l'agent immobilier, l'administrateur de biens et le syndic sont des prestataires de services; ils ne vendent rien, à la différence du marchand de biens. Ils pourraient donc être considérés, à la rigueur, comme exerçant une profession libérale. D'ailleurs, lors de la discussion du projet de loi, la question s'est posée de la création d'un ordre national.

En réalité, l'obligation de l'inscription au registre du commerce et des sociétés (RCS) résulte des dispositions du Code de commerce. L'article L. 121-1 considère comme commerçants tous ceux qui « *exercent des actes de commerce* » et l'article L. 110-1 qui définit les actes de commerce évoque les « agences » et « bureaux d'affaires ».

L'immatriculation au registre du commerce est obligatoire pour toutes les sociétés (civiles ou commerciales) autres que les sociétés en participation, et pour tout commerçant personne physique[5]. Elle doit être demandée au greffe du tribunal de commerce ou du tribunal de grande instance statuant en matière commerciale, au lieu du principal établissement pour les personnes physiques et au siège de la société pour les personnes morales[6].

Le délai d'inscription est de quinze jours à dater du début de l'activité, sauf pour les sociétés pour lesquelles aucun délai n'est imposé[7].

▷ Celles-ci auront, cependant, intérêt à une immatriculation rapide, puisqu'elles n'acquerront la personnalité morale que du jour de leur inscription.

203 La demande est déposée au greffe en trois exemplaires, sur des formulaires fournis par l'Administration, contre récépissé. Elle contient les renseignements

1. Décr. nº 72-678 du 20 juill. 1972 d'application de la loi du 2 janv. 1970; voir nº 3203.
2. C. com., art. L. 110-1.
3. Décr. nº 84-406 du 30 mai 1984 relatif au registre du commerce et des sociétés • Ce texte a été en partie codifié dans le nouveau Code de commerce aux art. L. 123-1 à L. 123-9.
4. L. nº 70-9, 2 janv. 1970, art. 9 • Voir nº 3202.
5. Voir dans la même collection, *Guide des formalités des sociétés*, par R. Gras et C. Placé.
6. C. com., art. L. 123-1.
7. Décr. nº 84-406, 30 mai 1984, art. 7.

énumérés sur l'imprimé et est accompagnée, pour les sociétés, du dépôt des justificatifs de leur constitution (statuts et nomination des organes de gestion, déclaration souscrite par les fondateurs, rapports du commissaire aux apports et du commissaire aux comptes... selon le type de société créée).

Il est délivré un numéro de registre du commerce et des sociétés portant la mention de la localité du siège du registre suivie d'une lettre :

- A, personne physique;
- B, société commerciale;
- C, groupement d'intérêt économique;
- D, société civile;

et du numéro INSEE, mentions qui devront figurer sur les factures, prospectus, papiers commerciaux.

Le greffier se charge de la publication au Bulletin officiel des annonces civiles et commerciales (BODACC).

En cas de création de succursales, elles feront l'objet d'une inscription complémentaire :

- si leur création est dans le ressort géographique du tribunal de l'établissement principal : à ce même greffe;
- si leur création a lieu en dehors du ressort géographique, deux inscriptions sont nécessaires :
  - l'une au greffe du tribunal du siège de la succursale,
  - l'autre au registre principal.

En outre, l'article 8, A-6°, du décret du 30 mai 1984, prévoit pour les entreprises en nom personnel et pour les commerçants personnes physiques, qu'aux différentes énumérations jusqu'ici obligatoires seront ajoutés les nom, nom d'usage, prénoms, date et lieu de naissance, domicile et nationalité du conjoint qui déclare collaborer effectivement à l'activité commerciale de celui-ci sans être rémunéré et sans exercer aucune autre activité professionnelle.

II. Aptitude professionnelle

204 L'aptitude professionnelle résulte soit de la possession de certains diplômes d'études supérieures (A), soit des diplômes complétés par une ancienneté (B), soit par une seule ancienneté jugée suffisante (C).

A. La possession de diplômes d'études supérieures[1]

205 Sont regardées comme justifiant de l'aptitude professionnelle les personnes qui produisent :

- a) soit le diplôme délivré par l'État à l'issue du deuxième examen de la licence en droit ou en sciences économiques, ou un diplôme délivré par l'État sanctionnant des études juridiques, économiques ou commerciales, d'un niveau égal ou supérieur, ou un diplôme universitaire de technologie, ou le brevet de technicien supérieur, pour les mêmes disciplines;
- b) soit un diplôme sanctionnant des études supérieures juridiques, économiques ou commerciales, délivré par un établissement reconnu par l'État et figu-

1. Décr. n° 72-678, 20 juill. 1972, art. 11.

rant sur une liste fixée par arrêté conjoint du garde des Sceaux, ministre de la Justice et du ministre de l'Éducation nationale.

1. Diplômes reconnus par l'État[1]

206 Sont regardées comme justifiant de l'aptitude professionnelle les personnes qui sont titulaires de l'un des diplômes suivants :

- diplôme de l'Institut du droit des affaires de la Faculté de droit et des sciences économiques de Paris, délivré antérieurement au 1er janvier 1971;
- diplôme de l'Institut du droit des affaires de l'Université de Paris II après le 1er janvier 1971;
- diplôme de l'École des hautes études commerciales;
- diplôme de l'École de haut enseignement commercial pour jeunes filles; diplôme de l'Institut supérieur des affaires;
- diplôme de l'École supérieure de commerce de Paris;
- diplôme d'une école supérieure des sciences économiques.

2 Diplômes commerciaux

207 Sont également regardées comme justifiant de l'aptitude professionnelle les personnes qui produisent :

- un diplôme d'une école supérieure de commerce et d'administration des entreprises;
- un diplôme de l'Institut commercial de l'université de Nancy;
- un diplôme de l'Institut d'enseignement commercial supérieur de Strasbourg;
- un diplôme de l'Institut d'études commerciales de Grenoble, délivré à dater de 1966;
- un diplôme du Centre de perfectionnement des affaires;
- un diplôme de l'Institut des hautes études de droit rural et d'économie agricole;
- un diplôme d'ingénieur décerné par une école habilitée par la commission des titres d'ingénieur à délivrer un diplôme d'ingénieur dans les disciplines juridiques, économiques, commerciales, agricoles et immobilières.

3. Diplômes d'aptitude professionnelle provenant d'une formation équivalente

208 Les diplômes sont :

- le diplôme d'aptitude professionnelle aux fonctions de notaire délivré par une chambre départementale de notaire;
- le diplôme d'aptitude de premier clerc de notaire;
- le diplôme de l'Institut d'études économiques et juridiques appliquées à la construction et à l'habitation (ICH), option vente et gestion immobilière;
- ou l'attestation délivrée par leur ordre respectif aux anciens notaires, avoués, huissiers de justice, géomètres-experts habilités à se livrer à l'administration de biens par la compagnie, aux anciens agréés près les tribunaux de commerce, par le procureur de la République aux anciens syndics et administrateurs judiciaires.

1. Arr. 28 déc. 1972, art. 1er en application de l'article 11 b du décret du 20 juill. 1972, fixant la liste des diplômes pris en considération pour la justification de l'aptitude professionnelle en vue de la délivrance des cartes professionnelles instituées par la loi du 2 janv. 1972; JO du 2 janv. 1973.

4. Le cas des professions voisines : les huissiers de justice et les géomètres-experts

209 On pouvait s'interroger sur l'aptitude des huissiers de justice et des géomètres-experts aux fonctions de transactions.

La rédaction du texte laisserait supposer qu'ils n'ont que vocation à l'administration de biens, donc à la carte « gestion immobilière ». Tel n'est pas l'avis de Pierre Capoulade qui considère que leur vocation est polyvalente[1].

Un décret du 31 mai 1996[2] habilite désormais les **géomètres-experts**, sous le contrôle de leur ordre, à exercer non seulement les activités de gestion immobilière mais encore celles de transaction immobilière. La réglementation applicable à ces activités est calquée sur les dispositions de la loi du 2 janvier 1970 et son décret d'application. Ainsi, les géomètres-experts sont tenus de souscrire une assurance responsabilité civile professionnelle, une assurance restitution des fonds pour une activité de séquestre, à la détention d'un mandat, la tenue d'un registre des mandats, la délivrance de reçus pour toute somme qui leur sont versées.

En outre, les recettes provenant des activités de gestion et de transactions immobilières ne doivent pas dépasser 50 % du chiffre d'affaires total de manière à ce que ce type d'activité reste accessoire par rapport à l'activité principale.

B. Diplômes complétés par une ancienneté[3]

Justifient de l'aptitude professionnelle les personnes qui possèdent certains diplômes et une expérience professionnelle.

1. Les diplômes

210 Les personnes concernées doivent être titulaires :

- a) soit du baccalauréat ou du baccalauréat de technicien ou d'un diplôme délivré par l'État et sanctionnant des études d'un niveau égal ou supérieur, ou du brevet de technicien ou de la capacité en droit;
- b) soit de l'un des diplômes figurant sur une liste établie par un arrêté conjoint du garde des Sceaux, ministre de la Justice et du ministre de l'Éducation nationale et délivré par l'État ou un établissement reconnu par l'État.

211 L'arrêté du 28 décembre 1972[4] a énuméré les diplômes et examens suivants :

- examen spécial d'entrée dans les universités;
- brevet supérieur d'études commerciales;
- certificat d'études juridiques de l'urbanisme et de la construction délivré par l'Université de Toulouse I;
- diplôme d'études immobilières délivré par l'Université de Limoges;
- certificat d'élève diplômé d'une école de notariat reconnue par l'État;
- brevets professionnels :
  - des professions immobilières (option A),
  - d'employé d'assurances,
  - de comptable;

pour la carte prévue à l'article 1er, alinéa 2, du décret susvisé du 20 juillet 1972.

1. P. Capoulade, Les Professions immobilières, Éditions de l'Actualité juridique.
2. Décr. n° 96-478 du 31 mai 1996 portant règlement de la profession de géomètre-expert et Code des devoirs professionnels; JO 2 juin 1996, p. 8182.
3. Décr. n° 72-678, 20 juill. 1972, art. 12.
4. Arr. 28 déc. 1972, art. 12.

2. Les emplois occupés

212 Les personnes concernées doivent avoir occupé, pendant un an au moins, pour les titulaires des diplômes énumérés en 1-*a*), et deux ans au moins, pour les titulaires des diplômes énumérés en 1-*b*), un des emplois suivants :

- emploi dans les organismes d'habitations à loyer modéré;
- emploi dans un établissement relevant d'un titulaire de la carte sollicitée.

Certaines préfectures ont tendance à interpréter restrictivement cette exigence. Il s'ensuit qu'une personne titulaire du baccalauréat et désirant obtenir les deux cartes, devra avoir travaillé *un an* chez un titulaire de la carte professionnelle transaction et *un an* chez un titulaire de la carte gestion.

Une difficulté d'interprétation est apparue lorsque l'emploi était occupé chez une personne possédant les deux cartes « transactions immobilières » et « gestion immobilière ». La condition d'emploi devait-elle être appréciée dans les limites des fonctions effectivement exercées ?

□ Ainsi, un négociateur immobilier employé pour les seules activités de négociation immobilière par une personne titulaire des deux cartes professionnelles peut-il solliciter la délivrance d'une carte professionnelle de gestion immobilière ?

Le tribunal administratif de Strasbourg[1] considère que l'Administration n'a pas à vérifier l'expérience professionnelle effectivement acquise dans l'un des emplois exercé pour le compte du titulaire de la carte.

Le fait d'avoir occupé un emploi pendant la durée réglementaire chez un titulaire des deux cartes professionnelles permet l'obtention de ces deux cartes.

Tel n'est pas l'avis du ministère de la Justice lequel, modifiant les termes du décret d'application et de la loi, estime que l'emploi chez un titulaire des deux cartes professionnelles doit correspondre au minimum légal pour chaque carte[2].

□ Ainsi, l'emploi serait suivant les cas de 2, 4, 8 ou 20 ans pour pouvoir prétendre à la délivrance des deux cartes au bénéfice d'un ancien salarié.

▷ Nous estimons que cette exigence constitue une dénaturation de la loi en ajoutant des durées d'emploi qui n'y figurent pas.

C. L'ancienneté jugée suffisante[3]

213 Les personnes ne pouvant produire les diplômes ou attestations énumérés en A et B, sont cependant regardées comme justifiant de l'aptitude professionnelle si elles ont occupé :

1. Pendant au moins quatre ans

214 – a) Un emploi de cadre dans un organisme d'habitations à loyer modéré;

– b) un emploi de cadre affilié à la Caisse de retraite et de prévoyance des cadres dans un établissement relevant d'une personne titulaire de la carte professionnelle sollicitée : même observation pour l'ancienneté que ci-dessus;

– c) un poste de clerc de notaire (2e catégorie), tel que défini par la convention collective nationale du notariat;

– d) un poste de sous-principal clerc d'avoué ou agréé, tel que défini par la convention collective nationale réglant les rapports entre les avoués près du tribunal de grande instance et les avoués près la cour d'appel et leur personnel;

1. TA Strasbourg 2e ch. 1er juin 1989; voir jurisprudence no 3201.
2. Lettre du garde des Sceaux en date du 22 déc. 1994 et réponse ministérielle du 19 déc. 1994.
3. Décr. 20 juill. 1972, art. 13 et 14.

– e) un emploi public de la catégorie B dans une activité se rattachant aux transactions immobilières.

2. Pendant au moins dix ans : emploi énuméré au paragraphe 1-b) ci-dessus

215 Chaque fois qu'une condition d'ancienneté est requise, il est nécessaire que l'emploi ait été exercé d'une manière permanente en y consacrant tout le temps de la durée normale du travail exigé dans l'emploi[1].

Cependant, il n'est pas nécessaire que ladite occupation ait été continue et qu'elle ait porté sur un emploi de la même catégorie[2].

D. Théorie ou pratique ?

216 La profession d'agent immobilier exige actuellement de multiples connaissances.

□ La négociation, par exemple, si elle suppose des qualités commerciales indéniables, nécessite une formation juridique : rédaction des actes, devoir de conseil…

Cet aspect apparente le mandataire au conseil juridique, et l'on s'étonne, les lois régissant ces deux professions ayant été débattues presque en même temps que le législateur n'ait pas fait un rapprochement et n'ait pas subordonné l'aptitude professionnelle à une condition de stage, même en présence de diplômes d'études supérieures. Le titulaire d'un baccalauréat, possédant une année d'ancienneté, effectuée généralement en qualité de négociateur, peut-il raisonnablement conseiller utilement les parties dans des matières aussi spécifiques que le droit des personnes ou des biens ?

Nous ne le croyons pas. Et les erreurs commises dans ce domaine sont toujours graves de conséquences pour les parties. Certains organismes professionnels l'ont bien compris et orientent leurs cours de formation vers un enseignement pluridisciplinaire : cours juridiques, gestion commerciale, comptable, déontologie...

E. Droit des ressortissants des États membres de l'UE

217 Le traité de l'Union européenne prévoit le principe de la liberté d'installation pour tous les ressortissants des États membres de l'Union européenne. La liberté d'installation comprend également la liberté de travailler.

Deux directives européennes réglementent les conditions d'établissements et la libre fourniture de prestations de service pour les activités non salariées. Il s'agit de la directive du 12 janvier 1967[3] et celle du 21 décembre 1988[4]. Aux termes de la première, les États membres ne pouvaient restreindre les conditions d'installation des non-nationaux mais pouvaient harmoniser la réglementation nationale pour permettre un contrôle de l'établissement. À ce titre, l'État d'accueil est en droit de vérifier les diplômes acquis par le professionnel dans son État d'origine et leur correspondance avec les diplômes exigés des nationaux. À ce titre, le ressortissant d'un autre État peut être soumis à un examen de contrôle des compétences. Au titre de la deuxième directive, il a été établi des

1. Décr. 20 juill. 1972, art. 15.
2. Décr. 20 juill. 1972, art. 14.
3. Directive du Conseil n° 67-43 du 12 janv. 1967, JOCE L 010 du 19 janv. 1967 p. 140.
4. Directive du Conseil n° 88-665 du 21 déc. 1988, JOCE L 382 du 31 déc. 1988, p. 42.

règles qui permettent la reconnaissance des diplômes d'enseignement supérieur délivrés suite à un enseignement de nature professionnelle dont la durée ne peut être inférieure à trois ans.

Un décret du 9 février 1993 venu modifié le décret du 20 juillet 1972[1] a défini les conditions exigées des ressortissants d'États membres pour exercer des activités en France portant sur les prestations de service fournies pour les opérations portant sur les immeubles et les fonds de commerce. Un parallélisme étroit a été établi entre la réglementation française et celle applicable aux ressortissants des États membres.

Ainsi est reconnu suffisant pour l'installation :

- un diplôme délivré après trois ans d'études et ouvrant droit dans le pays d'origine à l'exercice de la profession;
- un diplôme délivré après deux ans d'études juridiques, économiques ou commerciales ou encore l'équivalent du baccalauréat avec une condition d'emploi pendant deux ans chez un professionnel pour les activités prévues par la loi du 2 janvier 1970 que ce soit en France ou dans le pays d'origine.

Une connaissance suffisante de la langue française est exigée. Le préfet du département où l'installation est sollicitée peut exiger, si les diplômes ne sont pas suffisamment qualifiants, soit le passage d'un examen soit l'accomplissement d'une période de stage de trois ans au plus dans le pays d'accueil.

Enfin, comme pour les nationaux, le ressortissant d'un État membre pourra obtenir une carte professionnelle s'il justifie d'un emploi dans le domaine d'activité de la carte dont la délivrance est demandée, pendant une durée de dix ans.

▷ Il résulte de ces textes que le **critère de compétence** sera facilement contrôlé pour les ressortissants des pays qui ont réglementé les conditions d'accès aux professions immobilières. Les difficultés de contrôle concerneront surtout les ressortissants des pays où ces professions ne sont pas réglementées.

III. Assurance responsabilité civile professionnelle

218 Les conditions minimales de cette police obligatoire sont déterminées par l'arrêté interministériel du 1er septembre 1972[2].

L'arrêté ne prévoit que les dommages incorporels causés par autrui par suite d'erreurs, d'omissions, de négligences commises par l'assuré lui-même, ses collaborateurs et ses préposés, par suite de pertes ou de destructions de pièces, documents qui lui ont été confiés.

La plupart des organismes professionnels ont prévu, pour leurs adhérents, une **police groupe** qui va au-delà de ces obligations minimales, en prévoyant également les dommages corporels causés à autrui à l'occasion de l'exercice de leur profession.

Ce contrat est souscrit pour une durée fixée en caractères apparents, qui peut être ferme avec faculté de résiliation ou indéterminée. Elle fait l'objet de la délivrance, par l'assureur, d'une attestation conforme à l'annexe 2 de cet arrêté, destinée à être annexée à la demande de carte professionnelle déposée auprès de la préfecture. Elle mentionne le nom de l'assureur, celui de l'assuré, le numéro de police et l'activité exercée.

1. Décr. n° 72-678, 20 juill. 1972, art. 16-1 et s.; voir n° 3203.
2. Arrêté ministériel du 1er sept. 1972 fixant les conditions minimales du contrat d'assurance et la forme du document justificatif prévus par le décret du 20 juill. 1972, JO du 13 sept. 1972; voir le texte au n° 3211.

L'assurance s'étend à toutes les succursales, bureaux et agences du titulaire de la carte.

219 En sont exclus les dommages causés aux conjoints, ascendants descendants de l'assuré, à ses associés dans l'exercice d'une activité professionnelle commune, à ses collaborateurs et préposés. Lorsque l'assuré est une personne morale, en sont exclus les présidents, administrateurs, directeurs généraux, gérants ainsi que leurs conjoints descendants et ascendants.

D'autres exclusions sont prévues par l'arrêté. Parmi les plus importantes, notons :

– les dommages provenant d'une faute intentionnelle ou dolosive de l'assuré;

– ceux causés par l'activité de promoteur ou d'administrateur de société de construction;

– le non-versement ou la non-restitution des fonds, effets ou valeurs reçus à quelque titre que ce soit par l'assuré, ses collaborateurs ou préposés.

Pour mettre en jeu son assurance, le professionnel doit, dans les cinq jours de sa connaissance, faire sa déclaration de sinistre contenant les nom et adresse de la victime, les circonstances et la nature du sinistre. Cependant, l'assureur n'est pas tenu d'indemniser au-delà de la somme prévue au contrat. L'arrêté du 1er septembre 1972[1] fixe le chiffre minimal de limite de garantie à 500 000 F par an pour un même assuré, chiffre relativement faible. Aussi n'est-il pas rare que les organismes professionnels, dans leur police, fixent un chiffre nettement plus élevé. De même, la limite de la franchise restant à la charge de l'assuré ne peut dépasser 10 % des indemnités dues.

En cas de résiliation de cette police, qu'elle soit le fait de l'assuré ou de l'assureur, celui-ci doit, préalablement au retrait de la garantie, aviser la préfecture qui a délivré la carte. Bien entendu, sauf justification par le titulaire de la souscription d'une autre assurance, la carte professionnelle est supprimée.

IV. La garantie financière

220 Aux termes de l'article 3, alinéa 2, de la loi du 2 janvier 1970, les activités de transaction immobilière et d'administration de biens ne peuvent être exercées qu'en justifiant :

– d'une garantie financière suffisante résultant d'un cautionnement spécialement affecté au remboursement des fonds, effets ou valeurs déposées;

– ou de l'engagement soit d'un organisme de garantie collective, soit d'un établissement bancaire, soit d'une compagnie d'assurances habilitée.

Aux termes de l'article 17 du décret du 20 juillet 1972, la garantie financière ainsi définie peut résulter soit :

– d'un cautionnement déposé par le titulaire d'une carte professionnelle à la Caisse des dépôts et consignations et spécialement affecté au remboursement des fonds déposés;

– d'une caution écrite fournie par une entreprise d'assurance agréée à cet effet;

– d'une caution écrite fournie par un établissement de crédit habilité à cet effet.

Si l'on ajoute parmi les établissements de crédit autorisés à donner caution les caisses de caution mutuelle[2], habilitées en tant qu'organismes de crédit à donner caution par l'article 19 du décret, il existe donc quatre moyens d'obtenir une garantie financière.

1. Arr. 1er sept. 1972, art. 2.
2. Loi 13 mars 1917 sur le crédit au petit et au moyen commerce, à la petite et à la moyenne industrie, aujourd'hui codifiée aux articles L. 515-5 et s. du Code monétaire et financier.

A. Cautionnement et garantie

1. Cautionnement auprès de la Caisse des dépôts et consignations

221 Le dépôt est effectué par la personne titulaire de la carte professionnelle dans un compte qui se subdivise en deux sous-comptes[1].

• Le premier sous-compte est destiné à garantir les sommes versées par les clients. Son montant ne peut être inférieur au montant des sommes dont le mandataire est redevable à tout moment vis-à-vis de sa clientèle. Il est alimenté en espèces, en chèques certifiés par une banque ou en titres dont la liste est donnée par un arrêté interministériel du 1er septembre 1972. Il s'agit de valeurs d'État ou garanties par l'État, d'obligations de la Caisse d'aide à l'équipement des collectivités locales, d'obligations émises par ces mêmes collectivités et inscrites à la cote officielle des bourses de valeurs, les bons du Trésor pour leur valeur nominale. Les titres non encore cotés sont reçus pour leur valeur nominale.

Lorsque les valeurs viennent à être remboursées pendant le cautionnement elles sont encaissées par la Caisse des dépôts et consignations et demeurent affectées à la garantie.

• Le deuxième sous-compte comprend :

- une garantie fixe d'un montant de 450 euros destinée à la publicité qui est faite lors de la cessation de la garantie et du règlement des honoraires de l'administrateur judiciaire qui en est chargé, ainsi que celui qui dresse l'état des créances cautionnées et produites;
- une partie variable de 91 euros par tranche de cent mandats détenus par le titulaire de la carte. Le nombre de mandats pris en considération au début de l'activité est de cent; il y a lieu à versement complémentaire, trois jours francs du début de chaque nouvelle tranche; en cas de renouvellement de carte, le nombre de mandats pris en compte est celui de l'année civile précédente.

Ces deux sous-comptes, gérés par la caisse elle-même, font l'objet d'une surveillance en ce qui concerne notamment la valeur des titres. Si celle-ci devient insuffisante, le déposant doit, toujours dans les trois jours francs, compléter son dépôt. Dans le cas contraire, l'excédent lui est remboursé à sa demande. Bien entendu, tout au long de l'exercice, le professionnel peut augmenter sa garantie en effectuant une consignation complémentaire.

2. Cautionnement bancaire

222 Il est prévu par l'article 22 du décret du 20 juillet 1972. Tout établissement bancaire ou établissement financier habilité à donner caution, ayant son siège ou une succursale en France (ou à Monaco s'il est enregistré par le Conseil national du crédit) peut consentir une caution. Celle-ci résulte d'une convention écrite précisant :

- le montant de la garantie déterminée dans les conditions de l'article 28 du décret;
- les conditions de rémunérations : on se doute bien que la banque monnaie son risque;
- les modalités de contrôle comptable : ce sera généralement le droit de vérifier la comptabilité et les livres spéciaux du garanti, ainsi que lui en donne le droit l'article 51;

1. Une présentation du cautionnement est faite sur le site Internet de la Caisse des dépôts et des consignations dans la partie Consignations • www.caissedesdepots.fr

Enfin, la banque peut limiter son risque en demandant des contre-garanties : une somme bloquée, un dépôt de titres, aval, hypothèque...

▷ Ce mode de caution est généralement utilisé par les agents immobiliers n'utilisant que la garantie minimale de l'article 35 du décret du 20 juillet 1972, à savoir 30 000 euros[1].

3. Caution mutuelle

223 Les sociétés de caution mutuelle, agréées par la chambre syndicale des banques populaires, ont pour objet exclusif de garantir les remboursements ou restitutions des versements ou remises visés à l'article 5 de la loi du 2 janvier 1970[2].

Elles sont placées sous le contrôle de la chambre syndicale des banques populaires qui peut se faire représenter à toutes les réunions, tant de l'assemblée générale que du conseil d'administration. Elle est convoquée à ces réunions dans les mêmes conditions que les membres et peut même les provoquer. Elle nomme d'ailleurs un délégué permanent auprès de chaque société de caution mutuelle.

Les conditions de fonctionnement de ces sociétés sont fixées par les statuts et le règlement intérieur approuvés par la chambre syndicale des banques populaires. Les administrateurs sont responsables civilement et pénalement.

4. Garantie donnée par une société d'assurance agréée

224 Les compagnies d'assurances agréées sont autorisées à délivrer caution au titre de la restitution des fonds[3].

B. Le montant de la garantie

225 Aux termes de l'article 28 du décret du 20 juillet 1972, le titulaire de la carte professionnelle ou la personne qui demande la délivrance de cette carte doit solliciter une garantie financière d'un montant au moins égal au montant maximal des fonds qu'il envisage de détenir.

Cette disposition pose de nombreuses difficultés d'application et principalement dans le domaine de la gestion immobilière.

En effet, l'article 30 fixe le montant minimum de cette garantie à 110 000 euros.

Par application de l'article 32 du même décret, ce minimum est ramené à 30 000 euros pour les deux premières années d'exercice étant précisé que cette réduction de garantie ne sera néanmoins pas applicable en présence d'une personne morale (société), si elle est dirigée par une personne physique ayant déjà été titulaire d'une carte professionnelle par le passé.

Aux termes de l'article 35 du décret, la garantie peut être réduite à 30 000 euros si le titulaire de la carte professionnelle prend l'engagement lors de la demande de délivrance de ne recevoir aucun fonds.

Le dépassement de garantie est sanctionné pénalement, ce qui est grave de conséquences. On exige du professionnel qu'il prévoit à l'avance le montant des fonds qui lui seront versés, c'est-à-dire le volume de ses affaires.

▷ Quand on songe aux formalités et au temps nécessaires pour souscrire une garantie complémentaire, on peut être surpris de la portée de cet article, d'autant que l'interprétation de la Cour de cassation de l'article 55, obligeant l'agent immobilier à faire transiter sa commission sur son compte affecté, aggrave le problème.

1. Décr. n° 2001-373, 27 avr. 2001, art. 3, XI • Le montant de la garantie de 200 000 F jusqu'au 31 déc. 2001.
2. Décr. 20 juill. 1972, art. 19.
3. Décr. n° 95-818 du 29 juin 1995 JO du 30 juin 1995, p. 9768, modifiant le décret du 20 juill. 1972.

Les tribunaux, cependant, ont tendance à tempérer les effets de ce texte : les décisions tiennent compte, non pas des relevés bancaires, mais des mouvements de la comptabilité du professionnel.

◊ Ainsi, un chèque émis en faveur d'un client ou d'un notaire sera-t-il pris en compte, même si, non débité, il figure sur l'état bancaire de l'émetteur[1].

Heureusement, en matière de transactions, les fonds ne demeurent pas longtemps au compte affecté. Mais en matière de gestion immobilière, le problème paraît plus grave, car tout syndic se trouve à la merci de travaux urgents entraînant un appel de fonds supplémentaire et immédiat auprès des copropriétaires.

▷ **Quelle attitude adopter lorsqu'une opportunité commerciale s'offre au mandataire dont la réalisation risque de lui faire franchir la limite de sa garantie ?** L'article 36 répond qu'il ne peut recevoir ou accepter de versements ou remises que dans la limite du montant de sa garantie. Il lui faudra choisir alors : renoncer à l'affaire ou constituer un tiers séquestre des fonds (le notaire, par exemple).

C. La mise en jeu de la garantie

226 La garantie s'applique à toute créance ayant pour origine une remise ou un versement de fonds à l'occasion d'une opération effectuée par le mandataire dont l'objet est conforme à l'article 1er de la loi du 2 janvier 1970 (1 à 5 pour le titulaire de la carte transactions).

Pour que cette garantie puisse jouer, il est nécessaire que la créance soit certaine, liquide et exigible, c'est-à-dire que le paiement puisse être exigé. Le mandataire doit, en outre, être défaillant. Cette défaillance résulte d'un refus de payer, tacite ou exprès, un mois après sommation par huissier que le mandataire soit solvable ou non.

La mise en jeu se trouve soumise à l'initiative du créancier qui peut réclamer auprès du garant par lettre recommandée avec avis de réception, soit directement par voie judiciaire. Dans ce dernier cas, le garant doit être prévenu de l'instance engagée.

Si la garantie résulte d'une consignation à la Caisse des dépôts et consignations, celle-ci informe le préfet qui a délivré la carte de toute demande en paiement.

Le paiement des sommes réclamées sera effectué par le garant à l'expiration d'un délai de trois mois à compter de la demande écrite du créancier, sauf mise en état de règlement judiciaire ou de liquidation de biens du débiteur. Dans ce cas, le délai sera différé jusqu'à l'arrêt de l'état des créances par le juge-commissaire.

Il y a lieu, en cas de pluralité des créanciers et d'un total de créances supérieur au montant de la garantie souscrite, à une répartition au marc le franc entre tous les créanciers.

En cas de paiement, le garant est substitué dans tous les droits du créancier.

D. Faillite du professionnel

227 La question s'est posée de savoir si en cas de redressement judiciaire de l'agent immobilier ou de l'administrateur de biens, le client victime de la non-représentation des fonds était tenu de déclarer sa créance entre les mains du

1. CA Paris, 9e ch., 23 févr. 1978, Gaz. Pal. 1978. 2 somm. p. 382; D. 1978 IR 465.

représentant des créanciers, à peine d'irrecevabilité de l'action introduite contre le garant.

En effet, en cas de redressement judiciaire[1], tous les créanciers du débiteur failli doivent déclarer leur créance dans un délai qui ne peut dépasser une année, limite des possibilités de relevé de forclusion, à compter du jugement ouvrant la procédure collective.

En cas d'absence de déclaration de créance, ou de déclaration hors délai, la créance est réputée éteinte, ce qui prive le créancier de tout recours tant dans le cadre de la procédure collective qu'à l'égard des éventuelles cautions qui peuvent se prévaloir de cette extinction.

En analysant l'obligation du garant comme un cautionnement au sens des articles 2011 et suivants du Code civil, la dette du garant peut se trouver éteinte par application de l'article 2036 de ce code.

Cet article prévoit, en effet, que la caution peut opposer au créancier toutes les exceptions qui appartiennent au débiteur principal et qui sont inhérentes à la dette.

◊ Il a ainsi été jugé d'une manière constante par la Cour de cassation que l'extinction de la dette du débiteur principal en raison du défaut de déclaration de créance régulière, permettait à la caution de se libérer de ses obligations.

La qualification juridique des droits que détient le créancier à l'égard du garant peut donc faire l'objet de deux approches aux conséquences diamétralement opposées suivant que l'on qualifie l'obligation du garant à travers une obligation légale autonome, ou à travers les règles du cautionnement.

• Dans le premier cas, la déclaration de créance serait inutile, le créancier bénéficiant d'une action directe indépendante de la déclaration de créance, à l'égard du garant.

• Dans le deuxième cas, l'absence de déclaration de créance entraînerait la disparition de la garantie par la voie de l'exception de l'article 2036 du Code civil.

Après des décisions contradictoires rendues par les Chambres civiles et la Chambre commerciale de la Cour de cassation, alternant les deux solutions, un arrêt rendu par l'Assemblée plénière le 4 juin 1999[2] a affirmé l'**autonomie de l'action directe exercée par le créancier à l'encontre du garant**.

De ce fait, la déclaration de créance n'a aucune influence sur l'action que peut exercer indépendamment de cette dernière le créancier à l'encontre du garant.

▷ Il nous paraît cependant prudent, afin d'éviter toute controverse et dans la mesure où les délais ne sont pas expirés, de déclarer la créance très simplement sous la forme d'une lettre recommandée avec accusé de réception, entre les mains du représentant des créanciers.

E. Responsabilité du garant à l'égard des tiers en cas de dépassement du plafond de la garantie

228 En cas de négligence du garant à l'occasion du contrôle de comptabilité de l'adhérent, la jurisprudence autorise les créanciers à mettre en jeu sa responsabilité en application des dispositions de l'article 1383 du Code civil.

◊ Ainsi la Cour de cassation, Chambre commerciale, dans un arrêt du 25 janvier 1984, a cassé un arrêt rendu par la Cour d'appel de Paris, laquelle avait disposé que le garant n'ayant pas l'obligation, mais la simple faculté de vérifier les

1. C. com., art. L. 621-43.
2. Cass. Ass. plén., 4 juin 1999, D. 2000, Somm. p. 140, obs. Capoulade; voir n° 3234-1.

comptes de la personne garantie, il ne pouvait être rendu responsable de l'insuffisance de garantie lors du paiement des créanciers[1].
Pour ce faire, la Cour de cassation a considéré que le garant avait l'obligation de procéder au contrôle des comptes, de telle manière que la garantie donnée soit toujours au moins égale au montant des sommes détenues par l'adhérent.

La Cour suprême a pris à l'occasion de cet arrêt une position de principe faisant du contrôle des comptes de l'adhérent, non une simple faculté, mais une obligation à la charge du garant.

Il apparaît donc que cette jurisprudence, allant au-delà de la simple faculté de contrôle prévue par les articles 80, 82, 83, 84, 86 et 91 du décret du 20 juillet 1972, crée une véritable **présomption simple de responsabilité du garant** qui ne pourra être écartée qu'en prouvant qu'il a fait toute diligence en vue de vérifier le caractère sincère de la comptabilité qu'il a l'obligation de contrôler.

En suivant cette interprétation à la lettre, il semble donc possible également, à travers l'article 86 du décret du 20 juillet 1972, de mettre en cause la responsabilité du préfet lequel, à l'occasion de la délivrance de la carte professionnelle, se voit conférer les mêmes pouvoirs que le garant quant à la communication et partant au contrôle de la comptabilité d'un adhérent.

Cette responsabilité pourrait donc être mise en jeu devant les juridictions administratives.

◊ L'application de cette présomption de responsabilité a été admise dans un arrêt rendu par la Cour d'appel de Paris, dans une espèce où le garant n'avait pas pu prouver ses diligences et même avait commis des négligences quant au contrôle de la comptabilité de l'adhérent[2].

En conclusion, il apparaît donc que la répartition au marc le franc effectuée lorsque le montant des créances produites dépasse le montant de la garantie conférée par le garant, peut être écartée pour aboutir à une indemnisation complète des créanciers sous forme de dommages et intérêts mis à sa charge par la jurisprudence à l'occasion de l'interprétation des dispositions du décret du 20 juillet 1972.

▷ La quasi-présomption de responsabilité créée à son encontre pourra cependant être combattue par le garant en apportant la preuve qu'il a effectué correctement les contrôles de la comptabilité de l'adhérent, lesquels ne lui permettaient pas de prévoir l'insuffisance de garantie apparue postérieurement.

F. Cessation de la garantie

229 Elle peut cesser de différentes façons :

- expiration du contrat de garantie qui liait le mandataire à son garant;
- dénonciation de ce même contrat par l'une ou l'autre des parties;
- cessation d'activité du titulaire de la carte, volontaire ou par suite de décès.

Toutefois, en cas de décès, la garantie peut exceptionnellement être prorogée pour une durée maximale d'un an, lorsque la direction de l'entreprise est assumée, de convention expresse entre les parties, par un autre titulaire de la carte professionnelle concernant les mêmes activités et garanti par le même garant.

En cas de cessation, le garant en informe le préfet et l'établissement bancaire où est ouvert le compte prévu par les articles 55, 59 du décret du 20 juillet 1972 et (71 pour le titulaire de la carte G).

1. Cass. com., 25 janv. 1984; voir jurisprudence n° 3201 • Cass. com., 27 nov. 1990, Gaz. Pal. 1991.1 panor. p. 81; Bull. civ. IV, n° 271.
2. CA Paris, 23e ch. B, 26 juin 1985, Gaz. Pal. 1er et 3 sept. 1985 p. 10.

Il est procédé alors, à la diligence du garant, à la **publication d'un avis** dans deux journaux, dont un quotidien, paraissant ou distribués dans le département du siège de l'entreprise garantie et, le cas échéant, les établissements, succursales, agences, bureaux qui en dépendent.

Cet avis a pour but, de prévenir les tiers de la cessation de la garantie. Celle-ci expirera trois jours francs après la parution de cet avis.

De plus, une **lettre recommandée avec avis de réception** est adressée aux personnes ayant fait des versements ou remises au mandataire et dont l'existence est révélée par leur inscription au registre-répertoire.

Les créanciers peuvent se manifester pendant trois mois suite à l'envoi de la lettre recommandée ou dans les trois mois de la publication.

Lorsque la garantie résulte d'une consignation, la publicité est accomplie par un administrateur lequel peut être désigné par le président du tribunal de grande instance sur requête d'un créancier. Les frais de cette publicité sont alors imputés sur les sommes figurant dans le deuxième sous-compte.

V. Les incapacités d'exercer

230 Ne peuvent obtenir la carte professionnelle, ni exercer l'activité professionnelle, soit directement, soit par personne interposée, les personnes qui encourent ou ont encouru une des incapacités ou condamnations énumérées par les articles 9, 10, 11 de la loi du 2 janvier 1970. Ces condamnations sont énumérées par la loi du 30 août 1947[1] sur l'assainissement des professions commerciales et industrielles.

Il en est de même des personnes qui ont encouru une peine d'emprisonnement avec ou sans sursis pour l'une des infractions suivantes :

- faux et usage de faux en écriture privée de commerce ou de banque;
- vol, recel, escroquerie, abus de confiance, banqueroute, extorsion de fonds, valeurs ou signatures;
- émission de mauvaise foi de chèques sans provision, usure...;
- soustraction commise par dépositaire public, concussion commise par fonctionnaire, corruption de fonctionnaires;
- atteinte au crédit de l'État, organisation du refus collectif de l'impôt;
- faux témoignage, faux serment, subornation de témoin;
- proxénétisme;
- infractions à la loi sur les sociétés commerciales;
- infractions à la loi sur l'exercice de la profession bancaire;
- délit prévu par l'article 4 de la loi du 21 juin 1960[2] interdisant certaines pratiques en matière de transactions sur les immeubles et les fonds de commerce ainsi que les délits relatifs aux ventes d'immeubles à construire et à l'obligation de garantie à raison des vices de construction;
- délits prévus par la loi du 7 août 1957[3] favorisant la construction de logements et les équipements collectifs;
- délits prévus par les Codes de l'urbanisme, de la construction et de l'habitation.

Enfin, ne même ne peuvent exercer :

- les faillis non réhabilités et les personnes frappées d'une interdiction de gérer, administrer, diriger ou contrôler une entreprise commerciale;

1. L. n° 47-1635 du 30 août 1947 sur l'assainissement des professions commerciales et industrielles; C. com.
2. L. n° 60-580 du 21 juin 1960 sur la réglementation des agences mobilières et immobilières, répertoire des agents • Cette loi a été abrogée par la loi Hoguet.
3. L. n° 57-908 du 7 août 1957, JO 10 août 1957 p. 7906.

– les officiers publics ou ministériels destitués, les agréés syndics et administrateurs judiciaires révoqués;

– les membres des professions constituées en ordre qui ont encouru la radiation à titre définitif pour manquement à la probité.

VI. Délivrance de la carte professionnelle et renouvellement

A. Formalités d'obtention de la carte

231 Le dépôt de la demande de carte professionnelle est fait à la préfecture (pour Paris : préfecture de police) du département où est situé le siège des activités. Le préfet de police est, en outre, compétent pour délivrer la carte aux personnes étrangères qui n'ont en France aucun établissement, succursale, agence ou bureau.

La demande est sollicitée soit par la personne physique, soit, en cas de personne morale, par le ou les représentants légaux ou statutaires qui doivent justifier de leur aptitude à exercer.

Une liste des établissements, succursales, agences ou bureaux est jointe à la demande avec leur dénomination et leur adresse.

• Cette demande est accompagnée :

– 1° pour les personnes physiques : état civil, profession, domicile, lieu où sera exercée l'activité; pour les personnes morales : dénomination, forme juridique, siège ainsi que l'état civil, profession, domicile et qualité du représentant légal ou statutaire;

– 2° de la justification de l'aptitude professionnelle (titre III);

– 3° de l'extrait du registre du commerce datant de moins de un mois, ou d'un double de la demande (titre II ci-dessus);

– 4° de l'attestation d'assurance couvrant la responsabilité civile professionnelle (titre IV);

– 5° de l'attestation de garantie (titre V);

– 6° en cas de demande de la carte « Transactions sur immeubles et fonds de commerce », de la déclaration, le cas échéant, sur l'honneur, qu'il ne sera reçu aucun fonds, effet ou valeur (titre V, § B);

– 7° d'une attestation délivrée par la banque qui a ouvert le compte prévu par les articles 55 et 59 (71 pour la gestion) du décret du 20 juillet 1972, avec l'adresse de la succursale et le numéro de ce compte (voir chapitre C);

– 8° de la justification du paiement du droit de constitution et de tenue des dossiers.

En ce qui concerne la justification de l'absence des incapacités énumérées au titre V, la préfecture se fait délivrer par l'autorité judiciaire un bulletin n° 2 du casier judiciaire de l'intéressé.

• Toute modification ultérieure doit faire l'objet d'une déclaration à la préfecture qui a délivré la carte. Une déclaration préalable d'activité doit également être souscrite auprès de la préfecture de situation en cas de création de succursale, établissement, agence ou bureau.

Cette déclaration d'extension doit comporter un certain nombre d'indications notamment en ce qui concerne la personne qui dirigera la succursale, l'établissement, le bureau ou l'agence (voir chapitre E).

• La carte, délivrée conformément à un modèle établi par arrêté du garde des Sceaux, ministre de la Justice, du ministre de l'Intérieur et du ministre de l'Économie et des Finances, est **valable un an**.

B. Renouvellement de la carte

232 Chaque année, le renouvellement de la carte est demandé par écrit par son titulaire à la date fixée par le préfet. Les mêmes pièces que pour la demande originaire doivent être fournies, complétées par un arrêté de comptes délivré par un expert-comptable, un comptable agréé ou le garant, indiquant le montant maximal des fonds détenus par le professionnel pendant la période écoulée. Cet arrêté de comptes ne doit pas être antérieur de plus de quinze jours à la demande de renouvellement.

L'autorité préfectorale se fait délivrer un nouveau bulletin n° 2 du casier judiciaire et vérifie ainsi que le professionnel réunit toujours les conditions nécessaires à l'exercice de l'activité, notamment en ce qui concerne la suffisance de la garantie financière.

▷ On lira avec intérêts les propositions de Bernard Vorms (voir n° 109) en vue de modifier cette procédure jugée trop lourde. ■

C Obligations professionnelles

Nos 301 à 319

PAGES

I. Obligations générales 41
A. Obligations comptables et fiscales 41
B. Entreprise individuelle et sociétés de personne 42
C. Sociétés soumises à l'impôt sur les sociétés (IS) 43

II. Obligations de la loi Hoguet pour les agents immobiliers 43
A. Le registre des mandats est obligatoire pour les titulaires des cartes « Transactions » et « Gestion » 43
B. Le registre-répertoire n'est obligatoire que pour le titulaire de la carte « Transactions » 44
C. Délivrance des reçus 45
D. Publicité dans les locaux 46
E. Publicité sur les papiers commerciaux 46
F. Publicité extérieure 47
G. Réglementation des prix 48

III. Obligations de la loi Hoguet pour les administrateurs de biens 49

IV. Obligations de la loi Hoguet pour les vendeurs de listes 49

301 L'agent immobilier et l'administrateur de biens sont soumis aux obligations générales, juridiques, comptables, fiscales et sociales applicables à tous les commerçants. Ils sont également soumis à des obligations spécifiques à leur activité ayant pour objet une meilleure protection de la clientèle au niveau du service donné et des fonds déposés.

I. Obligations générales

302 Sans vouloir rentrer dans le détail du choix d'une structure d'exploitation spécifique pour l'exercice de l'activité, il convient cependant de dégager des critères de choix entre un exercice individuel, ou un exercice dans le cadre d'une structure d'exploitation.

A. Obligations comptables et fiscales

303 Quelle que soit la structure adoptée, le professionnel de l'immobilier doit tenir une comptabilité[1].

1. C. com., art. L. 123-12 et s. • Décr. n° 83-1020, 29 nov. 1983.

Il doit donc tenir à jour un livre journal, un livre d'inventaire et un grand livre[1]. Ces documents comptables et leurs justificatifs doivent être conservés pendant dix années.

En outre, le chiffre d'affaires sera taxable à la TVA au taux normal de 19,6 %.

Enfin, l'exploitant sera tenu d'acquitter la taxe professionnelle, dont le montant varie considérablement en fonction des régions.

Il doit en outre respecter le plan comptable applicable à sa profession, notamment pour les administrateurs de biens.

B. Entreprise individuelle et sociétés de personne

304 Le choix d'un exercice individuel de l'activité, ou dans le cadre d'une société de personne, a pour effet de rendre le professionnel responsable des aléas de son activité sur son patrimoine personnel.

Le choix d'une société de personne, telle qu'une société en nom collectif ou une société en commandite, n'entraînera pas d'imposition spécifique à la structure, dont les résultats seront imposés dans le patrimoine même des associés, au titre des revenus distribués, en raison de la transparence fiscale.

La situation juridique et fiscale quant à la responsabilité et à l'imposition des résultats pour les associés personnes physiques est identique à celle d'un commerçant individuel.

En effet, les associés de telles structures ont tous individuellement la qualité de commerçants, doivent être immatriculés au registre du commerce, sont indéfiniment et solidairement responsables des dettes sociales de la société de personne, sont imposés au niveau de leur patrimoine pour les revenus qu'ils perçoivent de cette société.

▷ Cette situation présente des avantages pour le consommateur puisque le patrimoine personnel du professionnel ou des associés répond de la totalité des dettes d'exploitation.
Cet avantage constitue par contre un sérieux inconvénient pour le professionnel en raison de la taxation très lourde de ses résultats au regard de l'impôt sur le revenu des personnes physiques (IRPP) et des différents impôts de solidarité.

Les résultats bénéficiaires seront taxables au taux applicable à la fiscalité personnelle, dans la catégorie des bénéfices industriels et commerciaux (BIC).

305 Pour 2003, le taux maximum d'imposition des revenus est de 48,09 % auquel s'ajoute le prélèvement de solidarité de 2 % et la contribution sociale généralisée (CSG) au taux de 7,5 %, plus la contribution au remboursement de la dette sociale (CRDS) au taux de 0,5 %, soit un taux global de 58,09 % environ. Il convient en effet de tenir compte de la CSG non déductible qui augmente le taux d'imposition et le porte environ à 60 %.

En outre, les régimes sociaux auxquels sont affiliées les personnes physiques de ce type d'entreprise sont très onéreux. Il s'agit notamment :

- de l'assurance maladie des travailleurs non salariés (TNS), dont les cotisations maximum atteignent actuellement 9 514 euros par an;
- des allocations familiales dont le montant est calculé sans plafonnement, sur la totalité du revenu;
- des cotisations de retraite obligatoire;
- de la contribution sociale généralisée (CSG) au taux de 7,5 % du résultat brut;
- de la CRDS au taux de 0,5 %.

1. Décr. nº 83-1020, 29 nov. 1983, art. 2.

▷ La responsabilité de l'exploitant à l'égard des tiers dans ce type d'entreprise, de même que les prélèvements fiscaux et sociaux dont les résultats sont grevés, constituent les inconvénients majeurs de cette forme d'exploitation.

C. Sociétés soumises à l'impôt sur les sociétés (IS)

306 Cette forme d'exercice a pour effet de limiter la responsabilité de l'exploitant à l'égard des tiers, laquelle ne peut pas normalement dépasser le montant du capital social qu'il détient.

▷ Il convient de noter que pour les SARL, il n'est plus exigé de capital social minimum (auparavant de 7 500 €) depuis la loi du 1er août 2003 pour l'initiative économique, dite loi Dutreil[1].

Pour les sociétés dont le capital est détenu à plus de 75 % par des personnes physiques et dont le chiffre d'affaire est inférieur à 7 630 000 euros, le taux d'imposition des résultats bénéficiaires est fixé à 33,33 %, montant actuel de l'impôt sur les sociétés (IS). Pour les autres entreprises, le taux est majoré d'une contribution additionnelle de 3 % assise sur le montant de l'impôt; une contribution supplémentaire de 3,3 % du montant de l'impôt (IS) diminuée d'un abattement de 763 000 euros doit être acquittée.

Par ailleurs, les entreprises dépassant 760 000 euros de chiffre d'affaire sont tenues d'acquitter la contribution sociale de solidarité des sociétés, au taux de 0,13 % du chiffre d'affaires.

Ainsi, en l'état actuel, le taux de l'IS compte tenu des majorations, représente :

- 33,33 % du bénéfice imposable pour les « petites » sociétés;
- 34,33 % en fonction de la composition du capital social et pour un chiffre d'affaires de plus de 7 630 000 euros;
- 35,46 % pour celles dont le montant de l'IS dépasse 2 289 000 euros.

Le choix de cette forme d'exercice permet de rémunérer l'exploitant sous forme de salaires et de distribution de dividendes. Elle présente également l'avantage de permettre la constitution de réserves.

Enfin, notons que cette forme d'activité est moins lourdement frappée au niveau des prélèvements de solidarité, les résultats notamment n'étant pas taxables à la CSG et RDS.

▷ Le choix entre la création d'une société à responsabilité limitée (SARL) ou d'une société anonyme (SA) résultera le plus souvent de l'image que l'entreprise veut donner aux tiers et de l'importance de son activité.

II. Obligations de la loi Hoguet pour les agents immobiliers

A. Le registre des mandats est obligatoire pour les titulaires des cartes « Transactions » et « Gestion »

307 L'article 72 du décret du 20 juillet 1972 fait obligation à l'agent immobilier de détenir un registre, relié et coté sans discontinuité, sur lequel sont inscrits par ordre chronologique tous les mandats qu'il reçoit.

1. C. com., art. L. 223-3 : « *Le montant du capital de la société est fixé par les statuts. Il est divisé en parts sociales égales* » • Cette mesure s'applique aux sociétés créées depuis le 6 août 2003.

Chaque page est divisée en huit colonnes :

– 1re colonne : numéro d'ordre qui est reporté sur l'exemplaire qui est remis au mandant;

– 2e colonne : date du mandat;

– 3e colonne : nom du ou des mandants. En cas de pluralité des mandants, chacun d'eux est porté sur une ligne;

– 4e colonne : adresse du ou des mandants (en cas de pluralité de mandants, même observation que ci-dessus);

– 5e colonne : objet du mandat : publicité, entremise séquestre...;

– 6e colonne : nature et situation des biens sur lesquels porte le mandat (immeuble, fonds de commerce...);

– 7e colonne : numéro du registre répertoire;

▷ Cette colonne n'est remplie que lorsque l'opération donne lieu à mention sur ce registre (voir no 308).

– 8e colonne : observations.

□ Ce peut être : révocation, substitution, annulation, sans suite lorsque le mandat est expiré...

Ce registre doit être conservé pendant dix ans.

B. Le registre-répertoire n'est obligatoire que pour le titulaire de la carte « Transactions »

308 Sur ce registre sont mentionnés tous les versements ou remises faits au titulaire de la carte « Transactions sur immeubles et fonds de commerce »[1]. Cette obligation ne concerne pas les titulaires de la carte « Gestion immobilière ».

On pourrait croire que le mandataire qui s'est engagé à ne pas recevoir de fonds pourrait se dispenser de la tenue du registre-répertoire. Mais l'interprétation par la Cour de cassation de l'article 55 du décret du 20 juillet 1972, aboutissant à faire transiter les commissions du mandataire par le compte spécial, a pour conséquence l'obligation d'inscrire ladite commission sur le registre[2].

Le registre-répertoire est, à l'avance, coté et relié. Il n'a donc pas à être paraphé. Il est tenu sous la responsabilité du titulaire de la carte. Un registre-répertoire peut être également tenu par agence, succursale ou bureau, sous la responsabilité de la personne qui le dirige.

309 Chaque page de ce registre comporte deux catégories de renseignements :

• 1re catégorie de renseignements : les rubriques sont différenciées par des lettres.

A. Numéro d'ordre;
B. Nature de l'opération : achat, vente d'immeuble ou de fonds de commerce, échange...;
C. Désignation des biens (nature, situation...);
D. Numéro du registre des actes : rappel du numéro d'ordre porté sur le registre[3];
E. Nom et adresse des parties;
F. Numéro du mandat : numéro porté sur le registre des mandats;
G. Observations générales.

• 2e catégorie de renseignements : les rubriques sont numérotées.

1re colonne. Date du mouvement : c'est la date de la remise du chèque, de l'effet ou de la valeur reçu par le titulaire de la carte;

1. Décr. no 72-678, 20 juill. 1972, art. 51.
2. Cass. crim., 24 juin 1976, Bull. crim., no 231; AJPI 1977 215.
3. CGI art. 852.

2e colonne. Noms et adresses de la ou des parties versantes : l'adresse est facultative si elle figure déjà dans la case E;

3e colonne. Noms et adresses de la ou des parties bénéficiaires du règlement : même observation lorsque ce renseignement figure en E. Cette colonne reçoit également les nom et adresse de la personne qui a reçu une remise en qualité de négociateur, salarié...;

4e colonne. Motifs du mouvement : arrhes, acompte, dédit, commission...;

5e colonne. Numéro du reçu : il s'agit du reçu obligatoirement délivré par le mandataire (voir n° 310)[1];

6e colonne. Mode de paiement : chèque bancaire, chèque postal, billet à ordre...;

7e colonne. Montant de la remise : montant des chèques, valeurs... reçus par le titulaire de la carte;

8e colonne. Montant du règlement : règlements faits par le titulaire de la carte;

9e colonne. Solde;

10e colonne. Observations : indiquer notamment le nom et l'adresse de la personne qui a reçu une remise en qualité de négociateur, salarié... (voir 3e colonne).

L'absence de tenue du registre-répertoire est sanctionnée par l'article 18 de la loi du 2 janvier 1970 : « ... *sera punie d'un emprisonnement de six mois et d'une amende de 4 500 euros ou de l'une de ces deux peines seulement : 1) toute personne qui, à l'occasion d'opérations visées à l'article 1er, aura reçu ou détenu, à chaque titre et de quelque manière que ce soit, des sommes d'argent, biens, effets, ou valeurs quelconques, ou en aura disposé (...).*

2) soit sans avoir, dans des conditions fixées par le décret prévu à l'article 5, tenu les documents ou délivré les reçus exigés ».

Il convient de signaler une erreur fréquemment commise par l'agent immobilier, lorsqu'une partie lui remet un chèque libellé à l'ordre d'un tiers; le mandataire, n'étant pas bénéficiaire, omet, de bonne foi, de le consigner sur son registre-répertoire et d'en délivrer reçu. Il commet ainsi une infraction.

◊ L'expression « tous les versements ou remises faits au titulaire de la carte » englobe également les effets même non libellés à son ordre[2].

C. Délivrance des reçus

310 L'obligation de délivrer reçu pour toute somme d'argent de biens, d'effets ou de valeurs, énoncée par l'article 5 de la loi, est développée dans l'article 52 du décret du 20 juillet 1972.

L'arrêté du 1er septembre 1972 fixe le modèle des reçus. Le carnet pourra contenir 10, 25, 50 ou 100 reçus originaux, plus les copies obtenues par papier carbone ou tout autre procédé permettant l'impression simultanée du reçu et de la copie.

Quant au nombre de copies, l'arrêté indique que le reçu original doit comporter trois copies : l'une délivrée à la personne désignée à l'article 77, une restant à la souche et une autre éventuellement délivrée, à sa demande, au garant.

Chaque reçu est numéroté de la façon suivante :

- numéro du carnet;
- nombre d'exemplaires de reçus dans le carnet et numéro d'ordre du reçu.

1. Décr. 20 juill. 1972, art. 52.
2. Cass. crim., 5 mars 1969, Bull. crim., n° 108.

□ Par exemple 1/50/12, c'est-à-dire carnet n° 1, nombre de reçus dans le carnet 50, numéro du reçu délivré 12.

Le reçu lui-même comporte, au recto, trois parties :

- 1. **Intermédiaire** : figurent à cet endroit les renseignements relatifs à la carte professionnelle, à la garantie financière et au numéro de compte exigé par l'article 55. De plus, si le reçu a été délivré par un négociateur, les renseignements concernant celui-ci doivent être portés.
- 2. **Opérations** : cette rubrique reçoit le motif du versement et sa qualification : achat d'immeuble..., acompte, arrhes...
- 3. **Partie versante** : nom et adresse de la personne qui effectue ce versement.

Lorsque la commission est versée par le notaire, le reçu signé à l'officier ministériel au moment du versement ne dispense pas l'agent immobilier de délivrer lui-même le reçu réglementaire. En réalité, le reçu du notaire n'est qu'une formalité comptable et ne dispense pas le mandataire de ses obligations.

□ Dans ce cas, le libellé du reçu de la loi du 2 janvier 1970 sera rédigé ainsi :
Partie versante : Maître............, pour le compte de............ (▷ nom du débiteur de la commission).

Les carnets de reçus doivent figurer sur un état spécial mentionnant leur date de mise en circulation ainsi que le détenteur de ce carnet qui a pouvoir de délivrer reçus.

D. Publicité dans les locaux

311 L'article 93 du décret du 20 juillet 1972 fait obligation au mandataire de faire figurer, en évidence dans ses locaux, le numéro de sa carte professionnelle, le montant de sa garantie professionnelle ainsi que le nom et l'adresse de son garant.

De plus, le mandataire, titulaire de la carte transactions sur immeubles et fonds de commerce indiquera le nom de l'établissement bancaire et le numéro de compte où doivent être effectués les versements et remises des fonds et valeurs en provenance de tiers. Ce compte est celui qui est imposé par l'article 55. En outre, l'affiche apposée mentionnera le 1er alinéa de l'article 52 qui dispose que tout versement doit donner lieu à délivrance d'un reçu.

Lorsque l'agent immobilier a déclaré ne pas recevoir des fonds du public, cette mention est apposée en vitrine ou sur un panneau extérieur, en caractères très apparents.

E. Publicité sur les papiers commerciaux

312 Il s'agit des mentions imposées par l'article 92 du décret du 20 juillet 1972, en dehors des obligations du droit commercial et du droit des sociétés.

La réglementation spécifique du professionnel exige que sur tous les contrats, papiers commerciaux, correspondances, figurent les indications suivantes :

- le numéro et le lieu de délivrance de la carte professionnelle;
- le nom ou la raison sociale et l'adresse de l'entreprise et l'activité exercée;
- le nom et l'adresse du garant.

Aucune indication pouvant faire croire à un agrément, à une habilitation, à un accréditement ne doit figurer sur ces papiers.

▷ Bien entendu, la mention de l'appartenance de l'entreprise à une chambre syndicale ne constitue pas une infraction sauf si elle est mensongère.

F. Publicité extérieure

313 Pour ses publicités, l'agent immobilier peut utiliser tous les supports disponibles tels que la presse, les journaux gratuits, la distribution dans les boîtes à lettres, le Minitel ou Internet.

Bien évidemment, quel que soit le support utilisé, il convient de respecter la réglementation de la publicité applicable à ce support et la réglementation professionnelle.

• Sur les systèmes d'accès en ligne tels qu'un **site Minitel** ou **Internet**, la vérification de la régularité des informations est laissée sous la seule responsabilité du professionnel créateur ou fournisseur du site.

▷ Il lui appartient d'agir avec prudence : les informations diffusées ayant la valeur d'une publicité engagent donc sa responsabilité à l'égard des tiers.

• En ce qui concerne la publicité par voie de **presse**, cette publicité ne doit pas être de nature à induire le public en erreur. Outre les obligations imposées par les articles L. 121-1 et suivants du Code de la consommation, du Code civil et du Code pénal, cette publicité doit respecter les règles déontologiques du Bureau de vérification de la publicité (BVP). En vertu des accords conclus entre les journaux et ce bureau, celui-ci vérifie notamment les petites annonces et intervient auprès des supports pour interdire, le cas échéant, toute publicité qui ne respecterait pas ses recommandations.

L'immobilier est soumis à ce contrôle.

▷ Un lexique établi par le Bureau de vérification de la publicité est disponible à la fin de cet ouvrage (voir p. 383).

1. En matière de vente

314 L'indication du prix de vente n'est pas obligatoire, mais s'il figure, il doit être porté en entier. Les mentions telles que « crédit total » ou « aucun apport personnel » sont à prohiber.

▷ Peut figurer, par contre, « crédit personnalisé ».

Les surfaces indiquées doivent préciser s'il s'agit de surfaces « habitables » ou « utilisables », ou de surfaces définies en fonction de règles de l'article 47 du décret du 23 mai 1997 (loi Carrez); la surface des annexes doit être indiquée séparément.

Les distances par rapport aux équipements, aux transports, aux commerces doivent être indiquées en distance linéaire et en durée moyenne du trajet, en précisant le mode de déplacement. La situation géographique ne doit pas être approximative.

▷ L'expression « Près de... » est déconseillée.

L'origine de l'annonce ne peut pas être erronée : certaines exclusions sont à prohiber.

□ « Particulier vend... » ne peut être utilisée par un professionnel.
« Agence s'abstenir... ».

Par ailleurs, des règles strictes sont imposées lorsqu'il est fait mention dans une publicité d'une possibilité de prêt.

L'article L. 312-4 du Code de la consommation impose de mentionner, dans toute publicité, l'identité du prêteur, la nature et l'objet du prêt. Si cette publicité comporte un ou plusieurs éléments chiffrés, elle doit indiquer en outre la durée proposée ainsi que le taux effectif global et le coût total du crédit.

Toutes les mentions obligatoires doivent être présentées de manière parfaitement lisible et compréhensible par le consommateur.

Tout document publicitaire ou d'information remis à l'emprunteur doit mentionner qu'il dispose d'un délai de réflexion de dix jours, que la vente est subordonnée à l'obtention du prêt, et que si celui-ci n'est pas obtenu, le vendeur doit lui rembourser les sommes versées.

Il résulte de cette réglementation que toute publicité émise par un agent immobilier faisant référence à un financement déterminé doit être approuvée explicitement par l'établissement financier dont elle émane.

2. En matière de location

315 Les règles sont les mêmes. Si le prix figure dans la publicité, il doit être précisé s'il comprend les charges.

G. Réglementation des prix

316 Tous les prestataires de services ont l'obligation d'afficher leurs prix dans les locaux où est reçu le public[1].

L'agent immobilier n'échappe pas à cette règle; il est donc tenu d'indiquer sur un document unique, lisible, les prestations qu'il offre et leur prix toutes taxes comprises. Si les services qu'il rend sont susceptibles de comprendre des prestations supplémentaires telles qu'expertise, rédaction d'acte, courtage de crédit ou d'assurance, conseils patrimoniaux etc., le prix de celles-ci doit également y figurer.

Si le mandataire ne reçoit pas de public à l'endroit où il exerce, il doit remettre, préalablement à la prestation, les indications concernant le prix.

D'autre part, un arrêté ministériel du 29 juin 1990[2] fait obligation à tout professionnel de l'immobilier faisant paraître une annonce de mentionner le montant TTC de la commission à la charge de l'acquéreur ou du locataire lorsque celle-ci n'est pas incluse dans le prix proposé.

Il est également tenu de remettre au client, lorsque le prix payé est supérieur à 15 euros (TVA comprise), une facture ou note. Au-dessous de ce prix, sauf législation spéciale, la facture n'est remise que si le client la demande.

Bien que l'interdiction de diffuser des barèmes ne s'applique en principe qu'aux prix industriels, les pouvoirs publics peuvent dans tous les autres domaines sanctionner les actions concertées ayant pour objet de favoriser les ententes[3].

Les infractions font l'objet de procès-verbaux transmis au procureur de la République et leurs auteurs sont poursuivis pénalement (prison ou amende). Les procès-verbaux peuvent cependant donner lieu à une amende transactionnelle.

1. C. consom., art. L. 113-3.
2. Arrêté ministériel du 29 juin 1990 sur la publicité des prix pratiqués par les professionnels intervenant dans les transactions immobilières; JO du 3 juill. 1990 p. 7768; voir le texte au nº 2209.
3. C. com., art. L. 420-1.

III. Obligations de la loi Hoguet pour les administrateurs de biens

317 Les règles applicables pour l'exercice des activités d'agence immobilière sont applicables aux activités d'administration de biens à l'exception des différences suivantes :

- l'administrateur de biens n'a pas à tenir un registre répertoire pour les versements ou remises de fonds effectués par ses clients;
- il n'est pas tenu non plus de délivrer des reçus tirés d'un carnet à souche.

Comme l'agent immobilier, il doit détenir un **registre des mandats** dans lequel doivent figurer non seulement les mandats de gestion donnés par les particuliers ou les personnes morales, mais également les mandats de syndic conférés par les copropriétés.

Enfin, l'article 69 du décret du 20 juillet 1972 permet à l'administrateur de biens de recevoir occasionnellement un mandat spécial lui permettant d'encaisser un prix de vente et de percevoir une commission de négociation. Ce type de mandat à caractère occasionnel ne peut être délivré par un client qu'au profit d'un administrateur de biens chargé depuis plus de trois ans de la gestion du bien vendu (voir, à propos de la nature particulière de ce mandat, chapitres J et K).

IV. Obligations de la loi Hoguet pour les vendeurs de listes

318 Le décret du 29 juin 1995[1] a ajouté dans le décret du 20 juillet 1972 les trois articles 79-1 à 79-3, qui ont pour objet de prévoir les conditions de forme et de fond des conventions souscrites entre les vendeurs de liste et leurs clients.

Ces articles s'insèrent dans le corps de réglementation applicable aux conventions souscrites avec les agents immobiliers.

L'intervention professionnelle du vendeur de listes, de même que celle de l'agent immobilier, suppose la détention préalable d'une **convention écrite signée par son client**.

Cette convention doit préciser la mission confiée au vendeur de liste, la durée de cette mission et décrire le ou les biens qui en font l'objet. Elle doit indiquer si une rémunération est due par le client, et dans ce cas, en préciser le montant et les conditions éventuelles de remboursement en cas d'opération multiple que nous examinerons plus loin dans l'étude du mandat de l'agent immobilier (voir chapitres G et L).

Cette convention doit également comporter une obligation d'information tenant à la disponibilité à la vente ou à la location des biens qui en font l'objet afin de permettre l'actualisation des fichiers.

Toutes ces conventions doivent être inscrites chronologiquement dans un **registre**[2]. Le numéro d'inscription sur le registre devra figurer sur l'exemplaire de la convention remis au client. Ces conventions et registres doivent être conservés pendant une durée de dix ans.

319 Une interdiction de cumul des activités à l'occasion d'opérations portant sur un même bien est prévue par l'article 79-3 du décret du 20 juillet 1972 qui

1. Décr. n° 95-818, 29 juin 1995, modifiant le décret du 20 juill. 1972; JO 30 juin 1995 p. 9768.
2. Pour le modèle de registre, V. Arr. 16 avr. 1996, Annexe I, JO 24 avr.

prohibe le cumul d'un mandat de vendeur de listes avec celui d'agent immobilier.

Cette disposition s'explique par le souci d'éviter tout détournement de la réglementation interdisant à l'agent immobilier de percevoir une quelconque rémunération avant qu'une vente ait été effectivement conclue et constatée dans un seul acte écrit[1].

Imaginant la possibilité de fraude consistant en la perception d'une rémunération de vendeur de listes avant de se faire consentir un mandat de transaction, l'article 79-3 du décret oblige l'agent immobilier dans cette situation à restituer au client la rémunération qu'il lui a versée pour la diffusion de l'annonce.

Ce même article oblige le vendeur de liste à préciser par écrit cette obligation dans la convention souscrite avec son client. ■

1. L. 2 janv. 1970, art. 6.

D L'agent immobilier et ses collaborateurs

Nos 401 à 420

PAGES

I. Négociateurs salariés et agents commerciaux 51
A. Leur place dans l'entreprise 51
B. Le statut de négociateur salarié pouvant avoir la qualité de VRP 53
C. La rémunération des négociateurs et la sécurité sociale 55
D. Le statut d'agent commercial 56

II. Directeurs de succursales et d'agences 62

I. Négociateurs salariés et agents commerciaux

A. Leur place dans l'entreprise

1. Les conditions posées par la loi pour l'emploi des négociateurs

401 L'exploitation d'une agence immobilière dans des régions peuplées ou des villes se réalise difficilement dans le cadre d'une organisation de travail artisanale. Il n'existe plus d'agence s'occupant sérieusement de transactions, exploitée par une seule personne, assistée éventuellement de membres de sa famille. La multiplicité des tâches et le temps nécessaire pour les accomplir obligent l'agent immobilier à être assisté par des collaborateurs dans l'exécution de sa mission.

Les fonctions confiées à ses collaborateurs consistent :

– à prospecter les affaires afin d'obtenir la délivrance de mandats;
– à rechercher des candidats acquéreurs ou locataires, et enfin, après négociations avec ces derniers;
– à réaliser la transaction.

L'exécution de cette mission par le négociateur nécessite un contrôle de ses activités, qui s'exerce depuis le stade de la délivrance du mandat jusqu'à la signature définitive des actes constatant la réalisation de la transaction.

Compte tenu de la réglementation professionnelle des activités de l'agent immobilier[1], ce dernier se trouve dans l'obligation d'exercer un **contrôle minutieux** sur l'activité de son collaborateur, les actes effectués par lui engageant non seulement la prospérité commerciale du cabinet, mais également la responsabilité personnelle de son titulaire.

Des conditions sont d'ailleurs posées par la loi pour l'emploi des négociateurs par les agents immobiliers.

1. L. n° 70-9, 2 janv. 1970 sur les opérations portant sur les immeubles et les fonds de commerce; voir n° 3202.

En dehors des conditions de moralité qu'il devra remplir quel que soit son statut, il devra de toute manière être titulaire d'une attestation d'emploi délivrée par la préfecture, conformément à l'article 9 du décret du 20 juillet 1972[1].

2. La qualification statutaire du collaborateur

402 Une fois remplies les conditions propres à la réglementation professionnelle de la profession d'agent immobilier, se posera le problème de la qualification statutaire du collaborateur de l'agent immobilier.

a. Deux statuts : salarié et indépendant

403 Les collaborateurs des agents immobiliers sont régis généralement par deux statuts : l'un étant salarié et l'autre à caractère indépendant :

- le statut salarié est celui de **négociateur pouvant avoir la qualité de VRP**[2];
- le statut indépendant est celui d'**agent commercial**[3].

Le choix entre l'un ou l'autre de ces statuts présente, bien évidemment, des incidences au regard des charges salariales de l'entreprise.

AVANTAGES ET INCONVÉNIENTS DES DEUX STATUTS

▷ Le négociateur, salarié, est protégé par la convention collective de l'immobilier et par le Code du travail, en ce qui concerne son embauche, ses rémunérations et les indemnités auxquelles il peut prétendre lors de la résiliation de son contrat de travail. De plus, l'employeur aura à sa charge le règlement des cotisations de Sécurité sociale et de retraite.

▷ En revanche, le statut de l'agent commercial apparaît beaucoup plus séduisant sur le plan des charges de l'entreprise dans la mesure où, exerçant une profession indépendante, son mandant n'est pas tenu par la réglementation du travail, la convention collective, les charges sociales et de retraite. La seule obligation de l'employeur consiste dans le versement de commissions, qui ne sont dues que sous réserve de la réalisation des transactions.

b. Le seul critère de différenciation est l'absence de lien de subordination entre employeur et employé

404 Les difficultés rencontrées pour concilier le choix de l'un ou l'autre statut à l'occasion de l'engagement d'un collaborateur d'agent immobilier proviennent de l'inadaptation du statut de VRP ainsi que du statut d'agent commercial à l'activité réellement exercée par le collaborateur de l'agent immobilier.

En effet, ces deux statuts ont été créés pour des représentants exerçant leur activité dans le domaine industriel, dans le cadre de la vente de produits ou prestations de services uniformes et identiques.

Il n'en est pas de même pour les agents immobiliers, qui sont chargés de la vente de produits essentiellement différents : aucun immeuble ne se ressemble, tant par sa consistance que par sa situation.

D'autre part, la spécificité des tâches confiées au collaborateur de l'agence immobilière permet difficilement, sur le plan juridique, d'effectuer une différence nette entre les fonctions de VRP et celles d'agent commercial, lesquelles sont très proches.

1. Décr. n° 72-678 du 20 juill. 1972 d'application de la loi du 2 janv. 1970; voir n° 3203.
2. Voir dans la même collection, *Représentant de commerce*, par H. Flichy.
3. C. com., art. L. 134-1 à L. 134-17 • Voir dans la même collection, *Les agents commerciaux*, par J.-M. Leloup.

Le seul critère raisonnable de différenciation entre ces deux fonctions consiste en l'absence de subordination entre l'employeur et l'employé.

C'est au stade de cette différenciation, à travers les éléments constitutifs du contrat de travail, que les difficultés vont se poser.

Avant de résoudre ces difficultés, il convient d'exposer la situation respective du négociateur VRP et de l'agent commercial.

B. Le statut de négociateur salarié pouvant avoir la qualité de VRP

1. Sa mission

405 Le statut de négociateur VRP était défini par l'accord national interprofessionnel du 3 octobre 1975[1], aujourd'hui remplacé par la convention collective nationale de l'immobilier.

Or, la convention collective de l'immobilier ne comporte aucune disposition particulière pour les négociateurs immobiliers en dehors d'un salaire minimum garanti pour ceux qui sont payés à la commission.

Il existe une certaine similitude entre les fonctions de représentant de commerce, qui consistent dans la représentation d'une marque, la visite des clients et la passation de commandes, et celles de négociateur d'agent immobilier, qui consistent dans la recherche de biens et de clients susceptibles de les louer ou les acquérir.

Cependant, une difficulté essentielle subsiste, du fait que le produit dont le négociateur assume la commercialisation est un produit n'ayant aucun caractère d'uniformité, à savoir : des biens immobiliers.

▷ Dans cette mesure, une réglementation telle que celle applicable aux représentants de commerce chargés de la vente de produits industriels, identiques et uniformes avec répétition des commandes, cadre mal avec les activités du négociateur immobilier, qui vend un produit à chaque fois différent et n'a pas de clientèle fixe étant donné que le client n'achète ou ne loue un bien qu'en de rares occasions de sa vie.

La qualité de VRP pouvant être adoptée dans son contrat de travail, par le négociateur immobilier, il convient d'envisager maintenant les conséquences liées à cette qualité.

▷ Pour un modèle de contrat, voir n° 3101.

2. Ses droits et obligations

a. Pendant le contrat de travail

406 Le négociateur d'agent immobilier a le statut de salarié, tel que résultant de l'article L. 751-1 du Code du travail, aux termes duquel les conventions dont l'objet est la représentation sont des contrats de louage de services.

Le négociateur est donc lié à son employeur dans le cadre d'un contrat de travail, entraînant une **subordination** à son égard.

En ce qui concerne les rémunérations, le négociateur d'agent immobilier est rémunéré généralement à la commission, bien que rien n'interdise de le rémunérer au fixe.

1. L'Accord national interprofessionnel du 3 oct. 1975, a fait l'objet d'un arrêté d'extension du 20 juin 1977, JO 26 juill. 1977 et rectification JO 24 sept. 1977 et 1er, 2 et 13 avr. 1978; voir aussi dans la même collection, *Représentant de commerce*, par H. Flichy.

Il bénéficie cependant, de par la convention collective, d'un **salaire minimum garanti** qui, en fonction de l'échelon qu'il occupe, correspond à la valeur du point multiplié par le coefficient de l'échelon. Ce salaire minimum garanti doit être versé mensuellement.

Lorsque les arrêtés de comptes sont effectués à la fin de chaque semestre, les 30 juin et 31 décembre de chaque année, ce salaire minimum garanti se trouve absorbé par les commissions réalisées. Si les commissions réalisées dépassent le minimum garanti, le surplus revient au négociateur. Au cas où les commissions seraient inférieures, le minimum garanti resterait acquis.

En ce qui concerne les **congés payés**, le négociateur bénéficie comme tout salarié de congés payés égaux au douzième de la rémunération qu'il touche annuellement.

◊ La Cour de cassation, autorise cependant l'inclusion des congés payés dans le montant des commissions allouées au négociateur, mais sous la condition expresse que le taux des commissions révèle, de par son importance, l'inclusion des congés payés[1].

En cas de non-inclusion des congés payés dans les commissions, le montant doit être calculé sur la totalité des rémunérations versées après abattement de 30 % correspondant aux frais professionnels, taux généralement retenu par les tribunaux en cas de litige.

Bien évidemment, toutes les commissions versées donnent lieu au versement des cotisations de Sécurité sociale après abattement de 30 % liés aux frais professionnels, taux retenu par la sécurité sociale pour cette catégorie de salariés.

De plus, le négociateur salarié doit être affilié à une caisse de retraite, conformément à la convention collective.

b. À l'expiration du contrat de travail

407 À ces charges importantes liées à l'accomplissement du contrat de travail s'ajoutent d'autres charges, dans l'éventualité d'une résiliation du contrat de travail.

Les risques de litiges sont en effet nombreux à l'occasion de la résiliation du contrat de travail d'un négociateur salarié.

Ces risques sont liés au statut particulier applicable aux représentants, aux termes de l'article L. 751-1 et suivants du Code du travail, dont les dispositions s'ajoutent aux protections légales édictées par le même Code pour la généralité des salariés.

Tout d'abord, en cas de résiliation du contrat de travail, et en vertu des dispositions générales du Code du travail et de la convention collective, l'employeur sera tenu de respecter les délais de préavis, qui sont de trois mois minimum pour les négociateurs salariés.

L'employeur devra, de plus, pouvoir justifier d'une cause réelle et sérieuse de licenciement. Quelle que soit l'ancienneté du négociateur, et quel que soit le nombre de salariés, la procédure de licenciement devra être respectée, à savoir :

- convocation à l'entretien préalable par lettre recommandée avec AR ou remise en main propre contre décharge;
- entretien préalable;
- notification du licenciement par lettre recommandée avec AR énonçant le ou les motifs de licenciement[2].

408 De par son statut particulier, le négociateur salarié pourra prétendre aux indemnités allouées au représentant par le Code du travail.

1. Cass. soc., 14 févr. 1974, Bull. civ. V, n° 119.
2. Voir dans la même collection, *Licenciement*, par H. Flichy.

Bien évidemment, il aura droit :

– aux **commissions réalisées avant son licenciement**, qui ne pourront être incluses dans son minimum garanti que dans la mesure où elles auront été encaissées avant la date contractuelle d'arrêté de comptes;

– aux **commissions de retour sur échantillonnage**, qui sont prévues par l'article L. 751-8 du Code du travail. Il s'agit des commissions touchées par l'employeur dans un délai de six mois à un an suivant l'expiration du contrat de travail du négociateur, lorsque les transactions réalisées proviennent des diligences de ce négociateur, avant l'expiration de son contrat de travail.

▷ Cette question de droit à commissions de retour sur échantillonnage est toujours une source de litiges, dont la solution apparaît délicate.

Il convient de noter que la charge de la preuve incombe au négociateur, qui doit prouver que des transactions intervenues sont des suites directes des diligences qu'il avait effectuées pendant le cours de son contrat de travail.

Les réclamations présentées à cette occasion peuvent avoir, dans certains cas, des conséquences financières importantes.

409 Le négociateur est également en droit de réclamer, à l'expiration de son contrat de travail, en cas de résiliation du fait de l'employeur, une **indemnité dite de « clientèle »**.

Cette indemnité n'est exclue qu'en cas de faute grave de l'employé, justifiant son licenciement.

Cependant, le droit à indemnité de clientèle n'existe généralement pas au profit du négociateur salarié, non en raison de l'exclusion formelle de ce droit, mais simplement en raison du fait qu'il ne remplit pas les conditions posées par la loi et la jurisprudence pour justifier de cette indemnité.

En effet, le droit à indemnité de clientèle est lié à la création d'une clientèle par le négociateur, création qui est prouvée par le renouvellement des factures d'une manière constante. Or, les biens vendus par les agents immobiliers ne sont pas susceptibles de faire l'objet de nouvelles factures avant de nombreuses années. Un immeuble n'a rien de commun avec un produit industriel, qui s'épuise rapidement et entraîne par conséquent de nouveaux ordres. La clientèle de l'agent immobilier se consomme donc par premier usage.

Dans cette mesure, le négociateur ne peut jamais rapporter la preuve qu'une clientèle a été créée par ses soins, la transaction réalisée l'ayant fait immédiatement disparaître[1].

La complexité présentée par le statut de représentant applicable au négociateur salarié, de même que les charges qui sont liées à son statut et supportées par l'employeur, ont incité certains agents immobiliers à rechercher une formule plus souple et plus économique, en conférant à leur négociateur la qualité d'agent commercial (voir nos 411 et s.).

C. La rémunération des négociateurs et la sécurité sociale

410 Pendant longtemps, l'Administration fiscale a reconnu au profit des VRP, au titre des frais professionnels, un droit à déduction de 30 % sur les commissions perçues.

Ce droit à déduction n'existe plus depuis la loi de finances pour l'année 2001.

1. CA Amiens, 4 févr. 1975, D. 1975, somm. p. 52.

Quant à la sécurité sociale, le droit à déduction de 30 %, avant calcul des cotisations payables par l'employeur, était conditionné par la reconnaissance par le fisc au profit du négociateur de la même faculté avant calcul de l'impôt.

Aujourd'hui, le droit à déduction reconnu par la sécurité sociale subsiste et ne dépend plus de la décision du fisc à ce sujet.

La preuve du droit à déduction peut se faire par tous moyens et notamment tous documents prenant en compte le droit à déduction[1].

D. Le statut d'agent commercial

1. L'agent commercial est un mandataire indépendant qui doit être immatriculé sur un registre spécial[2]

411 Le statut des agents commerciaux est réglementé par les articles L. 134-1 et suivants du Code de commerce et par le décret du 20 juin 1992[3].

L'agent commercial est défini comme étant « le mandataire qui, à titre de profession habituelle et indépendante sans être lié par un contrat de louage de services, négocie et, éventuellement, conclut des achats, des ventes et des locations ou des prestations de services au nom et pour le compte de producteurs, d'industriels ou de commerçants ».

L'agent commercial est un professionnel de la représentation, mais en qualité de mandataire.

Il n'est pas exigé de lui, comme du VRP statutaire, qu'il exerce sa profession à titre exclusif et constant, mais seulement à titre habituel, faute de quoi il ne pourrait se prévaloir du statut[4].

Puisque mandataire, il n'est pas lié par un contrat de louage de services et est qualifie d'indépendant.

Enfin, c'est pour le compte seulement de producteurs, industriels ou commerçants qu'il peut négocier, et éventuellement conclure une opération qui peut être un achat, une vente, une location (ce qui n'est pas le cas pour les VRP statutaires) ou une prestation de service.

Un agent commercial peut aussi bien être une personne morale qu'une personne physique. Une société civile ou commerciale ayant une activité habituelle de représentation commerciale peut se prévaloir du statut des agents commerciaux.

412 L'agent commercial doit être immatriculé sur un registre spécial tenu au greffe du tribunal de commerce ou du tribunal de grande instance qui en tient lieu dans le ressort duquel il est domicilié.

Le lieu et le numéro de l'immatriculation au registre spécial doivent figurer sur les documents et correspondances à usage professionnel de l'agent commercial.

◊ L'absence de contrat écrit, comme l'absence d'immatriculation au registre spécial, n'exclut toutefois pas le bénéfice du statut pour l'agent commercial dès lors que les rapports des parties répondent à la définition donnée par la loi[5].

Par ces seuls éléments de définition, l'agent commercial se distingue donc du VRP statutaire.

1. CE 7e et 8e sous-sect. 21 mars 1983; voir jurisprudence n° 3201 • TASS Paris 12 mars 1987.
2. Voir des modèles de contrat au n° 3112.
3. Décr. n° 92-506 du 10 juin 1992 d'application de la loi du 25 juin 1991 • Voir dans la même collection, *Agents commerciaux*, par J.-M. Leloup.
4. Cass. com., 23 oct. 1984, Bull. civ. IV, n° 270.
5. Cass. com., 19 janv. 1993, Bull. civ. IV, n° 11; JCP éd. G 1992, I, n° 3557, note J.-M. Leloup.

2. Sa mission

a. Les conditions d'exercice de la profession d'agent commercial

413 Travailleur qualifié d'indépendant, l'agent commercial organise librement son activité. Mais il dispose surtout du droit d'effectuer des opérations commerciales pour son compte personnel, sans porter atteinte au caractère habituel de son activité d'agent commercial.

Il peut librement et sans autorisation de ses mandants recruter et employer des sous-agents, qui pourront d'ailleurs être eux-mêmes vis-à-vis de lui, soit des salariés, soit des VRP statutaires, soit des agents commerciaux.

En outre, l'agent commercial a le droit expressément prévu par le statut, d'accepter la représentation de nouveaux mandants sans avoir à en référer aux précédents[1]. Toutefois, il ne peut accepter la représentation d'une entreprise concurrente de celle d'un de ses mandants sans accord de ce dernier.

b. Que doit contenir le contrat d'agent commercial ?

414 Il est souhaitable que ce contrat soit rédigé par écrit, bien que cette forme ne constitue plus une condition de validité mais un moyen de preuve des obligations depuis la loi du 25 juin 1991, aujourd'hui codifiée au Code de commerce.

Le contrat peut être conclu soit pour une durée déterminée, soit pour une durée indéterminée et prévoir, dans ce dernier cas, un préavis de rupture[2].

Une **clause d'exclusivité** peut être insérée au contrat, clause qui assure à l'agent commercial des droits exclusifs, soit dans un secteur géographique, soit sur certains produits, soit sur une catégorie de clientèle.

Une **clause ducroire** peut également être prévue par le contrat; cette clause rendra l'agent commercial garant de l'exécution des opérations qu'il a conclues pour le compte de son mandant et des engagements de sa clientèle.

Quant à la fixation du mode de **rémunération**, elle relève de la libre volonté des parties. La rémunération du mandataire peut être fixe, proportionnelle, ou mixte.

Une des dispositions les plus importantes du statut des agents commerciaux est celle qui prévoit :

- d'une part, que le contrat d'agent commercial est un **mandat d'intérêt commun**;
- d'autre part, que sa résiliation par le mandant, si elle n'est pas justifiée par une faute du mandataire, ouvre droit au profit de ce dernier, « à une **indemnité compensatrice** du préjudice subi ». Cette dernière disposition est d'ordre public puisqu'elle s'applique nonobstant toute clause contraire.

3. Le mandat d'intérêt commun et ses conséquences

415 La notion de mandat d'intérêt commun est une notion traditionnelle qui, par dérogation à la règle de la révocabilité *ad nutum*[3] du mandat, estimait que certaines conventions de mandat étaient conclues dans l'intérêt commun des deux parties et que l'une d'entre elles ne pouvait mettre fin sans dédommager l'autre du préjudice que cette révocation entraînait pour elle.

Mais à l'égard de l'agent commercial, le décret est allé plus loin que la notion du mandat d'intérêt commun. En effet, il a droit en principe à une indemnité

1. C. com., art. L. 134-3; L. n° 91-593, 25 juin 1991, art. 3.
2. C. com., art. L. 134-11; L. n° 91-593, 25 juin 1991, art. 11.
3. À tout moment.

représentative du préjudice subi dès lors que la résiliation par le mandant n'est pas justifiée par une faute.

Autrement dit, ce n'est plus au mandataire à établir l'abus de droit de révocation de l'autre partie, et donc la faute du mandant.

◊ C'est bien à ce dernier, s'il veut s'exonérer du paiement de l'indemnité dont le principe pèse sur lui, de prouver la faute du mandataire[1].

Par contre, il n'est pas exigé, comme à l'égard du VRP, que la faute soit une faute grave.

Il apparaît de la jurisprudence que l'indemnité n'est due que dans la mesure où le mandant résilie un contrat à durée indéterminée ou dénonce avant son terme un contrat à durée déterminée.

L'indemnité ne serait donc pas due en cas de **non-renouvellement d'un contrat à durée déterminée** arrivant à son terme.

▷ Mais il faut réserver le cas où des dommages et intérêts pourraient néanmoins être accordés à l'agent commercial si le mandant abuse de son droit de ne pas renouveler le contrat, lequel reste malgré tout un mandat d'intérêt commun.

L'indemnité de l'agent commercial est d'une nature différente de l'indemnité de clientèle du VRP statutaire.

Elle est due du seul fait que l'agent commercial subit un préjudice en raison de la résiliation du contrat. Il n'a pas à établir qu'il a, du fait de son activité, apporté une clientèle au mandant ou contribué au développement de celle de ce dernier.

Dès lors, l'indemnité devra tenir compte de tous les éléments classiques du préjudice : perte de bénéfices, amortissements des frais engagés, préjudice moral, indemnité pour rupture abusive, obligation d'avoir à verser des indemnités aux sous-agents, etc.

Toute clause contractuelle tendant à la limitation ou à l'évaluation forfaitaire de l'indemnité de l'agent commercial risque dès lors d'être tenue pour non écrite.

◊ La Chambre commerciale de la Cour de cassation a jugé qu'il n'y avait pas lieu de tenir compte d'une clause prévoyant un mode particulier d'évaluation de l'indemnité[2].

Et comme cette indemnité est étrangère à la notion de patrimonialité, ou de valeur d'une carte professionnelle, il n'y a pas d'obligation pour l'agent commercial, du seul fait de l'avoir perçue, de s'interdire de concurrencer son ex-mandant.

▷ Il faut donc que le contrat prévoit expressément une **clause de non-concurrence**, faute de quoi l'agent commercial resterait libre de continuer à prospecter sa clientèle, sauf bien entendu concurrence déloyale. Cette clause devant naturellement respecter les conditions posées par la jurisprudence pour sa validité : limitation dans le temps et dans l'espace, existence d'une contrepartie financière[3].

Certes, symétriquement, s'agissant d'un mandat d'intérêt commun, la rupture anticipée du contrat par l'agent commercial lui-même sera en principe de nature à permettre au mandant de demander une indemnité.

▷ Mais, en la matière, le déséquilibre entre le mandant et l'agent commercial est manifeste. L'agent commercial pourra invoquer, pour s'exonérer de l'indemnité, une cause légitime quelconque, sans avoir à prouver la faute du mandant.

1. Cass. com., 19 nov. 1996, Bull. civ. IV, n° 273.
2. Cass. com., 9 févr. 1982, Gaz. Pal. 1982, 2, panor. p. 278.
3. Voir dans la même collection, *Contrat de travail*, par O. Chénedé et D. Jourdan.

4. Les obligations sociales et fiscales

416 Le contrat d'agent commercial, pour le mandant, présente cependant des avantages.

C'est l'agent commercial qui paye la taxe professionnelle sur le local où se situe son établissement au titre duquel il est inscrit au registre spécial. II est assujetti à la TVA et aux BNC.

Comme il est travailleur indépendant et éventuellement employeur, ses mandants n'ont pas à son égard les obligations qui découlent du contrat de travail : congés payés, préavis, etc.

Il ne relève pas du régime général de la Sécurité sociale non plus que du régime complémentaire de l'IRP-VRP.

Le conseil de prud'hommes n'est pas compétent pour statuer sur les différends qui peuvent opposer l'agent commercial à ses mandants.

L'agent commercial doit cotiser à une caisse d'allocations familiales de travailleurs indépendants. Il doit également être affilié au régime d'assurance vieillesse des industriels et commerçants[1].

Il doit appartenir à une caisse d'assurances maladie obligatoire des « travailleurs non salariés des professions non agricoles »[2].

5. Les risques du statut : les inconvénients, pour les agents immobiliers, de la collaboration par agent commercial

417 Il existe, à la solution tentante de confier la négociation des affaires d'un agent immobilier, à un agent commercial, de multiples et graves inconvénients.

Certes, cette solution peut se révéler adaptée à certains cas particuliers, notamment à celui des agences, ou cabinets de négociation de fonds de commerce, dont la vocation cst nationale à raison d'une spécialisation.

▷ En pareil cas, on peut admettre qu'il soit normal d'envisager de conférer à des agents commerciaux locaux le soin de négocier, et éventuellement de conclure des affaires pour lesquelles le cabinet principal aurait reçu mandat.

Mais les inconvénients de la solution se manifestent sur plusieurs plans.

a. Les risques de la requalification

418 Le risque le plus grave est celui de la requalification du contrat.

Bien souvent, en effet, les contrats d'agents commerciaux sont des contrats de négociateurs qui ne veulent pas dire leur nom.

Il est fréquent qu'à côté d'une affirmation insistante de l'indépendance de l'agent commercial, on trouve dans ces contrats des dispositions allant directement à l'encontre de cette indépendance proclamée. Tel sera le cas notamment :

– de la disposition indiquant que l'agent commercial doit travailler dans un local lui étant fourni par son mandant et sur lequel il n'a aucun droit;

– de la disposition indiquant que certains clients lui seront affectés, ce qui est antinomique avec la notion de prospection inhérente à la représentation;

– de la disposition prévoyant que le mandant se réserve à la seule discrétion de ne pas donner suite à des affaires proposées par l'agent commercial;

1. Décr. nº 50-1026 du 18 août 1950 • Décr. nº 87-528, 8 juill. 1987.
2. CSS, art. L. 611-1 et s. • L. nº 66-509 du 12 juill. 1966, JO 13 juill., p. 6027.

– de la clause prévoyant que l'agent commercial doit signaler au siège toutes les activités de son bureau, transmettre le courrier, les noms et adresses des visiteurs, la nature des demandes ou des offres reçues, etc.;

– de celle prévoyant l'obligation de rapports périodiques ou un minimum d'affaires à conclure par mois ou par année, etc.

b. Qui peut demander la requalification en contrat de travail ?

419 La requalification du contrat peut être demandée :

– par l'agent commercial,

– par la sécurité sociale.

En ce qui concerne l'agent commercial, l'intérêt de requalification en contrat de travail consiste dans l'obtention des avantages sociaux résultant de la situation de salarié qu'il désire faire reconnaître[1].

□ Il pourrait ainsi prétendre au versement des congés payés, obtenir le bénéfice des minima garantis de rémunérations prévus par la convention collective, le bénéfice des caisses de retraite et, d'une manière générale, tous les avantages liés à la condition de salarié.

La sécurité sociale, de son côté, à intérêt à soutenir que le contrat d'agent commercial est en réalité un contrat de travail salarié, de manière à obtenir, dans les limites de la prescription, le versement de cotisations sociales arriérées avec intérêts de retard et pénalités.

◊ Une décision de la commission de recours gracieux de l'Urssaf de Paris Île-de-France, en date du 7 août 1984[2], a indiqué qu'il n'est pas possible de revenir sur le statut passé d'agent commercial pour le requalifier de contrat de travail salarié lorsque l'intéressé a régulièrement cotisé au régime des allocations familiales employeurs et travailleurs indépendants.

En effet, à partir du moment où la Caisse primaire d'assurance maladie (CPAM) a reconnu à une personne la qualité d'assujetti au régime des allocations familiales en tant que travailleur indépendant, elle ne peut revenir sur cette reconnaissance.

Le risque de requalification n'existera, dans cette hypothèse, que pour l'avenir[3].

• La question de la requalification du contrat d'agent commercial en contrat de travail salarié est donc une **question de fait** liée essentiellement à l'existence ou à l'absence d'un lien de subordination ou d'un pouvoir de contrôle du mandant sur les activités de son mandataire, dépassant les pouvoirs usuels et légaux. Il n'est pas possible de faire une exégèse de la jurisprudence rendue à ce sujet. Cependant, une lettre du ministère des Affaires sociales et de l'emploi[4] fixe très précisément la position de l'Administration en deux points :

a) la profession d'agent immobilier est compatible avec la réglementation relative aux agents commerciaux;

b) le respect de cette réglementation entraîne l'impossibilité pour la sécurité sociale de solliciter la requalification du contrat d'agent commercial en contrat de travail salarié.

Malgré cette circulaire, il convient de noter qu'alors même que les conditions d'immatriculation et de contrat écrit d'agent commercial se trouvent respectées, la jurisprudence continue à s'attacher aux critères traditionnels caractérisant le contrat de travail pour requalifier comme tel les rapports existant entre l'agent immobilier et son agent commercial.

1. Voir CA Paris, 18e ch. sect. A, 24 oct. 1978; voir jurisprudence n° 3201 • *Contra* : CA Versailles, 5e ch. soc., 13 mars 1987; voir jurisprudence n° 3201.
2. Commission de recours gracieux, 7 août 1984.
3. Commission de recours gracieux, 7 août 1984, Flabeau c/CPAM de Paris; voir jurisprudence n° 3201.
4. Sous le timbre de la Direction de la Sécurité sociale sous-direction des affaires administratives et financières, bureau AI, en date du 2 juill. 1987, adressée à J. Longuet, président de la FNAIM.

◊ Ainsi, une décision inédite de la Cour d'appel d'Aix-en-Provence, en date du 4 octobre 1999[1] requalifie un contrat d'agent commercial remplissant toutes les conditions posées par la lettre du ministre des Affaires sociales du 2 juillet 1987, en contrat de travail.

Il résulte de cette décision qu'en présence d'un ou plusieurs critères du contrat de travail, tels qu'un service organisé, une exclusivité de collaboration, un secteur géographique, l'utilisation du matériel et des moyens de l'agence, la présence fréquente au siège de l'agence et le respect des horaires d'ouverture, le respect des directives du responsable de l'agence et l'obligation de rendre compte, aucune indépendance de l'agent commercial n'est reconnue.

• Cependant, la loi n° 2003-721 du 1er août 2003 pour l'initiative économique, dite loi Dutreil, a modifié les dispositions de l'article L. 120-3 du Code du travail et présume désormais que les personnes physiques immatriculées au registre du commerce ou à celui des métiers ou des agents commerciaux, de même que les dirigeants des personnes morales immatriculées, ne sont pas liées à leur cocontractant par un contrat de travail.

Cette présomption est simple dans la mesure ou le deuxième alinéa de cet article prévoit la possibilité pour l'URSSAF d'apporter la preuve de l'existence d'un contrat de travail, en démontrant que les parties se sont placées dans un lien de subordination juridique permanente.

▷ La preuve de l'existence d'un tel lien nous paraît difficile à rapporter sauf à pouvoir démontrer une fraude indiscutable ayant pour objet de dissimuler un emploi salarié sous un autre contrat.

□ Par exemple, le lien juridique permanent ne nous semble pas pouvoir exister en présence d'un agent commercial qui travaillerait pour le compte de plusieurs agences et ne recevrait donc pas ses rémunérations d'un seul agent immobilier mais de plusieurs.

FAUT-IL ENCORE SOUMETTRE UN NÉGOCIATEUR AU STATUT D'AGENT COMMERCIAL ?

▷ Malgré les nouvelles dispositions du Code du travail, le contrat d'agent commercial ne peut donc être envisagé sans risque de requalification que si les fonctions confiées sont exercées d'une manière totalement indépendante, ce qui se trouve difficilement conciliable avec le respect de la réglementation spécifique applicable à la profession d'agent immobilier.
En effet, la tenue des mandats et les règles de réception des fonds, la tenue des registres, l'établissement des contrats avec la clientèle, toutes ces fonctions ne pouvant être exercées que par le titulaire de la carte professionnelle, nécessitent une organisation structurée, une communication et une présence très fréquente de l'agent commercial au siège de l'agence.
Cette présence se trouve également nécessaire pour permettre le suivi et l'animation de la politique commerciale de la vente pour diffuser ou préserver son image de marque.
Ces considérations sont encore plus évidentes dans le secteur de la franchise ou des réseaux intégrés alors que des normes commerciales sont appliquées d'une manière uniforme dans le respect de règles impératives (chartes, tenue vestimentaire, etc.).

▷ La prudence consiste donc pour l'agent immobilier à **ne pas imposer de clause d'exclusivité à un agent commercial** et bien au contraire, à n'utiliser ses services que de concert avec d'autres confrères qui le rémunéreront, ce qui exclura le critère de permanence du lien juridique et empêchera une éventuelle requalification.

1. CA Aix, ch. soc., 4 oct. 1999, n° RG 1704/99, jurisprudence n° 3201 • Cass. soc., 21 oct. 1999, Bull. civ. V, n° 393; jurisprudence n° 3201.

II. Directeurs de succursales et d'agences

420 Aucun texte ne s'oppose à ce qu'une personne qu'elle soit ou non titulaire d'une carte professionnelle puisse souscrire plusieurs déclarations préalables d'activité et obtenir ainsi la délivrance de plusieurs récépissés au titre des établissements secondaires.

Cependant, il ne peut en être ainsi que si la personne concernée est en mesure d'assurer personnellement et effectivement la direction de chaque établissement secondaire qui a fait l'objet d'une déclaration. La personne qui dirige un établissement secondaire sans justifier les conditions d'aptitude pourrait être poursuivie pour infraction à l'article 18, alinéa 1, de la loi du 2 janvier 1970[1].

L'article 8 du décret du 20 juillet 1972 fait obligation à celui qui va assumer la direction d'un établissement secondaire, succursale, agence ou bureau (ouvert même à titre temporaire) d'en faire la déclaration préalable à la préfecture du département de situation. À l'appui de cette déclaration, il doit justifier :

- de son état civil, sa qualité et son domicile;
- de l'indication de la préfecture qui a délivré la carte professionnelle;
- de l'état civil, la profession, le domicile et le lieu d'activité du titulaire de la carte professionnelle et, pour une personne morale, la dénomination de la société, sa forme juridique, le siège, l'objet, l'état civil et le domicile du ou des représentants légaux ou statutaires;
- de son aptitude professionnelle dans les conditions prévues à l'article 11 du décret ou dans celles prévues aux articles 12, 13 et 14 avec un temps d'activité réduit de moitié.

De même, le titulaire de la carte devra avertir immédiatement la préfecture qui a délivré sa carte de toute ouverture de bureaux secondaires.

Les infractions sont punies d'un emprisonnement de six mois et d'une amende de 3 000 euros ou de l'une de ces deux peines seulement.

La tendance des préfectures est de refuser au titulaire de la carte professionnelle le récépissé d'une déclaration préalable lorsque celui-ci prétend diriger personnellement une succursale dont la situation géographique est trop éloignée de l'établissement principal.

□ Ainsi le titulaire de la carte exerçant à Paris a de grands risques de se voir refuser d'assumer personnellement la direction d'une succursale à Lyon ou à Marseille. ■

1. Rép. min., JOAN 23 juin 1980.

E

Nos 501 à 508

Les groupements de professionnels immobiliers

PAGES

I. Les organisations syndicales 64
A. Activités limitées à un cadre juridique précis 64
B. Stratégie syndicale 64
C. Réflexions sur l'adhésion 65

II. Les organisations commerciales 65
A. Système associatif 65
B. Franchises 66
C. Réseaux intégrés 67

501 Les activités d'agence immobilière et d'administration de biens s'exercent traditionnellement sous forme d'entreprises économiquement indépendantes les unes des autres.

En effet, l'activité s'exerce dans un secteur géographique limité par les possibilités humaines et économiques de l'entreprise, laquelle repose souvent sur un individu, voire un nombre de professionnels limité.

Les exigences de la négociation et du marché impliquent un lien personnel étroit entre le professionnel et son client.

Les professionnels isolés ont compris la nécessité d'opérer des regroupements d'intérêts pour dans un premier temps défendre leurs intérêts professionnels vis-à-vis des pouvoirs publics et de l'opinion publique.

Dès la fin de la Première Guerre mondiale, certains d'entre eux se sont regroupés dans le cadre de syndicats professionnels, rompant ainsi l'isolement des adhérents et leur donnant la possibilité d'agir pour la défense des intérêts collectifs de la profession.

Les syndicats professionnels ainsi créés ont donné naissance à des structures de collaboration de nature commerciale qui ont permis à des professionnels du même secteur d'unir leurs compétences pour protéger leur part de marché.

À côté des syndicats professionnels, des formes de collaboration spécifique uniquement fondées sur les activités commerciales, ont vu le jour à partir de 1974, année de création de la première Organisation régionale des professions immobilières (ORPI).

Par la suite, le système de la franchise s'est développé à travers de nombreuses organisations telles que pour les plus connues Century 21, ORPI, Laforêt immobilier, ERA, etc.

Les syndicats professionnels craignant de perdre leurs adhérents se sont trouvés obligés de lutter contre la concurrence des structures commerciales organisées dont le label et les services offrent des avantages proches de ceux des syndicats.

Certains syndicats ont été amenés à dépasser les limites juridiques de leur objet pour intervenir directement sur le marché à travers des sociétés commerciales pratiquant des activités de franchiseur, d'assurance et de courtage en crédit.

Il convient de s'interroger sur les possibilités offertes par ces différentes organisations pour améliorer les résultats des entreprises dans le domaine de la négociation et/ou de la gestion immobilière.

I. Les organisations syndicales

A. Activités limitées à un cadre juridique précis

502 En vertu des dispositions du Code du travail[1], les syndicats professionnels voient leurs activités limitées à un cadre juridique précis. Ils ne peuvent avoir pour objet que l'étude et la défense des droits ainsi que des intérêts matériels et moraux, tant collectifs qu'individuels, de leurs adhérents.

Cet objet ainsi défini n'autorise pas les syndicats professionnels à agir dans le domaine commercial.

□ Ils ne peuvent pas, par exemple, organiser et réglementer la mise en commun de moyens économiques visant à appréhender des parts de marché au profit des adhérents.

Cependant, et pour être reconnus comme représentatifs vis-à-vis des pouvoirs publics et des consommateurs, les organisations syndicales d'agents immobiliers doivent recruter un nombre suffisant d'adhérents.

Afin de susciter les adhésions, les syndicats se trouvent dans l'obligation d'offrir des services tels que l'accès à une centrale de publicité, la diffusion télématique des affaires, la création de fichiers de négociation inter-cabinets, des services et ventes à tarifs préférentiels, des contrats d'assurance groupe, des garanties pour les fonds déposés, des financements à taux préférentiels, etc.

Les organisations syndicales se trouvent donc conduites à s'intéresser aux activités économiques de leurs adhérents, en créant une image de marque commerciale et économique, ou en réglementant minutieusement les conditions d'exercice professionnel soit individuellement, soit en matière de collaboration.

Le sigle syndical est présenté au public comme une référence de compétence, ce qui peut être légitime, mais encore comme garantissant des prestations commerciales ce qui est éloigné de la stricte défense des intérêts collectifs et moraux de la profession.

Une situation concurrentielle a résulté de ces pratiques entre les organisations syndicales et les groupements commerciaux.

◊ À la suite de procédures judiciaires, il a même été jugé qu'une organisation syndicale ne pouvait interdire à ses adhérents de collaborer dans une structure organisée de négociation avec des professionnels non adhérents du syndicat.

B. Stratégie syndicale

503 Ces mêmes organisations syndicales créent des vitrines professionnelles offrant aux consommateurs les prestations des adhérents.

□ Il s'agit des actions promotionnelles par voie de diffusion d'affaires dans la presse et les médias et par télématique.

1. C. trav., art. L. 411-1.

Certaines organisations syndicales ont même créé des sociétés commerciales ayant pour objet de dépasser les limites de leurs possibilités d'actions telles que définies par le Code du travail, et agir directement sur le marché pour la poursuite d'un profit aussi bien collectif qu'individuel.

Ce souci explique la tendance de certains syndicats à essayer d'enfermer l'exercice professionnel des adhérents au sein de la structure syndicale.

L'importance des services offerts par le syndicat vis-à-vis du public et la notoriété de son sigle constitue la raison déterminante de l'adhésion d'un agent immobilier.

▷ Le motif essentiel consiste à améliorer son image de marque individuelle mais également sa part de marché par un label de qualité.

Pour fidéliser l'adhérent, il lui est proposé ou souvent imposé la participation au contrat d'assurance groupe du syndicat et la souscription de parts d'une société de caution mutuelle unique contrôlée par le syndicat.

Dans les cotisations payées par l'adhérent, souvent proportionnelles à son chiffre d'affaires, se trouvent incluses des sommes correspondant à des actions commerciales du syndicat pour la promotion du label.

C. Réflexions sur l'adhésion

504 La sortie de l'organisme syndical s'avère difficile pour l'adhérent en raison de l'impact professionnel lié à la perte du logo syndical (vitrines, documents commerciaux, affiches, papier à lettres...), ainsi qu'au retrait de la garantie de l'organisme de caution mutuelle obligatoirement accompagné de publicités par voie de presse et par voie de lettres adressées aux clients de l'adhérent qui change de garant.

Ce changement crée donc un trouble commercial vis-à-vis des clients et des tiers, alors même que la santé financière et la déontologie professionnelle de l'agent ne sont pas en cause.

▷ L'adhésion à un syndicat de ce type nécessite préalablement une réflexion tenant aux avantages du label et des services offerts, par rapport aux contraintes liées à l'importance des cotisations et aux conséquences professionnelles d'un retrait ultérieur.

Par ailleurs, une partie non négligeable des professionnels exerce sous forme non syndiquée en souscrivant à titre individuel avec leur banque les garanties nécessaires pour l'exercice de la profession.

Ils choisissent alors librement d'adhérer à des organisations purement commerciales, indépendantes de toute organisation syndicale pour organiser le développement de leurs activités.

II. Les organisations commerciales

A. Système associatif

505 Au début des années soixante-dix, des agences se sont groupées au niveau du quartier, d'une ville, voire d'une région, afin de dépasser les possibilités artisanales des cabinets individuels en unissant leurs compétences et leurs moyens.

□ La forme la moins élaborée se trouve dans l'édition périodique d'un journal gratuit auquel collaborent ces agences afin de présenter au public les affaires en portefeuille et les services offerts par la collectivité.

Ce type de groupement informel – à travers un périodique – vise à donner au consommateur une vision globale du marché et une image valorisante, sans que les agences adhérentes soient enfermées dans une structure juridique trop contraignante, portant atteinte à leur indépendance.

506 Le stade suivant est constitué par une **structure juridique de collaboration** constituée au sein soit d'une association « loi de 1901 », soit d'un groupement d'intérêt économique (GIE), ayant pour but non seulement une image valorisante vis-à-vis du public à travers des publications, mais encore un véritable service constitué par la création d'un fichier commun d'affaires.

Ce fichier commun, le plus souvent obligatoire, contraint les agents immobiliers adhérents à communiquer à tous leurs confrères du groupement la totalité de leurs affaires afin qu'elles puissent être négociées par tous.

Le mandat donné par un client à une agence se trouve ainsi communiqué à toutes les agences du groupement, permettant une négociation plus efficace et plus rapide pour la recherche du client et la conclusion de l'affaire.

De telles structures nécessitent un budget de fonctionnement en raison des moyens humains et informatiques qu'elles se trouvent obligées de mettre en œuvre.

C'est ainsi que se sont créés, sous la forme de groupements d'intérêts économiques sur des secteurs déterminés, les groupements d'agents immobiliers répondant au sigle « ORPI » (Organisation régionale des professions immobilières). Le réseau ORPI constitue le meilleur exemple d'un système créé sur le plan régional, qui a rapidement débouché sur une vocation nationale regroupant au sein d'un organisme fédérateur la totalité des groupements régionaux[1].

La notoriété acquise par la marque ORPI fait de cette organisation commerciale l'une des premières si ce n'est la première structure de négociation en France par rapport au nombre d'adhérents.

Grâce à la force commerciale ainsi créée, les **adhérents** bénéficient non seulement des centrales de négociation au niveau de leur cabinet, mais encore de la notoriété de la marque à travers les campagnes médiatiques.

Pour le **particulier**, le fait de s'adresser à un tel groupement constitue une garantie de bonne diffusion de son affaire au niveau des agences, sans qu'un coût supplémentaire lui soit réclamé, une seule commission étant partagée entre les agences intervenantes selon des clés de répartition qu'elles ont mises au point.

À côté de ces structures de type associatif sont nés, sous l'influence des États-Unis, des systèmes dont l'objet n'est pas la collaboration entre des agences indépendantes, mais la **création d'un sigle commun** garanti par un savoir-faire et une déontologie commune.

▷ Les systèmes informatiques mis en place pour la gestion des fichiers des adhérents des groupements doivent faire l'objet d'une déclaration auprès de la Commission nationale informatique et libertés (CNIL)[2].

B. Franchises

507 Le système de la franchise est utilisé par des organisations comme Century 21, ORPI, Agences n° 1, Laforêt immobilier, Peloux...[3]

1. ORPI réseau national immobilier, 2 villa Lourcine 75014, tél. 01 53 80 99 99.
2. CNIL, www.cnil.fr
3. Voir dans la même collection, *Franchise*, par J.-M. Leloup.

Ces organisations attirent les professionnels isolés ou nouveaux dans la profession, par les formations proposées, l'assistance dans la gestion et la tenue de l'agence, la qualité de l'image offerte au public à travers des campagnes médiatiques.

Le franchisé doit participer à l'action commune et verser à ce titre, outre un droit d'entrée acquis au franchiseur, des royalties proportionnelles à son chiffre d'affaires, de l'ordre de 4 à 8 % suivant les organisations.

Les contraintes liées à l'image de marque et au savoir-faire obligent l'adhérent à respecter une présentation de l'agence au niveau de la boutique, voire même des vêtements des collaborateurs, ainsi qu'une charte graphique concernant toute la publicité qui serait faite par le franchisé, l'utilisation de documents et formulaires types, le passage obligé par des centrales d'achat pour un certain nombre de fournitures contractuellement imposées.

▷ La complexité des contrats, lesquels comportent souvent des clauses de non-concurrence en cas d'abandon du réseau par l'adhérent, l'importance des obligations financières, la difficulté de rompre les relations contractuelles, justifient une attention toute particulière de la part d'un professionnel intéressé par ce type de groupement.
Il paraît souhaitable que les conditions de l'adhésion et les contrats proposés puissent être examinés préalablement par des conseils extérieurs, tels que juristes et experts comptables, afin que soient parfaitement pesés les avantages et les inconvénients.

C. Réseaux intégrés

508 Il s'agit d'une entité juridique unique qui comporte plusieurs filiales ou succursales, faisant toutes le même métier ou des métiers complémentaires, et visant à couvrir tout ou partie du territoire national.

Ce type de groupement caractérise plutôt qu'une union de professionnels, l'action d'un investisseur ou d'un groupe d'investisseurs, dans le cadre d'un développement intégré et centralisé, visant à acquérir les plus grandes parts de marché possible.

Les cibles peuvent représenter une ville, une région, un pays, ou même être étendues à l'échelon européen.

L'activité peut être polyvalente ou très spécialisée (immobilier de loisirs/tourisme, immobilier d'entreprise, administration de biens, etc.). ■

F L'implantation et l'organisation de l'agence

Nos 601 à 618

PAGES

I. Où s'implanter ? 69

II. Comment rechercher des biens à vendre, des acquéreurs ? 70
A. Contacts de proximité 70
B. Lecture de la presse nationale et spécialisée • Collaboration avec des confrères 70
C. Recherche des acquéreurs 71

III. Rapprochement des clients 72
A. Évaluer les capacités financières du client 72
B. Rapprochement des fichiers vendeurs/acquéreurs 72
C. Négociation et réalisation 73

IV. Exercer des activités connexes ? 74
A. L'administration de biens 74
B. L'expertise 75
C. Ne pas mélanger les activités diverses 75

V. La déontologie professionnelle 76
A. Vis-à-vis des clients 76
B. Vis-à-vis des confrères 77

I. Où s'implanter ?

601 Le choix de l'implantation de l'agence en ville plutôt qu'à la campagne résulte plus d'un choix de vie personnel que de considérations tenant à la logique. Simplement, la gamme des biens immobiliers destinés à la vente sera différente :

- terrains à bâtir et lotissements, maisons individuelles et résidences secondaires à la campagne;
- immeubles d'habitation, appartements en copropriété et hôtels particuliers ou maisons de ville dans les agglomérations.

En ce qui concerne le lieu d'implantation de l'agence, elle n'a pas grande importance à la campagne, la réussite du professionnel tenant plus à ses qualités et sa notoriété qu'à la situation de son agence au regard de l'achalandage.

□ Ainsi, une agence localisée dans la rue principale d'un chef lieu de canton pourra moins bien réussir que celle située dans une rue de village. La réputation acquise par le professionnel auprès des habitants fera toute la différence.

Par contre, en ville, la qualité du professionnel devra être complétée par une bonne localisation de l'agence tenant compte de l'achalandage dans la mesure où l'importance de la population ne permet pas d'étendre la clientèle par des relations de proximité. Le secteur d'activité et la qualité des biens dépendront uniquement du quartier où se trouve installée l'agence dont la clientèle et le stock seront le plus souvent le reflet des habitants et de leur niveau sociologique et de fortune.

II. Comment rechercher des biens à vendre, des acquéreurs ?

A. Contacts de proximité

602 Les premiers indicateurs d'affaires sont les voisins proches de l'agence qui vient de s'installer. Ceci se vérifie aussi bien à la campagne qu'en agglomération.

• À la campagne, il convient de rendre visite aux élus du canton, maires et conseillers municipaux, d'étudier les cadastres et les plans d'occupation des sols ou plans locaux d'urbanisme, où se trouvent désignés les terrains à vendre ainsi que les règles de constructibilité, de rencontrer les professionnels de l'immobilier, les commerçants et les notables, notaires, pharmaciens, médecins, avocats qui sont tous au contact de la population, jouant ainsi le rôle de prescripteurs auprès de la clientèle.

• En ville, il sera de plus opportun de privilégier la visite auprès des concierges, notaires, banques, commerçants et entreprises du quartier pour se faire connaître et apprécier. En cas d'apport d'affaire, une gratification, remise avec délicatesse, ou un cadeau, sont de nature à fidéliser l'indicateur occasionnel et assurer un renouvellement des affaires.

Ces actions pourront être utilement complétées par des **distributions de mailings** dans les boîtes à lettres ou la distribution d'un journal de l'agence qui, à côté de la présentation des affaires en portefeuille, pourra traiter de sujets immobiliers juridiques ou fiscaux.

Une visite aux associations du quartier et à leurs dirigeants permettra de se faire connaître et d'apprécier la clientèle locale, ses désirs et ses problèmes. La profession d'agent immobilier et son exercice nécessitent de développer les relations publiques de l'agence lesquelles conditionnent la constitution du portefeuille de clientèle, condition de la réussite ou l'échec d'une nouvelle implantation.

B. Lecture de la presse nationale et spécialisée • Collaboration avec des confrères

603 La clientèle et les affaires se trouvent également grâce à une lecture assidue et matinale de la presse.

Les grands quotidiens ont tous une ou plusieurs pages dédiées aux petites annonces immobilières, lesquels permettent de prendre connaissance du marché tant en ce qui concerne le prix des biens que l'adresse et le numéro de téléphone des vendeurs qui pourront être ainsi contactés en vue de la délivrance d'un mandat.

La presse spécialisée pourra donner aussi d'excellentes indications dans la mesure où le client n'hésitera pas le plus souvent à consentir un mandat simple au profit d'un agent immobilier, multipliant ainsi les chances de vendre son bien.

604 Les confrères du secteur peuvent dans le cadre d'une collaboration apporter le vendeur ou l'acquéreur manquant sans lequel la vente ne pourra se réaliser.

▷ Il est donc très utile de lier des contacts permanents avec les confrères de proximité pour permettre une collaboration fructueuse pour toutes les parties.

Ainsi de nombreuses agences de quartier pour faire face à la concurrence tout en gardant leur indépendance, recourent à l'édition d'un **journal en commun** sous un sigle associatif, pour présenter à la clientèle leurs affaires et compétences respectives.

▷ Le coût d'un tel journal peut être facilement amorti par la participation des commerçants prestataires de services du quartier au niveau de la publicité et même des annonces de particuliers pour la vente de biens mobiliers.

C. Recherche des acquéreurs

605 La découverte des clients acquéreurs dépendra tout d'abord de la qualité de l'emplacement de l'agence.

Ainsi une agence située dans un axe de passage de chalands, tel qu'à la sortie d'une station de métro ou d'autobus, dans une rue piétonne, à proximité d'une galerie commerciale ou en bordure d'un marché, multipliera les chances de voir examiner par les passants ses affaires en vitrine et multipliera ainsi ses chances, de découvrir parmi les chalands, un futur client acquéreur.

Les publicités dans la presse nationale et spécialisée de même que l'édition d'un journal immobilier individuel ou collectif, multiplieront également les chances de découverte. Il en est de même de la création d'un site Internet permettant de présenter les affaircs en vente avec réalisme.

Enfin, la collaboration avec des confrères, d'une manière individuelle ou collective au sein d'un groupement d'agence, permettra d'obtenir un meilleur taux de rendement et de rotation du portefeuille de l'agence. Le tissu relationnel que l'agent aura su tisser dans son quartier multipliera les chances de se voir adresser des clients qui pourront se révéler de futurs acquéreurs.

606 Aujourd'hui, il convient de prendre en compte le fait que dans les grandes villes les groupements d'agences permettent d'appréhender une plus grande part du marché immobilier et d'accélérer le traitement des transactions.

Les agences individuelles ont tendance à se regrouper d'une manière plus ou moins organisée, autour d'une structure juridique chargée de centraliser et répartir un **fichier commun** entre les adhérents, lesquels peuvent être obligés ou non, d'apporter au fichier la totalité des leurs affaires.

Parfois, cette collaboration prend la forme de l'édition d'un journal de quartier, la seule obligation pour les participants portant sur la participation aux frais d'édition du journal et la collaboration pour le traitement des affaires restant facultative.

▷ L'exercice individuel, quand bien même il reste majoritaire en France, se trouve grandement facilité par la participation à un groupement de négociation tant pour la recherche des affaires que leur traitement et l'image de sérieux donnée au public. La collaboration entre les agences pour le traitement des clients paraît de plus en plus nécessaire de manière à répondre à l'appel de la clientèle soucieuse de rechercher un service de qualité.

Le choix de la formule de collaboration adoptée est une question de choix individuel afin de tenir compte du contexte économique de l'agence et des aspirations de ses dirigeants en matière de développement et d'image.

III. Rapprochement des clients

A. Évaluer les capacités financières du client

607 Dans de nombreux cas, le rêve du client est loin de la réalité dans la mesure où il a souvent tendance à surévaluer ses capacités financières et pense pouvoir s'intéresser à des biens dont le prix dépasse ses moyens. Il est donc fondamental de réaliser un **bilan financier**, avant toute visite d'un bien par un nouveau client.

Ce bilan permettra à partir des revenus, des dettes et des disponibilités du client à titre personnel et au moyen d'un crédit, d'orienter son choix vers un bien dont le prix de vente correspond à ses capacités financières. Souvent ce bilan permettra d'écarter les simples visiteurs qui ne sont pas véritablement désireux d'acquérir un bien immobilier.

▷ Le bilan est indispensable dès le premier contact pour permettre un travail utile dans l'intérêt général.
Il convient de noter que la première démarche d'évaluation du visiteur doit porter sur sa faculté d'endettement au regard de ses revenus, de sa situation de fortune et des crédits qu'il a pu contracter et dont il assume encore le remboursement sans oublier sa situation familiale.

Ce travail une fois réalisé, il sera possible de déterminer la gamme des biens disponibles à l'agence pour pouvoir satisfaire la demande particulière du client.

▷ Un fichier acquéreur devrait être constitué pour enregistrer chaque client en le classant par type de bien en fonction de ses observations suite à chaque visite, ce qui permettra un traitement rapide par l'agence, au niveau de la sélection des biens et de l'organisation des visites.

B. Rapprochement des fichiers vendeurs/acquéreurs

608 Pour rechercher efficacement le bien dans le portefeuille de l'agence, il faudra rapprocher le stock disponible dans la catégorie recherchée par le client. Cette recherche peut être effectuée à l'aide d'un procédé informatique.

Aujourd'hui, il est possible d'opérer une première sélection dans les locaux de l'agence, si cette dernière dispose de moyens de visualisation comme une caméra photo ou vidéo numérique. Le client pourra ainsi opérer une sélection sur place ce qui permettra d'éviter des visites inutiles.

Pour les appartements sélectionnés, la remise d'un plan avec descriptif et photos pourra permettre une présentation suivie d'une visite efficace.

Il est très important que le vendeur ne participe pas à la visite de l'appartement, car le plus souvent pour des raisons d'émotivité ou d'affectivité pour son bien et ce qu'il représente pour lui et sa famille, il risque de gêner le travail de présentation et de négociation de l'agent en lui interdisant d'évoquer notamment certains aspects subjectifs ou objectifs du bien avec le client.

▷ Seul l'agent doit intervenir à ce stade de la présentation et de la première négociation dans un souci d'efficacité et de clarté pour toutes les parties. Le vendeur doit être informé de cette obligation de passivité dès la remise du mandat, de manière à éviter tout malentendu entre lui-même et son mandataire; Une fois la négociation amorcée, il appartient à l'agent d'informer le vendeur de la position de l'acquéreur ce qui va permettre un rapprochement et la recherche d'un accord.

C. Négociation et réalisation

609 Le travail de rapprochement nécessite de la part de l'agent de la délicatesse et de la droiture pour aider les deux parties à trouver le point d'équilibre sans utiliser des procédés tels que la présence d'autres acquéreurs potentiels ou la révélation de points de faiblesse tenant à la situation personnelle du vendeur.

Le prix du marché immobilier constitue un moyen de pression suffisant pour amener les parties à un accord équilibré sans qu'il soit nécessaire d'agir sur des éléments tenant à la subjectivité des parties.

Une fois l'accord obtenu, il convient que celui qui en a été la cheville ouvrière établisse l'avant contrat préalable, indispensable le plus souvent, avant de signer l'acte de vente notarié définitif.

La question du **financement du prix par l'acquéreur** nécessite la participation active de l'agent lequel doit avoir à sa disposition une gamme de crédits à offrir à ses clients. Il doit les conseiller sur les meilleurs taux et la durée de remboursement pour leur permettre d'appréhender le marché du crédit et faciliter ainsi l'accord. Il doit avoir déjà constitué le dossier et les pièces nécessaires pour pouvoir le transmettre sans tarder aux organismes financiers qui seront consultés.

610 L'avant-contrat doit être rédigé par l'agent et non par un tiers dans la mesure où la clôture de la négociation intervient dès rencontre des consentements sans attendre un rendez-vous chez le notaire dans des délais qui permettraient aux parties de revenir sur un accord.

▷ Plus important, l'agent qui a négocié la vente est la personne la plus à même de rédiger et rapporter, convenablement et honnêtement, l'accord des parties, plutôt que le clerc de notaire qui recevra un dossier, sans l'avoir constitué et l'avoir vécu.

La rédaction de l'avant-contrat fait partie de la mission de l'agent et du service qu'il doit à ses clients. Cette rédaction est aussi la preuve de sa compétence et justifie tout autant que la négociation, le paiement de sa commission.

▷ Depuis la loi SRU, la rédaction d'un avant-contrat sous seing privé avec versement d'un acompte est préférable à la rédaction d'une promesse de vente authentique, laquelle ne pourra intervenir qu'après l'expiration d'un délai de réflexion de sept jours (voir n° 823).

Enfin, il appartient à l'agent d'accompagner ses clients, à l'occasion de toutes les difficultés qu'ils pourraient rencontrer pour parvenir à la vente, pendant la durée de validité de l'avant-contrat. Sa signature ne constitue pas la fin de la mission de l'agent mais seulement une étape avant la vente définitive qui seule lui permettra de percevoir sa rémunération.

IV. Exercer des activités connexes ?

A. L'administration de biens

611 La constitution d'un portefeuille de gestion locative permet de constituer une source de revenus permanents pour l'agence, alors que l'activité de transaction ne procure que des revenus irréguliers en fonction de la conjoncture du marché et les délais nécessaires pour aboutir à la signature de l'acte de vente.

▷ Ainsi, il est judicieux de constituer un portefeuille de gestion à chaque fois qu'un client achète un appartement dans le cadre d'un investissement locatif.

Au fil du temps, le portefeuille de l'agence va grossir et permettre la création d'une source de trésorerie permanente à peu de frais. De plus, les portefeuilles de gestion ont une valeur patrimoniale importante et se revendent facilement sur la base d'un prix évalué à 1,5 à 2 fois les honoraires annuels. En face de cette valorisation en capital, il convient de remarquer qu'une agence immobilière n'a aucune valeur marchande, son prix représentant le plus souvent, la valeur du droit au bail et des installations, alors que le client s'épuise dés la vente intervenue sans aucune fidélisation possible, en raison du long délai qui s'écoulera entre chaque revente d'un bien immobilier. Il paraît donc naturel de conserver suite à son acquisition, le client investisseur dans le cadre de la gestion, plutôt que de le laisser partir vers la concurrence.

En outre, d'autres revenus sont induits par la gestion au titre des honoraires de location. En effet, le renouvellement des locataires donne lieu à une activité de transaction à l'occasion des nouvelles locations qui sont consenties. Pour chaque location, l'agence percevra une commission qui s'ajoutera aux honoraires périodiques de gestion. Enfin, le client en cas de revente de son bien confiera la vente à son gestionnaire, le plus souvent en exclusivité, les biens gérés constituant donc un stock de transaction, renouvelable sans aucun travail de recherche préalable et dans un climat de confiance au juste prix du marché.

▷ Pour faciliter la gestion, il existe sur le marché de nombreux logiciels qui permettent d'établir les quittancements facilement et de procéder aux règlements tant en ce qui concerne les clients que les tiers.

612 En ce qui concerne les **copropriétés** et l'activité de **syndic**, il s'agit d'une activité très spécialisée dont l'exercice nécessite une technicité juridique, une organisation en matériel et en ressources humaines, qui ne sont pas à la porté de tous les agents immobiliers. De plus, pour être rentable, cette activité doit porter sur un grand nombre de lots gérés, alors que les honoraires, au lot géré, sont négociés à des montants bas par les clients en raison de la concurrence des grosses structures et que la mise en place des services de gestion exige une infrastructure en hommes et en matériel, très coûteuse.

▷ Pour ces raisons, il n'est pas conseillé de se lancer dans la constitution d'un portefeuille de copropriété sans avoir bien évalué son coût en terme de gestion et de développement à peine d'enregistrer des déficits permanents de gestion.

613 Le risque le plus important en matière de gestion porte sur le détournement des fonds gérés par le personnel comptable de l'agence. Il en est d'autant plus ainsi que les comptes de gestion locative se trouvent tous inclus dans un seul compte bancaire dont le titulaire est l'agence. Ceci rend donc les vérifications comptables difficiles, toutes les rentrées locatives et les règlements effectués étant mélangés.

▷ La tenue rigoureuse des balances de compte et les rapprochements fréquents de la trésorerie, permettent d'éviter les détournements qui peuvent être réalisés.

Les détournements de fonds sont généralement assurés dans le cadre des **contrats responsabilité civile** de l'agence. Mais le risque porte sur l'insuffisance de trésorerie qui peut mettre en péril l'activité de l'agence. En effet, la perte ne sera remboursée par la compagnie d'assurance qu'après un long délai, nécessaire pour établir les circonstances et le montant du détournement opéré. Dans l'attente du remboursement, l'agence devra être en mesure de pouvoir représenter à ses clients les fonds qui manquent en trésorerie, en faisant appel à ses fonds propres.

B. L'expertise

614 L'expertise d'un bien fait partie intégrante de la mission de l'agent et constitue un accessoire indispensable lors de la délivrance d'un mandat, lequel nécessite une évaluation préalable du bien mis en vente. Cette expertise orale n'est qu'un avis de valeur sans conséquence sur le plan de la responsabilité.

Par contre, l'agent peut se voir demander la délivrance d'un rapport écrit de valeur, soit par le client, soit par un organisme financier sollicité par le propriétaire en vu de la délivrance d'un prêt. Cette activité devient alors une activité d'expert laquelle ne doit être exercée qu'avec la compétence nécessaire et doit faire l'objet d'une rémunération distincte justifiée par la responsabilité de l'expert et le travail réalisé. Cette activité ne rentre pas dans le domaine de la réglementation de la loi du 2 janvier 1970 et constitue donc un secteur distinct, bien que complémentaire, de la transaction.

Une formation préalable doit être acquise pour exercer cette activité, soit auprès des organisations syndicales ou professionnelles, soit à l'université ou dans les instituts spécialisés. Il existe en effet des techniques d'évaluation des biens immobiliers et des fonds de commerce qui doivent être connues de l'expert pour pouvoir réaliser sa mission correctement[1].

▷ À partir du moment ou l'activité d'expertise prend de l'importance au sein de l'agence, il paraît judicieux de créer une organisation séparée, pour permettre de scinder cette activité par rapport à la transaction et la gestion traditionnelle.

Sur le plan des responsabilités, l'expertise est une activité à risque qui doit faire l'objet d'une **assurance spéciale**, alors que tous les contrats de responsabilité civile professionnelle ne comportent pas toujours une garantie pour cette activité. Les erreurs commises peuvent en effet entraîner de lourds dommages-intérêts en cas d'erreur d'appréciation des valeurs, lesquelles peuvent fluctuer rapidement comme nous avons pu le voir en période de crise du marché immobilier.

C. Ne pas mélanger les activités diverses

615 Certaines activités connexes à la transaction immobilière, telles que le marchand de biens ou la promotion immobilière, mettent en jeu des engagements importants sur le plan financier et comme tel peuvent mettre en péril l'activité de l'agence.

1. Voir dans la même collection, *Expertises judiciaires*, par J. Boulez.

□ En effet, une opération de marchand de biens ou de promotion nécessite la plupart du temps un recours à l'emprunt pour financer tout ou partie des investissements nécessaires avant la revente des immeubles.

La prise importante de risque financier peut entraîner des conséquences graves si les fonds propres investis dans l'opération ne permettent pas le remboursement de l'emprunt lors du dénouement de l'investissement.

▷ Il paraît donc prudent de scinder les activités dans des structures juridiques indépendantes de l'agence, qui sera ainsi préservée en cas d'opérations déficitaires.

De plus les garants financiers de l'agence au titre des fonds déposés en transaction ou en administration de bien, que ce soit des banques ou des sociétés de caution mutuelle, exigent que l'agence n'exerce pas d'autres activités que celles garanties au titre de la transaction ou de la gestion. En effet, il existe, en cas de confusion des activités, un risque de voir le garant appelé en comblement de la dette, constitué par l'activité de marchand ou de promoteur ou constructeur, qu'il n'a pas vocation à garantir en fait ou en droit.

De ce fait, il sera toujours nécessaire de **créer une structure juridique distincte** de celle de l'agence pour exercer de telles activités. Il est prudent de toute manière pour l'agent de protéger son activité de transaction immobilière, en la logeant au sein d'une structure spécifique qui ne pourra pas être mise en danger, par l'exercice d'une autre activité à risque.

▷ L'activité de courtage d'assurance, pourra par contre, sous réserve de l'appréciation du garant des fonds déposés, être exercée sans inconvénient par la structure juridique de l'agence, dans la mesure où elle ne présente pas de risque financier, s'agissant de prestations de service.

Il convient enfin de s'assurer contre les risques spécifiques aux activités connexes, si ses risques ne sont pas couverts par l'assurance responsabilité civile professionnelle de l'agence.

V. La déontologie professionnelle

616 L'agent se doit d'agir avec correction et délicatesse que ce soit avec ses clients ou avec ses confrères.

La réputation d'une agence dépend de son comportement à l'égard du client et de ses confrères. Une réputation est longue à établir et peut se dégrader rapidement, si l'agence et son personnel ne respectent pas les règles simples de loyauté envers les clients et les confrères.

A. Vis-à-vis des clients

617 Les informations qui sont données doivent faire l'objet d'une vérification, ce qui justifie que le bien reçu en vente doit être accompagné du titre de propriété du vendeur et de tous les renseignements permettant de connaître le ou les propriétaires habiles pour consentir à la vente.

La superficie doit également faire l'objet d'une vérification s'agissant aujourd'hui d'un élément légal pour toutes les ventes consenties dans une copropriété de même que l'état de l'immeuble et les travaux prévisibles. Ceci ne présente aucune difficulté pour les copropriétés, en interrogeant le syndic et en consultant les registres des assemblées et le carnet d'entretien de l'immeuble.

Avant de signer un avant-contrat avec un acquéreur, sa solvabilité doit être vérifiée. Les informations données se doivent donc d'être honnêtes ce qui conditionne rapidement la réputation de l'agence auprès de ses voisins.

▷ En ce qui concerne l'acquéreur, il nous paraît utile de lui demander avant toute visite d'un bien, de signer un bon de visite, lequel permettra de démontrer l'origine du client à l'égard du vendeur, sans contestation possible.

▷ Il est recommandé d'informer le client des diligences accomplies dans son intérêt et notamment des visites dont peut faire l'objet le bien mis en vente en lui dénonçant le nom du client acquéreur qui a visité.

Le personnel de l'agence doit être éduqué à cette fin de manière à agir par habitude et non par hasard. Lorsqu'il existe une possibilité de litige avec un confrère également mandaté par le client, il convient de prévenir ce dernier de la difficulté sans penser seulement à percevoir une commission. Il en serait ainsi dans l'hypothèse où deux agents mandatés font visiter au même acquéreur le même bien, ce qui pourrait entraîner une revendication sur le paiement de la commission. Dans une telle situation, il semblerait correct de rechercher avec le confrère un accord de partage de commission, évitant ainsi de voir le client vendeur devoir faire face à un procès.

B. Vis-à-vis des confrères

618 En ce qui concerne les confrères, il convient de garder une preuve écrite pour tous les accords de collaborations qui peuvent être consentis pour la vente d'un bien.

En cas d'affaire traitée en collaboration, la règle consiste à partager la commission entre les agents. Cependant, des litiges peuvent survenir à l'occasion de ce partage dont les bases de répartitions seraient contestées, lesquels pourront être facilement évités par un échange de lettre, précisant les bases du partage de la commission entre les parties.

Dans les groupements et les syndicats professionnels, il existe toujours un code écrit des usages entre confrères, notamment en ce qui concerne les affaires traitées en inter-cabinet.

▷ Mais il paraît prudent de constituer une preuve écrite pour éviter toute contestation ultérieure. ■

PARTIE

II

Les conventions liées à la mission de l'agent immobilier

G. Le mandat : caractères spécifiques, étendue et durée 81
H. Promesses de vente • Offres d'achat 111
I. Conditions suspensives et résolutoires • Droits de préemption 127
J. Rédaction des promesses 155
K. Rémunération de l'agent immobilier 179
L. Rémunération de l'administrateur de biens 195

G

Nos 701 à 762

Le mandat : caractères spécifiques, étendue et durée

PAGES

I. Le mandat est étroitement réglementé 82
A. Le mandat doit être écrit et satisfaire à certaines conditions 82
B. Portée du mandat de l'agent immobilier 83
C. Effet relatif de la nullité du mandat 84

II. Date de détention du mandat et pouvoir d'initiative du mandataire 84

III. Personnes habilitées à conférer un mandat 85
A. Principes généraux 85
B. Le démarchage à domicile 87

IV. Définition et critères de choix des mandats simples et exclusifs 89
A. Définition du mandat simple 89
B. Définition du mandat exclusif 90

V. Obligations contractées par les parties dans le cadre d'un mandat 90
A. Obligations contractées par le mandataire en cas de mandat simple ou exclusif 90
B. Obligations contractées par le mandant dans le cadre d'un mandat simple 92
C. Obligations contractées par le mandant dans le cadre d'un mandat exclusif 95

VI. La durée du mandat et ses causes d'extinction 96
A. Limitation dans le temps des mandats 96
B. Validité des clauses de tacite reconduction 97
C. La prise de mandat par correspondance 98
D. L'extinction du mandat par la révocation 102
E. L'extinction du mandat par la mort du mandant ou du mandataire 104

VII. L'agent immobilier peut-il se porter acquéreur du bien qu'il est chargé de vendre ? 105
A. L'agent immobilier ne peut pas acheter le bien qu'il est chargé de vendre 105

B. Hypothèses où il peut se porter acquéreur 105
C. Application aux groupements 106
VIII. La délégation de mandat ou la substitution de mandataire 106
A. La loi ne favorise pas la délégation de mandat 107
B. La jurisprudence a validé la pratique de la délégation du mandat 107
C. Respect de la réglementation professionnelle par le mandataire substitué 108
IX. Le mandat spécifique de l'administrateur de biens 109

I. Le mandat est étroitement réglementé

701 **Avant la loi du 21 juin 1960**[1], et surtout celle du 2 janvier 1970, le mandat du professionnel différait peu des règles générales prévues par le Code civil[2]. En effet, jusqu'à cette première loi de 1960 et l'interprétation qui en a été donnée par la Cour de cassation exigeant la forme écrite pour tout mandat conféré à un professionnel immobilier, aucune réglementation particulière de ce contrat n'existait.

• Si le mandat avait été conféré en matière civile, son existence devait se prouver par application des règles du Code civil édictées conformément aux articles 1341 et 1347.

• Si la rémunération du mandataire dépassait 5 000 F, la preuve devait être faite par écrit, la preuve testimoniale n'étant recevable qu'en présence d'un commencement de preuve par écrit, c'est-à-dire tout écrit émanant de la main de celui à qui on l'oppose, rendant vraisemblable l'obligation alléguée.

• Si les obligations contractées aux termes du mandat avaient la nature commerciale, la preuve en était libre et pouvait même être faite par témoins, conformément à l'article 109 du Code du commerce.

Il était donc possible, en matière commerciale, de prouver l'existence d'un mandat tacite résultant d'un ensemble d'actes accomplis de concert par le mandant et le mandataire.

◊ L'arrêt rendu par la Cour de cassation le 9 novembre 1970 a mis fin à cette situation, en exigeant qu'en tous les cas l'agent immobilier soit titulaire d'un mandat écrit remis par son mandant[3].

A. Le mandat doit être écrit et satisfaire à certaines conditions

702 La loi du 2 janvier 1970, et son décret d'application du 20 juillet 1972[4], réglementant les activités des professionnels immobiliers ayant la qualité de mandataire : agents immobiliers, administrateurs de biens, syndics de copropriété ont repris l'exigence de la forme écrite du mandat.

1. L. n° 60-580 du 21 juin 1960 sur la réglementation des agences mobilières et immobilières, répertoire des agents.
2. C. civ., art. 1984.
3. Cass. com., 9 nov. 1970, Gaz. Pal. 1971.1.144; D. 1971 somm. p. 41; Bull. civ. IV, 261 • Cass. 1re civ., 16 mai 1995; voir jurisprudence n° 3201.
4. Décr. n° 72-678 du 20 juill. 1972 d'application de la loi du 2 janv. 1970; voir n° 3302.

Cette réglementation a en outre ajouté des obligations supplémentaires de forme et de fond :

– sur les conditions de forme : ce mandat doit être fait en autant d'exemplaires qu'il y avait de parties à l'acte ayant un intérêt distinct[1] et qu'un exemplaire devait être remis à chacune des parties;

– sur les conditions de fond : elles tiennent aux activités de séquestre de l'agent immobilier, au paiement de sa rémunération[2].

Il est en effet obligatoire que soient mentionnées dans le corps du mandat les conditions dans lesquelles l'agent immobilier est autorisé à recevoir des fonds pour le compte de son mandant ainsi que leur montant maximal.

◊ Il en est de même des modalités de reddition de comptes, ainsi que des conditions de détermination de sa rémunération et la mention de la partie qui en aura la charge[3].

La sanction du non-respect des prescriptions de l'article 6 de la loi du 2 janvier 1970 est constituée par la nullité absolue du mandat conféré, nullité qui peut entraîner trois conséquences principales :

– la mise en cause de la responsabilité civile professionnelle du mandataire à l'égard de ses clients (voir chapitre O);

– l'impossibilité, en cas d'accomplissement de sa mission, de réclamer le paiement de sa rémunération[4];

– une infraction pénale de nature délictuelle, dans l'éventualité où des sommes d'argent auraient été versées[5] (voir chapitre P).

703 En ce qui concerne les **administrateurs de biens**, les mêmes obligations sont reprises aux termes des articles 64 et suivants du décret du 20 juillet 1972, en exigeant un mandat écrit dont un exemplaire doit être remis au mandant et comportant la détermination des conditions de la reddition de comptes, laquelle doit intervenir au moins tous les ans, la détermination de la rémunération et de l'indication de la partie qui en a la charge, l'étendue des pouvoirs conférés et autorisation expresse pour la réception des fonds à l'occasion de la gestion.

De plus, l'administrateur de biens pur, non titulaire de la carte professionnelle « Transactions immobilières », peut recevoir occasionnellement une mission de négociation pour la vente d'un immeuble dont il assure la gestion, sous réserve que cette mission fasse l'objet d'un mandat spécial conforme en tous points à celui exigé de l'agent immobilier et qu'il gère le bien depuis plus de trois ans.

Seul le **syndic de copropriété**, ayant la qualité de mandataire au sens de la loi du 2 janvier 1970, se trouve exclu de l'exigence du mandat écrit par l'article 64 du décret. Il en va bien évidemment de même pour les représentants des personnes morales qui, en qualité de mandataire social, assurent la gestion du patrimoine de la société ou de l'association.

B. Portée du mandat de l'agent immobilier

704 Aux termes des dispositions de l'article 72, alinéa 3, du décret du 20 juillet 1972, il est précisé : « Lorsqu'il comporte l'autorisation de s'engager pour une opération immobilière, le mandat en fait expressément mention. »

La question de savoir si le mandat conféré à un agent immobilier met le mandant en état d'offre à l'égard de tout acquéreur acceptant d'acheter aux prix et conditions du mandat a fait l'objet de nombreuses controverses aboutissant dans un premier temps à une jurisprudence divisée.

1. C. civ., art. 1325.
2. Cass. 1re civ., 26 nov. 1996; voir jurisprudence n° 3201.
3. L. 2 janv. 1970, art. 6.
4. Cass. 1re civ., 6 oct. 1993, Gaz. Pal. 1993.2 panor. p. 290; Bull. civ. I, n° 266 • Cass. 1re civ., 6 oct. 1993, Gaz. Pal. 1993.2 panor. p. 291; Bull. civ. I, n° 267.
5. L. 2 janv. 1970, art. 16 • TGI Bobigny, 9 déc. 1976.

En effet, l'acquéreur d'un bien avait tendance à soutenir, lorsque le mandant vendeur ne voulait plus vendre, qu'il se trouvait en état d'offre, à travers le mandat de l'agent, et qu'une vente parfaite était intervenue par l'acceptation d'acquérir manifestée d'une manière conforme aux termes et conditions du mandat.

Aujourd'hui, la jurisprudence de la Cour de cassation, de même que celle des juridictions du fond, tendent à considérer que seul le mandat expressément prévu par l'article 72, alinéa 3, permet de considérer qu'un agent immobilier est investi d'une mission de vendre le bien de son mandant.

◊ À défaut de mention expresse, laquelle est assimilable à une procuration pour consentir la vente, toucher et quittancer le prix, la jurisprudence considère que la mission conférée au mandataire se trouve limitée à la recherche d'un éventuel acquéreur en vue de pourparlers et de négociations qui ne peuvent aboutir à une vente que par la manifestation formelle de la volonté du mandant, vendeur de son bien[1].

705 Ainsi que nous le verrons plus loin (voir n° 724), le refus du vendeur de consentir à la vente sera simplement constitutif d'une faute contractuelle pouvant entraîner sa condamnation à indemniser l'agent immobilier pour la perte de sa commission, conformément aux principes généraux du droit des contrats[2].

Les offres d'achat remises au mandataire ne peuvent avoir une force obligatoire à l'égard du mandant, qu'à compter du moment où il les a expressément acceptées.

La responsabilité du mandataire peut être engagée à l'égard de ses clients si la rédaction du mandat, par son imprécision, peut laisser croire à l'existence de pouvoirs qu'il ne détient pas.

▷ Dans un mandat de recherche d'acquéreur, l'utilisation des termes « Mandat de vente » doit être formellement proscrite.

C. Effet relatif de la nullité du mandat

706 Un mandat nul n'entraînera aucune obligation entre les parties contractantes. Le mandant pourra se refuser à exécuter ses obligations et le mandataire ne pourra exercer aucune contrainte à son encontre.

Cette nullité peut-elle être opposée aux tiers, et notamment à l'acquéreur qui n'a pas participé à la conclusion du mandat ? Il semblerait que la jurisprudence considère que cette nullité ne produit d'effet qu'entre les parties contractantes du mandat.

Par contre, l'acquéreur d'un bien serait en droit de se prévaloir des stipulations du mandat pour les opposer à ses cocontractants.

◊ Ainsi, en présence d'un mandat de vente nul en application des dispositions de l'article 6 de la loi du 2 janvier 1970, l'acquéreur serait en droit de soutenir que son acceptation d'acheter, bien que se greffant sur un mandat nul, entraîne à son profit une vente parfaite[3].

II. Date de détention du mandat et pouvoir d'initiative du mandataire

707 L'article 72 du décret du 20 juillet 1972 précise que le mandataire, agent immobilier, ne peut négocier ou s'engager dans le cadre de la mission qui lui a

1. En ce sens, voir notamment Cass. 1re civ., 8 juill. 1986, JCP éd. N 1987 prat. 115 • Cass. 1re civ., 6 mars 1996, Gaz. Pal. 1996.2 panor. p. 289 • CA Versailles, 14e ch., 13 juin 1990, D. 1990 IR 211.
2. C. civ., art. 1134.
3. En ce sens, voir CA Versailles, 14e ch., 13 juin 1990, D. 1990 IR 211 • CA Versailles, 1re ch., 29 sept. 1989, D. 1989 IR 297.

été confiée, sans détenir un mandat écrit préalablement délivré à cet effet par l'une des parties.

Si le moment de la détention du mandat ne pose pas de difficulté en ce qui concerne les titulaires de la carte « Gestion immobilière », lesquels ne peuvent exercer aucun acte d'administration tant qu'un mandat écrit conforme à la loi ne leur a pas été délivré à cette fin, il en va différemment pour les agents immobiliers, lesquels accomplissent souvent des diligences avant même qu'un mandat ne leur ait été conféré par leurs clients, ne serait-ce que des publicités.

La question s'est posée de savoir si faculté était ouverte au mandataire d'effectuer des diligences à l'occasion d'une affaire, sans être titulaire d'un mandat écrit.

Il en serait ainsi, par exemple, en effectuant des publicités ou des recherches préalables, sans aborder encore la phase des négociations.

Selon la Chambre criminelle de la Cour de cassation[1], l'obligation de détenir un mandat n'existe que lors du passage au stade de la négociation ou de la signature de l'engagement des parties. Cet arrêt a ainsi cassé une décision de cour d'appel, laquelle avait considéré que pour afficher dans la vitrine d'une boutique une affaire mise en vente, l'agent immobilier devait détenir un mandat écrit préalablement délivré à cet effet.

▷ Sous le seul aspect pénal, la détention du mandat ne s'avère donc nécessaire que lors de la mise en rapport des parties, laquelle constitue le premier acte des négociations.

708 Cependant, **sur le plan civil**, il paraît difficilement concevable qu'un agent immobilier puisse effectuer des publicités concernant la vente d'un bien, alors qu'il ne peut justifier des pouvoirs qui lui ont été conférés à cette fin, en l'absence de détention d'un mandat écrit.

Sa responsabilité civile professionnelle risque de se trouver engagée à cette occasion dans l'éventualité où, à la vue de sa publicité, un tiers pourrait se prévaloir des énonciations pour leur donner valeur contractuelle.

Si les publicités ne se trouvaient pas alors ratifiées par son client, l'agent immobilier commettrait une faute et risquerait d'avoir à supporter seul le préjudice que pourrait subir le tiers.

▷ La prudence consiste donc à ne s'occuper d'une affaire, même au stade des publicités, sans détenir un mandat écrit fixant réglementairement et conventionnellement l'étendue des pouvoirs conférés à l'agent immobilier.

III. Personnes habilitées à conférer un mandat

A. Principes généraux

1. Un mandat pour vendre, acheter ou louer

709 Il résulte, tant des usages que de l'article 6 de la loi et de l'article 73 du décret du 20 juillet 1972 qu'un mandat peut être délivré soit pour vendre, soit pour acheter, soit pour louer un bien.

1. Cass. crim., 24 juin 1976, Gaz. Pal. 1976.2 p. 542 note Y. M.; voir jurisprudence n° 3201.

Le mandat de l'agent immobilier peut être délivré soit pour vendre, soit pour acheter. C'est la raison pour laquelle :

- l'article 6 de la loi du 2 janvier 1970 mentionne l'obligation de déterminer la partie qui aura la charge de la rémunération de l'agent immobilier;
- l'article 73 du décret du 20 juillet 1972 dispose que le mandat doit préciser si cette rémunération est à la charge exclusive de l'une des parties ou si elle est partagée.

En cas de partage, les conditions et modalités de ce partage devront être indiquées dans le mandat.

Par conséquent, sous réserve des restrictions légales tenant, par exemple, à la nature commerciale, civile ou rurale du bien concédé ou à son état d'indivision, le titulaire de la pleine propriété du bien, les indivisaires ou usufruitiers seront seuls habilités isolément ou conjointement à conférer un mandat.

▷ Il est nécessaire de vérifier minutieusement les pouvoirs détenus par le mandant sur le bien, objet de la délivrance du mandat.
Un mandat irrégulier pourrait, en effet, engager la responsabilité du mandataire à travers son devoir de conseil.

2. Les deux mandats généralement conférés

710 Deux types de mandats sont généralement conférés aux agents immobiliers :

- soit un **mandat de vendre ou de rechercher un acquéreur**, mandat délivré par le propriétaire d'un bien;
- soit un **mandat de rechercher un bien**, mandat délivré par un candidat acquéreur.

Le mandat de vente conféré par le propriétaire d'un bien est celui rencontré le plus souvent. Le mandat de rechercher un bien constitue en effet un palliatif pour l'agent immobilier qui, alors qu'il s'est vu refuser ou n'a pu obtenir du propriétaire un mandat de vente régulier, désire malgré tout entamer des négociations au nom et pour le compte d'un candidat acquéreur.

Grâce au mandat délivré par ce candidat acquéreur, l'agent immobilier pourra négocier l'opération et la mener à bonne fin. Pour ce faire, il se fera consentir par ce candidat un mandat afin de négocier l'acquisition du bien lequel lui permettra, tout en respectant les dispositions des articles 6 de la loi du 2 janvier 1970 et 73 du décret du 20 juillet 1972, d'accomplir sa mission.

▷ Dans une telle éventualité, une **clause pénale**[1] sanctionnant les obligations du candidat acquéreur ne pourra être incluse dans ce type de mandat que si le bien qui en est l'objet est déterminé. En cas d'indétermination du bien, la clause pénale serait frappée de nullité.

3. Le double mandatement est-il licite ?

711 Un mandat de vendre ou d'acheter doit être détenu par l'agent immobilier dès qu'il négocie l'opération (voir n° 710). L'hypothèse de la délivrance d'un même mandat par les deux parties, vendeur et acquéreur, est rare dans la pratique. En effet, le plus souvent, la mission de l'agent immobilier ne commence pas à la demande des deux parties mais à la demande d'une seule dans le but évident de rechercher l'autre, ce qui constitue l'essentiel de la mission.

1. C. civ., art. 1152 et 1226.

Ayant été mandaté par l'une, peut-il obtenir un mandat distinct de l'autre sans en informer le premier mandant et percevoir en cas de réalisation de l'opération deux commissions, l'une payée par le vendeur et l'autre par l'acquéreur ? La réponse à cette question pose des problèmes de morale et de droit auxquels il est difficile de répondre, la jurisprudence étant rare sur ce sujet.

Double mandatement : fraude à la loi ?

◊ Selon une décision rendue par la Cour d'appel de Douai le 2 mai 1996[1], le double mandatement ne serait pas conforme aux prescriptions de l'article 73 du décret du 20 juillet 1972, au motif que l'agent immobilier ne peut recevoir de commission d'une personne autre que celle en ayant la charge au terme du mandat conféré.
Le double mandatement constituerait une fraude à la loi en dissimulant le double commissionnement par des parties qui peuvent avoir des intérêts contradictoires et doivent donc savoir qu'il existe un principe de double commissionnement de l'agent immobilier.
Pour des raisons de morale, l'agent immobilier aurait donc l'obligation de révéler l'existence du premier mandat à son client lors de la délivrance du second mandat et donc, bien que non évoqué par l'arrêt, l'obligation de révéler au premier mandant le second mandatement qui lui a été conféré.

◊ Cet arrêt a été cassé par la première Chambre civile de la Cour de cassation le 13 mai 1998. Cette cassation est motivée par le fait qu'aucune disposition de la loi du 2 janvier 1970 n'interdit le double mandatement, ni en présence de deux mandats, un droit à commission pour chacun de ces mandats. Il suffit que chaque mandat respecte, pour être valable, les dispositions de la loi du 2 janvier 1970, article 6.
Sur le plan moral l'agent immobilier, qu'il détienne un ou deux mandats, est dès le début des négociations, le mandataire des deux parties et engage sa responsabilité, tant à l'égard du signataire du mandat que de son cocontractant acquéreur ou vendeur.
Le double commissionnement ne peut normalement échapper à l'attention des parties contractantes alors que les négociations tiennent toujours compte du paiement de la commission. Ce double commissionnement est reconnu licite pour de nombreuses professions telles : l'agent d'assurance[2], les anciennes sociétés de bourse[3], l'arbitrage[4].

▷ En l'état, il convient dans un souci de prudence de ne pas se borner à évoquer le problème du double commissionnement entre les clients et mais d'établir un acte prouvant que lors des négociations chaque partie a été informée de l'existence du double mandatement et des conditions du paiement des commissions. Comme nous le verrons plus loin, au sujet des rémunérations annexes (voir n° 1125) de l'agent immobilier, cette jurisprudence nous paraît transposable à tous les commissionnements que peut percevoir l'agent immobilier en provenance de tiers (tels banques, organismes financiers, compagnies d'assurances, etc.).

B. Le démarchage à domicile

1. Un contrat réglementé

712 Les contrats dits de démarchage à domicile, sont strictement réglementés non seulement lorsqu'ils concernent des ventes de marchandises, mais encore des prestations de service[5]. À cet égard, sont incluses dans le démarchage toutes les prestations de service qui concourent à la location ou à la vente d'un bien.

Dès lors, le mandat conféré à un agent immobilier peut être soumis à cette réglementation.

1. CA Douai, 2e ch., 2 mai 1996, voir jurisprudence n° 3201 cassé par Cass. 1re civ., 13 mai 1998.
2. Voir Cass. req. 26 nov. 1928, S. 1929.1.94 • CA Paris, 8 mai 1981, Gaz. Pal. 1981.2.801, note Margeat.
3. L. n° 88-70 du 22 janv. 1988 sur les bourses de valeurs; l'article 1er a été abrogé par la loi n° 96-597 du 2 juill. 1996.
4. C. civ., art. 1592.
5. C. consom., art. L. 121-21 et s.

▷ Il convient de tirer les conséquences de cette réglementation, tant en ce qui concerne le mandat consenti à un agent immobilier suite à un démarchage à domicile, qu'en ce qui concerne son éventuelle responsabilité à l'égard des clients qui seraient susceptibles de lui remettre des sommes d'argent en raison des diligences qu'il a accomplies.

2. Un mandat spécial doit être établi

713 En ce qui concerne les mandats, il apparaît que lorsqu'un agent immobilier visite un client en lui offrant son concours, il doit respecter en tous points les dispositions du démarchage à domicile, si le mandat lui a été consenti lors de sa visite[1].

Dans cette hypothèse, un mandat spécial devra être établi, conforme aux dispositions de l'article L. 121-23 du Code de la consommation, c'est-à-dire notamment comportant à peine de nullité absolue :

- un exemplaire remis au client;
- l'indication et le nom de l'agent immobilier;
- l'indication du lieu de la conclusion du mandat;
- la désignation exacte de la mission conférée;
- les obligations réciproques à la charge des parties;
- le prix de la prestation de service;
- les conditions de la renonciation au mandat[2];
- un formulaire détachable du mandat destiné à faciliter l'exercice de la faculté de renonciation consistant dans la possibilité pour le mandant, dans un délai de sept jours, fériés compris, à compter de la signature du mandat, de renoncer à ce mandat par lettre recommandée avec accusé de réception.

Ces dispositions sont d'ordre public et les parties ne peuvent y renoncer volontairement.

3. Responsabilité civile et pénale

714 Pendant toute la durée de réflexion accordée au mandant, le mandat est suspendu dans son application, dans la mesure où l'agent immobilier ne peut recevoir aucun fonds tant que le délai de sept jours n'est pas expiré.

▷ Il apparaît donc, dans une telle hypothèse, comme dangereux de faire paraître même une publicité, laquelle risquerait d'induire en erreur un candidat acquéreur pour le cas où le mandat viendrait à être dénoncé.
En conséquence, pendant la durée de réflexion liée à la signature d'un tel mandat, l'agent immobilier devra s'abstenir de toute diligence en vue de la recherche d'un client.

À défaut, il risquerait d'engager sa responsabilité civile professionnelle à l'égard de ce client, dans l'éventualité où le mandat se trouverait dénoncé.

Par ailleurs, sa responsabilité pénale pourrait se trouver engagée[3].

▷ La prudence consistera donc, pour un agent immobilier, à exiger que la signature de son mandat soit effectuée directement à l'agence, en laissant éventuellement au client un délai de réflexion entre la visite qu'il a pu faire et la signature du mandat. Toute autre manière d'agir risquerait d'entraîner de graves conséquences, tant sur le plan civil que sur le plan pénal.
Il suffit d'imaginer la situation créée par un mandat consenti en contravention avec les dispositions de cette loi qui viendrait à être dénoncé, alors que l'agent immobilier a trouvé un client acceptant d'acheter aux prix et conditions du mandat.

1. TGI Nevers, 4 mars 1993.
2. C. consom., art. L. 121-23.
3. C. consom., art. L. 121-28.

IV. Définition et critères de choix des mandats simples et exclusifs

715 Le choix entre le mandat simple ou exclusif repose sur des critères d'ordre commercial et juridique.

Le **critère commercial** est lié à l'importance du travail que l'agent immobilier devra accomplir pour réaliser son mandat. Ce travail s'avérera d'autant plus important que l'objet du mandat sera long ou difficile à atteindre.

□ La vente, par exemple, d'un immeuble après division en copropriété, d'un programme de construction, d'un bien immobilier présentant des particularités, nécessitera des diligences spéciales.
Un mandat exclusif semblera donc de nature à protéger l'agent immobilier, qui ne craindra pas d'effectuer des prospections importantes et onéreuses en sachant que son client se trouve lié par une convention lui interdisant de procéder à une résiliation intempestive ou à une vente par le canal d'un tiers.

La confiance existant entre l'agent immobilier et son client aura également des conséquences sur le choix du type de mandat.

Les nécessités commerciales et la stabilité des liens juridiques constituent un tout permettant de choisir entre le mandat simple ou exclusif.

A. Définition du mandat simple

1. Mise en concurrence et révocabilité

716 Le mandat simple constitue le type de convention laissant la plus grande liberté au vendeur quant à sa résiliation ou aux modalités de négociation du bien.

▷ La formule de mandat simple est reproduite au nº 3107.

Ce mandat assure la plus mauvaise protection de l'agent immobilier, lequel peut craindre à tout moment une résiliation ou la vente directe du bien. En effet, le mandat simple autorise généralement le vendeur à réaliser la vente de son bien, soit personnellement, soit par le canal d'un tiers.

Le mandat simple crée donc une **situation de concurrence** entre toutes les parties ayant le pouvoir de vendre ou d'effectuer des diligences en vue de la vente.

L'agent immobilier, titulaire d'un tel mandat, se trouve dans une situation des plus aléatoires quant à la certitude d'obtenir un résultat. Ce mandat est généralement révocable à tout moment ou à très bref délai, conformément aux dispositions et à l'esprit de l'article 2004 du Code civil ou aux clauses conventionnelles en découlant stipulées habituellement dans ces contrats.

2. Inconvénients du mandat simple

717 L'avantage apparent, constitué pour le mandant par la faculté de diffuser et négocier très largement son affaire, est souvent illusoire face au peu d'empressement des professionnels, saisis d'un mandat simple, qui craignent à juste titre d'exécuter des diligences en pure perte, pour le cas très probable où ils ne se trouveraient pas à l'origine de la découverte du client acquéreur.

Un autre inconvénient peut se manifester, lequel est lié à la multiplicité des mandats conférés à des professionnels. En effet, lorsque plusieurs se trouvent en concurrence pour la vente d'un bien qui peut également être négocié directement par son propriétaire, un risque de survente apparaît pour le cas où, en l'absence de communication entre eux et dans un délai bref, ce bien serait vendu à plusieurs acquéreurs à la fois.

En raison de ces difficultés et des inconvénients présentés par le mandat simple, tant pour le professionnel que pour son client, la pratique a imaginé les mandats exclusifs.

B. Définition du mandat exclusif

718 Le mandat exclusif confère à son bénéficiaire une grande sécurité, tant en ce qui concerne la durée de la convention que la stabilité des liens contractuels qu'il engendre entre les parties.

▷ La formule de mandat exclusif est reproduite au n° 3108.

Ce mandat se trouve en effet être **irrévocable** pendant toute la durée contractuelle en vue de laquelle il a été souscrit, sauf exceptions (voir n°s 745 et s.).

Il interdit au mandant de négocier soit directement, soit par l'intermédiaire d'un tiers la vente de son bien.

L'inconvénient majeur est constitué pour le mandant par la confiance exclusive qu'il accorde à son mandataire pour parvenir à la réalisation de la mission qu'il lui a confiée. Cet inconvénient se trouve cependant tempéré dans la juste mesure où ce contrat n'est conféré qu'à un mandataire de confiance lequel, chargé seul de la mission, n'hésitera pas à faire toutes les diligences en vue de la mener à bien.

Ce mandat, créant des liens contractuels extrêmement solides et assurant souvent en toute hypothèse au professionnel en cas de vente la perception de sa commission, fait l'objet de dispositions particulières de la loi du 2 janvier 1970 et de son décret d'application du 20 juillet 1972.

L'article 6 de la loi et l'article 78 du décret prévoient que ce type de mandat ne peut exister que moyennant une **stipulation expresse** de la convention, dont un exemplaire a été remis au mandant.

Cette clause doit être mentionnée en caractères très apparents, de même que celle prévoyant l'éventualité d'une pénalité sanctionnant le non-respect des obligations contractées aux termes du mandat.

V. Obligations contractées par les parties dans le cadre d'un mandat

A. Obligations contractées par le mandataire en cas de mandat simple ou exclusif

1. Obligations concernant les rapports entre mandant et mandataire

719 Quel que soit le type de mandat conféré, le mandataire contracte à l'égard de son mandant l'obligation d'accomplir la mission qui lui a été confiée avec diligence et conscience.

À défaut, le mandataire engage sa responsabilité et peut être condamné au paiement de dommages et intérêts au profit du mandant.

Le mandataire se doit de rendre compte de l'accomplissement de sa mission et répond bien évidemment à l'égard de son mandant, non seulement des fautes qu'il a pu commettre, mais encore de l'éventuel dépassement des pouvoirs qui lui ont été conférés.

En cas de dépassement de pouvoirs, le tiers qui aurait pu être lésé par la faute du mandataire serait en droit de rechercher sa responsabilité.

Ces principes généraux, résultant du titre « Mandat » figurant dans le Code civil, ont été repris et précisés par les dispositions de la loi du 2 janvier 1970 et son décret d'application. Le mandataire doit en effet, aux termes de l'article 77 du décret du 20 juillet 1972, informer son mandant au plus tard dans les huit jours de l'accomplissement de sa mission, et cela par lettre recommandée avec AR, ou par un écrit remis contre émargement.

Si le mandataire est amené à recevoir des fonds, il doit adresser un double du reçu délivré au remettant.

2. Le devoir de conseil

720 À côté de ces obligations concernant les rapports entre mandant et mandataire, d'autres obligations apparaissent à travers le devoir de conseil mis à la charge du mandataire par la jurisprudence.

• Avant d'accomplir sa mission, le mandataire devra vérifier les **pouvoirs de son mandant** en consultant ses titres de propriété et en s'assurant qu'il est bien habilité à conférer la mission donnée. Des difficultés peuvent en effet se présenter pour le cas où le mandant n'aurait pas la pleine propriété du bien — objet du mandat —.

□ Par exemple, en raison soit d'un démembrement du droit de propriété (nue-propriété, usufruit), soit de l'existence d'une indivision, successorale, post-communautaire ou contractuelle portant sur ce bien, soit encore tout simplement par le fait que le bien vendu constituerait le domicile conjugal de deux époux; ce qui interdirait de parvenir à la vente sans recueillir leurs deux consentements.

• En plus de ces vérifications nécessaires concernant le pouvoir du mandant, une autre s'avère indispensable afin de connaître les éventuelles **hypothèques prises sur l'immeuble**, de même que la publication d'une demande en justice mettant en cause le droit de propriété du mandant.

▷ À cette fin, il paraît judicieux que le mandataire lève dans les meilleurs délais un état hypothécaire du bien qu'il est chargé de vendre, de manière à savoir notamment si des hypothèques inscrites ne dépassent pas la valeur du bien.
Dans cette hypothèse, la vente serait, soit difficile, soit impossible en raison de la nécessité de procéder à une purge des hypothèques inscrites.
La publication d'une assignation en revendication de droit de propriété ou en réalisation forcée d'une vente serait de nature à jeter un doute sur les pouvoirs du propriétaire ayant délivré le mandat.

• Enfin, le mandataire se doit également de vérifier l'existence d'éventuelles **servitudes pouvant dévaluer le bien** vendu ou le rendre impropre à son usage.

▷ Pour procéder à cette vérification, il paraît également indispensable que, dès la délivrance du mandat, le mandataire lève un certificat d'urbanisme qui lui permettra de connaître les éventuelles servitudes publiques pouvant atteindre le bien, tant dans son usage que dans sa pérennité.

En ce qui concerne les servitudes conventionnelles, la lecture du titre de propriété du mandant doit lui permettre d'en avoir connaissance.

Le mandataire qui n'exécute pas ces vérifications peut engager sa responsabilité, tant à l'égard de son mandant qu'à l'égard de tout acquéreur éventuel.

B. Obligations contractées par le mandant dans le cadre d'un mandat simple

721 Étant rappelé qu'en présence d'un mandat simple, le mandant peut toujours négocier directement ou par le canal d'un tiers la vente de son bien, il n'en reste pas moins tenu au respect d'un certain nombre de règles énumérées essentiellement par le Code civil au chapitre des obligations du mandant, articles 1998 à 2002.

Ces règles doivent être interprétées au regard de l'article 1134 du Code civil, aux termes duquel les conventions doivent être exécutées de bonne foi.

Souvent les clients d'un agent immobilier s'imaginent qu'en raison du caractère simple du mandat qu'ils ont conféré, ils ne sont tenus d'aucune obligation à son égard et peuvent ainsi ignorer les clients qui leur sont présentés, traiter la vente quand il leur plaira et avec qui bon leur semblera.

La jurisprudence a été amenée en conséquence à préciser quelles étaient les obligations générales pesant sur le client de l'agent immobilier lorsqu'il le chargeait dans le cadre d'un mandat de procéder à la vente de son bien.

1. Le mandant est tenu d'exécuter les engagements contractés par le mandataire

722 Une fois la mission conférée à l'agent immobilier accomplie en présentant un client acceptant d'acheter dans les termes et conditions du mandat conféré, le mandant ne peut refuser de traiter la vente.

Ce principe est souvent perdu de vue par les clients d'agent immobilier lorsqu'ils considèrent, à tort, qu'en présence d'un mandat simple, ils ne se trouvent tenus d'aucune obligation à l'égard de leur mandataire et peuvent en conséquence résilier à tout moment le mandat qu'ils lui ont conféré, quel que soit le stade de son accomplissement.

La révocation d'un mandat simple est en effet possible, mais ne peut intervenir lorsque l'agent immobilier a accompli sa mission et en a informé son mandant avant révocation.

- L'hypothèse la plus fréquente est constituée par la découverte d'un acquéreur acceptant d'acheter aux prix et conditions figurant dans le mandat, lequel se heurte à un refus du vendeur qui désire subitement ne plus vendre son bien et résilier le mandat conféré.

Dans une telle hypothèse, en dehors de la responsabilité que peut encourir le vendeur à l'égard de l'acquéreur, laquelle découle de l'état d'offre prouvée par le mandat qui ne peut disparaître qu'après une acceptation, il apparaît qu'une faute a été commise à l'occasion de la réalisation du mandat de l'agent immobilier et lui cause un grief susceptible de lui permettre d'en demander la réparation.

L'agent immobilier a en effet réalisé la plus grande partie de sa mission, et son mandant n'a pas unilatéralement le droit de refuser de traiter la vente car, en agissant ainsi, il prive son mandataire de la possibilité de toucher la rémunération convenue, laquelle constitue la contrepartie normale de son travail.

En effet, pour pouvoir prétendre au versement d'une commission, l'article 6 de la loi du 2 janvier 1970 exige qu'une vente effectivement conclue et constatée en un seul écrit ait été établie entre les parties. Le refus du vendeur de consentir la vente en contravention avec les termes du mandat conféré empêchera donc la réalisation de cette condition.

En agissant ainsi, le mandant commet une faute contractuelle sanctionnée par les dispositions de l'article 1134 du Code civil, aux termes duquel les obligations doivent s'exécuter de bonne foi. L'agent immobilier est donc en droit de solliciter le versement de dommages et intérêts équivalents au montant de la commission dont il s'est trouvé privé par la faute du mandant[1].

723 Il ne pourrait en être autrement que si l'acceptation d'acquérir ne se trouvait pas conforme aux conditions stipulées dans le mandat.

□ Il en serait ainsi, l'offre d'acquérir n'étant pas ferme et définitive, dans l'éventualité où elle serait conditionnée par :
- l'obtention d'un prêt, sauf stipulation contraire du mandat;
- la réalisation d'un événement non prévu au mandat;
- la signature d'un contrat à caractère éventuel, comme une promesse unilatérale de vente sans obligation ferme d'acquérir pour le bénéficiaire;
- la possibilité pour l'acquéreur de se dédire moyennant l'abandon d'une somme d'argent[2].

On ne saurait en effet considérer comme fautive l'attitude du mandant consistant à refuser de s'engager d'une manière conditionnelle ou éventuelle à l'égard d'un acquéreur dont l'acceptation n'est pas certaine.

Cette incertitude, quant au sérieux et à la pérennité de l'acceptation de l'acquéreur, permet au mandant d'apprécier en toute liberté s'il doit donner suite à l'offre qui lui a été transmise.

L'accomplissement de la mission de l'agent immobilier s'entend donc de la découverte d'un acquéreur acceptant d'acheter conformément aux obligations souscrites dans le mandat.

2. Lorsqu'il traite avec un client présenté par son mandataire, il se doit de l'en informer et de l'appeler à la négociation

724 Une attitude très fréquente est constituée par l'attitude du vendeur qui, après présentation par son mandataire d'un client susceptible d'acquérir son bien, traite par la suite directement avec lui ou par l'intermédiaire d'un autre mandataire sans l'en informer.

Une jurisprudence constante considère cette manière d'agir comme une **faute contractuelle** justifiant le paiement de dommages et intérêts équivalents au montant de la commission due à l'agent immobilier d'origine.

La faute contractuelle existe par le seul fait que les parties ont été mises en rapport (présentation) par l'agent immobilier et que, bien évidemment, il n'est plus possible, à partir de ce moment, au mandant d'annuler les termes du mandat qu'il a conféré et en vertu duquel les diligences ont été effectuées.

Toute autre interprétation aboutirait à ruiner la sécurité des transactions car dès présentation du client au mandant, le mandataire n'aurait plus aucune garantie face à une éventuelle éviction des négociations.

1. TGI Paris, 4e ch., 2e sect., 2 juill. 1976 • TGI Évry, 1re ch., 21 mars 1977, voir jurisprudence n° 3201.
2. Cass. 1re civ., 14 oct. 1981 • TGI Pontoise, 1re ch., 17 sept. 1980, voir jurisprudence n° 3201.

Le fait pour le mandant d'évincer l'agent immobilier d'origine en réalisant la vente avec un client présenté par lui à un prix moindre et pour une commission inférieure, ne saurait faire disparaître la faute qu'il a commise.

Les raisons de l'attitude fautive du mandant importent peu à son mandataire.

C'est le préjudice subi par ce dernier qui doit être pris en considération et non le caractère avantageux ou désavantageux pour le mandant de la faute qu'il a commise.

▷ Ainsi, dans une telle hypothèse, le mandant devra payer une deuxième commission à titre de dommages et intérêts au profit de l'agent immobilier d'origine qui s'est trouvé évincé après avoir présenté le client.

Il convient de noter que cette action s'analyse, non en une action tendant au paiement d'une commission, mais en une action indemnitaire basée sur les principes de la responsabilité contractuelle[1].

Il en sera de même dans l'éventualité où la commission serait stipulée dans le mandat à la charge de l'acquéreur[2]. En effet, le mandant, ayant évincé l'agent immobilier des négociations, l'a empêché de faire valoir à l'égard de l'acquéreur son droit à commission et devra donc supporter les conséquences de sa faute, sous forme de dommages et intérêts équivalents au montant de la commission prévue dans le mandat.

▷ La seule hypothèse justifiant une solution contraire serait celle où l'agent immobilier d'origine n'a accompli aucune diligence, suite à la présentation du client. Il ne saurait donc reprocher à son mandant d'avoir traité la vente postérieurement en dehors de son intervention.

3. L'information obligatoire du mandataire

725 Le mandant se doit de porter à la connaissance de son mandataire tous les éléments qui pourraient influer directement ou indirectement sur l'accomplissement de sa mission[3].

De la même manière que le mandant ne peut par sa seule volonté écarter son mandataire des négociations finales alors qu'il a accompli la plus grande partie de sa mission, il ne peut non plus, en raison des mêmes principes, le laisser travailler en pure perte[4].

La loi sanctionne généralement, par l'allocation de dommages et intérêts au profit du mandataire, le fait par son mandant de lui avoir dissimulé des faits juridiques pouvant empêcher ou rendre difficile la vente.

□ Il en serait ainsi, par exemple, de la limitation de pouvoir du mandant pour consentir à la vente d'un bien ou de l'existence de droits de propriété concurrents aux siens, portant sur le bien vendu. Il en serait de même si le mandant n'informait pas son mandataire de la vente de son bien.

Ainsi, même dans le cadre d'un mandat simple, laissant au profit du mandant une faculté de vente directe, il se doit de prévenir son mandataire afin d'arrêter l'accomplissement de ses diligences devenues inutiles une fois la vente réalisée directement ou par l'intermédiaire d'un tiers[5].

De plus, l'absence d'information du mandataire pourrait entraîner une survente dans la mesure où un acquéreur serait trouvé par ce dernier, alors que le bien serait déjà vendu par ailleurs.

Dans une telle hypothèse et lorsque le défaut d'information du mandataire résulte d'une faute de son mandant, la jurisprudence alloue à l'agent immobilier des dommages et intérêts correspondant au préjudice qu'il a subi lequel, en l'absence de présentation du client, ne correspond pas obligatoirement au montant de sa commission.

1. CA Bourges, 1re ch., 4 févr. 1976, voir jurisprudence n° 3201 • Cass. 1re civ., 8 juill. 1994, Bull. civ. I, n° 234 • Cass. 1re civ., 17 nov. 1993, Bull. civ. I, n° 323.
2. CA Lyon, 3e ch. civ., 14 déc. 1978, voir jurisprudence n° 3201.
3. CA Paris, 8e ch., 4 oct. 1988, voir jurisprudence au n° 3201.
4. CA Paris, 25e ch., 17 févr. 1981, voir jurisprudence n° 3201.
5. TGI Paris, 5e ch., 2e sect., 23 févr. 1978, voir jurisprudence, n° 3201.

Ce préjudice est indemnisé en fonction des dépenses qui ont pu être avancées et du travail qui a pu être effectué. À la limite, le préjudice pourrait être égal au montant de la commission si l'agent immobilier avait trouvé un acquéreur acceptant d'acheter ferme et sans conditions au prix figurant dans le mandat.

4. Le mandant doit régler à son mandataire la commission qui lui est due en cas de réalisation de l'opération grâce à ses diligences

726 Lorsque la mission se trouve accomplie par le mandataire qui a présenté le client, négocié l'affaire et réalisé la vente, son mandant, conformément au mandat conféré, se doit de lui régler le montant de sa commission.

Cette obligation apparaît d'autant plus forte que le mandataire ne peut percevoir aucune avance, sa commission n'étant exigible qu'autant que sa mission a été accomplie conformément à l'articie 6 de la loi du 2 janvier 1970.

C. Obligations contractées par le mandant dans le cadre d'un mandat exclusif

Lorsqu'il a consenti un mandat exclusif de vente, le mandant se doit de respecter les obligations suivantes.

1. Interdiction de la résiliation du mandat avant son terme

727 Le mandat exclusif ne peut être résilié avant son terme à peine de payer des dommages et intérêts qui peuvent atteindre le montant de la commission prévue dans le mandat[1].

2. Interdiction de la vente directe

728 Pendant toute la durée d'exclusivité, le mandant ne pourra traiter la vente que par l'intermédiaire de son mandataire.

Il devra diriger sur lui tous les clients qui pourraient le contacter directement.

3. Le droit de suite du mandataire

729 Même après expiration de la période d'exclusivité, le mandant, traitant avec un client qui lui a été présenté par son mandataire pendant la période d'exclusivité, devra négocier par son intermédiaire.

4. Obligation de consentir à la vente

730 Comme en matière de mandat simple, le mandant ne pourra refuser de traiter avec un client présenté par son mandataire pendant le cours de validité du mandat, acceptant de réaliser la vente dans les termes et conditions du mandat. Agir autrement constituerait pour le mandant une faute contractuelle assimilable à une résiliation abusive du mandat.

1. TGI Paris, 5e ch., 2e sect., 17 janv. 1975 • TGI Paris, 5e ch., 2e sect., 23 mars 1978 • TGI Paris, 4e ch. ch., 2e sect., 13 janv. 1978, voir jurisprudence n° 3201.

5. La sanction des obligations contractées

731 En cas de violation des obligations contractées dans le mandat, le mandant pourra être condamné à payer à son mandataire des dommages et intérêts équivalents au montant de la commission dont il a été privé.

VI. La durée du mandat et ses causes d'extinction

A. Limitation dans le temps des mandats

732 Tous les mandats conférés doivent être limités dans le temps, conformément aux dispositions de l'article 7 de la loi du 2 janvier 1970 qui prévoit leur nullité pour les opérations répondant à l'objet défini par l'article 1er de la loi, lorsqu'ils ne comportent pas une limitation de leurs effets dans le temps.

Il convient de s'interroger sur la signification juridique que revêt la notion de limitation dans le temps du mandat.

1. Deux courants doctrinaux se sont opposés au sujet de cette définition

733 Un **premier courant**, se basant sur des critères purement objectifs et formels, considère que les mots de limitation dans le temps font référence à une mention expresse du mandat fixant une date limite de validité, au-delà de laquelle le mandat se trouvera résilié de plein droit.

À l'appui de cette thèse, on peut considérer que cette disposition de la loi vise avant tout à protéger le mandant qui ne doit pas être tenu indéfiniment par les obligations qu'il a contractées en signant un mandat et, à la limite, doit se voir protéger contre sa propre négligence pour le cas où il omettrait, par oubli ou de toute autre manière, de résilier le mandat conféré.

Si l'on considère que le prix d'un bien peut varier très rapidement en période d'instabilité monétaire, cette seule considération justifierait la protection du mandant par la résiliation automatique du mandat, passé une certaine durée.

Selon ce courant doctrinal, la volonté du législateur serait donc que les relations contractuelles soient toujours expressément limitées dans leur durée, de telle manière que la résiliation du mandat soit automatique par l'arrivée d'un terme prévu dans la convention des parties.

734 Un **second courant** doctrinal, lié à la volonté des parties et plus conforme au caractère non formaliste et consensualiste des règles du droit français, consiste à considérer que la notion de limitation dans le temps s'entend de la possibilité pour le mandant ou le mandataire de mettre fin au mandat passé un certain délai. Cette faculté de résiliation du mandat, et par là-même de limitation de ses effets dans le temps, est prévue par la loi, tant en matière de mandat simple que de mandat exclusif.

Suivant ce courant, la notion de limitation dans le temps ne s'entend pas d'une mention objective dans le mandat par laquelle est fixé un terme à sa validité, mais par la possibilité laissée aux parties, passé un certain délai, de résilier ce mandat.

2. La jurisprudence a tranché pour la limitation dans le temps

735 Après des décisions divergentes des juridictions du fond, faisant prévaloir l'un ou l'autre de ces courants doctrinaux, la question de la limitation dans le temps des mandats se trouve aujourd'hui définitivement tranchée par deux arrêts de la Cour de cassation[1], qui ont définitivement adopté le courant doctrinal faisant obligation aux parties – à peine de nullité du mandat – de faire figurer dans la convention un terme au-delà duquel le mandat se trouvera irrévocablement expiré.

▷ Il est donc indispensable, à peine de nullité du mandat, que figure dans le corps du mandat une date limite de validité.

La position prise par la Cour de cassation entraîne des conséquences graves pour la validité des clauses de tacite reconduction, que l'on rencontre souvent dans des mandats simples ou exclusifs.

B. Validité des clauses de tacite reconduction

1. La clause de tacite reconduction doit être limitée dans le temps

736 De nombreux mandats comportent une clause aux termes de laquelle, à défaut de dénonciation par l'une ou l'autre des parties, le mandat se poursuivra après son terme par tacite reconduction. Une telle clause fait obstacle à l'extinction automatique du mandat par l'arrivée du terme et permet ainsi, en cas de négligence de l'une ou l'autre des parties, une prorogation indéfinie des effets du mandat dans le temps.

Cette telle clause est-elle en contradiction avec les dispositions formelles de l'article 7 de la loi du 2 janvier 1970 qui font obligation de limiter la durée des mandats dans le temps ? À cette question, la jurisprudence a répondu par l'affirmative. En effet, la Cour de cassation a considéré qu'un mandat comportant une **clause de renouvellement indéfinie par tacite reconduction**, sans date limite d'expiration, viole les dispositions de l'article 7 de la loi du 2 janvier 1970[2].

Seule demeure valable la clause de tacite reconduction comportant une limite dans le temps.

▷ Il est donc indispensable, lorsque le mandat contient une clause de tacite reconduction, de limiter dans le temps la possibilité du jeu de cette clause en fixant, par exemple, une durée maximale d'une année au-delà de laquelle le mandat se trouvera automatiquement expiré par l'arrivée d'un terme, et ce qu'il soit simple ou exclusif.

2. Seule la clause de tacite reconduction peut être frappée de nullité

737 Seule la clause de tacite reconduction est frappée de nullité[3]. Par contre, le mandat resterait valable pendant la durée ferme prévue entre les parties.

□ Ainsi, un mandat à durée déterminée valable pendant trois mois, comportant à l'expiration des trois mois une clause de tacite reconduction indéfinie, resterait valable pendant la pre-

1. Cass. 1re civ., 5 mai 1982, Bull. civ. I, n° 159 • Cass. 1re civ., 13 avr. 1983, voir jurisprudence n° 3201 • Voir également Moyse-Navarro, JCP 1983.2.19987; J.-L. Meunier, JCP éd. G 1983.1.3121.
2. Cass. 1re civ., 13 avr. 1983, voir jurisprudence n° 3201.
3. Cass. 1re civ., 22 mai 1985, voir jurisprudence n° 3201.

mière durée ferme de trois mois et serait nul dès que la clause de tacite reconduction indéfinie serait susceptible de jouer.
En conséquence, les actes faits par l'agent immobilier pendant la durée ferme de validité de trois mois seraient valables et opposables au mandant.
Il n'en irait pas de même de ceux qui auraient pu être faits, après l'expiration de la durée ferme du mandat et pendant la période de tacite reconduction[1].

C. La prise de mandat par correspondance

738 Aux termes de l'article 6 de la loi du 2 janvier 1970, les mandats conférés à un agent immobilier doivent être rédigés par écrit et respecter des conditions de forme prévues par le décret du 20 juillet 1972.

L'article 72 du décret prévoit que tous les mandats conférés à un agent immobilier doivent être mentionnés par ordre chronologique sur un registre dénommé registre des mandats. Le numéro d'enregistrement du mandat dans le registre doit être reporté sur celui des exemplaires du mandat qui reste en la possession du mandant (voir n° 307).

L'agent immobilier est donc tenu d'enregistrer chronologiquement tous les mandats qui lui sont conférés dans le registre des mandats, ce qui lui interdit des chevauchements de dates, la chronologie devant être parfaite entre la date d'enregistrement et la date du mandat.

Il n'existe pas de difficulté lorsque le mandat est signé au même instant par l'agent immobilier et son client, soit au siège de l'agence, soit au domicile de ce dernier.

Par contre, quelle attitude adoptée lorsque le mandat est adressé au client aux fins de signature en deux exemplaires et qu'il tarde à les renvoyer ? Comment choisir la bonne date d'enregistrement du mandat, alors que cette date peut être soit celle de l'envoi par l'agent immobilier, soit celle de la signature par le client, soit celle de la réception par l'agent immobilier du mandat retourné par le client ?

1. Risques de cette pratique

739 Rappelons à titre préalable les risques qui entourent cette pratique :

- le non-respect des dispositions législatives et réglementaires entraîne la nullité du mandat, y compris pour l'enregistrement des mandats[2];
- l'article 7 de la loi du 2 janvier 1970 impose, sous peine de nullité, une limitation dans le temps de l'effet des mandats, ce qui oblige à connaître précisément sa date de conclusion pour déterminer avec exactitude sa date d'expiration;

◊ Une jurisprudence constante de la Cour de Cassation suivie par les juridictions du fond[3] considère qu'à peine de nullité le mandat doit comporter une date limite de validité excluant la nécessité d'une manifestation de volonté pour mettre fin au mandat.

- sans mandat valable, l'agent immobilier ne peut pas réclamer de commission.

Pour dégager une solution raisonnable, il est indispensable préalablement d'exposer aussi clairement que possible les options ouvertes à un agent immobilier pour la prise d'un mandat par correspondance.

2. Illustration

740 Le jugement rendu par la 2e Chambre du Tribunal de grande instance de Paris le 17 février 2000, confirmé par la 2e Chambre de la Cour d'appel de Paris

1. Cass. 1re civ., 22 mai 1985, voir jurisprudence n° 3201 • CA Aix, 3 juill. 1985; voir jurisprudence n° 3201.
2. Cass. 1re civ., 26 nov. 1996, Bull. civ. I, n° 412.
3. CA Versailles, 3e ch., 23 janv. 1986, D. 1986, IR p. 229.

en date du 19 février 2002, illustre les difficultés qui peuvent être rencontrées lorsqu'un mandat n'est pas signé au siège de l'agence ou au domicile du mandant et fait l'objet d'un envoi par correspondance aux fins de signature par ce dernier.

Lors de l'envoi du mandat, plusieurs options sont offertes à l'agent immobilier en vue d'obtenir la signature de son mandant :

- il peut adresser à son client un mandat vierge de toute signature, ne comportant ni la date ni le numéro du registre des mandats, en lui demandant de lui retourner les deux exemplaires du mandat signés. Après réception, l'agent immobilier apposera sa signature sur les deux exemplaires du mandat, le datera, l'enregistrera dans le registre des mandats et portera le numéro de registre des mandats sur les deux exemplaires du mandat, dont l'un sera retourné au client;
- une autre solution consiste à adresser au client un exemplaire du mandat signé par l'agent immobilier, mais ne comportant ni le numéro d'inscription sur le registre des mandats, ni la date, le numéro d'inscription et la date étant reportés sur les deux exemplaires retournés par le client et signés à réception par l'agent immobilier, qui lui en retournera un exemplaire complété;
- enfin, une troisième solution consiste à adresser au client deux exemplaires du mandat datés et signés par l'agent immobilier et déjà enregistrés dans le registre des mandats avec mention du numéro d'enregistrement sur les deux exemplaires. Le mandant conservera et signera l'exemplaire lui revenant et retournera à l'agent immobilier l'autre exemplaire avec sa signature.

Dans l'affaire citée, les mandats adressés au client aux fins de signature étaient vierges de la signature de l'agent immobilier, de la date et du numéro d'enregistrement du registre des mandats.

Le client a soutenu que l'exemplaire en sa possession, lorsqu'il lui a été retourné, ne comportait ni la date, ni le numéro d'enregistrement sur le registre des mandats.

Il a versé aux débats cet exemplaire du mandat, lequel ne comportait pas la signature de l'agent immobilier.

Pour ces raisons, il a soutenu que le mandat était nul à défaut de respecter les conditions de forme prévues par la réglementation.

En l'espèce, le tribunal a considéré que l'exemplaire resté en la possession de l'agent immobilier était conforme aux dispositions de la loi et que la date de conclusion du mandat dépendant de la date de la réponse du mandant, il n'était pas possible de soutenir qu'il avait été antidaté.

En ce qui concerne l'exemplaire qui devait être retourné au mandant, le tribunal a considéré qu'il était vraisemblable qu'un mandat régulier lui avait été remis par l'agent immobilier, ce qui suppose que celui versé aux débats par le mandant était différent de celui qui avait été régulièrement établi lors de la conclusion du contrat.

Il semble évident que le mandant avait conservé sans le renvoyer un exemplaire du mandat vierge de toutes mentions et l'avait signé et daté seul en vue de contester sa régularité et l'opposer à l'agent immobilier, quand bien même il ne comportait pas sa signature.

▷ Au-delà de cette fraude, il convient de s'interroger sur le choix d'une méthodologie permettant d'éviter toute contestation portant sur la régularité du mandat conclu par correspondance.

3. L'envoi d'un mandat vierge au client

741 Le souci de l'agent immobilier consiste à obtenir de son client un mandat dont la durée d'application ne sera pas amputée par les délais d'échange de correspondances.

Pour cette raison, de nombreux agents immobiliers adressent à leurs mandants une convention vierge de toute signature, de date, de numéro de registre des mandats, et demandent que les deux exemplaires de la convention leur soient retournés signés.

Dès retour de la convention, l'agent immobilier enregistre le mandat dans le registre des mandats à la date de la réception et porte cette date, ainsi que le numéro d'enregistrement, sur les exemplaires du mandat, puis retourne un exemplaire à son client après l'avoir signé et accepté.

De cette manière, la mission de l'agent immobilier ne commencera que lors de la réception du mandat et évitera par conséquent qu'elle ne soit écourtée de la durée des échanges de correspondances.

Cependant, cette méthode présente les dangers illustrés par la décision précitée (voir n° 740).

En effet, il est possible que le mandant retourne les exemplaires qu'il a signés après les avoir datés, ce qui risque de rompre la chronologie obligatoire du registre des mandats, d'autres mandats ayant pu être pris et enregistrés avec des dates postérieures à celle figurant sur le mandat retourné.

Un autre risque consiste pour l'agent immobilier à ne recevoir en retour qu'un seul exemplaire du mandat signé par le client, l'autre étant conservé par lui pour soutenir que l'exemplaire resté en sa possession ne satisfait pas aux conditions de la loi.

C'est très précisément cette manière de faire qui a été utilisée dans l'espèce citée par le client de l'agent immobilier.

▷ Il nous semble donc que cette méthode doit être évitée, car elle peut être la cause de difficultés sérieuses tenant à la validité du mandat conféré et donc aboutir à un risque de perte de la commission pour l'agent immobilier.
Ce risque nous paraît plus important que le souci d'obtenir un mandat dont la durée est la plus longue possible.

4. L'envoi d'un mandat signé au client ne comportant pas le numéro d'inscription sur le registre des mandats ni la mention de la date

742 Cette manière de faire justifiée également par le souci d'obtenir une mission la plus longue possible en neutralisant les délais de correspondance par rapport à la durée de la mission de l'agent immobilier présente des dangers plus graves que la précédente hypothèse.

En effet, dans le premier cas, le mandat n'étant pas signé par l'agent immobilier, la thèse du client peut facilement être contestée, ainsi qu'il résulte des motifs de la décision précitée.

Par contre, lorsque le mandat adressé au client comporte la signature de l'agent immobilier, il suffit que le client remplisse l'un des exemplaires du mandat en y apposant une date et sa signature, et le conserve par devers-lui, ne renvoyant à l'agent immobilier qu'un seul exemplaire signé.

Le client pourra toujours soutenir que l'exemplaire qui lui a été retourné n'est autre que l'exemplaire qu'il a conservé et qu'il a lui-même complété la date et apposé sa signature sans qu'il puisse comporter le numéro du registre des mandats.

L'absence de numérotation du mandat en la possession du client entraînera sa nullité.

L'agent immobilier sera obligé de démontrer la fraude, ce qui peut être difficile, alors qu'il s'est plus préoccupé de la négociation du bien que de la rectitude des conventions signées.

▷ Cette méthode nous paraît donc devoir être proscrite en raison des risques qu'elle engendre lorsque le client est informé et de mauvaise foi.

5. L'envoi au client d'exemplaires signés, datés et enregistrés

743 La méthode la plus sûre afin d'éviter toute contestation consiste à adresser au client un mandat complet comportant la date d'émission, le numéro du registre des mandats et la signature de l'agent immobilier, ceci en double exemplaire.

De cette manière, le client pourra conserver l'exemplaire lui revenant, lequel sera en tous points conforme à celui qu'il a retourné signé à l'agent immobilier.

Les risques concernant la date ou l'enregistrement du mandat seront donc écartés.

Le seul risque que court l'agent immobilier réside dans l'**absence de réponse du client**.

En l'absence de réponse du client, l'agent immobilier pourra porter dans le registre des mandats la mention « annulé pour défaut de retour du mandat signé par le client ».

Certes, en utilisant cette méthode l'agent immobilier verra diminuer le temps de sa mission du temps écoulé pour l'échange de correspondances.

Cependant, le risque de contestation sur la régularité des mentions figurant sur les mandats se trouvera écartée, ce qui nous semble constituer un avantage définitif pour le choix de cette méthode.

▷ **En conclusion**, il nous paraît prudent d'éviter toute possibilité de contestation sur la régularité formelle d'un mandat consenti en vue de la vente d'un bien immobilier, laquelle met en jeu des intérêts considérables.

Nous pensons qu'il est préférable, pour éviter toute contestation sur la régularité du mandat consenti de n'adresser ou de ne remettre à un client que des mandats comportant toutes les mentions légales et réglementaires prévues à peine de nullité.

Adresser à un client un mandat incomplet comporte le risque d'en voir contester la régularité et peut priver le professionnel trop pressé du versement d'une rémunération légitimement acquise.

Un professionnel prudent n'adressera ou ne remettra jamais à son client un mandat ne comportant pas sa signature d'acceptation, sa date et le numéro d'enregistrement dans le registre des mandats.

De cette manière, la chronologie du registre des mandats sera respectée et les contestations évitées.

D. L'extinction du mandat par la révocation

1. Si le mandat a un caractère simple

744 La question de la durée du mandat ne devrait pas normalement se poser puisque les articles 2003 et 2004 du Code civil prévoient une possibilité de révocation à tout moment et quand bon semble au mandant.

La loi du 2 janvier 1970 constituant une réglementation d'exception et en raison des dispositions visant la limitation dans le temps des mandats, il est cependant obligatoire, ainsi que nous l'avons exposé, de prévoir expressément la durée du mandat conféré en spécifiant un terme contractuel pour son expiration.

2. Si le mandat a un caractère exclusif

a. La faculté de révocation à tout moment par le mandant peut être écartée

745 Les articles 2003 et 2004 du Code civil ayant un caractère supplétif de volonté et ne s'appliquant en conséquence qu'en cas de silence des parties sur ce point, la faculté de révocation à tout moment par le mandant peut être écartée.

Il est de règle cependant, dans le cadre d'un mandat exclusif, d'exclure formellement la faculté de révocation pendant une durée ferme du mandat consenti. De la même manière que pour le mandat simple, il est indispensable de prévoir une durée ferme du mandat pour éviter sa nullité.

En cas d'application d'une clause de tacite reconduction, le terme du jeu de cette clause devra être fixé.

Néanmoins, et en plus de la protection de l'article 7 de la loi du 2 juillet 1970, l'article 78 du décret du 20 juillet 1972 permet au mandant, passé un délai de trois mois, de dénoncer à tout moment un mandat exclusif, à charge par lui de respecter un préavis de quinze jours.

◊ La clause d'exclusivité, la clause pénale ou la stipulation suivant laquelle passé un délai de trois mois, le mandat peut être résilié par chacune des parties, doivent être mentionnées dans le mandat en caractères très apparents à peine de nullité dudit mandat[1].
La résiliation résultera de l'envoi d'une lettre recommandée avec AR et sera effective, passé le délai de préavis légal.

Cette faculté de révocation concernant les mandats exclusifs constitue donc une règle générale qui permet à chacune des parties, si la durée du mandat conféré excède trois mois, de mettre fin à ce mandat passé ce délai, dans les conditions ci-dessus exposées.

Il en est de même des mandats contenant une clause pénale.

b. Il existe trois exceptions pouvant priver les parties de la faculté de résiliation légale

746 Il s'agit de l'hypothèse où le mandat est donné en vue :

– de la **vente d'immeubles par lots**, ce qui constitue l'hypothèse de division d'un immeuble en vue de sa revente après établissement d'un règlement de

1. Cass. 1re civ., 24 mai 1989, Bull. civ. I, n° 208.

copropriété, ce qui peut donc concerner aussi bien des immeubles anciens que neufs;

– de la **souscription ou de la première cession d'actions ou de parts de sociétés immobilières donnant vocation à une attribution de locaux en jouissance ou en propriété**, ce qui constitue l'hypothèse dans laquelle la vente de l'immeuble est réalisée par une société de construction qui ne vend pas les appartements, mais cède des parts sociales donnant vocation à la jouissance d'un appartement et à sa propriété après partage. Ce sont essentiellement les sociétés d'attribution d'immeubles en jouissance à temps partagé[1];

– de la **location, par fractions, de tout ou partie des locaux à usage commercial dépendant du même ensemble commercial**, ce qui correspond à l'hypothèse d'un mandat conféré en vue de la recherche d'un locataire commerçant, dont les droits locatifs seront réglementés par le statut des baux commerciaux[2].

Ces trois exceptions s'expliquent par la difficulté de réaliser l'objet du mandat qui est multiple et, corrélativement, par l'importance des diligences et des dépenses nécessaires pour parvenir à la commercialisation de ces biens.

La durée de trois mois serait en effet trop courte pour permettre la réalisation de l'objet du mandat prévu par ces trois exceptions.

Il serait inéquitable de permettre, dans une telle éventualité, au mandant de dénoncer, passé un si court délai, le mandat conféré et priver ainsi son mandataire du fruit des investissements qu'il a pu réaliser pour accomplir sa mission.

c. Cas et conditions dans lesquels le mandat peut être dénoncé avant sa complète exécution

747 Même dans ces trois hypothèses, si l'immeuble objet du mandat se trouve achevé au jour où il a été conféré, le mandat doit néanmoins préciser les cas et conditions dans lesquels il peut être dénoncé avant sa complète exécution.

Cette condition, incluse dans l'article 78 du décret du 20 juillet 1972, nous paraît peu claire. En effet, si l'on comprend que lorsque l'immeuble n'est pas encore achevé, il reste une incertitude sur le point de départ de l'exécution du mandat, il n'en est plus de même lorsque l'immeuble est terminé et peut être affecté à son objet; ce qui permet — en parfaite connaissance de cause — de fixer une durée à l'accomplissement de la mission du mandataire.

Cette durée, déterminée par les parties lors de la signature du mandat, nous semble devoir être la garantie nécessaire et suffisante pour permettre au mandant de se libérer des obligations qu'il a contractées.

Cette disposition peut logiquement s'interpréter comme un rappel de l'obligation de limitation dans le temps, la stipulation d'une durée nous paraissant devoir être le seul critère valable et indiscutable autorisant, dans une telle hypothèse, l'extinction du mandat, même avant qu'il n'ait été complètement exécuté.

Prévoir une autre condition que celle de la durée nous paraît nécessairement devoir être trop imprécise pour pouvoir éviter l'application éventuelle de la sanction de nullité prévue par l'article 7 de la loi du 2 janvier 1970.

▷ La prudence consiste donc à interpréter le dernier alinéa de l'article 78 comme un rappel des dispositions de l'article 7 de la loi, obligeant les parties à prévoir dans leur convention une date limite de validité au-delà de laquelle les obligations qu'elles ont contractées s'éteindront automatiquement par l'arrivée du terme.

1. L. nº 86-18, 6 janv. 1986.
2. C. com., art. L. 145-1 et s • Voir dans la même collection, *Baux commerciaux*, par A. d'Andigné-Morand.

3. Les sanctions de la révocation abusive du mandat exclusif

748 En présence d'un mandat exclusif, les parties ne peuvent le révoquer hors des conditions prévues dans leurs conventions et éventuellement par la loi.

La révocation intempestive du mandat, notamment par le mandant, constituerait une faute entraînant la réparation du préjudice subi par le mandataire, qui serait en droit de réclamer à ce titre des dommages et intérêts équivalents au montant de la commission dont il a été privé[1].

Il en serait de même dans l'éventualité où, le mandat exclusif n'ayant pas été révoqué, le mandant traiterait directement avec un tiers hors l'intervention de son mandataire. Dans ce cas et en présence d'une clause pénale, les tribunaux alloueront, si l'infraction a été constatée pendant le délai de trois mois ou le délai contractuel de l'article 78 du décret du 20 juillet 1972, une indemnité égale au montant de la clause pénale[2].

Si ce délai se trouve dépassé et que le client bénéficie d'une faculté de révocation prévue par le mandat ou par la loi, les tribunaux apprécient alors le plus souvent le montant de la clause pénale en la réduisant par application des dispositions de l'article 1152 du Code civil[3].

Le motif de cette réduction se trouve le plus souvent dans le caractère excessif de la clause pénale, alors que le mandant aurait pu résilier le mandat, soit en vertu de la convention des parties, soit en vertu de la loi[4].

Il ne faut pas en effet qu'en présence d'une période de validité du mandat exclusif pouvant être abusive en fonction de sa durée par rapport à l'objet du mandat, le mandataire puisse ne pas effectuer de diligences et attendre simplement que le mandant ait trouvé un client, soit directement, soit par l'intermédiaire d'un tiers afin de lui réclamer le paiement de sa commission.

C'est la raison pour laquelle la jurisprudence, dans les décisions rendues, essaye en appréciant les faits de rendre une décision équitable entre les parties.

E. L'extinction du mandat par la mort du mandant ou du mandataire

749 La mort d'une des parties au mandat constitue une cause d'extinction du mandat, prévue par l'article 2003 du Code civil.

Il reste cependant que cette disposition est supplétive de volonté et que rien n'interdit aux parties de prévoir, par exemple, que le décès du mandant pendant sa durée ne mettra pas fin au mandat conféré, qui ne finira qu'à l'arrivée du terme.

▷ Bien que la jurisprudence dispose que le but et l'objet du mandat puissent exclure en certaines occasions que la mort du mandant y mette fin, il apparaît prudent de préciser si cette circonstance autorise ou non la continuation du mandat conféré.

Il s'agit là d'une mesure de nature à exclure une possibilité de litige.

L'objet du mandat et son but sont en effet des notions subjectives et variables ne permettant pas de déterminer avec certitude la validité du mandat en présence du décès du mandant.

1. TGI Paris, 5e ch., 2e sect., 17 janv. 1975, voir jurisprudence n° 3201.
2. TGI Paris, 5e ch., 2e sect., 23 mars 1978; voir jurisprudence n° 3201.
3. TGI Paris,4e ch. ch., 2e sect., 13 janv. 1978; voir jurisprudence n° 3201.
4. Application de l'article 78 du décret du 20 juill. 1972.

VII. L'agent immobilier peut-il se porter acquéreur du bien qu'il est chargé de vendre ?

A. L'agent immobilier ne peut pas acheter le bien qu'il est chargé de vendre

750 Aux termes de l'article 1596 du Code civil, « ne peuvent se rendre adjudicataires, sous peine de nullité, ni par eux-mêmes ni par personnes interposées, les mandataires des biens qu'ils sont chargés de vendre ».

Cet article qui ne vise que l'hypothèse d'une vente sur adjudication, c'est-à-dire suivant la règle des enchères, s'est trouvé étendu dans son application par la jurisprudence à tous les mandataires, quel que soit le type de la vente intervenue.

◊ Ainsi, aux termes d'une jurisprudence constante, le mandataire ne peut se porter contrepartie, ce qui signifie qu'en se prévalant du mandat qui lui a été conféré, il ne peut dans les termes et conditions de ce mandat acheter le bien qu'il est chargé de vendre.

Cette jurisprudence interdit donc à l'agent immobilier, titulaire du mandat, de déclarer à son mandant accepter d'acheter sur la base du mandat conféré et, en cas de refus de ce dernier, de faire constater par un tribunal l'existence d'une vente parfaite.

Cette position s'explique par les risques de fraude que permettrait ce procédé, s'il n'était interdit. En effet, le mandataire pourrait, par exemple, lors de la délivrance du mandat, sous-évaluer la valeur du bien pour ensuite l'acquérir au meilleur prix[1].

Cependant, la règle de l'interdiction de la contrepartie ne se justifie plus lorsque le mandataire acquiert le bien objet du mandat suite à des négociations ou à des accords étrangers au mandat consenti.

B. Hypothèses où il peut se porter acquéreur

751 La jurisprudence et la doctrine sont d'accord pour considérer que l'interdiction de la contrepartie justifie une règle d'intérêts privés et qu'il peut y être dérogé dans deux hypothèses.

• Le mandant autorise son mandataire à se porter contrepartie. Rien n'interdit, en effet, au mandant de demander à son mandataire d'acquérir lui-même le bien qu'il est chargé de vendre. Dans cette hypothèse, cette demande du mandant est autonome par rapport au mandat consenti et résulte d'une manifestation de volonté à l'occasion de laquelle aucune contrainte n'a été exercée. L'acceptation du mandataire d'acquérir ne constitue pas une contrepartie et les conventions conclues doivent être exécutées.

• Le mandant ratifie le procédé à savoir, lorsque, sans se prévaloir du mandat, le mandataire demande à son mandant son accord pour acquérir le bien, objet du mandat.

Si ce dernier, librement et sans y être forcé, donne son accord pour cette acquisition, la convention passée apparaît parfaitement régulière. Il n'en serait autrement que dans la seule hypothèse où l'agent immobilier, en se prévalant du

1. Cass. 1re civ., 2 oct. 1980, Bull. civ. I, no 241; préc.

mandat conféré et en faisant reposer son acceptation sur ce mandat, entendrait forcer son mandant à lui vendre son bien.

▷ Dans ce cas, la vente serait à coup sûr annulée car elle prendrait sa source dans une contrepartie.

C. Application aux groupements

752 Les groupements d'agents immobiliers[1] ne sauraient se porter acquéreurs d'un bien qu'ils sont chargés de vendre. En effet, les groupements de négociations d'agents immobiliers se font le plus souvent consentir des mandats avec faculté de délégation au profit de tous les membres du groupement.

Un membre de ce groupement, même s'il n'a pas reçu directement mandat et se trouve simplement délégataire de ce mandat, ne peut acquérir le bien en joignant son acceptation à l'offre de vente résultant du mandat consenti.

◊ La jurisprudence considère que le groupement d'agents immobiliers constitue une personne interposée entre le vendeur et ses mandataires.
En conséquence, le groupement ne peut acquérir lui-même, car on pourrait considérer que ce sont en réalité les agents immobiliers mandatés qui se porteraient contrepartie. L'honnêteté rejoint le droit pour interdire la pratique de la contrepartie dans une telle hypothèse.

◊ On peut étendre cette interprétation jurisprudentielle à l'hypothèse constituée par l'acquisition du bien au nom d'une personne morale, juridiquement distincte, contrôlée par le mandataire[2].

VIII. La délégation de mandat ou la substitution de mandataire

753 De nombreux agents immobiliers ont pris l'habitude de travailler, non plus d'une manière isolée et indépendante, mais en étroite collaboration avec leurs confrères. De cette manière, ils assurent entre eux une meilleure diffusion de l'offre et de la demande.

C'est ainsi que, dans les années soixante-dix, se sont créés des groupements d'agents immobiliers dans lesquels tous les mandats conférés à chacun des agents immobiliers du groupement ont été mis en commun (voir n°s 605 et 606).

□ Un client visitant une agence adhérente d'un tel groupement peut donc prendre connaissance immédiatement de la totalité du marché immobilier confié sur le secteur du groupement aux différents agents immobiliers adhérents.

À l'heure actuelle, on constate une tendance générale des agences immobilières à se regrouper dans des structures organisées, permettant de mieux assurer une diffusion de leurs affaires avec une négociation plus rapide.

La question s'est donc posée très rapidement de savoir s'il était possible juridiquement de substituer au mandataire d'origine un autre mandataire agent immobilier, qui se chargerait d'exécuter tout ou partie du mandat conféré à son confrère.

La réponse ne paraissait pas évidente au regard de la réglementation professionnelle des agents immobiliers.

1. TGI Orléans, 8 janv. 1980, D. 1980, jur. p. 176, note Guyénot; Rev. sociétés 1980, p. 142; voir jurisprudence n° 3201.
2. TGI Orléans, 8 janv. 1980, préc.

A. La loi ne favorise pas la délégation de mandat

754 La réglementation du mandat à travers la loi du 2 janvier 1970 fait l'objet de dispositions minutieuses. Tout d'abord, le mandat écrit est obligatoire; il doit comporter des mentions concernant personnellement le mandataire :

- activité de séquestre;
- montant de la commission;
- indication de la partie qui en a la charge;
- modalités de la reddition des comptes, etc.

De plus, l'article 72 du décret du 20 juillet 1972 prévoit que l'agent immobilier ne peut négocier sans être titulaire d'un mandat écrit, préalablement délivré à cet effet. Ce mandat doit être mentionné dans le registre des mandats, en ordre chronologique, et porter un numéro correspondant à celui figurant dans le même intitulé, dans le registre des mandats.

Enfin, l'article 73 du même décret prévoit que l'agent immobilier ne peut percevoir d'autre rémunération que celle dont les conditions de détermination sont précisées dans le mandat.

Si l'on suit ces mentions à la lettre, il ne paraît pas évident que le titulaire d'un mandat puisse en déléguer l'exécution au profit de l'un de ses confrères. En effet, le mandat confère des pouvoirs spécifiques au mandataire pour l'accomplissement de sa mission. Par ailleurs, les règles de forme liées à la tenue du registre des mandats et à leur numérotation chronologique semblent rendre difficile leur délégation. Enfin, la rémunération elle-même du mandataire se trouve enfermée dans les limites des dispositions prises à ce sujet dans le mandat conféré.

La pratique pouvait donc légitimement se poser la question de savoir si une délégation de mandat restait malgré tout possible, en présence de telles contraintes.

B. La jurisprudence a validé la pratique de la délégation du mandat

755 Le Code civil, dans l'article 1994, autorise le mandataire à se substituer un sous-mandataire pour l'exécution de la mission qui lui a été confiée.

Selon la jurisprudence dominante[1], il est reconnu aux agents immobiliers la possibilité de déléguer au profit d'un de leurs confrères le mandat qui leur a été conféré. Cette jurisprudence considère que la réglementation professionnelle applicable aux agents immobiliers n'a pas prévu d'exception au principe de la substitution ou délégation de mandat tel que prévu par le Code civil.

Deux hypothèses doivent alors être envisagées, suivant que la délégation est autorisée par le mandant ou non.

• Si **la délégation est autorisée par le mandant**, il n'existe aucune difficulté et l'agent immobilier peut solliciter la collaboration d'un de ses confrères lequel, en qualité de sous-mandataire, pourra participer activement à la réalisation de l'objet du mandat.

Ce sous-mandataire engagera, comme le mandataire principal, sa responsabilité à l'égard du mandant dans le cadre du bon accomplissement de la mission conférée. En principe, le mandataire principal ne sera pas responsable des fautes commises par le confrère qu'il s'est substitué.

1. CA Versailles, 12e ch., 27 oct. 1981, voir jurisprudence n° 3201.

• En revanche, lorsque **la substitution ou délégation de mandat n'a pas été autorisée dans le corps du mandat conféré**, c'est à ses risques et périls que le mandataire principal sollicitera le concours de ses confrères.

Il devra répondre alors des fautes que pourraient commettre ces derniers dans l'exécution de la mission pour laquelle ils se sont substitués.

▷ Il paraît donc judicieux de prévoir dans le mandat consenti la possibilité de substitution au profit d'un tiers. De cette manière, le mandataire pourra, sans crainte de se voir reprocher une dissimulation ou un défaut de diligence, solliciter la collaboration d'un de ses confrères afin de mener à bien sa mission.

Il n'en reste pas moins que le mandataire substitué devra respecter la réglementation telle que résultant de la loi du 2 janvier 1970.

C. Respect de la réglementation professionnelle par le mandataire substitué

756 Vis-à-vis du mandant, le mandataire substitué devra respecter toutes les obligations mises à la charge du mandataire principal aux termes du mandat.

En cas de réalisation de l'affaire, il devra enregistrer une photocopie du mandat au registre des mandats avec numérotation chronologique.

Il aura, de même que le mandataire principal, l'obligation de rendre compte, notamment dans l'éventualité où il découvre un client acceptant de réaliser l'objet du mandat.

Il devra, à cette occasion, respecter les règles concernant le maniement des fonds. La commission qui sera versée devra correspondre en tous points aux prévisions du mandat principal, tant dans son montant qu'en ce qui concerne la partie qui en a la charge. Simplement, cette commission sera partagée en fonction des accords particuliers pris entre le mandataire et son substitué.

▷ C'est la raison pour laquelle il semble judicieux, lorsque la collaboration n'est pas habituelle entre deux confrères, qu'ils prévoient par écrit les conditions de leur intervention, de manière à éviter tout litige pouvant les opposer par la suite.

757 Entre mandataire principal et mandataire substitué, la jurisprudence a considéré qu'il importe peu que les subdélégations (mandat) consenties par le mandataire initial à des commerçants professionnels de l'immobilier ainsi qu'entre ces commerçants, n'eussent pas été établies dans les termes de ces textes (loi du 2 janvier 1970, décret du 20 juillet 1972)[1].

◊ Cette décision rendue par la Cour de cassation est venue confirmer un arrêt rendu par la 25e chambre B de la Cour d'appel de Paris le 16 novembre 1984 considérant que la réglementation résultant de l'article 1er de la loi du 2 janvier 1970 ne s'applique qu'au seul mandat principal et qu'elle est étrangère aux rapports des intermédiaires professionnels entre eux en ce qui concerne la validité des sous-mandats et le droit à résiliation des mandataires substitués à l'égard des substituants.

En conséquence, le sous-mandataire n'aurait pas à respecter les dispositions de l'article 6 de la loi du 2 janvier 1970 et le droit à rémunération du sous-mandataire opposable au mandataire principal ne serait pas concerné par ce même corps de réglementation.

1. Cass. 1re civ., 28 oct. 1986 • CA Paris, 25e ch., 16 nov. 1984; voir jurisprudence no 3201.

▷ Cette interprétation nous paraît conforme à la volonté du législateur et à l'intérêt public (voir n° 755).
En effet, le législateur n'a voulu protéger que les particuliers dans leurs relations avec les professionnels et non pas s'immiscer dans les rapports des professionnels entre eux. Cette appréciation doit être tempérée dans l'éventualité où les rapports des professionnels entre eux pourraient influer sur les obligations mises à la charge du particulier.

IX. Le mandat spécifique de l'administrateur de biens

758 Les règles générales tenant à la formalité du double exemplaire, au montant de la rémunération avec indication de la partie qui en a la charge, la limitation dans le temps, etc., sont transposables au mandat de l'administrateur de biens. Cependant, ce type de mandat diffère de celui de l'agent immobilier au niveau de la mission confiée au mandataire.

Il ne s'agit pas de vendre un bien mais au contraire de le conserver en procédant à sa location, en percevant les loyers et en réglant les charges.

759 L'**étendue de la mission** confiée à l'administrateur de biens nécessite de prévoir la totalité des pouvoirs qui lui sont conférés par son mandant.

□ Ainsi, il devra être précisé, par exemple :
- le pouvoir de louer;
- le pouvoir de percevoir les loyers ou d'accorder des remises ou délais;
- le pouvoir d'exécuter des travaux;
- le pouvoir d'agir en justice en cas d'incident locatif;
- le pouvoir de représenter le mandant dans les assemblées générales de copropriété;
- le pouvoir de payer les charges et impôts et services en respectant les délais légaux ou d'usage;
- le pouvoir de souscrire une assurance sur l'immeuble ou au titre des pertes de loyers et dégradations locatives;
- la mission de préparer les éléments permettant au mandant d'établir ses déclarations fiscales.

Parmi toutes ces missions, les parties peuvent choisir de laisser une marge d'initiative plus ou moins importante au profit du mandant. À la limite, le mandataire peut n'être chargé que de la perception des loyers et du quittancement.

▷ Il est donc indispensable que ce type de mandat soit rédigé sur mesure, en fonction de la commune volonté des parties.

760 L'administrateur de biens rendra compte périodiquement de sa mission soit mensuellement, soit le plus souvent trimestriellement, en adressant un compte détaillé à son mandant accompagné éventuellement des sommes qui lui reviennent. Il devra respecter, à partir du 1er janvier 2004, un plan comptable spécifique, défini par le Conseil national de la comptabilité, pour la tenue des comptes (des précisions, des sources ?).

La **résiliation** de ce type de mandat peut être invoquée à tout moment moyennant le respect d'un préavis qui ne saurait être inférieur à un trimestre pour permettre la reddition des comptes et le transfert des documents.

761 La **rémunération** de l'administrateur de biens présente des caractères spécifiques qui la différencie beaucoup de la rémunération de l'agent immobilier (voir chapitre K).

Une garantie spécifique des fonds déposés est liée à l'activité de l'administrateur de biens pour la détention de la carte gestion immobilière.

La garantie gestion immobilière est indépendante de la garantie transaction à travers deux comptabilités distinctes permettant de déterminer les plafonds de garantie.

762 Le syndic de copropriété est régi par des règles spécifiques résultant de la loi du 10 juillet 1965[1] sur la copropriété concernant son mandat, la gestion des fonds des copropriétés (compte unique/comptes séparés), la durée de la mission et son renouvellement, etc.[2]. ■

1. L. n° 65-557 du 10 juill. 1965 sur le statut de la copropriété; C. baux.
2. Voir dans la même collection *Copropriété*, par M. Weismann.

H Promesses de vente • Offres d'achat

Nos 801 à 830

PAGES

I. Utilité de l'avant-contrat 111
A. Principe de l'autonomie de la volonté 112
B. Publicité foncière 112

II. Offre d'achat 113

III. Promesse synallagmatique de vente 114
A. La promesse synallagmatique de vente vaut vente 114
B. La promesse synallagmatique de vente est trop contraignante 115

IV. Promesse unilatérale de vente 115
A. La promesse unilatérale de vente vaut vente après levée de l'option 115
B. La promesse unilatérale doit être enregistrée à peine de nullité 116
C. L'incertitude quant à la réalisation 116

V. Quel avant-contrat choisir ? 117
A. La promesse synallagmatique présente un inconvénient lors d'un litige 117
B. Les dommages-intérêts indemnisent le vendeur lorsque l'acquéreur renonce à acheter 118
C. La rétractation du promcttant avant le terme de la promesse et sa sanction 118

VI. La protection du candidat à l'achat (Loi SRU) 119
A. Champ d'application 119
B. Assurer un consentement réfléchi 120
C. Retarder les versements de fonds 124
D. Appréciation critique de cette réglementation 125

I. Utilité de l'avant-contrat

801 Les parties, à l'occasion de la conclusion d'un contrat de vente, se trouvent généralement dans l'impossibilité de rédiger immédiatement un acte définitif constatant la vente intervenue.

En effet, diverses conditions d'ordre personnel ou objectif empêchent la rédaction immédiate d'un acte définitif. De même les dispositions légales tenant à la publicité foncière, les différents droits de préemption de l'Administration et des particuliers, les règles spécifiques au crédit immobilier, la comptabilité d'un fonds de commerce obligent le plus souvent à rédiger un contrat préparatoire à l'acte de vente qui sera passé ultérieurement.

La pratique appelle ces actes préparatoires des avant-contrats[1].

▷ Le choix de l'avant-contrat, ainsi qu'il va l'être examiné, devra prendre en compte les intérêts divergents des parties de manière à éviter tout litige.

Avant d'examiner les trois principaux types d'avant-contrats utilisés en matière de vente d'immeuble ou de fonds de commerce, il convient de rappeler les règles générales régissant le principe de l'autonomie de la volonté et son application en matière de vente ainsi que les règles de la publicité foncière spécifiques à la vente d'immeuble.

A. Principe de l'autonomie de la volonté

802 En fonction des règles du Code civil, l'accord de volonté est lui-même constitutif de droit. Par exemple, pour la vente d'un immeuble, il est suffisant que vendeur et acquéreur se soient mis d'accord sur la chose et sur le prix pour qu'un véritable contrat de vente intervienne entre les parties[2].

Cependant, dans la mesure où les obligations dépassant 800 euros doivent être prouvées par écrit, il est indispensable qu'un acte sous seing privé soit dressé, afin d'apporter la preuve de l'accord intervenu[3].

Dès rencontre de leur volonté, une vente ferme liera les parties.

Néanmoins, en matière immobilière, l'opposabilité des ventes oblige les parties à une formalité supplémentaire, qui sera seule de nature à protéger les droits de l'acquéreur. En effet, la publicité des mutations est assurée par un fichier immobilier tenu au siège de chaque conservation des hypothèques. Ce fichier a pour but l'information des tiers sur les droits réels portant sur des immeubles. À l'égard des tiers, seules se trouvent opposables les ventes publiées à la conservation des hypothèques.

B. Publicité foncière

803 Si une vente est parfaite entre les parties dès leur accord sur la chose et sur le prix, une vente d'immeuble entraînera obligatoirement une publication aux hypothèques de manière à préserver les droits de l'acquéreur[4].

En effet, seule la publication de la vente à la conservation des hypothèques rendra le droit de propriété de l'acquéreur opposable aux tiers, c'est-à-dire à toute personne possédant sur l'immeuble des droits concurrents.

On peut craindre, en effet, qu'avant la publication de l'acte définitif de vente aux hypothèques et alors qu'un avant-contrat a été signé avec un acquéreur, le vendeur ne vende une nouvelle fois son bien à un tiers qui publierait son acquisition avant le premier acquéreur.

Si ce tiers suracquéreur se trouvait de bonne foi, une publication antérieure à celle de l'acquéreur originaire le mettrait à l'abri de toute possibilité de revendication de la part de ce dernier. Peu importe, dans cette hypothèse, la date à laquelle l'avant-contrat a été signé. Seule la formalité de publication et sa date permettront de prendre rang entre les différents acquéreurs.

1. Voir dans la même collection, *Acheter ou vendre un bien immobilier*, par F. Collart-Dutilleul et B. Magois.
2. C. civ., art. 1583.
3. C. civ., art. 1341.
4. Décr. n° 55-22,4 janv. 1955, portant réforme de la publicité foncière.

Dans la mesure où seuls les actes authentiques peuvent être publiés à la conservation des hypothèques, la rédaction d'un acte notarié apparaît indispensable pour permettre la publication des ventes d'immeubles.

Ce n'est qu'à compter de la publication de cet acte notarié que l'acquéreur se trouvera protégé d'une éventuelle action en revendication dont il pourrait faire l'objet en cas de survente de son bien.

▷ Tant que la publication n'est pas intervenue, le titulaire d'une promesse de vente n'a donc aucune sécurité en ce qui concerne son droit de propriété.
Pour cette raison, les fonds versés à l'appui d'un avant-contrat ne devront jamais être remis entre les mains du vendeur, tant que l'acquéreur, par la publication de son titre de propriété et la consultation du fichier immobilier, n'aura la certitude qu'aucune survente n'est intervenue.

804 De la même manière que l'acquéreur pourrait se voir évincé par une publication antérieure à la sienne, dans l'éventualité d'une survente, son droit de propriété pourrait se trouver menacé par la constitution d'une sûreté réelle comme une hypothèque du chef de son vendeur.

Une hypothèque peut en effet être publiée du chef du vendeur, tant que l'acte de vente n'a pas été publié aux hypothèques.

▷ Dans la mesure où un acte authentique de vente ne peut jamais être rédigé immédiatement et publié aux hypothèques pour les raisons que nous avons examinées, la rédaction d'un avant-contrat sous seing privé s'avère indispensable de manière à préserver les droits des parties vendeur et acquéreur, fixer leurs obligations réciproques et préparer la rédaction de l'acte définitif qui sera reçu en la forme authentique par le notaire chargé de la vente.

II. Offre d'achat

805 Bien que la mention du prix de vente du bien ne doive pas figurer obligatoirement sur le mandat conféré en application de l'article 6 de la loi du 2 janvier 1970, le plus souvent ce prix figure dans le mandat donné à un mandataire.

On imagine mal comment, en l'absence de prix déterminé par le mandant, le mandataire se trouverait en mesure de pouvoir négocier valablement la vente d'un bien. Le prix de la vente étant stipulé dans le mandat, une difficulté naît du fait qu'il est rare d'obtenir immédiatement une acceptation d'un client pour l'acquisition du bien au prix mentionné.

La plupart du temps, le client formule une offre d'acquisition à un prix inférieur à celui figurant dans le mandat.

Cette offre d'acquisition ne peut avoir aucune valeur contraignante à l'égard du mandant, qui est en droit de la refuser ou de l'accepter. Cette offre d'acquérir à des conditions différentes de celles figurant dans le mandat constitue une offre d'achat ou pollicitation, laquelle ne peut être considérée comme sérieuse que si elle est formulée par écrit.

C'est la raison pour laquelle, dans une telle hypothèse, l'agent immobilier fait rédiger par le client une offre d'acquisition sous seing privé apportant la preuve de l'offre formulée (voir nº 3109).

Une vente ferme n'existera entre les parties que dans la mesure où le mandant acceptera formellement l'offre d'achat, en donnant son accord sur l'offre de prix proposé et les éventuelles conditions dont elle pourrait être affectée. Tant que l'acceptation du mandant n'est pas intervenue, l'offre se trouve flottante et peut, à la limite, être révoquée à tout moment.

La technique de l'offre d'achat est également utilisée lorsque le mandataire n'est pas titulaire d'un mandat de vente donnée par le propriétaire. Dans cette éventualité, il obtiendra la délivrance d'un mandat de recherche par le candidat acquéreur et lui fera formuler une offre d'acquisition qu'il transmettra au propriétaire aux fins d'acceptation.

L'engagement d'acquisition ne constitue donc pas, à proprement parler, un avant-contrat, dans la mesure où il n'oblige que le candidat acquéreur sous réserve de l'acceptation du vendeur.

▷ L'offre d'achat n'apporte donc aucune sécurité quant à la stabilité de l'engagement souscrit, lequel est toujours suspendu à la volonté du vendeur et à la révocation de l'acquéreur dans les conditions stipulées.
L'engagement d'achat matérialise et officialise une offre d'acquisition afin de la porter à la connaissance du vendeur. Elle n'a, en définitive, qu'une valeur psychologique tendant à faire prendre conscience au candidat acquéreur de l'engagement souscrit.

La jurisprudence considère souvent que la signature de l'offre par le vendeur ne constitue qu'un « donné acte » de cette offre et non une acceptation rendant la vente parfaite.

À cette considération s'ajoute le fait que depuis la loi SRU, il est interdit de recevoir des fonds de l'acquéreur à l'appui d'une offre de vente, sans compter que ce dernier bénéficie en cas d'acceptation de son offre par le vendeur, d'une faculté de rétractation.

On ne peut parler d'avant-contrat présentant un caractère de stabilité et de sécurité que dans la mesure où le vendeur est partie à l'acte. Deux types d'avant-contrat répondent à ce critère :

- la promesse synallagmatique de vente;
- et la promesse unilatérale de vente;

lesquelles diffèrent entre elles par la nature réelle ou personnelle des engagements qui y sont souscrits.

III. Promesse synallagmatique de vente

A. La promesse synallagmatique de vente vaut vente

806 La promesse synallagmatique de vente constitue une vente ferme par accord des parties sur la chose et sur le prix. Elle ne diffère donc pas, en ce qui concerne les obligations qui y sont souscrites, de l'acte définitif qui sera rédigé en la forme authentique par le notaire en cas de vente.

La rédaction d'une promesse synallagmatique de vente, dans la mesure où elle constitue une vente parfaite entre les parties, donne donc au vendeur la certitude que l'acquéreur achète le bien et ne pourra par la suite renoncer (voir document de travail nos 3103 et s.).

L'existence de conditions affectant la promesse ne fera que retarder le moment de cette certitude du vendeur.

Dans l'hypothèse de l'existence d'une condition suspensive, la réalisation de la condition suspensive rendra la vente parfaite, ce qui apportera sécurité au vendeur quant au paiement du prix qui conditionne souvent la possibilité d'acquérir un nouveau bien.

B. La promesse synallagmatique de vente est trop contraignante

807 Il est reproché à la promesse synallagmatique de vente son caractère trop contraignant puisqu'elle aboutit à constater la vente de l'immeuble, alors que le prix n'a pas encore été payé et ne le sera qu'après la signature de l'acte authentique de vente.

Le vendeur n'a pas consenti une obligation personnelle, mais a consenti la cession d'un droit réel, c'est-à-dire son droit de propriété.

□ On peut donc craindre, par exemple, qu'en cas de difficulté, notamment lors du paiement du prix, le vendeur ne soit dépossédé de son bien sans avoir touché la contrepartie soit le prix de vente, quand bien même le transfert de propriété serait retardé au terme de l'acte, jusqu'au paiement du prix.

En raison du caractère trop contraignant de la promesse synallagmatique de vente, la pratique a imaginé de faire souscrire aux parties une convention ne comportant que la constatation d'obligations personnelles à la charge du vendeur et du candidat acquéreur.

Cette convention est habituellement appelée promesse unilatérale de vente.

IV. Promesse unilatérale de vente

A. La promesse unilatérale de vente vaut vente après levée de l'option

808 La promesse unilatérale de vente se définit comme un acte sous seing privé ou un acte authentique aux termes duquel seul le vendeur prend l'engagement de vendre son bien pendant un certain délai au profit d'une personne dénommée « le bénéficiaire », qui accepte seulement la promesse en tant que promesse et ne prend pas formellement l'engagement d'acquérir pendant le délai qui lui a été consenti.

Cette promesse a pour but de fixer l'offre du vendeur pendant le délai de la promesse, délai pendant lequel il ne pourra pas consentir la vente au profit d'une autre personne que le bénéficiaire.

▷ Pendant ce délai, le bénéficiaire pourra réfléchir et prendre sa décision.

En cas de levée d'option par acceptation de la chose et du prix par le bénéficiaire dans les délais de la promesse, la promesse unilatérale deviendra une promesse synallagmatique de vendre et d'acheter. À défaut de levée d'option dans le délai, le promettant vendeur se trouve dégagé de toute obligation.

Généralement, une contrepartie pécuniaire est stipulée en faveur du vendeur afin de l'indemniser de l'immobilisation de son bien pendant le temps de la promesse pour le cas où le bénéficiaire renoncerait à acquérir en ne levant pas l'option[1].

1. Cass. 1re civ., 5 déc. 1995, Bull. civ. I, 452; Defrénois 1996, a. 36354, nº 62.

Cette contrepartie pécuniaire est appelée « indemnité d'immobilisation » et son montant s'élève le plus souvent à une somme d'argent représentant 10 % du prix stipulé dans la promesse. Si le bénéficiaire lève l'option, le montant de cette indemnité d'immobilisation constituera un acompte sur le prix. Dans l'éventualité contraire, elle reste acquise au profit du vendeur.

B. La promesse unilatérale doit être enregistrée à peine de nullité

809 Cette forme d'avant-contrat est soumise, à peine de nullité, à la formalité de l'enregistrement.

L'article 1840 A du Code général des impôts édicte en effet que : « ... la promesse unilatérale de vente, qu'elle porte sur un immeuble ou un fonds de commerce, devra être enregistrée — à peine de nullité — dans les dix jours de son acceptation par le bénéficiaire ».

L'acceptation s'entend, non pas de la levée d'option par laquelle le bénéficiaire déclare accepter d'acheter, mais de la date à laquelle le bénéficiaire déclare prendre acte de la promesse qui lui est consentie, en se réservant la faculté d'acquérir dans le délai stipulé.

Généralement, la date de la promesse et la date de son acceptation par le bénéficiaire est la même, l'acte signé le même jour par les deux parties. Le délai commencera alors à courir à compter de la date de la promesse.

Dans l'éventualité où cette promesse ne serait pas acceptée par le bénéficiaire d'une manière concomitante à l'offre du promettant, le délai ne commencera à courir qu'à compter de la date à laquelle le bénéficiaire a porté la mention de son acceptation sur la promesse, c'est-à-dire la date à laquelle il a pris connaissance de l'engagement souscrit par le vendeur et a accepté cet engagement en tant que tel.

▷ La querelle jurisprudentielle sur ce point se trouve aujourd'hui close et cette solution n'est plus discutée.

810 Le défaut d'enregistrement dans les dix jours de l'acceptation par le bénéficiaire aurait une grave conséquence puisque la **nullité de l'acte** serait encourue, ce qui engagerait la responsabilité personnelle du mandataire dans le cadre de son devoir de conseil.

▷ La prudence consiste donc, lors de l'enregistrement d'une promesse unilatérale de vente, à mentionner clairement la date de l'acceptation par le bénéficiaire et de veiller à un enregistrement immédiat, de manière à donner pleine valeur juridique aux engagements consentis.

L'article 1840 A du CGI prévoit également à peine de nullité l'enregistrement de l'acte constatant la cession d'une promesse unilatérale de vente.

C. L'incertitude quant à la réalisation

811 En dehors de cette complication au niveau de l'obligation d'enregistrement, il apparaît qu'un tel acte ne donne aucune certitude au vendeur quant à la réalisation de la vente en vue de laquelle il a été souscrit.

En effet, si le vendeur se trouve obligé par l'offre de vente qu'il a formulée dans la promesse et ne peut pas la rétracter pendant le délai de cette promesse (il renonce généralement au bénéfice de l'article 1590 du Code civil[1]), il n'en est pas de même du bénéficiaire qui peut toujours renoncer à acquérir le bien en ne levant pas l'option.

Dans cette éventualité, il ne sera redevable que du paiement d'une somme d'argent correspondant à l'indemnité d'immobilisation fixée par les parties (voir n° 907).

Le but recherché par le vendeur, lorsqu'il s'adresse à un agent immobilier, ne consiste toutefois pas à immobiliser son bien pendant un certain délai, même s'il touche en contrepartie une indemnité non réductible en vertu de l'article 1152 du Code civil[2]. Le but recherché est tout autre, vendre pour toucher le prix, lequel est souvent nécessaire afin de réaliser une nouvelle acquisition.

▷ Il semble donc que la promesse unilatérale de vente n'ait pas une grande valeur contraignante à l'égard de l'acquéreur, en dehors de l'éventualité de la perte de l'indemnité d'immobilisation qu'il a versée.

V. Quel avant-contrat choisir ?

812 On ne peut pas donner véritablement des critères de choix permettant de préférer un type d'avant-contrat plutôt qu'un autre. Chaque avant-contrat a ses avantages et ses inconvénients. Fort heureusement et dans la plupart des cas, les transactions n'aboutissent pas à des litiges.

Ce n'est que lorsqu'un litige oppose les parties qu'il est intéressant de considérer les avantages réciproques de chaque type d'avant-contrat.

A. La promesse synallagmatique présente un inconvénient lors d'un litige

813 Il est généralement soutenu que la promesse synallagmatique de vendre et d'acheter présente l'inconvénient majeur, en cas de défaillance de l'acquéreur, d'interdire la possibilité d'une vente à un tiers tant que le tribunal n'a pas constaté la résolution de la vente intervenue.

Cet inconvénient n'est pas rencontré au niveau de la promesse unilatérale de vente dans la mesure où le bien n'est pas vendu, le vendeur promettant ayant simplement contracté l'engagement de vendre dans un délai déterminé si le bénéficiaire levait l'option en acceptant les prix et conditions stipulés.

Si le bénéficiaire ne levait pas l'option, la promesse se trouverait expirée et le vendeur libéré de tout engagement. Il peut donc, dans cette éventualité, lors de l'arrivée du terme de la promesse, revendre immédiatement au profit d'un tiers.

▷ Peu importe le litige pouvant opposer les parties en ce qui concerne le sort de l'indemnité d'immobilisation.

Ces arguments théoriques, militant en faveur de l'établissement d'un type de promesse plutôt qu'un autre ayant été exposés, il apparaît utile de faire la part des choses d'une manière objective et pratique.

1. Voir cependant n° 912.
2. CA Paris, 2e ch., 19 mars 1981, JCP éd. N 1983 II 112.

B. Les dommages-intérêts indemnisent le vendeur lorsque l'acquéreur renonce à acheter

814 Dans la réalité, que l'on soit en présence de l'un ou de l'autre type d'avant-contrat, le bénéficiaire ou l'acquéreur renoncera à acheter pour des raisons qui lui sont personnelles :

- ou les parties sont de bonne foi et le litige se résoudra la plupart du temps transactionnellement;
- ou les parties se trouvent opposées et le litige trouvera une solution judiciaire, laquelle portera à coup sûr sur la responsabilité de la non-réalisation de l'avant-contrat et l'attribution ou la restitution des sommes versées.

Dans cette hypothèse, le candidat acquéreur aura toujours déclaré renoncer à son acquisition, quels qu'en soient les motifs. La discussion se placera donc toujours sur un terrain purement indemnitaire.

À partir du moment où le cocontractant acquéreur aura déclaré qu'il renonce à acquérir, quel que soit le type d'avant-contrat souscrit, le vendeur pourra toujours revendre son bien à un tiers. En effet, même si une promesse synallagmatique de vendre et d'acheter a été souscrite, la vente n'existe qu'entre les parties et sous réserve du respect par chacune de leurs obligations.

Si l'acquéreur déclare renoncer à acquérir, on ne saurait formuler aucun reproche à l'égard du vendeur qui céderait son bien à un tiers. L'acquéreur ne pourrait s'en prendre qu'à lui-même.

Lorsqu'on sait qu'en vertu des règles de la publicité foncière, la vente n'est opposable aux tiers qu'à partir de sa publication à la conservation des hypothèques, le tiers acquéreur ayant publié son acte ne risquera pas d'être évincé, car il est indiscutablement de bonne foi, même s'il a eu connaissance de la précédente vente alors que le précédent acquéreur a déclaré renoncer.

En définitive, tous les litiges portant sur la réalisation d'un avant-contrat se résoudront par dommages et intérêts lorsque l'acquéreur aura renoncé à acheter.

Le débat s'instaurera alors au niveau de la restitution ou de l'acquisition des fonds garantissant l'exécution de la convention, le promettant — quel que soit le type de contrat souscrit — reprenant la libre disposition de son bien.

Le choix de l'établissement d'un avant-contrat sous la forme d'une promesse synallagmatique de vendre et d'acheter n'aura véritablement de conséquence qu'à l'égard de la **rémunération du mandataire** (voir n° 1107). En effet, elle constitue au regard de l'article 6 de la loi du 2 janvier 1970 une vente effectivement conclue autorisant l'agent immobilier à percevoir le montant de sa commission. Il n'en est pas de même de la promesse unilatérale de vente.

C. La rétractation du promettant avant le terme de la promesse et sa sanction

815 Un arrêt de la Cour de cassation considère que le promettant, tant que la promesse unilatérale de vente n'a pas fait l'objet d'une acceptation par son bénéficiaire, peut se rétracter à tout moment même s'il est stipulé une durée intangible de validité de l'offre[1].

Le promettant ne serait alors redevable à l'égard du bénéficiaire évincé pendant le cours de la promesse que d'une indemnité correspondant au préjudice subi par ce dernier, du fait du retrait prématuré de son offre.

1. Cass. 3e civ., 15 déc. 1993, JCP éd. N 1995 n° 1; voir jurisprudence n° 3201.

□ Ainsi, tant qu'elle n'a pas été acceptée, une promesse consentie pour une durée ferme allant du 1er juillet au 31 décembre de l'année pourrait être rétractée par le promettant à tout moment pendant cette période.

▷ Si cette interprétation devait devenir la règle, la promesse unilatérale de vente se trouverait privée de toute efficacité et définitivement condamnée, dans la mesure où le bénéficiaire ne serait jamais garanti tant qu'il n'a pas accepté la promesse d'obtenir la délivrance du bien.

VI. La protection du candidat à l'achat (Loi SRU)

816 La loi no 2000-1208 du 13 décembre 2000, dite loi SRU, portait principalement sur une modification des règles d'urbanisme puisqu'elle a réformé le régime des certificats d'urbanisme des schémas directeurs, des plans d'occupation des sols, des droits de délaissement des propriétaires, des droits de préemption de l'Administration. Mais elle s'est également attachée à étendre la protection des candidats non professionnels à l'acquisition[1].

▷ Cette même loi a également profondément bouleversé le régime de la copropriété[2].

Il convient d'examiner les conséquences de ces dispositions à l'égard des conventions qui peuvent être souscrites en vue de la vente de biens immobiliers, alors que la loi est entrée en vigueur le 1er juin 2001.

Ainsi que nous le verrons, pour assurer la protection du consommateur, le législateur utilise trois techniques permettant de protéger le consentement de l'acquéreur d'un bien immobilier en lui permettant :
- soit de se rétracter dans un certain délai;
- soit en l'obligeant à réfléchir avant de s'engager;
- et en l'empêchant dans tous les cas de verser un acompte tant que le délai de rétractation ou de réflexion n'est pas expiré.

Cette forme de réglementation n'est pas nouvelle, puisque le délai de rétractation est apparu pour la première fois avec la loi relative au démarchage à domicile[3] et le délai de réflexion avec la loi du 13 juillet 1979 relative aux emprunteurs dans le domaine de l'immobilier.

A. Champ d'application

1. Les personnes soumises à la loi

817 • L'article L. 271-1 du Code de la construction et de l'habitation protège « l'acquéreur non-professionnel ».

La rédaction générale du texte exclut ainsi l'application de la loi lorsque l'acquéreur agit dans le cadre de son activité professionnelle ou économique, puisque seules sont concernées la construction ou l'acquisition d'un immeuble à usage d'habitation par un acquéreur non-professionnel.

□ N'entrent donc pas dans le domaine d'application de la loi les acquisitions qui peuvent être faites par une personne physique ou morale pour les besoins de son activité commerciale

1. CCH, art. L. 271-1 et L. 271-2.
2. L. no 65-557, 10 juill. 1965 • Voir dans la même collection, *Copropriété*, par M. Weisman.
3. C. consom., art. L. 121-25.

ou professionnelle tel que des murs de boutique, des locaux d'activité, un cabinet médical, des bureaux, etc.

▷ Lorsque l'avant-contrat met en présence plusieurs acquéreurs, chacun n'entre eux dispose du droit de se rétracter. En conséquence, notification doit être faite à chacun.

• S'agissant du **vendeur**, il n'est pas identifié par l'article L. 271-1 du Code de la construction et de l'habitation. Le texte ne faisant pas référence au « vendeur professionnel », les vendeurs non-professionnels d'un bien immobilier sont également concernés par cette réglementation.

2. Les ventes concernées par la réglementation

818 L'article L. 271-1 du Code de la construction et de l'habitation vise les contrats ayant pour objet la construction ou l'acquisition d'un immeuble à usage d'habitation, la souscription de parts donnant vocation à l'attribution en jouissance ou en propriété d'immeubles d'habitation ou la vente d'immeubles à construire ou de locations accession à la propriété immobilière.

En pratique, les dispositions de cet article nous paraissent devoir s'appliquer aux **contrats de promotion immobilière**, aux **contrats portant sur des ventes d'immeubles achevés**, aux **contrats portant sur la cession de parts sociales dans des sociétés immobilières** lorsque ces parts donnent vocation à attribution en jouissance ou en pleine propriété de tout ou partie d'un immeuble à usage d'habitation.

D'une manière générale, tous les modes de détention d'une propriété immobilière, soit sous forme directe, soit par la détention de titres (titrisation), nous semblent concernés par cette réglementation si l'immeuble vendu est à usage d'habitation.

▷ Sont exclues bien évidemment les sociétés foncières d'accumulation de patrimoine ou les sociétés cotées en bourse, lesquelles ne répondent pas à cette définition, tant par leur objet que par la diversité des biens qui constituent leur patrimoine.

819 Sont concernés tous les immeubles, qu'ils soient neufs ou anciens, ce qui constitue une extension par rapport aux dispositions qui avaient été édictées pour les seuls immeubles neufs sous l'empire de l'ancienne rédaction de l'article L. 271-1, telle qu'issue de la loi du 31 décembre 1989.

Par ailleurs, peu importe qu'il s'agisse d'une résidence principale, d'une résidence secondaire ou d'un investissement locatif.

▷ À notre sens, doivent cependant être exclus du domaine d'application de la loi les immeubles qualifiés de mixtes, c'est-à-dire dont une partie est utilisée à usage d'habitation et une autre à usage commercial ou professionnel. Il s'agit essentiellement des appartements acquis par des professionnels libéraux dans un souci non seulement de résidence mais encore d'utilisation professionnelle. Toutefois, afin d'éviter un éventuel litige, il peut être préférable de soumettre un tel acquéreur à cette disposition[1].

B. Assurer un consentement réfléchi

820 Le consentement de l'acquéreur se trouve protégé par deux moyens juridiques lui donnant la possibilité d'effacer ou de retarder son consentement.

1. Voir en faveur de cette extension, dans la même collection, *Acheter ou vendre un bien immobilier*, par F. Collart-Dutilleul et B. Magois.

• Le premier procédé utilisé consiste à permettre immédiatement l'échange des consentements en accordant au profit de l'acquéreur, supposé en situation d'infériorité, la **possibilité de se départir pendant un certain délai**, en notifiant sa rétractation. Ce deuxième procédé intervient en aval de la convention, puisque cette dernière a déjà fait l'objet d'un échange de consentements et de l'établissement d'un contrat liant les parties.

• Le second procédé utilisé en amont du contrat est celui qui consiste à obliger l'acquéreur d'un bien immobilier à réfléchir sur les conséquences de son engagement, de manière à éviter la prise d'une décision trop rapide, alors qu'il a pu ne pas analyser toutes les conséquences financières du contrat qui lui est proposé. Cette technique consiste à rendre obligatoire un **délai de réflexion** préalablement à l'échange des consentements, dont le respect conditionne la validité des conventions.

1. Le droit de rétractation pour les actes sous seing privé

821 Le législateur permet à l'acquéreur de se rétracter dans un **délai de sept jours** commençant à courir à compter du lendemain de la première présentation de la lettre lui notifiant l'acte.

D'une manière pratique, l'échange des consentements et sa constatation dans un acte sous seing privé est autorisé *a contrario*. Lorsque l'acte sous seing privé aura été signé entre les parties, et sous réserve de sa notification, le délai de rétractation commencera à courir.

822 En ce qui concerne la forme de la **notification**, la lettre recommandée est le mode d'information visé par le texte, lequel prévoit par ailleurs la possibilité d'utiliser tout autre moyen de notification, sous réserve qu'il présente des garanties équivalentes pour la détermination de la date de réception ou de remise de l'acte.

▷ La volonté du législateur consiste à faire en sorte que la date de la notification soit certaine et puisse être prouvée.

Il convient également que la forme de la notification écarte toute possibilité de fraude, telle que le fait d'antidater une correspondance. Grâce à l'accusé de réception, ou la justification de la présentation du pli par la Poste, il sera possible de démontrer, sans possibilité de fraude, la date de la notification.

▷ On s'abstiendra de recourir à la télécopie.

La notification par voie postale peut néanmoins présenter des incertitudes liées au délai de délivrance, mais aussi à la preuve de la présentation qui a fait l'objet de nombreux contentieux. Ainsi, l'article 669 NCPC dispose que la date à prendre en compte pour une notification par lettre recommandée avec avis de réception est celle de la remise effective de la lettre à son destinataire.

◊ La Cour de cassation considère que c'est le retrait effectif du pli par son destinataire, et non sa présentation sans succès, qui constitue le point de départ des délais de procédure commençant à courir à compter de la notification[1].

L'article L. 271-1 du Code de la construction et de l'habitation vise lui la présentation, contrairement au texte ci-dessus rappelé et à la jurisprudence rendue sur son application. L'absence de remise de la lettre peut faire courir un délai incontrôlable pendant lequel le vendeur restera dans l'attente de l'accusé de réception et incertain quant à l'exécution du contrat.

1. Cass. 3e civ., 14 déc. 1994, Bull. civ. III, n° 216.

RECOURIR À UN HUISSIER DE JUSTICE ?

▷ Pour cette raison, il paraît préférable, malgré le coût supplémentaire engendré par ce moyen de signification, de procéder à une **notification par voie d'huissier de justice**, laquelle, en application de l'article 653 NCPC permettra d'écarter toute incertitude sur le point de départ du délai de rétractation. En effet, la date de signification d'un acte d'huissier est celle du jour où elle est faite à personne ou à domicile, ou encore à résidence ou à Parquet.
Si la signification est faite à mairie en l'absence du destinataire, c'est la date de l'avis de passage de l'huissier qui fera courir le délai.

Pour la computation du délai, et conformément aux règles générales du Code de procédure civile, le jour de la présentation, de la remise ou de la signification ne compte pas, et le délai commence à courir le lendemain pour expirer sept jours plus tard à minuit. Le délai expire donc le septième jour à compter du jour suivant celui de la notification, soit, pour un acte signifié le 1er janvier un délai commençant à courir le 2 janvier et expirant irrévocablement le 8 janvier à minuit.

Quid des frais de notification ?

S'agissant de l'exercice de ce droit, son bénéficiaire n'a pas à justifier sa décision. Il doit en revanche l'exprimer clairement, par lettre recommandée avec AR ou toute autre forme admise présentant des garanties équivalentes.

2. La réflexion imposée pour les actes authentiques

823 Dans cette hypothèse, le législateur a choisi de privilégier la technique de protection par réflexion plutôt que par rétractation. En effet, l'établissement d'un acte authentique et sa force exécutoire n'ont pas paru conciliables avec une rétractation, laquelle risquait de poser de nombreux problèmes, tant en ce qui concerne le paiement du prix que l'interprétation qui pourrait être donnée par l'administration fiscale pour le paiement des droits.

De ce fait, la signature d'un acte authentique ne peut intervenir tant que le délai de réflexion préalable ne se trouve pas expiré. Ce délai est de sept jours pendant lequel le consentement de l'acquéreur se trouve suspendu, de manière à lui permettre de prendre un recul suffisant par rapport aux engagements qu'il va contracter.

Le délai de sept jours commence à courir à compter de la notification du projet d'acte qui sera faite par le notaire dans les mêmes formes et les mêmes conditions que celles retenues pour les actes sous seing privé (voir n° 822).

▷ C'est donc un projet d'acte authentique qui sera notifié à l'acquéreur et sur lequel il pourra réfléchir avant de s'engager.

La différence essentielle entre les deux procédés réside dans le fait que pour les actes sous seing privé l'échange de consentements est déjà intervenu, alors que pour les actes authentiques, il ne pourra intervenir qu'à l'issue du délai de réflexion.

824 La difficulté majeure réside dans la **teneur du projet d'acte**, laquelle pourra toujours être contestée par l'acquéreur qui l'estimerait incomplet ou que son consentement aurait été vicié.

Le projet adressé à l'acquéreur devant être aussi complet que possible, tant en ce qui concerne les énonciations de superficies ou les certificats, tels que désamiantage, il aurait été judicieux que la loi précise que l'établissement de ce projet et les frais qui lui sont liés resteront à la charge de l'acquéreur même s'il ne donne pas suite à l'envoi du projet. Le texte de l'article L. 271-1 est muet sur ce point.

▷ Ceci pourra donner lieu à un contentieux entre vendeur et acquéreur portant sur les frais de notaire et les frais annexes liés aux formalités et recherches préalables à la vente.

Une autre question reste sans réponse, portant sur les éventuelles **modifications qui pourraient être apportées à l'acte définitif** par rapport à la teneur de celui qui a été notifié. En effet, il est fort vraisemblable, que très souvent, l'acte définitif comportera des modifications par rapport à celui qui aura été notifié.

FAUDRA-T-IL DE NOUVEAU NOTIFIER L'ACTE MODIFIÉ ?

▷ Dans l'éventualité de modifications apportées dans l'établissement de l'acte définitif, devra-t-on à nouveau notifier cet acte avec le respect du délai avant de pouvoir procéder à sa signature ?

À notre sens, et sans éviter un contentieux, il sera possible de choisir entre les modifications ayant un caractère fondamental par rapport à celles ayant un caractère accessoire.

• Sont fondamentales à notre sens toutes les dispositions portant par exemple sur le prix, ses modalités de règlement, les emprunts contractés, les superficies, la présence d'amiante, la présence de vices affectant l'immeuble vendu.

• Seraient mineures par contre toutes les modifications tenant à des changements d'adresse, la capacité des parties si elles ne restreignent pas leurs droits, des précisions complémentaires n'ayant aucune incidence au niveau du prix ou des conditions de la vente.

Il n'en reste pas moins, que l'existence d'un projet d'acte paraît de nature à créer des contentieux dès que ce projet fera l'objet de modifications qui pourront être qualifiées de fondamentales par l'une ou l'autre des parties.

3. Le caractère non cumulatif de la protection instaurée par la loi

825 Cette protection est unique et se trouve épuisée dès qu'elle a été utilisée. Ainsi, il n'est pas possible de cumuler le bénéfice de ces deux protections, en amont et en aval des conventions.

□ Si par exemple, l'acquéreur a bénéficié de la possibilité de rétractation, il ne bénéficiera pas du délai de réflexion. Si l'acquéreur n'a pas utilisé son droit de rétractation dans le délai, il se trouvera définitivement engagé par les termes de l'avant-contrat sous seing privé qui aura été souscrit entre les parties.

Si cet avant-contrat a été souscrit par acte authentique, la signature de cet avant-contrat, après sa notification et expiration du délai de réflexion, épuisera de la même manière le droit à protection de l'acquéreur.

Cette solution nous paraît normale, puisque les deux protections sont alternatives et non cumulatives, ainsi qu'il résulte du dernier alinéa de l'article L. 271-1 du Code de la construction et de l'habitation.

Pour éviter les problèmes liés au délai de réflexion, et notamment aux modifications qui peuvent affecter l'acte définitif, il est vraisemblable que les avant-contrats seront établis désormais par acte sous seing privé plutôt que par acte authentique. En effet, en cas d'établissement d'un avant-contrat par acte sous seing privé, celui-ci sera signé par les parties et aucune modification ne pourra intervenir en dehors de la faculté de rétractation de l'acquéreur. À notre sens, c'est la faculté de rétractation qui s'appliquera le plus souvent, alors qu'il est rare qu'une vente soit conclue directement par acte authentique sans établissement préalable d'un avant-contrat.

C. Retarder les versements de fonds

826 La possibilité offerte au candidat acquéreur de se rétracter ou de mûrir sa réflexion n'a d'effectivité que dans la mesure où il est assuré de ne pas perdre d'argent. C'est pourquoi, dans le même temps, la loi empêche l'acquéreur de conforter son engagement par le **versement d'une somme d'argent** tant que le délai de réflexion ou de rétractation n'est pas expiré.

Pour respecter les conditions d'exercice des activités de certains professionnels immobiliers, tels que les agents immobiliers, les notaires et les vendeurs d'immeubles en l'état futur d'achèvement, les règles concernant les remises de fonds lors de la conclusion des contrats ont été assouplies à leur égard.

1. La « disparition » de la promesse d'achat

827 L'usage avait instauré pour matérialiser la volonté d'acquérir la souscription par l'acquéreur d'un écrit d'engagement appelé par la pratique « promesse d'achat », aux termes duquel il s'engageait à acheter pour un certain prix le bien mis en vente en remettant à l'appui de cet engagement une somme d'argent entre les mains de l'agent immobilier ou du notaire. La réalisation de cette promesse d'achat était soumise à la volonté du vendeur, qui pouvait soit l'accepter, soit la refuser.

Un contentieux pouvait naître à cette occasion sur le fait de savoir quelle était la valeur juridique des accords ainsi conclus, contentieux pendant lequel les fonds versés par l'acquéreur restaient entre les mains d'un séquestre.

Le but de ces nouvelles dispositions consiste à prohiber la pratique des offres d'achat d'une manière indirecte, en interdisant à peine de nullité la prise d'engagements de payer une somme, ou le versement d'une somme, au titre de l'offre d'achat. Aujourd'hui, toute offre d'achat accompagnée d'un engagement de versement ou de versement de fonds est réputée nulle[1].

Il n'est donc plus possible d'utiliser cette technique de réservation, laquelle permettait de cristalliser l'offre d'acquisition en l'attente de la réponse du vendeur. Le versement de sommes d'argent entraîne donc non seulement la nullité de l'offre d'achat, mais encore un délit pénal pouvant aboutir à une condamnation à une amende d'un montant maximum de 30 000 euros.

Il convient d'ajouter que l'émetteur d'une offre d'achat pourra toujours se départir de ses engagements, soit au moyen de la rétractation, soit pendant le délai de réflexion. En effet, une offre d'achat sera toujours suivie d'un avant-contrat pouvant s'analyser soit comme une promesse synallagmatique de vendre et d'acheter, soit en une promesse unilatérale de vente, toutes deux soumises aux nouvelles dispositions du Code de la construction et de l'habitation.

De ce fait, l'offre d'achat formulée ne pourra au plus constituer désormais que la phase d'ouverture des négociations préalables à l'établissement d'un contrat préliminaire ou avant-contrat, ou plus rarement d'un acte de vente dont le projet devra être notifié. La pratique ne sera pas fondamentalement changée par ces nouvelles dispositions, alors qu'il est rare qu'un contentieux naisse à l'occasion de l'exécution d'une promesse d'achat restée sans suite. Simplement, l'effet psychologique quant à la teneur des engagements souscrits par l'acquéreur lors de la remise d'un acompte n'existera plus.

1. C. civ., art. 1589-1.

2. Les engagements synallagmatiques

a. Les actes sous seing privé

828 La règle générale est constituée par l'interdiction de recevoir des fonds à quelque titre que ce soit et sous quelque forme que ce soit d'un acquéreur non-professionnel lors de l'établissement d'un avant-contrat sous seing privé.

Cependant, pour respecter le particularisme des professions immobilières, la réception de sommes d'argent reste autorisée lors de la signature de l'avant-contrat et pendant la période de rétractation, sous réserve que les fonds soient séquestrés entre les mains d'un professionnel garantissant leur restitution, tel qu'un agent immobilier ou un notaire.

Si la rétractation intervient, le séquestre devra restituer dans un délai de vingt-et-un jours, commençant à courir à compter de la date de la rétraction, les fonds dont il est dépositaire.

Il convient de préciser une disposition curieuse de l'article L. 271-2 par laquelle est envisagé l'engagement pris par l'acquéreur de verser une somme d'argent postérieurement à l'expiration du délai de rétractation. Dans cette éventualité, si la somme n'est pas versée, l'acte est réputé conclu sous la condition suspensive du versement de la somme à la date convenue. De ce fait, si les fonds ne sont pas versés, la convention se trouve n'avoir jamais existé par réalisation de la condition suspensive tenant à la non-remise des fonds.

▷ À notre sens, il restera possible au vendeur, le délai de rétractation passé et l'obligation de versement non respectée, de demander des dommages et intérêts à l'acquéreur par application de l'article 1178 du Code civil. En effet, quand bien même il s'agit d'une condition suspensive légale, cette condition s'est trouvée réalisée en raison de la mauvaise foi de l'acquéreur, qui n'a pas respecté son obligation.

b. Les actes authentiques

829 Aucune somme ne peut être versée tant que le délai de réflexion ne se trouve pas épuisé. Cette interdiction absolue de recevoir des fonds pendant le temps du délai de réflexion nous paraît normale, dans la mesure où aucun engagement ne peut être souscrit par l'acquéreur tant que le délai de réflexion n'est pas expiré, par opposition avec l'hypothèse précédente où l'acquéreur est déjà engagé mais peut se rétracter. Les fonds ne pourront donc être versés que lors de la signature de l'acte authentique, laquelle interviendra obligatoirement après expiration du délai de réflexion.

D. Appréciation critique de cette réglementation

830 Il nous paraît regrettable qu'une distinction n'ait pas été opérée entre les avant-contrats et les actes définitifs. En effet, la protection de l'acquéreur ne se comprend que lors de la signature d'un avant-contrat et non lors de la signature d'un acte définitif. Un avant-contrat peut en effet être signé très rapidement dans le souci d'arrêter l'affaire, avec la pression qui peut peser sur l'acquéreur de la part des professionnels immobiliers assistant les parties. L'acquéreur peut ainsi craindre qu'un tiers plus diligent n'arrête l'affaire avant lui. Tel n'est pas le cas lorsqu'un acte définitif vient à être signé, car il aura été le plus souvent précédé d'un avant-contrat ou à défaut d'avant-contrat, du temps incompressible lié aux formalités administratives résultant de l'obtention des états hypothécaires, des demandes de crédit, des purges de droit de préemption, de la levée du certificat d'urbanisme, etc. Ces délais obligatoires, avant la conclusion d'un acte définitif, nous paraissent une garantie suffisante pour assurer à l'acquéreur le temps nécessaire à une saine réflexion.

Plutôt que de distinguer entre les actes sous seing privé et les actes authentiques, lesquels notamment pour les avant-contrats peuvent être tous deux des actes préparatoires à la vente proprement dite, il nous aurait paru préférable de protéger l'acquéreur au niveau des seuls avant-contrats et non au niveau de l'acte authentique, lequel constitue le plus souvent la constatation de la vente parfaite. ■

Nos 901 à 971

Conditions suspensives et résolutoires • Droits de préemtion

PAGES

I. Conditions conventionnelles 127
A. La condition suspensive 128
B. La condition résolutoire 128
C. La faculté de dédit 129

II. Condition suspensive d'obtention du prêt 129
A. Les raisons d'être 129
B. L'information et la protection des emprunteurs dans le domaine de l'immobilier 130

III. Les droits de préemption avant le transfert de la propriété 137
A. Le droit de préemption du locataire ou occupant de bonne foi d'un immeuble à usage d'habitation 137
B. Le droit de préemption du fermier dans le bail rural 147
C. Le droit de préemption des communes dans les zones urbaines, les zones d'urbanisation future (ZUF) et les zones d'aménagement différé (ZAD) 148
D. Le droit de préemption des sociétés d'aménagement foncier et d'établissement rural (SAFER) 151
E. Le droit de préemption de l'indivisaire 153

I. Conditions conventionnelles

901 Le plus souvent, la vente convenue entre les parties se trouve conditionnée par la survenance d'un événement incertain et futur.

Il en est ainsi en période d'instabilité monétaire, du prix qu'elles pourront obtenir de la vente d'un bien nécessaire au financement d'une acquisition, ou encore de la possibilité d'obtention d'un prêt nécessaire au financement de l'opération.

C'est la raison pour laquelle les avant-contrats comportent souvent des conditions qui ont une incidence directe portant sur l'existence même de l'obligation contractée.

La condition peut se définir comme un événement futur et incertain conditionnant la naissance ou le maintien de l'obligation contractée.

Deux sortes de conditions sont stipulées dans un acte de vente :
- des conditions suspensives;
- ou des conditions résolutoires.

A. La condition suspensive

902 La condition suspensive suspend la réalisation de l'obligation à la survenance d'un événement incertain et futur[1].

☐ Il en est ainsi, par exemple, de la condition liée à l'obtention d'un prêt par l'acquéreur.

Tant que la condition n'est pas réalisée, les obligations contractées n'ont qu'un caractère éventuel dans la mesure où l'avant-contrat ne constate pas en lui-même un projet de vente, mais un éventuel projet de vente lié à la réalisation de la condition.

• Lorsque la condition se trouve réalisée, comme, par exemple, le prêt obtenu par l'acquéreur, l'obligation devient pure et simple et l'avant-contrat applicable dans toutes ses dispositions. Les obligations constatées dans cet avant-contrat sont alors censées avoir existé rétroactivement depuis le jour où il a été conclu (exception faite pour les droits de mutation perçus par l'administration fiscale).

• Si la condition défaille, comme, par exemple, dans l'éventualité où le prêt ne serait pas obtenu, l'avant-contrat est censé n'avoir jamais existé et les parties se trouvent dégagées de toute obligation.

B. La condition résolutoire

903 La condition résolutoire constitue un événement incertain et futur affectant rétroactivement les conventions passées[2]. En effet, dans l'éventualité d'une condition résolutoire, l'obligation prend naissance et l'avant-contrat est applicable dès le jour de la signature.

La survenance de l'événement effacera rétroactivement les obligations contractées, remettant les parties dans l'état antérieur comme s'il n'y avait jamais eu ni avant-contrat, ni transfert de propriété.

☐ Il en serait ainsi si l'acquéreur stipulait, par exemple, que son acquisition se trouverait résolue dans l'éventualité où, par décision de son employeur, il se trouvait muté à l'étranger.

L'acquéreur est propriétaire dès le jour de la signature du contrat et doit payer le prix, mais si l'événement survient, l'immeuble sera restitué et le prix remboursé (à l'exception des droits de mutation pouvant être perçus, lors de la conclusion de la vente, par l'administration fiscale).

Pour ces raisons fiscales tenant aux droits pleins perçus par l'Administration en présence d'un avant-contrat de vente d'immeuble comportant une condition résolutoire, ces conditions sont rarement utilisées dans la pratique, laquelle connaît surtout des conditions suspensives. En effet, en cas de difficultés d'ordre fiscal, on pourra toujours discuter facilement sur la survenance de l'événement réalisant la condition suspensive.

Il n'en serait pas de même en présence d'une condition résolutoire, l'Administration soutenant alors que l'on est en présence d'une vente ferme entraînant l'exigibilité des droits de mutation, qui seront éventuellement restitués pour le cas où la condition se réaliserait, dans la mesure où le fisc admet cette restitution.

1. C. civ., art. 1181 et s.
2. C. civ., art. 1123 et s.

▷ Nous examinerons plus loin l'incidence d'une condition résolutoire en ce qui concerne l'exigibilité du paiement de la commission de l'agent immobilier (voir nos 1101 et s.).

C. La faculté de dédit

904 La faculté de dédit est constituée par la possibilité pour les parties, ou l'une d'entre elles, de se départir des obligations constatées dans l'avant-contrat, moyennant généralement le versement d'une somme d'argent qui est constitué par l'abandon des fonds donnés ou la restitution du double.

Le dédit est réglementé par l'article 1590 du Code civil, qui prévoit la possibilité pour les contractants, lorsqu'une promesse de vente a été faite avec des arrhes, de s'en départir :

- celui qui les a données en les perdant;
- celui qui les a reçues en restituant le double.

Généralement, le vendeur renonce toujours dans un avant-contrat à se prévaloir des dispositions de l'article 1590 du Code civil.

Par contre, l'acquéreur peut bénéficier de cette disposition qui lui permet, moyennant la perte des arrhes versées, de se soustraire à l'exécution du contrat. Une telle clause peut figurer aussi bien dans une promesse synallagmatique de vendre et d'acheter que dans une promesse unilatérale de vente, où elle constitue d'ailleurs la règle.

ARRHES OU ACOMPTES ? IL FAUT PRÉCISER LA NATURE DES FONDS

▷ Il convient à ce sujet de préciser très exactement la nature des fonds qui ont été versés à l'appui de la signature de l'avant-contrat.
À défaut de précision, les fonds versés pourraient être considérés soit comme un acompte n'affectant pas la validité de la convention et prouvant même son caractère ferme et définitif, soit comme des arrhes affectant la validité de la convention et permettant à celui qui les a versés de se départir de la promesse de vente.
La volonté des parties devra donc toujours être formellement précisée à ce sujet. Toute imprécision pourrait engager la responsabilité du mandataire rédacteur de l'acte.

II. Condition suspensive d'obtention du prêt

A. Les raisons d'être

905 Ces conditions légales sont constituées essentiellement par des règles protectrices des intérêts, soit du cocontractant, soit d'un organisme public, soit d'une personne ayant des droits sur le bien, objet de l'avant-contrat.

Il en est ainsi des articles L. 312-11 et suivants du Code de la consommation, issus de la loi du 13 juillet 1979[1], dite loi Richomme, relatifs au crédit immobilier, de la loi du 6 juillet 1989[2], dite loi Mermaz, sur les baux d'habitation et des différentes lois réglementant l'exercice par l'Administration, soit directement, soit indirectement d'un droit de préemption à l'occasion des ventes d'immeubles,

1. L. n° 79-596 du 13 juill. 1979 sur l'information et la protection des emprunteurs dans le domaine immobilier; C. consom.
2. L. n° 89-462, 6 juill. 1989 relative à l'amélioration des rapports locatifs • Voir dans la même collection *Baux d'habitation*, par H. des Lyons et Y. Rouquet.

soit enfin des mesures protectrices du fermier résultant du Code rural ou des mesures tendant à sauvegarder les exploitations rurales.

Ces différentes réglementations ont pour conséquence, lorsqu'elles s'appliquent, d'affecter l'existence même des conventions passées, en permettant au cocontractant de se soustraire à ses obligations ou de lui substituer un tiers qui reprendra à ses lieu et place les engagements qu'il a souscrits.

B. L'information et la protection des emprunteurs dans le domaine de l'immobilier

906 Les articles L. 312-1 et suivants du Code de la consommation réglementent minutieusement les opérations de crédit immobilier liées à la signature d'avant-contrats portant sur la vente d'immeubles à usage d'habitation ou à usage professionnel et d'habitation.

1. L'état d'infériorité du propriétaire vendeur de son immeuble face à son acquéreur

907 Cette réglementation crée dans les relations contractuelles entre vendeur et acquéreur un important déséquilibre, profitant exclusivement à ce dernier.

Dans l'esprit du législateur, il apparaît que l'acquéreur doit être protégé :

- face aux organismes de crédit, qui vont lui permettre par l'emprunt de financer son acquisition;
- face au vendeur, qui va lui céder son droit de propriété.

L'acquéreur dispose, grâce à cette réglementation, de la possibilité de se dégager plus facilement des engagements qu'il a souscrits.

Le vendeur, de son côté, risque de se trouver soumis à l'arbitraire de l'acquéreur, lequel pourra puiser dans cette nouvelle réglementation toutes les raisons possibles pour se soustraire à ses obligations.

2. Les personnes soumises à la loi

908 Aux termes de l'article L. 312-2 du Code de la consommation, la loi s'applique à tout type de prêt, qu'il soit consenti par un professionnel du financement ou par un particulier qui peut être le vendeur, dès lors que ce prêt est consenti pour financer l'acquisition d'un immeuble à usage d'habitation ou à usage professionnel et d'habitation, ainsi que ses dépendances telles que caves, parking...

Se trouvent exclus de l'application de la loi les prêts consentis pour des acquisitions immobilières réalisées soit par des personnes publiques, soit par des professionnels de l'immobilier, soit pour acquérir un immeuble purement professionnel, la qualité de l'acquéreur n'étant alors pas prise en compte.

Cette réglementation a donc pour seul objet la protection d'acquéreurs de biens immobiliers à usage d'habitation, qu'il s'agisse d'un logement ou d'un terrain nécessaire à sa construction.

3. Schéma juridique obligatoire dans lequel se trouve enfermé le contrat de prêt

a. L'offre de prêt

909 Afin de mieux assurer la protection de l'emprunteur, le législateur a inversé les rapports des parties au contrat de prêt.

L'emprunteur, qui normalement se trouve en état de demande ou d'offre à l'égard de l'organisme de crédit, n'intervient plus juridiquement dans la conclusion du contrat qu'en tant qu'accepteur d'une offre de crédit formulée par le prêteur. C'est l'organisme de prêt qui va formuler une offre au sens du droit des obligations, offre qui sera maintenue et pourra être acceptée pendant un certain délai.

L'offre est obligatoirement adressée gratuitement par écrit, et par voie postale, à l'emprunteur et aux cautions personnes physiques éventuelles. Cette offre doit contenir avec un formalisme rigoureux, et à peine de perte du droit au versement des intérêts pour le prêteur, des mentions sur la nature, l'objet et les modalités de mise à disposition et de remboursement du prêt ainsi qu'un tableau d'amortissement complet.

L'offre devra comporter également des mentions précises sur les contrats d'assurance attachés au prêt et sur les sûretés exigées en chiffrant leur coût prévisionnel.

Toute modification de l'une des conditions essentielles oblige le prêteur à émettre une nouvelle offre remplaçant la première et ouvrant de nouveaux délais.

b. L'acceptation du prêt : l'emprunteur doit respecter un délai de réflexion de dix jours avant d'accepter l'offre

910 Une fois l'offre émise par l'organisme de prêt, elle doit être maintenue pendant une durée minimale de trente jours commençant à courir à compter de sa réception par l'emprunteur.

Cette offre est non seulement soumise à l'acceptation de l'emprunteur, mais également à celle des cautions qui ont pu être déclarées.

Un délai de réflexion est imposé à l'emprunteur, d'une durée de dix jours, pendant lequel, suite à la réception de l'offre, il ne peut valablement l'accepter.

Une fois ce délai de réflexion passé, l'acceptation — si elle intervient — de même que l'offre, doit être donnée par écrit contre récépissé.

Pendant cette période et jusqu'à l'acceptation de l'emprunteur, aucun versement de sommes d'argent ne peut être effectué de part et d'autre et sous aucune forme que ce soit.

c. Les causes d'extinction propres au contrat de prêt

911 Deux causes d'extinction du contrat de prêt sont prévues sous la forme :
- l'une d'une condition résolutoire;
- l'autre d'une condition suspensive.

Le contrat de prêt se trouve résolu dans l'éventualité où, dans un délai de quatre mois à compter de son acceptation, le contrat pour lequel le prêt a été accordé ne serait pas conclu.

Lorsque plusieurs prêts ont été sollicités par l'emprunteur pour réaliser la même opération, chaque prêt est conclu sous la condition suspensive de l'octroi de chacun des autres prêts, avec la réserve que cette disposition n'est applicable qu'aux prêts dont le montant est supérieur à 10 % du crédit total.

Par ces dispositions, le législateur a voulu permettre à l'emprunteur de se dégager dans l'hypothèse où la vente projetée ne pourrait se réaliser, et dans l'hypothèse où il ne pourrait obtenir le concours financier d'un organisme de prêt assurant la couverture d'une partie importante du prix.

Un décret fixe les conditions dans lesquelles l'indemnisation de l'organisme de prêt sera assurée dans l'éventualité où il aurait mis tout ou partie des fonds à la disposition de l'emprunteur, lequel, en cas de non-réalisation, est tenu bien évidemment de restituer la totalité des sommes qui lui ont été prêtées.

Tel est le schéma juridique dans lequel s'inscrivent les rapports entre prêteur et emprunteur.

▷ Ce schéma n'est malheureusement pas autonome quant à son objet et doit s'harmoniser avec celui liant vendeur et acquéreur dans le cadre du contrat pour la réalisation duquel les crédits ont été sollicités.

4. Schéma juridique obligatoire dans lequel se trouve enfermé l'avant-contrat signé entre vendeur et acquéreur d'immeuble

a. La notion d'acte visée par la loi

912 L'article L. 312-15 utilise indistinctement la notion d'acte sans plus de précision sauf la référence à la forme écrite, ce qui paraît évident. La lecture des articles ne semblait pouvoir concerner que les **avant-contrats** et les **actes de vente** qu'ils soient consentis sous la forme sous seing privé ou authentique.

◊ La Cour d'appel de Paris, adoptant une interprétation extensive de la notion d'acte, a toutefois appliqué la réglementation à une **procuration générale d'achat** d'un bien immobilier[1].

Elle considère que cette procuration, lorsque le mandataire renonce à l'obtention d'un prêt pour le compte de son mandant, doit elle-même comporter cette renonciation de la main du mandant, en respectant le formalisme prévu par la loi.

□ Ainsi l'épouse titulaire d'une procuration générale d'acheter pour le compte de son mari doit, pour renoncer valablement au bénéfice de cette réglementation, faire apposer de la main de son mari dans le corps de la procuration la mention de renonciation à la protection de la loi.

b. Les exclusions certaines quant à l'application de la loi

913 La loi ne peut s'appliquer que dans la mesure où le prix de la vente n'est pas intégralement payé lors de la signature de l'acte. Les articles L. 312-15 et suivants du Code de la consommation utilisent d'ailleurs le futur lorsqu'ils parlent du prix.

Si le prix se trouve payé lors de la signature de l'acte et dans son intégralité, il n'est pas nécessaire évidemment d'avoir recours à un prêt. Dans cette mesure, la loi paraît objectivement inapplicable.

□ Telle sera l'hypothèse lorsqu'en l'absence d'avant-contrat, la vente sera signée directement par acte authentique devant notaire, avec paiement intégral du prix des deniers de l'acquéreur.

1. CA Paris, 22 sept. 1999, voir jurisprudence n° 3201.

Pour toutes les autres hypothèses, que l'acte soit conclu sous la forme sous seing privé ou authentique, la loi devra s'appliquer. L'article L. 312-15 vise d'ailleurs l'acte écrit, et ce, compris la promesse unilatérale de vente acceptée.

c. La condition suspensive d'obtention d'un prêt est toujours sous-entendue lors de la conclusion d'un contrat de vente d'immeuble

914 L'article L. 312-15 du Code de la consommation fait obligation dans des contrats de ce type d'indiquer si, oui ou non, le prix sera payé au moyen d'un prêt. L'article L. 312-17 précise, par ailleurs, qu'en cas d'absence d'indication, le contrat est réputé conclu sous la condition suspensive de l'obtention d'un prêt.

Il s'agit là d'une **disposition supplétive de volonté**, qui ne pourra être écartée que par la mention manuscrite de la main de l'acquéreur par laquelle il déclare renoncer à l'obtention d'un prêt dans les formes prévues par le même article.

D'une manière générale, il apparaît donc qu'à défaut d'une telle mention manuscrite et conformément aux dispositions des articles L. 312-15 à L. 312-20 du Code de la consommation, tout contrat de vente d'immeuble est réputé conclu sous la condition suspensive de l'obtention des prêts nécessaires à assurer le paiement du prix[1].

Aux termes de l'article L. 312-16 de ce code, la durée de validité de la condition suspensive légale, ou contractuelle, ne pourra être inférieure à un mois à compter de la date de la signature de l'acte, ou s'il s'agit d'un acte sous seing privé soumis à peine de nullité à la formalité de l'enregistrement, à compter de la date d'enregistrement.

5. La notion d'obtention de prêt

915 Le prêt n'est obtenu qu'à partir du moment où, suite à l'offre émanant du prêteur, l'acceptation de l'emprunteur vient sceller cette offre. En effet, le délai de réflexion de dix jours, avant l'expiration duquel l'offre de prêt ne peut être acceptée, sous-entend implicitement que tant que l'acceptation n'est pas intervenue, le prêt n'est pas obtenu.

Toutefois, le refus d'acceptation injustifié entraîne des conséquences pécuniaires pour l'acquéreur dont la responsabilité se trouve engagée en raison de sa mauvaise foi (voir n° 917).

L'AGENT IMMOBILIER DOIT SE TENIR INFORMÉ DES DÉMARCHES DE L'ACQUÉREUR

▷ Le professionnel de l'immobilier à l'origine de la transaction et soucieux de suivre le bon déroulement de l'opération aura tout intérêt à suivre pas à pas le dépôt de dossier de l'acquéreur auprès du ou des prêteurs de son choix, et se tenir parfaitement informé de l'instruction du dossier de prêt.

▷ Il peut notamment introduire dans l'acte une clause aux termes de laquelle il demande à l'acquéreur de justifier du refus d'un prêt au moyen d'une lettre de l'établissement de crédit auquel il s'est adressé ou une stipulation subordonnant le remboursement de l'indemnité d'immobilisation à la justification de trois demandes de prêt conformes aux termes de la promesse et de trois refus émanant d'établissements différents.
Ces clauses ne doivent toutefois pas avoir pour effet d'imposer à l'emprunteur une obligation contractuelle de nature à accroître les exigences légales.

1. CA Paris, 2e ch. B, 13 mai 1992, JCP éd. N 1993, II n° 46; voir jurisprudence n° 3201.

6. Les limites de la protection légale accordée à l'acquéreur par les articles 1134 et 1178 du Code civil

a. Principes généraux

916 La protection accordée par les lois d'ordre public à ceux qu'elles sont destinées à protéger contient des limites. Ces limites résultent des principes généraux du droit dans le domaine particulier de la responsabilité contractuelle.

L'article 1134 du Code civil prévoit que les conventions doivent s'exécuter de bonne foi.

□ Ainsi, il n'est donc pas possible, lorsqu'on est de mauvaise foi, de réclamer le bénéfice d'une loi de protection.

Il convient équitablement de considérer que la protection donnée par la loi est suffisante et qu'il n'appartient pas au bénéficiaire de cette protection d'en étendre unilatéralement le domaine pour, par son fait, disposer de mauvaise foi d'un moyen juridique permettant de se soustraire aux obligations contractées.

□ C'est la raison pour laquelle le fait pour l'un des cocontractants d'empêcher ou d'entraver la réalisation normale d'une convention est sanctionné par la loi à travers la notion de mauvaise foi.

Plus particulièrement, l'article 1178 du Code civil prévoit qu'en présence d'une condition suspensive, lorsque c'est celui qui bénéficie de cette condition qui en a empêché l'accomplissement, elle se trouve réputée accomplie, c'est-à-dire réalisée.

b. Application à la notion d'obtention

917 La notion d'obtention de prêt doit être interprétée au regard de ces principes généraux.

On peut donc considérer que, dans l'éventualité où une offre de prêt a été formulée en tous points conforme aux prévisions des parties pour son montant, pour les taux d'intérêts, pour sa durée, pour le montant des remboursements, il serait fautif pour l'acquéreur de ne pas l'accepter et de soutenir par la suite que le prêt n'a pas été obtenu, donc la condition non réalisée et le contrat principal caduc.

Il paraît possible, dans une telle éventualité, de considérer l'acquéreur emprunteur de mauvaise foi et de faire application des principes de la responsabilité contractuelle, notamment de l'article 1178 du Code civil, en réputant la condition suspensive d'obtention de prêt accomplie.

C'est en ce sens que s'est orientée la jurisprudence, en sanctionnant les bénéficiaires de mauvaise foi lorsqu'ils essayent, pour des motifs fallacieux, de se soustraire à leurs obligations.

◊ Plusieurs décisions rendues par les Tribunaux de grande instance de Paris et de Créteil font application de ce principe. Ainsi, l'acquéreur emprunteur se voit sanctionné conformément aux principes de la responsabilité contractuelle :
- lorsqu'il n'a pas déposé de demande de prêt;
- lorsqu'il a déposé des demandes de prêt non conformes aux prévisions contractuelles;
- lorsqu'il s'est fait délivrer des attestations de complaisance par son banquier.

Les juges considèrent en effet que c'est par sa faute que la condition n'a pas été réalisée et le condamnent en conséquence à réparer le préjudice qu'a subi son cocontractant.

Le plus souvent, ce préjudice aboutit à la perte de la totalité ou de la plus grande partie des sommes versées à l'appui du contrat.

On peut donc considérer, en fonction de cette jurisprudence, que le fait de refuser une offre de prêt en tous points conforme aux prévisions du contrat, ou le fait de ne faire aucune diligence pour l'obtention d'un prêt, constitue une même faute ayant les mêmes conséquences et entraînant les mêmes sanctions.

◊ Les décisions disponibles sur le site internet www.editions-delmas.fr font application de ce principe :
- à l'égard d'un promoteur immobilier n'ayant fait aucune diligence pour l'obtention du permis de construire et ne pouvant ainsi se prévaloir de son refus pour se soustraire à ses obligations[1];
- à l'égard d'un acquéreur emprunteur n'ayant pas déposé de dossier de prêt auprès de son organisme de crédit, ou, plus généralement, n'ayant pas respecté ses obligations[2];
- à l'égard d'un acquéreur emprunteur ayant demandé un prêt non conforme aux prévisions contractuelles[3].

7. Les sanctions pénales

918 Toutes les obligations du prêteur à l'occasion de la conclusion du contrat de prêt sont punies de peines correctionnelles d'amende[4].

En ce qui concerne le vendeur, s'il ne restituait pas, en infraction avec les dispositions de l'article L. 312-16 du Code de la consommation visant la condition suspensive non réalisée, les sommes versées, il serait puni des mêmes peines.

▷ Il apparaît donc extrêmement dangereux de retenir, par exemple, une indemnité d'immobilisation, dans le cadre de l'exécution d'une promesse unilatérale de vente, si un litige existe entre les parties à l'occasion du jeu de la condition suspensive liée à l'obtention des prêts.
La rétention des fonds par le vendeur pourrait l'amener devant le tribunal correctionnel et lui faire encourir de graves condamnations.
La protection du vendeur doit devenir désormais le souci essentiel de celui qui est amené à donner ses conseils dans le domaine de l'immobilier.

8. L'agent immobilier, conseil privilégié du vendeur

919 Il apparaît, en conclusion, que le vendeur mérite à l'avenir une protection renforcée au niveau des conditions de signature de l'avant-contrat.

En effet, il convient, dans toute la mesure du possible, d'éviter que l'acquéreur surprotégé ne signe d'une manière fantaisiste des avant-contrats, persuadé qu'il n'engagera jamais sa responsabilité et qu'il pourra toujours récupérer les fonds qu'il a pu verser.

• La prudence commande donc de **prévoir une période de validité des conditions suspensives aussi courte que possible**[5], étant donné que la perception d'une indemnité par le vendeur apparaît désormais comme très aléatoire.

Il convient en effet que le vendeur puisse, en présence d'un acquéreur peu sérieux, se dégager le plus vite possible des engagements souscrits, de manière à

1. TGI Paris, 2e ch., 11 juill. 1983.
2. TGI Créteil, 5e ch., 15 juin 1983 • TGI Paris, 2e ch., 25 avr. 1983.
3. TGI Versailles, 25 août 1983 • CA Aix-en-Provence, 12 déc. 1979.
4. C. consom., art. L. 312-33.
5. Dans la limite du respect de la loi.

remettre son bien en vente. Une trop longue durée de validité de la condition suspensive ferait obstacle à cette protection.

• De la même manière, **le conseil immobilier doit informer pleinement ses clients vendeurs des conséquences de l'application de cette loi**. Qu'adviendra-t-il de sa responsabilité, s'il laissait croire à ce vendeur à un engagement ferme de l'acquéreur au moyen d'une interprétation prétorienne de la loi et si ce vendeur s'engageait par ailleurs pour l'acquisition d'un autre bien, en comptant sur la pérennité des engagements souscrits ?

Cette réglementation change donc totalement l'approche de l'avant-contrat, lorsque le prix est financé en tout ou partie au moyen d'un prêt.

La dérobade de l'acquéreur étant facilitée et l'aboutissement du contrat très aléatoire, la seule protection consiste en une possibilité de mettre fin rapidement au contrat pour remettre le bien sur le marché.

Cependant, la protection de l'acquéreur emprunteur immobilier n'est pas sans limite. Sa mauvaise foi ne lui permettra jamais de se dégager des obligations qu'il a souscrites.

▷ Sur la rédaction de la condition suspensive, voir nº 921.

L'obligation de moyen qui repose sur lui l'oblige à apporter la preuve des diligences qu'il a effectuées pour l'obtention des prêts nécessaires à son acquisition. À défaut, il devra réparer les conséquences de sa faute.

9. L'agent immobilier et la réglementation du crédit

a. En ce qui concerne les publicités

920 Toute publicité faite par un agent immobilier faisant référence à un emprunt, quel que soit son support, doit contenir suivant l'article L. 312-4 du Code de la consommation l'identité du prêteur, la nature et l'objet du prêt, et si elle comporte un ou plusieurs éléments chiffrés, la durée de l'opération proposée, le coût total et le taux effectif du prêt.

Par ailleurs, tout document d'information doit rappeler à l'emprunteur qu'il dispose d'un délai de réflexion de dix jours et que la vente est subordonnée à l'obtention du prêt[1].

Toute assimilation des échéances de prêt à un loyer, ou toute référence à des prestations sociales, se trouvent formellement interdites.

Les annonceurs en contravention avec cette réglementation s'exposent à des sanctions pénales d'amende de 30 000 euros.

b. En ce qui concerne les avant-contrats

921 L'agent immobilier a l'obligation de **rédiger les clauses d'obtention de prêt figurant dans un avant-contrat** avec précision, de manière à éviter une éventuelle mauvaise foi de l'acquéreur.

CE QUE L'AVANT-CONTRAT DOIT CONTENIR SUR LE PRÊT IMMOBILIER

▷ Doivent être ainsi précisés :
- la partie du prix financée comptant et celle financée au moyen d'un crédit;
- le taux maximum du crédit, assurance comprise, de même que le montant maximum des remboursements assurance comprise par mois ou par année;
- la durée prévisionnelle du remboursement;

1. C. consom. art. L. 312-5.

– le nom éventuel des organismes prêteurs qui doivent être consultés;
– le délai de remise du dossier complet et l'obligation de le compléter à première demande du prêteur, l'obligation de se soumettre à toutes les obligations normales (examens médicaux, expertise du bien...) nécessaires à l'obtention du prêt;
– l'obligation d'informer immédiatement le vendeur des refus de prêts qui pourraient être formulés.
La durée de validité de la condition suspensive doit bien évidemment être précisée.

▷ Ces mentions renseignent le vendeur sur la véritable volonté des acquéreurs d'obtenir un prêt ainsi que sur leur capacité contributive et lui permettent d'obtenir au minimum le paiement de l'indemnité d'immobilisation dès lors que ceux-ci ont sollicité un prêt non conforme aux stipulations de la promesse.

10. La renonciation de l'acquéreur au bénéfice de la loi

922 Pour renoncer à la protection légale, l'acquéreur qui achète sans recourir à un prêt doit écrire de sa main une mention sur l'avant-contrat libellée de la manière suivante :

« Je déclare renoncer à recourir à un prêt et avoir été informé que si je recours à un prêt, je ne pourrai me prévaloir des dispositions du Code de la consommation. »

En présence de plusieurs acquéreurs liés dans le cadre d'une indivision ou d'un lien matrimonial, chacun des coacquéreurs doit porter de sa main cette mention de renonciation. L'absence de mention de la main de chacun des coacquéreurs ouvrirait la possibilité de bénéficier de la protection de la loi.

▷ L'agent immobilier ayant failli à son devoir de conseil vis-à-vis du vendeur verrait sa responsabilité engagée et devrait réparer l'intégralité du préjudice subi par son client.

III. Les droits de préemption avant le transfert de la propriété

923 La liberté de choisir son acquéreur se rétrécit comme peau de chagrin. Depuis plusieurs années, la loi intervient dans les transactions pour imposer au vendeur, par le biais du droit de préemption, son cocontractant.

Les motifs de cette intervention sont divers : l'utilité publique (DPU), la lutte contre la fraude (droit de retrait de l'administration aujourd'hui supprimé), contre l'abus de droit (préemption du locataire) ou pour favoriser un secteur d'activité (SAFER).

Mis à part le droit de retrait du Trésor qui n'a plus, depuis sa suppression, qu'un intérêt historique, tous les droits de préemption s'exercent avant le transfert de propriété.

A. Le droit de préemption du locataire ou occupant de bonne foi d'un immeuble à usage d'habitation[1]

924 La loi du 31 décembre 1975, modifié à deux reprises par les lois du 4 janvier 1980 et du 22 juin 1982, dite loi Quilliot, accorde au locataire ou à l'occu-

1. L. n° 75-1351, 31 déc. 1975, art. 10, C. baux.

pant de bonne foi d'un appartement à usage d'habitation ou mixte habitation et professionnel la possibilité de préempter la vente de son appartement lorsqu'elle est la première à intervenir postérieurement à la mise en copropriété de l'immeuble dont il dépendait.

Il convient de noter que le décès du locataire en cours de bail, ne met pas fin à la location par application de l'article 1742 du Code civil, le bail étant transmis de plein droit au profit de ses héritiers, ce qui nécessite à peine de nullité de la notification, qu'elle soit adressée à tous les héritiers qui occupent l'appartement. Celui des héritiers qui n'a pas reçu la notification pourra donc à bon droit poursuivre la nullité de la vente qui pourrait être consentie au profit d'un tiers. Le bail du domicile conjugal étant réputé commun aux deux époux, le congé délivré ou l'offre de vente doit être notifié à chacun d'eux à peine de nullité.

La loi Quilliot avait, par ailleurs, instauré un droit de préemption accordé d'une manière générale à tout locataire d'un local à usage d'habitation ou à usage mixte d'habitation et professionnel lorsque, lors de la vente de son appartement, il lui était donné congé pour le libérer; cette disposition est reprise par l'article 15 de loi du 6 juillet 1986.

1. Le droit de préemption du locataire lors de la première vente consécutive à la division de l'immeuble

925 À l'origine[1], l'instauration d'un droit de préemption (qualifié droit de substitution du locataire dans le décret d'application du 30 juin 1977[2]) s'expliquait par le souci du législateur de protéger les locataires contre le risque d'éviction consécutif à la revente de leur immeuble après instauration d'un régime de copropriété.

Le législateur voulait ainsi mettre fin aux abus de certains marchands de biens et également empêcher les dissimulations de prix souvent constatées dans ce genre de transactions.

Une première rédaction résultant de la loi du 31 décembre 1975 a donc accordé au locataire un droit de substitution ou de préemption lorsque la vente de son appartement était la première à porter sur ces seuls biens depuis la division par appartements de l'immeuble dont ils dépendent.

926 Le projet de vente doit être, dans tous les cas, notifié au locataire ou occupant de bonne foi, c'est-à-dire l'occupant ayant un titre locatif à l'origine de sa location, quand bien même ce titre ne serait plus valable, afin qu'ayant eu connaissance du prix et des conditions de la vente, il soit à même de se porter acquéreur aux lieu et place de l'acquéreur originaire et de bénéficier ainsi d'une protection au regard de son occupation.

Des abus se sont manifestés, consistant pour le propriétaire à ne pas céder le seul appartement occupé, mais en un seul acte, et pour un prix unique, plusieurs appartements occupés, ce qui permettait d'éluder les droits des occupants.

C'est la raison pour laquelle une loi « interprétative » a été votée le 4 janvier 1980[3], cette loi ayant pour but de faire respecter le droit de préemption de l'occupant en toutes circonstances, puisque les mots « ces seuls biens » ont été supprimés et remplacés par « toute vente d'un appartement », et la notion de première vente remplacée par celle de vente consécutive à la division d'un immeuble par appartements.

1. Voir nos observations sous TGI Paris, 11 févr. 1980 • TGI Créteil, 4 févr. 1981, JCP 1981 II p. 121 et s.
2. Décr. n° 77-742 du 30 juin 1977 d'application de la loi du 31 déc. 1975; C. baux.
3. L. n° 80-61 du 4 janv. 1980; JO 5 janv. 1980, p. 39.

2. L'interprétation de la loi par la jurisprudence : définition de la vente consécutive à la division de l'immeuble

La jurisprudence rendue sous l'empire de cette double réglementation a commencé à préciser son domaine d'application.

927 *En ce qui concerne l'application dans le temps* de la loi du 4 janvier 1980, la Cour d'appel de Paris, dans un arrêt du 14 novembre 1980[1], a décidé que la loi du 4 janvier 1980 était applicable aux situations juridiques nées antérieurement sous l'empire de la loi du 31 décembre 1975 qu'elle explique, précise et complète.

En conséquence, la démarche et, le cas échéant, la fraude consistant à vendre plusieurs lots occupés par différents occupants et parvenant à faire échec à leur droit de préemption se sont trouvées systématiquement sanctionnées.

Cependant, l'utilisation des mots « consécutive à la division d'un immeuble », plutôt que « la première » pour qualifier la vente ouvrant droit, au profit du locataire ou occupant de bonne foi, au droit de préemption, a créé une nouvelle difficulté d'interprétation.

Certains commentateurs ont en effet soutenu que « toute vente consécutive à la division » devait s'entendre sous une acception générale, la vente concernée n'étant plus la première vente, mais toutes les ventes intervenant à la suite de la mise en copropriété de l'immeuble.

Cette interprétation ne fut pas retenue par la Cour d'appel de Paris, laquelle a estimé que la loi ne pouvait s'appliquer que lors de la première vente[2].

928 En outre, une discussion s'est instaurée en doctrine et en jurisprudence sur le fait de savoir si la notion de division devait s'entendre d'une manière objective ou subjective. En ce sens, devait-on considérer que la division n'existait que lorsque, un lot ayant été vendu, la propriété de l'immeuble se trouvait répartie entre plusieurs personnes, ou devait-on considérer que la division était effective par le seul fait de la publication d'un règlement de copropriété aux hypothèques, alors que l'immeuble restait la propriété d'une seule personne ?

Un arrêt de la Cour d'appel de Paris du 17 mars 1982[3], a décidé que l'interprétation subjective devait s'appliquer et qu'à partir du moment où un règlement de copropriété avait été publié aux hypothèques, l'immeuble devait être considéré comme ayant fait l'objet d'une division, ce qui entraînait l'application de la loi à l'hypothèse constituée par la vente de la totalité de l'immeuble à une seule personne, alors qu'il n'y avait pas objectivement existence d'une copropriété née de la division de la propriété de l'immeuble entre plusieurs personnes.

Enfin, un arrêt de la Cour d'appel de Versailles du 27 janvier 1982[4] a décidé, en infirmant un précédent jugement du tribunal de grande instance de Pontoise du 24 septembre 1980, que le droit de préemption du locataire ne s'appliquait pas lors d'une vente de parts sociales d'une société civile immobilière donnant vocation à la jouissance et à la propriété d'un logement.

929 Ces différentes solutions dégagées par la jurisprudence se trouvent remises en question à la suite de la nouvelle rédaction de l'article 10 de la loi du 31 décembre 1975, modifié par la loi du 4 janvier 1980 et modifié de nouveau par l'article 81 de la loi du 22 juin 1982, dite loi Quilliot.

C'est au regard des solutions dégagées sous l'empire de l'ancienne rédaction des textes que nous allons essayer d'interpréter le domaine d'application de la nouvelle réglementation.

1. CA Paris, 2e ch. B, 14 nov. 1980, JCP 1981 II p. 63.
2. CA Paris, 2e ch. B, 6 mars 1981 Gaz. Pal. 1981.1 somm 82 • Dans le même sens, Rép. min. n° 44585, 30 mars 1981.
3. CA Paris, 17 mars 1982, JCP éd. N 1982 I p. 230.
4. CA Versailles, 1re ch., 27 juin 1982, Defrénois 1982 p. 408.

3. Le droit de préemption après division de l'immeuble

a. Les titulaires du droit de préemption

930 Les titulaires du droit de préemption sont les locataires ou occupants de bonne foi qui occupent l'appartement.

Il s'agit, pour le locataire, du titulaire d'un bail régulier et, pour l'occupant de bonne foi, de celui qui avait un titre régulier d'occupation à l'origine quand bien même ce titre n'existerait plus en raison d'un congé qui lui a été délivré.

Sont concernés également les titulaires du droit au maintien dans les lieux, en vertu des dispositions de la loi du 1er septembre 1948[1].

b. Les locaux visés

931 Il s'agit non seulement des locaux à usage d'habitation, mais également des locaux à usage mixte d'habitation et professionnel.

En conséquence, seuls se trouvent exclus de l'application de la loi les locaux professionnels purs, c'est-à-dire ceux qui sont utilisés sans habitation pour l'exercice d'une profession dite libérale.

▷ Peu importe la surface occupée à titre d'habitation ou à titre professionnel, il suffit seulement qu'une partie des locaux soit utilisée à usage d'habitation pour que la réglementation soit applicable.

c. Les ventes visées par la réglementation

932 La vente doit être « consécutive à la division initial ou à la subdivision de tout ou partie d'un immeuble par lots ».

La notion de division initiale vise la mise en copropriété d'un immeuble. Celle de subdivision recouvre l'hypothèse où un lot fait lui-même l'objet d'une division — ce qui est toujours possible en matière de copropriété —, créant de nouveaux lots.

Dans cette hypothèse, le mot subdivision permet d'accorder le bénéfice de la loi au preneur se trouvant dans les lieux ayant fait l'objet d'une subdivision du lot qu'il occupe.

▷ Cette interprétation paraît confortée par l'utilisation du mot « lot », préféré par la loi du 22 juin 1982, aux lieu et place du mot « appartement », choisi dans la loi initiale.

933 Par ailleurs, alors que la jurisprudence rendue sous l'empire de l'ancienne loi semblait écarter de son domaine les ventes de parts sociales ou actions des sociétés immobilières, l'article 81 rend la réglementation applicable aux ventes de parts sociales ou actions des sociétés dont l'objet est la division d'un immeuble par fractions destinées à être attribuées aux associés en propriété ou en jouissance à temps complet.

Cette définition répond aux sociétés dites d'attribution définies par le chapitre 11 de la loi du 16 juillet 1971[2], dans lesquelles les associés ont vocation à la jouissance et à la propriété d'un appartement correspondant aux parts sociales dont ils sont titulaires.

Cette disposition brise la logique juridique de la loi. En effet, les ventes visées par la réglementation sont celles consécutives à la division d'un immeuble, c'est-à-dire à sa mise en copropriété.

1. L. n° 48-1360 du 1er sept. 1948 sur les occupants des locaux d'habitation ou à usage professionnel; C. baux.
2. L. n° 71-579, du 16 juill. 1971; C. civ.

En l'espèce, une vente de parts sociales ou d'actions de sociétés d'attribution n'entraîne pas de division de l'immeuble, lequel reste la propriété de la société, seule la jouissance des appartements correspondant aux actions étant accordée à l'associé.

Cette extension du domaine d'application de la loi a fait rebondir la querelle doctrinale concernant la notion de vente consécutive, laquelle peut s'interpréter comme soit la première vente suivant la division de l'immeuble, soit comme toutes les ventes suivant la division de l'immeuble. En effet, le texte concernant les ventes de parts ou actions de société ne vise pas expressément la première vente de parts par l'associé d'origine. On pourrait donc considérer que toutes les ventes de parts ou actions peuvent faire l'objet d'une préemption.

La jurisprudence rendue paraît exclure cette interprétation puisque la Cour de cassation dans un arrêt en date du 18 janvier 1989[1] a considéré que seule la première vente d'un lot consécutive à la mise en copropriété de l'immeuble ouvrait, au profit de l'occupant, un droit de préemption.

Par analogie, la même interprétation doit être retenue dans l'éventualité d'une vente de parts sociales.

d. Les ventes formellement exclues de la réglementation

934 • L'article 10 ne s'applique pas aux ventes portant sur un bâtiment entier ou sur l'ensemble des locaux à usage d'habitation ou à usage mixte d'habitation et professionnel dudit bâtiment.

▷ Dans cette mesure, le raisonnement développé par la Cour d'appel de Paris dans l'arrêt du 17 mars 1982[2] se trouve contredit par le législateur.

Cette disposition ne peut qu'être approuvée dans la mesure où le but poursuivi par le législateur consiste à protéger l'occupant d'un logement pour lequel la vente en bloc d'un immeuble reste une opération indifférente, qui n'entraîne comme conséquence à son égard qu'un changement de propriétaire.

Aussi, la simple publication d'un règlement de copropriété aux hypothèques n'entraînera pas, en cas de vente en bloc de l'immeuble, l'application de la loi. Il n'en sera autrement que si la propriété des lots se trouve divisée entre plusieurs personnes.

• Sont également exclues de la réglementation les ventes intervenant entre parents ou alliés jusqu'au quatrième degré inclus.

Cette disposition a pour but de ne pas gêner les opérations de partage portant sur un immeuble se trouvant dans une indivision successorale ou après divorce.

Il ne faut pas, en effet, que le partage d'un immeuble se trouve gêné par l'instauration d'un droit de préemption qui rendrait difficile ou impossible le partage, et perpétuerait en conséquence une situation juridique instable dans un cadre imparfait, qui est celui de l'indivision.

e. Les délais de préemption et l'incidence du recours à un prêt

935 • **En l'absence de prêt.** L'offre émise est valable deux mois à compter de sa réception. Le locataire qui accepte l'offre ainsi notifiée dispose d'un délai de deux mois pour la réalisation de l'acte de vente, à compter de la date d'envoi de sa réponse au bailleur.

• **Recours à un prêt.** Si dans sa réponse, le locataire précise qu'il aura recours à un prêt, son acceptation est subordonnée à l'obtention du préfet, en ce cas, le

1. Cass. 3e civ., 18 janv. 1989, Loyers et copr. mars 1989 no 101.
2. CA Paris, 17 mars 1982.

délai de réalisation de l'acte de vente est porté à quatre mois. À défaut d'obtention du prêt, l'acceptation sera donc caduque.

Passé le délai de réalisation de l'acte de vente (de deux ou quatre mois), l'acceptation par le locataire de l'offre de vente est nulle de plein droit.

• **Vente à un tiers à des conditions plus avantageuses**. L'occupant peut cependant voir renaître son droit de préemption dans l'éventualité où la vente serait consentie à un tiers acquéreur pour un prix plus avantageux.

Dans une telle hypothèse, le notaire rédacteur de l'acte doit notifier la nouvelle vente à l'occupant, lequel par l'effet de l'article 15 de la loi du 21 juillet 1994[1] dispose depuis le 1er janvier 1995 d'un droit de préemption renforcé.

La notification du notaire portant sur la nouvelle vente vaut offre de vente au profit de l'occupant, lequel dispose d'un délai d'un mois commençant à courir à compter de la réception de la notification pour faire connaître son acceptation.

En cas d'acceptation, l'occupant bénéficie d'un délai de deux mois pour se substituer au tiers acquéreur, passer l'acte de vente et payer le prix.

Si dans sa réponse il fait état de son intention de recourir à un prêt, le délai pour réaliser l'acte de vente est porté à quatre mois commençant à courir à compter de la réponse. À défaut de réalisation dans ce délai ou d'obtention du prêt, l'acceptation de l'occupant est nulle de plein droit.

▷ La loi du 21 juin 1994 a renforcé la protection de l'occupant en lui permettant en cas de vente consentie à un tiers à des conditions plus avantageuses de bénéficier d'un délai plus long lui permettant de mobiliser ses fonds en recourant notamment à un prêt.

f. Cas particulier de la vente de plus de dix logements dans un même immeuble

936 En application de l'article 41 *ter* de la loi du 23 décembre 1986, des accords collectifs ont été autorisés entre les associations de locataires et les bailleurs institutionnels. Ainsi, un accord a été conclu entre les associations de locataires et les représentants des bailleurs institutionnels, le 9 juin 1998, pour prévoir les conditions de ventes applicables en cas de vente de plus dix logements d'un même immeuble.

Aux termes de cet accord, une procédure d'information des locataires et associations de locataires a été mise en place, obligeant le bailleur à informer les associations et les locataires concernés du projet. Une information préalable est donc rendue obligatoire.

Dès prise de décision définitive, une réunion doit être réalisée sur l'initiative du bailleur avec les locataires et leurs associations. Suite à cette réunion, le bailleur confirme par écrit à chaque locataire les conditions générales de la vente.

▷ Cette information ne constitue pas une offre de vente au sens de l'article 10 de la loi du 31 décembre 1975.

À compter de cette confirmation, le bailleur devra respecter un délai de trois mois avant d'adresser au locataire l'offre de vente. Cette offre notifiée pourra être suivie de l'envoi d'un congé avec offre vente, si le bail du locataire arrive à expiration en application de l'article 15 de la loi du 6 juillet 1989.

L'information donnée doit comporter tous les renseignements permettant au locataire de prendre sa décision en fonction des conditions de la vente et de l'état de l'immeuble.

1. L. nº 94-624 du 21 juill. 1994 sur l'habitat; C. baux; CCH.

Des dispositions particulières concernent les locataires qui ne se portent pas acquéreurs en fonction de leurs ressources, entraînant pour le bailleur une obligation de relogement. Des possibilités de substitution d'acquéreurs sont prévues au profit du conjoint, du concubin, des descendants et ascendants, ainsi que des possibilités de prorogation du bail.

Cet accord a été étendu à la généralité des propriétaires sans distinction, par le décret du 22 juillet 1999 et la loi du 13 décembre 2000, reprises sous l'article 41 *ter* de la loi du 23 décembre 1986.

En cas de non-respect de ces dispositions, le locataire pourra au choix demander la nullité de la vente consentie à un tiers ou à se voir substituer à lui dans le bénéfice de la vente.

4. Le droit de préemption du locataire proprement dit, dans l'éventualité de la délivrance d'un congé-reprise pour vente

a. Exercice et restrictions au droit de reprise

937 La loi du 23 décembre 1986[1], dite loi Méhaignerie, avait supprimé, dans un délai expirant au plus tard le 31 décembre 1995 pour les agglomérations de plus de 1 million d'habitants, le droit de préemption du locataire en cas de délivrance d'un congé-reprise pour vente pour le terme de son bail.

La loi du 6 juillet 1989 a rétabli ce droit de préemption sans limitation de durée.

Les dispositions de l'article 15 réglementent l'exercice de ce droit de reprise.

Pour l'essentiel, il s'agit des mêmes dispositions que celles des articles 10 et 11 anciens de la loi Quilliot, à la seule différence que le propriétaire peut reprendre pour habiter à l'expiration du bail, non seulement au profit de lui-même, ses ascendants ou descendants, ou ceux de son conjoint, mais encore s'il n'est pas marié, au profit de son concubin notoire.

Par ailleurs, les reprises ne sont pas possibles pour vendre, ou habiter, à l'égard de tout locataire âgé de plus de soixante-dix ans, dont les ressources annuelles sont inférieures à 1 fois 1/2 le montant du Smic, à moins qu'un logement correspondant à ses besoins et à ses possibilités lui soit offert à proximité.

Cette restriction au droit de reprise n'est pas applicable à l'égard du propriétaire ayant plus de soixante ans ou dont les ressources annuelles sont inférieures à 1 fois 1/2 le Smic.

L'âge, tant du locataire, que du propriétaire, est apprécié à la date d'échéance du contrat, le montant de leurs ressources l'étant à la date de notification du congé.

Enfin, le congé doit être délivré avec un préavis de six mois minimum.

b. Préavis et délais[2]

938 Un logement occupé par un locataire protégé n'a pas la même valeur vénale qu'un logement libre. C'est la raison pour laquelle il est permis au bailleur de mettre fin au contrat de location lorsqu'il désire procéder à la vente du logement.

C'est ainsi qu'à l'expiration du contrat initial, qui peut être conclu pour une durée égale à trois ou six ans, à l'expiration du contrat renouvelé dont la durée ne peut être inférieure à trois ans, il peut donner congé au preneur et ainsi

1. L. nº 86-1290 du 23 déc. 1986 sur l'investissement locatif, l'accession à la propriété de logements sociaux et le développement de l'offre foncière; C. baux.
2. L. 6 juill. 1989, art. 15.

résilier le bail pour procéder à la vente du logement en respectant un préavis de six mois minimum.

Dans cette éventualité, le preneur n'est pas démuni et bénéficie d'un droit de préemption lui permettant d'acquérir le logement qu'il occupe.

Ainsi, le congé qui est délivré au preneur en vue de la vente du logement sous la forme d'une lettre recommandée avec AR ou une notification d'huissier, doit indiquer le prix et les conditions de la vente projetée, ce congé valant offre de vente au profit du locataire.

Il convient de rappeler à ce sujet qu'en cas de décès du locataire en cour de bail, le bail est transmis de plein droit au profit de ses héritiers, ce qui nécessite qu'ils reçoivent tous notification du congé, à peine de nullité, avec les conséquences éventuelles que nous avons examinées plus haut pour la nullité des notifications de vente et il en est de même pour l'autre époux en cas de congé portant sur le domicile conjugal.

L'offre est valable pendant une durée de deux mois, qui est constituée par les deux premiers mois du délai de préavis :

- si le locataire n'accepte pas l'offre pendant ce délai, il se trouve déchu de plein droit de tout titre d'occupation sur le local;
- s'il accepte l'offre sans recourir à un prêt, l'acte de vente devra intervenir dans les deux mois à compter de la date d'envoi de sa réponse au bailleur;
- s'il recourt à un prêt, le délai de réalisation de la vente sera porté à quatre mois à compter du même événement.

Lorsque, dans les délais prévus, la vente n'aura pas été réalisée, l'acceptation de l'offre sera nulle et, en conséquence, les parties se trouveront dans la même situation que si aucun accord n'était intervenu entre elles sur la chose et sur le prix.

De plus, le locataire se trouvera déchu de plein droit de tout titre d'occupation.

Si le locataire qui n'a pas préempté omet d'indiquer au notaire sa nouvelle adresse[1], il ne peut bénéficier du droit de substitution qui lui est reconnu dans l'éventualité où la vente serait consentie à un tiers pour un prix plus avantageux.

Dans l'éventualité contraire, le notaire connaissant son adresse devra lui notifier préalablement le projet de vente qui doit être consenti au tiers acquéreur.

Cette notification vaudra offre de vente au profit du locataire, qu'il soit encore ou non dans les lieux.

Le locataire bénéficiera d'un délai d'un mois pour notifier son acceptation.

Ainsi que nous l'avons vu plus haut, par l'effet de la loi du 21 juillet 1994, le locataire disposera d'un délai de deux mois pour réaliser la vente, porté à quatre mois s'il sollicite un prêt.

Désormais, la protection du locataire apparaît donc totale en cas de vente de son logement puisqu'il lui est loisible, quand bien même la vente ne rentrerait pas dans le champ d'application de la loi du 31 décembre 1975 modifiée, de bénéficier du droit de préemption légal qui lui est conféré en toute hypothèse lorsque son titre locatif risque de disparaître à la suite du congé qui lui a été délivré en vue de procéder à la vente du logement.

c. Les exclusions d'application de la loi

939 Le locataire ne bénéficie pas d'un droit de préemption lorsque le congé qui lui a été délivré concerne une vente intervenant entre parents jusqu'au troisième degré inclus.

1. L. 6 juill. 1989, art. 15-2 al. 4.

Cette disposition a bien évidemment pour but de permettre des arrangements de famille mettant fin à des situations successorales, et apparaît donc judicieuse.

Cependant l'acquéreur devra occuper le logement dans les six mois suivant le départ du locataire et pendant une durée qui ne saurait être inférieure à deux ans.

5. L'harmonisation des différents droits de préemption

a. Les biens visés

940 Il s'agit, dans les deux hypothèses, de tous les logements utilisés à usage d'habitation ou à usage mixte d'habitation et professionnel, quelle que soit la forme juridique du titre de propriété du bailleur, pleine propriété ou parts sociales, ou actions donnant vocation à la jouissance ou à la propriété de l'appartement.

b. Le titulaire du droit de préemption

941 Le simple occupant d'un logement, c'est-à-dire celui dont le titre locatif est expiré et n'a pas été renouvelé ne pourra se prévaloir de l'article 15 de la loi du 6 juillet 1989.

Par contre, il pourra se prévaloir des dispositions de l'article 10 de la loi du 31 décembre 1975.

c. Les ventes concernées

942 Pour l'exercice du droit de préemption, la forme juridique de la vente est indifférente. Il peut s'agir aussi bien de la vente d'un droit réel immobilier que de la vente de parts sociales.

Les droits de préemption prévus s'exerceront donc dans tous les cas lorsqu'il y a vente de droits portant sur la jouissance ou la propriété du logement.

Les cessions de parts sociales sont indiscutablement visées par les dispositions de l'article 10 de la loi du 31 décembre 1975, et en ce qui concerne l'article 15 de la loi du 6 juillet 1986, si elles ne sont pas visées nommément, elles le sont indiscutablement à travers les dispositions de l'article 12 visant l'hypothèse où le logement est loué par l'associé d'une société d'attribution.

Le législateur a donc voulu, pour les deux droits de préemption prévus par la loi, unifier les régimes en visant la généralité des ventes portant sur un logement.

Ce souci apparaît louable en ce qui concerne le droit de préemption du locataire s'exerçant à la suite d'un congé-reprise, qui lui a été délivré en vue de la vente de son logement.

En effet, dans cette hypothèse il serait peu compréhensible que le locataire ne puisse acquérir son logement si sa propriété est régie par une société d'attribution, au lieu de s'analyser en un droit réel immobilier dont est titulaire le bailleur.

Ce raisonnement n'aurait pas dû, à notre sens, être étendu à l'hypothèse constituée par le droit de préemption né après division de l'immeuble, réglementé par l'article 10 de la loi du 31 décembre 1975, tel que modifié par la loi du 22 juin 1982, dite loi Quilliot.

En effet, ce droit de préemption a été créé dans le souci de protéger les locataires lorsque l'immeuble dans lequel se trouve leur logement a fait l'objet d'une division en vue de sa revente par appartements.

Comme nous l'avons exposé, ce type d'opération — réalisé le plus souvent par des professionnels de l'immobilier — donnait lieu à des abus ayant pour but de vider l'immeuble de ses occupants.

Pour éviter ce résultat, le législateur a donné des armes au locataire, en lui conférant un droit de préemption sur la première vente de son logement, postérieure à la division de l'immeuble.

Étendre le droit de préemption aux cessions de parts sociales d'une société d'attribution aboutit à oublier complètement les raisons pour lesquelles le droit de préemption a été conféré au locataire par la loi du 31 décembre 1975.

En effet, dans une société d'attribution, l'hypothèse où une seule personne serait titulaire de la totalité des parts sociales ne se rencontre pratiquement jamais.

Dans une telle société, de multiples personnes sont propriétaires de parts sociales donnant vocation à la jouissance des logements composant l'immeuble.

La situation des locataires de ces logements n'est donc nullement comparable à celle des locataires d'un logement situé dans un immeuble qui est la propriété d'une seule personne.

Étendre le droit de préemption en l'accordant au locataire d'un logement dont la propriété dépend d'une société d'attribution, ne paraît donc pas conforme au vœu du législateur et au but qu'il a poursuivi en promulguant la loi du 31 décembre 1975.

Il nous paraît donc regrettable que les régimes juridiques aient été rapprochés pour l'application du droit de préemption aux sociétés d'attribution, alors qu'il était possible de prévoir que ce droit serait applicable dans le cadre de l'article 15 (congé-reprise pour vendre) et ne le serait pas dans le cadre de l'article 10 de la loi de 1975, en l'absence de division de l'immeuble de nature à mettre en péril les droits d'occupation du locataire.

d. L'intervention du rédacteur de l'acte

943 Aux termes du décret du 30 juin 1977, pris en application de la loi du 31 décembre 1975 toujours en vigueur, il est prévu[1] que tout contrat de vente signé avec un tiers doit être notifié au locataire ou à l'occupant de bonne foi à la diligence du notaire qui a reçu l'acte par lettre recommandée avec demande d'avis de réception.

Cette disposition a été reprise dans l'article 11 de la loi du 22 juin 1982, de manière à ce que, dans les deux cas, si la vente au profit du tiers a été réalisée à des conditions ou à un prix plus avantageux, le preneur puisse préempter dans le délai d'un mois à compter de la notification qui lui est faite.

Mais si, lors de la vente d'un droit réel immobilier l'intervention du notaire est obligatoire, car seul un acte authentique peut faire l'objet d'une publication à la conservation des hypothèques, depuis la réforme de la publicité foncière résultant du décret du 4 janvier 1955[2], par contre, une cession d'actions ou de parts sociales peut être passée par acte sous seing privé, dans la mesure où aucune transcription n'intervient au fichier immobilier.

La loi n'a certainement pas voulu étendre le monopole des officiers ministériels.

Il s'agit, à notre sens, d'une lacune du texte, le législateur s'étant borné, en rédigeant l'article 11, à reprendre purement et simplement les dispositions existant sous l'empire de l'ancienne réglementation résultant de la loi du 31 décembre 1975 modifiée, à travers son décret d'application du 30 juin 1977.

1. Décr. 30 juin 1977, art. 3.
2. Décr. n° 55-22 du 4 janv. 1955 portant réforme de la publicité foncière; C. civ.

On peut donc conclure que si la vente porte sur des actions ou parts sociales et ne fait pas l'objet d'une constatation par acte authentique, le rédacteur de l'acte sera tenu aux mêmes obligations que celles prévues à l'égard des notaires, à savoir la notification par lettre recommandée avec demande d'avis de réception ou exploit d'huissier au titulaire du droit de préemption.

B. Le droit de préemption du fermier dans le bail rural

944 Le droit de préemption de l'exploitant preneur en place résulte des articles L. 412-1 et suivants du Code rural[1].

1. Conditions pour exercer ce droit de préemption

945 Il doit s'agir d'une aliénation à titre onéreux. En sont exclus les donations (sauf le cas de fraude), les successions, les partages, les échanges, les apports en société, les expropriations... Peu importe que la vente soit réalisée à l'amiable ou par voie d'adjudication.

Le bénéficiaire du droit de préemption doit être titulaire du bail et être « en place » au moment de l'aliénation. Cependant, dans le cas où le preneur exploite le fonds avec des ascendants, des descendants ou des héritiers, ceux-ci bénéficient également de ce droit de préemption à condition que l'exploitation commune ait duré au moins trois ans.

2. Exceptions

946 Le fermier « en place » ne peut se prévaloir de son droit lorsque :

- la vente est faite par le bailleur au profit de ses parents ou alliés jusqu'au 3e degré;
- le partage a lieu entre cohéritiers ou entre ascendants;
- les terrains vendus sont situés à l'intérieur d'un périmètre d'agglomération;
- il a renoncé à son droit. Cette renonciation ne peut être faite que lors de la mise en vente. La renonciation au moment de la conclusion du bail ou en cours serait nulle;
- la vente porte sur des « petites parcelles », c'est-à-dire celles dont la superficie est inférieure à la superficie minimale édictée par arrêté préfectoral.

Enfin, ne peuvent être préemptées les terres données à bail par une SAFER.

3. Procédure

947 En cas de vente amiable, le notaire chargé de la vente d'un fonds rural doit informer le preneur en place des conditions de la vente, soit par lettre recommandée, soit par acte extrajudiciaire.

Le preneur dispose d'un délai de deux mois à partir de la réception de l'offre pour se décider. À défaut de réponse dans ce délai, il se trouve présumé renoncer à son droit.

1. Voir, dans la même collection, *Baux ruraux*, par G. Cotton, J.-L. Chandellier et S. Lagarde.

Au reçu de la notification, le preneur a le choix entre :

- refuser (tacitement ou expressément) ; en ce cas, le bailleur traite avec son acheteur;

- accepter sous conditions de modification de prix. Si le preneur estime que le prix ou les conditions de la vente sont exagérés, il prévient — dans le délai — le propriétaire et saisit le tribunal paritaire en vue de la fixation du juste prix[1]. Mais le bailleur peut retirer son bien de la vente;

- accepter purement et simplement. Le bailleur ne peut plus modifier ses conditions, quand bien même il recevrait des offres supérieures.

948 L'adjudication, volontaire ou forcée, impose que le preneur soit prévenu par lettre recommandée ou acte extrajudiciaire, au moins vingt jours avant la date prévue pour l'adjudication. Le cahier des charges lui sera communiqué.

Le preneur peut :

- soit se porter adjudicataire;

- soit se substituer à l'adjudicataire, en le faisant connaître par acte authentique au notaire (adjudication volontaire) ou par acte extrajudiciaire au greffier (adjudication devant le tribunal).

En cas de surenchère, la nouvelle mise en adjudication doit être notifiée au préempteur. Il en est de même en cas de folle enchère.

4. Conséquence du droit de préemption

949 Le preneur qui a exercé son droit de préemption a l'obligation d'exploiter personnellement pendant neuf ans. Pendant ce délai, il ne peut ni affermer, ni vendre.

À défaut la vente ne serait pas nulle, mais l'infraction ouvrirait au vendeur une action en dommages-intérêts.

950 Le bailleur peut se trouver dans deux situations :

- le bailleur vendeur n'a pas fait connaître la vente : celle-ci est nulle;

- le bailleur a vendu à des conditions différentes de celles notifiées au preneur : la vente est nulle et le preneur se substitue à l'acquéreur.

L'action du preneur doit être introduite dans le délai de six mois de la connaissance de la vente.

C. Le droit de préemption des communes dans les zones urbaines, les zones d'urbanisation future (ZUF) et les zones d'aménagement différé (ZAD)[2]

1. Définition

951 Un droit de préemption est ouvert aux communes ou à leurs délégataires dans les zones urbaines et les zones d'urbanisation future (ZUF) délimitées par un plan local d'urbanisme ou un plan d'occupation des sols, ainsi que pour les communes non couvertes par un plan d'occupation des sols (POS) dans les zones d'aménagement différé (ZAD).

1. C. rur., art. L. 412-7.
2. L. n° 85-729 du 18 juill. 1985 modifiée par le Titre III de la loi 23 déc. 1986, dite loi Méhaignerie; C. baux • C. urb., art. L. 213-1 et s.

Ce droit de préemption, dénommé droit de préemption urbain (DPU, articles L. 211-1 du Code de l'urbanisme) doit être institué par une délibération du conseil municipal de la commune considérée.

Il s'agit d'un droit discrétionnaire de la commune puisqu'il s'exerce de plein droit.

Ce régime est en vigueur depuis le 1er juin 1987.

2. Motivation du droit de préemption

952 Il s'agit, comme pour les zones d'intervention foncière (ZIF), de mettre en œuvre une politique locale de l'habitat afin de favoriser le développement de la commune sur tous les plans ressortant de sa compétence.

3. Objet du droit de préemption

953 Le droit de préemption porte sur tout immeuble ou ensemble de droits sociaux donnant vocation à l'attribution en propriété ou en jouissance d'un immeuble ou d'une partie d'immeuble bâti ou non bâti, lorsqu'ils sont aliénés volontairement à titre onéreux sous quelque forme que ce soit.

Sont également soumises à ce droit de préemption les cessions de droits indivis portant sur un immeuble ou sur une partie d'immeuble bâti ou non bâti, sauf lorsqu'elles sont consenties à l'un des co-indivisaires, ainsi que les cessions de tantièmes contre remise de locaux à construire.

En cas d'adjudication, lorsque cette procédure est rendue obligatoire par une disposition législative ou réglementaire, l'acquisition par le titulaire du droit de préemption a lieu au prix de la dernière enchère par substitution à l'adjudicataire.

Cette disposition n'est toutefois pas applicable à la vente mettant fin à l'indivision créée volontairement, à moins que celle-ci ne résulte d'une donation-partage.

4. Exceptions

954 Ne sont pas soumis au droit de préemption :

- les immeubles construits par les organismes visés à l'article L. 411-2 du Code de la construction et de l'habitation et qui sont leur propriété, ainsi que les immeubles construits par les sociétés coopératives d'habitation à loyers modérés de location-attribution;
- les immeubles qui font l'objet d'un contrat de vente d'immeuble à construire dans les conditions prévues par les articles 1601-1 et suivants du Code civil, sauf lorsque l'on est en présence d'une rénovation d'immeuble existant;
- les immeubles cédés aux locataires en exécution d'un contrat de crédit-bail immobilier;
- les immeubles faisant l'objet d'une mise en demeure d'acquérir faite par le propriétaire, en application du droit de délaissement qui lui est reconnu par le Code de l'urbanisme dans l'éventualité où son immeuble ferait l'objet d'une emprise administrative.

5. Mise en jeu du droit de préemption

955 **Aliénation amiable.** — Toute aliénation volontaire à titre onéreux est soumise à une déclaration préalable, dite déclaration d'intention d'aliéner (DIA), établie conformément à un modèle réglementaire.

Cette déclaration, établie en triple exemplaire, est envoyée par lettre recommandée avec AR au maire de la commune de la situation du bien.

Elle contient la description du bien aliéné, ses conditions de vente et son prix.

Le maire transmet une copie de la DIA aux services départementaux fiscaux et adresse éventuellement sa copie au délégataire du droit de préemption.

956 Option du préempteur. – Le titulaire du droit de préemption dispose d'un délai de deux mois, à compter de la réception de la déclaration, pour faire connaître son option[1] :

a) *la renonciation* peut être expresse ou tacite (non réponse dans le délai de deux mois);

b) *l'acceptation* peut être pure et simple, c'est-à-dire aux conditions et au prix stipulés dans la déclaration.

Dans ce cas, l'acte authentique doit être dressé dans les six mois de la notification de l'acceptation.

Le prix devra être réglé par le titulaire du droit de préemption dans le même délai.

À défaut, le bien sera rétrocédé au propriétaire sur sa demande (sur le paiement de la commission de l'intermédiaire, voir chapitre K).

957 Elle peut être conditionnelle, le titulaire du droit de préemption estimant que le prix offert est supérieur à celui du marché.

Il fait alors une contre-proposition au propriétaire[2].

Ce dernier, s'il ne répond pas dans le délai de deux mois à cette proposition, sera réputé avoir renoncé à la vente. S'il donne son accord, la vente sera parfaite. S'il écrit pour refuser cette contre-proposition en maintenant le prix initial, le titulaire du droit de préemption devra saisir le juge de l'expropriation dans les quinze jours du refus, sous peine de perdre le bénéfice de son droit[3]. Le juge de l'expropriation sera chargé de fixer le juste prix, à moins que le propriétaire ne préfère renoncer à la vente.

Dans ce cas, le titulaire du droit de préemption devra consigner une somme égale à 15 % de l'évaluation du bien faite par les domaines[4].

Il disposera d'un délai de trois mois pour adresser copie du récépissé de consignation au juge de l'expropriation d'une part, et au propriétaire d'autre part.

Ce délai de trois mois court à compter de la saisine du juge de l'expropriation.

À défaut de consignation dans ce délai, le préempteur sera réputé avoir renoncé, le propriétaire retrouvant alors sa liberté pour vendre au prix de la DIA.

La décision du juge de l'expropriation ne lie pas les parties.

Elles peuvent encore renoncer à vendre ou à préempter après cette décision.

La renonciation doit être expresse et intervenir dans le délai de deux mois à compter du jugement définitif.

Le silence des parties, suite au jugement rendu et pendant un délai de deux mois à compter de ce jugement, vaut acceptation du prix fixé par le juge et transfert de propriété au profit du titulaire du droit de préemption.

Si c'est le préempteur qui renonce, il ne pourra plus exercer son droit dans le délai de cinq ans au cas où la vente interviendrait pour un prix égal à celui fixé par le juge, éventuellement révisé en fonction des variations de l'indice du coût de la construction publié par l'INSEE.

1. TGI Nanterre, 1re ch., 28 avr. 1980 sur la computation du délai; confirmé par un arrêt de la Cour d'appel de Versailles 1re ch. 18 mai 1981.
2. C. urb., art. L. 213-1.
3. C. urb., art. R. 213-11.
4. C. urb., art. L. 213-4-1, modifié par la loi no 91-662 du 13 juill. 1991 d'orientation pour la ville; C. urb.

6. Obligation du préempteur

958 Le préempteur a l'obligation d'utiliser l'immeuble acquis aux fins prévues par la loi.

Il doit respecter les obligations souscrites par l'acquéreur originel auquel il s'est substitué, notamment régler la commission d'agence si elle était à sa charge (sur la rémunération de l'agent immobilier, voir chapitre K).

Si dans les dix ans du transfert de propriété l'immeuble n'a pas reçu l'affectation légale, l'ancien propriétaire dispose d'un droit de rétrocession.

Le titulaire du droit de préemption a l'obligation dans cette éventualité d'informer les anciens propriétaires ou leurs ayants cause universels ou à titre universel de son intention et de leur proposer en priorité le rachat du bien.

À défaut d'accord amiable, le prix de rachat sera fixé par le juge de l'expropriation.

En cas de saisine du juge de l'expropriation, le défaut d'acceptation du prix fixé par le jugement rendu définitif réputera les anciens propriétaires avoir renoncé au rachat de leur bien.

Dans cette éventualité, le titulaire du droit de préemption devra proposer la vente de ce bien à la personne qui avait l'intention de l'acquérir de l'ancien propriétaire.

En cas de non-respect de cette procédure, les ayants droit peuvent saisir les tribunaux de l'ordre judiciaire d'une action administrative à l'encontre du titulaire du droit de préemption.

7. Sanction du défaut de notification de la déclaration d'intention d'aliéner (DIA)

959 Au cas où la DIA ne serait pas adressée à l'organisme titulaire du droit de préemption, la vente intervenue au profit d'un tiers serait frappée de nullité.

L'action en nullité exercée par le titulaire du droit de préemption se prescrit par cinq années à compter de la publication de l'acte portant transfert de propriété aux hypothèques.

D. Le droit de préemption des sociétés d'aménagement foncier et d'établissement rural (SAFER)

960 L'article 15 de la loi d'orientation agricole du 5 août 1960[1] a prévu la création de ces sociétés d'aménagement foncier en vue :

- d'assurer une meilleure répartition des terres;
- de mettre en valeur les terres incultes et favoriser le reboisement;
- de favoriser les groupements et la rentabilité des exploitations, notamment en procédant à des travaux d'infrastructure;
- d'acquérir des terres ou des exploitations en vue de les rétrocéder.

Ces SAFER sont régies par les articles L. 141-1 et suivants du Code rural.

Aucune forme juridique n'est imposée à leur constitution, seul est obligatoire le caractère nominatif des actions. Ce sera généralement des sociétés anonymes sans but lucratif qui doivent être obligatoirement agréées par le ministre de l'Agriculture et le ministre de l'Économie et des Finances après avis des chambres départementales d'agriculture.

1. L. n° 60-608 du 5 août 1960 d'orientation agricole art. 15; C. rur.

1. Droit de préemption

961 Ce droit de préemption, résultant de la loi du 8 août 1962, modifiée à plusieurs reprises[1], est prévu à l'article L. 143-1 du Code rural.

Il est essentiellement limité dans le temps et dans son périmètre. En effet, sur la demande de la SAFER concernée, c'est un décret pris après avis de la commission départementale des structures de la chambre d'agriculture et sur proposition du ministre de l'Agriculture qui fixe la durée d'exercice du droit de préemption et de la zone d'application qui ne peut être que départementale. Ce décret publié au *Journal officiel* est porté à la connaissance des maires et du public par voie d'affichage et fait l'objet d'un dépôt au Conseil supérieur du notariat.

a. Acte à titre onéreux

962 Lors de la vente, le notaire chargé de la rédaction de l'acte notifie, préalablement à la signature, les conditions et le prix de la cession ainsi que le nom et l'adresse de l'acquéreur[2]. La sanction de l'inobservation de cette formalité est la nullité de la vente.

La SAFER dispose d'un délai de deux mois à compter de cette notification pour prendre l'un des trois partis suivants[3] :

- acceptation pure et simple sur les conditions et le prix. Dans ce cas, elle notifie au notaire par lettre recommandée avec avis de réception sa décision. Elle dispose alors d'un délai de deux mois pour signer l'acte;
- refus de préemption : soit expresse, soit tacite (en laissant passer le délai de deux mois). L'acte peut normalement se conclure avec l'acquéreur initial;
- acceptation mais désaccord sur les conditions ou le prix. Le tribunal de grande instance (et non le tribunal paritaire) est saisi de la contestation et fixe la valeur du bien préempté. Le vendeur qui n'accepte pas le prix ainsi déterminé peut renoncer à la cession.

b. Adjudication

963 Elle peut être volontaire ou forcée. La SAFER doit être informée de l'adjudication au moins un mois avant sa date; elle dispose également d'un mois pour se substituer à l'adjudicataire (ce délai est prorogé de cinq jours, en cas d'adjudication volontaire).

2. Biens soumis au droit de préemption

964 Immeubles bâtis. Il faut que ces immeubles soient à usage agricole ou forestier.

965 Immeubles non bâtis. En plus des deux conditions ci-dessus, il est nécessaire qu'ils soient susceptibles de faire l'objet d'un remembrement.

3. Mutations soumises au droit de préemption

966 Ce sont essentiellement les mutations à titre onéreux en toute propriété (vente de gré à gré, adjudications volontaires ou forcées, apports en société, échanges non exonérés de la taxe de publicité foncière...).

967 Exception : y échappent les mutations à titre gratuit (donations, successions...).

1. L. n° 62-933 du 8 août 1962 d'orientation agricole; C. rur.
2. C. rur., art. R. 143-4.
3. C. rur., art. L. 412-8.

En dehors de ces exceptions, ne sont pas soumises les aliénations qui ont pour le vendeur une contrepartie que la SAFER ne pourrait fournir (prestations en nature : assumer les soins du vendeur...).

Ne peuvent également être préemptées les cessions soit volontaires, soit forcées entre cohéritiers ou proches parents (jusqu'au 4e degré) ou à leur conjoint, ou au profit de certains salariés agricoles ou certains anciens exploitants.

Par ailleurs, le droit des SAFER est primé par d'autres droits de préemption, tels :

– l'État ou les collectivités publiques (ZAD, ZIF...);

– le titulaire d'un bail rural qui n'est pas propriétaire de terres excédant une certaine superficie (cumul d'exploitation).

4. Sanctions des décisions de préemption

968 Les SAFER ne peuvent préempter que pour la réalisation de certains objectifs dans un délai déterminé (en principe cinq ans). Toute décision non conforme à ces objectifs peut être attaquée dans les six mois de la publication de la préemption.

Ce même délai de six mois court contre la décision de rétrocession qui ne serait pas conforme à l'objectif d'une SAFER ou qui ne serait pas prise à l'expiration du délai de cinq ans.

E. Le droit de préemption de l'indivisaire[1]

1. Définition du problème

969 Le législateur a voulu protéger les propriétaires indivis d'un bien de quelque nature que ce soit contre l'entrée intempestive dans l'indivision d'une personne qui lui est étrangère.

Ce sont plus particulièrement les marchands de biens qui sont visés par ces dispositions, lesquelles permettent aux copropriétaires indivis d'un immeuble ou d'un fonds de commerce d'empêcher l'entrée par acquisition de parts indivises d'une personne qui risquerait de rompre l'harmonie ou l'entente existant entre les différents propriétaires.

Pour empêcher cette entrée dans l'indivision, le contrôle des indivisaires s'exerce à travers un droit de préemption qui leur est reconnu par la loi, lequel leur permet de se substituer au tiers étranger à l'indivision, en acquérant à ses lieu et place les parts indivises faisant l'objet de la vente.

2. L'exercice du droit de préemption par un propriétaire indivis

970 L'indivisaire qui envisage de céder à titre onéreux la quote-part qu'il détient dans les biens indivis est tenu de notifier par acte extrajudiciaire (exploit d'huissier), aux autres indivisaires, le prix et les conditions de la vente envisagée ainsi que les nom, prénom, domicile et profession de l'acquéreur éventuel.

Chaque indivisaire a, dans le délai d'un mois suivant cette notification, la possibilité de faire connaître par acte extrajudiciaire qu'il exerce son droit de préemption aux prix et conditions qui lui ont été notifiés.

1. C. civ., art. 815-14.

Dans cette éventualité, il dispose d'un délai de deux mois commençant à courir à compter de sa notification de préemption, pour réaliser l'acte de vente.

À l'expiration de ce délai de deux mois, la déclaration de préemption est nulle de plein droit, quinze jours après une mise en demeure notifiée par le vendeur et restée sans effet.

Celui-ci peut également demander l'attribution de dommages-intérêts.

Lorsque plusieurs indivisaires exercent leur droit de préemption de manière concomitante, ils sont réputés, sauf convention contraire, être acquéreurs de la quote-part mise en vente, en proportion de leur part respective dans l'indivision.

3. Domaine d'application

971 Le droit de préemption s'applique à toutes les indivisions qu'elles soient ou non d'origine successorale[1].

Par contre, il ne s'applique pas en cas de donation entre vifs de biens indivis[2].

La notification n'est cependant pas considérée comme une offre de vente, et l'indivisaire qui l'a faite peut renoncer à son projet de vente, quand bien même un autre indivisaire aurait fait connaître son intention d'exercer son droit de préemption[3]. ■

1. Cass. 1re civ., 23 avr. 1985, D. 1985.437.
2. Cass. 1re civ., 11 déc. 1984, Bull. civ. I, no 331.
3. Cass. 1re civ., 5 juin 1984, Bull. civ. I, no 183.

J Rédaction des promesses

Nos 1001 à 1073

PAGES

I. Vérifications préalables à la rédaction de l'avant-contrat 155
A. Vérification des qualités du mandant 155
B. Vérification de la surface du lot vendu dans une copropriété 158
C. Audit technique de l'immeuble et du lot vendu 159
D. Vérification de l'affectation de l'immeuble 160
E. Occupation de l'immeuble vendu 161

II. Séquestre des fonds reçus 161

III. Rédaction de l'avant-contrat et des actes sous seing privé constatant l'accomplissement du mandat conféré 161
A. Limites de l'activité de conseil et de rédacteur d'actes de l'agent immobilier 161
B. Limites du monopole notarial 162
C. Cessions de parts ou d'actions dans les sociétés immobilières de construction 162
D. Cession des parts des sociétés civiles immobilières classiques 165
E. Les baux à usage d'habitation, à usage mixte habitation/professionnel et à usage professionnel 165
F. Les baux commerciaux et leur cession 169
G. Location du fonds de commerce ou gérance libre 171
H. Vente d'un fonds de commerce 174

I. Vérifications préalables à la rédaction de l'avant-contrat

A. Vérification des qualités du mandant

1001 Il est indispensable, avant la signature d'un compromis, de vérifier les pouvoirs du mandant. En effet, il est possible que le mandant, bien qu'il soit titulaire d'un droit de propriété, ne puisse exercer les prérogatives liées à ce droit sans l'intervention d'un tiers.

Le mandataire devra donc examiner très attentivement la situation juridique de son mandant, laquelle dépend de sa situation matrimoniale, ainsi que des conditions dans lesquelles il aura réalisé l'acquisition du bien, objet du mandat.

1. Procuration générale et crédit immobilier

1002 La notion d'acte écrit visée par les articles L. 312-15 et suivants du Code de la consommation relatifs à la protection de l'emprunteur dans le domaine de l'immobilier, englobe-t-elle la **procuration générale** donnée par un particulier à un tiers, pour le représenter lors de la signature d'un contrat de vente d'immeuble ?

L'arrêt rendu par la Cour d'appel de Paris, audience solennelle en date du 22 septembre 1999 (voir n° 912) répond par l'affirmative, sans toutefois justifier cette solution au regard des dispositions claires et précises du Code de la consommation. En effet, à l'évidence, l'acte écrit visé par les textes ne peut pas être une procuration générale habilitant un tiers à souscrire une vente, mais le contrat de vente lui-même.

Pour s'en convaincre, il suffit d'observer que la condition suspensive d'obtention de prêt ne peut produire d'effet que sur l'avant-contrat ou l'acte de vente lui-même, et non sur une procuration qui constitue juridiquement un mandat faisant l'objet d'une réglementation distincte et particulière au titre des contrats réglementés dans le Code civil.

Si le législateur avait voulu étendre l'application de la loi à la procuration donnée au profit d'un tiers, cette extension aurait fait l'objet d'une disposition particulière du texte de loi, ce qui n'est pas le cas. Par ailleurs, toutes les références du Code de la consommation concernant l'acte écrit écartent toute possibilité d'hésitation à ce sujet. Ainsi, l'article L. 312-15 en mentionnant les promesses unilatérales de vente comme exemple d'acte écrit, fait obligatoirement référence à l'avant-contrat ou l'acte de vente lui-même. De la même manière, la stipulation d'un prix et de ses modalités de paiement ne peut concerner que l'avant-contrat ou la vente elle-même.

Enfin, l'article L. 312-16 qui prévoit le remboursement des acomptes versés à l'appui de l'acte écrit si la condition suspensive venait à défaillir, ainsi que l'obligation d'enregistrement des promesses unilatérales de vente au sujet la durée de validité de la condition, ne laisse aucun doute subsister quant à la nature de l'acte écrit visé par les textes.

▷ L'interprétation de la notion d'acte écrit dans l'arrêt rendu par la Cour d'appel de Paris fait donc abstraction du sens précis donné à ce terme dans le reste de la loi, en disposant que le mandant d'une procuration générale doit renoncer au bénéfice de la protection par la mention manuscrite prévue aux dispositions des articles L. 312-15 à L. 312-20 du Code de la consommation.
Cette interprétation, totalement imprévisible pour des praticiens du droit, oblige donc aujourd'hui à inclure dans les procurations les dispositions de l'ordre public de protection du consommateur emprunteur dans le domaine de l'immobilier.

2. Situation matrimoniale du mandant

1003 Les articles 215 et 1751 du Code civil restreignent les pouvoirs d'un époux en ce qui concerne les actes qu'il peut faire, tant pour l'administration que pour la disposition du logement de la famille.

• Ainsi, l'article 215 exige, pour la validité d'un acte de disposition portant sur des droits par lesquels est assuré le logement de la famille, le consentement des deux époux, quel que soit le régime matrimonial.

En cas de vente du domicile conjugal, le consentement d'un seul époux, même si ce bien constitue un bien propre, ne sera jamais suffisant. Il sera nécessaire d'obtenir le consentement de l'autre époux.

À défaut, l'acte de disposition pourrait être annulé à la demande de l'époux qui n'aura pas consenti, dans l'année à partir du jour où il a eu connaissance de l'acte, sans que l'action en nullité puisse jamais être intentée plus d'un an après la dissolution du mariage.

• De la même manière, aux termes de l'article 1751 du Code civil, le droit au bail sans caractère professionnel ou commercial servant effectivement à l'habitation des deux époux est réputé, quel que soit le régime matrimonial, appartenir à l'un et à l'autre.

Par cette disposition, même si le bail a été consenti avant le mariage à l'un des époux et si après le mariage le local sert à leur habitation, le bail sera réputé commun aux deux époux.

□ Une sous-location de ce local ne pourra, par exemple, intervenir qu'avec le consentement des époux et corrélativement le propriétaire lorsqu'il donnera congé, devra le faire à chacun des époux.

3. Restrictions aux droits de l'usufruitier

1004 Par convention, lors de l'acquisition du bien ou en raison des droits qui ont pu être institués à la suite du partage mettant fin à une indivision, une personne peut recueillir un droit de propriété démembré, c'est-à-dire un droit de propriété incomplet.

L'usufruitier est celui qui est titulaire d'un droit ne concernant que la possibilité de jouir de ce bien en l'administrant et en percevant les loyers. Une autre personne, dénommée « nue-propriétaire », a seule pouvoir de disposer du bien.

L'usufruit peut être consenti pour une période limitée ou pour la vie du titulaire du droit.

Les droits de l'usufruitier au niveau des actes d'administration, comme, par exemple, la location d'un immeuble, se trouvent réduits par l'article 595 du Code civil lorsqu'il s'agit de la location d'un fonds rural ou d'un immeuble à usage commercial, industriel ou artisanal.

Dans ces éventualités, l'usufruitier se voit interdire sans le concours du nu-propriétaire la possibilité de consentir un bail ayant pour objet un tel usage. Ces actes, consentis sans l'accord du nu-propriétaire, lui seraient inopposables et pourraient être en conséquence inefficaces. Dans de telles hypothèses, le consentement du nu-propriétaire devra être obligatoirement obtenu préalablement à la rédaction du bail. En cas d'opposition du nu-propriétaire, l'usufruitier pourra être autorisé par justice à passer seul cet acte.

La qualité de nu-propriétaire ou d'usufruitier du mandant aura donc une grande importance au regard des droits qu'il pourra consentir ou céder.

Le nu-propriétaire ne pourra, en effet, céder que la propriété du bien, mais non le droit d'en jouir et d'en percevoir les loyers, lequel ne sera disponible qu'à la fin de l'usufruit par son extinction conventionnelle ou par décès du titulaire.

L'usufruitier, de son côté, pourra éventuellement céder son droit de jouissance, sauf si cette faculté lui est interdite.

▷ Dans tous les cas, une information complète devra être donnée au cocontractant de manière à ce qu'il ne puisse se méprendre sur la teneur des droits qu'il acquiert sur le bien, objet du contrat. Par prudence, cette information devra résulter d'une mention expresse dans la convention des parties.

4. Indivision

1005 Lorsque les biens du mandant ont été recueillis à la suite d'une succession ou d'un divorce, il est possible – si aucun partage n'est intervenu – qu'existe un état d'indivision de la propriété des biens.

Dans cette éventualité, les cohéritiers ou les anciens époux ne peuvent être considérés comme propriétaires d'un bien déterminé, mais d'une quote-part indéterminée de la totalité des biens, égale aux droits qu'ils pourront faire valoir lors du partage.

• Lorsque les biens se trouvent en indivision, les actes de disposition et d'administration ne peuvent être consentis que par tous les indivisaires[1].

□ L'aliénation d'un bien nécessite ainsi le consentement de tous les co-indivisaires. Il en sera de même pour la conclusion ou le renouvellement des baux pouvant être consentis sur un immeuble de l'indivision.

En cas d'absence de l'un des indivisaires, un mandat spécial sera nécessaire pour habiliter l'un d'entre eux à consentir à un tel acte.

À défaut, des actes de cette nature consentis sans l'accord de tous les indivisaires ou sans qu'un mandat spécial ait été conféré leur seront inopposables.

• Les indivisaires qui n'auront pas consenti auront donc le choix entre la validation des actes, si ces actes sont avantageux pour l'indivision, ou l'inopposabilité de ces actes, ce qui entraînera l'inexistence de ces actes à leur égard.

□ Par exemple, le bail consenti sans l'accord de tous les indivisaires pourra être annulé à la demande de l'un d'entre eux et, corrélativement, le locataire expulsé.

□ La pratique démontre que l'absence de vérification de la qualité du mandant est une source fréquente de responsabilité pour le mandataire.
Ce dernier devra donc être particulièrement attentif à ce stade de sa mission.

1006 La loi n° 99-944 du 15 novembre 1999 relative au **pacte civil de solidarité**, appelé PACS, crée un régime d'indivision entre les co-contractants[2]. Sont présumés indivis par moitié entre les partenaires d'un PACS tous les biens acquis postérieurement au contrat à titre onéreux, sauf mention différente qui serait précisée dans l'acte d'acquisition ou de souscription.

De ce fait, en présence d'un PACS, les partenaires ont vocation à acquérir un patrimoine indivis, identique à celui constitué dans un régime de communauté réduite aux acquêts.

▷ Il en résulte que pour l'administration et la disposition des biens acquis en indivision, ce seront les articles 815 et suivant du Code civil qui seront applicables comme dans un régime d'indivision classique tel qu'évoqué ci-dessus.

B. Vérification de la surface du lot vendu dans une copropriété

1007 Entrée en application le 18 juin 1997, la loi du 18 décembre 1996, dite loi Carrez, reprise dans l'article 46 de la loi du 10 juillet 1965, oblige les parties à mentionner dans les promesses de vente ainsi que dans l'acte définitif, la superficie de la partie privative du lot vendu à l'exception des caves, garages, emplacements de stationnement ou lot ou fraction de lot d'une superficie inférieure à un seuil fixé par décret[3].

La sanction du non-respect de cette obligation est constituée au choix de l'acquéreur par la nullité de la vente ou une action en diminution du prix.

1. C. civ., art. 815-3.
2. C. civ., art. 515-5 • Voir dans la collection Delmas express, *Le Pacs*, par A. Aoun.
3. L. n° 65-557, 10 juill. 1965, art. 46, tel que modifié par L. n° 96-1107, 18 déc. 1997, C. baux.

• La **nullité de la vente** sera reconnue s'il n'existe dans l'acte aucune mention de superficie. L'action en nullité devra être intentée dans le mois suivant la date de l'acte authentique à peine d'irrecevabilité.

• La **diminution du prix** pourra être demandée par l'acquéreur dans le délai d'un an à compter de l'acte authentique dans l'éventualité ou la superficie mentionnée dans l'acte serait inférieure à la réalité dans la proportion de plus d'un vingtième. Le prix qui serait restitué serait proportionnel à la mesure de la totalité des mètres carrés manquants.

Un décret d'application du 23 mai 1997[1] précise les conditions de détermination de la superficie des lots ainsi que l'absence d'application de la loi pour des lots dont la surface serait inférieure à un certain seuil.

▷ À défaut de détenir des plans précis des lots vendus, il nous paraît indispensable que l'agent immobilier ne procède à la vente d'un lot de copropriété qu'en détenant préalablement un métré des surfaces privatives établi par un homme de l'art. Toute erreur de superficie entraînera la mise en cause de la responsabilité de l'agent immobilier à l'occasion du recours qui pourrait être engagé par l'acquéreur du lot à l'encontre de son vendeur. Pour les immeubles anciens, l'intervention d'un géomètre va alourdir les frais de la transaction.
Pour être complet, il convient de noter que l'erreur sur la superficie ne pourra jamais jouer en faveur du vendeur lequel ne peut rien réclamer si la superficie réelle est supérieure à celle indiquée dans l'acte.

C. Audit technique de l'immeuble et du lot vendu

1008 Une abondante et récente réglementation oblige le vendeur et son représentant à fournir à l'acquéreur des informations, éventuellement certifiées par des organismes agréés, portant sur l'état de l'immeuble et les risques qu'il peut présenter pour la santé ou la sécurité de ses occupants.

Lorsque l'immeuble vendu est soumis au régime de la copropriété, il existe normalement un carnet d'entretien de l'immeuble, tenu à jour par le syndic de la copropriété, lequel donne des indications sur l'état du gros œuvre et les travaux réalisés ou restant à réaliser.

Les diagnostics techniques portent notamment sur l'amiante, le saturnisme, les termites, le gaz naturel et les circuits de climatisation ou d'air pulsé.

• **En ce qui concerne l'amiante**. L'article L 1334-7 premier alinéa du Code de la santé publique et le décret n° 2001-840 du 13 septembre 2001 oblige le vendeur d'un immeuble dont le permis de construire a été délivré avant le 1er juillet 1997, à faire établir un état constatant la présence ou l'absence de matériaux ou produits de la construction contenant de l'amiante. Cet état doit être annexé à l'avant-contrat et à l'acte de vente. En l'absence de diagnostic amiante, le vendeur ne peut s'exonérer de la garantie des vices cachés et devra donc indemniser son acquéreur du coût du désamiantage et des préjudices qu'il pourrait subir.

Le diagnostic doit être réalisé par une entreprise ayant les qualifications et les agréments nécessaires. Le coût de ce diagnostic est généralement supporté par le vendeur.

▷ Des dispositions particulières existent pour les immeubles de grande hauteur (IGH), les immeubles de bureaux, les immeubles recevant du public ainsi que pour ceux ayant une destination industrielle ou agricole.

• **En ce qui concerne le plomb**. L'article L. 1334-5 du Code de la santé publique et ses textes d'application rendent obligatoire pour les immeubles construit avant 1948, un diagnostique d'accessibilité au plomb. Le diagnostic doit être réalisé par une entreprise ayant les qualifications et les agréments nécessaires.

1. Décr. n° 97-532 du 23 mai 1997, JO 29 mai 1997 p. 8156.

▷ Le coût de ce diagnostic est généralement supporté par le vendeur.

En l'absence de diagnostic plomb, le vendeur ne peut s'exonérer de la garantie des vices cachés et devra donc indemniser son acquéreur du coût des travaux nécessaires à la suppression du plomb ainsi que des préjudices qu'il pourrait subir.

• **En ce qui concerne les termites et autres insectes xylophages**. Dans les zones géographiques infestées par les termites et désignées par arrêté préfectoral, la loi n° 99-471 du 9 juin 1999 instaure une impossibilité pour le vendeur d'un immeuble de s'exonérer de la garantie des vices cachés résultant de la présence de termites, à moins qu'il ne remette à son acquéreur un rapport sur l'état parasitaire datant de moins de trois mois lequel sera annexé à l'acte de vente.

▷ Ce rapport nous parait devoir être obtenu dès la signature de l'avant-contrat quand bien même il devrait être actualisé si le délai de validité se trouvait dépassé lors de la signature de l'acte authentique.

• **En ce qui concerne le gaz naturel**. L'article 17 de la loi n° 2003-8 du 3 janvier 2003 précise que la vente d'un immeuble comportant une installation intérieure de gaz naturel doit être précédée d'un diagnostic de cette installation lequel doit être annexé à l'acte de vente et doit avoir été établi, moins d'un an avant la vente.

• **En ce qui concerne l'assurance dommage ouvrage**. Pour les immeubles dont la construction remonte à moins de dix ans depuis la réception des travaux, il importe de mentionner l'existence ou l'absence d'assurance dommage ouvrage garantissant le propriétaire de l'immeuble pour tous les désordres de construction qui pourraient se révéler. À défaut d'assurance, le vendeur doit garantie à l'acquéreur pour tous les désordres dans la limite des dix années.

▷ Le ministre du Logement doit présenter un projet de loi « Habitat pour tous » dont l'un des objectifs vise la simplification des diagnostics[1]. Outre la création éventuelle d'un diagnostic pour le radon et la légionellose et l'extension du diagnostic plomb[2], l'apport principal de cette loi serait d'unifier en un seul diagnostic, tous ceux actuellement exigés du vendeur et d'aligner les délais de chacun des diagnostics. Enfin, ce diagnostic devrait être communiqué systématiquement à l'acquéreur dès la promesse de vente.

D. Vérification de l'affectation de l'immeuble

1009 L'article L. 631-7 du Code de la construction et de l'habitation interdit tout changement d'affectation d'un local d'habitation pour un autre usage, dans les communes de plus de dix mille habitants, sauf autorisation préalable de l'administration.

Les travaux effectués sur un immeuble et ayant pour objet d'en changer l'affectation doivent être précédés d'un permis de construire ainsi que prévu par l'article L. 421-1 du Code de l'urbanisme.

Souvent les règlements de copropriété interdisent le changement d'affectation d'un lot par rapport à sa destination telle que décrite dans le règlement.

Il convient donc de préciser clairement la destination de l'immeuble vendu de manière à informer complètement l'acquéreur sur les possibilités d'utilisation de son bien.

▷ Il ne peut exister aucune ambiguïté à ce sujet toute négligence entraînant la responsabilité du vendeur et de l'intermédiaire immobilier.

1. Rép. min. n° 20505, JOAN Q 18 août 2003.
2. Projet de loi relatif à la politique de santé publique, texte disponible sur le site www.assemblee-nationale.fr

E. Occupation de l'immeuble vendu

1010 Il convient de préciser la situation d'occupation de l'immeuble. Si celui-ci est occupé, il est nécessaire de préciser le mode d'occupation, le bail et la réglementation applicable ainsi que l'état des loyers et le montant du dépôt de garantie sans oublier les éventuels droits de préemption dont pourrait bénéficier l'occupant (voir chapitre I).

II. Séquestre des fonds reçus

1011 Les fonds reçus lors de la signature d'un avant-contrat devront toujours rester séquestrés entre les mains du mandataire rédacteur de l'acte jusqu'à signature de l'acte définitif. En effet, un avant-contrat ne confère pas une sécurité suffisante quant à sa réalisation, laquelle n'est qu'éventuelle. Si la réalisation définitive n'intervient pas, la partie versante en cas d'insolvabilité du cocontractant ne pourra jamais récupérer ses fonds. Dans une telle hypothèse, elle sera en droit de mettre en cause la responsabilité de l'agent immobilier dans le cadre de son devoir de conseil et de le faire condamner à lui verser des dommages-intérêts équivalents à la perte qu'elle a subie.

Que l'avant-contrat concerne la vente d'un immeuble, d'un fond de commerce, de parts sociales, etc., la règle est constituée par la séquestration des fonds entre les mains d'un tiers par rapport aux parties contractantes et la remise des fonds à l'une d'entre elles constitue l'exception.

▷ En cas de remise de fonds directement à l'une des parties, l'agent immobilier devra au moins faire souscrire par ses clients une décharge de responsabilité établissant qu'ils ont été informés des risques qu'ils couraient du fait de cette remise.

III. Rédaction de l'avant-contrat et des actes sous seing privé constatant l'accomplissement du mandat conféré

A. Limites de l'activité de conseil et de rédacteur d'actes de l'agent immobilier

1012 Traditionnellement, les agents immobiliers et administrateurs de biens donnent des conseils et rédigent des actes au profit de leurs clients.

Cette activité aurait pu être remise en question par la loi du 31 décembre 1990[1] portant réforme de certaines professions judiciaires et juridiques. En effet, depuis cette loi, à quelques exceptions près, seuls les avocats ou les membres des professions judiciaires réglementées peuvent donner des consultations et rédiger des actes.

Parmi ces exceptions figurent les professionnels de l'immobilier visés par l'article 59 de la loi du 31 décembre 1990, lesquels sont soumis à une réglementation spécifique.

1. L. n° 90-1259 du 31 déc. 1990 portant réforme de certaines professions judiciaires et juridiques; NCPC.

Le conseil et la rédaction d'actes sont donc autorisés pour l'agent immobilier et l'administrateur de biens, à condition que **ces services constituent un accessoire de la prestation fournie.**

Il en résulte que le conseil ou la rédaction d'actes doit être la suite logique d'un mandat valablement consenti pour l'une des opérations visées à l'article 1er de la loi du 2 janvier 1970, dite loi Hoguet.

☐ Dès lors, un marchand de biens, ne justifiant d'aucune qualification reconnue par l'État, un organisme public ou un organisme professionnel, n'est pas autorisé à donner une consultation juridique ou rédiger un acte, quand bien même il aurait traité l'affaire.

Toute violation de l'article 59 de la loi du 31 décembre 1990 engage la responsabilité civile et pénale de son auteur, s'agissant d'un délit relevant des juridictions correctionnelles.

À ce titre, la pratique des mandats conférant une mission de rédaction d'actes à l'agent immobilier, d'une manière indépendante de la négociation, constitue une violation de l'article 59 précité.

B. Limites du monopole notarial

1013 L'intervention d'un notaire n'est obligatoire que dans la mesure où il convient de constater une vente portant sur un immeuble, c'est-à-dire la cession d'un droit réel immobilier, appartement, pavillon, terrains, etc.

Cette nécessité est exigée par les règles de la publicité foncière, lesquelles obligent le conservateur à ne recevoir que des formalités résultant d'un acte authentique.

Dans tous les autres cas, l'agent immobilier peut procéder tant à la rédaction de l'avant-contrat qu'à la rédaction de l'acte définitif constatant l'accord des parties.

☐ Ainsi, dans de nombreux contrats, cession de parts sociales donnant vocation à la jouissance d'un appartement, établissement d'un bail ou cession de bail à usage d'habitation ou commercial, vente de fonds de commerce, l'intervention d'un notaire n'est pas nécessaire, et l'agent immobilier pourra exécuter lui-même toutes les formalités.

Cependant, un certain nombre de précautions, que nous allons examiner, devront être prises pour que les actes passés soient inattaquables et ne puissent ainsi engager la responsabilité du mandataire, rédacteur d'acte.

C. Cessions de parts ou d'actions dans les sociétés immobilières de construction[1]

1. Société de vente ou société d'attribution ?

1014 Les opérations de construction sont généralement réalisées dans un cadre juridique défini par la loi du 16 juillet 1971[2], qui distingue :

- les sociétés de vente,
- les sociétés d'attribution.

Les sociétés de vente, que l'on rencontre le plus généralement, sont constituées comme les sociétés d'attribution sous la forme de sociétés civiles immobilières réglementées par la loi du 16 juillet 1971, lesquelles disparaissent dès que

1. Voir dans la même collection, *Société civiles immobilières*, par M. Bühl.
2. L. n° 71-585 du 16 juill. 1971 de modification du décret du 30 sept. 1953; C. baux.

leur objet social est réalisé par la vente de la totalité de l'immeuble construit. Il existe encore toutefois de nombreuses sociétés d'attribution constituées sous forme commerciale dans le cadre de l'ancienne réglementation résultant de la loi du 28 juin 1938[1].

Les sociétés de vente ont pour but la réalisation d'une opération de construction avec établissement d'un règlement de copropriété en vue de la vente des lots (vente en copropriété). Les lots acquis par les différents acquéreurs sont considérés comme des immeubles; ces acquisitions sont donc soumises aux formalités de publicité foncière et, par conséquent, doivent être constatées par acte authentique.

Par contre, dans l'éventualité où l'opération de construction est réalisée sous la forme d'une société d'attribution, la société civile ou commerciale constituée conserve la propriété de l'immeuble, et les parts attribuées aux associés constatent en fonction du règlement de jouissance, leur vocation à l'attribution en pleine propriété et à la jouissance de l'appartement correspondant aux parts sociales dont ils sont titulaires ou qui leur ont été cédées.

Les parts sociales sont numérotées et chaque associé est détenteur d'un certain nombre de parts.

De nombreuses sociétés civiles ou même sous la forme commerciale n'ont pas encore été liquidées et, dans cette mesure, la vente d'un appartement sera constituée par une cession de parts sociales, lesquelles étant considérées comme des valeurs mobilières ne nécessiteront pas l'intervention d'un notaire.

▷ En présence d'une société immobilière d'attribution, l'agent immobilier pourra donc lui-même procéder à la rédaction de l'acte et aux formalités subséquentes.

2. Vérification des titres de propriété du cédant

a. Absence de dissolution de la société ou de retrait

1015 Le mandataire ayant pris connaissance du titre du cédant qui définit les parts dont il est titulaire dans la société de construction, devra vérifier auprès du gérant ou de l'administrateur de biens chargé de la gestion de l'immeuble que la société n'est pas liquidée ou en cours de liquidation et que le cédant ne s'est par retiré de cette société.

En effet, la **dissolution** d'une société d'attribution peut toujours intervenir sur décision de l'assemblée générale de la société.

Cette dissolution a pour but de mettre fin à la société d'attribution et de lui substituer une copropriété régie par la loi du 10 juillet 1965[2].

Dans l'éventualité où la dissolution serait en cours, les parts se trouveraient cessibles jusqu'à la publication de l'acte de liquidation de la société aux hypothèques.

Dès publication de l'acte de liquidation aux hypothèques, seule une vente par acte notarié pourrait intervenir, les droits du cédant ne constituant plus des droits mobiliers mais des droits réels.

▷ Pratiquement, il conviendra, dans l'éventualité où la liquidation est en cours chez un notaire, de faire en sorte que l'acte de la liquidation puisse tenir compte de la qualité du nouvel associé qui devra figurer, en tant que propriétaire du lot, dans l'acte liquidatif.

1016 De la même manière, un associé d'une société d'attribution peut toujours se retirer de cette société.

1. Loi du 28 juin 1938, JO 30 juin, p. 7578.
2. L. n° 65-557 du 10 juill. 1965 sur le statut de la copropriété; C. baux.

Son **retrait** est constaté par acte authentique, qui entraîne de plein droit l'annulation des parts correspondant aux locaux attribués et la réduction du capital social.

Dès publication du retrait, une copropriété est constituée, régie par la loi du 10 juillet 1965, et les droits du propriétaire du lot cédé constituent des droits réels immobiliers dont la publication aux hypothèques est indispensable et, partant, entraînent la rédaction d'un acte authentique pour toute cession de ces droits.

b. Absence de nantissement des parts ou actions

1017 Dans l'éventualité où, les vérifications ayant été effectuées, le cédant est bien titulaire de parts sociales donnant vocation à la pleine propriété et à la jouissance du lot, il convient de vérifier auprès du gérant de la société que les parts, objet de la cession, n'ont pas fait l'objet d'un nantissement au profit d'un tiers.

Si ces parts sont nanties, la cession n'est possible qu'avec l'accord du créancier nanti. Toute cession effectuée sans l'accord de ce dernier lui serait inopposable, ce qui entraînerait la possibilité de contester les droits du cessionnaire.

c. Absence de procédure tendant à la vente des parts ou actions

1018 La loi du 16 juillet 1971 prévoit que l'associé qui ne satisfait pas aux appels de fonds concernant soit la construction de l'immeuble, soit la gestion courante pourra faire l'objet d'une vente forcée de ses parts à la requête de la société.

▷ Il conviendra donc d'interroger la gérance afin de savoir si le cédant ne fait pas l'objet d'une telle mesure.

d. Agrément du cessionnaire

1019 Les sociétés d'attribution contiennent généralement dans leurs statuts une clause d'agrément du cessionnaire. Il conviendra donc de vérifier l'existence d'une telle clause dans les statuts de la société dont les parts vont être cédées.

▷ S'il existe une clause d'agrément par la gérance du cessionnaire, il conviendra de notifier le projet de cession au gérant de la société afin qu'il fasse connaître par écrit son accord.

e. État des hypothèques ou privilèges pouvant grever l'immeuble social

1020 Pour la réalisation de l'opération de construction ou après la construction de l'immeuble, la société a pu contracter des emprunts afin de faire face à des dépenses lui incombant. Ces emprunts ont pu être garantis par des sûretés réelles consenties par la société sur l'immeuble social.

Ces sûretés n'apparaîtront pas au niveau des titres de propriété, qui ne concernent que la propriété des parts sociales donnant des droits sur une quote-part de l'immeuble.

Avant toute cession, il conviendra donc de s'enquérir auprès de la gérance afin de savoir si des hypothèques ou privilèges grèvent l'immeuble social.

Il conviendra également de s'enquérir du montant des sommes restant dues par la société et de leur incidence au niveau des charges, dans la mesure où le remboursement des dettes de la société incombe aux associés en proportion des droits sociaux qu'ils détiennent.

▷ Il est donc indispensable que le cessionnaire soit informé des sûretés grevant l'immeuble et du montant des remboursements liés à l'existence de ces sûretés, qui affecteront les charges qu'il devra acquitter en sa qualité de titulaire des parts. Les mentions concernant les emprunts de la société et la quote-part de ces emprunts supportée par le cessionnaire devront figurer dans le compromis.

3. La rédaction du compromis

1021 En possession de ces renseignements indispensables, le mandataire pourra procéder à la rédaction du compromis constatant la cession des parts sociales.

Ce compromis devra être enregistré et donnera lieu, lors de son enregistrement, à la perception par l'Administration de droits de mutation à un taux qui dépendra de l'utilisation de l'immeuble, soit à usage d'habitation soit à usage professionnel ou commercial.

4. La signification de la cession

1022 Conformément à l'article 1690 du Code civil, l'agent immobilier devra faire procéder par huissier à la signification de l'acte de cession à la société cédée. Cette signification devra être adressée au gérant de la société, ce qui rendra opposable à la société la cession intervenue.

D. Cession des parts des sociétés civiles immobilières classiques

1023 Souvent lors de l'acquisition, les acquéreurs constituent entre eux une société civile immobilière destinée à recueillir la propriété de l'immeuble (voir chapitre M).

Si l'immeuble se trouve être cédé par cession de la totalité des parts de la société, la société est alors reprise par de nouveaux associés. Les mêmes règles sont transposables pour la cession des parts, avec la possibilité pour le cessionnaire des parts d'exiger une garantie pour le passif de toute nature qui pourrait se révéler pendant une période de quelques années suivant la cession.

E. Les baux à usage d'habitation, à usage mixte habitation/professionnel et à usage professionnel[1]

1024 Le régime de ces baux a été profondément modifié par l'application de la loi du 22 juin 1982[2], dite loi Quilliot, puis celle du 23 décembre 1986[3], dite loi Méhaignerie, et enfin celle du 6 juillet 1989[4], dite loi Mermaz.

1. Voir dans la même collection, *Baux d'habitation*, par H. des Lyons et Y. Rouquet.
2. L. n° 82-526 du 22 juin 1982, sur les droits et obligations des locataires et des bailleurs; C. baux.
3. L. n° 86-1290 du 23 déc. 1986, sur l'investissement locatif, l'accession à la propriété de logements sociaux et le développement de l'offre foncière; C. baux.
4. L. n° 89-462 du 6 juill. 1989, sur l'amélioration des rapports locatifs; C. baux.

1. La loi du 1er septembre 1948[1]

1025 Elle avait pour but de protéger les occupants de locaux à usage d'habitation et professionnel, en leur accordant un droit de maintien dans les lieux ayant pour effet de garantir la stabilité de l'occupation ainsi qu'une fixation du prix du loyer à une somme déterminée légalement et non conventionnellement.

Les dispositions de cette loi étaient applicables à Paris et dans la région parisienne ainsi que dans les communes d'une certaine importance, comme il était défini à l'article 1er de la loi. Un certain nombre de décrets avaient libéré de nombreuses communes de l'empire de cette réglementation.

En conséquence, lors de la rédaction d'un bail, la première vérification consistait à déterminer :

- si la loi du 1er septembre était applicable dans la commune où se trouvaient situés les biens;
- si l'immeuble avait été construit avant ou après le 1er septembre 1948.

Il était malgré tout possible d'exclure l'application de la loi, tant en ce qui concerne le droit au maintien dans les lieux qu'en ce qui concerne la fixation du loyer légal, en établissant un bail conforme aux dispositions des articles 3 *ter*, 3 *quater*, 3 *quinquies* ou 3 *sexies* de la loi du 1er septembre 1948. Pour ce faire, le local devait répondre à certaines normes d'habitabilité et de confort déterminées par décrets. À défaut de remplir ces conditions, la sanction était le retour à la surface corrigée.

1026 Depuis la loi du 23 décembre 1986, ce régime a été quelque peu modifié.

Les locaux vacants, qui normalement auraient dû être soumis à la loi du 1er septembre 1948, ont pu être loués sous l'empire de la loi Méhaignerie, à l'exception de la catégorie 4, à condition qu'ils remplissent les normes de confort et d'habitabilité prévues par le décret du 6 mars 1987[2]. À défaut, le contrat n'en était pas moins valable, mais le locataire avait pendant une année la possibilité de demander en justice une mise aux normes par le propriétaire. Cette obligation pouvait être assortie d'une astreinte financière ordonnée par le juge.

En ce qui concernait les locaux purement professionnels, ils échappaient, en cas de vacance à l'application de la loi du 1er septembre 1948, et se trouvaient soumis aux règles du Code civil s'ils remplissaient la norme du décret du 6 mars 1987.

La loi du 6 juillet 1989 ne modifie pas fondamentalement ce régime. Seuls les locaux vacants ne répondant pas aux conditions du décret du 6 mars 1987 peuvent, à la demande du locataire, être mis en conformité avec le décret du 6 mars 1987 pendant toute la durée du bail.

Quant aux locaux purement professionnels, en cas de vacance, ils sont soumis aux règles du Code civil et à l'article 57 A de la loi du 23 décembre 1986.

▷ En 2002, le parc immobilier soumis aux baux dérogatoires de la loi de 1948 représentait 240 000 logements. La volonté du gouvernement est de faciliter le retour de ces biens au droit commun, tout en assurant la protection de leurs occupants, des personnes âgées ou disposant de revenus modestes.

2. La loi du 6 juillet 1989 portant modification de la loi Méhaignerie

1027 Cette loi s'est substituée à la loi Méhaignerie et la modifie afin de reprendre l'esprit et une partie des règles de la loi Quilliot. Ces développements se borneront donc à rappeler les grands principes de la loi du 6 juillet 1989.

1. L. n° 48-1360 du 1er sept. 1948 sur les occupants des locaux d'habitation ou à usage professionnel; C. baux.
2. Décr. n° 87-149 du 6 mars 1987; C. baux; C. civ.

a. Contrat écrit

1028 Chaque partie peut exiger que le bail soit consigné par écrit.

b. Durée du bail

1029 Il est de trois ans minimum lorsqu'il est consenti par une personne physique, une société civile à caractère familial, ou une indivision.

Il est de six ans au moins lorsque le bailleur est une personne morale.

c. Congé

1. Congé donné par le bailleur

1030 Le bailleur doit délivrer ce congé par lettre recommandée avec AR ou par exploit d'huissier, au moins six mois avant le terme du bail. Ce congé doit reposer sur l'un des motifs suivants :

- cause sérieuse et légitime;
- inexécution par le locataire de l'une de ses obligations;
- reprise pour habiter en faveur du bailleur, son conjoint, son concubin notoire depuis au moins un an, ses ascendants, ses descendants ou ceux de son conjoint ou concubin notoire;
- reprise pour vendre. Dans cette dernière hypothèse, le locataire est titulaire d'un droit de préemption, et le bailleur doit rappeler à peine de nullité dans le congé délivré les quatre premiers alinéas de l'article 15-2 de la loi du 6 juillet 1989.

2. Congé donné par le locataire

1031 Il peut être donné à tout moment en cours du bail avec un préavis d'au moins trois mois, par lettre recommandée avec AR ou exploit d'huissier.

Cependant, ce délai peut être réduit à un mois dans les cas suivants :

- mutation professionnelle;
- perte d'emploi;
- pour le locataire âgé de plus de soixante ans lorsque son état de santé l'oblige à changer de domicile.

d. Renouvellement du bail

1032 À défaut de congé donné dans les conditions de forme et délais prescrits par la nouvelle loi, le contrat de location se reconduit tacitement pour une durée égale à celle du contrat initial, laquelle ne peut être inférieure à trois ou six ans.

Le renouvellement sera également de droit pour le locataire âgé de plus de soixante-dix ans dont les ressources annuelles sont inférieures à une fois et demie le montant du Smic, à moins que ne lui soit proposé, dans les conditions prévues par l'article 13 *bis* de la loi du 1er septembre 1948, un logement correspondant à ses besoins et à ses possibilités.

Cette disposition ne s'applique pas lorsque le bailleur est une personne physique âgée de soixante ans *ou* lorsque ses ressources sont inférieures à une fois et demie le montant annuel du Smic.

L'âge du locataire et du bailleur est apprécié à la date d'échéance du contrat, le montant de leurs ressources étant apprécié à la date de notification du congé.

e. Loyer

1033 Le loyer est fixé soit librement, soit par comparaison avec des locaux similaires. Il est fixé librement dans les quatre cas suivants :

- location d'un logement neuf (jamais habité);
- logement vacant ayant fait l'objet de mise ou remise aux normes du décret du 6 mars 1987;
- logement conforme aux normes dudit décret et faisant l'objet d'une première location;
- logement vacant ayant fait depuis moins de six mois l'objet de travaux d'amélioration portant sur les parties communes ou privatives, d'un montant au moins égal à une année du loyer antérieur.

Il est fixé par référence aux loyers habituellement pratiqués dans le voisinage pour des logements similaires dans les autres cas, sous réserve toutefois de l'application éventuelle de l'article 18 de la loi (décret limitant la hausse des loyers).

f. Dépôt de garantie

1034 Il n'est dû que dans le cas où le loyer est payable d'avance, pour une période égale ou inférieure à deux mois.

Il ne peut être supérieur à deux mois de loyer et doit être restitué dans un délai maximal de deux mois suivant la remise des clés, sous peine de porter intérêt au taux légal.

g. Charges et répartitions

1035 Le décret du 26 août 1987[1] fixe les règles de répartition des charges entre bailleurs et preneurs.

h. Obligations du bailleur et du locataire

1036 Elles sont énumérées par les articles 6 et 7 de la loi du 6 juillet 1989.

i. Clauses abusives

1037 L'article 4 de la loi du 6 juillet 1989 fixe l'énumération des clauses abusives. Elles sont réputées non écrites.

j. Clauses résolutoires

1038 Lorsque le locataire omet de contracter une assurance contre les risques dont il doit répondre, il encourt la résolution de son bail à défaut de régularisation dans le mois suivant un commandement par huissier.

Lorsqu'il est prévu dans le bail une résiliation de plein droit du contrat pour défaut de paiement du loyer et des charges aux termes convenus, ou pour non-versement du dépôt de garantie, la clause résolutoire ne produit ses effets que deux mois après un commandement de payer demeuré infructueux.

k. Honoraires

1039 Les honoraires des personnes qui se livrent ou prêtent leur concours à une location portant sur un local à usage d'habitation, ou mixte (habitation/professionnel) sont obligatoirement partagés par moitié entre le propriétaire et le locataire.

1. Décr. n° 87-713 du 26 août 1987; C. baux.

3. Baux en cours lors de la publication de la loi du 6 juillet 1989

1040 Ils restent soumis aux dispositions qui leur étaient applicables.

Toutefois, les dispositions des deux derniers alinéas de l'article 10, les articles 15, 17, 18, 19 et 24 s'appliquent à ces contrats dès le 8 juillet 1989.

F. Les baux commerciaux et leur cession

1041 Les locations consenties portant sur des immeubles dans lesquels un fonds de commerce appartenant à un commerçant ou à un artisan immatriculé au Répertoire des métiers est exploité, se trouvent réglementées, tant en ce qui concerne leur durée, la révision du prix et les conditions de renouvellement des locations[1]. Cette réglementation est d'ordre public : les parties ne sauraient donc y déroger par des conventions particulières sous peine de nullité.

• Pour ces baux, la durée du contrat de location ne peut être inférieure à neuf années, avec faculté pour le preneur de donner congé à la fin de chaque période triennale.

Cependant, aux termes de l'article L. 145-5 du Code de commerce, si le bail est conclu pour une durée au plus égale à deux ans et si, à l'expiration de cette durée, le preneur n'est pas laissé dans les lieux, l'application de la réglementation pourra être écartée.

Les conventions d'occupation dérogatoires portant sur des locations commerciales apparaîtront donc comme extrêmement périlleuses dans la mesure où l'exclusion du statut ne sera certaine que dans l'éventualité où l'occupant ne sera pas laissé dans les lieux plus de deux années.

À défaut, il risquerait de s'opérer un nouveau bail conforme aux dispositions de l'article L. 145-5 du Code de commerce, dont la durée serait de neuf ans.

• Si le prix du bail est fixé librement à l'origine de la location, il n'en est pas de même en ce qui concerne les **révisions** triennales et le renouvellement à l'expiration de la durée du bail. En effet, la révision triennale du prix du loyer se trouve plafonnée par les variations de l'indice du coût de la construction. Au bout de neuf ans minimum à l'expiration du bail, le prix du loyer renouvelé est déterminé, soit par application de l'article L 145-34 du Code de commerce, si le loyer est plafonné, soit à la valeur locative dont le montant dépend du type d'immeuble loué ou de l'objet du bail.

• En cas de refus de **renouvellement** de bail, le locataire commerçant aura droit au paiement d'une indemnité d'éviction qui sera évaluée en fonction du préjudice qu'il a réellement subi du fait du refus de renouvellement, ce préjudice pouvant à la limite être égal à la valeur de son fonds de commerce pour le cas où le refus de renouvellement de bail entraînerait la perte de fonds.

1. Cession du bail commercial

a. Cession à l'acquéreur du fonds de commerce

1042 Selon l'article L. 145-16 du Code de commerce, sont nulles les conventions tendant à interdire au locataire de céder son bail à l'acquéreur de son fonds de commerce ou de son entreprise. Le propriétaire ne pourra donc jamais

1. C. com., art. L. 145-1 et s. • Décr. nº 53-960, 30 sept. 1953 • Voir dans la même collection, *Baux commerciaux, industriels et artisanaux*, par A. d'Andigné-Morand.

s'opposer à la cession du bail commercial consenti au profit de l'acquéreur du fonds de commerce.

▷ Le législateur a voulu ainsi empêcher les pressions qui pouvaient être faites par le propriétaire en vue de percevoir une indemnité de son locataire lorsqu'il procédait à la vente de son fonds.

Par contre, lorsque la cession porte seulement sur le droit au bail à l'exclusion du fonds de commerce, la clause subordonnant une telle cession à l'accord du propriétaire est parfaitement valable.

En cas d'infraction, la résiliation du bail principal sera encourue.

b. L'apport en société

1043 En cas de fusion de sociétés ou d'apport d'une partie de l'actif d'une société, la société issue de la fusion ou la société bénéficiaire est substituée à celle au profit de laquelle le bail était consenti. Toute disposition contraire doit être considérée comme nulle.

□ Ainsi, une société commerciale qui fusionne librement avec une autre société, peut lui transmettre tous ses droits sur le bail dont elle est titulaire. Il en sera de même en cas d'apport du droit au bail au profit d'une autre société.

2. Clauses limitatives de la cession

1044 Si la clause interdisant la cession du droit au bail à un successeur dans le commerce est réputée nulle, il n'en est pas de même des clauses simplement limitatives du droit de cession.

• Est considérée comme valable la clause suivant laquelle la cession du bail est soumise à l'autorisation préalable du bailleur. En vertu d'une telle clause, le locataire devra demander l'autorisation du bailleur, avant toute cession.

▷ La prudence consiste, bien évidemment, à procéder par écrit, de manière à conserver la preuve que la demande d'autorisation a bien été effectuée. La forme recommandée avec AR constitue la précaution minimale qu'il conviendra de prendre.

En cas de difficulté, le locataire devra saisir le tribunal afin de faire juger que le défaut d'autorisation du propriétaire ou le refus est irrégulier, et ainsi se voir autoriser à procéder à la cession, nonobstant le refus du propriétaire.

Si le refus d'autorisation du propriétaire est injustifié, il pourra être condamné au paiement de dommages et intérêts équivalents au préjudice subi par son locataire du fait du refus de la cession.

• La clause suivant laquelle le locataire, avant toute cession, devra obtenir préalablement l'agrément du bailleur sur la personne de son cessionnaire, est considérée également comme valable.

Cette clause oblige le locataire à aviser son propriétaire du projet de cession et à solliciter son agrément, lequel devra l'être avant l'entrée dans les lieux de son locataire.

En cas d'infraction à cette clause, la résiliation du bail pourra être encourue. Si le propriétaire ne démontre pas un préjudice suffisant, notamment en raison de la solvabilité du cessionnaire, le tribunal pourra simplement condamner le cédant au paiement de dommages et intérêts.

• Sont également considérées comme valables les clauses suivant lesquelles la cession du bail ne peut intervenir qu'en respectant des conditions de forme.

- ☐ Une clause peut, par exemple, exiger :
  - que la cession de bail soit faite par acte authentique;
  - que les parties signent l'acte par l'intermédiaire du conseil du bailleur;
  - que les parties fassent concourir le bailleur à l'acte.

En cas de difficulté, il sera toujours prudent de saisir le tribunal afin de se voir autoriser à passer outre aux difficultés créées par le propriétaire lequel, s'il est de mauvaise foi, pourra être condamné au paiement de dommages et intérêts.

La saisine du tribunal, en cas de difficulté, apparaît d'autant plus nécessaire qu'en cas d'infraction constatée, la résiliation du bail peut être encourue.

▷ Si la cession irrégulière ayant entraîné l'annulation du bail a été établie par un mandataire ou avec son concours, ce dernier voit engager sa responsabilité civile et professionnelle et pourra ainsi être condamné à indemniser le cédant et le cessionnaire du préjudice qu'ils pourraient subir en raison de la résiliation prononcée par le tribunal ou des dommages et intérêts alloués par ce même tribunal au profit du propriétaire.

3. Signification de la cession

1045 Conformément aux dispositions de l'article 1690 du Code civil, l'acte de cession doit être signifié par acte d'huissier aux propriétaires, et cela à l'initiative du mandataire rédacteur d'acte.

▷ Il n'en est autrement que si le propriétaire a participé à l'acte ou a dispensé par écrit le mandataire de cette signification.

Le défaut de signification peut entraîner la résiliation du bail principal et de sa cession, ce qui, partant, engagera la responsabilité du mandataire rédacteur de l'acte.

Par ailleurs, la cession est soumise aux droits d'enregistrement, dans les mêmes conditions que la vente du fonds de commerce (voir n° 1073).

G. Location du fonds de commerce ou gérance libre

1046 Le contrat de location-gérance est la convention « par laquelle le propriétaire (ou l'exploitant) d'un fonds de commerce ou d'un établissement artisanal en concède totalement ou partiellement la location à un gérant qui l'exploite à ses risques et périls »[1].

La location-gérance se distingue :

- de la gérance salariée dans laquelle le propriétaire du fonds continue à assumer les risques de l'exploitation, le gérant étant un simple salarié;
- de la location de locaux commerciaux.

1. Contrat de location-gérance

a. Capacité du bailleur et du locataire

1047 Le bailleur, qu'il soit personne morale ou physique, doit avoir exercé personnellement pendant sept années, d'une façon continue ou discontinue, une activité commerciale ou artisanale ou avoir, pendant la même durée, exercé les fonctions de gérant ou de directeur commercial ou technique.

1. C. com., art. L. 144-1 à L. 144-13 • L. n° 56-277 du 20 mars 1956 sur la location-gérance des fonds de commerce et des établissements artisanaux • Voir dans la même collection, *Fonds de commerce*, par F. Lemeunier.

En plus de la condition d'ancienneté, le bailleur doit avoir exploité le fonds mis en gérance pendant au moins deux années. Bien évidemment, les deux ans d'exploitation peuvent être compris dans les sept années, et il n'est pas nécessaire qu'elles aient précédé immédiatement la mise en gérance.

Il doit être capable d'accomplir des actes de commerce.

1048 À titre d'exception, les conditions de délai sont supprimées soit par la loi, soit par décision judiciaire.

• **Dérogations légales.** L'article L. 144-4 du Code de commerce énonce les cas dans lesquels ni le délai de sept ans, ni celui de deux ans ne sont exigés :

- les héritiers ou légataires d'un commerçant ou artisan décédé, ainsi que les bénéficiaires d'un partage d'ascendant comprenant le fonds;
- les interdits, aliénés internés, les personnes pourvues d'un conseil judiciaire, lorsqu'ils étaient propriétaires du fonds avant leur incapacité;
- l'État ou les collectivités locales;
- le bailleur, lorsque la location gérance a pour but principal d'écouler sous l'exclusivité au détail les produits fabriqués ou distribués par lui-même;
- le bailleur d'un fonds de cinéma, de théâtre et music-hall.

• **Dérogation par décision judiciaire.** Le président du tribunal de grande instance peut, sur requête de l'intéressé rendre une ordonnance dispensant le bailleur de tout ou partie des délais (sept ou deux ans) quand celui-ci justifie qu'il ne peut exploiter soit par lui-même, soit par l'intermédiaire de préposés.

1049 Si le bailleur ne satisfait pas aux conditions posées par la loi, la sanction est la nullité de la location-gérance. Cependant, cette nullité, bien qu'elle soit absolue, ne peut être invoquée par le bailleur ou le gérant à l'encontre des tiers ou lorsque les intérêts de ceux-ci sont en cause[1].

Étant commerçant, le gérant doit avoir la capacité de faire le commerce.

b. Forme du contrat

1050 Il n'est pas nécessaire que le contrat de location-gérance soit passé par écrit, la loi n'imposant aucun formalisme. Ainsi, une location verbale serait valable.

▷ Cependant, l'écrit sera préféré, tant pour se réserver une preuve des conditions de la gérance que pour les formalités d'enregistrement et de publicité.

c. Inscription au registre du commerce et des sociétés et publicité du contrat de location-gérance

1051 • Le bailleur doit se faire inscrire au registre du commerce ou des métiers ou, s'il est déjà commerçant, faire modifier son immatriculation[2]. Cette inscription est faite dans une section spéciale du registre du commerce ou des métiers, car le loueur n'a pas la qualité de commerçant. En effet en cas de non-inscription au registre du commerce, le bailleur pourrait se voir refuser le renouvellement de son bail. Toutefois, l'article L 145-1 (II) du Code de commerce déroge à ce principe en disposant que si le fonds est exploité sous forme de location-gérance, le propriétaire du fond bénéficie néanmoins des dispositions relatives au statut des baux commerciaux sans avoir à justifier de l'immatriculation au registre du commerce et des sociétés ou au répertoire des métiers.

Ainsi, le propriétaire bailleur d'un fond de commerce en location gérance pourra prétendre au renouvellement de son bail même sans être immatriculé.

• Le locataire doit demander son immatriculation au RCS, qui est publiée au *BODACC*.

1. C. com., art. L. 144-10 • L. n° 56-277, 20 mars 1956, art 11.
2. Voir dans la même collection, *Guide des formalités des sociétés*, par C. Placé et R. Gras.

• Le contrat doit faire l'objet d'une **publicité dans un journal d'annonces légales** dans les quinze jours de sa signature. Mais, en cas de renouvellement de la gérance, celui-ci n'a pas à faire l'objet d'une autre publication.

Par contre, la fin du contrat de gérance doit être transcrite au registre du commerce ou des métiers et faire, à nouveau, l'objet d'une publicité dans un journal d'annonces légales dans les quinze jours de la cessation de la gérance.

d. Information des tiers

1052 Les papiers commerciaux utilisés par le locataire-gérant doivent mentionner :

- le nom du gérant;
- le numéro d'immatriculation au registre du commerce ou des métiers;
- le siège du tribunal où est immatriculé le gérant;
- sa qualité de gérant;
- le nom, qualité, adresse et éventuellement le numéro d'immatriculation du propriétaire pour le cas ou il serait immatriculé, ce qui n'est pas obligatoire;

Le défaut de publicité donne lieu à trois sortes de sanctions :

- inopposabilité du contrat de location vis-à-vis des tiers;
- amende pénale pour absence des indications sur les papiers commerciaux;
- solidarité entre bailleur et locataire pour les dettes contractées au cours de la gérance.

2. Régime social et fiscal de la gérance

a. Régime social

1053 Le bailleur, n'étant plus commerçant, cesse d'être assujetti aux régimes obligatoires d'assurances maladie, maternité vieillesse et invalidité décès. Il cesse également de cotiser aux allocations familiales dont il ne peut plus bénéficier.

Le gérant, par contre, ayant la qualité de commerçant, est astreint à toutes les obligations de celui-ci.

b. Régime fiscal

1054 Il y a lieu de considérer le régime auquel est soumise la gérance au moment de la conclusion du contrat et en cours d'exercice.

• **Lors de la conclusion de la location.** Lorsque la durée de la location est limitée, le bail écrit du fonds de commerce est soumis gratuitement à la formalité de l'enregistrement. Il donne lieu à l'application de la TVA[1].

• **En cours de location.** Il n'y a pas cession, l'imposition des plus-values ne s'applique donc pas. Le bailleur n'a pas l'obligation de déclarer ses résultats dans les dix jours. Il souscrira sa déclaration des bénéfices de l'exercice au cours duquel le fonds a été mis en gérance, dans les délais habituels. Pendant la mise en gérance, il peut opter pour le forfait à raison de la redevance qu'il perçoit, dans la mesure où celle-ci n'excède pas la limite du forfait. L'imposition est due au titre des BIC. La redevance est soumise à la TVA cependant, si le forfait est appliqué, le bailleur peut bénéficier soit de la franchise, soit de la décote. Le gérant est soumis à toutes les obligations fiscales du commerçant.

1. Taux de 19,60 %, applicable aux opérations pour lesquelles le fait générateur de la taxe est intervenu à compter du 1er août 1995 (CGI art. 278).

3. Droits et obligations des parties

a. Le bailleur

1055 Il a droit au paiement du loyer du fonds, qui peut être indexé. Il a également la possibilité de vendre ce fonds, l'acquéreur devant respecter la convention de location à l'égard du gérant. Comme tout bailleur, il a l'obligation de remettre la chose louée, de l'entretenir et d'assurer à son locataire une jouissance paisible.

Il conserve la charge du bail des locaux dans lesquels le fonds est exploité.

Enfin, à l'égard des tiers, il est solidairement responsable avec le gérant des dettes contractées par celui-ci pour l'exploitation du fonds. Cette responsabilité solidaire est cependant limitée à six mois à compter de la date de publication de l'acte de location-gérance et joue aussi jusqu'à la publication du contrat.

b. Le gérant

1056 Il a l'obligation de payer la redevance convenue, d'exploiter en bon père de famille et de respecter la destination du fonds. N'étant pas titulaire du bail des locaux où il exploite, il ne peut demander son renouvellement. Il n'est pas responsable des dettes que le bailleur a contractées antérieurement à la mise en gérance, ni des contrats passés par le loueur.

4. Fin de la gérance

1057 Elle constitue, au point de vue fiscal, une cessation d'activité et, comme telle, entraîne dans les dix jours l'établissement d'une déclaration de résultats. La cessation de gérance doit faire l'objet d'une publication au registre du commerce ou des métiers et d'une publicité, sous quinze jours, dans un journal d'annonces légales. Elle rend immédiatement exigibles les dettes contractées à l'occasion de l'exploitation du fonds.

H. Vente d'un fonds de commerce

1058 Le fonds de commerce est un ensemble d'éléments qui se répartissent en trois catégories[1].

- Les **éléments dits incorporels** :
  - la clientèle : ensemble d'acheteurs que le commerçant a su s'attacher;
  - l'achalandage : c'est la clientèle qui procure l'emplacement et l'aspect extérieur du fonds;
  - le nom commercial (Samaritaine, Galeries Lafayette...), l'enseigne;
  - les brevets, marques de fabrique, les licences;
  - le droit au bail.
- Les **éléments corporels** :
  - le matériel servant à l'exploitation;
  - les agencements;
  - le mobilier.
- Les **marchandises destinées à être vendues.**

1. Voir dans la même collection, *Fonds de commerce*, par F. Lemeunier.

1. Restrictions à la cession d'un fonds de commerce

1059 La vente d'un fonds dont l'objet serait illicite est nulle (maison de tolérance).

La vente de certains fonds est subordonnée à autorisation : entreprises de spectacles, de voyages, de transport, débits de boissons. Dans d'autres cas, l'acquisition est subordonnée à la possession d'un diplôme : pharmacie, salon de coiffure...

▷ Le mandataire doit impérativement s'informer préalablement à la vente d'un fonds de commerce sur l'existence d'une réglementation spéciale s'appliquant au fonds en question.
Il doit également vérifier que le bail commercial n'impose pas des clauses qui s'imposent au cessionnaire du fonds.

2. Capacité des parties

1060 En principe, tout majeur peut exercer le commerce, donc vendre ou acquérir un fonds. On renverra donc aux règles de la vente en général.

Cependant, il existe une incapacité spéciale frappant les personnes condamnées et non réhabilitées en vertu de la loi du 30 août 1947[1] sur l'assainissement des professions commerciales et industrielles.

De même les étrangers autres que ceux des pays membres de l'Union européenne, doivent, pour exercer une activité commerciale, être en possession d'une carte spéciale de commerçant délivrée par la préfecture.

▷ Le rédacteur de l'acte doit s'assurer de l'état civil et de la capacité des deux parties et pouvoir tenir à disposition de chacune d'entre elles les informations qu'elles peuvent exiger.

3. Législation propre aux ventes de fonds de commerce

a. Mentions obligatoires

1061 Sous peine de nullité, l'acte constatant la cession d'un fonds de commerce doit obligatoirement contenir les indications suivantes :

- l'origine du fonds : nom du précédent vendeur, la date de l'acquisition, le prix de cette acquisition ventilé pour les éléments incorporels, le matériel, les marchandises;
- le chiffre d'affaires réalisé depuis la création si celle-ci est inférieure à trois ans, ou le chiffre réalisé les trois dernières années précédant la vente;
- le bénéfice commercial réalisé pendant la même période;
- le bail des locaux dans lesquels le fonds est exploité;
- l'état des privilèges et des nantissements grevant le fonds vendu[2].

L'acheteur possède une action en nullité — ouverte pendant un an depuis la prise de possession — si l'une des énonciations ci-dessus fait défaut. En outre, si le vendeur fait sciemment de fausses déclarations, il sera tenu, en sus de la restitution du prix, à des dommages-intérêts.

▷ Le mandataire rédacteur de l'acte est également tenu pour responsable en cas d'omission de ces énonciations et pour les fausses déclarations si elles sont connues de lui.

1. L. n° 47-1635 du 30 août 1947 sur l'assainissement des professions commerciales et industrielles; C. com.
2. C. com., art. L. 141-1 • L. 29 juin 1935, art. 12.

b. Comptabilité

1062 Lors de la cession, les parties doivent viser les livres de comptabilité, en dresser un inventaire et ceux-ci sont mis à la disposition de l'acheteur pendant trois ans.

c. Interdiction de se rétablir

1063 Elle est de droit et sous contrôle des tribunaux quant à sa durée et sa limite territoriale. Généralement, elle résulte d'un accord entre les parties inséré dans l'acte de cession.

d. Publicité

1064 Dans les quinze jours de l'acte, la cession du fonds doit être publiée, après enregistrement, sous forme d'extrait, dans un journal d'annonces légales paraissant dans l'arrondissement ou le département du lieu où le fonds est exploité[1].

L'insertion doit mentionner :

- l'enregistrement de la cession;
- le nom, prénom, domicile des parties;
- la date de l'acte, la nature, la situation du fonds cédé;
- le prix de la vente;
- l'élection de domicile;
- le délai fixé pour les oppositions.

Si le fonds comporte des succursales en France ou dans les départements d'outremer, la publicité doit également être faite au lieu où se trouvent ces succursales.

▷ En pratique, c'est au mandataire qu'il revient de procéder aux publicités imposées par la loi. Il doit dès lors s'assurer de la présence de toutes les mentions obligatoires, du respect des délais de publications et de l'exactitude du lieu de publication.

À défaut de publicité, qui est à la charge de l'acquéreur, celui-ci devrait désintéresser les créanciers qui se manifesteraient.

Une publicité — à l'initiative du greffier du tribunal de commerce — sera faite au *BODACC* dans la quinzaine de la première publication[2].

e. Registre du commerce et des sociétés (RCS)

1065 L'acheteur est tenu, dans les deux mois du début de son exploitation, de se faire immatriculer au registre du commerce. Le vendeur, dans les deux mois de la cessation de son activité, procédera à sa radiation.

f. Paiement du prix

1066 Le prix peut être payé comptant. Dans la plupart des cas, cependant, une partie sera payable à terme, l'acheteur souscrivant des billets de fonds, le vendeur bénéficiant, pour la garantie de sa créance, du privilège de vendeur avec réserve de l'action résolutoire et du nantissement.

1. C. com., art. L. 141-12 • L. 17 mars 1909, art. 3, al. 1er.
2. L. 17 mars 1909, art. 3, al. 3 • Cette disposition sera abrogée à compter de l'entrée en vigueur de la partie réglementaire du Code de commerce.

Les sommes versées à la conclusion de l'acte seront conservées à titre de séquestre, soit par le rédacteur, soit par un tiers désigné par les deux parties, à charge par ce séquestre de répartir les fonds après le délai d'opposition.

▷ Lorsque le séquestre est un tiers, le mandataire rédacteur devra veiller à ce que ce séquestre désigné ne rentre pas dans la catégorie des personnes qui ne peuvent intervenir directement ou indirectement à une cession de fonds de commerce (faillis non réhabilités, condamnés pour crimes de droit commun, pour escroquerie...).

Lorsque le paiement d'une partie du prix se fait à l'aide de billets de fonds, ceux-ci comprennent le prix et les intérêts. Ces billets sont obligatoirement libératoires dans l'ordre suivant :

- prix des marchandises et intérêts;
- prix du matériel et intérêts;
- prix des éléments incorporels et intérêts.

1. Garanties du paiement du prix

1067 Le vendeur possède le privilège du vendeur et l'action résolutoire.

2. Privilèges du vendeur

1068 Le mandataire, rédacteur de l'acte, devra veiller à l'enregistrement de l'acte sous seing privé et à inscrire au greffe du tribunal de commerce dans le ressort du fonds ce privilège dans les quinze jours, délai impératif, de la signature.

Cette inscription se fait par le dépôt d'un original de l'acte accompagné de bordereaux indiquant notamment la réserve de l'action résolutoire et le nantissement éventuel. L'inscription confère un droit préférentiel à toute autre inscription qui pourrait être prise. De plus, elle garantit, outre le prix principal, deux ans d'intérêts. Elle a une durée de validité de dix ans et peut être renouvelée. Si le vendeur entend garantir le prix des marchandises, il doit expressément le mentionner lors de l'inscription.

3. Action résolutoire

1069 Elle peut s'exercer de plein droit lorsqu'elle a été prévue dans l'acte de cession; en ce cas, une notification s'impose auprès des créanciers du fonds, à condition que ceux-ci soient inscrits. Elle ne devient définitive qu'un mois après la notification. Mais elle peut être également demandée au tribunal; la même procédure doit être suivie vis-à-vis des créanciers inscrits, le jugement ne pouvant intervenir avant le délai d'un mois de cette notification.

Le but de la notification est de permettre aux créanciers, s'ils le désirent, de se substituer à l'acheteur défaillant.

Dans la négative, le vendeur reprend son fonds pour le prix qu'il a vendu, sauf en ce qui concerne les marchandises et le matériel existant au jour de l'action qui sont repris sur la base d'une expertise contradictoire.

Le total des éléments incorporels, du matériel, des marchandises et des sommes déjà versées peut dépasser le prix de vente; la différence constitue donc le gage des autres créanciers inscrits.

Le tribunal peut cependant accorder des délais à l'acheteur, sauf si des billets de fonds ont été souscrits.

4. Le nantissement

1070 Il doit être pris au moment de l'inscription du privilège du vendeur. Il ne porte que sur certains éléments du fonds lorsqu'il n'y a aucune précision dans l'acte (éléments incorporels), mais en aucun cas il ne peut porter sur les marchandises. Lorsque le fonds comporte des brevets, des licences... une inscription supplémentaire doit être prise à l'Institut national de la propriété industrielle (INPI).

Le nantissement confère un droit de préférence sur les autres créanciers inscrits ultérieurement et, en cas de vente, à l'égard de tous les créanciers.

g. Droits des créanciers du vendeur

1071 La publication de la vente a pour effet de prévenir les créanciers du vendeur qui peuvent alors faire opposition sur le prix. Cette opposition se fera obligatoirement par acte extrajudiciaire.

Mais le Code civil[1] leur donne la possibilité d'exercer l'action paulienne s'ils estiment que la vente, par suite d'une collusion avec l'acheteur, leur cause un préjudice.

De même ils peuvent – dans le cas où ils jugent le prix trop bas – surenchérir d'un dixième lorsque l'acheteur « purge » le fonds (c'est-à-dire qu'il acquitte les dettes dont le fonds était grevé). Cette surenchère ne peut cependant s'exercer que sur les éléments incorporels.

h. Droits des créanciers de l'acheteur

1072 Tout créancier peut faire vendre le fonds pour recouvrer sa créance. Le prix de vente est alors réparti d'abord entre les créanciers privilégiés suivant un ordre (privilège du vendeur, créanciers nantis...), puis le solde est distribué entre les créanciers ordinaires.

La vente forcée se fera par adjudication, avec possibilité pour les créanciers ou opposants de surenchérir (surenchère d'un sixième).

i. Paiement des droits d'enregistrement

1073 La vente d'un fonds de commerce est soumise aux droits d'enregistrement.

L'enregistrement est obligatoire dans le mois de la cession et il donne lieu à la perception d'un droit lorsque la cession dépasse le prix de 23 000 euros.

Ce droit applicable à la partie du prix dépassant 23 000 euros est le droit d'enregistrement uniforme de 4,80 %, proche de celui applicable aux ventes de biens immobiliers, sauf certaines exceptions tenant à la localisation du bien.

Dans l'hypothèse ou des marchandises sont incluses dans la cession, le régime de la TVA sera applicable au taux en vigueur sur le montant du prix. ■

1. C. civ., art. 1167.

K Rémunération de l'agent immobilier

Nos 1101 à 1128

PAGES

I. Le droit à rémunération proprement dit 179
A. Détention du mandat écrit 179
B. Présentation du client 180
C. Négociation 181
D. Réalisation 182

II. Le montant de la rémunération et son paiement 189
A. Liberté des honoraires 189
B. Révision du montant des commissions par les tribunaux 189
C. Le débiteur de la commission 190
D. Moment de la perception de la commission 190
E. Forme du paiement 191
F. Commission en cas de préemption 192
G. Cas particulier des commissions réglées après réalisation de l'opération 192

III. Les rémunérations hors transactions 192
A. Rémunérations perçues directement du client 193
B. Rémunérations perçues de tiers 193

I. Le droit à rémunération proprement dit

1101 Quatre conditions sont exigées par la loi et la jurisprudence pour que l'agent immobilier puisse prétendre au versement de sa commission :

- la détention d'un mandat écrit conforme aux dispositions de l'article 6 de la loi du 2 janvier 1970[1], dite loi Hoguet;
- la présentation du client;
- la participation active à la négociation;
- la réalisation.

A. Détention du mandat écrit

1102 L'exigence du mandat écrit, ainsi qu'il l'a été exposé, résulte des dispositions combinées des articles 6 de la loi du 2 janvier 1970 et 72 du décret du 20 juillet 1972[2].

1. L. n° 70-9 du 2 janv. 1970 sur les opérations portant sur les immeubles et les fonds de commerce; C. baux; voir le texte au n° 3202.
2. Décr. n° 72-678 du 20 juill. 1972 d'application de la loi du 2 janv. 1970; voir le texte au n° 3203.

La détention du mandat doit être préalable à tout acte de négociation. L'absence de détention d'un mandat écrit priverait l'agent immobilier de la possibilité de réclamer le paiement de sa commission.

La perception de sommes d'argent, en l'absence de détention d'un mandat, constitue même une infraction pénale[1]. Les mêmes conséquences sont encourues par un mandataire titulaire d'un mandat irrégulier non conforme aux dispositions de l'article 6 de la même loi, par exemple dans l'éventualité où ce mandat ne mentionnerait pas l'indication du montant de la commission ou de la partie qui en a la charge.

Les magistrats de la Cour d'appel de Paris[2], après avoir consacré ce principe dans une espèce où l'agent immobilier était titulaire d'un mandat sur lequel ne figurait pas l'indication de la partie qui avait la charge de sa commission, lui ont néanmoins alloué des dommages et intérêts au motif que la nullité du mandat était en partie causée par la faute du client.

▷ Il reste cependant qu'il s'agit là d'une hypothèse très limite ne changeant rien au principe général tel qu'il est exposé.

Le plus souvent, l'absence de mandat ou la détention d'un mandat irrégulier entraîneront donc pour l'agent immobilier la perte totale de son droit à commission[3].

◊ En décidant d'attribuer une commission à un agent immobilier, bien que le mandat soit nul car ne comportant pas de limitation d'effet dans le temps, sur le seul motif que par acte sous seing privé le mandant avait signé une reconnaissance de commission à l'agent immobilier, une cour d'appel a violé les articles 72 et 73 du décret du 20 juillet 1972. Il eût fallu, estime la Cour de cassation, que cette reconnaissance d'honoraires soit, pour être valable, signée postérieurement à la réitération de la vente par acte authentique.

B. Présentation du client

1. Le principe

1103 Le mandataire a l'obligation d'informer son mandant de l'accomplissement du mandat de vendre ou d'acheter qui lui a été conféré au plus tard dans les huit jours de l'opération[4]. Cette information doit être faite soit par lettre recommandée avec avis de réception, soit par tout autre acte écrit remis contre récépissé ou émargement.

Il résulte de cette disposition, reprenant l'exigence jurisprudentielle antérieure de la présentation du client comme condition du paiement de la commission, que pour pouvoir prétendre au paiement d'une commission, l'agent immobilier doit être en mesure de prouver qu'il a présenté le client à son mandant[5].

En effet, si le client, bien que trouvé par l'agent immobilier, n'a pas été présenté au mandant, ce dernier ne serait encourir aucune responsabilité pour le cas où il traiterait directement avec lui.

Une faute contractuelle ne saurait être établie à l'égard du mandant, dans une telle hypothèse, que dans la mesure où la preuve serait apportée de la connaissance par le mandant de l'origine du client suite à la présentation qui en a été faite par son mandataire.

À défaut, l'agent immobilier pourrait se voir reprocher sa propre carence comme cause du défaut de paiement de sa commission.

Les dispositions de l'article 77 du décret du 20 juillet 1972 concernant l'information fidèle du mandant par le mandataire sont appliquées strictement par la

1. L. 2 janv. 1970, art. 18, al. 2.
2. CA Paris, 15e ch., 8 juin 1977, voir jurisprudence n° 3201; CA Paris, 25e ch. B, 10 juill. 1992; voir jurisprudence n° 3201.
3. Cass. 3e civ., 28 oct. 1980 • TGI Bobigny, 9 déc. 1976 • CA Paris, 15e ch., 8 juin 1977.
4. Décr. 20 juill. 1972, art. 77 • CA Reims, 1re ch., 22 mai 1978, voir jurisprudence n° 3201.
5. Cass. 1re civ., 3 févr. 1998, voir jurisprudence n° 3201.

jurisprudence lorsqu'elle prive l'agent immobilier de tout droit à commission s'il n'a pas, dans les délais, informé son mandant des diligences accomplies[1].

2. Preuve de la présentation

1104 L'agent immobilier rencontre souvent des difficultés pour apporter la preuve de la présentation du client. Généralement, la preuve de cette présentation résulte soit de correspondances échangées entre le mandant et le mandataire, soit de la détention par le mandataire d'un document intitulé « **bon de visite** » par lequel l'acquéreur reconnaît avoir pris connaissance par son intermédiaire de l'existence du bien vendu.

La détention d'un bon de visite seul, sans que puisse être apportée la preuve de la présentation, ne saurait remplir les exigences telles que résultant de la jurisprudence.

Le bon de visite constitue une étape, mais non une fin pour l'agent immobilier à ce stade de sa mission. En effet, les obligations que peut contracter l'acquéreur à l'égard de l'agent immobilier lors de la souscription d'un bon de visite apparaissent très aléatoires.

Depuis un arrêt de la Cour de cassation en date du 2 mai 1978, les obligations mises à la charge d'un acquéreur aux termes d'un bon de visite qu'il a souscrit doivent, pour être valables, répondre aux exigences des articles 6 de la loi du 2 janvier 1970 et 73 du décret du 20 juillet 1972[2].

S'il est stipulé dans ce bon de visite que l'acquéreur ne pourra pas traiter l'acquisition du bien en dehors de l'intervention de l'agent immobilier, sous peine de lui devoir le paiement de sa commission, une telle obligation constituant l'engagement de payer une somme d'argent devra, pour être valable, être stipulée dans un acte fait en double exemplaire conforme aux dispositions de l'article 6 de la loi du 2 janvier 1970 et ne devra pas être contraire aux dispositions prévues dans le mandat concernant le paiement de la commission de l'agent immobilier.

Par exemple, dans l'hypothèse où le mandat stipulerait que la commission est payable par le mandant vendeur et si le bon de visite, en cas d'infraction, stipulait que la commission serait payée ou supportée par l'acquéreur, cette clause serait contraire aux dispositions de l'article 73 dernier alinéa du décret du 20 juillet 1972 qui prévoit l'impossibilité de réclamer une commission d'un montant et à une personne différents de ceux figurant dans le mandat.

À la limite, cette même jurisprudence va jusqu'à considérer que dans l'hypothèse où le mandat d'origine serait un mandat simple, une telle stipulation du bon de visite emportant exclusivité au profit de l'agent immobilier dénaturerait le mandat d'origine et serait en conséquence contraire au vœu de la loi.

Il résulte de ce qui vient d'être exposé que le bon de visite constitue un moyen de preuve de l'origine du client, laquelle est une condition nécessaire mais non suffisante, dans la mesure où, à côté de cette preuve de l'origine, il convient d'apporter la preuve de la présentation en respectant les dispositions de l'article 77 du décret du 20 juillet 1972.

1. CA Reims, 1re ch. civ., 22 mai 1978; voir jurisprudence n° 3201.
2. Cass. 1re civ., 2 mai 1978, Bull. civ. I, n° 163; voir jurisprudence n° 3201 • Cass. 1re civ., 6 oct. 1993, Bull. civ. I, nos 266 et 267; voir jurisprudence n° 3201.

C. Négociation

1105 Il ne suffit pas que le mandataire ait trouvé un client et l'ait présenté pour qu'il puisse prétendre au paiement de sa rémunération. Il faut encore qu'il participe activement aux négociations afin de faire en sorte d'aboutir à la réalisation de l'opération.

Le défaut de diligence de l'agent immobilier pour amener les parties à se rapprocher et à réaliser l'opération, objet du mandat, serait de nature à le priver de tout droit à commission, tant en raison de la faute qu'il commettrait ainsi qu'en raison des dispositions de l'article 6 de la loi du 2 janvier 1970, qui lui interdisent de toucher une rémunération avant réalisation complète de l'objet de sa mission par la constatation d'une vente ou d'une location effectivement conclue et constatée en un seul acte écrit.

D. Réalisation

1. Les exigences de l'article 6 de la loi du 2 janvier 1970

1106 L'article 6 de la loi du 2 janvier 1970 définit la fin de la mission conférée à l'agent immobilier par la conclusion d'une des opérations visées à l'article 1er de la loi ayant le caractère d'opération effectivement conclue et constatée dans un seul acte écrit contenant l'engagement des parties.

Il convient de s'interroger sur la signification des mots « effectivement conclu » et « un seul acte écrit ».

2. La notion de vente effectivement conclue

1107 La notion de vente effectivement conclue a été dégagée par la jurisprudence au fil des différentes réglementations régissant la profession d'agent immobilier. Ce terme « effectivement conclu » est resté inchangé, et la jurisprudence l'a interprété comme le stade final des négociations lorsque les parties sont, conformément à l'article 1589 du Code civil, tombées d'accord sur la chose et sur le prix.

Sous l'empire de la loi du 21 juin 1960[1], la jurisprudence se trouvait hésitante en ce qui concerne le droit à commission de l'agent immobilier en présence d'une vente effectivement conclue, mais conditionnée par la survenance d'un événement susceptible de suspendre l'exécution des obligations ou de les effacer rétroactivement.

La jurisprudence allouait généralement, lorsque la condition stipulée s'analysait en une condition résolutoire, le paiement de la commission au profit de l'agent immobilier.

En ce qui concerne les conditions suspensives, la jurisprudence se trouvait hésitante, refusant tantôt d'allouer la commission lorsque la condition défaillait, au motif qu'aucune vente n'avait existé permettant de répondre aux exigences de la loi, ou l'accordant au motif que la réalisation de la condition stipulée était indépendante des diligences de l'agent immobilier qui avait accompli l'intégralité de sa mission en recueillant l'accord des parties.

1108 Ces incertitudes se trouvent aujourd'hui levées par les dispositions de l'article 74 du décret du 20 juillet 1972. Aux termes de cet article, il est disposé que lorsque l'engagement des parties contient une clause de dédit ou une condition suspensive, l'opération ne peut être considérée comme effectivement conclue pour l'application du 3e alinéa de l'article 6 de la loi du 2 janvier 1970 : il y a

1. L. n° 60-580 du 21 juin 1960 sur la réglementation des agences mobilières et immobilières, répertoire des agents.

dédit tant que la faculté de dédit subsiste ou tant que la condition suspensive n'est pas réalisée.

Il résulte de ces dispositions que lorsque l'une des parties peut se soustraire à ses obligations moyennant le paiement d'une somme d'argent, si cette faculté subsiste ou vient à être exercée, l'agent immobilier ne pourra prétendre au paiement d'une commission en raison du caractère interprétatif des mots « effectivement conclu » résultant de l'article 74 du décret du 20 juillet 1972.

Il en sera de même si une condition suspensive se trouve pendante ou si elle n'a pas été réalisée. En effet, en cas de non-réalisation de la condition suspensive, la vente sera considérée comme inexistante et la jurisprudence de la Cour de cassation, dans une telle hypothèse, considère qu'il n'y a pas vente effectivement conclue aux termes de l'article 6 de la loi du 2 janvier 1970.

Par contre, en cas de résolution amiable ou judiciaire de la vente, l'agent immobilier, étranger à cette résolution, conservera intacts soit sa commission, si elle a été touchée, soit son droit à commission. En effet, la vente a existé et ne s'est trouvée résolue que par le fait des parties.

La Cour de cassation[1] a appliqué avec netteté ce principe à l'occasion d'une cession de parts sociales, soumise à une clause résolutoire dans l'éventualité où le prix ne serait pas payé. À juste titre, elle estime qu'une vente ou une cessation de parts effectivement conclue est constatée en un seul acte écrit au sens de l'article 6 de la loi du 2 janvier 1970, ouvre droit au paiement de la commission de l'agent immobilier même si elle est affectée d'une clause résolutoire.

▷ En effet, contrairement à la condition suspensive dont la réalisation conditionne l'existence de la vente, la clause résolutoire n'affecte pas la réalisation de la vente, laquelle existe dès qu'elle a été consentie. Si la condition résolutoire se réalise, la vente se trouvera alors anéantie.

La Cour de cassation ne fait que rappeler les dispositions de l'article 1182 du Code civil, lequel répute exécutoire une vente consentie sous condition résolutoire.

▷ Cette solution parfaitement justifiée en droit nous semble également justifiée en équité dans la mesure où, pour parvenir à la vente, l'agent immobilier a accompli toutes les diligences mises à sa charge par l'article 6 de la loi du 2 janvier 1970. L'anéantissement de la convention résultant d'un fait extérieur à son intervention, ne peut supprimer son droit à rémunération. Il n'en irait autrement que dans l'éventualité où l'anéantissement des conventions résulterait de son fait.

3. Le sort de la commission de l'agent immobilier en cas d'application des dispositions de l'article 1178 du Code civil à l'acquéreur de mauvaise foi ayant empêché volontairement la réalisation d'une condition suspensive affectant la convention des parties

a. L'article 1178 répute la vente conclue entre les parties (condition réputée réalisée)

1109 Nous avons vu précédemment (voir n° 916) qu'une condition suspensive comme par exemple, celle tenant à l'obtention d'un prêt par le bénéficiaire d'une promesse de vente, était considérée comme réalisée lorsque ce bénéficiaire ne faisait aucune diligence, ou empêchait lui-même la réalisation de la condition, ce qui serait le cas s'il ne déposait pas sa demande de prêt, ou donnait des

1. Cass. 1re civ., 17 févr. 1998, D. affaires 1998, p. 530; voir jurisprudence n° 3201.

renseignements erronés afin d'empêcher qu'une offre soit émise par l'organisme prêteur.

La condition suspensive se trouvant réputée accomplie en application de l'article 1178 du Code civil, la convention des parties peut alors constater une vente effectivement conclue et constatée en un seul acte écrit, ce qui autorise l'agent immobilier à prétendre au paiement de sa commission.

Il n'en sera jamais ainsi si la convention des parties est constituée par une promesse unilatérale de vente avec indemnité d'immobilisation. Dans cette éventualité en effet, il ne peut exister – quel que soit le sort de la condition suspensive d'obtention de prêt – une vente effectivement conclue. Le bénéficiaire de la promesse peut en effet se départir en abandonnant l'indemnité d'immobilisation et n'a donc pas accepté d'acquérir au sens de la loi du 2 janvier 1970 et du décret du 20 juillet 1972.

En présence, par contre, d'une promesse synallagmatique de vendre et d'acheter valant vente par accord des parties sur la chose et sur le prix, ce raisonnement présente tout son intérêt.

Pour pouvoir toucher une commission, l'agent immobilier doit avoir réalisé une vente effectivement conclue et constatée par un seul acte écrit au sens de l'article 6 de la loi du 2 janvier 1970.

L'article 74 du décret du 20 juillet 1972 prévoit que la vente ne peut être regardée comme effectivement conclue, tant que la condition suspensive n'est pas réalisée. L'article 1178 du Code civil prévoit que cette condition est réputée accomplie (donc réalisée), lorsque c'est le bénéficiaire de la condition – en l'espèce l'emprunteur acquéreur – qui en a empêché l'accomplissement. L'agent immobilier peut donc considérer que si l'article 1178 reçoit application, la condition suspensive est réalisée, ce qui lui permet de prétendre percevoir sa commission.

Ce raisonnement juridique paraît *a priori* sans faille et d'une logique absolue.

b. L'application de l'article 1178 ne permet pas de considérer la vente comme effectivement conclue

1110 Il n'en reste pas moins que la jurisprudence semble s'orienter vers un autre raisonnement, dont la logique nous paraît très discutable.

En effet, deux décisions posent le principe :

◊ – « la conclusion effective de l'opération et au cas où l'engagement des parties contient une condition suspensive à la réalisation de cette condition; que les dispositions d'ordre public de la loi seraient tournées si, à la réalisation matérielle de la condition suspensive envisagée, était substituée une réalisation fictive faisant résulter cet accomplissement du seul silence d'une des parties. »[1]

– « que la levée de la condition suspensive s'entend comme devant correspondre à un acte positif de réalisation de la demande de prêt.

En l'occurrence, il n'y a pas eu de levée de la condition suspensive, mais une simple constatation du jeu de la clause insérée à l'acte en vertu de l'article 1178 du Code civil.

La rémunération n'a donc pu devenir définitivement acquise et l'agent immobilier doit être débouté de sa demande. »[2]

– « à défaut de réalisation effective, l'agent immobilier n'a pas droit au paiement de la commission contractuellement prévue. »[3]

Cette jurisprudence ne peut être approuvée, dans la mesure où elle ajoute à la loi du 2 janvier 1970, article 6 et au décret du 20 juillet 1972 article 74, des consi-

1. CA Aix-en-Provence, 12 déc. 1979.
2. TGI Creteil, 5e ch. civ. 15 juin 1983, JCP éd. N 1983, jur. p. 240.
3. Cass. 1re civ., 19 mai 1999, Bull. civ. I, no 120.

dérations tenant à la réalisation matérielle de la condition, qui ne sont pas prévues.

La seule notion prévue est celle de réalisation de la condition suspensive permettant de considérer que l'engagement des parties constate une vente effectivement conclue.

Dans la mesure où l'article 1178 du Code civil, en cas de mauvaise foi de l'emprunteur, considère la condition comme réputée accomplie, on doit considérer en toute logique que la condition se trouve réalisée.

Exiger une réalisation objective ou matérielle de la condition pour l'agent immobilier, alors que l'on accepte une réalisation fictive pour le vendeur, constitue une discrimination inacceptable en équité et injustifiable en droit. On ne peut, à la fois, accorder une réparation au vendeur et, pour les mêmes motifs, la refuser à l'agent immobilier.

Cette jurisprudence peut cependant s'expliquer par le fait que l'agent immobilier n'a de lien de droit, en règle générale et dans les cas particuliers examinés, qu'avec son vendeur qui lui a conféré mandat. Il serait inéquitable, par la faute de l'acquéreur, de permettre à l'agent immobilier de toucher une commission du vendeur dont la bonne foi est entière.

- ▷ Ce souci d'équité peut, à notre sens, être satisfait dans la mesure où, vendeur et acquéreur étant présents dans l'instance, les condamnations au paiement de la commission prononcées contre le vendeur seront garanties par l'acquéreur, qui en assumera en définitive seul la charge. Il serait peut-être judicieux, si l'acquéreur a conféré mandat à l'agent immobilier, de soulever à son encontre le principe de la responsabilité contractuelle en soutenant qu'il a commis une faute génératrice du préjudice subi, soit la perte de la commission. En réparation, l'agent immobilier demandera sa condamnation au paiement de dommages et intérêts équivalents au montant de la commission qu'il a perdue.

4. Commission en cas de promesse unilatérale de vente

1111 Il convient de rappeler que la cession à titre onéreux de promesse de vente par un professionnel de l'immobilier est interdite à peine de nullité par une loi du 29 janvier 1993[1].

a. La rémunération est-elle exigible ?

1111-1 La jurisprudence rendue en matière pénale à l'occasion de perception anticipée de commission a toujours considéré qu'une promesse unilatérale de vente ne pouvait constituer une vente effectivement conclue, dans la mesure où seul le promettant était engagé, le bénéficiaire n'ayant pas encore accepté au sens de l'article 1589 du Code civil, c'est-à-dire donné son accord sur la chose et sur le prix.

Les agents immobiliers, sollicitant dans une telle hypothèse l'allocation d'une commission, se voyaient toujours condamnés pour infraction aux dispositions de l'article 3 de la loi du 21 juin 1960.

Le refus de toute rémunération au profit de l'agent immobilier a paru inéquitable et c'est la raison pour laquelle une décision de la 1re chambre de la Cour d'appel de Paris, en date du 1er mars 1973, a alloué à l'agent immobilier une commission égale, dans son montant, au pourcentage figurant dans le mandat, pourcentage appliqué au montant des sommes touchées par le mandant promettant en raison de la défaillance du bénéficiaire candidat acquéreur[2]. Il est apparu

1. L. n° 93-122 du 29 janv. 1993 sur la prévention de la corruption et la transparence économique; C. baux.
2. CA Paris, 1er mars 1973, Gaz. Pal. 1975.2.495; AJPI 1974. 133.

en effet très inéquitable, alors que l'agent immobilier avait mené à bien la plus grande partie de sa mission, de lui refuser le paiement de toute rémunération alors que le mandant, son client, recevait en raison de la défaillance du bénéficiaire une contrepartie importante représentant 10 % du montant du prix de vente projeté.

Cette jurisprudence se trouvait donc en opposition avec la jurisprudence pénale, mais également avec la lettre de l'article 3 de la loi du 21 juin 1960 qui exigeait une vente effectivement conclue pour que l'agent immobilier puisse toucher sa commission. Le fait que la cour qualifie la commission de « rémunération » ne change rien au problème.

Dans la mesure où la loi du 2 janvier 1970, en son article 6, a repris les mêmes termes « effectivement conclu », on pouvait se poser la question de savoir si cette jurisprudence pouvait toujours persister et si un agent immobilier était en droit dans le cadre de la nouvelle réglementation, de réclamer un pourcentage de commission sur le montant de l'indemnité d'immobilisation payée par le bénéficiaire se refusant à lever l'option stipulée à son profit dans le cadre d'une promesse unilatérale de vente.

Un arrêt de la Cour d'appel de Paris du 8 décembre 1978 semble avoir mis fin à la controverse, en disposant, comme la juridiction pénale, que tant qu'une vente n'a pas été effectivement conclue, le mandataire ne peut prétendre à aucune rémunération, même si à la suite de la défaillance de la promesse le promettant a perçu en contrepartie une indemnité d'immobilisation[1].

Bien qu'en équité on puisse critiquer ce revirement de jurisprudence, il n'en reste pas moins qu'il est conforme à la lettre de la loi.

b. Cession de promesse unilatérale de vente

1112 De nombreux agents immobiliers exercent, à côté de leurs activités d'intermédiaires, mandataires de leurs clients, des activités de marchand de biens. Dans le cadre de leurs activités de marchand de biens, ils se font consentir parfois par le propriétaire une promesse unilatérale de vente portant sur un bien.

Généralement, ces promesses unilatérales de vente contiennent une faculté de substitution au profit d'un tiers, c'est-à-dire la possibilité de céder le bénéfice de cette promesse et de substituer ainsi au marchand de biens l'un de ses clients, qui réalisera en définitive l'acquisition et se verra consentir directement la vente.

Bien évidemment, le marchand de biens, lorsqu'il substitue un client dans le bénéfice de la promesse, perçoit à cette occasion un prix de cession qui est généralement supérieur au montant de la commission qu'aurait pu toucher un mandataire.

Les juridictions civiles et pénales ont eu à connaître de ce procédé à la suite d'actions engagées par les cessionnaires de promesses de vente qui soutiennent souvent qu'une telle manière d'agir de la part du mandataire ou du marchand de biens rentre dans le cadre d'activités d'intermédiaires et sont comme telles soumises aux prescriptions de la loi du 2 janvier 1970. En effet, le mandataire ou le marchand de biens titulaire d'une promesse unilatérale de vente n'est pas propriétaire du bien. Il bénéficie simplement d'une obligation personnelle de vendre le bien pendant un certain délai contracté à son égard par le propriétaire. Dans cette mesure, on peut considérer que la cession de promesse unilatérale de vente ne constate pas une vente consentie par le professionnel immobilier, qui ne cède que le bénéfice des engagements souscrits à son égard par le propriétaire. Dans la mesure où le professionnel prête son concours dans le cadre d'opérations por-

1. CA Paris, 2e ch. B, 8 déc. 1978, voir jurisprudence n° 3201.

tant sur le bien d'autrui, il semble donc qu'il rentre dans le cadre de la définition de l'intermédiaire, tel que prévu dans l'article 1er de la loi du 2 janvier 1970.

Sur le plan moral, il semble que cette interprétation soit souhaitable car elle évite de nombreuses fraudes dont sont victimes les clients, qui ne réalisent pas toujours la nature des droits que détient le professionnel immobilier sur le bien, objet de la promesse cédée.

Par ailleurs, la somme touchée à l'occasion de la cession de promesse de vente est, la plupart du temps, très supérieure au montant de la commission qu'aurait pu toucher un mandataire. Il existe donc dans cette pratique un esprit de fraude, tendant à éviter l'application de la réglementation résultant de la loi du 2 janvier 1970 qui est protectrice des intérêts du client.

La jurisprudence civile, à la suite d'un arrêt de la Cour de cassation, chambre commerciale, en date du 19 juin 1972[1] et la jurisprudence pénale, à la suite d'un arrêt de la Cour de cassation, chambre criminelle, du 12 février 1979[2] considèrent qu'une telle pratique est assimilable à un acte d'entremise portant sur les biens d'autrui et, comme tel, est soumis à la loi du 2 janvier 1970. La jurisprudence rétablit donc la véritable qualité du pseudo-marchand de biens lequel, lorsqu'il cède le bénéfice d'une promesse unilatérale de vente, n'agit pas en tant que propriétaire, mais agit pour le compte d'autrui et se trouve ainsi avoir la qualité de mandataire devant respecter les dispositions de la loi du 2 janvier 1970.

▷ Cette jurisprudence ne peut être qu'approuvée, car elle interdit une pratique contraire à la loi de même souvent qu'à l'honnêteté.

c. La substitution d'acquéreur

1113 Curieusement, la jurisprudence semble faire une distinction entre la cession pure et simple d'une promesse unilatérale de vente et la substitution d'un acquéreur aux lieu et place du bénéficiaire d'origine.

Ainsi, un arrêt de la Cour de cassation du 1er avril 1987[3] considère que le fait pour le bénéficiaire d'une promesse de vente de se substituer un tiers ne constitue pas une cession de créance et n'emporte pas obligation d'accomplir les formalités prévues à l'article 1690 du Code civil, ni même celles semble-t-il prévues par l'article 1840-A du Code général des impôts pour l'enregistrement.

Il nous paraît cependant difficile de déterminer les critères de distinction permettant de reconnaître la cession de promesse unilatérale de vente par rapport à une simple substitution. Cette distinction est encore plus délicate à effectuer lorsque la substitution s'accompagne du versement d'une somme d'argent.

La prudence consiste donc à considérer que cet arrêt est un cas d'espèce.

▷ C'est la raison pour laquelle il semble préférable, lorsque les droits et obligations d'une promesse de vente sont transmis par son bénéficiaire au profit d'un tiers, de respecter les obligations prévues par les articles 1690 du Code civil pour la signification au débiteur cédé et 1840-A du Code général des impôts en ce qui concerne l'enregistrement.

5. La notion d'acte écrit

1114 Sous l'empire de la loi du 21 juin 1960, les juridictions pénales et civiles ont eu à trancher la question de savoir ce qu'il fallait entendre au sens juridique par l'acte écrit.

1. Cass. com., 19 juin 1972, voir jurisprudence no 3201.
2. Cass. crim., 12 févr. 1979.
3. Cass. 3e civ., 1er avr. 1987, voir jurisprudence no 3201.

Pouvait-il s'agir d'un simple acte sous seing privé dont les constatations sont conformes aux dispositions de l'article 1589 du Code civil, ou devait-on exiger la signature d'un acte authentique de vente qui ne pouvait être reçu que par un notaire en cas de vente d'immeuble ?

La Cour de cassation a interprété cette disposition comme l'exigence d'un simple acte écrit sous seing privé, sous réserve qu'il constate un accord conforme aux dispositions de l'article 1589 du Code civil.

Cette interprétation apparaît d'autant plus justifiée qu'il n'est pas nécessaire, sauf en matière de vente d'immeuble en raison des exigences de la publicité foncière, de constater l'accord des parties par un acte authentique. Il en sera ainsi en cas de vente de parts de société civile immobilière donnant vocation à la jouissance d'un appartement, en cas de vente de fonds de commerce, de conclusion d'un bail ou de cession d'un droit au bail.

Le seul critère susceptible de répondre à cette définition figurait donc dans le Code civil, par application du consentement prévu par l'article 1589, qui ne doit être constaté dans un acte écrit qu'en raison des nécessités de prouver les obligations d'un montant supérieur à 750 euros[1].

L'acte écrit répondant aux dispositions de l'article 6 de la loi du 2 janvier 1970 se trouve donc constitué par n'importe quel acte sous seing privé constatant sans réserve l'accord des parties dans les termes du Code civil.

6. L'exigence d'un seul acte écrit[2]

1115 La nature de l'acte écrit ayant été définie, il convient de s'interroger sur l'exigence formulée par la mention : « un seul acte écrit ».

Cette exigence s'explique par le fait que sous l'empire de l'ancienne réglementation résultant de la loi du 21 juin 1960, il n'était question dans l'article 3 de cette loi que d'un acte écrit.

Des abus ont pu être reprochés à l'encontre de certains agents immobiliers qui, au cours des négociations, faisaient signer par leurs clients des actes concernant soit une offre seule, soit une acceptation seule. Il s'agissait parfois d'un simple échange de correspondances qui ne comportaient pas les précisions nécessaires, voire souvent indispensables, pour concilier et protéger les intérêts divergents d'un vendeur et d'un acquéreur. Pour ces raisons, ces engagements souvent mal formulés n'étaient pas suivis d'effet par les parties, et l'agent immobilier réclamait malgré tout le paiement de sa commission.

L'exigence d'un seul acte écrit a donc eu pour but de tourner court à toute controverse et d'obliger pratiquement l'agent immobilier, pour avoir paiement de sa commission, à faire souscrire par ses clients un véritable acte sous seing privé constatant leur accord, et cela, le plus souvent, d'une manière concomitante à la signature.

La Cour de cassation avait en effet considéré sous l'empire de l'ancienne réglementation qu'un simple échange de lettres constituait valablement l'acte écrit permettant à l'agent immobilier de percevoir sa commission.

Il n'en sera plus aujourd'hui de même en raison des exigences formelles de l'article 6 de la loi du 2 janvier 1970.

Les engagements des parties devront donc être constatés dans un seul et même acte. Le rapprochement de tout autre document, s'il peut constituer une vente parfaite entre les parties, ne permettra jamais à l'agent immobilier de pouvoir prétendre au paiement de sa commission.

1. C. mon. fin., art. L. 112-6.
2. Cass. 1re civ., 18 juin 1980, JCP 1981 II 1963; voir jurisprudence n° 3201.

De plus, devront être reprises dans l'engagement des parties les mentions figurant dans le mandat quant au montant de la commission et l'indication de la partie qui en a la charge[1]. À défaut, l'agent immobilier perdra la possibilité de réclamer le paiement de sa commission[2].

II. Le montant de la rémunération et son paiement

A. Liberté des honoraires

1116 L'ordonnance du 1er décembre 1986[3] a libéré les honoraires des agents immobiliers à compter du 1er janvier 1987, annulant par là-même l'arrêté n° 74-P du 6 février 1974[4] qui réglementait jusqu'alors les rémunérations perçues par les agents immobiliers.

▷ Il convient de ne pas oublier l'obligation d'afficher, d'une manière visible pour la clientèle, le barème des honoraires.

B. Révision du montant des commissions par les tribunaux

1117 Une jurisprudence constante accorde la possibilité aux tribunaux de réviser le montant de la commission stipulée dans un mandat lorsque ce montant apparaît excessif face aux diligences effectuées. Le montant de la commission stipulée dans un mandat n'a donc pas un caractère intangible et pourra être révisé dans l'éventualité où il présenterait un caractère excessif.

Cette jurisprudence s'explique par les abus qui se sont révélés avant la législation réglementant les activités des agents immobiliers au niveau de l'exigence de commissions exorbitantes, disproportionnées avec la réalité du service rendu[5].

En application de cette jurisprudence, l'article 75 du décret du 20 juillet 1972 prévoit que si une rémunération forfaitaire figure dans le mandat, elle peut être modifiée lorsque le prix de vente ou de cession retenu par les parties est différent du prix figurant dans le mandat. Cette hypothèse est rare, car généralement le montant des commissions est déterminé par un pourcentage par rapport aux prix de la vente. Il n'en reste pas moins que dans cette éventualité, même si l'article 75 ne reçoit pas application, le principe général de la révision par les tribunaux subsiste.

La révision cependant n'est plus possible dans le cas où l'engagement de payer la commission a été pris d'une manière concomitante ou postérieurement à l'engagement souscrit par les parties. En effet, la Cour de cassation considère alors que les clients de l'agent immobilier ont pris l'engagement de payer la commission en pleine connaissance de cause du service rendu[6]. La protection liée à la révision de la commission n'est donc plus nécessaire en cas de ratification de son montant.

1. Décr. 20 juill. 1972, art. 73.
2. Cass 3e civ., 28 oct. 1980, voir jurisprudence n° 3201.
3. Ord. n° 86-1243 du 1er déc. 1986 sur la liberté des prix et de la concurrence • Ce texte a été codifié aux articles L. 410-1 et s. du Code de commerce.
4. Arr. n° 74-P du 6 févr. 1974, BOSP 7 févr. 1974 p. 30.
5. CA Paris, 28 janv. 1980, D. 1980, 161.
6. Cass. 1re civ., 16 janv. 1980, Gaz. Pal. 24 juin 1980; Ann. loyers 1980 n° 11, 12790.

C. Le débiteur de la commission

1. Suivant les usages régionaux, la commission de l'agent immobilier est supportée soit par le vendeur, soit par l'acquéreur, soit par le bailleur, soit par le locataire

1118 Généralement en matière de vente la commission est stipulée payable par le vendeur et, en matière de location, par le locataire.

Il résulte de l'article 6 de la loi du 2 janvier 1970, que le mandat doit comporter la mention de l'indication de la partie qui a la charge de la commission. L'article 73 du décret du 20 juillet 1972 précise que les mentions du montant de la commission et de l'indication de la ou des parties qui en ont la charge, devront être portées dans l'engagement des parties, soit au niveau de l'avant-contrat.

La Cour de cassation[1] a considéré qu'il n'était pas nécessaire de reprendre dans l'engagement des parties la mention du montant de la commission et de l'indication de la partie qui en a la charge, lorsque la commission est réclamée uniquement au mandant.

Il n'en irait autrement que lorsque toute ou partie de la commission serait à la charge d'une personne autre que le mandant, comme par exemple l'acquéreur d'un bien.

Ce même article dispose enfin que l'agent immobilier ne peut pas percevoir d'autre rémunération que celle prévue dans le mandat et ne peut la toucher d'une autre personne que celle qui est mentionnée comme en ayant la charge, tant dans le mandat que dans l'engagement des parties[2].

2. Cas du mandant ne réglant pas la commission

1119 Aucune difficulté pratique n'existera lorsque la commission sera stipulée payable par celui qui a consenti le mandat. Par contre, une difficulté sérieuse peut apparaître dans l'éventualité où le mandat stipulerait pour autrui, comme ce serait le cas si le vendeur stipulait que la commission est payable par l'acquéreur ou, comme c'est très généralement le cas, lorsque le bailleur stipule que la commission est payable par le locataire.

En effet, à défaut de ratification des engagements souscrits par le mandant, l'acquéreur ou le locataire ne saurait être tenu par les seules stipulations du mandat qui lui sont, par définition, inopposables, puisqu'il était un tiers lors de sa conclusion[3].

▷ Il conviendra donc, dans cette éventualité, de ne pas omettre de reprendre dans l'engagement des parties les stipulations concernant le montant de la commission et l'indication de la partie qui en a la charge, car à défaut l'agent immobilier se trouverait privé de la possibilité de toucher sa commission, n'ayant aucune possibilité d'action à l'égard du mandant, qui n'est pas redevable de la commission, de même qu'à l'égard de l'autre partie, laquelle est un tiers par rapport aux stipulations du mandant.

D. Moment de la perception de la commission

1120 La commission ne peut être perçue et n'est exigible que lorsqu'une vente effectivement conclue et constatée en un seul acte écrit est intervenue. Il n'est

1. Cass. 1re civ., 14 juin 1984, Affiches Parisiennes 18 et 19 avr. 1985.
2. Cass. 1re civ., 9 nov. 1999, Bull. civ. I, n° 292, voir jurisprudence n° 3201.
3. C. civ., art. 1165.

pas nécessaire que l'acte soit notarié. Il suffit simplement qu'il y ait eu accord des parties sur la chose et sur le prix, constaté dans un seul acte écrit ne contenant aucune faculté de dédit et aucune condition suspensive.

Dès qu'un tel acte a été souscrit par les parties, l'agent immobilier est en droit de réclamer le paiement de sa commission.

L'exigence ou la perception d'une commission avant cet événement constituerait pour lui une infraction pénale, de nature délictuelle, le rendant justiciable des tribunaux correctionnels.

E. Forme du paiement

1121 Tous les versements reçus par l'agent immobilier doivent être obligatoirement faits au moyen de chèques, de virements de banque à banque ou de mandats ou virements postaux à l'ordre de la banque où est ouvert le compte[1].

La Cour de cassation, à l'occasion de l'application de l'article 5 de la loi du 2 janvier 1970 et des articles 51 et suivants du décret du 20 juillet 1972, n'a pas fait de distinction entre le paiement des commissions qui constituent des fonds propres de l'agent immobilier et le versement entre ses mains de sommes dont il est redevable en qualité de séquestre. Elle considère en effet que les dispositions de la loi et du décret concernant la réception des fonds ont une nature générale et qu'en conséquence les mêmes formalités doivent être respectées, qu'il s'agisse de la réception d'une commission ou d'un versement effectué en qualité de séquestre[2].

Cependant, il résulte d'une réponse du parquet du tribunal de grande instance de Paris du 20 mars 1985 adressée à la FNAIM[3], que le législateur n'a pas entendu mettre à la charge de l'intermédiaire en transactions immobilières l'obligation de garantir les sommes perçues en rémunération de ses services. Seuls doivent transiter par le compte spécial de l'article 55 du décret du 20 juillet 1972 les fonds déposés par les clients à l'occasion de transactions.

Un jugement rendu par le tribunal de grande instance de Paris le 15 janvier 1987 a appliqué ce raisonnement, pour condamner un notaire à verser la commission qu'il devait à un agent immobilier en un chèque libellé à son ordre, ce qu'il se refusait à faire, et non un chèque libellé à l'ordre du compte séquestre[4].

Il en résulte donc que pour que la commission échappe aux formalités de l'article 55, il faut qu'elle soit individualisée. Il en serait autrement si l'intermédiaire prélevait cette commission sur les fonds versés par le client entre ses mains à titre de séquestre.

L'agent immobilier devra donc, si l'on respecte strictement les dispositions de la loi, délivrer un reçu tiré d'un carnet à souches constatant le versement de la commission et enregistrer ce versement dans le registre-répertoire. Bien que cette thèse apparaisse curieuse et de nature à inciter — ce qui est paradoxal — l'agent immobilier à mélanger ses propres fonds avec ceux de ses clients, il n'en reste pas moins que le défaut de respect de cette prescription constitue une infraction pénale justiciable des tribunaux correctionnels.

▷ Il apparaît donc prudent de respecter les formalités prévues par la loi et le décret en cas de réception de fonds.

1. Décr. 20 juill. 1972, art. 56.
2. Cass. crim., 24 juin 1976, voir jurisprudence n° 3201.
3. TGI Paris, 10e sect. éco. et soc., 20 mars 1985, réponse du parquet à la FNAIM.
4. TGI Paris, 1re ch., 1re sect., 15 janv. 1987.

F. Commission en cas de préemption

1122 Nous avons vu à travers l'étude des droits de préemption qu'un acquéreur, personne privée ou publique, pouvait se substituer à l'acquéreur d'origine en exerçant le droit de préemption dont il est titulaire à l'occasion de la vente du bien. La jurisprudence considère dans cette éventualité que quelque soit le titulaire du droit de préemption (locataire, indivisaire, institutions, administrations, etc.), le vendeur qui a pris en charge le règlement de la commission doit s'en acquitter.

Il en va de même lorsque la commission est à la charge de l'acquéreur d'origine, l'acquéreur substitué étant tenu des mêmes obligations, et devant en conséquence s'acquitter du paiement de la commission aux lieu et place de l'acquéreur d'origine[1].

Deux arrêts rendus par la deuxième chambre de la Cour d'appel de Paris, en date du 26 juin 1997 et 4 décembre 2001[2] ne font aucune distinction suivant l'époque de la réalisation et estiment que toute vente consécutive à l'exercice d'une préemption est la suite directe de celle-ci et oblige l'acquéreur substitué à acquitter la commission du négociateur quels que soient le prix convenu, l'époque et la forme de l'acquisition.

◊ En l'espèce, les vendeurs d'un immeuble avaient été préemptés dans une zone urbaine par la commune ou son délégataire, en dessous du prix de vente obtenu et notifié dans la déclaration d'aliéner. Ils avaient soit tacitement renoncé à la vente, en ne répondant pas au préempteur, soit expressément renoncé par lettre. Le titulaire du droit de préemption a alors négocié directement avec les vendeurs et a trouvé un accord de vente à un prix plus élevé que celui qu'il avait offert dans la notification de préemption. Il a soutenu, pour se refuser à régler la commission d'agence, que la vente était intervenue indépendamment de la préemption et dans des relations directes avec le vendeur. La Cour d'appel de Paris l'a condamné à payer la commission au motif que toute vente consécutive à une préemption était la suite directe de cette dernière et ouvrait donc droit au paiement de la rémunération de l'intermédiaire.

G. Cas particulier des commissions réglées après réalisation de l'opération

1123 Comme nous l'avons vu (n° 1107), la commission réglée après la transaction ou l'engagement de payer pris à cette époque ne permet plus aux juridictions de réviser le montant des commissions même si elles sont excessives.

Faisant application du principe que le client n'a plus besoin de protection après que l'opération a été conclue, la jurisprudence ratifie les engagements de payer une commission pris après réalisation de l'opération, alors même que le professionnel ne détiendrait plus un mandat écrit.

L'engagement pris postérieurement à la réalisation de l'opération purge donc toutes les nullités ou irrégularités qui pouvaient affecter les relations entre l'agent immobilier et son client[3].

III. Les rémunérations hors transactions

1124 L'agent immobilier peut percevoir en dehors de la commission proprement dite qui rémunère son activité d'entremise, d'autres rémunérations provenant de son client ou de tiers.

1. Cass. 1re civ., 26 mars 1996; Cass 1re civ. 9 mars 1999; voir jurisprudence n° 3201 • CA Lyon, 1re ch., 1er juin 1983 (DPU) • TGI Paris, 17 avr. 1991 (indivisaires); voir jurisprudence n° 3201.
2. CA Paris, 26 juin 1997 et 4 déc. 2001, Administrer, n° 347 août-septembre 2002, p. 63.
3. Cass. 1re civ., 3 févr. 1993, Bull. civ. I, n° 46.

La perception de ces rémunérations est-elle licite en l'absence d'activité de négociation ou au regard des dispositions de l'article 73 du décret du 20 juillet 1972 qui interdisent à l'agent immobilier de percevoir d'autres rémunérations que celle prévue dans son mandat ?

A. Rémunérations perçues directement du client

1. L'expertise

1125 Il n'a jamais été discuté le droit pour l'agent immobilier de percevoir des honoraires à l'occasion d'une expertise en dehors de toute activité de négociation. L'agent immobilier a en effet des compétences d'expert tenant à sa connaissance du marché immobilier sur le secteur où il exerce.

Un client peut s'adresser à lui pour évaluer un bien en vue d'une éventuelle transaction ou pour des besoins patrimoniaux, administratifs ou fiscaux. Dans ce cas, l'agent immobilier peut demander un honoraire en dehors de toute activité d'entremise et du domaine d'application de la loi du 2 janvier 1970. La seule précaution consiste pour l'agent immobilier à vérifier qu'il est bien assuré pour le cas où sa responsabilité se trouverait recherchée à l'occasion de son expertise.

Et en cas d'actes gratuits ?

2. La rédaction d'actes

1126 L'agent immobilier ne peut percevoir d'honoraires de rédaction d'actes qu'à la stricte condition que l'acte rédigé soit l'accessoire direct de la prestation fournie. Ainsi, l'agent immobilier peut percevoir un honoraire de rédaction d'actes si, étant mandaté par un bailleur pour rechercher un locataire, il établit le bail une fois la mission accomplie.

La question pourrait se poser pour les avant-contrats dans le cadre de ventes, mais la perception d'honoraires à ce titre n'est pas usuelle. Par contre, lorsque l'acte n'a aucun lien avec l'activité principale d'entremise de l'agent immobilier, c'est-à-dire lorsqu'il ne détient pas de mandat et n'a pas négocié de transaction, il ne peut sans enfreindre la loi rédiger aucun acte pour une opération à laquelle il est étranger. À défaut, il se verrait sanctionné par les peines d'amende et d'emprisonnement prévues aux articles 66-2 et 72 de la loi du 31 décembre 1990[1].

B. Rémunérations perçues de tiers

1. Les activités liées aux assurances

1127 L'agent immobilier peut exercer des activités de courtage ou d'agence en matière d'assurance, sous réserve de remplir les conditions légales d'exercice de ces professions. Dans cette éventualité, il percevra des assureurs des commissionnements liés à l'exécution du contrat d'assurance.

Cette activité professionnelle n'a rien à voir avec l'activité de négociation. Il ne peut donc exister aucun conflit avec la loi du 2 janvier 1970.

1. L. n° 90-1259 du 31 déc. 1990 portant réforme de certaines professions judiciaires et juridiques.

2. Commissions versées par les banques

1128 L'agent immobilier est également un important prescripteur de crédits, la réalisation de la plupart des transactions immobilières nécessitant le recours à un prêt ou, pour l'immobilier d'entreprise, à un contrat de crédit-bail immobilier. À ce titre, l'agent immobilier est « courtisé » par les sociétés de crédit ou de crédit-bail et reçoit de ces dernières une importante documentation destinée à sa clientèle.

Afin de fidéliser l'agent immobilier en tant que prescripteur de financements, les organismes financiers lui proposent souvent le versement d'un commissionnement pour tout client apporté dont le financement est mis en place. Cette pratique est-elle compatible avec la loyauté que doit l'agent immobilier à son client[1] ? Peut-elle constituer un abus de confiance, dans la mesure où l'on peut considérer que la commission versée augmente le coût du crédit prescrit au client acquéreur ?

À notre sens, la rémunération qui est versée à l'agent immobilier n'est pas liée directement à la transaction dans la mesure où elle n'a pas pour effet d'augmenter ou de diminuer le prix convenu entre les parties. Elle ne devrait pas non plus avoir pour effet d'augmenter le coût du crédit et être prise en compte dans l'expression du TEG (taux effectif global). Cette rémunération apparaît donc sans incidence sur la prestation fournie et manifeste simplement la reconnaissance de l'organisme financier pour son prescripteur.

Il convient de noter à ce sujet que les activités de conseil et d'assistance en matière financière n'entrent pas dans le domaine d'application de la loi du 24 janvier 1984[2], ce qui autorise l'agent immobilier à les pratiquer. Cependant, et dans un souci de clarté, certaines organisations professionnelles d'agents immobiliers recommandent à leurs adhérents de se faire délivrer un mandat par leurs clients acquéreurs, pour les conseiller et les assister dans le choix des prêts bancaires nécessaires au financement de l'opération.

En cas de signature d'un mandat, l'agent immobilier fait entrer la négociation du prêt dans le domaine d'application de la loi du 2 janvier 1970 et son article 73. Il a donc l'obligation d'obtenir un mandat conforme à l'article 6 de la loi avec mention de la commission et indication de la partie qui en a la charge. Cette mission pourrait aussi figurer dans le mandat de vente ce qui éviterait de faire signer un mandat par l'acquéreur. ■

1. Décr. nº 72-678 du 20 juill. 1972, art. 73.
2. L. nº 84-46 du 24 janv. 1984, art. 66 • Le texte est codifié à l'article L. 519-3 du Code monétaire et financier.

L — Rémunération de l'administrateur de biens

Nos 1201 à 1214

PAGES

I. La nature de la rémunération ... 195

II. Les rémunérations autres que celles liées à la gestion ... 196

III. Les rémunérations provenant de tiers au mandat ... 197

IV. Le problème des produits financiers ... 198
- A. Données du problème (Loi SRU : Principe du compte séparé) ... 198
- B. La perception des produits financiers est-elle compatible avec les obligations du mandat ? ... 198
- C. La nature du contrat régissant les rapports de l'administrateur de biens à son client ... 199

V. TVA et produits financiers ... 199
- A. Les données du problème ... 199
- B. Les produits financiers exonérés de TVA ... 200
- C. Les produits financiers perçus par les administrateurs de biens sont-ils des produits hors champ ou exonérés de TVA ? ... 200

VI. Le cas particulier du gestionnaire pour compte de tiers ou asset manager ... 203
- A. La mission « investisseur » ... 203
- B. La mission « utilisateur » ... 203

I. La nature de la rémunération

1201 Contrairement à l'agent immobilier, l'administrateur de biens[1] perçoit une rémunération répétitive, avec une périodicité correspondant à la durée du mandat qui lui est conféré. Ainsi, l'agent immobilier perçoit généralement une seule commission de son client lorsque la transaction se trouve réalisée. Au contraire, l'administrateur de biens percevra sa rémunération tout au long de son mandat à échéances régulières.

Plus que la nature même de la rémunération, la périodicité du paiement différencie la commission de l'agent immobilier de la rémunération de l'administrateur de biens.

Ce n'est qu'à titre occasionnel que l'administrateur de biens est autorisé à percevoir une commission sur une mission de transaction, sous réserve qu'il administre les biens depuis plus de trois ans et qu'il ait reçu un mandat spécial de son client pour mener la transaction[2].

1. Voir aussi, dans cette même collection, *Marchand de biens*, par T. Delesalle et J.-L. Monnot.
2. Décr. no 72-678, 20 juill. 1972 d'application de la loi du 2 janv. 1970, art. 69; voir le texte au no 3203.

La rémunération de l'administrateur de biens est constituée généralement par un pourcentage applicable sur les loyers encaissés, et pour le syndic de copropriété, par un honoraire généralement déterminé en fonction du nombre de lots de copropriété, mais qui peut être forfaitaire. Cet honoraire est généralement déterminé annuellement et résulte d'une délibération de l'assemblée générale des copropriétaires approuvant les termes du mandat conféré au syndic.

Toujours pour le syndic, sont généralement prévus des honoraires complémentaires ou des remboursements de frais. Les honoraires complémentaires tiennent à des diligences particulières liées notamment au suivi de travaux ou de procédures; et les remboursements de frais sont liés le plus souvent au coût des convocations des assemblées générales, location de salles de réunion, ainsi que tous les frais de correspondance liés à des informations générales concernant la copropriété.

D'une manière générale, comme pour l'agent immobilier, l'administrateur de biens ne peut percevoir d'autres rémunérations que celles dont le montant et le débiteur sont mentionnés dans son mandat.

II. Les rémunérations autres que celles liées à la gestion

1202 L'administrateur de biens exerce souvent, à côté de sa mission de gestion classique, une mission de conseil pour son client.

Ainsi, il est souvent amené à rédiger des actes qui font l'objet d'un honoraire spécifique, de même que l'établissement des déclarations de revenus fonciers ou d'impôt de solidarité sur la fortune (ISF).

Il en va de même des activités d'expertise et des conseils qui peuvent être donnés pour la gestion du patrimoine d'un client, laquelle peut passer par la constitution de sociétés destinées à recueillir la propriété de tout ou partie du patrimoine immobilier géré.

Le plus souvent, ces missions spécifiques ne font pas l'objet d'un honoraire défini dans le mandat de gestion. Ces honoraires sont librement débattus entre l'administrateur de biens et son client.

D'ailleurs, la loi du 31 décembre 1990[1], réglementant l'exercice du droit, institue un monopole de la rédaction des actes juridiques au profit des professions réglementées, telles que notaires, avocats, huissiers de justice...

Ce n'est qu'à titre occasionnel que l'agent immobilier ou l'administrateur de biens peut, en application de l'article 59 de la loi du 31 décembre 1990, rédiger des actes juridiques, sous réserve que ces actes constituent l'accessoire direct de la prestation fournie.

Aucune difficulté n'existe pour l'établissement d'un contrat de location ou de cession de droit au bail, qui sont l'accessoire direct de la gestion. Il en est de même à notre avis de l'établissement de la déclaration de revenus fonciers liée à la gestion immobilière, ou d'une déclaration d'ISF à la condition que l'essentiel du patrimoine soit constitué par des immeubles gérés.

La distinction deviendrait plus délicate en présence de la constitution d'une personne morale destinée à recueillir un élément de patrimoine immobilier géré.

La réponse serait sûrement négative si les rédactions d'actes ou les constitutions de sociétés n'étaient pas liées directement à un immeuble géré.

1. L. n° 90-1259, 31 déc. 1990 portant réforme de certaines professions judiciaires et juridiques; NCPC.

Par analogie et en l'absence d'une jurisprudence spécifique à l'administrateur de biens, il a été jugé qu'un expert comptable ne peut rédiger des statuts de société, de même que des actes de fusion ou de scission.

1203 La rédaction des statuts de sociétés nous semble donc échapper à la compétence de l'administrateur de biens.

Généralement, l'assurance de responsabilité civile professionnelle de l'administrateur de biens couvre les sinistres qui sont la conséquence de la rédaction d'actes liés à la gestion.

> ▷ En cas de doute portant sur le dépassement de la notion d'accessoire, il paraît prudent pour des actes importants de questionner la compagnie d'assurance quant au principe et à l'étendue des garanties.
>
> La jurisprudence n'est pas établie précisément, et il s'agira à notre avis de questions de fait.

À côté des rémunérations liées à des prestations de service accessoires à la gestion, certains administrateurs de biens, gestionnaires pour le compte de particuliers ou syndics de copropriété, peuvent être amenés à percevoir des rémunérations de tiers.

III. Les rémunérations provenant de tiers au mandat

1204 L'administrateur de biens est souvent sollicité par des tiers pour percevoir des honoraires liés à la mise en œuvre de travaux, ou à la rémunération des fonds qu'ils détiennent.

Ainsi, une entreprise ou un architecte peut proposer le versement direct à l'administrateur de biens d'une rémunération liée à l'exécution de travaux ou d'une mission. L'actualité apporte des exemples de situations dans lesquelles l'administrateur de biens a perçu des rémunérations d'entreprises à l'occasion de travaux réalisés pour le compte de son mandant.

Parfois, aux lieu et place d'une rémunération, l'administrateur de biens ou les membres de sa famille se voient offrir des avantages en nature (voyages, travaux...) qui ne font pas l'objet de facturation.

Ces pratiques nous paraissent doublement répréhensibles dans la mesure où à l'occasion d'un mandat conféré, un administrateur de biens ne peut percevoir d'autre rémunération que celle provenant de son mandant et pour le montant déterminé dans le mandat[1]. Ces dispositions légales et réglementaires ont pour objet de garantir l'intégrité du professionnel de l'immobilier.

Par ailleurs, ces pratiques constituent également un abus de confiance dans la mesure où la rémunération versée au professionnel vient forcément augmenter le prix de la prestation de service qui en est la cause, au détriment des intérêts du mandant.

Cette rémunération constitue en elle-même un détournement au profit du professionnel des fonds qu'il est chargé d'administrer. Une telle pratique doit être totalement proscrite, quelles que soient les sollicitations dont peut faire l'objet l'administrateur de biens dans l'exécution de sa mission.

1. L. n° 70-9 du 2 janv. 1970 sur les opérations portant sur les immeubles et les fonds de commerce, art. 6; C. baux; voir le texte au n° 3202 • Décr. du 20 juill. 1972, art. 73.

IV. Le problème des produits financiers

A. Données du problème (Loi SRU : Principe du compte séparé)

1205 Ce problème ne concerne que les administrateurs de biens qui gèrent en compte unique tant l'administration de biens classique que les syndicats de copropriété.

Certains administrateurs de biens, pour des raisons tenant à la gestion et à la complexité des comptes séparés de copropriété, n'acceptent une mission de syndic que lorsqu'ils sont autorisés par l'assemblée générale des copropriétaires à faire transiter les fonds de la copropriété sur leur compte unique de gestion.

En effet, en application de la loi du 10 juillet 1965[1] et ses modifications, les copropriétés peuvent opter pour la création d'un compte séparé du compte général de l'administrateur de biens, ce qui individualise les fonds et les écarte du compte unique.

Le syndic a l'obligation de soumettre le problème au vote de l'assemblée générale lors de sa première désignation ou au moins tous les trois ans, à peine de nullité de son mandat.

Dans l'hypothèse où le syndic fonctionne en compte unique, lequel va recueillir la totalité des fonds liés à sa gestion sans distinction des mandants, et avec la seule obligation de rendre compte périodiquement, est-il en droit de percevoir un intérêt sur ces fonds à titre de complément de rémunération ?

Les intérêts perçus sont-ils ou non soumis à la TVA comme le sont ses rémunérations ?

B. La perception des produits financiers est-elle compatible avec les obligations du mandat ?

1206 Deux courants doctrinaux se sont manifestés à ce sujet :

- l'un considère que les fonds sont détenus par l'administrateur de biens en vertu d'un contrat de dépôt;
- l'autre considère à l'inverse que les fonds sont détenus en vertu d'un contrat de mandat.

Sans reprendre le détail de chaque théorie, il convient de retenir simplement que :

- dans le cadre d'un contrat de dépôt, l'article 1936 du Code civil prévoit que le dépositaire n'est pas tenu de restituer les intérêts de l'argent déposé, sauf du jour où il a été mis en demeure d'opérer la restitution;
- alors que dans le cadre d'un contrat de mandat, l'article 1993 du Code civil oblige le mandataire à restituer au mandant tout ce qu'il a reçu en vertu du contrat, et ce compris les intérêts produits par les fonds dont il est redevable.

Dans le cadre d'une procédure, si la qualification juridique retenue est celle du mandat, l'administrateur de biens qui a conservé les intérêts produits par le compte encourt les condamnations correctionnelles applicables à l'abus de confiance.

À ce propos, toute condamnation à une peine de prison, même avec sursis, entraînera automatiquement le retrait de la carte professionnelle, en application des dispositions des articles 9 et suivants de la loi du 2 janvier 1970.

1. L. n° 65-557, 10 juill. 1965 sur le statut de la copropriété; C. baux.

C. La nature du contrat régissant les rapports de l'administrateur de biens à son client

1207 À l'évidence, la loi du 2 janvier 1970 se réfère aux règles du mandat pour définir les rapports juridiques unissant l'administrateur de biens à son client.

Il suffit pour s'en convaincre de remarquer que les opérations visées à l'article 1er de la loi n'ont aucune analogie avec un contrat de dépôt.

La mission de l'administrateur de biens ne consiste pas simplement à conserver des fonds puis les restituer, mais porte essentiellement sur la gestion d'un patrimoine immobilier, la conclusion des contrats nécessaires à son exploitation, l'encaissement et le recouvrement des loyers et des charges, le règlement des dettes, la reddition des comptes et le devoir de conseil à l'égard du mandant.

Pour cette raison, l'article 6 de la loi du 2 janvier 1970 précise les obligations essentielles qui doivent figurer à peine de nullité dans le contrat écrit unissant les parties.

Cet article, dans son dernier alinéa reprend le terme « mandat », lequel est également utilisé dans le décret du 20 juillet 1972 soit directement, soit sous le vocable « mandataire ».

Enfin, sans qu'il soit nécessaire de recenser tous les articles de la réglementation, il suffit de remarquer que le recueil des conventions prévues par l'article 6 s'appelle « registre des mandats ».

Il nous semble donc difficile de soutenir que les conventions unissant l'administrateur de biens à son client ne ressortent pas des règles du mandat.

On ne voit pas comment ce mandat pourrait subitement se transformer en contrat de dépôt pour les besoins du mandataire sur le seul problème de la rémunération des fonds déposés.

Il nous semble donc incontestable que les rapports des parties sont régis par un contrat de mandat, et en aucun cas par une convention de dépôt.

Il convient maintenant de tirer les conséquences de cette situation au regard de la TVA pour ceux qui prennent la décision de percevoir des produits financiers sur leur compte unique d'administration.

V. TVA et produits financiers

A. Les données du problème

1208 Deux hypothèses doivent être envisagées suivant que les produits financiers proviennent de simples actes de gestion patrimoniale ou d'une activité économique distincte de l'activité principale.

Lorsque les produits financiers résultent d'une simple activité de gestion patrimoniale, l'on considère par l'interprétation des dispositions de l'article 212.2-b du Code général des impôts qu'ils se situent hors du champ d'application de la TVA.

◊ La CJCE en a ainsi jugé à l'occasion de dividendes perçus par une société holding alors que ces dividendes ne provenaient pas d'une activité économique.
Il n'y avait donc aucun rattachement à l'exercice de l'objet social mais simplement une saine gestion du patrimoine et des liquidités du groupe.

Il en irait de même en ce qui concerne les intérêts versés par les sociétés filiales à la société holding en raison d'avances qui auraient été consenties par cette dernière[1].

L'intérêt de cette exclusion des produits financiers du domaine d'application de la TVA réside dans le fait que l'entreprise qui réalise de tels produits n'a pas à en tenir compte au titre de son droit à déduction de la TVA.

Le chiffre d'affaire réalisé en produits financiers ne réduira pas son droit à déduction.

Par contre, il en est autrement lorsque les produits financiers peuvent être considérés comme ne provenant pas de simples actes de gestion patrimoniaux mais comme constituant en eux-mêmes les conséquences de l'exercice d'une activité économique distincte ou complémentaire de l'activité principale.

◊ La jurisprudence considère ainsi qu'entrent dans le champ de la TVA les produits financiers qui sont perçus suite à des opérations de placement rémunérées de fonds opérées de manière habituelle à l'occasion d'opérations taxables sans lesquelles ils n'auraient pu être perçus.

Dans cette éventualité, les opérations financières réalisées sont considérées comme relevant d'une activité économique au sens de l'article 256 A du Code général des impôts.

Elles sont donc considérées comme rentrant dans le champ d'application de la taxe à la valeur ajoutée.

B. Les produits financiers exonérés de TVA

1209 La plupart des produits financiers lorsqu'ils rentrent dans le champ d'application de la TVA constituent des profits exonérés de TVA.

Le fait qu'ils soient exonérés et non hors champ de la TVA a une influence sur la possibilité de récupération de la TVA par l'entreprise.

En effet, en présence de profits exonérés, l'entreprise se trouve dans l'obligation de créer un compte *prorata* pour la récupération de sa TVA avec au numérateur la totalité du chiffre d'affaire réalisé dans le secteur de la TVA, et au dénominateur ce même chiffre d'affaire augmenté de celui réalisé au titre des produits financiers exonérés.

De ce fait, le droit à déduction de l'entreprise se trouve réduit de la portion du chiffre d'affaires réalisé en exonération de TVA.

Son droit à déduction se trouve affecté, ce qui peut créer une tension sur sa trésorerie.

C'est au regard de ces principes qu'il convient d'examiner la situation des administrateurs de biens qui perçoivent des produits financiers sur les fonds qu'ils détiennent dans l'intérêt de leurs clients.

C. Les produits financiers perçus par les administrateurs de biens sont-ils des produits hors champ ou exonérés de TVA ?

1210 En application de la 6ᵉ directive européenne, la réglementation française résultant de l'article 212, 2-b de l'annexe II du Code général des impôts exclut

1. CJCE, 22 juin 1993, RJF 7/93 nº 986 • CJCE, 14 nov. 2000, RJF 1/01 nº 127.

pour le calcul d'un éventuel compte *prorata* de récupération de la TVA les produits financiers exonérés, sous réserve que soient remplies deux conditions cumulatives :

Ces produits ne doivent pas dépasser 5 % du chiffre d'affaires total réalisé par l'entreprise, ce chiffre d'affaires étant calculé TTC.

Les opérations réalisées doivent obligatoirement présenter un caractère accessoire par rapport à l'activité de l'entreprise telle que résultant de son objet social.

Cette deuxième condition nous paraît assimilable à de simples opérations de gestion de fonds ou de trésorerie de l'entreprise.

Si ces conditions se trouvent remplies, aucun compte *prorata* ne devra être créé par l'entreprise et son droit à récupération de TVA ne sera donc pas affecté.

Si le seuil de 5 % se trouve dépassé, la création d'un compte *prorata* sera obligatoire.

Il en ira de même dès le premier centime de chiffre d'affaires perçu si la perception de ces produits peut être considérée comme découlant directement de l'activité principale de l'entreprise telle que résultant de l'accomplissement de son objet social.

◊ En ce qui concerne les administrateurs de biens, il a malheureusement été jugé que les produits financiers qu'ils ont perçus à partir des loyers ou des fonds qu'ils détiennent dans l'intérêt de leurs clients constituent non des opérations accessoires à leur activité mais des opérations liées directement à cette activité, sans laquelle ils n'auraient pu être perçus.
Ne s'agissant pas d'opérations accessoires, mais d'opérations liées à l'activité principale, le critère qualitatif ne se trouve pas rempli et un compte *prorata* doit être créé par l'administrateur de biens dès la perception du premier euro de chiffre d'affaires[1].

La circulaire administrative en date du 8 septembre 1994 relative au traitement de la TVA a défini les règles pratiques concernant les produits financiers et le compte *prorata*.

Pour que des produits financiers soient exclus d'un compte *prorata*, ou ne nécessitent pas la création d'un tel compte, deux critères cumulatifs doivent être remplis, que ces produits financiers soient exonérés ou hors champ de la TVA.

Ces produits ne doivent pas excéder 5 % du chiffre d'affaires total TTC (critère quantitatif).

Les produits financiers doivent présenter un caractère accessoire par rapport à l'activité principale de l'entreprise (critère qualitatif).

À partir du moment où l'un ou l'autre critère ne sont pas remplis, les produits financiers doivent s'ajouter au compte *prorata* de l'entreprise ou donner lieu à la création d'un compte *prorata*.

Malheureusement, et pour les administrateurs de biens, le critère qualitatif n'étant jamais rempli en fonction de la jurisprudence rappelée plus haut, la perception de produits financiers sur les fonds déposés par les clients donnera toujours lieu à la création d'un compte *prorata*.

Il convient de noter que lorsque les activités non soumises à la TVA représentent un produit dépassant 10 % du chiffre d'affaires total de l'entreprise, cette dernière se trouve assujettie au paiement de la taxe sur les salaires au titre du produit des activités non soumises à la TVA.

1. CJCE, 11 juill. 1996, RJF 8.9/96 n° 1112 • CE, 29 déc. 1997, RJF 2/98 n° 151.

L'administration permet cependant d'atténuer les conséquences financières de la création d'un compte *prorata* en procédant à la création d'un secteur d'activités autonome, plus généralement appelé sectorisation.

1211 • La création d'un secteur d'activité présente l'intérêt d'isoler de la comptabilité générale de la société les opérations comptables générant les produits financiers lorsque l'activité exercée est distincte de l'activité principale.

Seront ainsi isolés tous les biens et services concourant à la fois à l'activité principale et à l'activité accessoire.

Un compte de ces biens et services sera établi pour chaque exercice.

Une proportion sera déterminée à partir de ce compte pour établir le coefficient attribué au secteur d'activité non soumis à TVA.

Ce coefficient dépendra de l'importance de l'utilisation des biens et services concernés pour l'activité de produits financiers.

□ Exemple

Biens et services généraux hors taxes autres que les immobilisations	***En euros***
EDF-GDF :	10 000
Fournitures de bureau :	3 000
Entretien des locaux :	10 000
Honoraires d'expert comptable :	2 000
Immobilisations hors taxes	
Ouvre-lettre :	1 000
Télécopieur :	1 000
Total :	27 000

Si l'on attribue au secteur produits financiers un coefficient de secteur de 15 %, l'activité exonérée représentera :

27 000 € × 0,15 = 4 050 €

En conséquence, la TVA ne sera récupérable que pour :

27 000 € – 4 050 € = 22 950 €

Pratiquement, la TVA grevant ces différents postes ne sera récupérable dans ce cas qu'à concurrence de 85 %.

1212 • **Incidence de la taxe sur les salaires.** Aux termes des dispositions de l'article 231 du CGI, la taxe sur les salaires est exigible pour la fraction des salaires affectée à un secteur d'activité exonéré ou hors du champ de la TVA.

De ce fait, il faudra tenir compte du temps passé par le personnel de l'entreprise pour la gestion des produits financiers. Une fraction des rémunérations perçues par ce personnel sera assujettie à la taxe sur les salaires.

□ Dans la pratique, le même coefficient est appliqué pour la déduction de la TVA et pour le calcul de la taxe sur les salaires (15 % dans l'exemple ci-dessus).

La taxe sur les salaires aura donc une incidence sur le montant de la charge salariale affectée à une activité exonérée ou hors du champ de la TVA.

VI. Le cas particulier du gestionnaire pour compte de tiers ou asset manager

A. La mission « investisseur »

1213 Une nouvelle activité a pris son essor sous l'influence anglo-saxonne pour donner au client un service complet intégrant non seulement la gestion classique (perception des loyers, règlements des charges courantes et établissement des baux) mais aussi la recherche d'investissements immobiliers, le montage d'opérations, l'arbitrage, le financement, la gestion comptable, sociale, fiscale des personnes morales propriétaires et les travaux de telle manière que le propriétaire ou investisseur soit entièrement déchargé de toute contrainte liée à la gestion des immeubles[1].

Cette technique est très souvent utilisée pour le compte d'investisseurs étrangers ou de fonds de placement et d'investissement, lorsqu'ils réalisent des investissements importants alors qu'ils représentent en France plus de la moitié des investissements réalisés en immobilier d'entreprise et une part non négligeable des investissements dans le secteur du logement.

Ce type d'activité nécessite une parfaite connaissance de la culture des investisseurs : les rapports et documents doivent être rédigés en anglais ou dans la langue de l'investisseur et respecter les présentations comptables et juridiques en vigueur dans son pays et dans son entreprise.

Le plus souvent, le professionnel est intéressé aux résultats et peut même être associé dans l'investissement.

En raison de l'étendue de la mission confiée et du caractère considérable des sommes en jeu, les conventions passées comportent le plus souvent des clauses d'exclusivité et de préférence obligeant à ne pas gérer des biens d'entreprises concurrentes et à proposer en priorité les biens à acquérir au mandant.

On doit remarquer que ce type de convention nécessite la détention par le professionnel de la carte « Transactions », pour négocier les achats et les ventes et la carte « Gestion » pour assurer l'administration de l'immeuble, à moins que ces missions ne soient déléguées au profit de tiers.

B. La mission « utilisateur »

1214 Des entreprises propriétaires d'un parc immobilier donnent souvent des missions à des *asset managers* en leur demandant de forfaitiser le coût du service lequel inclut toutes les dépenses d'exploitation, de gestion de l'immeuble, de maintenance et de travaux de quelque nature qu'ils soient.

De cette manière, et pour le prix conclu, l'*asset manager* s'engage à respecter l'enveloppe du forfait dont il est ducroire et dans laquelle se trouve incluse sa rémunération. Ce type de contrat est conclu pour une durée allant de trois à cinq ans.

▷ En conclusion, la profession doit évoluer en fonction de la demande des nouveaux propriétaires et des nouveaux services qu'ils recherchent, alors que les propriétaires du XIXe siècle tendent à disparaître.

1. Voir dans la même collection, *Immobilier de l'entreprise*, par G. Amoyel, G. Gillet, P. More, J.-M. Moyse, R. Pouget et O. Straub.

Il est ainsi nécessaire de redéployer l'exercice traditionnel de la fonction d'agent immobilier et d'administrateur de biens vers des activités diversifiées nécessitant des approches financières, juridiques et fiscales complètes ainsi que la constitution de nouvelles équipes capables de s'adapter aux exigences d'un investissement massif à caractère international. ■

III

L'acquisition, la détention et la revente d'immeubles

M. Choix du cadre juridique de l'acquisition 207

N. Modes de financement et régime fiscal en financement classique 233

O. Mode de financement et régime fiscal en crédit-bail immobilier 263

M — Choix du cadre juridique de l'acquisition

Nos 1301 à 1347

PAGES

I. L'achat direct du célibataire 208

II. Le couple marié 208

III. Les couples non mariés 209
A. L'organisation de la propriété 209
B. Le pacte civil de solidarité (PACS) 209
C. La tontine 210
D. La société civile immobilière (SCI) 210
E. Les croisements d'usufruit et nue-propriété 211

IV. L'achat d'un bien à usage locatif 211
A. Considérations générales sur la fiscalité et le régime juridique des biens 211
B. Les sociétés de personnes non soumises à l'impôt sur les sociétés (IS) : la société civile immobilière (SCI) 221
C. Les sociétés non imposables à l'impôt sur les sociétés et ayant une activité commerciale 224
D. Les sociétés passibles de l'impôt sur les sociétés (IS) 228
E. Conclusion générale sur les structures d'accueil 229
F. L'éventail des structures offertes 230

1301 La décision d'acquérir un bien immobilier étant prise, l'acquéreur doit s'interroger sur le cadre juridique qui va abriter son acquisition.

En effet, une personne seule achetant sa résidence principale n'a pas les mêmes préoccupations à long terme qu'un couple marié sans enfants, lequel a également d'autres objectifs s'il a des enfants. Si l'acquisition est le fait d'un couple de concubins, l'approche du problème sera également différente. Enfin, un investissement réalisé dans un but locatif par plusieurs personnes peut être envisagé au travers de différents modes de détention plus ou moins organisés afin de permettre la protection des participants et anticiper la transmission du bien.

Ce chapitre va essayer de dégager un certain nombre de principes généraux permettant d'orienter le raisonnement et d'apporter un éclairage sécurisant à l'acquéreur, en présence d'un investissement lourd dont le remboursement l'engage le plus souvent à long terme.

L'inquiétude de l'acquéreur se comprend d'autant mieux que la revente du bien en cas de nécessité peut s'avérer longue et difficile, et entraîner des conséquences juridiques et fiscales en présence d'un marché dont l'avenir lui échappe.

Les professionnels de l'immobilier, au même titre que les professionnels du droit et de la finance, doivent pouvoir conseiller efficacement leur client compte tenu de sa situation familiale, patrimoniale et fiscale.

I. L'achat direct du célibataire

1302 Le plus souvent, la personne célibataire réalisera un achat en son nom sans se soucier d'une éventuelle participation à la propriété ou transmission du bien à un tiers.

Dans l'hypothèse où le financement du bien requiert pour partie des fonds familiaux (parents ou grands-parents), une donation en franchise de droits pourra être effectuée tous les dix ans à concurrence de 46 000 euros par parent et par enfant, limitée à 30 000 euros par grand-parent et par petit-enfant ou arrière petit-enfant.

Que l'investissement soit destiné à l'habitation personnelle ou à la location, le raisonnement ne changera pas fondamentalement et rien ne justifiera la création d'une structure d'accueil, telle qu'une société civile immobilière, pour recueillir la propriété du bien.

Simplement, il est intéressant de savoir que les parents et grands-parents peuvent transmettre des capitaux importants tous les dix ans en franchise de droits au profit de leurs enfants ou petits-enfants, leur permettant ainsi d'envisager une acquisition dont ils n'auraient pas autrement les moyens.

▷ Pour éviter tout problème fiscal, lié à des dons manuels, il est indispensable de faire constater la donation par acte notarié, conformément à l'article 931 du Code civil[1].

II. Le couple marié

1303 Pour un couple marié sans contrat, le régime légal est celui de la communauté réduite aux acquêts. La communauté se compose uniquement des biens acquis pendant le mariage, à l'exclusion de ceux recueillis par voie de succession ainsi que des biens figurant dans le patrimoine de chaque époux avant le mariage[2].

Dans un tel régime, une indivision se crée entre les époux lors de l'acquisition d'un bien immobilier, quand bien même il n'aurait été acheté qu'au nom d'un seul d'entre eux. En cas de divorce ou de décès, le régime de l'indivision régira le sort du bien. L'indivision est une situation instable dans la mesure où les décisions devant être prises à l'unanimité, la gestion ou la disposition du bien risque d'être paralysée en cas de conflit. Par ailleurs, l'indivision peut cesser à tout moment par la seule volonté de l'un des indivisaires, qui poursuivra la vente du bien pour percevoir la quote-part de prix lui revenant[3].

La même approche peut être faite en présence d'un régime de séparation de biens dans la mesure où, souvent, les biens immobiliers sont achetés par moitié par les deux époux, ou au nom de l'un avec la caution de l'autre.

▷ Il paraît raisonnable d'éviter la création d'un état d'indivision, même dans le cadre d'un lien matrimonial, dans la mesure où lors de la disparition de ce lien, par divorce ou décès, des difficultés apparaissent très souvent.

1. Voir dans la même collection, *Transmission du patrimoine*, par E. Riondet et H. Sédillot.
2. Voir dans la même collection, *Contrats de mariage*, par J. Champion.
3. C. civ., art. 815 et s.

La meilleure protection consiste à créer une structure d'accueil, le plus souvent une société civile[1], qui pourra être constituée par les époux seuls, ou par les époux et leurs enfants, destinée à recueillir la propriété du bien.

En ce qui concerne les époux, la propriété du bien sera stable puisqu'en cas de dissolution du lien conjugal pour quelque cause que ce soit, les décisions d'administration et de disposition seront prises à la majorité dans le cadre de la société.

En ce qui concerne les enfants, la souscription de parts sociales à l'origine de l'acquisition du bien dont le prix a été payé au moyen d'un crédit leur permettra d'éviter la transmission des parts par voie de succession.

La seule gêne que peuvent rencontrer les parents lors du décès de l'un d'entre eux réside dans le fait que l'administration légale des biens du ou des mineurs par le parent survivant sera soumise au contrôle du juge des tutelles en cas de vente du bien.

III. Les couples non mariés

A. L'organisation de la propriété

1304 Il n'existe aucune difficulté lorsque le bien est acquis dans sa totalité par l'un ou l'autre des concubins, sauf lors du décès du concubin propriétaire, l'absence totale de protection du survivant face à la succession qui va s'ouvrir.

L'acquisition conjointe d'un bien immobilier par un couple non marié, laquelle concerne généralement une résidence principale, débouche sur des difficultés tenant à l'instabilité du régime de l'indivision ainsi qu'aux droits de succession élevés qu'aurait à payer le survivant pour recueillir la part du premier décédé.

L'état d'indivision étant un régime de propriété instable, le concubin survivant risque de se heurter à la succession de l'autre, ce qui paralysera aussi bien les actes d'administration que les actes de disposition.

Les procédures de sortie d'indivision sont onéreuses et risquent d'aboutir, à défaut d'attribution préférentielle au profit du survivant, à la vente du bien.

Une protection testamentaire du concubin survivant se heurtera aux droits de succession élevés (60 % de la valeur du bien légué), lesquels risquent d'entraîner l'obligation de vendre le bien.

Pour ces raisons, la pratique conseille d'organiser le régime de propriété de manière à lui donner une certaine stabilité juridique, en diminuant l'impact fiscal des droits de succession. Généralement, les droits de propriété des couples non mariés sont organisés autour du régime de la tontine, de la société civile ou des partages croisés de nue-propriété et usufruit et aujourd'hui vraisemblablement par l'utilisation de la nouvelle réglementation résultant de la loi sur le PACS.

▷ Dans tous ces montages, l'assistance d'un professionnel tel qu'un notaire sera requise pour adapter chaque cas particulier et examiner l'incidence financière, fiscale et familiale de la solution choisie.

B. Le pacte civil de solidarité (PACS)[2]

1305 Ce régime aboutit à la reconnaissance d'un patrimoine commun aux deux partenaires, comme s'ils avaient adopté, dans le cadre d'un mariage classique, un régime matrimonial de communauté réduite aux acquêts.

1. Voir dans la même collection, *Sociétés civiles immobilières*, par M. Bülh et D. Alvera.
2. Voir dans la collection Delmas express, *Le Pacs*, par A. Aoun.

Ainsi, les biens acquis à titre onéreux postérieurement à la conclusion du PACS sont réputés indivis par moitié sauf mention contraire stipulée dans l'acte d'acquisition.

Ce sont donc les règles de l'indivision prévues par les articles 815 et suivants du Code civil qui recevront application pendant tout le cours de l'union ou lors de sa dissolution.

Les règles de l'indivision devront donc s'appliquer pour tous les actes d'administration ou de disposition tant pendant l'union qu'après sa dissolution, sous le contrôle éventuel du juge en cas de conflit.

L'avantage patrimonial notable de ce régime réside dans la fiscalité réduite applicable tant aux revenus du patrimoine indivis dans la logique de l'IRPP que pour les droits exigibles en cas de mutation à titre gratuit que ce soit par donation ou par testament.

En effet, passé deux années à compter de l'enregistrement du PACS auprès du greffe du tribunal d'instance, les mutations par voie de donation ou de décès ouvriront droit à un abattement de 57 000 euros depuis le 1er janvier 2000.

Dans ces éventualités, la part nette taxable revenant au partenaire bénéficiaire sera taxée à un taux réduit de 40 % pour la fraction n'excédant pas 15 000 euros et de 50 % pour le surplus au lieu de 60 % sans abattement dans le régime de droit commun.

C. La tontine

1306 En cas d'achat conjoint d'un immeuble avec une clause de tontine, l'immeuble est réputé lors du décès de l'un des concubins appartenir en totalité au survivant. Le survivant sera considéré alors comme ayant toujours été propriétaire de la totalité du bien.

Jusqu'en 1979, ce régime présentait l'intérêt d'éviter l'ouverture de droits de succession qui pouvaient être dus par le survivant, lequel recueillait en cas de décès un bien libre de tous droits.

Depuis 1979, et pour les seules habitations principales communes dont la valeur globale est inférieure à 76 000 euros, ce régime continue à s'appliquer.

En revanche, si l'immeuble ne constitue pas la résidence principale ou si sa valeur globale dépasse 76 000 euros, les droits de donation au taux de 60 % seront exigibles sur la moitié de la valeur de l'immeuble avec un abattement de 1 500 euros. La valeur du logement s'apprécie au jour du décès et le seuil de 76 000 euros n'a pas été relevé depuis 1979.

L'inconvénient majeur de ce régime réside dans la nécessité de recueillir l'accord des deux cocontractants pour mettre fin au régime de tontine. Il n'existe aucun moyen de provoquer le partage contre la volonté de l'autre, lequel devra obligatoirement consentir soit à la vente du bien, soit au rachat ou à la vente des droits tontiniers. En cas de rachat des droits, la fiscalité applicable sera celle des droits de mutation en fonction de la nature du bien.

D. La société civile immobilière (SCI)[1]

1307 La création d'une société civile immobilière (SCI) permet d'organiser le régime de propriété en évitant la création d'une indivision.

1. Voir dans la même collection, *Sociétés civiles immobilières*, par M. Bülh et D. Alvera.

La société pourra statutairement être fermée à tout participant extérieur au moyen d'une clause d'agrément et de préemption interdisant la transmission à titre gratuit ou onéreux des parts au profit d'un tiers étranger à la société.

En cas de conflit, ou de décès, les parts sociales pourront être rachetées en priorité par l'autre associé ou l'associé survivant.

La création d'une SCI représente un coût de création d'environ 1 500 euros et interdit le bénéfice de certains prêts (tels que les prêts d'épargne logement ou prêts à taux zéro) réservés aux particuliers pour l'acquisition d'une résidence principale.

E. Les croisements d'usufruit et nue-propriété

1308 L'idée consiste à garantir au profit du concubin survivant un droit d'usage ou d'habitation sur la totalité du logement. Pour ce faire, la technique juridique consiste à démembrer le droit de propriété pour deux de ses attributs, la nue-propriété et l'usufruit. La nue-propriété porte sur la possibilité de vendre l'immeuble, alors que l'usufruit porte sur le droit d'usage.

L'un comme l'autre peuvent faire l'objet d'une vente séparée.

☐ Ainsi A sera nu-propriétaire sans avoir l'usage de l'immeuble, et B usufruitier sans avoir le droit de vendre l'immeuble mais seulement de l'utiliser.
En l'espèce, le jeu va consister à ce que A et B soient en indivision tous deux nus-propriétaires de la moitié de l'immeuble, et usufruitiers de la moitié des droits de l'autre.
De cette façon, A sera nu-propriétaire de sa part indivise et usufruitier de la part indivise de B et réciproquement.
En cas de décès de A, B aura un droit d'usufruit sur la totalité et les ayants droit de A n'hériteront que de la moitié indivise en nue-propriété.
De ce fait, l'occupation de B sera protégée jusqu'à son propre décès.

IV. L'achat d'un bien à usage locatif

1309 Des problèmes juridiques et fiscaux sont liés au choix de la structure d'accueil de l'investissement immobilier. Afin de mieux choisir ces structures, seront examinées les possibilités d'aménager les droits d'enregistrement, d'éviter le régime d'indivision et de choisir le mode d'imposition des résultats le plus favorable en comparant le régime des revenus fonciers soumis à l'IRPP avec le régime de l'impôt sur les sociétés.

A. Considérations générales sur la fiscalité et le régime juridique des biens

1. Les droits d'enregistrement, le régime d'indivision et le choix d'une structure d'accueil

a. Les droits d'enregistrement

1310 Il convient de ne pas perdre de vue la charge des droits d'enregistrement liés à l'acquisition d'un bien immobilier, lorsqu'il a été construit depuis plus de cinq ans ou a fait l'objet d'une première mutation de propriété dans ce même délai, ce qui a pour effet de le faire sortir du domaine d'application de la taxe à la valeur ajoutée.

En vertu de la loi de finances pour l'année 2000, et depuis le 15 septembre 1999, l'acquisition d'un bien immobilier entraîne le paiement en plus du prix d'acquisition, d'un droit d'enregistrement uniforme de 4,89 % du prix de vente de l'immeuble ou de la valeur des parts ou actions de la structure propriétaire, ce qui représente frais de notaire compris, au maximum 6 % de l'investissement.

En cas de revente de l'immeuble, l'acquéreur aura tendance à inclure dans son prix d'acquisition l'intégralité de ce droit.

De ce fait, le droit acquitté n'est pas récupérable en cas de revente, ce qui doit inciter l'acheteur à les inclure dans son offre d'acquisition.

Aujourd'hui, le taux uniforme de 4,89 %[1] applicable à toute vente d'immeuble étant le même que celui applicable à la cession de parts sociales de société à prépondérance immobilière (sociétés dont l'actif est principalement constitué par des immeubles dont plus de la moitié n'est pas affectée à l'exercice de son activité), il pourrait permettre de s'interroger sur l'intérêt, du seul point de vue fiscal, d'acquérir un immeuble dans le cadre d'une structure d'accueil sous forme de société.

Cependant, comme nous le verrons plus loin, l'acquisition d'un immeuble à travers une structure d'accueil présente toujours l'intérêt d'éviter la création d'un état d'indivision ou d'optimiser la trésorerie en phase de remboursement d'emprunt.

b. Le régime d'indivision ou l'acquisition par l'intermédiaire d'une société

1311 Comme nous l'avons vu, le régime de l'indivision se caractérise par la lourdeur de sa gestion et l'instabilité de la propriété en présence des droits de préemption, et surtout de la demande en partage qui peut émaner de n'importe lequel des indivisaires (voir n°s 1005 et 1304).

Pour éviter la création de cet état instable, l'investisseur immobilier peut acquérir l'immeuble au moyen d'une structure d'accueil qui sera généralement constituée sous forme de société civile ou de société commerciale par nature, telles une société à responsabilité limitée ou une société anonyme.

En effet, le choix du type de société dépend de l'importance de l'investissement réalisé et des buts que l'investisseur s'est fixé en fonction du long terme.

À ce stade de notre raisonnement, nous retiendrons que la vente d'un immeuble propriété d'une société interviendra souvent sous forme de cession de parts sociales ou actions, lesquelles donneront lieu au paiement d'un droit d'enregistrement fixé à 4,89 %, laquelle inclut pour le paiement de ces droits les cessions d'actions de sociétés anonymes à prépondérance immobilière.

Une société soumise à l'IS, qui peut être une société civile sur option, pourra indifféremment céder l'immeuble directement ou céder les parts de son capital sans aucun surcoût fiscal.

Cependant, en cas d'option pour l'IS ou d'application de cet impôt de plein droit en raison de la forme de la structure propriétaire, les associés personnes physiques auront intérêt à ce que l'immeuble soit cédé par cession des parts sociales ou actions de la structure propriétaire.

▷ Le projet de loi de finances pour 2004 (art. 5) prévoit que la cession des parts d'une société à prépondérance immobilière soumise à l'IS ne bénéficierait plus au niveau des associés cédants, du régime des plus-values des particuliers mais du régime de droit commun. De ce fait, la durée de détention des parts ne serait plus prise en compte et aucun abattement ne serait plus applicable sur le montant de la plus-value. Le taux d'imposition s'élèverait à 26 %, prélèvements sociaux inclus. Il convient d'attendre le vote définitif de la loi pour savoir si le régime ancien sera supprimé.

1. Ce taux se décompose de la manière suivante : 3,6 % pour la taxe départementale, 1,2 % pour la taxe communale, 2,5 % prélevés pour frais d'assiette calculés sur le montant du droit départemental soit 0,09 %.

À défaut, en cas de vente de l'immeuble par la société soumise à l'IS, la plus-value réalisée par la société propriétaire sera soumise à l'impôt sur les sociétés au taux normal, et la distribution du prix de vente entre les mains des associés sera considérée fiscalement comme la distribution d'un dividende imposable à l'IRPP après avoir fiscal.

Par le jeu de ces différentes impositions, entre 50 et 55 % du prix de vente risque d'être absorbé sous forme d'impôt.

Pour cette raison, une économie d'impôt sera réalisée par une société à prépondérance immobilière, car la revente des parts sociales ou actions sera soumise aux plus-values des particuliers, régime bien plus intéressant que la vente de l'immeuble pour les raisons ci-dessus exposées.

De plus, en cas de décès de l'investisseur, aucun régime d'indivision ne sera créé, ce qui permettra une bonne gestion et une stabilité de la structure propriétaire par la suite.

La création d'une structure d'accueil de l'investissement immobilier peut donc être fortement conseillée pour les raisons qui viennent d'être exposées, en prenant le soin de ne détenir dans la structure soumise à l'IS qu'un seul immeuble, lequel pourra ainsi être cédé par la cession des parts sociales ou actions détenues par les associés.

En effet, une structure d'accueil soumise à l'IS, et comme telle dite « opaque », qui détiendrait plusieurs immeubles dans son patrimoine, ne pourrait pas céder un seul d'entre eux sous forme de cession d'un nombre déterminé de parts sociales, à moins de trouver un acquéreur pour l'ensemble des immeubles, ce qui entraînera fatalement une décote de la valeur de chacun des immeubles.

Ceci n'est pas vrai pour une société civile immobilière dite « transparente », dont les associés sont soumis au régime des revenus fonciers pour les revenus perçus car un immeuble parmi plusieurs pourra être cédé dans une logique de plus-values des particuliers, cette imposition étant acquittée par les associés en fonction de la durée de la détention de l'immeuble par la société.

▷ Nous retiendrons donc que pour une société à prépondérance immobilière soumise à l'IS, les associés personnes physiques bénéficiant du régime des plus-values des particuliers lors de la cession de leurs parts ou actions ont intérêt à ne loger dans la structure sociale qu'un seul immeuble qui sera cédé par cession des parts ou actions.

Par contre, pour des sociétés transparentes telles qu'une société civile dont les associés personnes physiques sont soumis aux revenus fonciers, plusieurs immeubles pourront être logés dans la structure et cédés par elle sans aggravation de la taxation liée à la distribution.

Les droits d'enregistrement sont neutres quel que soit le choix adopté puisqu'ils sont uniformément applicables au taux de 4,89 % dans toutes les hypothèses juridiques permettant la cession de l'immeuble par une société à prépondérance immobilière.

2. Les critères de choix entre revenus fonciers et impôt sur les sociétés

a. La fiscalité de la détention

1. Le traitement des emprunts

1312 En cas d'investissement locatif, l'investisseur devra rembourser l'emprunt contracté au moyen des loyers perçus de son locataire. Si les loyers sont insuffisants pour couvrir l'emprunt, l'investisseur devra compléter ses loyers en prélevant le complément sur d'autres revenus dont il a la disposition.

Le déficit ainsi créé ne sera pas le plus souvent reportable sur d'autres revenus, à moins que l'investisseur possède des excédents de revenus de même nature. Ainsi, pour la location nue d'un local à usage d'habitation ou autre, les déficits et les revenus rentrent dans la catégorie des revenus fonciers.

Les déficits enregistrés au titre des revenus fonciers et résultant de travaux dans le cadre d'un immeuble loué pendant au moins trois ans sont imputables sur le revenu global dans la limite de dix ans et avec un plafond ne pouvant dépasser 10 700 euros en régime général (ou réel), porté à 15 300 euros en cas d'investissement Périssol et maintenu à 10 700 euros pour les cas Besson et de Robien, c'est-à-dire l'achat d'un immeuble neuf destiné à la location à usage d'habitation pendant une période minimum de neuf ans.

Les intérêts des emprunts contractés seront entièrement déductibles du revenu locatif, alors qu'ils ne pourront pas être comptabilisés pour la détermination du déficit reportable.

Pour une société soumise à l'impôt sur les sociétés, qui peut être une société civile ayant opté pour l'IS, elle est opaque et ne permet jamais le traitement des déficits en dehors de la structure.

En cas de déficit résultant d'un loyer insuffisant pour rembourser l'emprunt, l'investisseur devra effectuer des apports en compte courant dans la société, afin de permettre le remboursement de la dette.

Durant les premières années, le remboursement de l'intérêt de l'emprunt absorbera la totalité des revenus de la société. De ce fait, la société ne dégagera pas de bénéfice imposable, en raison de la déductibilité des intérêts d'emprunt du revenu locatif.

En revanche, dès que le capital sera en cours de remboursement, les intérêts déductibles vont diminuer et l'imposition des résultats commencer.

▷ En effet, le capital de l'emprunt, contrairement aux intérêts, n'est jamais déductible pour l'établissement de l'impôt. De ce fait, l'investisseur ayant utilisé les revenus locatifs pour rembourser le capital paiera l'impôt sur des revenus qu'il n'a pas perçus.

Pour cette raison, en période de faible inflation, ce phénomène fiscal doit être pris en compte au titre de la trésorerie.

Le taux d'imposition applicable aux revenus de l'investissement perçu a donc une incidence importante.

2. Les régimes d'imposition

1313 Les régimes d'imposition vont varier en fonction de la nature civile ou commerciale de la structure créée pour recueillir l'investissement.

Un investissement locatif destiné à la location nue sera soumis, pour ses revenus locatifs, au régime des revenus fonciers si le propriétaire est une personne physique ou une société civile, et à l'impôt sur les sociétés si le propriétaire est une société à responsabilité limitée, une société anonyme ou une société par actions simplifiée soumise de plein droit à l'impôt sur les sociétés ou encore une société civile ayant opté pour cette imposition.

1314 Cas spécifique des revenus fonciers.

Les loyers que constitue le revenu taxable de l'investisseur, peuvent faire l'objet d'un certain nombre de déductions avant calcul de l'impôt sur les revenus fonciers.

Nous distinguerons trois régimes principaux :

- le régime de droit commun (ou réel);
- le régime dit du micro-foncier;
- les régimes spécifiques liés soit au caractère neuf de l'immeuble (Périssol), soit à un régime de loyer conventionné s'appliquant tant au neuf qu'à l'ancien (Besson) désormais remplacé par le régime de Robien.

• **Droit commun (ou réel).** En ce qui concerne le régime de droit commun, les principales déductions autorisées par les textes sont les suivantes :

- déduction forfaitaire de 14 %, calculée sur le revenu brut annuel et ayant pour objet de couvrir les frais d'amortissement, de gestion et d'assurance de l'immeuble;
- les intérêts et frais d'emprunt contractés pour l'acquisition;
- le montant des travaux de réparation, d'entretien et d'amélioration;
- les frais réels de gérance (honoraires d'administration de biens) et rémunération des concierges;
- la taxe foncière sur les propriétés bâties et assimilées;
- la contribution représentative de loyers (CRL);
- le montant des primes d'assurance éventuellement souscrites pour couvrir le risque de loyers impayés.

Deux situations peuvent alors se présenter pour le contribuable :

- si la différence entre les revenus fonciers taxables et l'ensemble des charges déductibles énumérées ci-dessus est positive, le revenu foncier qui en découle est soumis à l'IRPP majoré de la CSG et de la RDS, ce qui donne, ainsi que nous le verrons plus loin, environ 58,09 % au taux maximum selon le projet de loi de finances pour l'année 2004;
- si la différence est négative, il y a création d'un déficit foncier lequel est déductible du revenu global imposable, pour la partie qui ne provient pas des intérêts d'emprunt, dans la limite de 10 700 euros.

Le solde du déficit n'ayant pas été entièrement absorbé au titre de l'année pourra faire l'objet d'une imputation sur d'éventuels excédents fonciers qui pourraient apparaître au cours des dix années suivantes.

• **Micro-foncier.** En ce qui concerne le régime du micro-foncier, les personnes imposables dont le revenu brut foncier annuel est inférieur ou égal à 15 000 euros sont soumises de plein droit à un régime d'imposition simplifié dit du micro-foncier. Elles peuvent cependant opter pour le régime d'imposition réel des revenus fonciers dans l'éventualité où les déductions de charges pourraient excéder les 40 % du revenu brut ou s'il restait des déficits reportables au titre des années précédentes.

Se trouvent notamment exclus de ce régime les contribuables propriétaires de parts de sociétés de personnes non transparentes (SCI, SCPI) et les propriétaires d'immeubles placés dans des régimes locatifs particuliers.

▷ L'application de ce régime dispense le contribuable d'établir la déclaration de revenus fonciers (déclaration n° 2044), les revenus concernés étant mentionnés sur sa déclaration d'ensemble (déclaration n° 2042).

Le revenu net imposable fait l'objet dans ce cas d'un abattement de 40 % représentatif de l'ensemble des charges de la propriété, sans pouvoir opérer aucune autre déduction à quelque titre que ce soit.

Cette option s'applique irrévocablement pour une durée de trois ans et se renouvelle tacitement à défaut de dénonciation expresse ou en cas de sortie du régime par dépassement du plafond de revenu ou par application des conditions spécifiques de non application (option pour l'impôt sur les sociétés ou régime fiscal particulier tels Périssol, Besson, de Robien ou Malraux).

• **Principaux régimes spécifiques.** En ce qui concerne les régimes spécifiques relatifs aux immeubles neufs (et anciens) affectés à la location nue pour une durée qui ne saurait être inférieure à neuf années :

- le **régime dit Périssol** prévoyait que le déficit reportable peut atteindre 15 300 euros en autorisant par ailleurs, un amortissement calculé sur 80 % du prix d'acquisition du logement neuf à usage locatif, à raison de 10 % pour chacune des quatre premières années et de 2 % pour chacune des vingt années suivantes. Ainsi, 80 % du prix d'acquisition de l'immeuble neuf peut faire l'objet d'un amortissement déductible du revenu foncier; en contrepartie de cet avantage, l'abattement forfaitaire est ramené de 14 à 6 %.

▷ Ce régime fiscal dérogatoire a pris fin le 30 juin 2001, sans porter atteinte aux droits acquis antérieurement.

- s'agissant **du régime dit Besson**, il s'applique tant aux logements neufs qu'anciens sous la condition que le bailleur accepte un conventionnement des loyers en fonction d'un barème instaurant un plafonnement du loyer lié à la situation du bien et aux revenus du locataire. Comme pour le régime Périssol, ce régime prévoit un calcul d'amortissement du prix d'acquisition de l'immeuble à raison de 8 % par an du prix pendant les cinq premières années, et 2,5 % pour les quatre années suivantes. Pendant la période d'amortissement, l'abattement forfaitaire est ramené de 14 à 6 %. Par ailleurs, la loi finance pour 1999 complétée par une instruction du 20 août 1999[1] (...) précise l'application du statut du bailleur privé conventionné dans le cadre du dispositif Besson;

▷ Ce régime a pris fin le 2 avril 2003.

- le **régime de Robien** a remplacé le régime Besson à compter du 3 avril 2003, et diffère de celui-ci :

- par la suppression des plafonds de ressources des locataires (pour les logements neufs ou assimilés après réhabitliation);

▷ Les logements anciens sont toutefois encore soumis aux caractéristiques du régime Besson précédent, c'est-à-dire un abattement forfaitaire de 40 % avec des plafonds de loyers relevés mais maintien de l'exigence de plafond de ressources du locataire.

- l'extension du régime aux logements anciens réhabilités par l'acquéreur en vue de leur location, ainsi que l'application aux résidences de type étudiants ou personnes âgées ainsi qu'à la souscription de parts de SCPI;

- et enfin par le relévement des plafonds de loyers applicables (pour les logements neufs ou assimilés), ce qui situe ce régime à un niveau proche du marché locatif.

Il convient de noter, pour l'acquisition d'immeubles neufs, que si la location se poursuit au-delà de la période de neuf ans avec le même locataire ou un nouveau locataire en respectant les limites conventionnelles de loyers, il sera possible de proroger la période d'amortissement à raison de 2,5 % par an pendant deux périodes de trois ans maximum, portant ainsi le total de l'amortissement pratiqué à 57,5 % sur douze ans ou 65 % sur quinze ans. Il convient de rappeler qu'en cas de déficit, celui-ci est reportable sur une durée de dix ans.

Comme dans les autres régimes, le déficit est imputable sur le revenu global du contribuable dans la limite de 10 700 euros par an étant précisé que la partie du déficit résultant de la prise en compte des intérêts d'emprunt n'entre pas dans la détermination du déficit imputable sur le revenu global.

1. BOI 5D-4-99, 31 août 1999.

Les plafonds de loyer étaient fixés au mois d'avril 2003 à :

Par m²	*Neuf*	*Ancien réhabilité*
Zone A	18 €	14,4 €
Zone B	12,5 €	9,4 €
Zone C	9 €	6,3 €

Pour les appartements anciens non réhabilités les plafonds annuels de revenus des locataires sont fixés comme suit[1] :

Composition du foyer locataire	*Île-de-France*	*Province*
Personne seule	19 516 €	16 293 €
Couple marié	32 073 €	24 947 €
Personne seule ou couple marié ayant une personne à charge	38 523 €	29 867 €
Personne seule ou couple marié ayant deux personnes à charge	45 988 €	36 146 €
Personne seule ou couple marié ayant trois personnes à charge	54 474 €	42 425 €
Personne seule ou couple marié ayant quatre personnes à charge	61 260 €	47 856 €
Majoration par personne à charge suplémentaire	+ 6 960 €	+ 5 433 €

Les plafonds de loyers pour l'ancien sont les suivants :

Zone A	14,4 €
Zone B	9,4 €
Zone C	6,3 €

1315 **Cas spécifique de l'impôt sur les sociétés (IS).**

En face du taux applicable aux revenus fonciers, celui de l'impôt sur les sociétés représente aujourd'hui :

- 33,33 % du bénéfice imposable pour les petites sociétés,
- 34,33 % en fonction de la composition du capital social et du chiffre d'affaires de plus de 7 630 000 euros,
- 35,46 % pour celles dont le montant d'IS dépasse 2 289 000 euros.

À ces taux, s'ajoute la contribution sociale de solidarité des sociétés d'un montant de 0,13 % du chiffre d'affaires, pour celles qui ont un chiffre d'affaire supérieur à 760 000 euros. La différence d'imposition entre le taux maximum de l'IRPP et l'impôt sur les sociétés est donc égale à 26 % en valeur moyenne. Un investissement imposable à l'IS bénéficiera donc d'un avantage d'imposition de 26 % par rapport au même investissement imposable dans une logique de revenus fonciers.

Néanmoins, l'on peut considérer que globalement le taux maximum de l'IRPP se situe aux environs de 60 %, cotisations sociales comprises, et pour simplifier le calcul le taux de l'IS sera retenu à 34 %.

▷ Nous retiendrons ces taux pour les besoins de nos raisonnements.

Par ailleurs, dans une logique de revenus fonciers, mis à part les cas de l'investissement Périssol et du dispositif Besson/de Robien, l'immeuble pourra être amorti sur une durée de vingt à cinquante ans en cas d'imposition à l'IS, alors

1. Seuils applicables aux contrats de locations entre le 1er janv. 2003 et le 31 déc. 2003.

qu'aucun amortissement ne pourra être pratiqué en revenu foncier, l'abattement de 14 % sur le revenu brut incluant l'amortissement annuel de l'immeuble.

1316 Afin de mieux saisir ce raisonnement, un exemple pratique peut être pris en comparant les résultats d'un investissement dont les résultats sont soumis à l'imposition en revenus fonciers, retenue pour le calcul au taux maximum supposé constant de 60 % (prélèvements sociaux compris) et le même investissement à l'imposition en IS, au taux moyen de 34 %.

Nous examinerons les résultats à la fin du premier exercice, du sixième exercice, du dixième exercice et, enfin, à l'issue du onzième exercice, lorsque la totalité de l'emprunt sera remboursée.

- Nous partirons d'un investissement de 1 million d'euros de bâtiments, réalisé en 2003, la valeur du terrain non amortissable, retenue pour une valeur de 200 000 €, ayant été acquis en plus du prix des bâtiments

  Le financement sera réalisé à concurrence de 500 000 € par apport personnel des investisseurs et 500 000 € au moyen d'un prêt contracté pour une durée de remboursement de dix ans avec des annuités constantes de 63 639,60 € en capital et intérêts, lesquelles correspondent à un prêt au taux de 5 % l'an.

  Les charges effectives seront arbitrairement fixées à 15 000 € la première année, 17 000 € la sixième année et 18 000 € la dixième et la onzième année. Nous fixerons le loyer sur la base d'un revenu de 10 % du montant total de l'investissement terrain compris, soit 120 000 €.

  Pour les revenus fonciers, seule une partie des charges est fiscalement déductible alors que l'intégralité des charges était déductible en IS. Elle sera retenue pour 10 000 € au titre de la première année, pour 11 000 € au titre de la sixième année, pour 12 000 € au titre des dixième et onzième années. Le revenu locatif indexé fixé à 120 000 € la première année passera à 135 000 € la sixième année, pour atteindre 150 000 € la dixième année et 153 000 € la onzième année.

TABLEAU I. — **1er EXERCICE**

	REVENUS FONCIER		*IMPÔT SOCIÉTÉ*	
	RECETTES	*CHARGES*	*RECETTES*	*CHARGES*
Loyer	100 000		100 000	
Charges		1 000		15 000
Amortissement		0		33 333
Intérêts		24 102		24 102
RÉSULTAT FISCAL				
Résultat brut		65 898		27 565
Abattement 14 %		14 000		–
Résultat net		51 898		27 565
IRPP 60 %		31 139	IS 34 %	9 372
Résultat-IRPP		20 759	Résultat IS	18 193
TRÉSORERIE				
Loyer	100 000		100 000	
Charges		15 000		15 000
Échéances prêt		63 639		63 639
IRPP 60 %		31 139	IS 34 %	9 372
RÉSULTAT		**– 9 778**		**11 989**

TABLEAU II. — **6e EXERCICE**

	REVENUS FONCIER		*IMPÔT SOCIÉTÉ*	
	RECETTES	*CHARGES*	*RECETTES*	*CHARGES*
Loyer	112 000		112 000	
Charges		11 000		17 000
Amortissement		0		33 333
Intérêts		12 899		12 899
RÉSULTAT FISCAL				
Résultat brut		88 101		48 768
Abattement 14 %		15 680		–
Résultat net		72 421		48 768
IRPP 60 %		43 452,6	IS 34 %	16 581
Résultat-IRPP		28 968,4	Résultat IS	32 187
TRÉSORERIE				
Loyer	112 000		112 000	
Charges		17 000		17 000
Échéance prêt		63 639		63 639
IRPP 60 %		43 452,6	IS 34 %	16 581
RÉSULTAT		**– 12 091,6**		**14 780**

TABLEAU III. — **10e EXERCICE**

	REVENUS FONCIER		*IMPÔT SOCIÉTÉ*	
	RECETTES	*CHARGES*	*RECETTES*	*CHARGES*
Loyer	122 000		122 000	
Charges		12 000		18 000
Amortissement		0		33 333
Intérêts		1 691		1 691
RÉSULTAT FISCAL				
Résultat brut		108 309		68 976
Abattement 14 %		17 080		–
Résultat net		91 229		68 976
IRPP 60 %		54 737,4	IS 34 %	23 452
Résultat-IRPP		36 491,6	Résultat IS	45 524
TRÉSORERIE				
Loyer	122 000		122 000	
Charges		18 000		18 000
Échéance prêt		63 639		63 639
IRPP 60 %		54 737,4	IS 34 %	23 452
RÉSULTAT		**– 14 376,4**		**16 909**

TABLEAU IV. — **11e EXERCICE**

	REVENUS FONCIER		*IMPÔT SOCIÉTÉ*	
	RECETTES	*CHARGES*	*RECETTES*	*CHARGES*
Loyer	124 000		124 000	
Charges		12 000		18 000
Amortissement		0		33 333
Intérêts		0		–
RÉSULTAT FISCAL				
Résultat brut		112 000		72 667
Abattement 14 %		17 360		–
Résultat net		94 640		72 667
IRPP 60 %		56 784	IS 35 %	24 707
Résultat-IRPP		37 856	Résultat IS	47 960
TRÉSORERIE				
Loyer	124 000		124 000	
Charges		180 000		18 000
Échéance prêt		0		–
IRPP 60 %		56 784	IS 35 %	24 707
RÉSULTAT		**49 216**		**81 293**

RÉSULTATS

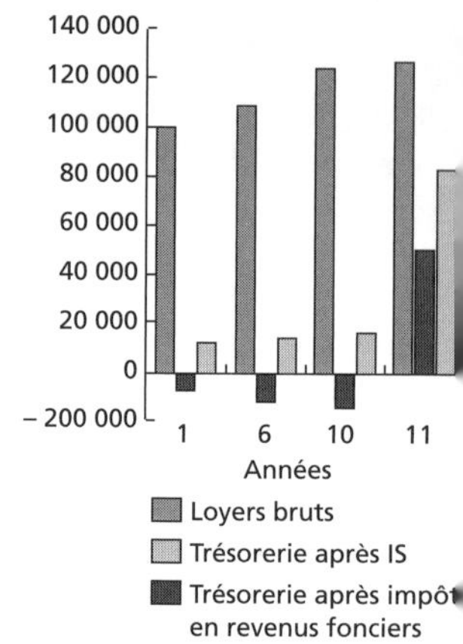

1317 Il résulte de ces quatre tableaux que par le jeu de l'amortissement de l'immeuble ajouté au différentiel d'impôt en faveur de la société soumise à l'IS, de même que par la prise en compte de la totalité des charges dans ce régime, la trésorerie de la société soumise à l'IS est nettement plus performante que celle de l'investissement soumis au revenu foncier.

Ainsi, le résultat en trésorerie après impôts de la société soumise à l'IS est bien supérieur à celui constaté en revenu foncier à l'issue du premier exercice.

En régime de revenu foncier, la trésorerie reste constamment négative jusqu'au complet remboursement de l'emprunt. De ce fait, l'investisseur, bien qu'ayant autofinancé plus de la moitié de son investissement, auquel s'ajoute la valeur du terrain, se trouvera dans l'obligation d'apporter les fonds nécessaires pour combler le déficit de trésorerie constaté en revenu foncier, au moyen d'un prélèvement qu'il devra opérer sur d'autres revenus dont il a la disposition.

Il devra en effet remettre en trésorerie chaque année de 10 000 à 15 000 euros.

▷ Il se trouvera donc dans l'obligation d'apporter constamment de nouveaux fonds propres pour équilibrer la trésorerie négative de son investissement.

3. La stratégie de l'investissement en structure d'accueil

1318 Seule l'importance de l'investissement justifiera le choix entre une logique de revenus fonciers ou d'IS. L'effet de levier sur la trésorerie de l'investisseur n'est vraiment significatif que pour un investissement de plusieurs centaines de milliers d'euros car une structure à l'IS nécessite l'intervention d'un expert-comptable et des obligations sociales et fiscales qui augmentent le coût de maintenance de la société.

▷ Une structure à l'IS ne sera donc pas retenue pour un investissement modeste.

Par ailleurs, dans une optique de liquidité de l'investissement, il convient de choisir entre une société d'accumulation de patrimoine ou société foncière ou une structure limitée à la détention d'un seul immeuble. En effet, en cas de détention de plusieurs immeubles dans une seule structure soumise à l'IS, il ne sera plus possible de céder un immeuble par cession de parts sociales ou d'actions, en vue d'une distribution du prix aux actionnaires car la distribution entraînera la perte de plus de 50 % du prix de vente sous forme d'impôts.

La société d'accumulation détenant plusieurs immeubles ne pourra donc pas être cédée facilement, car elle ne correspondra plus à un seul immeuble mais à un patrimoine immobilier destiné à procurer des revenus aux actionnaires sous forme de dividendes.

Il en ira différemment d'une structure détenant seulement un immeuble, lequel pourra être cédé facilement par cession des parts sociales ou actions au profit d'un acquéreur car les cédants bénéficieront du régime avantageux des plus-values des particuliers, qui n'entraîne plus aucune imposition passé quinze ans de détention[1], et diminue au fil des ans.

▷ La règle consiste donc, si l'on désire revendre facilement un jour un immeuble, dans une logique de distribution du prix aux actionnaires, à ne loger dans la structure à l'IS qu'un seul immeuble. En cas d'achat d'un autre immeuble, une nouvelle structure à l'IS devra être créée pour faciliter sa cession.
La création d'une structure d'accumulation de patrimoine entraînera des pertes importantes lors de sa revente, en raison des actifs immobiliers multiples qu'elle détient. Il appartient à l'investisseur de déterminer son choix en fonction du but qu'il poursuit, accumulation de patrimoine et distribution des résultats ou amélioration des résultats dans une optique de revente de l'immeuble après purge des plus-values taxables.

Ces grands principes ayant été exposés, il convient d'examiner le régime juridique, fiscal et social de chaque type de structure.

B. Les sociétés de personnes non soumises à l'impôt sur les sociétés (IS) : la société civile immobilière (SCI)[2]

1319 Il s'agit de la structure d'investissement la plus utilisée pour les montages classiques d'acquisition destinée à la location de locaux non équipés (ou location nue). Dans ce type de sociétés, l'activité exercée commande le régime fiscal applicable aux résultats.

Ainsi, une société qui se livre à des activités de location équipée, de location avec service, ou dont les loyers perçus du locataire sont indexés sur les résultats de ce dernier, exerce une activité considérée par le fisc comme étant de nature commerciale, ce qui entraîne l'imposition de ses résultats à l'IS.

1. Constitution et fonctionnement de la SCI

1320 La constitution d'une société civile immobilière (SCI) nécessite deux associés au minimum qui peuvent être membres de la même famille à n'importe quel degré.

1. Projet de loi de finances pour 2004 • Le précédent seuil était de 22 ans.
2. C. civ., art. 1832 et s. • Voir dans la même collection, *Sociétés civiles immobilières*, par M. Bühl et D. Alvera.

Des statuts peuvent être rédigés par acte sous seing privé ou notarié, et sont déposés au greffe du tribunal de commerce du lieu du siège social.

Aucun capital minimum n'est prévu par la loi. La libération du capital, s'il en existe un, peut être réalisée librement. En outre, pour éviter la taxation de la plus-value lors de la cession des parts sociales, le capital doit correspondre au montant de l'investissement.

En cas de financement de l'acquisition par un emprunt, le capital correspondra au montant de l'emprunt et sera libéré au fur et à mesure des remboursements.

Les obligations comptables se limitent à l'établissement d'une déclaration annuelle de résultats.

La responsabilité des associés est illimitée, mais s'applique seulement en proportion des parts sociales qu'ils détiennent.

La gérance peut être organisée d'une manière stable, et ses pouvoirs librement définis, de manière à assurer la meilleure gestion dans le temps.

Le coût des formalités de constitution d'une telle société est assez modeste.

▷ La SCI constitue donc une structure simple, et aisément accessible, même à des personnes peu familiarisées avec le monde des affaires.

2. Caractère civil de la SCI

1321 L'activité exercée doit être purement civile. La SCI ne peut pas, normalement, exercer des activités qui relèvent d'un autre régime fiscal que celui des revenus fonciers ou des BNC, cependant elle peut opter pour l'imposition de ses résultats à l'IS.

Elle ne pourra donc, sauf option à l'IS, qu'administrer un patrimoine destiné à la location nue à usage professionnel ou commercial.

De ce fait, la forme choisie exclura toute location meublée ou équipée qui relèverait du régime des BIC. Ce type de location entraînerait immédiatement l'assujettissement de la SCI à l'impôt sur les sociétés, si le chiffre d'affaires réalisé au moyen d'une activité commerciale dépassait 10 % du chiffre d'affaires total faisant ainsi disparaître sa nature de société de personnes excluant toute imposition de la société.

Il en irait de même de la réalisation d'opération de marchands de biens par des acquisitions et reventes rapprochées d'immeubles.

Cependant, il est possible d'opter pour le régime de l'impôt sur les sociétés afin de bénéficier du régime fiscal des sociétés à l'IS.

3. Régime fiscal applicable à la détention

1322 Les revenus de la SCI sont classés dans la catégorie fiscale des revenus fonciers ou des BNC non professionnels.

L'imposition dans la catégorie des revenus fonciers est applicable aux produits des locations nues.

L'immeuble n'est jamais susceptible d'amortissement, l'abattement de 14 % sur le résultat imposable en tenant lieu sauf application de la loi de Robien.

En cas de location de l'immeuble, les intérêts des emprunts contractés sont entièrement déductibles du résultat.

L'imposition dans la catégorie des BNC non professionnels est applicable aux produits des sous-locations, par exemple lorsque le bien est acquis grâce à un crédit-bail immobilier ce qui ne peut être le cas que pour les immeubles de nature commerciale ou professionnelle.

▷ Il convient de noter que les SCI peuvent opter pour le régime de l'impôt sur les sociétés s'il présente un intérêt (voir nº 1315). Cette option peut intervenir à tout moment.

1323 En régime de BNC, les loyers de crédit-bail sont entièrement déductibles du résultat. Le principal inconvénient résulte de l'impossibilité de reporter les déficits provenant des revenus de sous-locations entrant dans la catégorie des BNC non professionnels sur une autre catégorie de revenus.

Lors de la revente de l'immeuble ou des parts sociales, les plus-values dégagées sont soumises au régime de la plus-value des particuliers.

▷ Le régime des plus-values immobilières des particuliers est largement modifié par le projet de loi de finances pour 2004 (voir nº XXX). Nous baserons notre hypothèse de travail sur ce régime modifié.

▷ L'intérêt de cette structure réside donc dans l'exonération de taxation des plus-values lors de la revente de l'immeuble ou des parts sociales après quinze ans de détention.

4. Régime fiscal applicable à la revente

1324 • La cession des parts sociales constitue un moyen commode, en particulier en neutralisant le droit de préemption urbain, de revente de l'immeuble.

La cession des parts sociales, même en cas d'option pour l'impôt sur les sociétés, permet aux associés de bénéficier du régime des plus values des particuliers.

1325 • En cas de revente de l'immeuble par la SCI, les droits d'enregistrement et frais de notaire représenteront 6 % du prix de vente tant pour l'habitation que pour des immeubles commerciaux.

5. Régime des plus-values

1326 Le régime des plus-values des particuliers s'appliquera tant aux cessions de parts sociales qu'à la vente de l'immeuble. La plus-value réalisée en cas de cession de parts sociales sera constituée par la différence entre le montant du capital détenu par le cédant et le prix de la cession.

De ce fait, il est impératif que le montant du capital de la SCI corresponde à la valeur de l'immeuble lors de son acquisition. Il convient de noter qu'il est possible en cas de recours à l'emprunt de libérer le capital social en même temps que le remboursement de la dette. Le fait de fixer un capital trop bas gênera la cession des parts sociales en raison du problème de plus-values et obligera à céder l'immeuble, ce qui entraînera la distribution du prix aux associés si la société a opté pour l'IS. Dans le cas contraire, la plus-value sera calculée sur la différence entre le capital de la SCI et le prix de la vente des parts sociales.

L'entrée d'un nouvel associé au cours de la vie sociale aboutira, en cas de revente de l'immeuble par cession de parts sociales, à une imposition supérieure à la plus-value économique réalisée. En effet, cet associé supportera fiscalement la plus-value dégagée pendant la période de détention de son cédant, alors que cette plus-value a déjà été prise en compte dans la fixation du prix de vente de ses parts.

Dans une telle éventualité, il est possible de procéder à la dissolution de la société et de vendre l'immeuble, évitant ainsi la surimposition de la plus-value.

▷ En conclusion, la SCI constitue une structure bien adaptée à l'investissement immobilier pour des particuliers bénéficiant d'excédents de revenus fonciers et désirant réaliser une épargne à long terme.

Sur le plan fiscal, elle présente l'inconvénient, pour des personnes ne bénéficiant pas d'excédents de revenus fonciers, d'interdire le traitement des déficits en raison de l'impossibilité de les reporter sur d'autres catégories de revenus au-delà des limites que nous avons évoquées plus haut.

Sur le plan juridique, elle permet également d'aménager la détention d'un bien entre les membres d'une même famille et de préparer ainsi les conséquences d'une succession en associant les enfants à la détention du bien à travers la société.

C. Les sociétés non imposables à l'impôt sur les sociétés et ayant une activité commerciale

1327 Les raisonnements qui vont suivre concernent essentiellement les sociétés de personnes commerciales par la forme, telles que les sociétés en nom collectif, les sociétés en commandite, les entreprises unipersonnelles à responsabilité limitée, et les sociétés à responsabilité limitée de famille.

Pour toutes ces sociétés, lorsqu'elles exerçaient une activité commerciale, les associés bénéficiaient de la possibilité de faire remonter les déficits d'exploitation dans leur revenu général. La contrainte résidait dans l'obligation d'exercer une activité commerciale, ce qui excluait l'utilisation de ce type de sociétés pour des locations nues, et excluait certaines catégories professionnelles auxquelles les activités commerciales étaient interdites.

La loi de finances pour 1996[1] a supprimé cet avantage pour les personnes associées qui n'exercent pas dans la structure une activité professionnelle à titre principal.

L'article 1561-1er *bis* du CGI distingue désormais les associés passifs des associés actifs. Seuls les associés actifs continuent à bénéficier de cette possibilité d'imputation des déficits sur leurs autres revenus.

Dans la mesure où l'intérêt essentiel de ce type de société était de permettre de traiter les déficits d'investissement, l'on peut penser qu'à l'avenir les montages utilisant ce type de structure se feront rares.

Désormais, les associés non professionnels ne pourront traiter les déficits qu'au niveau des recettes enregistrées dans la même catégorie de revenus, c'est-à-dire les BIC non professionnels, lesquels constituent maintenant une nouvelle catégorie fiscale.

▷ L'examen de ce type de sociétés présente encore un intérêt sous réserve que l'investisseur occupe effectivement dans la société un poste actif de responsabilité, impliquant une participation personnelle et directe dans l'exploitation.

1. L. n° 95-1346 du 30 déc. 199[illegible] de finances pour 1996, JO 31 déc., p. 19030; C. com.

1. La société en nom collectif (SNC)[1]

a. Le traitement des déficits

1328 Sous réserve de ce qui vient d'être exposé, la SNC présente l'intérêt, lorsque ses activités relèvent des BIC, de permettre la remontée des déficits et des bénéfices dans le revenu imposable de ses associés. De cette manière, les déficits peuvent s'imputer sur les excédents de revenus provenant d'autres régimes d'imposition pour permettre leur traitement fiscal.

Ce type de société a été fréquemment utilisé à travers des montages défiscalisants complexes liés à l'application des lois de défiscalisation dans les DOM-TOM.

b. Constitution et fonctionnement de la SNC

1329 Si l'on compare la SNC à la SCI, elle se rapproche de cette dernière dans la mesure où :

- il n'est exigé aucun capital minimum;
- les statuts peuvent être rédigés sous seing privé;
- les modalités de fonctionnement sont souples, de même que l'organisation de la gérance et du contrôle par les associés.

Elle s'en différencie cependant en ce que :

- tous les associés de la SNC ont obligatoirement la qualité de commerçants;
- les associés sont indéfiniment et solidairement responsables des dettes sociales;
- la cession des parts s'avère difficile dans la mesure où la responsabilité indéfinie et solidaire de tous les associés implique l'existence d'un *affectio societatis*[2] renforcé.

En raison des responsabilités encourues du fait des activités sociales, toute cession de parts même entre associés doit être autorisée à l'unanimité.

Il apparaît donc très difficile de céder la participation détenue, en raison des responsabilités encourues par les associés, lesquelles ne peuvent être acceptables que pour des partenaires agissant dans le cadre d'une totale confiance.

En cas de décès de l'un des associés, et dans le silence des statuts sur la continuation de la société, la société est dissoute.

c. Commercialité de la SNC

1330 La qualité d'associé d'une SNC confère inévitablement la qualité de commerçant. Il en résulte deux conséquences principales :

- l'exclusion de certains types d'associés ne pouvant accéder à la qualité de commerçants (mineurs même émancipés, professionnels libéraux, fonctionnaires);
- l'exigibilité de cotisations sociales au régime des travailleurs non salariés.

Ces cotisations sociales sont constituées par les allocations familiales dont l'assiette se trouve actuellement déplafonnée, l'assurance maladie-maternité et l'assurance vieillesse et les cotisations de retraites. Ces cotisations, négligeables en début d'investissement, grèvent lourdement les produits en phase bénéficiaire, pouvant atteindre le tiers du revenu.

De plus, tout changement de régime fiscal entraînera une taxation immédiate des plus-values dégagées au régime des plus-values professionnelles au taux de 26 % (16 + 2 solidarité + 7,5 CSG + 0,5 CRDS), à moins que les recettes soient inférieures à 54 000 euros TTC pour les entreprises de prestation de service ou à 152 600 euros pour les entreprises industrielles et commerciales de vente ou de fourniture de logement et que la société justifie de cinq ans d'activité.

1. Voir dans la même collection, *Société en nom collectif. Société de participation*, par F. Lemeunier.
2. Intention de s'associer.

▷ Le choix de cette structure d'activité nécessite l'établissement de comptes prévisionnels cernant parfaitement le coût de fonctionnement élevé de cette structure. S'ajoutent à ces inconvénients les risques présentés par la responsabilité illimitée des associés.

d. Régime fiscal applicable à la détention

1331 Ainsi que nous l'avons vu, le régime fiscal applicable aux revenus dépend de l'activité exercée par la SNC malgré sa commercialité par la forme. Pour bénéficier du régime des BIC, il convient donc que l'activité exercée soit de nature commerciale. En conséquence, ce type de structure ne peut concerner utilement des locations nues, réputées être à caractère civil, mais seulement des locations équipées réputées commerciales.

Sont commerciales les activités suivantes :

1332 • Les **locations meublées d'immeubles** dont l'usage final est l'habitation, sous réserve de l'inscription du propriétaire au registre du commerce du loueur professionnel, et que cette activité :

- génère un montant annuel de recettes au moins égal à 23 000 euros;
- ou représente au moins 50 % de son revenu global.

1333 • La **location d'immeubles équipés**, au sens de l'article 35-I-5 du CGI, concerne la location d'un établissement industriel ou commercial muni du mobilier ou du matériel nécessaire à son exploitation. Cette exigence est appliquée strictement par la jurisprudence du Conseil d'État.

1334 • La **location avec services** concerne la location de locaux aménagés comportant en plus la fourniture de prestations facilitant leur utilisation. Rentrent dans cette catégorie les activités d'hôtellerie de bureaux comportant des services de secrétariat, standard téléphonique, bureautique, etc.

1335 • La **location comportant une participation directe du bailleur aux résultats du locataire ou permettant d'accroître ses débouchés commerciaux.** Il s'agit notamment des baux comportant une clause de recettes au moyen de laquelle le loyer est en tout ou partie déterminé au *prorata* des résultats du locataire.

Si ces conditions sont remplies, l'investisseur pourra amortir l'immeuble sous réserve éventuelle des dispositions de l'article 31 annexe 2 du CGI, limitant le montant de l'amortissement par rapport au montant du loyer annuel en cas de location simplement meublée ou équipée.

Les résultats seront imposables dans la catégorie des BIC au titre de l'impôt sur le revenu des personnes physiques (IRPP) pour la part des bénéfices touchés par chacun des associés.

e. Régime fiscal applicable à la revente

1336 La plupart du temps, compte tenu du caractère fermé de la SNC, la cession de l'activité portera sur la vente de l'immeuble et non sur les parts sociales. Cette revente sera taxée au taux global de 6 % environ, frais de notaire compris, applicable sur le prix de la vente.

En ce qui concerne les plus-values :

– si la société est considérée comme étant à prépondérance immobilière, au sens fiscal de l'article 150 A *bis* du CGI[1], ce seront les associés qui seront assujettis au régime des plus-values des particuliers pour la quote-part leur revenant;

1. La société à prépondérance immobilière est une personne morale dont plus de 50 % de l'actif est constitué par des immeubles non affectés à son exploitation.

– si la société exerce une activité commerciale, et utilise l'immeuble pour les besoins de son activité, elle ne sera pas considérée comme une société à prépondérance immobilière, et la plus-value sera déterminée comme en matière de BIC au taux de 26 % prélèvements sociaux compris.

▷ En conclusion, ce type de structure est réservé à des activités ayant une nature commerciale au sens du CGI.
À moins que les associés n'aient déjà par ailleurs la qualité de commerçant, le coût de cette structure est élevé en raison de l'augmentation des charges sociales en phase bénéficiaire. Elle doit donc être adaptée avec finesse au but recherché.

2. L'entreprise unipersonnelle à responsabilité limitée (EURL)

1337 L'entreprise unipersonnelle à responsabilité limitée (EURL) se différencie de la SARL par le fait qu'elle ne comporte qu'un associé. Ses règles de fonctionnement sont celles de la SARL.

L'associé unique n'est pas responsable des dettes sociales au-delà du capital affecté à l'exploitation. Lorsqu'il s'agit d'une personne physique, il relève de plein droit du régime fiscal des sociétés de personnes (BIC), et n'est pas soumis à l'impôt sur les sociétés. L'application de l'IRPP à cet associé est indépendante de l'activité exercée par la société.

Les résultats bénéficiaires ou déficitaires s'ajoutent ou se retranchent du revenu général de l'associé unique s'il participe effectivement à l'exploitation de la société.

Tel ne sera pas le cas si la société a été constituée pour devenir actionnaire d'une société d'investissement. La seule différence avec la SNC réside dans la limitation de la responsabilité de l'associé.

L'inconvénient majeur réside pour l'associé personne physique dans son affiliation obligatoire aux régimes sociaux des travailleurs non salariés, ce qui entraîne le versement de cotisations d'assurance maladie, d'allocations familiales déplafonnées et de cotisations aux caisses de retraite. Ces cotisations sont assises sur la totalité des bénéfices réalisés, qu'ils soient ou non distribués.

Comme pour les SNC, ce type de structure est interdit à certaines personnes du fait de la commercialité de l'activité.

L'EURL est souvent utilisée pour la prise de participation dans une SNC afin de limiter au second degré la responsabilité des associés de la SNC.

Les règles fiscales applicables à la détention et la revente ne présentent pas de différences notables par rapport à la SNC, dont les principes ci-dessus exposés sont transposables à l'EURL.

3. La société à responsabilité limitée (SARL) de famille

1338 La société à responsabilité limitée de famille est soumise au droit commun des SARL. Cependant, comme l'EURL, elle constitue une exception à l'application de l'impôt sur les sociétés. Ses résultats sont imposés à l'IRPP pour chaque associé comme pour les sociétés de personnes.

a. Statut restrictif

1339 Pour bénéficier de ce statut, un certain nombre de conditions doivent être remplies, et notamment :

– la société doit être constituée uniquement entre parents en ligne directe, ou entre frères et sœurs ainsi que leurs conjoints;

– la société doit exercer une activité industrielle, commerciale ou artisanale.

Ce type de société ne peut donc concerner les locations nues.

L'option pour la société de famille doit être exercée dans les statuts ou par une délibération d'assemblée générale. Au cas où l'une des deux conditions ci-dessus ne serait plus remplie, la société serait immédiatement assujettie à l'impôt sur les sociétés dans les conditions de droit commun.

b. Avantages de la SARL de famille

1340 Cette société permet d'imputer directement les déficits fonciers sur le revenu général des seuls associés qui participent effectivement à son exploitation.

Elle permet également d'écarter le versement par les associés ou même le ou les gérant(s) des cotisations sociales dont ils seraient redevables si la forme adoptée était celle d'une SNC. En effet, les gérants minoritaires ou égalitaires non rémunérés, de même que les associés non gérants qui n'exercent aucune activité professionnelle rémunérée au sein de la société, n'ont pas d'obligation de s'affilier aux différents régimes sociaux des travailleurs non salariés.

▷ Cette structure paraît donc beaucoup plus économique que la SNC ou l'EURL. Elle permet d'organiser avantageusement une indivision familiale, sous réserve du respect de la commercialité de l'activité.

D. Les sociétés passibles de l'impôt sur les sociétés (IS)

1. Stabilité du régime fiscal

1341 L'avantage essentiel de ces sociétés réside dans la stabilité de leur statut fiscal, quelle que soit l'activité exercée. La remise en cause par l'Administration fiscale des impositions en raison de la nature de l'activité exercée n'est plus possible. Le régime fiscal est celui de l'IS qui s'applique aux bénéfices réalisés dans le cadre de l'exploitation.

2. Choix de la structure

1342 Le choix entre la création d'une SARL, d'une société anonyme (SA) ou d'une société par actions simplifiée (SAS) résulte essentiellement de l'image que l'investisseur veut donner de son activité, des frais entraînés par la structure, de sa souplesse de fonctionnement et de l'importance de l'investissement.

La SARL constitue la structure la moins onéreuse et la plus souple en raison de l'absence de capital social minimum[1] et de la simplicité de sa gestion. Les cessions de parts sont taxées à 4,80 % du prix de cession pour les SARL.

Les SA constituent des structures plus onéreuses en raison du montant de leur capital et des contraintes liées à leur gestion à travers les organes d'administration et de contrôle et le commissariat aux comptes.

Les SAS présentent, quant à elles, l'avantage de la souplesse de fonctionnement, les associés pouvant être consultés par écrit et prendre entre eux des pactes d'actionnaire réglementant la cessions des actions ou des actifs. De plus, la direction de la société peut être assurée par une personne morale.

1. C. com., art. L. 223-2, mod. par L. n° 2003-721, 1er août 2003.

▷ Ce type de société rencontre un grand succès dans le secteur immobilier et est utilisé par les groupes pour leurs sociétés filiales. Il convient toutefois d'apporter un soin particulier à la rédaction des statuts, la liberté des associés étant prépondérante.

3. Avantages du régime

1343 L'assujettissement à l'IS au taux actuel de 33 1/3 % (ou plus de 35 % dans des cas particuliers) s'applique à ces différentes entités.

L'immeuble fait l'objet d'un amortissement sur une période de l'ordre de vingt-cinq à cinquante ans, ce qui améliore la trésorerie de la société.

En ce qui concerne les sociétés cotées, celles-ci doivent à compter du 1er janvier 2005, adopter les nouvelles normes comptables définies par l'IFRS. Ces normes prévoient un amortissement qui se réalisera sur autant de composants que l'immeuble peut en comporter tels que le gros œuvre, le second œuvre, les éléments d'équipements, chacun de ces composants étant amorti sur sa durée de vie probable. Par ailleurs, l'amortissement sera effectué sur la valeur de l'actif diminué de la valeur résiduelle (valeur théorique de cession à sa date).

Pour ce qui concerne les sociétés détenant des immeubles à usage locatif, des normes comptables particulières sont définies par l'IAS 17.

De ce fait, l'utilisation d'une structure d'investissement soumise à l'IS présente un intérêt évident pour l'investisseur.

Enfin, la revente des parts d'une société à prépondérance immobilière quelle que soit sa forme est taxable au régime des plus-values des particuliers avec une exonération totale passé quinze ans[1].

▷ Ce type de société est particulièrement adapté quelles que soient les activités exercées, location nue ou équipée ou ayant une nature commerciale.

4. Fiscalité de la cession

1344 Les cessions de parts sociales de sociétés à prépondérance immobilière sont soumises à un droit de 4,89 % sur le prix de la cession.

Les règles fiscales applicables à ce type de structure apparaissent donc toujours favorables pour l'accueil d'un investissement immobilier à long terme.

E. Conclusion générale sur les structures d'accueil

1. Le traitement des déficits

1345 En période de constitution de patrimoine, l'investisseur aura le souci de déduire au maximum de son revenu imposable le coût de son investissement. Il pourra ainsi désirer amortir son immeuble le plus rapidement possible, mais surtout déduire les éventuels déficits résultant de son investissement.

Malheureusement, la loi fiscale ne permet pas toujours de reporter des déficits résultant d'une catégorie de revenus sur une autre catégorie. Ainsi, des déficits enregistrés en revenus fonciers ne peuvent être déduits que sur la même catégorie de revenus dans une limite de dix années.

1. Seuil prévu par le projet de loi de finances pour 2004 • Auparavant ce seuil était de 22 ans.

Cependant, depuis la loi de finances pour 1995[1], le report des déficits fonciers sur le revenu général du contribuable est possible, dans la seule limite de la somme de 10 300 euros, sous réserve qu'il n'ait pas été généré par les intérêts d'un emprunt (limite portée à 15 300 euros pour les logements dans les régimes particuliers que nous avons vu ci-dessus).

Ces déficits ne peuvent donc pas s'imputer sur des revenus de nature professionnelle ou commerciale tels que les traitements et salaires, les bénéfices non commerciaux professionnels (BNC), et les bénéfices industriels et commerciaux (BIC).

▷ Le traitement des déficits sera donc le souci majeur de l'investisseur lors de son acquisition, et s'ajoutera à sa réflexion sur la fiscalité de la détention et de la revente. L'investisseur devra opérer un choix entre les différents avantages et inconvénients juridiques et fiscaux liés à l'activité et à la forme de la structure qu'il choisira pour recueillir la propriété de l'immeuble.

2. La fiscalité applicable à l'investissement résulte uniquement de l'activité exercée par la structure, et non de sa forme juridique

1346 La fiscalité constitue le cœur de la réflexion présidant au choix de la structure. En principe, sauf pour les structures soumises à l'impôt sur les sociétés (IS), le choix de la structure est neutre quant à la fiscalité applicable.

Ainsi, une location ayant le caractère d'activité commerciale, comme la location par une société civile immobilière (SCI) de locaux équipés, sera obligatoirement soumise au régime des BIC. Inversement, les produits de la location nue de locaux consentie par une société en nom collectif (SNC), commerciale par la forme, seront soumis au régime des revenus fonciers.

▷ Nous retiendrons donc de ces principes que sur le plan fiscal, la nature de l'activité exercée prime la forme juridique de la structure choisie.

Les sociétés en nom collectif et les sociétés en commandite, lorsque l'activité exercée est de nature commerciale et constitue une activité professionnelle pour l'associé, permettent aux personnes physiques de déduire de leur revenu général, les déficits liés à l'investissement.

Ces structures entraînant des coûts sociaux non négligeables et l'avantage tenant au traitement des déficits ayant disparu pour les associés non-professionnels, les investisseurs personnes physiques se détournent de ce type de sociétés. Sont concernées principalement les sociétés de personnes à forme commerciale telles que les SNC, les sociétés en commandite ou les EURL et SARL de famille.

F. L'éventail des structures offertes

1347 La **SCI** constitue la structure la mieux adaptée pour la réalisation d'un investissement destiné à la location nue, mais peut être utilisée pour un investissement soumis à l'IS en optant pour cette imposition ou en exerçant une activité de nature commerciale.

Les **sociétés de personnes**, pour des locations constituant une activité commerciale au sens de la loi fiscale, présentent l'avantage d'assurer un meilleur traitement des déficits dans le patrimoine de l'investisseur qui participe effectivement à leur exploitation. Elles permettent d'imputer directement le déficit sur

1. L. n° 94-1162 du 29 déc. 1994 de finances pour 1995, JO 30 déc. 1994, p. 18737.

les revenus généraux de cette catégorie d'investisseur. Elles présentent cependant l'inconvénient de permettre à l'administration fiscale de remettre en cause les montages réalisés, de faire supporter en phase bénéficiaire à l'investisseur des cotisations sociales importantes et de le soumettre à la plus-value professionnelle en cas de revente quelle que soit la durée de détention.

Comme nous l'avons vu, par l'effet de l'avantage d'impôt et la déduction de la charge d'amortissement, la trésorerie disponible en régime d'IS est près de 50 % supérieure à celle résultant de revenus fonciers.

Bien que la revente des parts sociales ne soit plus soumise au régime des plus-values des particuliers, aux termes du projet de loi de finances pour 2004[1], nous pensons que les sociétés soumises à l'IS demeurent attractives.

Cet intérêt est justifié par la stabilité de la structure sur le plan fiscal, mais également par l'abaissement de l'impôt grevant les résultats et leur distribution.

Chaque investissement constitue un cas particulier au regard duquel le choix de l'activité exercée et de la structure d'accueil la mieux adaptée doit être pesé par l'investisseur, en fonction de ses objectifs à court et à long terme.

Ce choix reste cependant contingent en raison des incertitudes tenant à la modification des réglementations fiscales et à l'évolution du marché. ■

1. Sous réserve de son adoption.

N
Nos 1401 à 1455

Modes de financement et régime fiscal en financement classique

PAGES

I. Les financements immobiliers 233
A. Un large éventail de financements 233
B. Financer l'acquisition d'un logement 234

II. Aspects fiscaux 247
A. Généralités 248
B. Acquérir pour son usage personnel 248
C. Acquérir en vue d'une location 256

I. Les financements immobiliers

A. Un large éventail de financements

1401 L'acquisition d'un bien immobilier représente un budget tel que le recours à un financement extérieur s'impose le plus souvent.

C'est d'ailleurs l'accessibilité aux financements qui va « solvabiliser » l'acquéreur pour un projet donné, ou le conduire, en liaison avec son conseil immobilier et son banquier ou prêteur, à reconsidérer le projet global pour revoir l'enveloppe financière, à prévoir d'autres modalités (montant de l'emprunt, apport personnel, durées, sûretés, assurances...) afin de répondre aux critères d'acceptation de chacun (capacité de remboursement pour l'emprunteur, critères de décision pour le prêteur).

1. L'acquisition d'un logement

1402 L'acquisition d'un logement ouvre à l'acquéreur un très large éventail de financements du secteur aidé ou du secteur libre.

a. Les financements du secteur « aidé »

1403 Ils sont généralement à des taux et conditions réglementés, ou ouvrant droit à des aides publiques (APL). Ils impliquent le respect d'un certain nombre de critères.

□ Par exemple la situation de famille, le niveau des revenus soumis le plus souvent à un plafond, le prix d'achat ou de revient du logement, les conditions d'utilisation du bien, à usage personnel ou locatif, le descriptif et les conditions de confort du logement...

b. Les financements du secteur « libre »

1404 Ils proviennent pour l'ensemble du système bancaire qui a développé une large gamme de possibilités.

• En prêts amortissables (c'est-à-dire remboursables en intérêts et capital) par échéances constantes ou progressives, voire dégressives.

• En associant au plan de financement global toute solution éventuelle de prêt avantageuse (prêt d'épargne logement, prêt patronal, prêt à taux zéro...).

• En prêt relais (en cas de nécessité d'acheter un bien avant la revente d'un bien précédent).

• En formules d'emprunts à taux fixes ou à taux révisables ou en panachant les variantes, et pouvant offrir des sécurités à l'emprunteur (taux plafond ou maximum d'échéance en cas de prêt à taux variable, « fenêtre » de passage à taux fixe...).

• En formule notamment pour l'achat d'un logement à titre locatif, qui associe un prêt *in fine* remboursable pendant toute la durée du prêt en intérêts seuls, le capital étant exigible à l'échéance finale du contrat à une formule d'épargne à long terme (de type « assurance-vie ») dont le montant capitalisé viendra rembourser le prêt à son échéance finale.

• Par des formules qui peuvent permettre de mettre en place diverses tranches de financement décalées dans le temps, par exemple financement du terrain en année n et des travaux de construction d'une maison individuelle en année $n+3$.

• Par des formules qui peuvent autoriser l'emprunteur à moduler en cours de contrat son échéance de remboursement (à la hausse, à la baisse ou par la suspension temporaire de tout paiement) et qui peuvent autoriser le remboursement partiel ou total de l'emprunt, sans pénalité ou avec des pénalités réduites.

• Par des formules de prêts comportant généralement l'inscription de sûreté hypothécaire ou pour éviter le coût hypothécaire par l'intervention d'un organisme tiers qui interviendra en cautionnant le préteur.

2. L'acquisition d'un local commercial ou professionnel

1405 L'acquisition d'un local commercial ou professionnel relève d'autres modalités de financement suivant l'optique de l'acquéreur, qui peut être :

- une entreprise utilisatrice;
- un investisseur qui achèterait l'immeuble pour le donner à bail à l'entreprise dont il est le principal ou seul actionnaire ou à des locataires professionnels ou commerçants tiers.

Dans chacun de ces deux cas, il sera possible d'envisager des financements :

- en crédit (crédit classique, crédit *in fine*, crédit en compte courant...) avec une vaste palette de modalités financières et techniques;
- en crédit-bail immobilier suivant le cadre légal prévu.

B. Financer l'acquisition d'un logement

1. Considérations générales

1406 À la suite ou pendant la recherche du logement, l'acquéreur doit élaborer une véritable « stratégie de financement ».

En effet, ce domaine est vaste, réglementé, ou technique, et compte tenu de l'importance des sommes en jeu, il est nécessaire que l'acquéreur, aidé de son conseil, raisonne à chaque étape du processus et fasse le choix qui lui donne le plus grand avantage.

▷ L'aide du conseil immobilier dans cette période délicate que va aborder l'acquéreur, peut s'avérer essentielle pour le succès de l'opération et en particulier sa réalisation dans les meilleurs délais et au meilleur coût global eu égard aux objectifs qui auront été définis.

À l'évidence l'acquéreur ne peut facilement appréhender toutes les possibilités offertes par les différents systèmes de financement. Au cours de sa vie, une personne ne procède généralement qu'une fois ou deux à l'acquisition de sa résidence personnelle, et ne pourra donc être à la pointe de l'actualité de l'offre de financement.

À l'inverse, le conseil immobilier aura avantage à parfaitement maîtriser la partie financière de la transaction. Cette maîtrise professionnalise l'agent immobilier face à son client, accélère et sécurise la réalisation de l'opération par une connaissance optimale des circuits et modalités de financement et conditionne enfin la réalisation de l'opération et donc la perception de sa commission.

▷ La stratégie de financement passe par diverses étapes :
- faire ses comptes, ce qui signifie connaître sa faculté de remboursement sur le long terme et donc sa capacité d'emprunt;
- estimer le coût global de l'opération;
- établir le plan de financement au regard des différentes possibilités de prêt offertes par le marché (prêt à taux zéro, prêt à l'accession sociale, prêt conventionné, prêt d'épargne logement et tous les prêts libres proposés par le secteur bancaire);
- préparer le dossier de demande de prêt;
- connaître et intégrer les conditions d'accord des prêts nécessaires à l'opération et notamment les délais réglementaires liés à leur acceptation;
- connaître les sûretés liées au crédit;
- comprendre les assurances liées aux prêts immobiliers.

2. Estimation du budget

1407 En fonction de ses revenus, l'acquéreur va pouvoir estimer le montant maximum du prêt qui pourra lui être consenti.

Sur un revenu du « ménage » jugé constant ou pérenne, les banques accepteront généralement une charge de prêt qui n'excédera pas trente pour cent de celui-ci (en supposant, pour la simplicité du raisonnement, que l'acquéreur n'a pas contracté d'autres emprunts, à court terme ou à long terme dont la charge viendrait réduire la capacité d'endettement).

Ainsi la charge maximale de remboursement mensuel pouvant être supportée par l'acquéreur permet de déterminer le crédit maximum qu'un acquéreur pourrait envisager.

□ La table 1 reproduite ci-dessous donne, à titre indicatif, le montant maximum du crédit qui peut être obtenu en fonction du revenu.
Cette table permet de déterminer différents montants de crédits suivant la durée du prêt.
Le calcul du taux d'intérêt à été retenu pour les besoins de l'exemple à 6 % (six pour cent en taux proportionnel ou taux effectif global).

□ Ainsi, un acquéreur qui souhaiterait consacrer 780 € par mois au remboursement d'un emprunt immobilier à long terme, devra « justifier » à ses prêteurs d'un revenu mensuel global de 2 600 €, et pourra solliciter un prêt de 53 393 € remboursable sur sept ans, ou 70 257 € sur dix ans, ou 92 432 € sur quinze ans.

Le choix de la durée va principalement résulter du niveau de revenus et de l'âge de l'acquéreur, tout en sachant que plus la durée de remboursement est longue, plus le coût total du crédit (la somme des intérêts payés) est alourdi.

Une fois déterminé le montant théorique maximum de l'emprunt, l'acquéreur, aidé de son conseil immobilier, pourra se documenter sur les différentes offres du marché pour sélectionner le meilleur taux ou les conditions qui lui conviennent le mieux.

1408 La table 2 reproduite ci-dessous donne l'indication du montant de la mensualité de crédit en fonction d'un niveau du taux donné (variant de 4 % à 10 % l'an - écart de 0,25 %), et des durées de cinq à vingt ans, pour le remboursement d'un emprunt 100 000 euros.

□ Ainsi, sur une durée de remboursement de quinze ans, l'échéance mensuelle au taux de 7 % représente 898,83 €.
Cette échéance serait ramenée à 790,79 € si le taux est négocié à 5 % sur la même durée de remboursement de quinze ans.

Cette réduction de la charge de remboursement, liée à la baisse de taux, permet à l'emprunteur d'emprunter plus ou, s'il souhaite ne pas augmenter sa charge de remboursement, de choisir une durée plus courte.

▷ Par ailleurs cette table indique, dans les colonnes « **coût du crédit** », le montant total des intérêts qui seront acquittés pendant la durée de l'emprunt. Il paraît intéressant de remarquer qu'à taux égal, le choix de la durée a un impact important sur le coût total du crédit résultant des intérêts payés.
L'acquéreur qui fait ses comptes aura avantage à fixer le niveau de sa mensualité à un montant compatible avec son budget, tout en se préservant une marge de sécurité.

□ Par exemple au taux de 6 %, 100 000 € empruntés coûtent (total des intérêts payés) :
– sur une durée de remboursement de douze ans 40 522,40 €
– sur quinze ans 51 894,80 €
– sur vingt ans 71 943,20 €

1. CRÉDIT MAXIMAL[1] POUVANT ÊTRE ACCORDÉ EN FONCTION DU REVENU MENSUEL (Calcul en euros effectué sur la base d'un TEG DE 6 %)

Revenu mensuel	*Mensualité plafond*	*Crédit maximal pouvant être accordé*					
		7 ans	*10 ans*	*12 ans*	*15 ans*	*18 ans*	*20 ans*
1 200	360	24 643	32 426	36 890	42 661	47 483	50 249
1 300	390	26 696	35 128	39 965	46 216	51 440	54 436
1 400	420	28 750	37 830	43 039	49 771	55 397	58 623
1 500	450	30 803	40 533	46 113	53 326	59 354	62 811
1 600	480	32 857	43 235	49 187	56 881	63 310	66 998
1 700	510	34 911	45 937	52 262	60 436	67 267	71 186
1 800	540	36 964	48 639	55 336	63 991	71 224	75 373
1 900	570	39 018	51 341	58 410	67 547	75 181	79 561
2 000	600	41 071	54 044	61 484	71 102	79 138	83 748
2 100	630	43 125	56 746	64 559	74 657	83 095	87 935
2 200	660	45 179	59 448	67 633	78 212	87 052	92 123
2 300	690	47 232	62 150	70 707	81 767	91 009	96 310
2 400	720	49 286	64 852	73 781	85 322	94 966	100 498

1. Montant généralement admis et correspondant à 30 % de taux d'effort.

Revenu mensuel	Mensualité plafond	Crédit maximal pouvant être accordé					
		7 ans	10 ans	12 ans	15 ans	18 ans	20 ans
2 500	750	51 339	67 555	76 856	88 877	98 923	104 685
2 600	780	53 393	70 257	79 930	92 432	102 880	108 873
2 700	810	55 446	72 959	83 004	95 987	106 837	113 060
2 800	840	57 500	75 661	86 078	99 542	110 794	117 247
2 900	870	59 554	78 363	89 153	103 098	114 751	121 435
3 000	900	61 607	81 066	92 227	106 653	118 708	125 622
3 100	930	63 661	83 768	95 301	110 208	122 665	129 810
3 200	960	65 714	86 470	98 375	113 763	126 621	133 997
3 300	990	67 768	89 172	101 449	117 318	130 578	138 184
3 400	1 020	69 822	91 874	104 524	120 873	134 535	142 372
3 500	1 050	71 875	94 577	107 598	124 428	138 492	146 559
3 600	1 080	73 929	97 279	110 672	127 983	142 449	150 747
3 700	1 110	75 982	99 981	113 746	131 538	146 406	154 934
3 800	1 140	78 036	102 683	116 821	135 094	150 363	159 122
3 900	1 170	80 090	105 385	119 895	138 649	154 320	163 309
4 000	1 200	82 143	108 088	122 969	142 204	158 277	167 496
4 100	1 230	84 197	110 790	126 043	145 759	162 234	171 684
4 200	1 260	86 250	113 492	129 118	149 314	166 191	175 871
4 300	1 290	88 304	116 194	132 192	152 869	170 148	180 059
4 400	1 320	90 358	118 896	135 266	156 424	174 105	184 246
4 500	1 350	92 411	121 599	138 340	159 979	178 062	188 434
4 600	1 380	94 465	124 301	141 415	163 534	182 019	192 621
4 700	1 410	96 518	127 003	144 489	167 089	185 976	196 808
4 800	1 440	98 572	129 705	147 563	170 645	189 932	200 996
4 900	1 470	100 625	132 407	150 637	174 200	193 889	205 183
5 000	1 500	102 679	135 110	153 712	177 755	197 846	209 371
5 100	1 530	104 733	137 812	156 786	181 310	201 803	213 558
5 200	1 560	106 786	140 514	159 860	184 865	205 760	217 746
5 300	1 590	108 840	143 216	162 934	188 420	209 717	221 933
5 400	1 620	110 893	145 918	166 009	191 975	213 674	226 120
5 500	1 650	112 947	148 621	169 083	195 530	217 631	230 308
5 600	1 680	115 001	151 323	172 157	199 085	221 588	234 495
5 700	1 710	117 054	154 025	175 231	202 641	225 545	238 683
5 800	1 740	119 108	156 727	178 306	206 196	229 502	242 870
5 900	1 770	121 161	159 430	181 380	209 751	233 459	247 057
6 000	1 800	123 215	162 132	184 454	213 306	237 416	251 245
6 100	1 830	125 269	164 834	187 528	216 861	241 373	255 432
6 200	1 860	127 322	167 536	190 603	220 416	245 330	259 620
6 300	1 890	129 376	170 238	193 677	223 971	249 286	263 807

Revenu mensuel	Mensualité plafond	Crédit maximal pouvant être accordé					
		7 ans	10 ans	12 ans	15 ans	18 ans	20 ans
6 400	1 920	131 429	172 941	196 751	227 526	253 243	267 995
6 500	1 950	133 483	175 643	199 825	231 081	257 200	272 182
6 600	1 980	135 537	178 345	202 899	234 636	261 157	276 369
6 700	2 010	137 590	181 047	205 974	238 192	265 114	280 557
6 800	2 040	139 644	183 749	209 048	241 747	269 071	284 744
6 900	2 070	141 697	186 452	212 122	245 302	273 028	288 932
7 000	2 100	143 751	189 154	215 196	248 857	276 985	293 119
7 100	2 130	145 804	191 856	218 271	252 412	280 942	297 307
7 200	2 160	147 858	194 558	221 345	255 967	284 899	301 494
7 300	2 190	149 912	197 260	224 419	259 522	288 856	305 681
7 400	2 220	151 965	199 963	227 493	263 077	292 813	309 869
7 500	2 250	154 019	202 665	230 568	266 632	296 770	314 056
7 600	2 280	156 072	205 367	233 642	270 188	300 727	318 244

2. MENSUALITÉS POUR 100 000 EUROS EMPRUNTÉS

	Durées du crédit													
(TEG)	5 ans		8 ans		10 ans		12 ans		15 ans		18 ans		20 ans	
Taux d'intérêts	Mensualité	Coût du crédit	Mensualité	Coût du crédit	Mensualité	Coût du crédit	Mensualité	Coût du crédit	Mensualité	Coût du crédit	Mensualité	Coût du crédit	Mensualité	Coût du crédit
4,00%	1 841,65	10 499,00	1 218,93	17 017,28	1 012,45	21 494,00	875,53	26 076,32	739,69	33 144,20	650,20	40 443,20	605,98	45 435,20
4,25%	1 852,96	11 177,60	1 230,59	18 136,64	1 024,38	22 925,60	887,72	27 831,68	752,28	35 410,40	663,19	43 249,04	619,23	48 615,20
4,50%	1 864,30	11 858,00	1 242,32	19 262,72	1 036,38	24 365,60	900,01	29 601,44	764,99	37 698,20	676,32	46 085,12	632,65	51 836,00
4,75%	1 875,69	12 541,40	1 254,12	20 395,52	1 048,48	25 817,60	912,40	31 385,60	777,83	40 009,40	689,61	48 955,76	646,22	55 092,80
5,00%	1 887,12	13 227,20	1 265,99	21 535,04	1 060,66	27 279,20	924,89	33 184,16	790,79	42 342,20	703,03	51 854,48	659,96	58 390,40
5,25%	1 898,60	13 916,00	1 277,93	22 681,28	1 072,92	28 750,40	937,48	34 997,12	803,88	44 698,40	716,60	54 785,60	673,84	61 721,60
5,50%	1 910,12	14 607,20	1 289,93	23 833,28	1 085,26	30 231,20	950,17	36 824,48	817,08	47 074,40	730,32	57 749,12	687,89	65 093,60
5,75%	1 921,68	15 300,80	1 302,00	24 992,00	1 097,69	31 722,80	962,96	38 666,24	830,41	49 473,80	744,17	60 740,72	702,08	68 499,20
6,00%	1 933,28	15 996,80	1 314,14	26 157,44	1 110,21	33 225,20	975,85	40 522,40	843,86	51 894,80	758,16	63 762,56	716,43	71 943,20
6,25%	1 944,93	16 695,80	1 326,35	27 329,60	1 122,80	34 736,00	988,84	42 392,96	857,42	54 335,60	772,29	66 814,64	730,93	75 423,20
6,50%	1 956,61	17 396,60	1 338,62	28 507,52	1 135,48	36 257,60	1 001,92	44 276,48	871,11	56 799,80	786,56	69 896,96	745,57	78 936,80
6,75%	1 968,35	18 101,00	1 350,96	29 692,16	1 148,24	37 788,80	1 015,10	46 174,40	884,91	59 283,80	800,96	73 007,36	760,36	82 486,40
7,00%	1 980,12	18 807,20	1 363,37	30 883,52	1 161,08	39 329,60	1 028,38	48 086,72	898,83	61 789,40	815,50	76 148,00	775,30	86 072,00
7,25%	1 991,94	19 516,40	1 375,85	32 081,60	1 174,01	40 881,20	1 041,76	50 013,44	912,86	64 314,80	830,17	79 316,72	790,38	89 691,20
7,50%	2 003,79	20 227,40	1 388,39	33 285,44	1 187,02	42 442,40	1 055,23	51 953,12	927,01	66 861,80	844,97	82 513,52	805,59	93 341,60
7,75%	2 015,70	20 942,00	1 400,99	34 495,04	1 200,11	44 013,20	1 068,79	53 905,76	941,28	69 430,40	859,90	85 738,40	820,95	97 028,00
8,00%	2 027,64	21 658,40	1 413,67	35 712,32	1 213,28	45 593,60	1 082,45	55 872,80	955,65	72 017,00	874,96	88 991,36	836,44	100 745,60
8,25%	2 039,63	22 377,80	1 426,41	36 935,36	1 226,53	47 183,60	1 096,21	57 854,24	970,14	74 625,20	890,15	92 272,40	852,07	104 496,80
8,50%	2 051,65	23 099,00	1 439,21	38 164,16	1 239,86	48 783,20	1 110,06	59 848,64	984,74	77 253,20	905,46	95 579,36	867,82	108 276,80
8,75%	2 063,72	23 823,20	1 452,08	39 399,68	1 253,27	50 392,40	1 124,00	61 856,00	999,45	79 901,00	920,89	98 912,24	883,71	112 090,40
9,00%	2 075,84	24 550,40	1 465,02	40 641,92	1 266,76	52 011,20	1 138,03	63 876,32	1 014,27	82 568,60	936,44	102 271,04	899,73	115 935,20
9,25%	2 087,99	25 279,40	1 478,02	41 889,92	1 280,33	53 639,60	1 152,16	65 911,04	1 029,19	85 254,20	952,12	105 657,92	915,87	119 808,80
9,50%	2 100,19	26 011,40	1 491,09	43 144,64	1 293,98	55 277,60	1 166,37	67 957,28	1 044,22	87 959,60	967,91	109 068,56	932,13	123 711,20
9,75%	2 112,42	26 745,20	1 504,22	44 405,12	1 307,70	56 924,00	1 180,68	70 017,92	1 059,36	90 684,80	983,82	112 505,12	948,52	127 644,80
10,00%	2 124,70	27 482,00	1 517,42	45 672,32	1 321,51	58 581,20	1 195,08	72 091,52	1 074,61	93 429,80	999,84	115 965,44	965,02	131 604,80

1409 Il est instructif d'examiner, à un taux donné, la réduction corrélative de la charge mensuelle de remboursement comme le montre le tableau ci-après.

**EMPRUNT DE 100 000 EUROS À 6 %
AVEC MONTANT DE L'ÉCHÉANCE DE REMBOURSEMENT
ET INDICATION DU COÛT TOTAL**

	12 ans	*15 ans*	*20 ans*
Échéance (en €)	975,85	843,86	716,43
Coût total (en €)	40 522,40	51 894,80	71 943,20

▷ On notera que cet exemple est sans doute théorique dans la mesure où, sur une proposition à taux fixe, les préteurs auront tendance à majorer les taux sur les durées les plus longues, comportant objectivement des risques supérieurs.

1410 Enfin, il est important de souligner que plus les taux d'intérêts sont élevés, plus les écarts seront importants et guideront le choix de la durée de remboursement.

▷ En conclusion, les règles suivantes peuvent être dégagées en vue d'un bon choix :
- plus la période de remboursement est courte, moins le coût du crédit est élevé;
- en cas d'allongement important de la durée de remboursement, l'avantage lié à la réduction de la charge de remboursement est significative mais implique une augmentation importante du coût du crédit; cette constatation est amplifiée en présence d'un taux de crédit élevé.

3. Estimation du coût global de l'opération

1411 L'acquéreur devra faire l'inventaire de l'ensemble des postes pouvant avoir un impact sur le coût global de l'opération. Au prix d'achat s'ajoutent différents éléments.

• **1. Impact des droits de mutation.** Les frais de mutation sont distincts en fonction du caractère neuf ou ancien du logement. Ils s'élèvent à 4,89 % pour l'ancien, alors que pour les logements neufs dont le prix est stipulé TVA incluse, la taxe de publicité foncière est seule exigible au taux de 0,615 % du prix de vente hors TVA.

• **2. Honoraires d'agent immobilier.** S'ils sont supportés par l'acquéreur en sus du prix.

• **3. Émoluments du notaire.** Au titre de l'acte de vente, ils comportent une partie fixe en fonction des formalités et diligences (de 500 euros environ) et une partie variable dégressive applicable par tranche :
- de 5 % pour les ventes de moins de 3 050 euros;
- de 3,30 % de 3 050 à 6 100 euros;
- de 1,65 % de 6 100 à 16 770 euros;
- de 0,825 % à partir de 16 670 euros.

La TVA est ajoutée au total de l'émolument ainsi calculé.

• **4. Frais liés à l'acte de prêt.** Ceux-ci peuvent comporter trois postes :

- les **frais de dossier** pouvant être réclamés par le prêteur. En règle générale ces frais sont de 1 % et sont généralement compris entre 300 € et 900 €. Certains prêts ne donnent lieu aucun frais de dossiers (PEL et prêt à 0 %) ou à des frais réduits (PAS...);

– les **émoluments du notaire** dans l'hypothèse où l'acte de prêt est régularisé sous la forme authentique, qui sont de :
- 3,33 % pour un prêt allant de 0 à 3 050 euros;
- 2,20 % pour un prêt compris entre 3 050 et 6 100 euros;
- 1,10 % pour un prêt compris entre 6 100 et 16 770 euros;
- 0,55 % au-delà.

Ces taux peuvent être soit minorés pour certains prêts (en particulier les prêts aidés), soit majorés de 25 % si un cautionnement est constaté dans l'acte. La TVA s'ajoute à l'émolument ainsi calculé;

– les **frais d'hypothèque** sont de 0,615 % du montant du crédit garanti par hypothèque, mais ne s'appliquent pas quand la garantie du prêt résulte d'un privilège (prêteur de deniers ou vendeur) ou pour certaines catégories de prêt (PAS et prêt à taux 0). Certains emprunteurs peuvent préférer avoir recours au **cautionnement d'un organisme spécialisé**; ils font ainsi l'économie des frais de prise d'hypothèque et de leur mainlevée mais doivent supporter le coût d'intervention de l'organisme qui se porte caution : commission *flat* de l'ordre de 0,50 % du montant du prêt à laquelle s'ajoute un versement (de 1,50 % à 2,50 %) à un fonds mutuel de garantie. Ce versement peut être remboursé, à hauteur de 70 à 80 % quelques mois après la fin du crédit.

- **5. Travaux envisagés.**
- **6. Frais de déménagement.**
- **7. Doubles charges** (loyer de l'ancien logement...).

□ L'exemple suivant résume la démarche de chiffrage d'une opération d'acquisition d'un logement ancien avec travaux :

• Postes financés en tout ou partie par le crédit :	
– Prix du logement commission d'agence incluse	100 000 €
– Coût des travaux TTC	45 000 €
Total	145 000 €
• Postes de dépenses (sur apport personnel le plus souvent) :	
– Frais de mutation	6 500 €
– Frais de dossier de crédit (1 % du financement plafonné)	610 €
– Frais d'emprunt (emprunt de 100 000 € avec hypothèque conventionnelle et cautionnement dans l'acte authentique)	2 400 €
– Déménagement	1 220 €
– Fond de roulement copropriété	305 €
– Imprévus	1 500 €
Total des frais accessoires	12 535 €

1412 De cet exemple, on peut dégager le principe que les frais accessoires à une vente représentent environ 8 % du budget global de l'opération.

Pour calculer le montant devant être financé au moyen d'un crédit, il convient de soustraire du prix de revient total déterminé conformément à notre exemple, le montant de l'apport personnel de l'acquéreur.

Celui-ci est constitué par ses économies, ses plans et comptes d'épargne logement, ses autres placements, le produit de la vente d'un bien ainsi que de toutes les aides qu'il pourrait recevoir.

Face au besoin de financement résultant du projet, l'acquéreur va rechercher les financements compatibles avec son budget dans les conditions que nous avons étudiées plus haut.

□ Pour ce faire, le tableau ci-après peut être utilisé :

– Revenu total mensuel net	3 000 €
– Capacité mensuelle de remboursement 3 000 € × 30 % =	900 €
– Charges mensuelles (autres remboursements, charges)	300 €
La capacité mensuelle de remboursement d'emprunt sera égale à	600 €

Il faudra donc trouver un emprunt générant une charge maximum de remboursement de 600 €. En reprenant la table 1 liée au crédit, un emprunt contracté sur quinze ans à six pour cent générant une charge de 600 € représente un capital de 71 102 €.
Un investissement de 152 500 € nécessiterait donc un apport personnel de 81 400 € résultant soit d'économies placées (compte ou plan d'épargne logement) soit de produits de revente d'un bien immobilier ou de valeurs mobilières ou enfin d'un héritage ou d'une donation.

Si l'apport personnel ne peut être réuni, il conviendra de refaire le calcul avec une durée d'emprunt plus longue. Certains établissements proposent désormais des financements sur des durées allant à vingt-cinq ans mais pouvant impliquer une majoration par rapport aux conditions de taux applicables sur dix ou quinze ans.

▷ Le tableau suivant aidera à prendre en compte tous les éléments pour calculer le besoin de financement à long terme par différence entre le coût du projet et l'apport personnel.

Le coût du projet	
Prix d'achat (taxes incluses)	
Frais de négociation (s'ajoutant s'il y a lieu au prix)	
Frais d'hypothèque et de cautionnement	
Frais notariés	
Frais d'assurances complémentaires (dommage, ouvrage)	
Travaux (taxes et honoraires inclus)	
Dépenses d'aménagement/installation :	
– travaux	
– décoration	
– mobilier électroménager	
– déménagement	
– doubles charges	
Total A	

L'apport personnel initial	
L'épargne disponible :	
– PEL/CEL	
– Livret d'épargne	
– Autre épargne	
– Cession de valeur mobilière	
Héritage, dons familiaux	
Fonds de participation salariale	
Vente d'un bien immobilier (net des emprunts et de la plus-value)	
Vente d'un autre bien	
Rachat de contrat d'assurance-vie	
Total B	

Besoin de financement à long terme C = A – B	

4. Établir un plan de financement et rechercher les financements nécessaires

1413 Le besoin global de financement étant déterminé, il importe à l'acquéreur de trouver les meilleures solutions offertes par le marché.

L'acquéreur va tout d'abord s'interroger, aidé de son conseil immobilier, sur son accès éventuel aux prêts du « secteur aidé » ou réglementé.

a. Les prêts du secteur aidé

1414 Ce secteur faisant l'objet de règles complètes et strictes, il n'est rappelé ci-dessous que quelques grandes caractéristiques de ces concours.

1. Le prêt à taux 0 % Ministère du logement (PTZ)

1415 • Pour bénéficier de ces prêts, distribués par l'ensemble des établissements financiers qui ont passé une convention avec l'État, il convient :

- d'être une personne physique qui n'a pas été propriétaire de sa résidence principale au cours des deux années précédant l'offre de prêt;

- d'avoir des revenus inférieurs à un plafond de ressources (apprécié l'année précédant l'offre de crédit) et dont le montant varie suivant la zone (Île-de-France et Province) et le nombre de personnes au foyer.

Les plafonds de revenus imposables (appréciés au cours de l'année n–2) sont actuellement les suivants :

Nombre des personnes composant le ménage	*Île-de-France*	*Province*
1	22 105,26 €	18 949,56 €
2	28 416,26 €	25 260,95 €
3	31 572,35 €	28 416,64 €
4	34 728,03 €	31 572,34 €
5 et plus	37 883,73 €	34 728,03 €

Il concerne exclusivement l'habitation principale (achat ou construction) quel que soit son prix et complète les prêts principaux sollicités par ailleurs.

• Il s'agit en fait d'opération sur logement neuf ou ancien (plus de vingt ans) avec de gros travaux (le montant des travaux doit représenter au minimum 54 % du prix d'acquisition, soit 35 % du montant global de l'opération).

• Le montant du prêt est fonction des revenus de la famille et de la zone géographique où se situe l'opération.

Le plafond de prêt va de 10 672 à 27 442 euros mais ne saurait dépasser 20 % du montant de l'opération (prix de revient maximal déterminé par arrêté ministériel) ou 50 % du ou des autres prêts (de plus de deux ans) intervenant dans le plan de financement.

Le montant maximum du PTZ est résumé sur le tableau ci-dessous :

Nombre de personnes composant le ménage	*Île-de-France*	*Province*
1	15 244,90 €	10 671,43 €
2	21 342,86 €	15 244,90 €
3	22 867,35 €	16 769,39 €
4	24 391,84 €	18 293,88 €
5	25 916,33 €	19 818,37 €
6 et plus	27 440,82 €	21 342,86 €

• Les modalités du remboursement sont fonction des revenus. Les revenus les plus modestes bénéficient des durées les plus longues avec différé de remboursement.

• Le taux nominal du prêt est de 0 %; le prêt ne comporte pas de frais de dossier et ouvre droit à l'aide personnalisée au logement (APL) s'il complète un PAS (prêt à l'accession sociale) ou un PC (prêt conventionné).

2. Le prêt conventionné (PC)

1416 • Il concerne exclusivement la résidence principale (à usage personnel ou locatif) et peut financer du neuf ou de l'ancien.

Ce concours est distribué par l'ensemble des établissements ayant signé une convention avec l'État.

• Aucune condition de ressource n'est exigée. Toutefois pour les revenus modestes, il ouvre droit au bénéfice de l'APL (Aide Personnalisée au Logement).

• Le logement financé doit répondre à certaines normes de surface et de prix au mètre carré (normes de prix fonction des zones géographiques).

• L'acquisition d'un logement de plus de vingt ans doit faire l'objet d'un état des lieux par un expert.

• Le financement est de 90 % au maximum du prix de vente (ou de revient) et peut être consenti sur des durées allant jusqu'à vingt-cinq ans.

• Les taux d'intérêt (fixes ou révisables) sont réglementés mais comparables à ceux observés dans le « secteur libre ».

• Les frais d'actes notariés afférents au prêt sont réduits.

3. Le prêt à l'accession sociale (PAS)

1417 • Il s'agit également d'un prêt conventionné mais bénéficiant de la garantie du Fonds de Garantie à l'Accession Sociale (FGAS).

• Il ne concerne, sous réserve d'un plafond de ressources, que la résidence principale personnelle (location exclue).

• Il ouvre droit à l'APL.

• Ses taux (fixes ou révisables) sont réglementés à un niveau inférieur de 0,60 point à ceux des prêts conventionnés classiques.

• Les frais d'actes de prêt sont réduits (davantage qu'en prêt conventionné).

4. Les prêts épargne-logement : CEL et PEL

1418 • Les formules d'épargne-logement (compte épargne-logement - CEL et plan d'épargne-logement - PEL) permettent, après une phase d'épargne minimum (dix-huit mois en CEL et quatre ans, voire trois ans, en PEL), de solliciter des prêts à des taux réglementés (souvent avantageux).

• Les droits à prêt résultent des intérêts acquis en phase d'épargne et peuvent être transmis aux membres d'une même famille sous certaines conditions.

• Le montant maximum de prêt est de 23 000 euros dans le cadre du CEL et de 92 000 euros dans le cadre du PEL (avec une limite globale de 92 000 euros si les deux types de prêt, PEL et CEL, sont utilisés en même temps).

• Les taux et échéances de ces prêts sont toujours fixes.

• Les droits à prêts sollicités sont d'autant plus importants que la durée du prêt est courte; cette situation peut conduire à une charge de remboursement trop élevée ou à la demande de prêts complémentaires sur des durées très longues de façon à ce que la charge globale soit raisonnable pendant la durée du remboursement du prêt d'épargne-logement.

5. Le prêt 1 % logement

1418-1 • Ce type de prêt concerne les salariés des entreprises de plus de 10 salariés ayant un projet d'achat de logement neuf ou ancien, sans travaux ou de terrain à bâtir.

• Ce type de prêt nécessite l'accord de l'employeur; son montant est variable (de 10 672 à 16 770 euros) suivant la localisation géographique du logement.

• Le taux du prêt ne peut excéder 3 % l'an et sa durée ne peut être inférieure à cinq ans.

• Des compléments de prêt peuvent être envisagés dans certaines conditions (primo-accédant, situation de famille, niveau de revenu...).

b. Les prêts non aidés et non réglementés

1419 Ils représentent une gamme considérable de possibilités où chaque banque et établissement financier essaie d'apporter des éléments de différenciation. Sans viser à l'exhaustivité, il convient de distinguer :

- les prêts amortissables;
- les prêts relais;
- les prêts *in fine* (qui ne concernent en pratique que le financement des investissements à usage locatif).

1. Les prêts amortissables

1420 Il s'agit de prêts remboursables à long terme et comportant dans leurs échéances intérêts et capital.

Sur un prêt à échéances constantes, le schéma n° 1 résume la composition des remboursements en intérêt et capital.

Certains prêts peuvent comporter une franchise partielle (schéma 2) (amortissement du capital seul) ou totale (aucun paiement en intérêt et capital) pendant une période limitée (par exemple jusqu'à la vente d'un autre bien...).

Par l'effet de la franchise le capital à rembourser est constant (si les intérêts sont réglés) ou augmente (schéma 3), en cas de franchise totale.

Le crédit peut comporter d'autres structures qui peuvent être souhaitées par certains emprunteurs :

- **échéances progressives** : solution qui peut rendre service dans certains cas, mais présente l'inconvénient d'un coût total alourdi;
- **échéances dégressives** : cette solution peut être envisagée pour des emprunteurs qui anticipent une baisse de leurs revenus dans l'optique, par exemple, d'un départ en retraite (schéma 4).

1421 • Les **crédits à échéances modulables.** Il s'agit d'une évolution récente qui permet à de nombreux prêteurs de proposer à l'emprunteur de faire varier son échéance de prêt à l'intérieur de certaines limites par exemple ± 20 ou 30 % par rapport à l'échéancier d'origine avec faculté de modifier le plan de remboursement X fois (en général une modification par an).

Cette faculté permet ainsi à l'emprunteur de faire varier, d'abord à la hausse, ses remboursements en augmentant ainsi sensiblement son amortissement de capital et en étant susceptible de se dégager plus tôt de son emprunt.

À l'inverse, si, ayant gagné (par rapport au plan de remboursement initial) en amortissement par suite de majoration du montant de son échéance, l'emprunteur souhaite réduire sa mensualité, ce type de prêt le lui permet autorisant ainsi une gestion plus fine de sa trésorerie et des gains substantiels en intérêt.

Outre la souplesse apportée par ce type de prêt, l'exemple schématique ci-après démontre l'impact que cette faculté de modulation peut engendrer.

Schéma 1

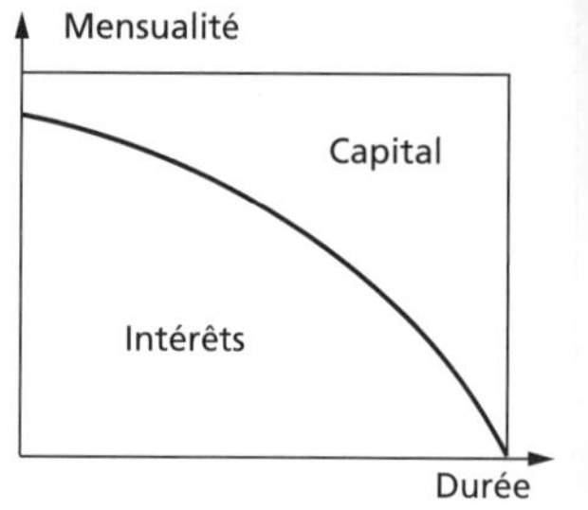

Schéma 2

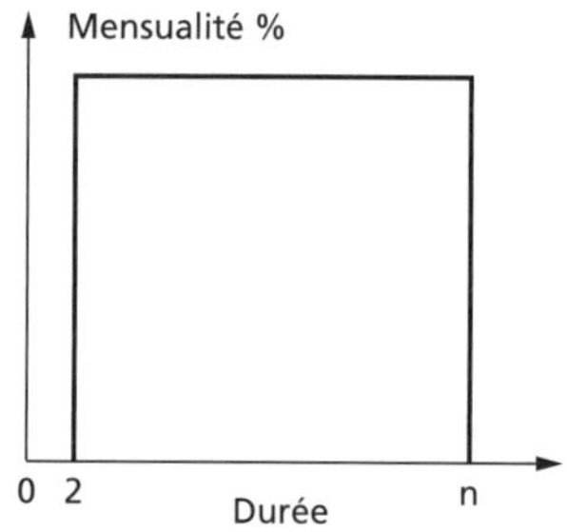

Schéma 3

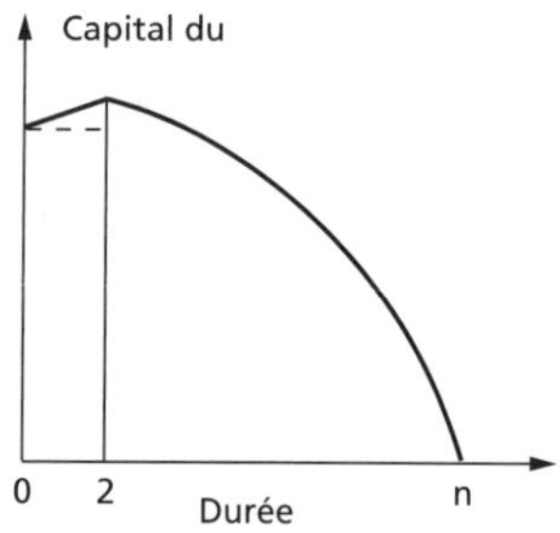

0 ↔ 2 Période de franchise

Schéma 4

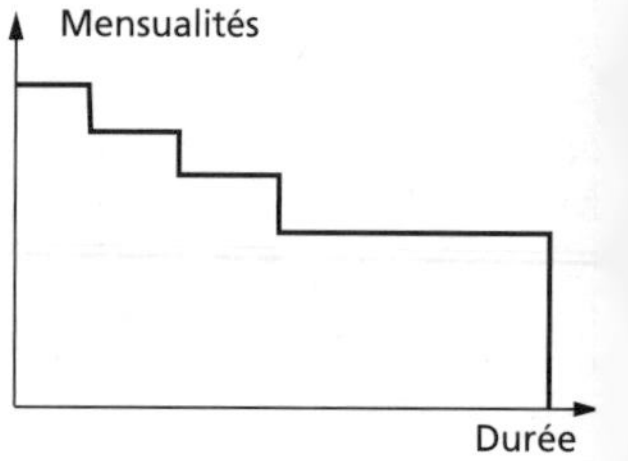

Schéma 5

Solution classique

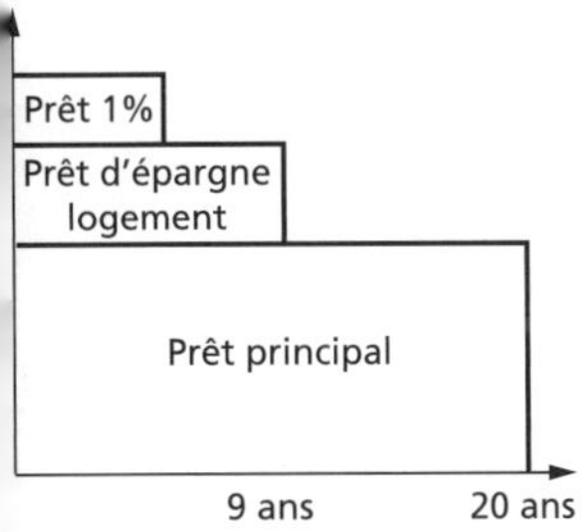

Schéma 6

Solution avec prêts emboîtés

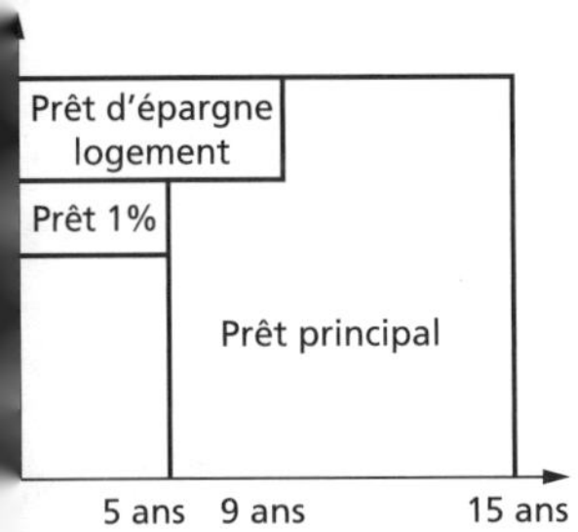

□ Soit un prêt de 700 000 € consenti sur quinze ans et générant 180 mensualités de 843,86 € (TEG 6 %).

Supposons que l'emprunteur, trois ans après son acquisition, puisse majorer sa mensualité (sans déséquilibrer son budget global) d'environ 150 € pour la porter à 1 000 € pendant deux ans et souhaite revenir ultérieurement à un niveau proche (853,01 €) de son échéance initiale (849,78 €).

L'emprunteur aurait : 36 × 843,86 €

puis : 24 × 1 000 €

et enfin : 110 × 853,01 €

Ainsi la majoration sur seulement vingt-quatre mois (les quatrièmes et cinquièmes années) permettra au total de ramener la durée du prêt à 170 mois (au lieu de 180 dans le plan d'origine) et de réaliser une économie en intérêts de 3 684,74 €.

1422 • Les **crédits « emboîtés »**. Les plans de financement d'un projet immobilier peuvent comporter plusieurs prêts dont les caractéristiques (durée, taux, amortissement) ne sont pas identiques. Il est fréquent qu'un même emprunteur puisse solliciter :

- un prêt d'épargne-logement;
- un prêt 1 % logement;
- un prêt à taux zéro;
- un prêt complémentaire[1].

Afin de permettre à l'emprunteur de gérer son budget d'une façon plus facile, certains établissements proposent des prêts (complémentaires à la série de « petits prêts ») dont les échéances sont calculées de telle sorte que le total de toutes les échéances de tous les prêts soit constant pendant toute la durée du remboursement. Cette solution permet, outre une meilleure gestion du budget, de prévoir une durée globale plus courte et donc une économie en coût de crédit.

Le prêt principal sera, en fait, un prêt à échéances progressives avec franchise partielle de façon à lisser l'échéance globale.

1423 • **Crédit à taux fixe ou à taux révisable**. Le choix est désormais largement offert aux emprunteurs entre des formules simples ou sophistiquées car l'écart en taux instantanés, entre le taux fixe et le taux révisable, peut être élevé (deux cents points de base ou 2 %) dans certaines périodes. Les prêts à taux fixe sont adossés le plus souvent à des ressources de type OAT (Obligation Assimilées du Trésor) alors que les prêts à taux révisable sont adossés au TIBEUR ou EURIBOR (Taux Interbancaire sur trois mois) ou autre indice de marché à court terme.

▷ À la clarté d'un emprunt à taux fixe où le coût est « connu » pour toute la durée de l'emprunt, les formules à taux révisable offrent à l'emprunteur la faculté de bénéficier de l'effet des baisses de taux éventuelles pendant la durée de l'opération. À l'inverse, le risque pour l'emprunteur va être le scénario où la hausse future du taux de référence conduit à une augmentation de l'échéance ou de la durée de l'emprunt.

Les formules offertes sont très nombreuses et s'appuient sur des paramètres différents que l'acquéreur devra apprécier dans son choix :

– Quel est le taux de référence retenu, quel est son historique et comment sont appliquées les variations ?

– Y a-t-il une limite à la variation (à la hausse ou à la baisse du taux) du montant des échéances ou de la durée du prêt ?

– Y a-t-il la faculté de changer de « stratégie » pour un taux fixe, selon quels paramètres et à quelles conditions (dates auxquelles ce choix est ouvert, préavis, connaissance des frais résultant de cette option) ?

1. Le prêt complémentaire est ainsi désigné, faute de nom particulier alors qu'il représente dans l'essentiel des cas le montant le plus élevé des prêts.

Plusieurs grandes catégories de prêt à taux révisables sont offertes :

- **taux révisables purs** : les hausses et baisses des taux sont inégalement répercutées sur les échéances, sans plafonnement, ni report de durée;
- **taux révisables à « butoir »** : les échéances peuvent varier chaque année mais dans la limite d'un plafond à la hausse et à la baisse (dans ce cas la baisse durable du taux de référence viendra accélérer la durée du remboursement global du prêt);
- **taux révisables « capés »** : les mensualités ne peuvent varier que dans la limite d'un plafond. Le taux inclut une « prime » lié au « cap » (ou plafond de taux) et est donc plus élevé qu'un taux révisable pur;
- **taux révisables « reportables »** : les mensualités sont limitées à la hausse par la variation d'un indice (ex. : variation de l'indice des prix) mais en cas de hausse durable des taux, c'est la durée du prêt qui s'allonge.

▷ La très grande complexité des offres nécessite que l'acquéreur, aidé de son conseil, perçoive l'intérêt, les risques et les limites de chaque proposition.

2. Les prêts relais

1424 Il s'agit de prêts consentis à l'acquéreur d'un bien pour anticiper l'encaissement que constitue la vente de biens (valeurs mobilières ou bien immobilier).

Dans l'essentiel des cas, il s'agira d'un bien immobilier.

Les prêteurs, qui sont intéressés au financement de la nouvelle opération, par la mise en place d'un crédit amortissable, proposeront le plus souvent des prêts relais.

Ces prêts seront fonction :

- de la nature du bien à revendre (emplacement, qualité, appréciation de la valeur par visite ou expertise);
- de la situation hypothécaire (solde des prêts restant dus).

Les prêts relais seront d'une quotité de 50 à 70 % de la valeur nette suivant la possibilité pour l'acquéreur de régler les frais financiers y afférents.

▷ Pour les prêts de montant réduit et dont le remboursement est rapide, un montage sans inscription d'hypothèque pourra être étudié de façon à réduire l'importance des frais.

3. Les prêts in fine

1425 Ces concours concernent presque exclusivement les opérations à usage locatif. Pour certains acquéreurs ayant par exemple :

- un apport disponible significatif (30 à 50 %);
- un revenu élevé, les plaçant sur les tranches élevées de l'impôt sur le revenu;
- d'autres revenus fonciers (en situation d'excédent immédiat ou à terme proche),

il peut être opportun d'étudier un financement qui va optimiser la situation fiscale de l'acquéreur; c'est le cas des crédits *in fine*.

L'apport disponible sera investi sur un produit de placement à long terme (du type assurance-vie qui assure une exonération de plus-value au-delà de huit ans).

Le prêt de montant important (puisque l'apport est investi par ailleurs) ne comportera que des intérêts (et prime d'assurances) pendant toute sa durée.

Les intérêts sont totalement déductibles des revenus fonciers de l'investisseur et pourront contribuer à réduire les excédents fonciers existant par ailleurs.

Le prêt sera remboursé au moyen de l'épargne capitalisée de l'investisseur à son échéance.

▷ Il s'agit là de cas qui méritent des simulations en fonction des caractéristiques personnelles de chaque acquéreur et en fonction des données propres à chaque opération.

5. Préparer le dossier de demande de prêt

1426 Préparer le dossier de demande de prêt nécessite un peu de temps pour sa constitution, mais qui est très vite gagné au regard de l'efficacité attendue des services d'étude des banques et de leur relation avec leur notaire.

Le dossier se composera des pièces principales suivantes :

- questionnaire de demande de prêt à compléter et signer (fourni par les banques);
- toutes indications sur l'acquéreur du bien (personne physique, indivision, couple, SCI...) avec conventions, statuts...;
- justificatif des revenus (trois derniers mois);
- avis d'imposition (année *n* ou *n*-1);
- contrat de réservation (neuf) ou promesse de vente (ancien) du bien à acheter;
- devis, plans, permis de construire, calendrier d'exécution des travaux;
- en cas de prêt relais :
  - titre ou attestation de propriété du bien à revendre et tableau d'amortissement des prêts en cours,
  - état hypothécaire (à réclamer *via* le notaire),
  - mandat de vente et (s'il y a lieu) promesse de vente signée;
- questionnaires relatifs à l'assurance des prêts sollicités (pour certains crédits, de montants élevés ou dans certains cas les assureurs pourront être amenés à demander que les personnes à assurer se soumettent à des visites médicales ou à des examens particuliers; dans ce cas les coûts correspondant seront assurés par les assureurs concernés).

II. Aspects fiscaux

1427 Au regard de la fiscalité, l'éclairage porté sur l'investissement dépend de la nature et de l'utilisation du bien.

Ainsi, la vision fiscale tenant à l'acquisition d'un logement pour une utilisation personnelle diffère de celle d'un local professionnel ou commercial utilisé à des fins personnelles et diffère également de celle de l'achat d'un immeuble de logement ou commercial à usage locatif.

Pour ces raisons, et dans un souci de clarté, il paraît judicieux d'examiner successivement le cas du logement à usage personnel, le cas du local professionnel ou commercial à usage personnel, le cas de l'investissement locatif quelle que soit sa destination.

Une réflexion d'ensemble sera également nécessaire au regard de l'incidence de l'ISF dans chacun de ces cas de figure.

▷ Sur les aspects fiscaux consécutifs au choix de la structure juridique d'investissement voir chapitre M.

A. Généralités

1. Cas des immeubles soumis au droit d'enregistrement

1428 Le bien peut être vendu par une personne physique ou par une personne morale qui en est propriétaire. L'acquisition peut également se réaliser indirectement *via* des parts ou actions d'une personne morale propriétaire de l'immeuble.

La fiscalité applicable au titre des droits d'enregistrement est la même en cas d'acquisition directe ou indirecte.

En cas d'acquisition directe d'un local d'habitation ou destiné à un autre usage, les droits d'enregistrement, auxquels s'ajoutent les frais de notaire, représentent environ 6 % du prix d'acquisition.

En cas d'acquisition de parts de société ou actions donnant vocation à la jouissance ou à l'attribution en toute propriété d'un immeuble, les droits exigibles sont les droits d'enregistrement unifiés représentant 4,80 % du prix de la cession.

▷ Il convient de noter que dans l'éventualité où la **commission de l'agent immobilier** est payée par le vendeur, elle est comprise dans le prix pour le calcul des droits d'enregistrement.
Il n'en va autrement que si la commission est payée par l'acquéreur, auquel cas elle ne fait pas partie du prix de vente, ce qui réduit l'assiette des droits de mutation et permet pour une opération entrant dans le cadre de la TVA d'en récupérer le montant.

2. Cas des immeubles soumis à la TVA

1429 En cas d'achat direct d'un immeuble construit depuis moins de cinq ans, et dont la vente constitue la première mutation depuis sa livraison, la mutation se trouve soumise à la TVA au taux actuel de 19,6 % payable par le vendeur.

Le bien est toujours présenté à la vente TTC par le vendeur.

La première vente du bien intervenant dans le délai de cinq ans à compter de la livraison fait sortir le bien du régime de TVA, de telle sorte que les ventes postérieures seront soumises aux droits d'enregistrement.

Cependant, les ventes de terrains à bâtir seront soumises au régime de la TVA si le propriétaire, n'étant pas un particulier, prend l'engagement de construire dans un délai de 4 ans.

Toutefois, si l'acquisition du terrain à bâtir est réalisée par un particulier, pour la construction d'un immeuble d'habitation non destiné à la revente, la vente sera soumise au droit d'enregistrement de 4,89 %.

B. Acquérir pour son usage personnel

1. Logement à usage personnel

1430 En cas d'**acquisition** d'un bien immobilier pour un usage personnel, la fiscalité pesant sur le propriétaire se résumera à la fiscalité locale telle que les taxes d'habitation et taxes foncières, ainsi qu'éventuellement une prise en compte du bien pour le calcul de l'impôt de solidarité sur la fortune (ISF).

En matière de revente, il convient de distinguer entre la **revente d'une résidence principale** par un particulier (ou une société civile) laquelle par principe est exonérée d'imposition sur les plus-values, et la **revente d'une résidence secondaire**, dont la plus-value peut être soumise à l'IRPP.

▷ Le projet de loi de finances pour 2004 modifie profondément le régime des plus-values des particuliers, en vue de la simplifier. Ce nouveau régime en cours de discussion devant le parlement a notamment pour objectif de transférer au notaire l'obligation déclarative pesant jusqu'alors sur les particuliers[1]. S'agissant de l'entrée en vigueur de ces dispositions, les cessions intervenues en 2003 seront soumises à l'ancien régime (déclarées et payées en 2004); celles intervenues en 2004 seront soumises au nouveau régime (déclarées et payés en 2004).

a. Régime applicable aux cessions intervenues en 2003

1431 Le système des plus-values des particuliers, avant la réforme annoncée par le projet de loi de finances pour l'année 2004, soumet à l'impôt sur le revenu des personnes physiques (IRPP) la différence entre le prix d'acquisition et le prix de revente du bien.

Cet impôt disparaît avec le temps (après vingt-deux ans de détention), et se trouve atténué par la réévaluation du prix d'acquisition d'origine pour tenir compte de l'érosion monétaire.

Le système peut être décrit de la manière qui suit, selon que l'immeuble est détenu depuis plus ou moins de deux années :

1. Si l'immeuble est détenu depuis moins de deux années

1432 Le régime applicable est celui des plus-values à court terme, dont le calcul s'avère très simple. Le prix d'achat sera déduit du prix de vente, et la différence positive sera taxable à l'IRPP.

□ Ainsi, pour un immeuble acheté 100 et revendu 200 moins de deux années après son acquisition, par un propriétaire taxable au taux marginal de 60 % à l'IRPP, le résultat sera le suivant :

Plus-value taxable	100
IRPP 60 %	– 60
Solde	40

Le prix d'immeuble conservé par le vendeur sera donc égal à 140 pour un prix de vente de 200.

2. Si l'immeuble a été acquis depuis plus de deux ans

1432-1 Le prix d'acquisition est revalorisé par application d'un **coefficient d'érosion monétaire** publié chaque année au Bulletin Officiel des Impôts, et la plus-value fait l'objet d'un abattement annuel de 5 % au-delà de la deuxième année.

Nous retiendrons donc, tout d'abord, que la plus-value n'est plus taxable passé vingt-deux années depuis la date d'acquisition de l'immeuble.

Le calcul de l'abattement annuel est réalisé à partir d'années pleines. Ainsi, il n'est tenu compte que des années entières.

□ Par exemple, pour un immeuble acheté le 1er juillet 1988 et revendu le 29 juin 2000, on ne retiendra après déduction des deux années de court terme, que neuf années donnant lieu à abattement, soit 45 % d'abattement.
Si l'immeuble avait été vendu le 1er juillet 2000, dix années auraient pu être retenues soit 50 % d'abattement.

1. Voir dans la même collection, *Fiscalité du patrimoine immobilier*, par Y. Blaise.

☐ Nous retiendrons un immeuble acheté 100 le 1er juillet 1988 et revendu 200 le 29 juin 2000.

A titre préliminaire, le prix de l'immeuble doit être revalorisé par application du coefficient d'érosion monétaire, lequel représente 1,25 pour 1988 suivant le tableau publié annuellement par l'Administration fiscale.

Le prix de l'immeuble revalorisé représente donc 125.

La plus-value taxable est donc égale à la différence entre :

200 – 125 = 75

L'abattement pour la durée de détention, passé deux années, sera de neuf années à 5 % soit :

45 % de 75 = 33,75

La plus-value taxable à l'IRPP sera donc égale à :

75 – 33,75 = 41,75

Il convient de noter qu'un abattement général de 915 euros sera automatiquement appliqué sur le montant de la plus-value, lequel n'a pas été retenu dans notre exemple.

Sur le principe d'une imposition au taux marginal de 60 %, l'impôt payé sur la plus-value sera de 25,05.

Le vendeur percevra donc un prix net d'impôt de :

200 – 25,05 = 174,95

lequel constitue un résultat bien meilleur que celui enregistré en régime de plus-value à court terme.

Le régime de la plus-value des particuliers applicable lors de la revente d'un bien immobilier du patrimoine privé d'un contribuable est un régime transitoire. En effet, l'imposition disparaît passé vingt-deux années pleines de détention et diminue singulièrement au fil du temps par l'effet de la revalorisation du prix et de l'abattement annuel.

Pour être complet, le contribuable peut demander l'étalement sur cinq ans de l'imposition liée à la plus-value, sauf à payer l'intérêt de l'argent au taux légal (3,47 % en 1999, 2,74 % pour 2000, 4,26 % pour 2001) sur les sommes dues au fisc.

COEFFICIENTS D'ÉROSION MONÉTAIRE (2002)

Année	*Coefficient*
2002	1,00
2001	1,02
2000	1,03
1999	1,05
1998	1,06
1997	1,06
1996	1,07
1995	1,09
1994	1,11
1993	1,13
1992	1,15

Année	*Coefficient*
1991	1,17
1990	1,21
1989	1,25
1988	1,30
1987	1,33
1986	1,37
1985	1,41
1984	1,49
1983	1,60
1982	1,76

Source : Instruction, BOI 8 M-4-02[1]

b. Cessions intervenant à compter du 1er janvier 2004 : le nouveau système de plus-value des particuliers

1433 À compter du 1er janvier 2004, les contribuables se trouveront déchargés de toute obligation déclarative. En effet, l'impôt sera calculé lors de la mutation par le notaire ou le rédacteur de l'acte de vente.

1. Pour le coefficient applicable aux cessions 2003, voir le site www.impots.gouv.fr

Le contribuable sera exonéré de plus-value passées quinze années de détention étant précisé qu'aucun abattement ne serait comptabilisé avant la cinquième année suivant l'acquisition. Il est prévu qu'un abattement annuel de 10 % sera appliqué sur le montant de la plus-value à compter de la cinquième année jusqu'à la date de la vente.

Pour le calcul de la plus-value, il sera opéré un abattement forfaitaire de 15 % du prix d'acquisition représentatif des travaux et frais d'acquisition : aucun coefficient d'érosion monétaire ne serait donc appliqué.

L'imposition sera calculée au taux de 16 % avec un taux réel de 26 % compte tenu des prélèvements sociaux.

▷ Ce mode de calcul améliore donc le sort des contribuables ayant un taux d'imposition élevé à l'IRPP (dépassant 26 %) mais pénalise ceux qui ne payent pas d'impôt sur le revenu (50 % des déclarants).

Les exonérations générales sont maintenues tels que l'exonération de la cession de la résidence principale ou d'immeubles dont le prix est inférieur à 15 000 euros. Par ailleurs, un abattement fixe de 1 000 euros serait appliqué sur le montant de la plus-value.

Enfin, les plus-values sur cession de parts de sociétés à prépondérance immobilière échapperaient à la fiscalité des particuliers et seront taxées à 26 % comme le régime IS.

□ Exemple[1]

Un bien est acquis en 1995 pour le prix de 50 000 € et est revendu en 2004 pour le prix de 100 000 €.

Prix de cession	100 000 €
Prix d'acquisition	– 50 000 €
Abattement forfaitaire 15 %	– 7 500 €
Plus-value brute taxable	**42 500 €**
Abattement pour détention 50 %	– 21 250 €
Abattement fixe	– 1 000 €
Plus value imposable	**20 250 €**
Impôt correspondant à 26 %	soit 5 265 €

prélevé sur le prix de vente par le notaire.

▷ À l'heure où ces lignes sont rédigées, ce régime n'est pas définitivement adopté. C'est pourquoi, il est conseillé de s'informer auprès du notaire en charge de la rédaction de l'acte de vente, lequel serait désormais responsable du calcul de l'impôt.

2. Local professionnel ou commercial à usage personnel

1434 L'acquisition d'un local professionnel ou commercial destiné à l'utilisation du propriétaire permet de déduire du résultat d'exploitation soumis à l'impôt sur le revenu des personnes physiques :

– les charges liées à la détention du bien (charges de copropriété, travaux, ainsi que la charge particulière que constitue l'amortissement des constructions et frais de mutation hors valeur du terrain);

– les intérêts des emprunts ou loyers de crédit-bail qui sont liés à son acquisition.

Par ailleurs, s'agissant d'immeubles professionnels, il importe de savoir si l'investissement immobilier comporte lors de son acquisition ou des travaux consécutifs une TVA éventuellement récupérable.

1. Exemple adapté de celui présenté par le ministère des Finances.

a. Immeubles construits depuis moins de cinq ans (TVA)

1435 Qu'il s'agisse d'un achat pur et simple ou d'une livraison à soi-même (immeuble édifié par l'utilisateur), la TVA qui a pu être acquittée lors de l'achat de l'immeuble peut être déduite si le professionnel soumis à la TVA au titre de son activité, affecte la totalité de l'immeuble à cette activité.

La TVA payée pourra être immédiatement liquidée sur la déclaration mensuelle (CA3).

En cas d'affectation partielle de l'immeuble à une utilisation privée, le remboursement de TVA sera limité en proportion des surfaces respectivement utilisées à usage privé et professionnel. Un *prorata* de récupération sera calculé.

Enfin, si l'intéressé est exonéré de TVA en raison de son activité, la TVA ne sera ni déductible, ni récupérable, et l'immeuble se trouvera inscrit à l'actif professionnel pour sa valeur TTC.

L'immeuble sera alors amorti pour cette valeur TTC dans le patrimoine de l'entreprise, la TVA se trouvant déduite au rythme de cet amortissement.

b. Immeubles construits depuis plus de cinq ans

1. Logique des droits d'enregistrement

1436 La mutation étant soumise aux droits d'enregistrement, ces derniers ne sont pas récupérables mais amortissables. Les frais d'acquisition de l'immeuble pourront être déduits du revenu professionnel à travers l'amortissement. L'immeuble sera inscrit à l'actif professionnel pour sa valeur, droits et taxes inclus. Cette même valeur sera prise en compte pour le calcul de la plus-value lors d'une éventuelle revente ou d'un retrait d'actif.

En conclusion, la fiscalité de l'acquisition se trouve singulièrement allégée lorsque l'immeuble est acquis au sein du patrimoine professionnel.

La TVA acquittée pourra être déduite ou récupérée, et les droits d'enregistrement amortis.

▷ Inversement, l'acquisition en patrimoine privé ne permettra jamais la récupération de la TVA ou des droits d'enregistrement, lesquels s'ajouteront au prix payé pour la détermination de la plus-value éventuelle en cas de revente.

2. Le traitement de la TVA ayant grevé le coût de l'immeuble

1437 Quand bien même la mutation est soumise aux droits d'enregistrement, l'acquéreur soumis à la TVA aura avantage à se faire préciser la date de livraison de l'immeuble objet de la vente.

En effet, si la vente intervient dans un délai de dix ans pour les immeubles construits ou achevés avant le 1er janvier 1996 et de vingt ans pour les opérations postérieures, la TVA ayant grevé le prix de revient de l'immeuble pourra être partiellement récupérée par l'acquéreur.

□ Pour illustrer ce principe, voici l'exemple d'un immeuble achevé après le 1er janvier 1996, ayant fait l'objet d'une revente avant le 31 décembre 2015.
Soit un immeuble acquis en avril 1996 pour un prix de revient de 1 MF HT. Le propriétaire d'origine opte pour la TVA et règle 20,6 % de TVA en vigueur à l'époque, soit 206 000 F.
En supposant qu'il puisse récupérer la totalité de la TVA sur son investissement, le propriétaire d'origine pourra obtenir la récupération immédiate de cette somme de 206 000 F.
L'immeuble est revendu en février 2010, pour un prix de 304 900 €.
La vente sera assujettie aux droits d'enregistrement au taux en vigueur, mais le vendeur devra régulariser son compte de TVA par vingtième chaque année.

En l'occurrence, quinze années s'étant écoulées depuis son acquisition, il devra donc reverser au Trésor 5/20 de 206 000 F soit 51 500 F (ou 7 851,12 €).
Symétriquement, l'acquéreur de l'immeuble pour le prix de 304 900 € plus les droits, aura la faculté de récupérer les 7 851,12 € de TVA ayant grevé initialement l'immeuble, réduisant d'autant son prix d'acquisition.

▷ Pour neutraliser la TVA, le vendeur doit prendre en compte dans l'établissement de son prix de vente l'incidence éventuelle de la régularisation de la TVA. L'acquéreur soumis à la TVA devra donc demander la délivrance d'une attestation ou faire figurer dans l'acte de vente la TVA récupérable, lors de l'acquisition d'un immeuble professionnel ou commercial dont la construction remonte à moins de vingt ans, ou ayant fait l'objet de travaux générateurs de TVA pendant ce délai.

c. Régime applicable pour la détention pour les entreprises relevant des régimes BIC et BNC

1438 Que l'activité exercée soit de nature commerciale, et relève comme telle des bénéfices industriels ou commerciaux ou BIC (commerçants et artisans), ou qu'elle relève d'une activité de nature libérale soumise aux bénéfices non commerciaux ou BNC, les deux régimes soumettent le professionnel à l'impôt sur le revenu des personnes physiques (IRPP).

Des différences n'existeront qu'au niveau comptable, les principes généraux restant les mêmes pour le traitement de l'actif immobilier.

Les raisonnements qui vont suivre seront donc transposables d'un régime à l'autre si l'immeuble a été affecté à l'actif professionnel du commerçant ou a été inscrit sur le registre des immobilisations du professionnel libéral.

L'un comme l'autre sont libres d'inscrire ou non à leur actif professionnel les immeubles servant à l'exploitation. En cas de non-inscription du bien à l'actif professionnel, l'amortissement du bien ne sera pas possible pendant la période de détention et la revente sera soumise au régime des plus-values professionnelles que nous allons examiner ci-après.

d. Déductibilité des charges et amortissements pour un bien inscrit à l'actif professionnel

1. Cas de l'usage professionnel total

1439 Toutes les charges liées à la propriété et à l'utilisation de l'immeuble seront entièrement déductibles au titre des résultats d'exploitation. Il en ira de même des intérêts des emprunts liés à l'acquisition ou à l'entretien de l'immeuble.

L'immeuble pourra être amorti dans les comptes de l'exploitant suivant les durées admises par l'administration fiscale, en général vingt à cinquante ans pour les immeubles anciens d'habitation et quinze à trente ans pour les locaux d'activités.

▷ Cette possibilité d'amortissement constitue un avantage certain par rapport au régime applicable aux immeubles détenus en patrimoine privé.

2. Cas des immeubles mixtes

1440 Il s'agit de l'hypothèse où un immeuble inscrit à l'actif professionnel se trouve utilisé pour partie à usage privé. Seule la partie à usage professionnel pourra bénéficier du régime décrit dans ce qui précède, et ouvrira droit aux déductions de charges et à l'amortissement.

Un *prorata* sera établi à partir de la surface occupée professionnellement par rapport à la surface occupée à titre privée.

La même fraction ainsi obtenue sera retenue pour le calcul des droits à déduction et amortissements dont pourra bénéficier la surface professionnelle.

Elle sera applicable pour le calcul de la plus-value due sur la partie professionnelle en cas de vente ou de retrait d'actif (cessation d'activité, départ à la retraite).

e. Régime de l'ISF

1441 L'impôt de solidarité sur la fortune (ISF) a vocation à s'appliquer pendant toute la période de détention de l'immeuble, dès que la valeur du patrimoine dépasse le seuil arrêté annuellement par la loi de finances[1].

Sont exonérés de l'ISF les biens mobiliers et immobiliers affectés à l'exercice d'une activité professionnelle. Pour ce faire, il n'est pas nécessaire que l'immeuble soit inscrit à l'actif de l'entreprise. Il suffit qu'il soit effectivement utilisé pour l'activité de l'entreprise.

Pour cette raison, une neutralisation fiscale de l'ISF sera obtenue, que l'immeuble soit détenu au titre du patrimoine professionnel ou privé, dès lors qu'il est affecté à l'activité professionnelle.

Cette neutralisation sera totale si la totalité de l'immeuble est affecté à usage professionnel, alors qu'en cas d'affectation partielle, l'ISF ne sera neutralisé que pour la partie de la valeur de l'immeuble affectée aux besoins de l'activité.

Nous retrouverons cette notion d'affectation à travers le calcul des plus-values. Nous retiendrons donc la règle suivant laquelle l'utilisation professionnelle totale d'un immeuble neutralise sa prise en compte au regard de l'ISF.

▷ En conclusion, tant au regard de la fiscalité de l'acquisition que de celle de la détention, le fait d'inscrire l'immeuble à l'actif professionnel présente des avantages.

Le fait de pouvoir récupérer la TVA, de pouvoir déduire les droits d'enregistrement, de bénéficier de la possibilité de déduire le montant de l'amortissement annuel, et d'améliorer ainsi la trésorerie de l'entreprise, pourrait permettre de conclure que l'immeuble doit toujours être détenu dans le patrimoine professionnel.

▷ Cette conclusion doit cependant être tempérée au regard de la fiscalité des plus-values qui a vocation à s'appliquer dès que l'immeuble sort de l'actif professionnel par suite de la cessation de l'activité exercée pour quelque cause que ce soit, ou dès que le bien se trouve revendu.

Comme nous allons le voir, l'application de la fiscalité des plus-values professionnelles entraîne des impositions beaucoup plus lourdes que celle des plus-values privées.

Par ailleurs, les plus-values professionnelles, à l'exception des sociétés cotées, ne bénéficient pas d'une extinction avec le temps, ni d'une possibilité de revalorisation du prix d'origine de l'immeuble pour tenir compte de l'évolution des valeurs de marché.

f. La revente et les plus-values professionnelles

1. Régime d'imposition

1442 Contrairement au régime des plus-values des particuliers, la plus-value sera toujours taxable quelle que soit la durée de détention, à l'exception des cas suivants :

– les petites entreprises bénéficient de l'exonération de taxation des plus-values soit en cas de cessation d'activité, soit en cours d'activité (revente de l'immeuble) dans l'éventualité où le chiffre d'affaires de l'entreprise ne dépasse

1. Seuil fixé en 2003 à 720 000 euros, qui n'a pas été relevé depuis plusieurs années, contribuant à taxer les valorisations tenant à l'inflation.

pas deux fois le forfait, où l'activité est exercée depuis au moins cinq ans, et où l'entreprise relève du régime fiscal de l'impôt sur le revenu des personnes physiques;

- les professionnels relevant du régime des BNC bénéficient également d'une exonération lorsque leurs recettes annuelles ne dépassent pas 54 000 euros TTC pour les entreprises de prestation de service et 152 600 euros pour les entreprises industrielles et commerciales de vente ou de fourniture de logement et que la société justifie de cinq ans d'activité.

Pour tous les autres cas, les règles qui vont être exposées sont applicables.

Le prix d'achat n'est pas susceptible d'être revalorisé pour diminuer le montant de la plus-value taxable. Par ailleurs, le domaine d'application des plus-values professionnelles est plus large, puisqu'il englobe non seulement la vente de l'immeuble, mais également la cessation d'exploitation ou la retraite du professionnel.

LE CAS PARTICULIER DES PERSONNES PHYSIQUES COMMERÇANTES OU LIBÉRALES

□ Le commerçant, l'artisan ou le professionnel libéral ayant à son actif professionnel lors de sa retraite un immeuble sera soumis à l'imposition de la plus-value professionnelle pour le transfert de son immeuble dans son patrimoine privé.

▷ Cette notion, appelée « retrait d'actif », est une construction fiscale qui n'entraîne pas le paiement des droits de mutation tels que droits d'enregistrement ou TVA, mais elle a pour effet de rendre taxable la plus-value latente.

2. Détermination de l'imposition

1443 La plus-value taxable sera déterminée par différence entre la valeur nette comptable du bien à l'actif (déduction des amortissements opérés) et le prix de vente. La plus-value ainsi déterminée fera l'objet d'une taxation différente suivant qu'elle a été réalisée à court terme ou à long terme.

• Les **plus-values à court terme** sont celles qui sont réalisées dans un délai de moins de deux ans à compter de l'inscription à l'actif. Les plus-values réalisées à court terme s'ajoutent intégralement au revenu imposable pour le calcul de l'impôt.

• Les **plus-values à long terme** sont celles réalisées plus de deux ans après l'inscription de l'immeuble à l'actif. Pour le calcul de la plus-value à long terme, il sera nécessaire de distinguer la partie qui sera taxable à court terme et réintégrée directement à l'assiette du revenu imposable, de celle taxable à long terme, laquelle ne sera imposable qu'au taux libératoire de 26 %.

La partie de la plus-value taxable à court terme correspond au montant de l'amortissement qui a été déduit pendant tout le cours de la détention.

□ Ainsi, pour un immeuble acquis 100 en 1993, et revendu 200 en 2003, en tenant compte d'un amortissement de 3 % par an, le calcul de la plus-value sera le suivant :
- l'amortissement est égal à 3 % sur dix ans soit 30 %, qui représentent un amortissement de 30;
- la valeur nette comptable de l'immeuble est donc de 100 – 30 = 70;
- l'immeuble étant revendu pour 200, la plus-value est égale à 200 – 70 = 130, dont 30 à court terme et 100 à long terme;
- l'impôt payé sur le court terme représente, 60 % de 30 soit 18 auquel s'ajoute l'impôt payé sur le long terme égal à 26 % de 100 soit 26, ce qui donne un impôt total de 44 laissant un prix net d'impôt de 156.

▷ En conclusion, plus l'amortissement de l'immeuble est important, plus la taxation au titre du court terme risque d'être lourde en raison du taux maximum de l'impôt sur le revenu de 60 %.

Cependant, ces considérations doivent être atténuées par l'augmentation de la valeur vénale de l'immeuble au fil du temps et l'érosion monétaire. Sur une période de trente ans, la partie d'immeuble amortie peut ne plus avoir de valeur significative.

À côté de cet inconvénient, il est avantageux pour le professionnel de traiter comptablement les droits de mutation et d'amortir l'immeuble en améliorant ainsi sa trésorerie.

En cas de retraite du professionnel ou de cessation d'activité, l'incidence des plus-values professionnelles devra être examinée lors du retrait d'un immeuble du patrimoine professionnel.

g. La retraite et le retrait

1444 Imaginons le cas d'un dentiste prenant sa retraite, ayant installé son cabinet dans son appartement, et ayant le seul souci de sa trésorerie correspondant à sa période d'activité professionnelle, qui avait inscrit dans son registre des immobilisations la valeur de la partie de l'immeuble occupé professionnellement.

L'administration fiscale sera en droit de taxer la plus-value lors du passage de la partie professionnelle de l'immeuble dans le patrimoine privé du dentiste.

□ Supposons que l'immeuble vaille 100, et que 50 % de sa surface soit utilisée professionnellement, l'assiette de la taxation atteindra 50 % de la valeur de l'immeuble.
En période d'inflation basse, et en présence d'une stagnation des prix de l'immobilier, la taxation du court terme (partie amortie de l'immeuble qui peut atteindre la totalité du prix d'acquisition au bout de trente ans) au taux d'IRPP de 60 % peut être difficilement supportable.
À cette taxation, il convient d'ajouter l'imposition à 26 % libératoire de l'impôt sur le revenu pour la partie non amortie.

▷ L'importance de ces impositions justifie le recours à un conseil lors de la prise de décision, et une parfaite information donnée par ce dernier, pour éviter la surprise résultant de l'imposition immédiate de la plus value lors de la sortie du bien du patrimoine professionnel.

C. Acquérir en vue d'une location

1445 Comme précédemment, sont évoquées successivement les phases d'acquisition, détention et revente, d'une part du logement et d'autre part du local professionnel ou commercial. Pendant la période de détention, les revenus tirés de ces locations sont imposés normalement dans la catégorie des revenus fonciers, quelle que soit la nature civile ou commerciale du locataire. De la même manière, le régime des plus-values en cas de revente sera celui des particuliers.

1. Acquisition d'un logement à usage locatif

1446 • **Acquisition d'un logement ancien.** En ce qui concerne les droits de mutation exigibles lors de l'acquisition, nous avons vu précédemment leur régime (voir n° 1428).

• **Acquisition d'un logement neuf.** Cette acquisition donne lieu à application de la TVA au taux de 19,6 %.

2. Détention d'un logement à usage locatif (régime des revenus fonciers)

▷ Pour les différents régimes fiscaux, voir n° 1314.

3. Revente d'un logement à usage locatif

1447 Tant en ce qui concerne la fiscalité des droits de mutation que la fiscalité des plus-values, les règles ont été examinées plus haut (droits d'enregistrement et plus-values des particuliers; voir n° 1427 et s.).

4. Cas du local professionnel ou commercial

1448 De même que pour les logements, la fiscalité des droits d'enregistrement et des plus-values sera identique, sauf en ce qui concerne le montant des droits d'enregistrement, qui atteindront, droits de notaire compris, environ 6 % du prix de l'acquisition.

Par ailleurs, s'agissant d'immeubles commerciaux, le propriétaire bailleur ayant opté pour la TVA pourra récupérer la TVA sur investissement pouvant encore grever l'immeuble, soit directement s'il l'a construit ou acheté en TVA, soit par l'effet de l'attestation de son vendeur pour les immeubles construits ou achetés depuis moins de vingt ans.

Toutefois, ce droit à récupération implique pour le propriétaire bailleur une option expresse pour la TVA dans les conditions que nous exposerons ci-après.

5. Contribution représentative de loyers (CRL) ou TVA : règles d'application

a. Domaine d'application de la CRL

1449 L'article 261 du Code général des impôts exonère de la TVA les locations ou sous-locations d'immeubles nus et de terrains non aménagés.

Si l'on se place du point de vue de la fiscalité, les locations concernées par la CRL qui remplace l'ancien droit de bail sont celles relevant des revenus fonciers ou les sous-locations soumises aux BNC non professionnels.

Les locations nues à usage d'habitation seront toujours soumises à la contribution additionnelle.

La CRL est applicable, aux loyers perçus pour des immeubles achevés depuis quinze ans au moins au premier jour de la période d'imposition, c'est-à-dire au 1er janvier de chaque année.

Son taux est de 2,50 % à la charge du propriétaire, sans possibilité de récupération dans le domaine du logement. En revanche, elle est récupérable par convention dans un bail autre que d'habitation.

L'inconvénient de cette taxe réside dans le fait qu'elle constitue une charge, certes déductible mais non récupérable comme le serait la TVA, tant pour le bailleur que pour le preneur.

Elle interdit à l'investisseur ayant loué son immeuble de récupérer la TVA qu'il a pu acquitter sur le prix d'acquisition ou de construction de l'immeuble, ou les travaux importants qu'il a pu réaliser.

Afin de tempérer cette rigueur, l'article 260 (2°) du CGI permet au bailleur d'opter pour l'assujettissement volontaire à la TVA sous certaines conditions.

▷ En présence d'un locataire exerçant une activité soumise à la TVA, l'option du bailleur pour la TVA ne peut présenter que des avantages puisqu'elle lui permettra de récupérer toutes les sommes versées au titre de la TVA du fait de la location (notamment la TVA sur travaux ou la TVA résiduelle pour les immeubles livrés depuis moins de vingt ans).
Le preneur de son côté pourra déduire de son compte de TVA mensuel (CA3) celle qui lui aura été facturée au titre des loyers.
L'impôt pourra donc être récupéré, ce qui est impossible pour la CRL.

b. Domaine d'application de la TVA

1. Application automatique ou option

1450 La TVA est automatiquement applicable aux quatre cas suivants.

• **Locations d'immeubles équipés** : il s'agit des immeubles pour lesquels la location porte non seulement sur les locaux mais également sur tout le matériel et les équipements nécessaires à l'exploitation du preneur.

• **Locations avec services** : il s'agit des locations de bureaux non seulement équipées mais avec mise à disposition de personnel.

• **Locations d'immeubles nus** : la TVA s'applique lorsque ces locations présentent un intérêt direct pour l'activité commerciale du bailleur, ou lorsqu'il participe aux résultats de l'entreprise locataire et que le chiffre d'affaires, réalisé à titre de location commerciale, dépasse 10 % du chiffre d'affaires total.

▷ Il convient d'être vigilant concernant les locations consenties moyennant un loyer indexé sur le chiffre d'affaires du locataire.
Ce type de location est considéré comme une activité commerciale par l'administration fiscale, et donc soumise de plein droit à la TVA.
La personne morale pratiquant ce type de location risque d'être soumise de plein droit au régime de l'impôt sur les sociétés, quelle que soit sa forme juridique.

• **Locations d'emplacements de stationnement de véhicules** : la TVA s'applique dès que ces locations sont indépendantes d'une location de locaux nus exonérés de TVA.

Les autres locations peuvent être assujetties à la TVA sur option volontaire du bailleur dans certaines conditions.

▷ Les avantages du régime sont les suivants :
- le bailleur pourra alors récupérer la TVA ayant éventuellement grevé le prix d'acquisition ou de construction de son immeuble, ou sur des travaux importants qu'il envisagerait;
- le locataire pourra récupérer la TVA sur les loyers.

2. Modalités d'exercice de l'option

1451 Aux termes de l'article 260 (2°) du CGI, cette option pour le régime de la TVA ne sera possible que :

- pour les locations de locaux nus;

– si le locataire est lui-même assujetti à la TVA pour l'activité exercée dans les lieux loués en raison du caractère industriel, commercial, professionnel, artisanal ou agricole de cette activité.

Si le locataire n'est pas assujetti à la TVA, l'option ne pourra pas lui être imposée en cours de bail.

▷ Il sera nécessaire lors de la conclusion du bail ou de son renouvellement de faire accepter au preneur la soumission du loyer au régime de la TVA.

L'option doit être notifiée à l'administration fiscale par lettre recommandée avec accusé de réception, et prend effet au premier jour du mois au cours duquel elle est exercée. Elles est valable pour une durée de dix ans, reconduite automatiquement par périodes égales.

Lorsque le bailleur est propriétaire de plusieurs immeubles, il peut exercer l'option par immeuble ou par groupe d'immeubles.

3. Immeubles mixtes

1452 Lorsque l'immeuble est loué à usage mixte d'habitation et professionnel, l'option ne peut porter que sur la fraction des loyers affectés à l'usage professionnel.

L'activité professionnelle du locataire, bien que libérale, peut également se trouver assujettie à la TVA.

La fraction correspondant aux loyers de l'habitation sera obligatoirement exonérée et restera soumis à la CRL.

Il conviendra d'opérer une distinction au *prorata* des mètres carrés respectivement affectés à chacun des usages ou au *prorata* des loyers et de répercuter ce *prorata* sur le montant des loyers.

▷ Cette option peut présenter un intérêt pour le bailleur, en lui permettant de récupérer partiellement la TVA éventuellement acquittée sur le prix d'acquisition ou de construction de l'immeuble, suivant le même *prorata*.
Le locataire dont l'activité, même libérale, peut être assujettie à la TVA y trouvera également intérêt dans les possibilités de récupération dont il bénéficiera.

4. Assiette, exigibilité et récupération de la TVA

1453 La TVA au taux de 19,60 % est due sur le montant total des loyers encaissés et charges refacturées. Elle n'est pas due sur le montant des charges acquittées par le bailleur, de même que la TVA pouvant grever ces charges n'ouvre aucun droit à récupération pour le bailleur.

Le bailleur transmettra directement son droit à récupération ou déduction au locataire, à condition de ventiler la TVA sur charges sur les relevés qui lui sont adressés. Elle sera payable sur encaissement, sauf pour le bailleur à opter pour un paiement à la date de la facturation en mentionnant cette option sur la facture.

5. Cas particuliers du dépôt de garantie

1454 Le dépôt de garantie n'est pas une recette, et comme tel n'est pas immédiatement imposable au moment de son encaissement par le propriétaire. De ce fait, la TVA n'est pas due sur le dépôt de garantie lors de son encaissement.

Le dépôt de garantie ne sera imposable et taxable que dans la mesure où, n'étant pas restitué au locataire à l'expiration du bail, il sera utilisé par le bailleur pour se couvrir de loyers impayés ou de frais de remise en état de l'immeuble.

Cependant, l'acquisition du dépôt de garantie au profit du bailleur lors de l'expiration du bail entraînera l'exigibilité de la TVA sur son montant.

▷ Dans cette mesure, il paraît prudent que le bailleur encaisse un dépôt de garantie TTC. Il n'existera ainsi aucun problème dans l'éventualité où le dépôt de garantie lui serait acquis au terme du bail. À défaut, le bailleur restituera le dépôt de garantie avec la TVA en sus au preneur, lequel la réintégrera dans ses comptes.

6. Cas particulier des charges incombant au bailleur remboursées par le preneur

1455 De nombreux baux prévoient que le preneur devra acquitter ou rembourser au bailleur certaines charges ou impositions dont il est normalement redevable, soit en vertu de la loi, soit en vertu des usages.

Ces règlements, effectués par le preneur entre les mains du bailleur, doivent-ils être réintégrés dans la base d'imposition pour donner lieu au paiement de la TVA au même titre que les loyers ? Une réponse ministérielle, donnée en matière de crédit-bail, et transposable pour la généralité des locations, répond par l'affirmative[1].

◊ L'administration avait considéré, d'une manière générale, que pour toutes les locations soumises à la TVA, les articles 226-1-a et 267 (I) du CGI imposent que soient compris dans la base d'imposition à la taxe, non seulement les loyers perçus mais également la prise en charge ou le remboursement, par le locataire, de tous les impôts et charges incombant normalement au propriétaire.

Le problème se pose principalement, à l'occasion du quittancement par le bailleur, du remboursement des charges dont le paiement lui incombe, mais qu'il récupère sur le preneur en raison des obligations prévues par le bail.

□ Il s'agira, par exemple, du remboursement de l'impôt foncier, de la taxe sur les bureaux, des honoraires de gestion, de la CRL, ou encore des travaux portant sur le gros œuvre ou la toiture de l'immeuble.

Ces remboursements devront être inclus dans le quittancement et dans la base d'imposition servant au paiement de la taxe. Le paiement de la taxe sera neutre puisqu'elle sera récupérée par le preneur. À défaut, et en cas de départ ou de disparition du preneur, la régularisation lors d'un contrôle de l'administration sera soit difficile ou même impossible.

En fonction de cette réponse, le bailleur a l'obligation d'acquitter la taxe, non seulement sur les sommes remboursées par le preneur, mais encore sur le montant de celles acquittées par lui directement entre les mains de tiers pour le compte du bailleur.

La généralité des termes utilisés par les articles du CGI visant « toutes les sommes perçues en contrepartie de la location, et même les impôts et taxes ainsi que les droits et prélèvements de toute nature autres que la TVA », paraît pouvoir justifier cette interprétation de la doctrine fiscale.

Cette interprétation a pour corollaire l'obligation pour le propriétaire d'ajouter au montant de ses recettes brutes toutes les dépenses lui incombant normalement, dont la charge a été supportée par le locataire.

Ces sommes constituant des charges déductibles au titre des résultats, elles seront ultérieurement déduites de ce même revenu pour la détermination du résultat imposable.

1. Rép. Falala, Ass. nat. 22 févr. 1993, p. 671, n° 63834.

Sans que ceci change les règles d'imputation de la TVA telles qu'exposées ci-dessus, l'Administration tolère que les résultats ne tiennent pas compte de ce type de charges, tant en recettes qu'en dépenses.

Le fait de ne pas tenir compte de ces sommes aura pour effet de réduire le revenu brut servant de base à la détermination de la déduction forfaitaire (actuellement de 14 %) applicable aux revenus fonciers. ■

O Mode de financement et régime fiscal en crédit-bail immobilier

Nos 1501 à 1532

PAGES

I. Nature et domaine du contrat ... 265
A. Aspects locatifs ... 265
B. Spécificité de la promesse de vente ... 265
C. Objet du financement ... 266
D. Cession-bail ... 266
II. Droits et obligations des parties ... 267
A. Le crédit-bailleur ... 267
B. Le preneur ... 268
III. Forme, publication et opposabilité aux tiers du contrat de crédit-bail ... 268
A. Forme du contrat ... 268
B. Opposabilité aux tiers ... 269
C. Évaluation des frais d'acte d'un contrat de crédit-bail publié ... 269
D. Aspects comptables ... 270
IV. Déroulement d'une opération de crédit-bail ... 271
A. Phase de prélocation en cas de construction ou réhabilitation de l'immeuble ... 271
B. Phase de location ... 272
C. Dénouement du contrat ... 276
V. Les trois formes de crédit-bail ... 278
A. Régime général ... 278
B. Régime de faveur ... 280
C. Régime spécifique au financement des immeubles de bureaux en Île-de-France ... 281
VI. Avantages du crédit-bail immobilier ... 282

1501 Cette technique financière, régie par les articles L. 313-7 et suivants du Code monétaire et financier[1], est assimilée à une opération de crédit au sens de ce même code. Cette activité de crédit-bail ne peut donc être exercée, à titre habituel, que par des entreprises commerciales agréées en qualité d'établissement de crédit[2], lesquelles sont soumises au suivi et contrôle des instances régulatrices

1. Le texte d'origine était la loi n° 66-455 du 2 juillet 1966, modifiée à plusieurs reprises.
2. C. mon. fin., art. L. 515-2.

(Banque de France et sa Commission Bancaire) du secteur financier et au respect de ratios prudentiels (ratio Cooke remplacés, à partir de 2006 par les ratio dits Mc Donough).

▷ Cette « bancarisation » du crédit-bail est un concept très français alors que dans un certain nombre d'autres pays (de l'Union Européenne notamment) les crédit-bailleurs sont des sociétés commerciales classiques à l'image des loueurs de voiture en courte durée, et n'ont pas à respecter la lourdeur, avec le coût y afférent, des obligations imposées par le statut d'établissement financier.

Le crédit-bail est défini comme une opération de location de biens achetés en vue de cette opération par **des sociétés financières de crédit-bail qui en demeurent propriétaires**, lorsque ces opérations **donnent au locataire la possibilité d'acquérir** tout ou partie des biens loués, **moyennant un prix convenu**, tenant compte, au moins pour partie, des versements effectués au titre des loyers.

Le crédit-bail immobilier est une technique de pur financement d'un actif immobilier à usage strictement professionnel[1]. Sont donc exclus du crédit-bail les domaines étrangers aux activités professionnelles ou commerciales, et en particulier le logement.

▷ Nous n'évoquerons ici que les **opérations situées sur le territoire français**, alors que les crédit-bailleurs peuvent également s'intéresser à des opérations localisées dans les pays de l'Union Européenne.

Aux termes de l'article L. 313-7 du Code monétaire et financier, le contrat de crédit-bail se définit donc par référence à deux contrats classiques :

- le contrat de location;
- le contrat de promesse de vente unilatérale.

En effet, à l'origine du contrat, les biens sont acquis par un organisme financier, dénommé « crédit-bailleur », à statut d'établissement de crédit, en vue de leur location au profit d'un de ses clients dénommé « crédit-preneur ». Le client bénéficie au terme du contrat de location d'une promesse de vente unilatérale consentie de manière irrévocable, lui offrant la possibilité d'acquérir le bien en payant un prix fixé à l'origine, dénommé « valeur résiduelle ». La valeur résiduelle sera déterminée soit par le souhait conjoint des parties soit, si elle est symbolique, en fonction de la partie du prix qui aura été payée au travers des loyers pendant le cours du contrat. Le crédit-bail immobilier se caractérise donc par la réunion, dans un contrat unique, de trois éléments :

- l'acquisition ou la construction d'un immeuble (ou de droits immobiliers) par un organisme financier (le crédit-bailleur) qui en donnera la jouissance à un client (le crédit-preneur);
- sa location sur une longue durée;
- une promesse de vente conférée exclusivement et irrévocablement au crédit-preneur moyennant un prix dénommé valeur résiduelle et défini dès la conclusion du contrat.

▷ Ce dernier élément permet de distinguer le contrat de crédit-bail du contrat de location-vente lequel comporte une automaticité du transfert de propriété en fin de bail. Pour le crédit-bail, le transfert de propriété en fin de contrat n'est qu'une option qui peut également comporter d'autres modalités (poursuite en crédit-bail, contrat de location commerciale, ou restitution de l'immeuble au bailleur).

1. Pour des développements plu complets sur le crédit-bail immobilier, notamment sur ficalité de l'opération chez le preneur, voir dans la même collection, *Immobilier de l'entreprise*, par G. Amoyel, G. Gillet, P. More, J.-M. Moyse, R. Pouget et O. Straub.

I. Nature et domaine du contrat

1502 Le contrat de crédit-bail immobilier est un contrat spécifique, faisant l'objet d'une réglementation particulière. Il se distingue, en effet, du contrat de location et du contrat de vente, dont il combine les deux techniques.

Pour illustrer le caractère spécifique du contrat de crédit-bail immobilier, deux points méritent d'être soulignés :

– la faculté de résiliation triennale des baux commerciaux est écartée formellement du contrat de crédit-bail immobilier;

– la formalité de l'enregistrement de la promesse unilatérale de vente n'est pas nécessaire[1].

A. Aspects locatifs

1503 Les dispositions applicables aux locations commerciales ne régissent pas les rapports entre crédit-bailleur et crédit-preneur pendant la période de location.

◊ Les dispositions du statut des baux commerciaux[2] ne s'appliquant qu'au louage d'immeuble, doit être cassé l'arrêt qui pour déclarer le tribunal de grande instance compétent pour statuer sur la révision du prix d'un crédit-bail immobilier, a énoncé qu'un tel contrat n'échappait pas aux dispositions du décret susvisé, alors que le crédit-bail immobilier, quelle que soit la forme sous laquelle il est réalisé, est une opération qui a pour objet l'acquisition d'un immeuble par celui qui s'oblige à faire des versements échelonnés sur la durée du contrat[3].

En effet, le contrat de crédit-bail immobilier est avant tout une technique de financement des investissements immobiliers et ne peut être réduit à l'un de ses composants, le bail ou la promesse de vente.

Ainsi, le contrat fait la loi des parties tant pour les révisions de loyers que pour les droits conférés au crédit-preneur ou par ce dernier à des tiers.

▷ Le loyer peut donc être révisé sans aucune restriction, par opposition au statut des baux commerciaux.

B. Spécificité de la promesse de vente

1504 Contrairement aux promesses de vente classiques, la promesse incluse dans un contrat de crédit-bail n'est pas cessible ou substituable indépendamment du contrat lui-même. Le bénéfice de la promesse profite donc exclusivement au crédit-preneur ou à son cessionnaire.

En cas de cession du crédit-bail autorisée par le crédit-bailleur, le cessionnaire recueillera l'intégralité du contrat en cours, tant pour la poursuite du bail que pour le bénéfice exclusif de la promesse de vente.

Lors d'une cession, le cédant et le cessionnaire restent tenus solidairement pour l'exécution du contrat, sauf dispense expresse du crédit-bailleur après examen de la situation et solvabilité du cessionnaire.

La promesse de vente est donc indissociable du contrat de crédit-bail.

1. Cass. 3e civ., 3 nov. 1981, Ranche de Bravon/Prêt à bail Sicomi.
2. Ce décret est, pour partie, codifié aux articles L. 145-1 et s du Code de commerce.
3. Cass. 3e civ., 10 juin 1980, Bull. civ. III, n° 113; D. 1980, p. 566, note Y. Guyon; D. 1981 IR p. 20, note M. Vasseur; JCP 1981, II, n° 19655, note E.-M. Bey.

C. Objet du financement

1505 Le crédit-bail immobilier doit servir à l'acquisition de droits réels.

Les sociétés de crédit-bail immobilier interviennent généralement pour financer au moyen du crédit-bail des immeubles non équipés, à usage strictement industriel, commercial et professionnel. Il peut donc s'agir :

- d'immeubles bâtis, avec ou sans travaux, neuf ou ancien;
- de terrains et d'immeubles à construire;
- de construction seule dans le cadre d'un bail à construction.

▷ L'acquisition par le moyen du crédit-bail d'un **immeuble à usage d'habitation** s'avère impossible, sauf pour le cas des logements de fonction inclus dans un local commercial ou industriel.

Le caractère indispensable de ce logement, et sa nature accessoire, par rapport à l'activité professionnelle, doivent impérativement être établis (par exemple, un logement de gardien ou d'ingénieur de maintenance dont la présence sur les lieux est indispensable au bon exercice de l'activité professionnelle, industrielle ou commerciale).

Pour des preneurs obligatoirement assujettis aux BIC, les sociétés de crédit-bail peuvent intervenir (sur le fondement de l'article 35, I-5°, du CGI) sur l'immeuble ainsi que son mobilier ou matériel nécessaire à son exploitation. Le preneur, ayant choisi, le plus souvent, la forme juridique d'une SNC, sous-loue l'immeuble et déclarera ses revenus dans la catégorie de BIC.

D. Cession-bail

1506 Le crédit-bail immobilier peut permettre, à travers la technique particulière de la **cession-bail** (ou ***lease-back***) à ne pas confondre avec les opérations dites de *sales and lease back*[1], lesquelles comportent une vente de l'actif immobilier par l'entreprise à un investisseur qui lui confère le même jour un bail commercial, souvent de longue durée, (mais sans option d'achat à un prix convenu), de rendre liquide un actif immobilier nécessaire au fonctionnement de l'entreprise.

En effet, plutôt que de recourir à un crédit hypothécaire, une entreprise propriétaire d'un immeuble peut décider de le vendre à un crédit-bailleur qui lui consentira simultanément un contrat de crédit-bail sur le même immeuble, rendant ainsi liquide un élément d'actif tout en conservant sa jouissance et en bénéficiant d'une option d'achat en fin de contrat à un prix convenu dès la signature du contrat.

Il s'agit pour l'essentiel d'une technique utilisée en ingénierie financière à la disposition des entreprises propriétaires d'actifs immobiliers.

▷ L'intérêt principal de cette technique réside dans sa fiscalité au niveau des droits de mutation, puisque la vente de l'immeuble de l'entreprise vers le crédit-bailleur, ne fait l'objet que d'une taxation au taux dérogatoire de 0,60 % au lieu de 4,89 % pour un immeuble ancien, tout en laissant taxable la plus-value de cession au taux du droit commun.

1. Pratiquées fréquemment à l'occasion de grandes opérations d'externalisation d'actifs immobiliers.

II. Droits et obligations des parties

A. Le crédit-bailleur

1507 Le crédit-bailleur est propriétaire de l'immeuble objet de l'opération pendant toute la durée du contrat. Il ne transmettra la propriété de l'immeuble qu'à l'issue du contrat, en cas de levée d'option du crédit-preneur.

De ce fait, le crédit-bailleur assume les risques liés à la propriété de l'immeuble, sauf stipulations contraires habituellement convenues entre les parties. Il recueille dans son patrimoine toutes les améliorations qui pourraient être apportées à l'immeuble.

1. Lors de la construction de l'immeuble

1508 Des problèmes spécifiques peuvent être rencontrés en cas de construction d'un immeuble. Qui du crédit-bailleur ou du crédit-preneur est le maître de l'ouvrage et assumera à ce titre la responsabilité de l'opération de construction ?

Pour répondre à cette question, il convient de rappeler que le contrat de crédit-bail immobilier est avant tout un mode de financement et que la plupart du temps, l'immeuble est édifié pour les besoins spécifiques d'un preneur qui en détermine ou choisit :

- l'implantation;
- les caractéristiques;
- le budget;
- l'ensemble des intervenants qui participent à l'opération de construction.

Deux techniques sont généralement utilisées[1] :

- le crédit-bailleur donne mandat au crédit-preneur de passer tous les contrats nécessaires à l'opération de construction, dans la stricte limite du budget préétabli. Le coût des travaux est alors acquitté directement par le crédit-bailleur auprès des différents intervenants;
- ou le crédit-bailleur signe un contrat d'entreprise générale avec le crédit-preneur qui assume la responsabilité de la livraison de l'immeuble. Dans ce cas, le coût des travaux réglés par le crédit-bailleur transitera par le patrimoine du crédit-preneur qui réglera les entreprises et demandera le financement de leur montant au crédit-bailleur au titre de l'utilisation du crédit-bail.

2. Pendant la durée du contrat

1509 En règle générale, le crédit-bailleur assure directement l'immeuble et en refacture le coût au preneur. Il en va de même pour tous les impôts, taxes, charges de copropriété, et frais d'entretien liés à la propriété et l'exploitation ainsi que les grosses réparations de l'immeuble.

De cette manière, le loyer ou la redevance de crédit-bail constitue pour le crédit-bailleur un revenu net, conformément à la nature purement financière du contrat.

La disparition de l'immeuble, en cas de sinistre, contrairement aux dispositions du Code civil, ne met pas fin au contrat, car le crédit-bailleur devra affecter

1. Sauf cas d'acquisition des biens immobiliers par le crédit-bailleur en vente en l'état futur d'achèvement (VEFA) ou dans le cadre d'un contrat de promotion immobilière.

les indemnités perçues des assureurs à la reconstruction de l'immeuble si sa reconstruction est autorisée par les règles d'urbanisme.

La même solution s'applique en cas d'expropriation.

B. Le preneur

1510 Le preneur est principalement tenu au versement ponctuel des redevances de loyers prévues au contrat, en ce compris les charges augmentatives de loyer[1]. Il doit exercer l'activité prévue par le contrat, qu'il s'agisse d'une exploitation directe ou indirecte de l'immeuble au moyen de sa sous-location.

Il assure la garde juridique de l'immeuble, et à ce titre doit veiller à son bon entretien et à sa conservation.

Le crédit-preneur doit également assurer le contenu de l'immeuble.

▷ D'une manière générale, les obligations du preneur sont toujours reprises avec précision dans le contrat de crédit-bail.

III. Forme, publication et opposabilité aux tiers du contrat de crédit-bail

A. Forme du contrat

1511 Les parties ont le choix entre l'établissement d'un acte sous seing privé ou d'un acte authentique, pour constater la convention de crédit-bail. Dans la mesure où cela s'avère indispensable (notamment si la durée du contrat est supérieure à douze années), le contrat doit être publié dans un délai de trois mois à compter de sa conclusion. L'acte authentique nécessite l'intervention d'un notaire.

Les honoraires du notaire auront une incidence importante sur le coût du contrat en raison du « barème » de l'ordre de 0,55 % de l'assiette du crédit-bail (honoraires majorés d'un quart en cas de cautionnement dans l'acte de crédit-bail) et les frais de publication un impact décisif avec un coût de 0.615 % du cumul des loyers.

▷ Le choix entre un acte sous seing privé et un acte authentique résultera le plus souvent de la volonté des parties de publier l'acte à la conservation des hypothèques afin de le rendre opposable aux tiers.

L'article 28 du décret du 4 janvier 1955 sur la publicité foncière prévoit la publication des baux de plus de douze années à la conservation des hypothèques.

Un décret du 4 juillet 1972[2] prévoit les modalités de publication des contrats de crédit-bail, en renvoyant aux dispositions du décret du 4 janvier 1955.

Par ailleurs et pour bénéficier de la fiscalité particulière sur les frais de mutation lors de la levée de l'option d'achat, au taux de 4,89 % du montant de la valeur résiduelle, le plus souvent fixée à un niveau symbolique ou faible (et non de 4,89 % sur la valeur vénale de l'immeuble), l'article 743 *bis* du CGI impose la publication du contrat pour les contrats de crédit-bail immobilier dont la durée est supérieure à douze ans.

1. Charges générales liées à la détention de la propriété ou de l'immeuble telles que les dépenses d'entretien, les charges de copropriétés et les taxes et impôts.
2. Décr. nº 72-665, 4 juill. 1972, art. 10.

B. Opposabilité aux tiers

1512 L'intérêt de la publication d'un contrat de crédit-bail consiste à rendre opposable aux tiers la convention souscrite entre les parties.

▷ De cette manière, les droits du crédit-bailleur et du crédit-preneur se trouveraient protégés contre les revendications des créanciers de l'un ou de l'autre.

• **En ce qui concerne le crédit-bailleur.** Son titre de propriété (l'acte d'acquisition de l'immeuble) sera obligatoirement publié à la conservation des hypothèques. Il ne craindra donc pas de revendications pouvant porter sur le droit de propriété proprement dit. En revanche, si le contrat de crédit-bail n'est pas publié, il pourra toujours craindre une revendication de la part des créanciers du crédit-preneur. Cette revendication pourrait émaner d'un sous-locataire en cas de résiliation du contrat de crédit-bail, ou de tout créancier ayant intérêt à requalifier le contrat de crédit-bail en contrat de location simple ou en contrat de financement classique. La publication du contrat de crédit-bail permet donc d'éviter ce risque pour le crédit-bailleur.

• **En ce qui concerne le crédit-preneur.** La publication du contrat le protégera en cas de revente de l'immeuble par le crédit-bailleur, ou en cas de défaillance de celui-ci dans le cadre de l'ouverture d'une procédure de redressement judiciaire. De telles éventualités sont toutefois peu probables alors que le crédit-bailleur est une société financière.

En raison de l'économie des droits de publicité foncière, l'essentiel des contrats conclus aujourd'hui est d'une durée n'excédant pas douze ans.

▷ Cette observation s'entend pour autant que le crédit-bailleur n'impose pas de publier son contrat en fonction de l'appréciation qu'il fera de la qualité du crédit-preneur.

▷ Pour les **contrats de plus de douze ans**, il est impératif de publier afin que le crédit-preneur puisse bénéficier de la fiscalité favorable de la cession de l'immeuble, lors de la levée de la promesse de vente; le défaut de publication impliquerait les droits de mutation au taux normal de 4,89 % avec une assiette de droits sur la valeur vénale de l'immeuble et non sur la valeur résiduelle.

C. Évaluation des frais d'acte d'un contrat de crédit-bail publié

1513 Les frais occasionnés par la signature d'un contrat de crédit-bail peuvent être, suivant les options prises, détaillés comme suit.

• **Émolument du notaire hors taxes.** Il est calculé au taux de 0,55 %, hors taxes, du montant de l'investissement total HT et augmenté des frais fixes (de l'ordre de 500 euros). Cet émolument est majoré de 25 % en cas de cautionnement, recueilli dans l'acte, à titre de sûreté.

• **Taxe de publicité foncière (TPF).** La taxe de publicité foncière est calculée au taux de 0,615 % du montant cumulé des loyers HT et charges pour toute la durée du crédit-bail. Toutefois l'assiette du calcul de la TPF se trouve réduite au seul investissement brut hors taxes (diminué de la valeur résiduelle) pour les opérations de crédit-bail immobilier portant sur des biens neufs ou à construire.

• **Salaire du conservateur des hypothèques.** Il est calculé au taux de 0,10 % du montant cumulé des loyers et charges, toutes taxes comprises, calculés pour toute la durée du crédit-bail.

À l'ensemble de ces émoluments, frais et taxes, s'ajoutent des frais fixes (timbres, enregistrement, formalités, copies, etc.), de l'ordre de 1 000 à 1 500 euros.

Globalement, pour un contrat de crédit-bail de quinze ans, le coût lié à l'acte authentique et à sa publication représente une charge d'environ 1,75 % de l'investissement hors taxes; un contrat de douze ans au plus, sans publication, comportera des frais sensiblement plus faibles.

Ce coût non négligeable peut, dans certains cas, être intégré dans l'assiette de l'investissement financé par le crédit-bail et représente dans ce cas une majoration de son taux de l'ordre de vingt points de base pour un contrat d'une durée de quinze ans.

EXEMPLE DES FRAIS D'UN CONTRAT DE CRÉDIT-BAIL

☐ Estimation à titre indicatif des frais liés à un contrat de crédit-bail de 1 000 000 € HT portant sur un immeuble ancien et consenti sur une durée de quinze ans.
Loyer annuel de 9,6504 %
Comportant un cautionnement, et publié.

Émolument du notaire (hors TVA)	6 775 €
Majoration pour cautionnement (25 %)	1 700 €
Partie fixe (estimation)	280 €
TVA sur Émoluments	1 716 €
Taxe de publicité foncière 1 M € × 9 6504 % × 15 ans × 0,0615 %	6 150 €
Salaire du conservateur : Droits, timbres et copies (estimation) :	839 €
TOTAL (dont 1 716 € de TVA)	17 460 €

Soit 1,75 % de l'investissement.
Dans l'hypothèse d'un contrat de durée inférieure ou égale à douze ans et ne faisant pas l'objet d'une publication, le coût d'un contrat authentique ressortirait à environ 1 % du montant du financement.

D. Aspects comptables

1514 Il convient d'examiner les aspects comptables de ces financements chez le bailleur et chez le preneur.

• **Chez le bailleur.** Le bien loué est inscrit à l'actif du bilan du crédit-bailleur, sous la rubrique « immobilisation destinée à la location », pour sa valeur d'acquisition.

• **Chez le preneur.** Le preneur ne peut inscrire les biens loués en immobilisation avant levée de l'option d'achat et signature de l'acte de vente par paiement du prix que constitue la valeur résiduelle.

Les loyers de crédit-bail sont déductibles selon certaines modalités.

☐ Pour le régime général, décrit et illustré par un tableau chiffré, par exemple, les redevances de loyers, assises sur la totalité de l'investissement (terrain, frais et construction) sont déductibles en totalité jusqu'à ce que le montant des frais et des constructions ait été totalement amorti dans les livres du bailleur; au-delà, les loyers (qui correspondraient à « l'amortissement du terrain ») sont exigibles en paiement, pour assurer l'équilibre financier du contrat, mais non déductibles de l'assiette d'imposition pour le preneur.

Par ailleurs, pour compléter l'information des tiers et sous peine de sanctions pénales, les entreprises commerciales qui ont recours à un financement par crédit-bail immobilier doivent :

– d'une part, faire apparaître sur une ligne spécifique de leurs comptes de résultats les charges de loyer de crédit-bail immobilier de l'exercice;

– d'autre part, évaluer dans une annexe du bilan le montant des engagements à courir au titre des contrats de crédit-bail en cours. Doivent être mentionnés dans l'annexe :

– la valeur d'origine du bien, à la signature du contrat, faisant l'objet d'un financement en crédit-bail,

– le montant des redevances de crédit-bail afférentes à l'exercice ainsi que le montant cumulé des redevances des exercices précédents,

– les dotations aux amortissements qui auraient été comptabilisés par le preneur s'il avait été propriétaire direct de l'actif, ainsi que l'indication du cumul des amortissements,

– l'évaluation, à la clôture du bilan, des redevances restant à payer, jusqu'à l'échéance normale du contrat ainsi que la valeur résiduelle contractuelle, l'ensemble de ces indications étant classées (échéances à un an au plus, de un à cinq ans et à plus de cinq ans)[1].

Ainsi, et pour les entreprises concernées (hors application du régime simplifié) l'information figurant dans l'annexe aux comptes annuels, aboutit à donner une information particulière dans laquelle le bilan et les comptes de résultat font apparaître le preneur comme un simple locataire alors que l'annexe comporte les éléments de comptabilisation qui auraient été passés par le propriétaire direct de l'actif en cas de financement par emprunt classique.

1515 Au-delà des normes comptables françaises, s'appliqueront à partir de 2005 les normes IAS (*International Accounting Standards*) pour la consolidation des comptes des sociétés cotées de l'Union européenne (sociétés faisant appel public à l'épargne).

▷ En pratique, les entreprises APE concernées devront se préparer dès 2004 afin de permettre en 2005 les comparaisons à périmètre et méthodologie identiques.

IV. Déroulement d'une opération de crédit-bail

1516 Le contrat de crédit-bail peut comporter un avant-contrat, lorsqu'il s'agit d'acquérir un terrain pour y construire un immeuble, ou de réhabiliter un immeuble existant.

À l'issue de ce contrat, un contrat définitif est établi ou prend effet.

A. Phase de prélocation en cas de construction ou réhabilitation de l'immeuble

1517 Il s'agit de la période pendant laquelle l'immeuble ou les droits réels sont acquis, et les constructions édifiées ou réhabilitées. Les rapports des parties naissent de la signature entre le crédit-bailleur et le crédit-preneur d'un engagement de crédit-bail, par acte sous seing privé ou par acte authentique. La société de crédit-bail s'engage à acheter le terrain ou l'immeuble objet du contrat, et à financer les travaux suivant les marchés prédéterminés.

1. Décr. 4 juill. 1972, art. 12 • Ces informations ne sont pas exigées des sociétés qui bénéficient du régime de présentation simplifiée de l'annexe prévu à l'article L. 123-16 du Code de commerce.

Pendant cette période, le crédit-preneur réglera des préloyers, lesquels se composent généralement :

- d'un **préloyer d'engagement** ou d'une **commission dite « d'engagement »**, rémunérant la réservation consentie par le crédit-bailleur sur ses ressources pour le financement de l'opération. Cette commission d'engagement est fixée au *prorata* du montant de l'engagement (de 0,50 à 1,50 % de l'assiette de l'investissement total); ce montant est, le plus généralement payable trimestriellement et d'avance;
- d'un préloyer correspondant aux **intérêts** d'utilisation sur les sommes effectivement décaissées par le crédit-bailleur au titre de l'opération financée; cet intérêt est calculé aux conditions habituelles des concours à court terme; ces préloyers sont généralement calculés et facturés trimestriellement à terme échu;
- d'un préloyer correspondant au « portage » de la TVA et correspondant au délai de trois à quatre mois qui sera nécessaire au crédit-bailleur pour, après décaissement, obtenir le remboursement de la TVA.

B. Phase de location

1518 Cette phase débute lors de l'achèvement de l'immeuble ou de sa mise en exploitation. La société de crédit-bail facture alors, sur l'assiette définitive de l'investissement, des redevances de crédit-bail mensuelles, trimestrielles, semestrielles, voire annuelles.

Ces redevances sont exprimées en pourcentage de l'investissement financé hors TVA, si l'on opte pour l'application de la TVA ou TVA comprise, non récupérable, si l'opération n'entre pas dans le champ de la TVA.

1. Principe du mode de calcul des redevances

1519 Le calcul des redevances ou loyers de crédit-bail est établi en fonction des critères suivants :

- montant total de l'investissement hors ou avec TVA, suivant l'option prise;
- durée initiale du concours;
- valeur résiduelle, librement fixée en matière de crédit-bail;
- nature de l'immeuble, mode et durée d'amortissement;
- fréquence de paiement des redevances, mensuelles, annuelles ou, le plus généralement, trimestrielles ou semestrielles;
- terme des paiements (échu ou à échoir);
- quotité d'indexation des loyers et/ou de la valeur résiduelle;
- taux d'intérêt servant de base au calcul, fixe ou variable;
- variation du montant des redevances (linéaires, dégressives, progressives ou spécifiques) en fonction des besoins des parties;
- existence éventuelle d'un dépôt de garantie;
- obtention d'une subvention, versée au crédit-bailleur pour le projet du preneur, et dont le montant va permettre de réduire à due concurrence l'assiette de calcul des loyers;
- exigence, le plus souvent par le crédit-bailleur, d'un « apport » du crédit-preneur, pour des opérations jugées risquées du fait soit de la situation économique ou financière du preneur soit du caractère très spécifique de l'opération immobilière. Le versement du preneur est souvent dénommé « **avance preneur** », et

s'analyse comme un prêt du preneur au bailleur dont les conditions de taux, de remboursement et de durée sont proches voire identiques à celles du contrat de crédit-bail.

– refinancement partiel ou total de l'opération par le preneur (très souvent des banques, compagnie d'assurances ou sociétés industrielles ou commerciales disposant d'une trésorerie le permettant), qui souhaite inscrire l'opération dans le cadre juridique, comptable et fiscal du crédit-bail alors qu'il dispose de la trésorerie afférente à l'investissement.

▷ La multiplicité des paramètres de ce calcul nécessite, pour la comparaison de propositions concurrentes, un examen attentif reposant sur des bases homogènes.

En ce qui concerne les loyers, ceux-ci sont librement fixés entre les parties quand bien même le taux d'intérêt et la structure tarifaire (échéancier linéaire, dégressif, progressif ou autre) constituent le fondement du calcul du crédit-bailleur. Toutefois deux grandes approches sont pratiquées : un calcul des redevances de loyers établi sur une hypothèse de taux fixe ou sur celle de taux variables.

a. Calcul des redevances sur une hypothèse de taux fixe

— voir tableaux pages suivantes —

1520 Ces tableaux ont pour objet de montrer la charge résultant du remboursement d'un contrat de crédit-bail consenti sur une durée de quinze ans pour un investissement de 1 000 000 euros HT.

Ils tiennent compte d'une part du taux d'intérêts pratiqué exprimé, pour le calcul, en taux annuel équivalent (taux actuariel) et du montant de la valeur résiduelle à acquitter en fin de contrat.

La colonne loyer fait apparaître distinctement les paiements intervenant à terme (échu ou à échoir).

Enfin, deux hypothèses sont retenues pour le paiement d'un loyer supposé constant et payable semestriellement ou trimestriellement.

La première ligne de chacun des calculs donne d'une part l'échéance, puis l'annuité, pour l'option retenue, elle-même fonction de la valeur résiduelle et du terme de paiement prévus au contrat.

Deux constatations importantes s'imposent.

• **Impact du terme de paiement** : un paiement d'avance d'un loyer permet de réduire de façon substantielle la charge annuelle.

□ Ainsi, à un taux de 6 %, un contrat sur quinze ans de 1 000 000 € avec valeur résiduelle de 1 € en échéances trimestrielles fait apparaître une charge annuelle de loyer de 116 684 € à terme échu et 114 196 € en terme à échoir.

• **Impact de la valeur résiduelle** : l'existence d'une valeur résiduelle réduit la charge de loyer. Toutefois cette réduction n'est pas « proportionnelle », en raison du fait que la valeur résiduelle se trouve par définition (éventuellement) payée en fin de contrat dans l'hypothèse d'une levée d'option d'achat.

□ Ainsi, à un taux de 6 % en échéances trimestrielles à échoir, un contrat sur quinze ans avec valeur résiduelle de 1 € implique des annuités de 114 996 €, alors qu'avec une valeur résiduelle de 30 % les annuités sont de 97 852 € soit une réduction du montant des charges de 14,9 %.

LOYERS DE CRÉDIT-BAIL EN FONCTION DU TAUX ET DE LA VALEUR RÉSIDUELLE

Calculs pour un investissement de 1 000 000 euros et une durée de 15 ans

Barème trimestriel

Valeur résiduelle	Taux : Terme	4.50% Loyer	4.50% Annuité	5.00% Loyer	5.00% Annuité	5.50% Loyer	5.50% Annuité	6.00% Loyer	6.00% Annuité	6.50% Loyer	6.50% Annuité	7.00% Loyer	7.00% Annuité
0%	A échoir	26 671	106 684	27 357	109 428	28 050	112 200	28 749	114 996	29 455	117 820	30 167	120 668
	Échu	26 966	107 864	27 692	110 768	28 428	113 712	29 171	116 684	29 922	119 688	30 681	122 724
5%	A échoir	25 884	103 536	26 595	106 380	27 312	109 248	28 035	112 140	28 763	115 052	29 497	117 988
	Échu	26 171	104 684	26 921	107 684	27 680	110 720	28 446	113 784	29 220	116 880	30 000	120 000
10%	A échoir	25 098	100 392	25 833	103 332	26 574	106 296	27 320	109 280	28 071	112 284	28 827	115 308
	Échu	25 376	101 504	26 150	104 600	26 932	107 728	27 721	110 884	28 517	114 068	29 319	117 276
20%	A échoir	23 525	94 100	24 310	97 240	25 099	100 396	25 892	103 568	26 688	106 752	27 488	109 952
	Échu	23 786	95 144	24 608	98 432	25 437	101 748	26 271	105 084	27 111	108 444	27 957	111 828
30%	A échoir	21 953	87 812	22 787	91 148	23 623	94 492	24 463	97 852	25 305	101 220	26 149	104 596
	Échu	22 195	88 780	23 066	92 264	23 942	95 768	24 822	99 288	25 706	102 824	26 595	106 380
40%	A échoir	20 380	81 520	21 263	85 052	22 148	88 592	23 034	92 136	23 921	95 684	24 809	99 236
	Échu	20 605	82 420	21 524	86 096	22 447	89 788	23 372	93 488	24 301	97 204	25 232	100 928
50%	A échoir	18 807	75 228	19 740	78 960	20 673	82 692	21 605	86 420	22 538	90 152	23 470	93 880
	Échu	19 015	76 060	19 982	79 928	20 951	83 804	21 922	87 688	22 895	91 580	23 870	95 480

Barème semestriel

Valeur résiduelle	Taux : Terme	4.50% Loyer	4.50% Annuité	5.00% Loyer	5.00% Annuité	5.50% Loyer	5.50% Annuité	6.00% Loyer	6.00% Annuité	6.50% Loyer	6.50% Annuité	7.00% Loyer	7.00% Annuité
0%	A échoir	53 049	106 098	54 382	108 764	55 726	111 452	57 082	114 164	58 450	116 900	59 828	119 656
	Échu	54 230	108 460	55 725	111 450	57 238	114 476	58 770	117 540	60 319	120 638	61 886	123 772
5%	A échoir	51 485	102 970	52 868	105 736	54 261	108 522	55 664	111 328	57 077	114 154	58 500	117 000
	Échu	52 631	105 262	54 173	108 346	55 733	111 466	57 309	114 618	58 903	117 806	60 512	121 024
10%	A échoir	49 921	99 842	51 354	102 708	52 795	105 590	54 245	108 490	55 704	111 408	57 171	114 342
	Échu	51 032	102 064	52 622	105 244	54 228	108 456	55 849	111 698	57 486	114 972	59 138	118 276
20%	A échoir	46 793	93 586	48 325	96 650	49 864	99 728	51 409	102 818	52 959	105 918	54 515	109 030
	Échu	47 834	95 668	49 519	99 038	51 217	102 434	52 928	105 856	54 653	109 306	56 391	112 782
30%	A échoir	43 665	87 330	45 297	90 594	46 933	93 866	48 572	97 144	50 214	100 428	51 858	103 716
	Échu	44 637	89 274	46 416	92 832	48 206	96 412	50 008	100 016	51 820	103 640	53 643	107 286
40%	A échoir	40 537	81 074	42 269	84 538	44 002	88 004	45 735	91 470	47 469	94 938	49 202	98 404
	Échu	41 439	82 878	43 313	86 626	45 196	90 392	47 087	94 174	48 987	97 974	50 895	101 790
50%	A échoir	37 409	74 818	39 241	78 482	41 071	82 142	42 898	85 796	44 723	89 446	46 546	93 092
	Échu	38 241	76 482	40 210	80 420	42 185	84 370	44 166	88 332	46 154	92 308	48 147	96 294

* Le taux pris en considération est le taux annuel équivalent.

▷ La différence peut donc apparaît minime et inciterait à retenir une valeur résiduelle aussi réduite que possible. Toutefois, certains preneurs souhaitent, au contraire, conclure des contrats de crédit-bail comportant des valeurs résiduelles très élevées (50 % ou davantage), pour réduire la charge annuelle de loyer mais aussi pour des raisons de traitement comptable et de présentation de bilan (déconsolidation).

Les crédit-bailleurs susceptibles d'accepter ce type de modalités mesurent le fait que les preneurs pourraient ne pas être incités à lever l'option d'achat dans certaines conjonctures de prix où la valeur vénale de l'actif serait inférieure à la valeur résiduelle définie à un niveau élevé à l'origine du contrat. L'opération s'analyse alors moins comme un financement par le crédit-bailleur d'un actif immobilier et davantage comme la décision d'une structure de type « société foncière ». Dans ce cas, celle-ci exigera le plus souvent d'intervenir sur un bien immobilier d'excellente qualité.

b. Calcul des redevances sur une hypothèse de taux variable

1521 Dans cette hypothèse, aujourd'hui la plus courante, le calcul sera effectué à partir :

- d'une base fixe constituant l'amortissement financier du concours déterminé à l'origine, et établi en fonction d'un taux d'intérêt initial établi lors de la notification de l'accord de financement;
- d'une base variable correspondant aux intérêts applicables à chaque période suivant la variation du ou des taux retenu(s) (pouvant résulter d'une combinaison ou d'un « panier » de taux).

Des limitations conventionnelles peuvent être éventuellement apportées aux variations à la hausse ou à la baisse, ainsi que des possibilités de passage à taux fixe à des époques et avec des préavis prédéterminés moyennant, le cas échéant un coût déterminé.

▷ Le choix entre les formules à taux fixe ou révisable dépend de l'offre du marché du crédit-bail immobilier ainsi que de l'analyse prospective faite par le crédit-preneur sur l'évolution des taux pendant le cours du contrat.

2. Indexation des redevances

1522 Les redevances font l'objet d'une indexation convenue entre les parties.

L'indice le plus fréquemment utilisé est l'indice du coût de la construction publié par l'INSEE. La quotité indexée des redevances, à l'origine de 100 %, dans les années soixante-dix porte aujourd'hui sur 5 à 10 % de leur montant, quand elle n'est pas purement et simplement supprimée en raison de la concurrence entre les sociétés de crédit-bail. En cas de variation de l'indice à la baisse, la redevance ne peut jamais être inférieure au montant de base prévu à l'origine du contrat pour la période concernée.

3. Autres dépenses

1523 La société de crédit-bail comptabilise et règle l'ensemble des dépenses (impôts, taxes, charges de copropriété, loyer de bail à construction, frais d'entretien et de réparation, etc.) incombant normalement au propriétaire et les refacture à son preneur majoré de la TVA (si l'opération est assujettie à la TVA).

Ainsi, la redevance de crédit-bail constitue un revenu net de toute charge pour le crédit-bailleur qui lui assure la rémunération prévue (taux applicable au contrat) tout en conférant à cette technique un caractère financier.

4. Indivision de crédit-bailleurs

1524 Pour les cas d'opérations risquées en raison de la fragilité du preneur, de l'importance du projet ou de la spécificité de l'actif à financer, il peut être constitué des indivisions de crédit-bailleurs pour financer une même opération.

Les crédits-bailleurs forment une indivision. En effet, il leur est nécessaire, pour intervenir, de détenir l'actif immobilier (ou la quote-part indivise de l'actif) dans leur bilan.

▷ Tous les crédits-bailleurs d'une indivision interviendront donc pour signer les actes de crédit-bail et d'acquisition de biens financés au moyen du crédit-bail.

En général un chef de file centralise les décaissements et appelle les indivisaires en trésorerie; il se charge de l'encaissement et du reversement à chaque indivisaire des préloyers, compléments de préloyers, loyers et charges.

▷ Dans la pratique cette formule se révèle difficile à gérer à long terme dans la mesure où :
- à l'occasion d'un contentieux ou d'un litige avec le preneur, il est ardu d'obtenir dans des délais rapides l'accord consensuel des crédit-bailleurs indivis;
- à l'occasion d'une renégociation du contrat, de l'examen du financement d'un autre bâtiment sur le même terrain, les politiques des différents intervenants ont pu diverger au point que la nouvelle tranche de financement ne peut pas être réalisée ou alors après une modification du poids de chaque indivisaire.

C. Dénouement du contrat

Le contrat peut prendre fin à son terme contractuellement fixé, mais également de façon anticipée.

1. Dénouement au terme du contrat

1525 À son terme normal, le contrat peut aboutir à trois hypothèses.

• **Le crédit-preneur lève l'option et devient propriétaire de l'immeuble.** Seul le crédit-preneur peut lever l'option d'achat en acquittant la valeur résiduelle fixée dans le contrat de crédit-bail. Elle peut faire l'objet d'une indexation de la même manière que les redevances de loyer. La valeur résiduelle constitue l'assiette de calcul des droits de mutation liés au transfert de propriété, quelle que soit la valeur vénale de l'immeuble à cette époque.

Si l'immeuble est en zone urbaine, sa mutation au terme du contrat ne sera pas assujettie au droit de préemption urbain. De même, la valeur résiduelle constitue l'assiette de calcul de l'émolument du notaire, étant précisé que ces modalités s'appliquent si les règles de publication du contrat ont été respectées (en particulier avec publication du contrat à la conservation des hypothèques pour les opérations de plus de douze ans).

• **Le crédit-preneur renonce à acquérir l'immeuble purement et simplement.** Cette hypothèse ne se rencontre pas lorsque la valeur résiduelle de l'immeuble est faible ou symbolique. En revanche, si la valeur résiduelle fixée contractuellement dépasse la valeur vénale de l'immeuble au terme du contrat, ou si sa propriété génère des charges importantes sans contrepartie, le crédit-preneur pourrait être amené à renoncer à l'acquérir. Cette éventualité confère alors au crédit-bailleur un rôle de « société foncière » avec la nécessité de réallouer l'immeuble par sa relocation après, le cas échéant, des travaux de réhabilitation ou chercher à le vendre. Ce point fera l'objet d'analyses détaillées lors des questions posées par la consolidation éventuelles des engagements en crédit-bail comportant des valeurs résiduelles élevées.

• **Le crédit-preneur renonce à l'acquisition de l'immeuble mais sollicite la conclusion d'un bail.** Le contrat de crédit-bail sera alors simplement remplacé à son échéance par un bail commercial ou professionnel. Le loyer de ce nouveau bail sera fixé à la valeur locative applicable à l'époque.

2. Dénouement anticipé du contrat

a. Levée d'option anticipée

1526 Le contrat de crédit-bail, en général de douze ans, peut prévoir une levée d'option anticipée de la promesse de vente.

Une période irrévocable est généralement fixée (de l'ordre de cinq ans) pour éviter tout risque de requalification du contrat sur le plan fiscal.

Le prix d'acquisition de l'immeuble (valeur résiduelle) dans cette hypothèse est fixé contractuellement, et représente généralement :

- les redevances restant à courir jusqu'à la fin du contrat, indexées à la date de levée d'option et actualisées (pour tenir compte du paiement immédiat de sommes qui auraient été payées par échéances jusqu'au terme normal du contrat) ;
- la valeur résiduelle elle-même éventuellement indexée à la date de levée d'option;
- ce calcul donne lieu, généralement à l'application d'une « pénalité » sur le montant des échéances restant à courir, de manière à indemniser le crédit-bailleur du préjudice financier qu'il subit.

b. Résiliation du contrat

1527 Sauf exception, la résiliation du contrat intervient le plus souvent d'une manière contentieuse, lorsque le crédit-preneur ne respecte pas ses obligations. Une clause résolutoire sanctionnant la défaillance du crédit-preneur figure habituellement dans le contrat.

Après la notification d'une mise en demeure, l'absence de règlement des sommes dues dans le délai prévu entraîne la résiliation de plein droit du contrat. Cette hypothèse se complique très sérieusement en cas de redressement judiciaire du crédit-preneur à travers les règles de la continuation des contrats en cours[1].

À peine de nullité, les contrats de crédit-bail doivent également prévoir la faculté de résiliation du contrat à la seule initiative du preneur moyennant une indemnité. La jurisprudence est abondante sur ce sujet afin d'atténuer le montant de l'indemnité contractuelle de résiliation souvent voisine de la somme des loyers et charges du contrat restant à courir.

1. C. com., art. L. 621-28 • Voir à ce sujet les développements d'Yves Guyon, Droit des Affaires, t. II, Economica, n°s 1206 et s. • Alain Cohen, Le crédit-bail immobilier et la réforme de 1995, Pratique de l'immobilier, Dalloz.

V. Les trois formes de crédit-bail

1528 Le crédit-bail immobilier comporte désormais trois régimes distincts :

- le régime général;
- le régime de faveur (jusqu'au 31 décembre 2004);
- le régime spécifique aux immeubles de bureaux en Île-de-France achevés après le 31 décembre 1995[1].

Des exemples chiffrés seront présentés pour chacun des trois régimes sur une durée de douze ans pour le régime général et le régime de bureaux et de quinze ans pour le régime de faveur.

A. Régime général

1529 Le régime général désormais applicable pour tous les contrats postérieurs au 1er janvier 1996 prévoit en substance que :

- la durée des contrats est librement fixée;
- les profils de loyers sont calculés à la convenance des bailleurs et preneurs;
- les loyers sont déductibles des résultats fiscaux du preneur et pendant toute la durée du contrat (à l'exception de la fraction des redevances de loyers qui correspond au coût du terrain);
- le preneur devra réintégrer dans ses résultats, à la levée d'option d'achat, l'excédent des amortissements des constructions par rapport aux amortissements qu'il aurait pu effectuer s'il avait été propriétaire du bien;
- les frais de mutation sur la valeur résiduelle (pouvant elle-même être fixée à un niveau symbolique), sont calculés au taux de 4,89 %. Le bénéfice de cette disposition implique la publication des contrats dont la durée initiale est supérieure à douze ans;
- la fraction du prix de revient, qui excède le prix d'achat du terrain, est amortie sur la durée normale d'utilisation des constructions appréciée à la date de levée de l'option d'achat.

☐ Soit un investissement de 1 000 000 € hors TVA, financé en crédit-bail immobilier et constitué par les éléments suivants :

– terrain :	150 000 €
– construction :	820 000 € (amortissable sur vingt ans)
– frais :	30 000 € (amortissable sur trois ans).

• La valeur résiduelle est fixée à 1 €.
Les loyers sont payables trimestriellement et d'avance.
La durée du contrat est de douze ans et le taux actuariel de l'opération est de 5 %.
Le tableau ci-dessous fait apparaître :

Colonne 1 : L'année concernée
Colonne 2 : Le montant des loyers (hors indexation éventuelle)
Colonne 3 : Les intérêts financiers (il s'agit des frais financiers d'un concours de 1 000 000 € sur douze ans au taux et avec les modalités de paiement indiquées); le montant de ces frais financiers est dégressif passant de 46 601 € en année 1 à 1 974 € en année 12
Colonne 4 : Il s'agit de l'amortissement des frais (dont le texte précise qu'il intervient en priorité)
Colonne 5 : Décomposition de l'amortissement des constructions
Colonne 6 : Prise en compte de l'incidence du terrain dans l'exemple année 11 et 12 seulement
Colonne 7 : Total des colonnes 4, 5 et 6
Colonne 8 : Partie des loyers non déductibles fiscalement et correspondant en fait à l'incidence du terrain (voir colonne 6)

1. CGI, art. 39, 10.

CRÉDIT-BAIL IMMOBILIER
RÉGIME GÉNÉRAL

Tableau d'amortissements financiers				
Ans	Encours financiers après paiement	Amortissements financiers	Intérêts	Loyers
1	937 175	62 825	46 601	109 427
2	934 033	65 967	43 460	109 427
3	930 735	69 265	40 162	109 427
4	927 272	72 728	36 698	109 427
5	923 635	76 365	33 062	109 427
6	919 817	80 183	29 244	109 427
7	915 808	84 192	25 235	109 427
8	911 598	88 402	21 025	109 427
9	907 178	92 822	16 605	109 427
10	902 537	97 463	11 964	109 427
11	897 664	102 336	7 091	109 427
12	892 547	107 453	1 974	109 427
VR	999 999	1	0	1
Total	0	1 000 000	313 121	1 313 121

Tableau des loyers							
Ans	Montants	Intérêts Financiers	Amortissements financiers				Loyers non déductibles
			Frais	Construction	Terrain	Total	
1	109 427	46 601	30 000	32 825		62 825	
2	109 427	43 460		65 967		65 967	
3	109 427	40 162		69 265		69 265	
4	109 427	36 698		72 728		72 728	
5	109 427	33 062		76 365		76 365	
6	109 427	29 244		80 183		80 183	
7	109 427	25 235		84 192		84 192	
8	109 427	21 025		88 402		88 402	
9	109 427	16 605		92 822		92 822	
10	109 427	11 964		97 463		97 463	
11	109 427	7 091		59 790	42 546	102 336	42 546
12	109 427	1 974			107 453	107 453	107 453
VR	1	0				1	
Total	1 313 121	313 121	30 000	820 000	149 999	1 000 000	149 999

Réintégration fiscale : 820 000 × 8/20 = 328 000 euros
Prix de revient : 150 000 + 328 000 = 478 000 euros

Ainsi, le régime général de crédit-bail immobilier permet une déductibilité intégrale des loyers à l'exception de la quote-part afférente au terrain et dont l'effet se fait sentir en fin de contrat (onzième et douzième années sur l'exemple ci-dessus qui peut être considéré comme peu favorable en raison de la faiblesse de l'incidence foncière).

Par ailleurs, le texte sur le crédit-bail précise le montant de la réintégration fiscale que le preneur aurait à effectuer après levée de l'option d'achat. Cette réintégration est égale à la partie non amortie des constructions lors de la levée d'option d'achat.

- Soit dans l'exemple 8 × 20ᵉ des constructions
  820 000 × 8/20 = 328 000 €
  Ainsi le prix de revient de l'acquisition par le preneur serait égal lors de la levée d'option d'achat à :
  Prix du terrain 150 000 €
  Quote-part construction 328 000 €
  Total 478 000 €
  Alors que la valeur résiduelle contractuelle demeure fixée à 1 € (assiette de calcul des droits de mutation).

B. Régime de faveur

1530 Le régime de faveur du crédit-bail immobilier (dérivé de l'ancien régime des sociétés immobilières pour le commerce et l'industrie : Sicomi) s'applique exclusivement :

– au profit d'entreprises de type PMI/PME telles que définies par la réglementation européenne (c'est-à-dire employant moins de 250 salariés et ayant un chiffre d'affaires inférieur à 21,4 millions d'euros – ou un total de bilan inférieur à 10,7 millions d'euros; ces entreprises ne peuvent, par ailleurs, pour bénéficier du régime de faveur, avoir un capital social qui serait détenu à plus de 25 % par une société qui ne répondrait pas à ces mêmes critères);

– à certaines localisations géographiques que les pouvoirs publics ont souhaité « revitaliser ». En effet, les immeubles financés, au moyen du régime de faveur du crédit-bail immobilier, doivent être situés dans les zones d'aménagement du territoire éligibles à la prime d'aménagement du territoire (PAT);

– aux opérations présentant ces caractéristiques et financées avant le 31 décembre 2004.

L'avantage fiscal lié au régime de faveur, très proche de l'ancien régime Sicomi, prévoit que :

– les contrats de crédit-bail doivent avoir une durée d'au moins quinze ans;

– la réintégration fiscale lors de la levée de d'option d'achat est nulle chez le preneur (pas de réintégration du suramortissement des constructions).

En reprenant le même exemple que ci-dessus on obtient le tableau suivant :

CRÉDIT-BAIL IMMOBILIER
RÉGIME DE FAVEUR

Tableau d'amortissements financiers				
Ans	Encours financiers après paiement	Amortissements financiers	Intérêts	Loyers
1	953 658	46 342	47 098	93 440
2	904 998	48 659	44 781	93 440
3	853 906	51 092	42 348	93 440
4	800 259	53 647	39 793	93 440
5	743 930	56 329	37 111	93 440
6	684 784	59 146	34 294	93 440
7	622 681	62 103	31 337	93 440
8	557 473	65 208	28 232	93 440
9	489 004	68 469	24 971	93 440
10	417 112	71 892	21 548	93 440
11	341 626	75 487	17 953	93 440
12	262 365	79 261	14 179	93 440
13	179 141	83 224	10 216	93 440
14	91 755	87 385	6 055	93 440
15	1	91 754	1 686	93 440
Vr	0	1	0	1
Total	7 902 692	1 000 000	401 601	1 401 602

CRÉDIT-BAIL IMMOBILIER
RÉGIME DE FAVEUR

Tableau des loyers

Ans	Montants	Intérêts Financiers	Amortissements financiers				Loyers non déductibles
			Frais	Construction	Terrain	Total	
1	93 440	47 098	30 000	16 342		46 342	
2	93 440	44 781		48 659		48 659	
3	93 440	42 348		51 092		51 092	
4	93 440	39 793		53 647		53 647	
5	93 440	37 111		56 329		56 329	
6	93 440	34 294		59 146		59 146	
7	93 440	31 337		62 103		62 103	
8	93 440	28 232		65 208		65 208	
9	93 440	24 971		68 469		68 469	
10	93 440	21 548		71 892		71 892	
11	93 440	17 953		75 487		75 487	
12	93 440	14 179		79 261		79 261	
13	93 440	10 216		83 224		83 224	
14	93 440	6 055		29 141	58 245	87 385	58 245
15	93 440	1 686		0	91 754	91 754	91 754
VR	1					1	
Total	1 401 602	401 601	30 000	820 000	149 999	1 000 000	149 999

Réintégration fiscale : 0 euro
Prix de revient : 150 000 euros

Ainsi les données de l'opération, pour le preneur, sont identiques à celles du régime général à l'exception de la réintégration fiscale, nulle lors de la levée de l'option d'achat par le crédit-preneur.

▷ L'avantage de ce régime, par rapport à un financement par un crédit classique ou un crédit-bail du régime général, sera lié à l'accélération de la durée d'amortissement que permet le crédit-bail sur les constructions (cinq ans dans l'exemple ci-dessus).
Toutefois le bénéfice de cet avantage est conditionné à la localisation géographique des immeubles (éligibles à la PAT) de nature à dissuader les entreprises qui investissent pour leur immobilier.

C. Régime spécifique au financement des immeubles de bureaux en Île-de-France

1531 Il s'agit d'un régime particulier qui autorise le financement par crédit-bail immobilier sur les bureaux en Île-de-France.

Les principales caractéristiques de ces financements sont les suivantes :

– les immeubles financés doivent avoir été achevés après le 31 décembre 1995;

– les immeubles doivent être situés en région parisienne (sous le champ d'application de la taxe annuelle sur les bureaux) et avoir un usage de bureau;

– le capital, inclus dans les loyers de crédit-bail immobilier, est déductible pour le preneur à hauteur des frais d'acquisition et des amortissements que le crédit-preneur aurait pu constater s'il avait été directement propriétaire de l'immeuble objet du contrat.

L'exemple d'investissement pris ci-dessus, mais appliqué à un immeuble de bureaux en Île-de-France donne le tableau suivant :

CRÉDIT-BAIL IMMOBILIER
RÉGIME DES IMMEUBLES DE BUREAUX EN RÉGION PARISIENNE

Tableau d'amortissements financiers				
Ans	Encours financiers après paiement	Amortissements financiers	Intérêts	Loyers
1	937 175	62 825	46 601	109 427
2	934 033	65 967	43 460	109 427
3	930 735	69 265	40 162	109 427
4	927 272	72 728	36 698	109 427
5	923 635	76 365	33 062	109 427
6	919 817	80 183	29 244	109 427
7	915 808	84 192	25 235	109 427
8	911 598	88 402	21 025	109 427
9	907 178	92 822	16 605	109 427
10	902 537	97 463	11 964	109 427
11	897 664	102 336	7 091	109 427
12	892 547	107 453	1 974	109 427
VR	999 999	1	0	1
Total	0	1 000 000	313 121	1 313 121

Tableau des loyers							
Ans	Montants	Intérêts Financiers	Amortissements financiers		Amortissements fiscaux		Loyers non déductibles
			An	Cumul	An	Cumul	
1	109 427	46 601	62 825	62 825	51 000	51 000	11 825
2	109 427	43 460	65 967	128 792	51 000	102 000	14 967
3	109 427	40 162	69 265	198 057	51 000	153 000	18 265
4	109 427	36 698	72 728	270 785	41 000	194 000	31 728
5	109 427	33 062	76 365	347 150	41 000	235 000	35 365
6	109 427	29 244	80 183	427 332	41 000	276 000	39 183
7	109 427	25 235	84 192	511 524	41 000	317 000	43 192
8	109 427	21 025	88 402	599 926	41 000	358 000	47 402
9	109 427	16 605	92 822	692 748	41 000	399 000	51 822
10	109 427	11 964	97 463	790 210	41 000	440 000	56 463
11	109 427	7 091	102 336	892 546	41 000	481 000	61 336
12	109 427	1 974	107 453	999 999	41 000	522 000	66 453
VR	1	0	1	1 000 000		522 000	1
Total	1 313 121	313 121	1 000 000		522 000		478 000

Réintégration fiscale : 0 euro
Prix de revient : 478 000 euros

Ainsi le preneur en crédit-bail ne bénéficie, pour des financements de bureaux en Île-de-France, d'aucune dérogation et suit un régime fiscal de droit commun. De ce fait, le preneur n'aura aucune réintégration fiscale à envisager lors de la levée de l'option d'achat et pourra poursuivre le plan d'amortissement du crédit-bailleur.

□ Il apparaît donc que le preneur en crédit-bail sur un immeuble de bureaux assumera une charge annuelle de loyer de crédit-bail constante (109 427 € de loyer hors indexation dans l'exemple pris) mais majorée de la fraction non déductible des loyers (11 825 € en année 1 à 66 453 € en année 12 du contrat) qui impactera sur son résultat et ramènera celui-ci au niveau qu'il aurait eu en cas de détention directe du bien.

VI. Avantages du crédit-bail immobilier

1532 L'attrait pour le crédit-bail réside dans le financement à 100 % des investissements immobiliers des entreprises, alors que les solutions de financement par crédits classiques impliquent, le plus généralement, un autofinancement significatif — de 20 à 40 % des coûts immobiliers — réduisant d'autant les ressources des entreprises qui les auraient plus efficacement employées pour d'autres types d'investissements productifs.

Le crédit-bail immobilier confère, dans un certain nombre de cas, un avantage aux preneurs qui s'attacheront à faire des calculs pour démontrer l'attrait de la formule par rapport à des financements par crédits classiques.

▷ Outre l'aspect purement « mathématique » du calcul (comparaison de la trésorerie après impôt avec actualisation des flux) les investisseurs avisés essaieront de prendre en compte les aspects qualitatifs de chaque type de financement en appréciant le mieux possible le couple « coût/avantage » et en raisonnant sur le long terme.

En résumé le crédit-bail immobilier présente les principaux avantages suivants :

- **un financement à 100 %** (préservant ainsi les fonds propres des entreprises); ce niveau d'intervention est possible par la garantie que représentent, pour le bailleur, la propriété directe de l'actif et la meilleure situation que cela lui confère par rapport à un prêteur hypothécaire;
- **une source supplémentaire de crédit :** le financement intégral préserve la trésorerie de l'entreprise qui conserve les fonds propres nécessaires au financement de ses besoins d'exploitation;
- **une déductibilité fiscale des loyers** (sauf pour les bureaux neufs en Île de France) en général supérieure aux charges que l'entreprise aurait déduites (amortissements comptables et intérêts d'emprunt) en cas de détention directe de l'actif immobilier. Toutefois, il convient de noter que si, *in fine* par les jeux des réintégrations fiscales, les différentes modalités de financement (crédit ou crédit-bail) sont équivalentes, en début de crédit-bail, par les règles de déductibilité, l'entreprise dégageant un profit élevé pourra voir sa base d'imposition réduite significativement. La non-déductibilité, en fin de contrat d'une partie ou de la totalité des loyers exigibles constituent la contrepartie des avantages enregistrés en début de contrat; il en est de même de l'impact des réintégrations fiscales, après levée de l'option d'achat visant à « banaliser » la formule du financement en crédit-bail par rapport à la détention directe de l'actif. L'impact réel sera donc un impact en trésorerie dont le poids peut être sensible après un calcul actuariel et notamment sur des scénarios de projets dégageant une forte rentabilité dans leur première phase de vie.
- **un financement à long terme** (le crédit-bailleur pouvant accepter des durées de contrats longues grâce à la propriété directe de l'immeuble financé);
- **des droits de mutation** au taux normal de 4,89 % mais s'appliquant sur la valeur résiduelle elle-même souvent fixée à un niveau faible voire symbolique;
- **une très grande souplesse dans la formulation des loyers** permettant aux preneurs de négocier les séquences de loyers les mieux adaptées aux prévisions d'exploitation et de résultats ou à la rentabilité du projet; certains auteurs ont évoqué ainsi un investissement qui se finance par le crédit-bail de manière « dynamique ». ■

IV

Les responsabilités de l'agent immobilier et de l'administrateur de biens

P. Responsabilité civile 287
Q. Responsabilité pénale • Abus de confiance 293

P Responsabilité civile

Nos 1601 à 1614

PAGES

I. Fondement de la responsabilité 287
A. L'existence du mandat 287
B. La faute 288
C. Le lien de causalité 288

II. Application du principe 289
A. Responsabilité du mandataire en cas de faute intentionnelle 289
B. Responsabilité du mandataire en présence d'une faute non intentionnelle 290

III. Réparation du préjudice 292

I. Fondement de la responsabilité

1601 Ainsi que nous l'avons vu, la loi et la jurisprudence confèrent à l'agent immobilier la qualité de mandataire. C'est en cette qualité qu'il répond de ses fautes, conformément aux dispositions de l'article 1992 du Code civil. Il répond de ses fautes intentionnelles, mais également des fautes non intentionnelles qu'il pourrait commettre dans sa gestion. Le mandat qui lui est conféré étant un mandat salarié, cet article prévoit que sa responsabilité doit être sanctionnée plus rigoureusement.

Trois conditions apparaissent donc nécessaires pour que la responsabilité de l'agent immobilier puisse être mise en cause en application de son mandat :

- il est nécessaire qu'un mandat lui ait été conféré;
- qu'il ait commis une faute;
- que cette faute ait été la cause du préjudice subi par le client.

A. L'existence du mandat

1. L'agent immobilier doit être titulaire d'un mandat écrit

1602 Pour que la responsabilité contractuelle de l'agent immobilier puisse être mise en cause, il faut bien évidemment qu'il soit titulaire d'un mandat.

Ce mandat résultera le plus souvent d'un engagement écrit, conforme aux dispositions de l'article 6 de la loi du 2 janvier 1970, dite loi Hoguet.

Le problème de l'existence du mandat ne sera donc qu'exceptionnellement posé dans la mesure où la loi oblige l'agent immobilier à être titulaire d'un mandat écrit, sous peine de sanctions pénales.

Par ailleurs, on imagine mal comment, en l'absence de mandat valable l'agent immobilier pourrait causer un préjudice à son client.

En revanche, l'agent immobilier acquiert la qualité de mandataire à l'égard du cocontractant de son mandant, lorsque l'opération de vente ou de location sera conclue.

Ainsi, dès la signature d'un avant-contrat sous seing privé la jurisprudence considère que l'agent immobilier a la qualité de mandataire, tant à l'égard de son mandant d'origine qu'à l'égard du cocontractant de ce dernier[1].

2. L'agent immobilier est qualifié de mandataire commun

1603 Il répondra donc de ses fautes à l'égard de toutes les parties ayant apposé leurs signatures sur un avant-contrat[2]. La jurisprudence considère que l'agent immobilier a un devoir de conseil à l'égard de ses clients, au même titre qu'un notaire ou un avocat. Ce devoir de conseil est apprécié avec rigueur.

B. La faute

1604 L'agent immobilier n'est jamais tenu par une obligation de résultat, mais par une obligation de moyens. En effet, on ne saurait mettre en cause la responsabilité de l'agent immobilier dans la seule mesure où il n'a pas réussi à accomplir la mission qui lui avait été confiée.

Il faudra prouver qu'à l'occasion de l'accomplissement de cette mission, il n'a pas apporté toutes les diligences et attentions que son mandant était en droit d'attendre de lui. L'agent immobilier, d'une manière générale, a une obligation de diligence et de prudence et doit agir à l'égard de son mandant, en bon père de famille ainsi que le dit d'une manière imagée le Code civil.

C. Le lien de causalité

1605 L'existence du mandat étant établie, de même que l'existence d'une faute à l'encontre de l'agent immobilier, la responsabilité de ce dernier ne pourra être mise en jeu qu'autant que la preuve sera rapportée qu'il existe un lien de causalité entre la faute commise et le préjudice dont se plaint le mandant.

L'agent immobilier ne saurait être tenu à réparation qu'au cas où la preuve est apportée que, sans la faute commise, le préjudice ne serait pas apparu. Il s'agit là de l'application pure et simple des règles générales de la responsabilité.

Cependant, la responsabilité de l'agent immobilier est appréciée d'une manière très large, au niveau de la faute et de ses conséquences dans le cadre de son devoir de conseil.

En sa qualité de spécialiste, il doit éclairer ses clients sur les conséquences des engagements qu'ils souscrivent. Il devra ainsi les prévenir des conséquences financières et fiscales qui pourront affecter la réalisation d'une opération, de même que des risques qu'ils peuvent prendre à l'occasion de cette opération.

Ce devoir de conseil pourra être opposé à l'agent immobilier à tous les stades de l'accomplissement de sa mission, lors :

- de la conclusion du mandat;

1. Cass. com., 30 janv. 1973, Bull. civ. IV, n° 53.
2. En cas de remise de sommes d'argent à un vendeur insolvable, il devra indemniser l'acquéreur de la perte qu'il a subi : Cass 3e civ., 24 avr. 1974, Bull. civ. III, n° 165.

– de l'établissement de l'avant-contrat;
– et même jusqu'à la signature de l'acte définitif.

Nous allons donc examiner, au regard de la jurisprudence, les différentes hypothèses à l'occasion desquelles la responsabilité de l'agent immobilier peut être mise en cause : en cas de faute intentionnelle ou de négligence, puis en cas de faute non intentionnelle.

II. Application du principe

A. Responsabilité du mandataire en cas de faute intentionnelle

1606 En cas de faute intentionnelle, la responsabilité de l'agent immobilier est appréciée avec la plus grande rigueur.

Il en est ainsi notamment en cas de dol lorsque, ayant personnellement la connaissance d'un fait affectant gravement l'existence ou la finalité d'une opération dont il est chargé, il n'a pas révélé ce fait à ses clients.

Il en serait ainsi si l'agent immobilier connaissait l'absence de pouvoir de l'une des parties comme, par exemple, le vendeur pour vendre, et consentait malgré tout — sans en informer le cocontractant — à établir un avant-contrat ou un contrat définitif, qui serait nul pour défaut de pouvoir de l'une des parties. Il en serait de même si l'agent immobilier acceptait d'apporter son concours à la vente d'un immeuble n'appartenant pas à son mandant. Le dol serait encore retenu si l'agent immobilier vendait pour terrain à bâtir un terrain qu'il sait inconstructible.

◊ Un arrêt récent rendu par la Cour d'appel de Paris (2e ch. B) en date du 15 mai 2003, a retenu la responsabilité de l'agent immobilier pour n'avoir pas immédiatement déposé à sa banque aux fins d'encaissement le chèque correspondant à l'indemnité d'immobilisation, lequel s'est par la suite révélé sans provision.
Ce chèque ayant été remis à l'encaissement près de deux mois après la signature des conventions, les juges ont estimé que l'agent immobilier avait accepté, en séquestre, un chèque qu'il savait sans provision, ce qui entraîne sa condamnation à payer des dommages et intérêts équivalents au montant de la provision du chèque impayé.

Dans toutes ces hypothèses, il y aurait de la part de l'agent immobilier une faute intentionnelle, laquelle, en cas de préjudice démontré, entraînerait automatiquement la mise en jeu de sa responsabilité.

Dans une telle éventualité, il serait à craindre que la compagnie d'assurances garantissant la responsabilité civile professionnelle de l'agent immobilier ne dénie sa garantie, en raison de l'acte volontaire commis par son assuré, lequel serait alors exclusif de la notion de risque que constitue l'essence même du contrat d'assurance.

Enfin, à l'occasion d'un acte de ce genre, la responsabilité du mandant de l'agent immobilier pourrait être retenue, et il en serait ainsi pour le cas où le vendeur se trouverait de connivence avec lui. Un partage de responsabilité pourrait alors intervenir entre l'agent immobilier et son mandant.

Le devoir de conseil de l'agent immobilier s'oppose à ce qu'il puisse même prendre argument des instructions de son mandant pour dégager sa responsabilité.

L'ordre du mandant n'exonérera donc pas l'agent immobilier des conséquences de la faute qu'il a pu commettre, puisque la jurisprudence retient à son encontre une obligation de conseil à l'égard de tous les participants à une convention.

B. Responsabilité du mandataire en présence d'une faute non intentionnelle

1607 Toutes les fautes reprochées à l'agent immobilier lors de l'accomplissement des diligences concourant à l'exécution de sa mission résultent le plus souvent de négligences de sa part. Ces fautes sont relevées à tous les stades de sa mission.

1. Les négligences du mandataire lors de la délivrance du mandat

a. La vérification des pouvoirs du mandant

1608 L'agent immobilier devra vérifier, lors de la délivrance du mandat, que son mandant est capable de contracter, ce qui sous-entend qu'il :
- soit majeur;
- ne fasse pas l'objet d'une mesure de protection légale comme la tutelle;
- ne soit pas en état de faillite ou de redressement judiciaire.

À cette occasion, l'agent immobilier devra prendre tous les renseignements nécessaires sur la situation personnelle et patrimoniale de son client.

Il devra également exiger la remise des titres de propriété de manière à avoir la certitude que son mandant est bien seul propriétaire.

À défaut, il conviendra que le mandat soit signé par toutes les personnes titulaires d'un droit sur ce bien de nature à conditionner la vente.

Il devra vérifier l'état civil de son client, car s'il est marié et si le bien vendu constitue le domicile conjugal ou un bien commun, le mandat devra, pour être valable, être signé par le conjoint[1].

À l'occasion de toutes ces hypothèses, la faute de l'agent immobilier serait de nature à engager sa responsabilité pour le cas où un tiers viendrait à contracter avec son mandant et ne pourrait par la suite obtenir l'exécution du contrat.

b. La vérification du bien, objet du mandat

1609 La remise des titres de propriété permettra à l'agent immobilier de connaître les servitudes conventionnelles qui pourraient affecter le bien, objet du mandat.

En ce qui concerne les servitudes légales[2] et à chaque fois que le bien vendu concerne directement ou indirectement un immeuble, l'agent immobilier devra lever un certificat d'urbanisme qui lui permettra de connaître les éventuelles servitudes réglementaires qui pourraient porter atteinte à la valeur du bien ou à sa pérennité[3].

Il devra également lever, lorsqu'il s'agit d'un immeuble, un état des inscriptions hypothécaires pouvant grever sa propriété. En effet, dans l'éventualité où le montant des créances, cause des inscriptions hypothécaires, serait supérieur au

1. C. civ., art. 215.
2. Voir dans la même collection, *Relations entre voisins*, par B. Le Court.
3. Cass. 3e civ., 20 déc. 1971, Gaz. Pal. 1972, I, 325.

prix de vente envisagé, la procédure de purge des hypothèques deviendrait impossible ou aléatoire et ne permettrait pas une vente conventionnelle du bien, présentant toute sécurité à l'égard de l'acquéreur.

De la même manière, en matière de fonds de commerce, l'agent immobilier devra lever un état des nantissements et privilèges pouvant grever le fonds.

c. La vérification de la solvabilité de l'acquéreur

1610 Enfin, bien que cette obligation apparaisse comme paradoxale, l'agent immobilier devra également, autant que faire se peut, s'assurer de la solvabilité de l'acquéreur[1]. Sa responsabilité pourrait se trouver engagée s'il laissait son mandant contracter avec un acquéreur notoirement insolvable[2].

Cette responsabilité pourrait résulter, aux termes de la jurisprudence, du fait que l'acquéreur n'aurait pas des disponibilités nécessaires pour procéder à la consignation d'une somme d'argent lors de la signature de l'avant-contrat. Il en serait ainsi notamment s'il remettait à l'agent immobilier une traite ou un billet à ordre.

Cette circonstance, en cas d'insolvabilité démontrée, pourrait permettre au mandant de mettre en cause la responsabilité de son agent immobilier au niveau de son devoir de conseil.

2. Négligence au niveau de l'établissement de l'avant-contrat

1611 L'agent immobilier est responsable des conséquences éventuellement dommageables supportées par ses mandants à l'occasion de l'établissement défectueux d'un avant-contrat.

Il en serait ainsi dans l'hypothèse où :

- la désignation du bien serait insuffisante;
- toutes les parties devant figurer à l'acte n'auraient pas été appelées à y concourir;
- les termes utilisés ne seraient pas clairs ou prêteraient à confusion;
- des énonciations requises, à peine de nullité, n'auraient pas été mentionnées[3].

Dans toutes ces hypothèses, l'agent immobilier répondra du préjudice subi par ses mandants en conséquence de sa faute[4].

3. Négligence à l'occasion de l'établissement de l'acte définitif et des formalités postérieures

1612 Si l'acte définitif est un acte notarié, la responsabilité de l'agent immobilier disparaît et se trouve remplacée par celle du notaire.

Il n'en reste pas moins que pour le cas où l'erreur du notaire serait liée à une erreur irréparable commise par l'agent immobilier, ce dernier serait considéré comme responsable. Il pourrait même avoir une responsabilité concurrente avec le notaire, en cas de négligence commise, ayant concouru au préjudice[5].

Lorsqu'il établit seul l'acte définitif, l'agent immobilier sera responsable des négligences qui pourraient porter préjudice à l'une des parties à l'occasion de l'annulation de cet acte ou de ses difficultés d'exécution.

1. Cass. 1re civ., 15 juill. 1999, Bull. civ. I, no 231; voir jurisprudence no 3201.
2. Cass. com., 1er mars 1976, Bull. civ. IV, no 71.
3. Cass. com., 22 oct. 1973, Bull civ. IV, no 287.
4. Cass. 1re civ., 25 nov. 1997, Bull. civ. I, no 321; voir jurisprudence no 3201.
5. Cass. 1re civ., 18 juin 1970, Bull. civ. I, no 208; voir jurisprudence no 3201.

Cette hypothèse pourrait se rencontrer dans l'éventualité où :

- un bail d'habitation serait conclu irrégulièrement;

- un bail commercial aurait été cédé irrégulièrement sans respecter la loi ou la convention des parties[1];

- à l'occasion d'une vente de fonds de commerce, l'agent immobilier ne portait pas dans l'acte les mentions obligatoires tenant à la comptabilité et au droit au bail, telles que prévues par la loi à peine de nullité.

Après la vente, l'agent immobilier sera également responsable pour le cas où il aurait omis d'effectuer des formalités obligatoires telles que, par exemple :

- la signification de la cession d'un bail, en application de l'article 1690 du Code civil;

- l'accomplissement, en cas de vente de fonds de commerce, des formalités de publicité légales, telles que prévues par la loi;

- l'absence d'inscription, lors de la vente d'un fonds de commerce, d'un nantissement au profit du vendeur afin de garantir le paiement du solde du prix[2].

Suivant le même principe, et bien qu'il s'agisse d'un avant-contrat, le défaut d'enregistrement d'une promesse unilatérale de vente dans les dix jours de son acceptation par le bénéficiaire entraînerait la nullité de cette promesse et, partant l'inefficacité de la levée d'option par son bénéficiaire, quand bien même elle aurait été formulée dans les délais prévus.

Enfin, si l'agent immobilier, lors de la vente d'un fonds de commerce, est séquestre du prix de vente, il ne devra pas s'en dessaisir avant que les publicités légales aient été effectuées et les délais d'opposition expirés. À défaut, il serait responsable à l'égard des tiers, à savoir les créanciers du vendeur. En revanche, dès expiration des délais, après formalités légales, il serait responsable à l'égard du vendeur de la non-restitution des fonds.

III. Réparation du préjudice

1613 L'agent immobilier fautif sera tenu de réparer l'entier préjudice subi par son mandant du fait de la faute qu'il a commise.

Ce préjudice peut être égal à la perte subie par le mandant du fait de cette faute :

- perte de l'indemnité d'immobilisation;

- remboursement d'un trop perçu de loyer;

- perte de valeur de l'appartement retombant dans le domaine d'application de la loi du 1er septembre 1948[3] avec un locataire devenant occupant avec droit au maintien dans les lieux;

- conséquences de la nullité d'un avant-contrat affecté d'un vice le rendant inexécutable.

1614 En conclusion, il est impossible de relever toutes les hypothèses à l'occasion desquelles un agent immobilier peut voir mise en cause sa responsabilité.

Il convient simplement de noter qu'il a l'obligation d'éclairer les parties quant à la teneur et aux conséquences des obligations qu'elles souscrivent, et faire en sorte que les accords conclus ne puissent être remis en cause ou soient la source d'un préjudice en raison de négligences ou d'erreurs de sa part. ■

1. Cass. 3e civ., 28 févr. 1973, Bull. civ. III, no 159.
2. Cass. 3e civ., 28 févr. 1973, Bull. civ. III, no 159.
3. L. no 48-1360, 1er sept. 1948 sur les occupants de locaux d'habitation ou à usage professionnel; C. baux.

Responsabilité pénale • Abus de confiance

Q

Nos 1701 à 1716

PAGES

I. Le délit d'abus de confiance 293
A. Les éléments constitutifs 293
B. La répression 294
C. Les précautions que l'agent immobilier doit prendre 294

II. Les infractions prévues par la loi du 2 janvier 1970 295
A. L'exercice des activités de mandataire dans des conditions irrégulières 295
B. Les incapacités 296
C. Les infractions commises à l'occasion de la réception de fonds ou valeurs par l'agent immobilier 297
D. Le refus de communication de documents obligatoires lors d'un contrôle 298

1701 La responsabilité pénale de l'agent immobilier peut être mise en cause soit en vertu d'incriminations pénales de nature générale, soit en vertu d'incriminations spécifiques à l'exercice de sa profession.

L'incrimination générale la plus souvent utilisée à l'occasion de l'exercice des activités professionnelles de l'agent immobilier est celle d'abus de confiance, prévu et réprimé par l'article 314-1 du Code pénal. Les incriminations spécifiques sont celles prévues par les articles 16 et suivants de la loi du 2 janvier 1970, dite loi Hoguet. Il convient donc d'examiner dans quelle mesure, à l'occasion de l'application de ces textes, l'agent immobilier peut être sanctionné dans le cadre de l'exercice de ses activités professionnelles.

I. Le délit d'abus de confiance

A. Les éléments constitutifs

1702 L'incrimination pénale d'abus de confiance est susceptible de concerner souvent les activités exercées par un agent immobilier dans la mesure où elle réprime le fait pour le dépositaire ou le mandataire de détourner, dissiper ou refuser de restituer de mauvaise foi les effets, deniers, sommes ou valeurs qui ont pu lui être remis à l'occasion de l'accomplissement de la mission qui lui a été confiée.

La définition de ce délit cadre parfaitement avec les activités exercées par l'agent immobilier puisque, comme nous l'avons vu, il a la qualité de mandataire de son client et qu'en cette qualité il peut être amené à recevoir des fonds ou valeurs, à charge de les restituer. La mission de séquestre de l'agent immobilier pour le compte des parties à un avant-contrat rentre également dans cette définition. Pour que le délit d'abus de confiance puisse être retenu, il convient que l'existence des éléments constitutifs suivants soit établie :

- le mandat;
- une remise de valeur;
- le détournement, la dissipation ou le refus de restitution injustifiée de ces effets ou valeurs.

B. La répression

1703 Le délit d'abus de confiance est réprimé très sévèrement par les dispositions des articles 314-1 et 314-2 du Code pénal[1], lorsqu'il a été commis par un intermédiaire ou un rédacteur d'acte et a porté sur le prix de vente d'un immeuble ou d'un fonds de commerce.

Compte tenu de cette circonstance aggravante, le délit d'abus de confiance commis par l'agent immobilier sera passible d'une peine plus sévère, laquelle sera portée à un maximum pour l'emprisonnement de sept ans, et pour l'amende de 750 000 euros.

C. Les précautions que l'agent immobilier doit prendre

1704 D'une manière habituelle, l'agent immobilier est amené à recevoir des effets ou valeurs dont il est constitué dépositaire dans l'intérêt commun de ses clients. Il en est ainsi notamment lorsqu'il reçoit, en qualité de séquestre, un acompte sur le prix de vente, une indemnité d'immobilisation, un dédit, le prix de vente d'un fonds de commerce en vue de procéder aux publications légales et au règlement des oppositions.

En cas de difficulté pouvant opposer les parties ayant un intérêt opposé lors de l'exécution d'un avant-contrat ou d'un contrat définitif, leurs conseils sont souvent tentés, en faisant pression sur l'agent immobilier, d'essayer d'obtenir le versement ou la restitution des fonds dont il a été constitué séquestre, le menaçant ainsi de porter plainte à son encontre pour le délit d'abus de confiance.

Cette hypothèse peut résulter d'un litige opposant promettant et bénéficiaire à l'occasion de la réalisation d'une promesse unilatérale de vente d'immeuble ou de fonds de commerce, lesquels réclament d'une manière concurrente le versement ou le remboursement de l'indemnité d'immobilisation séquestrée entre les mains du mandataire.

Dans une telle éventualité, qui peut se retrouver à l'occasion de la signature de n'importe quel type de contrat, les parties opposées — chacune certaine de son bon droit — ne comprennent pas que l'agent immobilier se refuse à leur verser ou à leur restituer les fonds qu'il détient.

En cas de litige, l'agent immobilier ne peut seul faire justice des prétentions des parties. **Il ne pourra se dessaisir des fonds avant que le tribunal ait tranché le litige à défaut pour les parties de trouver un accord.**

Au cas où l'agent immobilier serait menacé par les parties lors de la survenance d'un différend de cette nature, la prudence consistera pour lui à intro-

1. Ancien C. pén., art. 408.

duire un référé devant le président du tribunal de grande instance, si l'on est en matière civile, ou le président du tribunal de commerce, si l'on est en matière commerciale, afin de voir désigner un séquestre judiciaire, qui aura pour mission de recueillir les fonds qui se trouvent détenus entre ses mains.

L'agent immobilier étant ainsi judiciairement dessaisi des fonds, les parties ne pourront plus exercer de pressions sur lui en le menaçant du dépôt d'une plainte pour le délit d'abus de confiance, et lui-même retrouvera sa liberté pour agir ou se défendre éventuellement à leur encontre.

Le refus de l'agent immobilier se trouvera en effet justifié par une décision de justice, qui ne pourra plus laisser subsister aucun doute sur le bien fondé de son refus de restitution.

II. Les infractions prévues par la loi du 2 janvier 1970

1705 Les infractions à la loi du 2 janvier 1970 sont prévues et réprimées par trois articles de cette loi :

- les articles 16 et 17 répriment l'exercice irrégulier des activités de mandataire;
- l'article 18 concerne, lui, les infractions commises par l'agent immobilier à l'occasion de l'exigence ou de la perception de sommes d'argent.

A. L'exercice des activités de mandataire dans des conditions irrégulières

1. Le défaut de carte professionnelle

1706 Le fait pour un agent immobilier d'exercer les activités définies à l'article 1er de la loi du 2 janvier 1970 sans être titulaire d'une carte professionnelle constitue une infraction pénale de nature délictuelle. Il en est de même du fait de continuer à exercer ces activités alors que l'agent immobilier a cessé de remplir les conditions permettant la délivrance de cette carte.

L'infraction se trouvera donc constituée dans l'éventualité où l'agent immobilier ne sera pas titulaire de la carte professionnelle.

Elle le sera également dans le cas où il aurait cessé de remplir les conditions pour la délivrance de cette carte comme, par exemple :

- s'il était condamné à une peine entraînant une incapacité d'exercice de la profession;
- s'il n'était plus titulaire d'une garantie financière;
- si cette garantie était insuffisante;
- s'il n'était plus titulaire d'une assurance le couvrant contre les conséquences pécuniaires de sa responsabilité civile professionnelle.

Dans toutes ces hypothèses, bien que titulaire d'une carte professionnelle régulière, l'agent immobilier se trouverait en infraction.

2. Le cas des négociateurs et démarcheurs

1707 Les représentants mandataires ou salariés de l'agent immobilier commettent une infraction pénale de nature délictuelle lorsqu'ils négocient ou s'entremettent pour le compte de ce dernier sans y avoir été habilités.

En effet, les collaborateurs d'agences sont, en vertu de l'article 4 de la loi du 2 janvier 1970, tenus d'être porteurs d'une attestation d'emploi qui leur est délivrée par leur employeur, après avoir été visée par la préfecture du département.

Dans l'éventualité où l'une de ces personnes n'aurait pas reçu pouvoir régulièrement de représenter le titulaire de la carte professionnelle, le fait de négocier ou s'entremettre pour le compte de ce dernier constituerait l'infraction pénale.

3. La notion d'habitude

1708 Pour que ces infractions soient légalement punissables, il convient que les activités visées soient exercées d'une manière habituelle.

En fonction de la jurisprudence, l'habitude commence lors du deuxième exercice de cette activité. L'habitude sera donc constituée dès que deux actes ressortant de la profession du mandataire auront été exercés par la même personne.

L'habitude, par contre, ne sera pas retenue en ce qui concerne les collaborateurs d'agences, négociateurs ou démarcheurs.

4. La répression

1709 En cas d'infraction aux dispositions de l'article 16 de la loi du 2 janvier 1970, les peines prévues sont une amende de 4 500 euros et, en cas de récidive, une amende de 9 000 euros et un emprisonnement de six mois ou l'une de ces deux peines.

On notera que les peines prévues apparaissent particulièrement bénignes en présence des profits que peut réaliser l'agent immobilier travaillant en infraction avec les dispositions de la loi du 2 janvier 1970 et des risques qu'il crée vis-à-vis de la clientèle, qui peuvent être évalués à des montants sans commune mesure avec les peines d'amendes encourues.

▷ Face à de tels profits, une peine maximale d'emprisonnement de six mois ne peut, à notre sens, avoir un caractère dissuasif.

B. Les incapacités

1710 Une incrimination pénale est prévue spécialement par l'article 17 de la loi, lequel punit le fait d'exercer les activités d'agent immobilier en se trouvant frappé par l'une des incapacités professionnelles visées par les articles 9 à 12 de la loi du 2 janvier 1970.

Les articles 9 à 12 de la loi concernent l'assainissement de la profession d'agent immobilier, en interdisant à ceux ayant fait l'objet de certaines condamnations d'exercer cette profession ou celle de négociateur.

Les peines encourues sont les suivantes : emprisonnement de deux ans au plus et/ou amende de 22 500 euros.

C. Les infractions commises à l'occasion de la réception de fonds ou valeurs par l'agent immobilier

1711 Ces infractions sont prévues par l'article 18 de la loi du 2 janvier 1970, qui réprime, dans son alinéa premier, l'exercice irrégulier par l'agent immobilier de son activité de séquestre et, dans son alinéa 2, l'exigence ou la réception irrégulière d'une rémunération.

1. Irrégularités commises à l'occasion des activités de séquestre

a. Condition de détention de fonds

1712 L'incrimination pénale prévue par l'alinéa 1er de l'article 18 de la loi du 2 janvier 1970 ne peut exister que dans la mesure où il est établi que l'agent immobilier a reçu ou détenu des fonds, effets ou valeurs.

L'infraction sera constituée dans l'hypothèse où, n'étant pas titulaire d'une carte professionnelle, il aura aggravé sa situation en recevant, à l'occasion d'une opération réglementée par la loi, des fonds.

Compte tenu de la généralité des termes de l'alinéa 1er de cet article, il nous apparaît que l'infraction sera constituée quelle que soit la destination de ces fonds.

Peu importe qu'ils aient été remis en vue du séquestre ou en vue du règlement d'une rémunération.

Le seul fait qu'ils aient été remis à une personne non titulaire de la carte professionnelle, à l'occasion d'une des opérations visées par l'article 1er de la loi, suffira à constituer l'infraction pénale, laquelle aura une nature délictuelle.

L'infraction pénale sera constituée également dans l'éventualité où l'agent immobilier n'aura pas respecté les formalités obligatoires prévues par le chapitre V du décret du 20 juillet 1972[1] en ce qui concerne la réception des fonds.

Il en sera ainsi pour le cas :

- où les versements ou remises ne seraient pas mentionnés sur le registre-répertoire dit de la loi du 2 janvier 1970;
- où le reçu prévu par l'article 52 du décret ne serait pas délivré;
- où la garantie concernant la restitution des fonds n'aurait pas été portée à un montant suffisant, permettant de garantir la restitution de tous les fonds séquestrés entre les mains de l'agent immobilier, ainsi qu'il est prévu par l'article 29 du décret.

b. En ce qui concerne les commissions

1713 La jurisprudence de la Cour de cassation ne faisant pas la différence entre les fonds perçus dans le cadre de l'activité de séquestre et ceux perçus à titre de rémunération du service rendu, l'agent immobilier devra respecter les mêmes formalités, quelle que soit l'origine ou la destination des fonds qui lui sont versés. Même si les fonds versés sont représentatifs d'une rémunération, il devra mentionner leur réception dans les documents obligatoires et délivrer reçu à la partie versante[2].

1. Décr. n° 72-678, 20 juill. 1972; voir n° 3203.
2. Cass. crim., 24 juin 1976, Bull. crim., n° 231; voir jurisprudence n° 3201.

2. Irrégularités commises à l'occasion de la perception d'une rémunération

1714 Le deuxième alinéa de l'article 18 vise l'hypothèse où l'agent immobilier aura perçu une rémunération sans respecter les dispositions de l'article 6 de la loi du 2 janvier 1970.

L'infraction pénale sera donc retenue dans l'éventualité où une rémunération serait touchée par l'agent immobilier en l'absence de mandat écrit.

Il en serait de même si le mandat délivré n'était pas conforme aux prescriptions de l'article 6. En effet, dans cette éventualité, le mandat serait considéré comme nul, ce qui, pour l'application de la loi pénale, serait assimilable à un défaut de mandat.

L'infraction se trouvera également constituée dans l'éventualité où l'agent immobilier percevra une commission anticipée, c'est-à-dire avant qu'une vente, une location, etc. ait été effectivement conclue et constatée dans un seul acte écrit.

◊ Selon un arrêt du 28 octobre 1980 de la Cour de cassation, l'infraction pénale se trouve encore constituée dans l'éventualité où l'agent immobilier ne reprenait pas dans l'engagement des parties, conformément à l'article 73 du décret du 20 juillet 1972, le montant de sa rémunération ainsi que l'indication de la ou des parties qui en auront la charge[1].
La Cour de cassation considère que l'infraction est constituée, dans cette hypothèse, même si l'acte étant établi par un tiers, il était impossible à l'agent immobilier d'enjoindre à ce dernier d'y porter ces mentions.

▷ En fonction de cette jurisprudence il conviendra, en cas d'intervention d'un tiers en qualité de rédacteur d'acte, de lui enjoindre, au besoin par sommation d'huissier, de porter dans l'engagement des parties les mentions exigées par l'article 73 du décret. À défaut de ce faire, la responsabilité du tiers serait engagée et il pourrait être condamné à indemniser le mandataire du montant de sa commission plus tout autre préjudice.

D. Le refus de communication de documents obligatoires lors d'un contrôle

1715 Une infraction pénale de nature délictuelle est constituée par le refus de l'agent immobilier de communiquer les documents visés par la loi du 2 janvier 1970 et le décret du 20 juillet 1972 lors d'un contrôle exercé par des fonctionnaires dans le cadre d'une mission de police, administrative ou de police judiciaire. Tous les documents visés par la loi devront être obligatoirement communiqués lors d'un contrôle, depuis le mandat écrit jusqu'à l'avant-contrat, ou éventuellement l'acte définitif constatant l'accord des parties.

1716 En cas d'infraction à l'une ou l'autre de ces dispositions, la peine encourue par l'agent immobilier sera un emprisonnement de six mois et une amende de 4 500 euros, ou l'une de ces deux peines seulement[2]. ■

1. Cass. 3e civ., 28 oct. 1980, Bull. civ. III, no 164.
2. L. 2 janv. 1970, art. 18.

Documents de travail

PAGES

1. *Modèles* 301

A. Collaborateurs de l'agence 301

3101 Contrat de travail de négociateur immobilier assimilé VRP 301
3102 Contrat d'agent commercial 305

B. Mandats 308

3103 Mandat de location à usage d'habitation 308
3104 Mandat de location de local à usage professionnel ou commercial 310
3105 Mandat de recherche d'un bien à acquérir sans exclusivité 313
3106 Mandat de recherche d'un bien à acquérir avec exclusivité 314
3107 Mandat non exclusif de recherche d'un acquéreur et de négociation. Vente de biens ou droits immobiliers 315
3108 Mandat exclusif de recherche d'un acquéreur et de négociation. Vente de biens ou droits immobiliers 318

C. Avant-contrats 320

3109 Offre d'achat de biens immobiliers 320
3110 Procuration générale d'achat 322
3111 Vente d'immeuble sous condition suspensive sans le concours d'un prêt immobilier 323
3112 Vente d'immeuble sous condition suspensive avec le concours d'un prêt immobilier 328
3113 Promesse unilatérale de vente de biens immobiliers en copropriété sans le concours d'un prêt immobilier 333
3114 Promesse unilatérale de vente de biens immobiliers en copropriété. Financement issu d'un ou de plusieurs prêts immobiliers 338
3115 Promesse unilatérale de vente de biens immobiliers en toute propriété sans le concours d'un prêt immobilier 343
3116 Promesse unilatérale de vente de biens immobiliers en toute propriété. Financement issu d'un ou de plusieurs prêts immobiliers 348
3117 Modèle de notification (CCH, art. L. 271-1) 354

2. *Textes et jurisprudence* 355

3201 Jurisprudence 355
3202 Loi n° 70-9 du 2 janvier 1970 réglementant les conditions d'exercice des activités relatives à certaines opérations portant sur les immeubles et les fonds de commerce 357
3203 Décret n° 72-678 du 20 juillet 1972 fixant les conditions d'application de la loi de 1970 359
3204 Dispositif Loi Carrez 371
3205 Code de la consommation (extraits) 371
3206 Recommandations de la Commission des clauses abusives 374
3207 Instruction du 8 septembre 1994 portant sur les précisions relatives au champ d'application de la TVA notions de lien direct, services publics, règles du droit à déduction applicables aux assujettis partiels à la TVA 375

3208 Arrêté du 29 juin 1990 relatif à la publicité des prix pratiqués par des professionnels intervenant dans les transactions immobilières 376
3209 Arrêté du 1er septembre 1972 relatif aux titres admis en dépôt et fixation de leur valeur pour la constitution de la garantie financière exigée par l'article 3 (2°) de la loi du 2 janvier 1970 376
3210 Arrêté du 1er septembre 1972 relatif au barème des sommes à consigner au deuxième sous-compte 377
3211 Arrêté du 1er septembre 1972 relatif aux conditions minimales du contrat d'assurance et forme du document justificatif 377
3212 Arrêté du 15 septembre 1972 relatif à l'établissement du modèle des cartes professionnelles, de la déclaration d'activité et de l'attestation prévues par le décret du 20 juillet 1972 378
3213 Arrêté du 15 septembre 1972 relatif au modèle des registres des mandats 378
3214 Arrêté du 15 septembre 1972 relatif au modèle de l'attestation de caution ou de consignation 379
3215 Arrêté du 2 octobre 1972 relatif aux brevets professionnels des professions immobilières 380
3216 Arrêté du 28 décembre 1972 relatif à la liste des diplômes pris en considération pour la justification de l'aptitude professionnelle en vue de la délivrance des cartes professionnelles 382

3. Lexique 383

Index thématique alphabétique 385

1. Modèles

A. Collaborateurs de l'agence

3101

Contrat de travail de négociateur immobilier assimilé VRP

@ à télécharger

Entre les soussignés :

Cabinet ....

Ci-après désigné « l'employeur »

D'une part,

Et

M. ....

n° de sécurité sociale : ....

Ci-après désigné « le négociateur »,

qui déclare expressément ne pas être atteint d'une incapacité ou d'une interdiction provisoire ou définitive à exercer la fonction qui lui est confiée.

▷ Cette incapacité ou interdiction annulerait de plein droit le présent contrat.

D'autre part.

IL A ÉTÉ ARRÊTÉ ET CONVENU CE QUI SUIT :

ART. 1ER **Engagement**

Le cabinet .... engage M. .... qui accepte à compter du .... en qualité de négociateur salarié VRP, hors classification, catégorie employé.

Le négociateur déclare être libre de tout engagement au jour de la prise d'effet du contrat et n'être notamment soumis à aucune clause de non-concurrence.

Toute fausse déclaration à cet égard exposerait le négociateur à la résiliation immédiate du contrat et à des dommages et intérêts vis-à-vis de l'employeur.

Il est remis par l'employeur au négociateur une attestation pour l'obtention de la carte VRP.

ART. 2 **Convention collective applicable**

Outre le présent contrat, les parties s'engagent à respecter les dispositions de la convention collective nationale de l'immobilier et de ses avenants ainsi que celles pouvant figurer à l'accord d'entreprise de l'employeur.

ART. 3 **Période d'essai**

Le présent contrat ne deviendra définitif qu'à l'issue d'une période d'essai de trois mois non renouvelable, durant laquelle chacune des parties pourra y mettre fin à tout moment, sans préavis ni indemnité d'aucune sorte, en respectant un délai de prévenance d'un jour ouvrable par mois de présence complet à la date de la rupture, et sous réserve que le négociateur ait été reconnu apte à tenir le poste précité lors de la visite médicale d'embauche.

ART. 4 **Objet de la représentation**

Le négociateur aura pour mission la recherche et la négociation, d'une façon générale, de tous biens immobiliers.

Dans la mesure où il consacre tout son temps de travail à cette activité et ne reçoit pas d'indemnité particulière pour ses frais de déplacement, le négociateur bénéficiera d'un statut de négociateur assimilé VRP, notamment en ce qui concerne la déduction forfaitaire supplémentaire pour frais professionnels qui figurera sur sa déclaration fiscale.

Le négociateur admet d'ores et déjà que la clientèle qui lui est confiée pourrait être modifiée dans le futur, notamment par l'adjonction de négociateurs supplémentaires. Un avenant à son contrat de travail lui sera alors établi, mettant en évidence, le cas échéant, un partage de commissions.

Le négociateur devra consacrer tout son temps et son activité à l'employeur. Il s'engage en outre à ne pas travailler, tant pour son compte personnel que pour un autre employeur pendant le temps de travail correspondant au présent contrat.

ART. 5 Secteur d'activité

L'activité du négociateur sera limitée au secteur géographique de .... (sans exclusivité au sein de l'agence) et, après accord de l'employeur, en extérieur du secteur ci-dessus défini.

Le négociateur est affecté à l'agence de .... avec possibilité de transfert dans les autres agences de l'employeur.

ART. 6 Rémunération

Le négociateur sera rémunéré par un pourcentage des commissions sur transactions encaissées du fait de son activité par l'employeur.

6.1 Assiette de la rémunération

Les commissions du négociateur seront calculées pour chaque affaire traitée par lui, sur le montant net des honoraires perçus par l'employeur, c'est-à-dire après déduction des différentes taxes présentes et à venir et des éventuelles rétrocessions (partage d'honoraires avec d'autres agences, commissions d'apporteurs, etc.).

Les commissions ne seront acquises au négociateur qu'une fois l'acte dûment signé par le client et le montant des honoraires encaissés par l'employeur.

L'employeur se réserve cependant le droit de ne pas donner suite à toute affaire proposée par le négociateur lorsqu'elle la jugera incompatible avec sa bonne renommée.

6.2 Pourcentage de rémunération

En rémunération de ses services, le négociateur recevra, à titre de salaire brut, une commission sur toutes les affaires définies à l'article 8 et calculée de la manière suivante :

– ...... % calculés sur le chiffre d'affaires HT [▶ à titre indicatif, le taux moyen pratiqué est de 30 %].

Le taux se décompose comme suit :

– ...... % pour chaque vente menée à son terme [▶ à titre indicatif, le taux moyen pratiqué est de 28 %];

– ...... % pour la pose du panneau « À vendre » et/ou « Vendu » [▶ à titre indicatif, le taux moyen pratiqué est de 2 %].

Il convient de préciser que le taux de commissions retenu inclut l'indemnité de congés payés et le montant du treizième mois versés habituellement au personnel de la société.

La régularisation des commissions se faisant à la fin de chaque trimestre civil, le négociateur recevra à titre d'avance sur commissions un salaire brut mensuel de .... euros représentant le douzième du chiffre d'affaire minimum annuel prévu pour les salariés dépendants du statut du négociateur immobilier défini par la convention collective et ses avenants, étant précisé que le salaire minimum ci-dessus mentionné inclut le treizième mois et les congés payés.

Régime de prévoyance et de complémentaire retraite : l'employeur déclare adhérer.

6.3 Acompte sur rémunération • Minimum garanti

Un décompte des commissions dues au négociateur sera effectué à la fin de chaque trimestre civil, en appliquant le pourcentage contractuel au chiffre d'affaires tel que défini à l'article 6.2 réalisé au cours de la période, et en déduisant les avances versées.

En aucun cas cependant, la rémunération annuelle du négociateur calculée sur l'année civile ne peut être inférieure à douze fois le salaire mensuel minimum conventionnel de sa fonction [▶ L'avenant salaire n° 21 du 6 mars 2001 prévoit une garantie minimale de rémunération annuelle de 81 900 F, soit 12 485,57 euros].

ART. 7 **Objectif de chiffre d'affaires**

Les conditions de rémunération consentie au négociateur supposent qu'il réalise un chiffre d'affaires trimestriel minimum sur quatre trimestres consécutifs [▶ trimestres civils] de .... euros HT.

Au cas où ce chiffre d'affaires ne serait pas atteint, l'employeur se réserve la possibilité de mettre fin au présent contrat sans avoir à verser une indemnité de fin de contrat, la non-réalisation de l'objectif trimestriel constituant un motif légitime de rupture du contrat de travail.

Au cas où l'objectif sur quatre trimestres civils serait dépassé, un complément de rémunération serait versé au négociateur sur la base de ...... % supplémentaires et ce sur la partie du chiffre d'affaire dépassant l'objectif des quatre trimestres civils.

▷ Ce chiffre pourra éventuellement être révisé chaque année à l'initiative de l'employeur en fonction de l'évolution et des conditions du marché. Dans ce cas un avenant au présent contrat devra être établi.

ART. 8 **Frais professionnels**

8.1 Au titre des frais professionnels engagés par le négociateur, il lui sera éventuellement versé une indemnité mensuelle de .... euros.

8.2 La rémunération ci-dessus définie est exclusive de toute indemnité pour frais de quelque nature que ce soit. Le négociateur conservera en conséquence à sa charge, ses frais de transports professionnels.

ART. 9 **Assurance automobile**

Le négociateur s'engage à souscrire une police d'assurance le protégeant contre les accidents causés à des tiers par sa propre voiture ou tout autre véhicule qu'il pourrait utiliser. La garantie devra être illimitée et couvrir, en particulier, les personnes transportées.

La police contiendra une clause garantissant formellement la responsabilité civile de la société dans tous les cas où elle serait recherchée à l'occasion d'un accident causé par le véhicule assuré.

Le négociateur s'engage, en outre, à demeurer assuré pendant la durée du présent contrat, à payer régulièrement les primes et à justifier de ce paiement à tout moment auprès de l'employeur.

Toute infraction au présent article constituera une faute grave pouvant entraîner la résiliation du présent contrat, sans préavis ni indemnité.

ART. 10 **Obligations en cours de contrat**

Le négociateur s'engage à visiter régulièrement la clientèle de son secteur et à appliquer strictement les directives qui lui seront données.

Il devra rendre compte de son activité journalière ou hebdomadaire sous forme de rapport oral ou écrit à l'employeur.

Il est expressément convenu que le négociateur aura l'obligation d'utiliser le logiciel informatique .... qui sera éventuellement mis à sa disposition.

Dans ce cas, le négociateur s'oblige à saisir journellement tous les paramètres des fichiers acquéreurs et vendeurs ainsi que les comptes-rendus de visites des prospects vis-à-vis des mandants. Il en est de même pour l'utilisation des fichiers Minitel ou Internet.

Il devra respecter les conditions de gestion prévues en cas de réseau d'agences.

Tout manquement à ces obligations sera considéré comme faute grave.

ART. 11 **Durée du contrat • Rupture**

Le présent engagement est conclu pour une durée indéterminée, à compter du .... Il ne prendra fin, hormis les cas de faute grave ou de force majeure, qu'en respectant les dispositions légales ou conventionnelles applicables (motif, procédure, etc.) et moyennant le respect d'un préavis réciproque (après l'expiration de la période d'essai), en application de l'article 32 de la convention collective, de :

– moins d'un an d'ancienneté : un mois;
– d'un à deux ans d'ancienneté : deux mois;
– à partir de deux ans d'ancienneté : trois mois.

ART. 12 **Indemnité de licenciement**

En outre, en cas de licenciement après deux ans de présence, sauf pour faute grave, le négociateur recevra une indemnité de licenciement telle qu'elle est prévue aux articles 33 et 37 de la convention collective.

ART. 13 **Indemnité de clientèle et droit de suite**

En cas de rupture du présent contrat et qu'elle qu'en soit la cause, le négociateur ne pourra prétendre à aucune indemnité de clientèle pour les affaires ou acquéreurs amenés par lui, compte tenu de la nature spécifique de la collaboration définie ci-dessus.

Par application de l'article 12 de l'avenant n° 18 du 31 mai 1999 à la convention collective, le négociateur immobilier bénéficie d'un droit de suite concernant les commissions qu'il aurait perçues dans le cas où le contrat de travail n'aurait pas expiré, sous les deux conditions cumulatives suivantes :

– pour toutes les affaires qui seront définitivement conclues dans la durée du droit de suite;

– ces affaires devront être la suite et la conséquence du travail effectué par lui pendant l'exécution de son contrat de travail.

> ▷ La duré du droit de suite ne peut être inférieure à trois mois.

À compter de l'expiration du contrat de travail, la durée de ce droit de suite est de .... mois.

En conséquence, l'employeur remettra un état détaillé des comptes au négociateur immobilier à la date de fin du contrat de travail. Cet état détaillé des comptes donnera la liste des affaires en cours et le montant des rémunérations correspondantes, auxquelles le négociateur immobilier pourrait prétendre en cas de réalisation desdites affaires. Le solde de tout compte se rapportant à la période travaillée, sera établi à l'expiration de ce droit de suite.

ART. 14 **Clause de confidentialité**

En cas de rupture de son contrat de travail pour quelque cause que ce soit, le négociateur s'interdit de révéler aux tiers la teneur des informations qu'il a pu recueillir au sujet de la clientèle de son employeur et s'interdit toute démarche de la clientèle liée par mandat à son employeur lors de la rupture, tant pour son compte que pour le compte d'un tiers et ceci pendant une durée de six mois à compter de la rupture, à peine de lui verser à titre de dédommagement une indemnité égale au montant de la commission prévue dans le mandat conféré à son employeur par le client.

ART. 15 **Obligation de discrétion et de fidélité**

Le négociateur doit tout son temps et toute son activité à l'employeur.

Le négociateur s'engage à respecter scrupuleusement le secret professionnel en gardant une discrétion absolue sur toutes les opérations commerciales ou financières dont il aurait connaissance dans l'exercice de ses fonctions au service de l'employeur ou de quelque façon que ce soit. Le non-respect de ces obligations serait constitutif d'une faute grave.

ART. 16 **Non-sollicitation de clientèle**

À l'expiration du contrat de travail (pour quelque cause que ce soit), si le négociateur exerce une activité similaire en dehors du secteur défini à l'article 5, il ne pourra toutefois entreprendre personnellement ou par personne interposée toute démarche directe ou indirecte vis-à-vis de la clientèle de l'employeur, et ce pendant une durée de deux ans, sous peine de dommages et intérêts calculés sur la base de trois fois la commission annuelle de vente de la dernière année complète d'activité.

De même le salarié s'interdit d'embaucher un salarié de son ancien employeur et ce durant un délai de deux ans.

ART. 17 **Conditions d'exercice de la profession**

Le présent contrat est conclu sous réserve que le négociateur ne se trouve pas dans l'un des cas d'incapacité ou d'interdiction d'exercer définis au titre II de la loi n° 70-9 du 2 janvier 1970 et de tous textes ultérieurs.

Pour ce faire, le négociateur s'engage à remettre un extrait, daté de moins de trois mois, de son casier judiciaire.

Fait, en double exemplaire.

À .... le .... ■

3102

Contrat d'agent commercial

@ à télécharger

Entre les soussignés,

La Société .... au capital de .... euros inscrite au RCS de .... sous le n° .... représentée par M. .... titulaire de la carte professionnelle « Transactions sur immeubles et fonds de commerce » [▶ ou éventuellement « Gestion immobilière »] délivrée sous le n° .... par la Préfecture de .... et garantie par .... pour un montant de ....

Ci-après dénommé « le mandant », d'une part,

Et

M. ...., né(e) le .... à ...., demeurant ...., agent commercial,

Ci-après dénommé « le mandataire », d'autre part.

IL A ÉTÉ CONVENU ET ARRÊTÉ CE QUI SUIT :

*ARTICLE 1ER* **Engagement**

Le présent contrat est conclu en application notamment des textes suivants :

– articles L. 134-1 et suivants du Code de commerce;

– ordonnance n° 59-26 du 3 janvier 1959 portant application aux activités de la représentation de la loi du 30 août 1947 relative à l'assainissement des professions commerciales ou industrielles;

– loi n° 70-9 du 2 janvier 1970 réglementant les conditions d'exercice des activités relatives à certaines opérations portant sur les immeubles et les fonds de commerce, et décret n° 72-678 du 20 juillet 1972 en fixant les conditions d'application.

Le présent contrat ne peut être considéré comme un contrat de travail, ni être soumis en particulier aux conditions des articles L. 751-1 et suivants du Code du travail.

Le mandataire certifie remplir toutes les conditions requises et n'être frappé d'aucune incapacité.

Il s'engage vis-à-vis du mandant :

– à communiquer dans le délai d'un mois suivant la conclusion du présent contrat, son immatriculation au registre spécial des agents commerciaux tenu au greffe du tribunal de commerce (ou du tribunal de grande instance) de son domicile;

– à rapporter la preuve, dans le délai de trois mois suivant la conclusion du présent contrat, de son inscription aux différentes caisses sociales (allocations familiales, retraite vieillesse, assurance maladie, etc.).

En cas de non-respect de ses engagements, dans les délais sus-indiqués, ce contrat sera automatiquement rompu, devenant sans objet, les parties reconnaissant que cette situation est un élément substantiel de leur accord réciproque.

L'agent commercial supporte toutes les charges sociales et fiscales lui incombant (TVA, taxe professionnelle, BNC, etc.).

Le mandant remettra au mandataire l'attestation préfectorale (carte grise) conformément à l'article 4 de la loi du 2 janvier 1970 et l'article 9 du décret du 20 juillet 1972.

L'activité du mandataire est garantie en responsabilité civile professionnelle conformément aux clauses du contrat souscrit à cette fin par le mandant.

S'il emploie du personnel, s'il utilise un bureau ou une voiture pour l'exécution de ce mandat, ou s'il effectue des opérations pour son propre compte ou prend de nouvelles représentations non concurrentes, il le fait à ses frais, risques et périls, la responsabilité du mandant n'étant nullement engagée, il appartient au mandataire de souscrire les assurances, de prendre les garanties nécessaires à cet égard.

D'une manière générale, le mandataire supporte personnellement et exclusivement tous les frais occasionnés par l'exercice de son activité et par l'accomplissement du présent contrat.

ART. 2 **Objet et conditions d'exercice du mandat**

Le mandant confie au mandataire, qui accepte, mandat de réaliser au nom et pour le compte du mandant, à titre de profession habituelle et indépendante, un certain nombre d'opérations relatives à sa profession d'agent immobilier, à savoir les opérations portant sur les immeubles et fonds de commerce telles que définies par l'article 1er de la loi du 2 janvier 1970.

Le mandataire agit au nom et pour le compte du mandant. Il s'engage à faire figurer sur ses documents commerciaux notamment sa qualité d'agent commercial et les références professionnelles du titulaire de la carte professionnelle.

Le mandataire procède à la recherche de vendeurs, d'acheteurs, de propriétaires et de locataires pour le compte du mandant, et il s'efforce d'obtenir la signature des mandats et des engagements des parties. Il organise son activité comme il l'entend, il n'a pas à informer le mandant de ses absences, il n'est pas tenu à une obligation de présence, d'horaires. **Il n'existe aucun lien de subordination entre les parties.**

Le mandataire ayant, du fait de son mandant, connaissance de documents et renseignements de caractère confidentiel intéressant le mandant, il s'interdit formellement de diffuser par quelque moyen que ce soit, des informations dont il aurait connaissance dans l'exercice de ses fonctions, tant en ce qui concerne le mandant que sa clientèle. Cette interdiction vaut non seulement pendant la période d'exécution du présent contrat mais éventuellement au-delà de la date de rupture.

ART. 3 Lieu d'activité

Le mandataire n'a ni secteur spécialement attribué, ni catégorie de clientèle particulière. Il peut donc prospecter auprès de toute personne et sur tout le territoire national.

L'objet du présent contrat étant la prospection, le mandataire organise son travail à sa guise mais dans le but de réaliser un maximum d'affaires.

Le mandataire déclare bien connaître les dispositions légales et réglementaires relatives à la profession et s'engage à les respecter. Toute infraction sur ce point engagerait sa responsabilité et constituerait en outre une faute grave entraînant la rupture immédiate du présent contrat, sans préavis ni indemnité.

ART. 4 Conditions de vente et tarifs

Le mandataire respectera les conditions de vente et tarifs qui lui seront indiqués par le mandant pour chaque affaire ou type d'affaires. Il devra afficher ces tarifs TTC dans ses locaux professionnels. Il ne pourra déroger au tarif ou modifier ces conditions qu'avec l'accord exprès du mandant. En cas de désaccord du mandant, il ne pourra accorder de remise que sur le montant de la quote-part de commission lui revenant.

Le mandataire doit exécuter exactement la mission qui lui est confiée, il est tenu aux obligations de tout mandataire et, notamment, à l'obligation de se conformer aux instructions commerciales du mandant, d'endosser la responsabilité de ses fautes dans l'accomplissement de sa tâche et d'une manière générale, dans l'exécution du présent contrat.

Le mandant s'engage à fournir au mandataire les moyens nécessaires à l'exécution du contrat (documents, tarifs, carnets de reçus, etc.) et à les tenir à sa disposition au siège de l'agence, en lui donnant toutes informations utiles à cette fin.

ART. 5 Information – Rapports – Documents

Le mandataire tiendra le mandant au courant du résultat de ses opérations. Les modalités de cette information sont laissées entièrement à son initiative, mais celle-ci devra être suffisamment abondante pour que le mandant puisse l'utiliser dans sa gestion.

ART. 6 Durée

Le présent contrat est conclu pour une durée déterminée d'un an à compter du ....

Il se renouvellera ensuite par tacite reconduction, par périodes d'égale durée, sauf dénonciation par lettre recommandée avec accusé de réception envoyée trois mois avant la fin de la première période, ou avant chaque échéance.

Toutefois, il pourra être rompu à tout moment, sans préavis ni indemnité, en cas de défaut d'inscription, de non-règlement de charges ou de dépassement de mandat (liste non limitative).

La loi prévoit qu'en dehors des échéances, la résiliation du contrat par le mandant, si elle n'est pas justifiée par une faute du mandataire, ouvre droit au profit de ce dernier à une indemnité compensatrice du préjudice subi.

Toutefois, pendant les TROIS premiers mois, chacune des parties aura la possibilité à tout moment de mettre fin au contrat moyennant un préavis de quarante-huit heures donné par lettre recommandée avec accusé de réception, et ce sans indemnité.

ART. 7 Présentation d'un successeur

Le mandataire a la faculté de présenter un successeur de qualification équivalente à l'agrément du mandant à l'échéance du contrat, s'il n'est pas renouvelé par le mandant, sauf si ce non-renouvellement résulte d'une faute grave du mandataire.

Ce droit de présentation est limité à un mois à partir de la date de rupture du contrat par le mandant.

De même, en cas de décès, les héritiers du mandataire pourront, dans le mois suivant son décès, présenter un successeur de qualification équivalente. Le mandant doit faire connaître sa décision dans un délai d'un mois suivant la présentation du successeur.

En cas de non-acceptation par le mandant du successeur présenté dans les conditions sus-indiquées, il sera dû au mandataire ou à ses héritiers une indemnité ne dépassant pas 1/12e du montant des honoraires hors taxes perçus par le mandataire pendant les douze mois qui précèdent la date de rupture de son contrat.

ART. 8 Honoraires

En rémunération de ses services, le mandataire percevra des honoraires dont le taux de base est fixé à ...... % de la commission d'agence (hors taxes et nette de toute remise, rétrocession, commission, droit, éventuellement dus à des tiers).

Les honoraires du mandataire ne sont acquis qu'après la conclusion définitive de l'affaire, c'est-à-dire après la levée des éventuelles conditions suspensives prévues au contrat, et lorsque le mandant aura perçu sa propre rémunération.

Le règlement des honoraires s'effectuera chaque mois sur présentation par le mandataire de sa facture, qui devra faire apparaître le montant de la TVA.

Ces honoraires englobent les avances et frais que le mandataire a pu engager pour sa prospection, par dérogation à l'article 2000 du Code civil.

Le mandataire pourra effectuer des remises à la clientèle uniquement sur la part des honoraires qui lui revient.

ART. 9 Divers

Tous avantages qui pourraient être accordés ultérieurement par le mandant au mandataire en sus des commissions, rémunérations ou participations fixées dans les présentes, n'entraîneront aucune obligation nouvelle pour le mandant, ni de fait, ni de droit, et ne pourront être constitutifs d'aucun droit acquis au profit du mandataire, ni de novation d'une des clauses du présent contrat.

ART. 10 Droit de suite

En cas de rupture du présent contrat, et quelle que soit la cause de cette rupture, le mandataire aura droit aux honoraires dans les conditions définies à l'article 8 ci-dessus, sur toutes les affaires qui auront fait l'objet de la signature d'un compromis de vente avant la date de rupture du présent contrat, et qui seront définitivement conclues dans le délai de six mois suivant cette rupture, et qui seront la conséquence du travail de négociation effectué par lui pendant l'exécution du présent contrat.

ART. 11 Clause de non-concurrence

Le mandataire a le droit d'accepter la représentation de nouveaux mandants sans avoir à en référer. Toutefois, il ne peut accepter la représentation d'une entreprise concurrente sans l'accord écrit du mandant, et ce à peine de dommages-intérêts.

Le mandataire a le droit d'effectuer des opérations commerciales pour son propre compte sans nuire à son mandant, et en évitant tout acte de concurrence par lui-même ou par l'un quelconque de ses sous-agents ou préposés éventuels, ou de quelque manière directe ou indirecte.

En cas de rupture du contrat pour quelque cause que ce soit, le mandataire s'interdit, pendant une période d'un an à compter de son départ effectif, de démarcher la clientèle du mandant et notamment celle avec laquelle il aurait été en relation professionnelle.

Le mandataire s'interdit, pendant la même période que stipulée à l'alinéa précédent, de proposer à une quelconque clientèle, et d'exploiter les produits spécifiques du mandant.

Il ne pourra directement ou indirectement pendant la même période s'installer ou proposer ses services à une entreprise concurrente du mandant sur le secteur géographique d'activité déterminé ci-dessus avec pour limite :

- pour les villes de Paris, Lyon, Marseille, les arrondissements limitrophes,
- dans les autres cas :
  - en secteur rural : .... kms,
  - en secteur urbain : .... kms.

En cas d'infraction, le mandataire devra régler au mandant à titre de clause pénale une indemnité fixée au montant des commissions qu'il a perçues pendant les douze derniers mois précédant la résiliation du présent contrat.

ART. 12 **Règlement des différends**

Toute contestation relative aux présentes sera soumise au Tribunal de .... [▶ *commerce ou de grande instance*] de ....

Le présent contrat a été établi en trois exemplaires dont un pour le mandant, un pour le mandataire, et un pour l'inscription au greffe.

Fait à ...., le ...., en .... exemplaires.

Le mandant Le mandataire ■

B. Mandats

3103

@ à télécharger

▷ Le titulaire de la carte Transactions sur immeubles et fonds de commerce ne peut négocier ou s'engager à l'occasion d'opérations d'achat, vente, échange, location ou sous-location, de biens et droits immobiliers ou de fonds de commerce, sans détenir un mandat écrit préalablement délivré à cet effet par l'une des parties ... (L. n° 70-9, 2 janv. 1970, art. 6 • Décr. n° 72-678, 20 juill. 1972, art. 72).

Mandat de location à usage d'habitation

Inscription au registre des mandats n° ....

Entre les soussignés,

M. ....

[▶ *Remplir l'état civil complet, nom prénom, lieu de naissance, nationalité, régime matrimonial, adresse, ou la désignation de la personne morale, nom, registre du commerce, capital, adresse, représentant légal.*]

Ci-après dénommé « le mandant » d'une part,

Et,

M. ....

titulaire de carte professionnelle n° .... délivrée par la Préfecture de .... garanti par .... pour un montant de .... euros, titulaire du compte spécial (Décr. 20 juill. 1972, art. 55) n° .... ouvert auprès de ....

Ci-après dénommé « le mandataire », d'autre part.

IL A ÉTÉ CONVENU CE QUI SUIT :

Par ces présentes, le mandant confère au mandataire, qui l'accepte, **mandat de location non exclusif ou exclusif** [▶ *rayer la mention inutile*], concernant les biens immobiliers ci-après désignés (en totalité ou par lots).

Le mandant déclare qu'il est seul et légitime propriétaire de l'immeuble faisant l'objet du présent mandat, et que la situation juridique et hypothécaire dudit immeuble ne fait pas obstacle à l'exécution dudit mandat, d'une part, et ne mettra pas en péril les intérêts du futur contractant, d'autre part.

Les biens immobiliers seront présentés aux prix, charges et conditions suivantes :

Désignation

Adresse : ....

Disponibilité : .... [▶ *préciser la date de disponibilité éventuelle du bien s'il est encore occupé lors de la signature du mandat*].

Loyer

Le mandataire présentera la propriété ci-dessus désignée à un loyer annuel hors charges de ...., pour un bail d'une durée de .... [▶ *préciser la durée, durée minimale de trois ans pour les bailleurs personnes physiques; durée minimale de six ans pour les bailleurs personnes morales*].

Durée et clause pénale

Le présent mandat est donné pour une durée ferme de .... mois à compter de ce jour.

Passé ce délai, il se poursuivra par tacite reconduction de quinze jours en quinze jours, sauf dénonciation par lettre recommandée avec accusé de réception adressée par l'une ou l'autre des parties avec préavis de quinze jours.

En tout état de cause, le présent mandat expirera irrévocablement passé une année à compter de la date des présentes.

Jouissance

Le mandant déclare que la propriété, objet du présent mandat, sera, le jour de la prise d'effet du bail, libre de toute location ou occupation, réquisition ou préavis de réquisition.

Obligations du mandant et pouvoirs du mandataire

1. Le mandant s'oblige, après l'expiration de ce mandat, à ne pas louer sans le concours du mandataire et ce, pendant un délai de six mois, au profit d'un locataire qui lui aurait été présenté par ce dernier pendant le cours du mandat.

À défaut, il s'engage expressément à verser au mandataire, à titre de clause pénale une indemnité forfaitaire, TVA en sus, à sa charge, d'un montant égal à celui des honoraires convenus ci-après, ce qui est accepté expressément par le mandant.

Le mandant s'engage à produire, à ses frais, toutes les pièces justificatives : titres de propriété, plans, descriptifs techniques, état des charges, etc. demandées par le mandataire et nécessaires au bon accomplissement du présent mandat.

2. Le mandant autorise le mandataire à entreprendre toute action pour parvenir à la location et, notamment toute publicité à la convenance et aux frais du mandataire qu'il mettrait en œuvre, pour le compte du mandat, notamment pose de panneaux, parutions d'annonces, envoi de dossiers commerciaux, etc.

3. Le mandant donne tous pouvoirs au mandataire pour réclamer, en son nom, toutes pièces utiles auprès de toutes personnes physiques ou morales, privées ou publiques.

4. Le mandant autorise le mandataire à proposer, présenter et faire visiter la propriété ci-dessus désignée à toutes personnes qu'il jugera utiles; à cet effet, il s'oblige à lui assurer le moyen de visiter pendant le cours du présent mandat.

5. Le mandant autorise le mandataire à faire appel éventuellement à tout concours extérieur, et faire tout ce qui sera utile en vue de mener à bonne fin la conclusion de la location de la propriété sus désignée.

6. Le mandant charge le mandataire d'établir, en accord avec le mandant, tous actes sous seing privé aux clauses et conditions nécessaires à l'accomplissement des présentes et recueillir la signature des parties.

7. Le mandant s'engage à informer le mandataire, notamment lorsque les actes sont établis par un tiers, de la date, des modalités et du lieu de toute signature de façon à ce que celui-ci soit présent à la signature du bail.

8. Le mandant s'engage à adresser au mandataire, s'il n'était pas présent lors de la signature, copie du ou des actes signés (compromis, bail, promesse...).

9. Le mandant s'engage à accepter de louer la propriété, objet des présentes, à toute personne présentée par le mandataire et qui accepterait les prix, charges et conditions stipulés au présent mandat. Il ne pourrait refuser la location qu'en raison d'insolvabilité notoire du locataire et dans cette hypothèse que s'il n'y avait pas fourniture d'une caution valable et solvable.

10. Si le mandat comporte exclusivité, le mandant s'interdit de traiter pendant toute sa durée, la location directement ou avec l'assistance d'un tiers, et s'oblige à informer immédiatement le mandataire de toute offre qui pourrait lui être présentée, soit directement, soit avec l'intervention d'un tiers.

À défaut, il s'engage à verser au mandataire à titre de clause pénale une indemnité forfaitaire fixée au montant de la rémunération prévue aux présentes, plus la TVA afférente à cette rémunération.

11. Le mandataire indiquera par lettre au mandant les personnes physiques ou morales auxquelles il aura présenté le bien, objet des présentes, avec tous renseignements permettant leur identification. Sauf contestation ou réserves écrites de la part du mandant et admise par le mandataire, les clients ainsi présentés seront considérés comme entrant définitivement dans le cadre du présent mandat.

12. Dans l'hypothèse où le preneur du bien, objet des présentes, serait une personne physique ou morale ayant un lien généralement quelconque (notamment : conjoint, parent, franchiseur, franchisé, société d'un même groupe, société-mère, filiale, participation, etc.) avec la personne à laquelle ce bien aura été présenté et qui aura été signalé au mandant, l'opération sera considérée comme effectivement réalisée, dès lors que le mandataire aura apporté la preuve de ce lien.

13. Le mandataire rendra compte dans les conditions de l'article 6 de la loi du 2 janvier 1970 et de l'article 77 du décret du 20 juillet 1972.

Rémunération

La rémunération du mandataire sera partagée par moitié entre le mandant et son locataire.

En tout état de cause, dès la signature du bail, la rémunération du mandataire sera exigible immédiatement à réception de la facture qui sera adressée ou remise au débiteur.

Le montant de la rémunération du mandataire sera calculé de la façon suivante : ...... % TTC du montant des loyers payés pendant .... [▶ *préciser*].

Conformément à l'article 73 du décret du 20 juillet 1972, ces honoraires et leur débiteur devront être obligatoirement mentionnés dans l'acte engageant les parties.

Le mandant autorise le mandataire à saisir l'ensemble des informations contenues dans le présent mandat sur fichier informatique, le mandant pouvant exercer son droit d'accès et de rectification dans les conditions prévues à l'article 27 de la loi du 6 janvier 1978.

De convention expresse et conformément à l'article 1325 du Code civil, fait en autant d'exemplaires que de parties ayant un intérêt distinct, dont un a été remis au mandant qui le reconnaît.

Fait à ...., le ....

En .... exemplaire(s)

▷ Faire précéder chaque signature de la mention.

Lu et approuvé	Lu et approuvé
Bon pour mandat	Mandat accepté ■

3104

@ à télécharger

Mandat de location de local à usage professionnel ou commercial

▷ Le titulaire de la carte « Transactions sur immeubles et fonds de commerce » ne peut négocier ou s'engager à l'occasion d'opérations d'achat, vente, échange, location ou sous-location, de biens et droits immobiliers ou de fonds de commerce, sans détenir un mandat écrit préalablement délivré à cet effet par l'une des parties ... (L. nº 70-9, 2 janv. 1970, art. 6 • Décr. nº 72-678, 20 juill. 1972, art. 72).

Inscription au registre des mandats nº ....

entre les soussignés,

M. ....

[▶ *Remplir l'état civil complet, nom prénom, lieu de naissance, nationalité, régime matrimonial, adresse, ou la désignation de la personne morale, nom, registre du commerce, capital, adresse, représentant.*]

Ci-après dénommé « le mandant » d'une part.

Et,

M. ....

titulaire de carte professionnelle nº .... délivrée par la Préfecture de .... garanti par .... pour un montant de .... euros, titulaire du compte spécial (Décr. 20 juill. 1972, art. 55) nº .... ouvert auprès de ....

Ci-après dénommé « le mandataire », d'autre part.

IL A ÉTÉ CONVENU CE QUI SUIT :

Par ces présentes, le mandant confère au mandataire, qui l'accepte, **mandat de location non exclusif ou exclusif** [▶ *rayer la mention inutile*], concernant les biens immobiliers ci-après désignés (en totalité ou par lots).

Le mandant déclare qu'il est seul et légitime propriétaire de l'immeuble faisant l'objet du présent mandat, et que la situation juridique et hypothécaire dudit immeuble ne fait pas obstacle à l'exécution dudit mandat, d'une part, et ne mettra pas en péril les intérêts du futur contractant, d'autre part.

Les biens immobiliers seront présentés aux prix, charges et conditions suivantes :

Désignation

Adresse : ....

Disponibilité : .... [▶ *préciser la date de disponibilité éventuelle du bien s'il est encore occupé lors de la signature du mandat*].

Loyer

Le mandataire présentera la propriété ci-dessus désignée à un loyer annuel hors charges de .... euros, pour un bail d'une durée de .... [▶ *préciser la durée : bail professionnel, durée minimale de six ans; bail commercial, durée minimale de neuf ans*].

Durée et clause pénale

Le présent mandat est donné pour une durée ferme de .... mois à compter de ce jour. Passé ce délai, il se poursuivra par tacite reconduction de quinze jours en quinze jours, sauf dénonciation par lettre recommandée avec accusé de réception adressée par l'une ou l'autre des parties avec préavis de quinze jours.

En tout état de cause, le présent mandat expirera irrévocablement passé une année à compter de la date des présentes.

Jouissance

Le mandant déclare que la propriété, objet du présent mandat, sera le jour de la prise d'effet du bail libre de toute location ou occupation, réquisition ou préavis de réquisition.

Obligations du mandant et pouvoirs du mandataire

1. Le mandant s'oblige, après l'expiration de ce mandat, à ne pas louer sans le concours du mandataire et ce, pendant un délai de six mois, au profit d'un locataire qui lui aurait été présenté par ce dernier pendant le cours du mandat.

À défaut, il s'engage expressément à verser au mandataire, à titre de clause pénale une indemnité forfaitaire, TVA en sus, à sa charge, d'un montant égal à celui des honoraires convenus ci-après, ce qui est accepté expressément par le mandant.

Le mandant s'engage à produire, à ses frais, toutes les pièces justificatives : titres de propriété, plans, descriptifs techniques, état des charges, etc. demandées par le mandataire et nécessaires au bon accomplissement du présent mandat.

2. Le mandant autorise le mandataire à entreprendre toute action pour parvenir à la location et, notamment toute publicité à la convenance et aux frais du mandataire qu'il mettrait en œuvre, pour le compte du mandat, notamment pose de panneaux, parutions d'annonces, envoi de dossiers commerciaux, etc.

3. Le mandant donne tous pouvoirs au mandataire pour réclamer, en son nom, toutes pièces utiles auprès de toutes personnes physiques ou morales, privées ou publiques.

4. Le mandant autorise le mandataire à proposer, présenter et faire visiter la propriété ci-dessus désignée à toutes personnes qu'il jugera utiles; à cet effet, il s'oblige à lui assurer le moyen de visiter pendant le cours du présent mandat.

5. Le mandant autorise le mandataire à faire appel éventuellement à tout concours extérieur, et faire tout ce qui sera utile en vue de mener à bonne fin la conclusion de la location de la propriété sus désignée.

6. Le mandant charge le mandataire d'établir, en accord avec le mandant, tous actes sous seing privé aux clauses et conditions nécessaires à l'accomplissement des présentes et recueillir la signature des parties.

7. Le mandant s'engage à informer le mandataire, notamment lorsque les actes sont établis par un tiers, de la date, des modalités et du lieu de toute signature de façon à ce que celui-ci soit présent à la signature du bail.

8. Le mandant s'engage à adresser au mandataire, s'il n'était pas présent lors de la signature, copie du ou des actes signés (compromis, bail, promesse...).

9. Le mandant s'engage à accepter de louer la propriété, objet des présentes, à toute personne présentée par le mandataire et qui accepterait les prix, charges et conditions stipulés au présent mandat. Il ne pourrait refuser la location qu'en raison d'insolvabilité notoire du locataire et dans cette hypothèse que s'il n'y avait pas fourniture d'une caution valable et solvable.

10. Si le mandat comporte exclusivité, le mandant s'interdit de traiter pendant toute sa durée, la location directement ou avec l'assistance d'un tiers, et s'oblige à informer immédiatement le mandataire de toute offre qui pourrait lui être présentée, soit directement, soit avec l'intervention d'un tiers.

À défaut, il s'engage à verser au mandataire à titre de clause pénale une indemnité forfaitaire fixée au montant de la rémunération prévue aux présentes, plus la TVA afférente à cette rémunération.

11. Le mandataire indiquera par lettre au mandant les personnes physiques ou morales auxquelles il aura présenté le bien, objet des présentes, avec tous renseignements permettant leur identification. Sauf contestation ou réserves écrites de la part du mandant et admise par le mandataire, les clients ainsi présentés seront considérés comme entrant définitivement dans le cadre du présent mandat.

12. Dans l'hypothèse où le preneur du bien, objet des présentes, serait une personne physique ou morale ayant un lien généralement quelconque (notamment : conjoint, parent, franchiseur, franchisé, société d'un même groupe, société-mère, filiale, participation, etc.) avec la personne à laquelle ce bien aura été présenté et qui aura été signalé au mandant, l'opération sera considérée comme effectivement réalisée, dès lors que le mandataire aura apporté la preuve de ce lien.

13. Le mandataire rendra compte dans les conditions de l'article 6 de la loi du 2 janvier 1970 et de l'article 77 du décret du 20 juillet 1972.

Rémunération

La rémunération du mandataire sera à la charge du locataire.

En tout état de cause, dès la signature du bail, la rémunération du mandataire sera exigible immédiatement à réception de la facture qui sera adressée ou remise au débiteur.

Le montant de la rémunération du mandataire sera calculé de la façon suivante : ...... % du montant des loyers payés pendant .... [▶ *à préciser*].

Cette rémunération sera majorée de la TVA et, plus généralement, de toutes taxes applicables et au taux alors en vigueur.

Conformément à l'article 73 du décret du 20 juillet 1972, ces honoraires et leur débiteur devront être obligatoirement mentionnés dans l'acte engageant les parties.

Le mandant autorise le mandataire à saisir l'ensemble des informations contenues dans le présent mandat sur fichier informatique, le mandant pouvant exercer son droit d'accès et de rectification dans les conditions prévues à l'article 27 de la loi du 6 janvier 1978.

De convention expresse et conformément à l'article 1325 du Code civil, fait en autant d'exemplaires que de parties ayant un intérêt distinct, dont un a été remis au mandant qui le reconnaît.

Fait à ...., le ....

En .... exemplaire(s)

▷ Faire précéder chaque signature de la mention.

Lu et approuvé	Lu et approuvé
Bon pour mandat	Mandat accepté ■

3105

Mandat de recherche d'un bien à acquérir sans exclusivité

@ à télécharger

▷ Le titulaire de la carte Transactions sur immeubles et fonds de commerce ne peut négocier ou s'engager à l'occasion d'opérations d'achat, vente, échange, location ou sous-location, de biens et droits immobiliers ou de fonds de commerce, sans détenir un mandat écrit préalablement délivré à cet effet par l'une des parties ... (L. n° 70-9, 2 janv. 1970, art. 6 • Décr. n° 72-678, 20 juill. 1972, art. 72).

Inscription au registre des mandats n° ....

Entre les soussignés,

M. ....

[▶ *Remplir l'état civil complet, nom prénom, lieu de naissance, nationalité, régime matrimonial, adresse, ou la désignation de la personne morale, nom, registre du commerce, capital, adresse, représentant légal.*]

Ci-après dénommé « le mandant » d'une part.

Et,

M. ....

titulaire de carte professionnelle n° .... délivrée par la Préfecture de .... garanti par .... pour un montant de .... euros, titulaire du compte spécial (Décr. 20 juill. 1972, art. 55) n° .... ouvert auprès de ....

Ci-après dénommé « Le mandataire », d'autre part.

IL A ÉTÉ CONVENU CE QUI SUIT :

Par ces présentes, le mandant confère au mandataire qui l'accepte **mandat de rechercher un bien** correspondant à la description ci-dessous :

Désignation

....

....

Prix d'acquisition

Le prix d'acquisition du bien est fixé à .... euros, droits d'enregistrement ou TVA en plus, ainsi que la rémunération du mandataire déterminée dans les conditions ci-après.

Durée

Le présent mandat est donné sans exclusivité à compter de ce jour pour une durée de trois mois. Il se renouvellera ensuite par tacite reconduction et par période de trois mois, étant précisé qu'a défaut de dénonciation par lettre recommandée avec accusé de réception en respectant un préavis de quinze jours, il viendra à expiration irrévocablement, passé une année à compter de ce jour.

Le mandant donne au mandataire toutes autorisations pour accomplir à ses frais toutes les formalités et démarches et faire appel à tous les concours que ce dernier jugera opportuns.

Dans le cas où le mandant achèterait sans l'intervention du mandataire, il s'oblige à l'en informer par lettre recommandée avec demande d'avis de réception, en lui précisant le nom du vendeur.

Si le bien à acquérir est parfaitement individualisé, le mandant s'oblige à ratifier l'acquisition présentée par le mandataire aux prix, charges et conditions du présent mandat à peine de devoir lui payer en cas de refus d'acquisition une indemnité forfaitairement fixée au montant de sa rémunération TTC, comme si la vente avait été conclue.

Séquestre

En vue de garantir la bonne exécution des présentes, l'acquéreur devra, à l'appui de toute offre d'acquisition, effectuer un versement d'un montant maximum de 10 % du prix total de la vente, à l'ordre de la banque .... compte n° .... séquestre garanti financièrement à cet effet. Ce versement s'imputera sur le prix de la vente si elle se concrétise.

Rémunération

Dans le cas où le mandant viendrait à se porter acquéreur d'un des biens recherchés et proposés par le mandataire, ce dernier aura droit à une rémunération fixée à ...... % TTC.

Cette rémunération sera exigible le jour où l'opération sera effectivement conclue et constatée dans un acte écrit.

Elle sera à la charge exclusive de l'acquéreur, même dans le cas où le mandant achèterait postérieurement à l'expiration du mandat un bien proposé par le mandataire pendant la durée du mandat.

Dans le cas où le mandant ne se porterait pas acquéreur d'un des biens proposés par le mandataire, aucune rémunération ne lui serait due et tous les frais occasionnés par les démarches du mandataire resteraient à la charge exclusive de ce dernier.

Le mandant autorise le mandataire à saisir l'ensemble des informations contenues dans le présent mandat sur fichier informatique, le mandant pouvant exercer son droit d'accès et de rectification dans les conditions prévues à l'article 27 de la loi du 6 janvier 1978.

Fait en deux originaux dont l'un a été remis au mandant qui le reconnaît et dont l'autre est conservé par le mandataire.

Fait à ...., le ....

Approuvés ....

.... mots rayés nuls.

.... lignes.

▷ Faire précéder chaque signature de la mention.

Le mandant
« Lu et approuvé. Bon pour mandat. »

Le mandataire
« Bon pour acceptation de mandat. » ■

3106

@ à télécharger

Mandat de recherche d'un bien à acquérir avec exclusivité

▷ Le titulaire de la carte Transactions sur immeubles et fonds de commerce ne peut négocier ou s'engager à l'occasion d'opérations d'achat, vente, échange, location ou sous-location, de biens et droits immobiliers ou de fonds de commerce, sans détenir un mandat écrit préalablement délivré à cet effet par l'une des parties ... (L. n° 70-9, 2 janv. 1970, art. 6 • Décr. n° 72-678, 20 juill. 1972, art. 72).

IInscription au registre des mandats n° ....

Entre les soussignés,

M. ....

[▶ *Remplir l'état civil complet, nom prénom, lieu de naissance, nationalité, régime matrimonial, adresse, ou la désignation de la personne morale, nom, registre du commerce, capital, adresse, représentant légal.*]

Ci-après dénommé « le mandant » d'une part.

Et,

M. ....

titulaire de carte professionnelle n° .... délivrée par la Préfecture de .... garanti par .... pour un montant de .... euros, titulaire du compte spécial (Décr. 20 juill. 1972, art. 55) n° .... ouvert auprès de ....

Ci-après dénommé « le mandataire », d'autre part.

IL A ÉTÉ CONVENU CE QUI SUIT :

Par ces présentes, le mandant confère au mandataire qui l'accepte **mandat exclusif de rechercher un bien** correspondant à la description ci-dessous :

Désignation

....

....

Prix de l'acquisition

Le prix d'acquisition du bien est fixé à .... euros, droits d'enregistrement ou TVA en plus, ainsi que la rémunération du mandataire déterminée dans les conditions ci-après.

Durée

Le présent mandat est donné, à titre irrévocable, **avec exclusivité** à compter de ce jour pour une durée de trois mois. Passée cette date, il pourra être dénoncé à tous moments avec un préavis de quinze jours, par lettre recommandée avec accusé de réception et à défaut, il se renouvellera par tacite reconduction et par période de quinze jours en quinze jours, étant précisé que les durées cumulées du mandat de trois mois et de sa reconduction ne sauraient excéder **une année** à dater de ce jour, passée laquelle il sera irrévocablement expiré.

Le mandant donne au mandataire toutes autorisations pour accomplir à ses frais, toutes les formalités et démarches, et faire appel à tous les concours que ce dernier jugera opportuns.

Si le bien à acquérir est parfaitement individualisé, le mandant s'oblige à ratifier l'acquisition présentée par le mandataire aux prix, charges et conditions du présent mandat à peine de devoir lui payer en cas de refus d'acquisition, une indemnité forfaitairement fixée au montant de sa rémunération comme si la vente avait été conclue.

Séquestre

En vue de garantir la bonne exécution des présentes, **l'acquéreur devra, à l'appui de toute offre d'acquisition,** effectuer un versement d'un montant maximum de 10 % du prix total de la vente, à l'ordre de banque .... compte n° .... séquestre garanti financièrement à cet effet. Ce versement s'imputera sur le prix de la vente si elle se concrétise.

Rémunération

Dans le cas ou le mandant viendrait à se porter acquéreur d'un des biens recherchés et proposés par le mandataire, ce dernier aura droit à une rémunération fixée à ...... % TTC.

Cette rémunération sera exigible le jour où l'opération sera effectivement conclue et constatée dans un acte écrit. Elle sera à la charge exclusive de l'acquéreur, même dans le cas où le mandant achèterait postérieurement à l'expiration du mandat un bien proposé par le mandataire pendant la durée du mandat.

Dans le cas où le mandant ne se porterait pas acquéreur d'un des biens proposés par le mandataire aux prix et conditions du mandat, sauf si le bien est parfaitement individualisé, aucune rémunération ne lui serait due et tous les frais occasionnés par les démarches du mandataire resteraient à la charge exclusive de ce dernier.

Le mandant autorise le mandataire à saisir l'ensemble des informations contenues dans le présent mandat sur fichier informatique, le mandant pouvant exercer son droit d'accès et de rectification dans les conditions prévues à l'article 27 de la loi du 6 janvier 1978.

Fait en deux originaux dont l'un a été remis au mandant qui le reconnaît et dont l'autre est conservé par le mandataire.

Fait à ...., le ....

Approuvés ....

.... mot(s) rayé(s) nul(s).

.... lignes.

Le mandant
« Lu et approuvé. Bon pour mandat. »

Le mandataire
« Bon pour acceptation de mandat. » ■

▷ Faire précéder chaque signature de la mention.

3107

Mandat non exclusif de recherche d'un acquéreur et de négociation. Vente de biens ou droits immobiliers

@ à télécharger

▷ Le titulaire de la carte Transactions sur immeubles et fonds de commerce ne peut négocier ou s'engager à l'occasion d'opérations d'achat, vente, échange, location ou sous-location, de biens et droits immobiliers ou de fonds de commerce, sans détenir un mandat écrit préalablement délivré à cet effet par l'une des parties ... (L. n° 70-9, 2 janv. 1970, art. 6 • Décr. n° 72-678, 20 juill. 1972, art. 72).

IInscription au registre des mandats n° ....

Entre les soussignés,

M. ....

[▶ *Remplir l'état civil complet, nom prénom, lieu de naissance, nationalité, régime matrimonial, adresse, ou la désignation de la personne morale, nom, registre du commerce, capital, adresse, représentant légal.*]

Ci-après dénommé « le mandant » d'une part.

Et,

M. ....

titulaire de carte professionnelle n° .... délivrée par la Préfecture de .... garanti par .... pour un montant de .... euros, titulaire du compte spécial (Décr. 20 juill. 1972, art. 55) n° .... ouvert auprès de ....

Ci-après dénommé « le mandataire », d'autre part.

IL A ÉTÉ CONVENU CE QUI SUIT :

M. .... donne(nt), au mandataire .... ci-dessus dénommé, mandat pour une durée de .... mois jusqu'au .... inclus, à l'effet de rechercher un acquéreur et de négocier au mieux de ses intérêts, en vue d'aboutir à la signature d'une promesse de vente ou d'un compromis de vente portant sur les biens suivants :

ARTICLE 1ER **Désignation**

....

....

▷ Rayer la mention inutile.

Étant précisé qu'à la signature de l'acte authentique, les biens vendus seront :

– libres de toute occupation, location ou réquisition,

– loués.

ART. 2 **Renouvellement**

À l'expiration du délai, ci-dessus stipulé, le mandat se renouvellera ensuite par tacite reconduction, sauf révocation comme il est dit ci-après, sans que le délai de reconduction ne puisse aller au-delà du .... délai de rigueur.

ART. 3 **Révocation**

Le mandant, par exception à l'article 2004 du Code civil, devra s'il entend mettre fin au mandat pendant la durée initiale, en prévenir le mandataire par lettre recommandée avec avis de réception huit jours au moins à l'avance. En cours de reconduction, le délai de préavis est ramené deux jours ouvrables.

Cependant, dans les deux cas, la notification par lettre recommandée avec avis de réception que la vente a été réalisée par le mandant ou un autre mandataire, comme il est prévu au paragraphe « stipulations expresses », mettra fin audit mandat dès la présentation de la lettre.

ART. 4 **Obligations du mandant**

Pour permettre au mandataire de mener à bien sa mission, le mandant lui donne pouvoir pour effectuer toutes démarches auprès des administrations afin d'obtenir les pièces, actes, certificats nécessaires au dossier et s'engage :

– à lui fournir toutes justifications relatives à la propriété des biens mis en vente, ainsi que tous documents utiles à la négociation;

– à lui laisser visiter les lieux de façon permanente, sauf à respecter les clauses du bail, le cas échéant;

– à lui signaler immédiatement toutes modifications juridiques ou matérielles touchant les biens mis en vente;

– à laisser, aux frais exclusifs du mandataire, effectuer la publicité par les moyens qu'il jugera appropriés;

– à signer toute promesse de vente ou tout compromis de vente avec tout acheteur acceptant les conditions de la vente, quand bien même l'acquéreur solliciterait un prêt.

En cas de manquement à l'une quelconque de ses obligations, comme en cas de renonciation à la vente sans avoir usé de sa faculté de révocation, le mandant versera au mandataire, en vertu des articles 1142 et 1152 du Code civil une somme de .... euros, à titre d'indemnité forfaitaire et définitive.

ART. 5 **Séquestre**

En outre, le mandant autorise le mandataire à se constituer séquestre d'une somme de .... euros représentant ...... % du prix, à condition d'en délivrer reçu légal dont copie sera donnée au mandant.

ART. 6 **Déclaration d'aliéner**

Le mandant charge spécialement le mandataire d'accomplir, le cas échéant, les formalités relatives à la déclaration d'aliéner comme de négocier avec tout titulaire d'un droit de préemption.

ART. 7 **Prix**

Les biens ci-dessus désignés seront proposés au prix de .... euros (commission ci-après définie comprise), les frais d'actes et droits d'enregistrement étant à la charge de l'acheteur.

Dans le cas où les biens seraient soumis à la TVA, celle-ci sera à la charge du mandant. Dans le cas où les biens seraient soumis à la TVA, celle-ci sera à la charge du vendeur (immeubles construits depuis moins de cinq ans sous le régime de la TVA immobilière et n'ayant pas fait l'objet d'une première mutation dans ce délai).

ART. 8 **Rémunération**

En rémunération de sa mission, le mandataire percevra une commission TVA incluse de .... euros payable à la conclusion effective de l'opération (Décr. 20 juill. 1972, art. 74). Cette commission sera réduite dans la même proportion que le prix de vente en cas de diminution de celui-ci acceptée par le mandant. Elle sera à la charge du mandant, même en cas de vente avec un titulaire d'un droit de préemption.

ART. 9 **Stipulations expresses**

De convention expresse entre les parties, il est convenu que le mandant se réserve la faculté de vendre à tout moment, soit par lui-même, soit par tout autre mandataire. Cependant, une indemnité forfaitaire et définitive d'un montant de .... euros sera due par le mandant au mandataire, dans les cas suivants :

– en cas de révocation du mandat avant son terme, sauf si la révocation a été faite dans les conditions de forme et de délais stipulées à l'article 3;

– en cas de conclusion de l'affaire, même après l'expiration du mandat, avec un acquéreur ayant été présenté par le mandataire ou ayant visité les locaux avec lui pendant la durée du mandat;

– si le mandant ne fournit pas aussitôt au mandataire par lettre recommandée avec accusé de réception l'identité de toute personne à laquelle le bien serait vendu ou promis sans le concours du mandataire.

Le mandataire informera le mandant de l'accomplissement de son mandat dans les conditions prévues à l'article 77 du décret du 20 juillet 1972.

ART. 10 **Législation**

Extraits du décret n° 72-678 du 20 juillet 1972 fixant les conditions d'application de la loi du 2 janvier 1970 :

Art. 72 : « Le titulaire de la carte prévue à l'article 1er du présent décret ne peut négocier ou s'engager à l'occasion d'opérations spécifiées à l'article 1er (1° à 5°) de la loi susvisée du 2 janvier 1970 sans détenir un mandat écrit préalablement délivré à cet effet par l'une des parties.

Le mandat précise son objet et contient les indications prévues à l'article 73 [...]. »

Art. 77 : « Le titulaire de la carte devra dans le délai stipulé et, en tout cas, dans les huit jours de l'opération, informer son mandant de l'accomplissement du mandat de vendre ou d'acheter.

L'information est faite par lettre recommandée avec demande d'avis de réception ou par tout autre écrit remis contre récépissé ou émargement.

L'intermédiaire remet à son mandant, dans les mêmes conditions que celles prévues aux deux alinéas précédents, une copie de la quittance ou du reçu délivré. »

Le mandant autorise le mandataire à saisir l'ensemble des informations contenues dans le présent mandat sur fichier informatique, le mandant pouvant exercer son droit d'accès et de rectification dans les conditions prévues à l'article 27 de la loi du 6 janvier 1978.

Fait à ...., le ...., en .... exemplaire(s) dont un pour le mandant qui le reconnaît.

Approuvés ....

.... mot(s) rayé(s) nul(s).

.... lignes.

▷ Faire précéder chaque signature de la mention.

Le mandant
« Lu et approuvé. Bon pour mandat. »

Le mandataire
« Bon pour acceptation de mandat. » ■

3108

@ à télécharger

Mandat exclusif de recherche d'un acquéreur et de négociation. Vente de biens ou droits immobiliers

▷ Le titulaire de la carte Transactions sur immeubles et fonds de commerce ne peut négocier ou s'engager à l'occasion d'opérations d'achat, vente, échange, location ou sous-location, de biens et droits immobiliers ou de fonds de commerce, sans détenir un mandat écrit préalablement délivré à cet effet par l'une des parties ... (L. nº 70-9, 2 janv. 1970, art. 6 • Décr. nº 72-678, 20 juill. 1972, art. 72).

Inscription au registre des mandats nº ....

Entre les soussignés,

M. ....

[▶ *Remplir l'état civil complet, nom prénom, lieu de naissance, nationalité, régime matrimonial, adresse, ou la désignation de la personne morale, nom, registre du commerce, capital, adresse, représentant légal.*]

Ci-après dénommé « le mandant » d'une part.

Et,

M. ....

titulaire de carte professionnelle nº .... délivrée par la Préfecture de .... garanti par .... pour un montant de .... euros, titulaire du compte spécial (Décr. 20 juill. 1972, art. 55) nº .... ouvert auprès de ....

Ci-après dénommé « le mandataire », d'autre part.

IL A ÉTÉ CONVENU CE QUI SUIT :

Le mandant donne à titre irrévocable, et ce, par dérogation à l'article 2004 du Code civil, au mandataire, ci-dessus dénommé, **mandat exclusif**, pour une durée de trois mois jusqu'au .... inclus, à l'effet de rechercher un acquéreur et de négocier au mieux de ses intérêts, en vue d'aboutir à la signature d'une promesse de vente ou d'un compromis de vente portant sur les biens suivants :

ARTICLE 1ER Désignation

....

....

▷ Rayer la mention inutile.

Étant précisé qu'à la signature de l'acte authentique, les biens vendus seront :

– libres de toute occupation, location ou réquisition,

– loués.

ART. 2 Renouvellement

À l'expiration du délai stipulé ci-dessus, le présent mandat sera renouvelable par tacite reconduction de trois mois, dans la limite d'**une année** à compter la date initiale après quoi il expirera irrévocablement, étant rappelé toutefois les dispositions de l'article 78 du décret du 20 juillet 1972, qui prévoient que passé un délai de trois mois à compter de sa signature, le mandat exclusif peut être dénoncé à tout moment par chacune des parties, à charge par celle qui entend y mettre fin d'en aviser l'autre partie quinze jours à l'avance par lettre recommandée avec demande d'avis de réception.

ART. 3 Obligations du mandant

Pour permettre au mandataire de mener à bien sa mission, le mandant lui donne pouvoir pour effectuer toutes démarches auprès des administrations afin d'obtenir les pièces, actes, certificats nécessaires au dossier et s'engage :

– à mettre à sa disposition, sur simple demande, les actes et pièces justifiant sa propriété des biens mis en vente, ainsi que tous documents utiles à la négociation;

– à lui laisser visiter les lieux de façon permanente;

– à lui signaler immédiatement toutes modifications juridiques ou matérielles touchant les biens mis en vente;

– à lui laisser, à ses frais exclusifs, effectuer la publicité par les moyens qu'il jugera appropriés;

– à signer toute promesse de vente ou tout compromis avec tout acheteur acceptant les conditions de la vente, quand bien même celui-ci solliciterait un prêt.

En cas de manquement à l'une quelconque de ses obligations, comme en cas de renonciation, le mandant versera au mandataire, en vertu de l'article 1142 du Code civil une somme de .... euros, à titre d'indemnité forfaitaire et définitive.

ART. 4 Séquestre

En outre, le mandant autorise le mandataire à se constituer séquestre d'une somme de .... euros, représentant ...... % du prix, à condition d'en délivrer reçu légal dont copie sera donnée au mandant.

ART. 5 Déclaration d'aliéner

Le mandant charge spécialement le mandataire d'accomplir, le cas échéant, les formalités relatives à la déclaration d'intention d'aliéner comme de négocier, s'il y a lieu, avec tout titulaire d'un droit de préemption, et d'en référer au mandant, celui-ci restant libre d'accepter ou non le prix finalement obtenu par le mandataire.

ART. 6 Conditions de la négociation

Les biens ci-dessus désignés seront proposés au prix de .... euros, (commission, ci-après définie, comprise), les frais d'actes et droits d'enregistrement étant à la charge de l'acheteur.

Dans le cas où les biens seraient soumis à la TVA, celle-ci sera à la charge du vendeur (immeubles construits depuis moins de cinq ans sous le régime de la TVA immobilière et n'ayant pas fait l'objet d'une première mutation dans ce délai).

ART. 7 Honoraires de négociation

En rémunération de sa mission, le mandataire percevra une commission, TVA incluse, de .... euros payable à la conclusion effective de l'opération (Décr. 20 juill. 1972, art. 74).

Cette commission sera réduite dans la même proportion que le prix de vente en cas de diminution de celui-ci acceptée par le mandant. Elle sera à la charge du mandant. même en cas de vente avec un titulaire d'un droit de préemption.

ART. 8 Stipulation expresse

Pour compenser le préjudice qui en résulterait pour le mandataire, le mandant versera au mandataire une somme de .... euros, à titre d'indemnité forfaitaire et définitive, dans les cas suivants :

– en cas de révocation du mandat avant son terme;

– en cas de conclusion de l'affaire pendant la durée du mandat, avec un acquéreur même si celui-ci n'a pas été présenté par le mandataire;

– en cas de conclusion de l'affaire, même après l'expiration du mandat, avec un acquéreur ayant été présenté par le mandataire ou ayant visité les locaux avec lui.

Le mandataire informera le mandant de l'accomplissement de son mandat dans les conditions prévues à l'article 77 du décret du 20 juillet 1972.

ART. 9 Législation

Extraits du décret n° 72-678 du 20 juillet 1972 fixant les conditions d'application de la loi du 2 janvier 1970.

Art. 72 : « Le titulaire de la carte prévue à l'article 1er du présent décret ne peut négocier ou s'engager à l'occasion d'opérations spécifiées à l'article 1er (1° à 5°) de la loi susvisée du 2 janvier 1970 sans détenir un mandat écrit préalablement délivré à cet effet par l'une des parties.

Le mandat précise son objet et contient les indications prévues à l'article 73. [...] »

Art. 77 : « Le titulaire de la carte devra dans le délai stipulé et, en tout cas, dans les huit jours de l'opération, informer son mandant de l'accomplissement du mandat de vendre ou d'acheter.

L'information est faite par lettre recommandée avec demande d'avis de réception ou par tout autre écrit remis contre récépissé ou émargement.

L'intermédiaire remet à son mandant, dans les mêmes conditions que celles prévues aux deux alinéas précédents, une copie de la quittance ou du reçu délivré. »

Art. 78 : « Lorsqu'un mandat est assorti d'une clause d'exclusivité ou d'une clause pénale, ou lorsqu'il comporte une clause aux termes de laquelle une commission sera due par le mandant, même si l'opération est conclue sans les soins de l'intermédiaire, cette clause ne peut recevoir application que si elle résulte d'une stipulation expresse du mandat dont un exemplaire a été remis au mandant. Cette clause est mentionnée en caractères très apparents.

Passé un délai de trois mois à compter de sa signature, le mandat contenant une telle clause peut être dénoncé à tout moment par chacune des parties, à charge pour celle qui entend y mettre fin d'en aviser l'autre partie quinze jours au moins à l'avance par lettre recommandée avec demande d'avis de réception.

Toutefois, les dispositions du précédent alinéa ne s'appliquent pas lorsque le mandat est donné en vue de :

– la vente d'immeuble par lots;

– la souscription ou la première cession d'actions ou de parts de société immobilière donnant vocation à une attribution de locaux en jouissance ou en propriété;

– la location, par fractions, de tout ou partie des locaux à usage commercial dépendant d'un même ensemble commercial.

Dans les trois cas prévus au précédent alinéa, le mandant doit néanmoins préciser les cas et conditions dans lesquels il peut être dénoncé avant sa complète exécution lorsque l'opération porte en totalité sur un immeuble déjà achevé. »

Le mandant autorise le mandataire à saisir l'ensemble des informations contenues dans le présent mandat sur fichier informatique, le mandant pouvant exercer son droit d'accès et de rectification dans les conditions prévues à l'article 27 de la loi du 6 janvier 1978.

Fait à ...., le ...., en .... exemplaire(s) dont un pour le mandant qui le reconnaît.

Approuvés ....

.... mot(s) rayé(s) nul(s).

.... lignes.

▷ Faire précéder chaque signature de la mention.

Le mandant	Le mandataire
« Lu et approuvé. Bon pour mandat. »	« Bon pour acceptation de mandat. » ■

C. Avant-contrats

3109

@ à télécharger

Offre d'achat de biens immobiliers

Le(s) soussigné(s),

M. ...., domicilié(s) .... [▶ *adresse*],

Ci-après désigné(s) le « soussigné »,

s'engage à acquérir dans les conditions fixées ci-après les droits et biens immobiliers ci-dessous désignés.

ARTICLE 1ER **Désignation des biens**

Biens et droits immobiliers : ....

[▶ *Préciser en toute propriété, en copropriété, nombre de millièmes, numéros des lots.*]

Tel au surplus que lesdits biens immobiliers existent et comportent en leur état actuel avec toutes leurs dépendances sans aucune exception ni réserve. Le soussigné déclare bien les connaître, pour les avoir vus et visités et dispense le vendeur d'une plus ample désignation.

Lesdits biens, en cas de réalisation, seront au jour de la vente :

▷ Rayer la mention inutile ou compléter.

– libres de toute location, occupation, réquisition;

– loués par bail du .... à usage .... [▶ *d'habitation, commercial, ou professionnel*];

– jusqu'au ....

ART. 2 **Prix**

La présente offre est faite moyennant le prix principal de .... euros payable selon les modalités suivantes.

Le soussigné déclare que l'acquisition se fera sans ou avec l'aide directe ou indirecte d'un prêt.

ART. 3 **Durée de l'offre**

Le soussigné s'engage à maintenir la présente offre jusqu'au .... inclus, à .... heures.

ART. 4 **Conditions suspensives**

Outre les conditions ordinaires et de droit, la présente offre est assortie des conditions suspensives suivantes :

– que les biens, objets de la présente, ne se trouvent grevés, au jour de la réalisation d'aucune inscription ou privilège dont le montant total serait supérieur au prix principal sus-indiqué;

– que le certificat d'urbanisme ne révèle aucune servitude ou emprise administrative qui soit de nature à compromettre gravement les droits du soussigné;

– que les biens ne fassent pas l'objet de l'exercice d'un droit de préemption.

ART. 5 **Conditions de la vente**

La vente si elle se réalise sera consentie et acceptée aux charges et conditions ordinaires et de droit, et plus spécialement aux conditions suivantes :

– le soussigné prendra l'immeuble vendu dans l'état où il se trouve le jour de l'entrée en jouissance;

– le soussigné souffrira les servitudes passives apparentes ou non apparentes, continues ou discontinues, pouvant grever le fonds vendu : il profitera des servitudes actives, s'il en existe. Il ne pourra exercer aucun recours contre le vendeur du chef des servitudes, droit de mitoyenneté ou autres, éventuellement invoquées par des tiers;

– le soussigné paiera, à compter du jour de l'entrée en jouissance, les impositions et charges de toute nature auxquelles l'immeuble est ou sera assujetti de telle façon que le Vendeur ne puisse pas être recherché à ce sujet;

– le soussigné fera son affaire personnelle, à compter de la même date, des polices d'assurance souscrites par le vendeur, soit qu'il prenne la suite, soit qu'il en demande la résiliation si elle est possible. Il acquittera à compter de la même date les primes afférentes à ces polices, de telle façon que le vendeur ne puisse pas être recherché à ce sujet;

– le soussigné paiera enfin tous les frais, droits et honoraires des présentes et ceux qui résulteront de l'acte authentique à intervenir, ainsi que tous ceux qui en seront la suite ou la conséquence;

– le soussigné supportera également les taxes dues éventuellement à l'ANAH.

ART. 6 **Travaux**

Lorsqu'il s'agit de biens en copropriété.

En ce qui concerne les travaux exécutés et non payés, ceux-ci demeurent à la charge du vendeur. Pour les travaux ayant fait l'objet d'une décision en assemblée générale et non encore exécutée, ils seront à la charge de M. ....

ART. 7 **Propriété et jouissance**

Le transfert de propriété s'opérera à compter de la signature de l'acte notarié à intervenir et du paiement de la totalité du prix et le soussigné en aura la jouissance à compter de la même date par la prise de possession réelle ou par la perception des loyers.

ART. 8 **Mandat**

Les biens désignés dans la présente font l'objet :

– d'un mandat d'acquérir donné par M. .... soussigné à M. .... agent immobilier;

– d'un mandat de vente donné par M. .... propriétaire à M. .... agent immobilier.

▷ Rayer la mention inutile.

ART. 9 **Négociation**

Les présentes ont été négociées par l'intermédiaire de M. .... carte professionnelle nº .... délivrée par .... garantie donnée par .... [▶ *nom et adresse du garant*] pour un montant de .... euros. En cas de réalisation de la vente une commission de .... euros (TVA comprise) est due. Ladite commission payable par M. .... qui s'y oblige, sera prélevée sur les premiers fonds versés en l'étude du notaire, rédacteur de l'acte authentique, avant toute affectation hypothécaire.

ART. 10 **Réalisation de la vente**

En cas d'acceptation de l'offre d'achat un avant-contrat de vente devra être étable dans la huitaine de l'acceptation de l'offre par le vendeur, avec versement d'un séquestre de 10 % du prix convenu.

Fait à ...., le .... en .... exemplaire(s)

Rayé .... ligne(s), ... mot(s), comme nul(s).

▷ Faire précéder chaque signature de la mention.

Le vendeur	L'acheteur
« Lu et approuvé. »	« Lu et approuvé. Bon pour offre d'achat au prix et conditions contenus dans la présente offre d'achat. » ■

3110

@ à télécharger

Procuration générale d'achat

Le soussigné :

M. ...., demeurant à ....

Né le .... à ....

De nationalité ....

Ici présent.

Ci-après dénommé « le mandant »,

a, par les présentes, constitué pour mandataire, avec faculté de délégation :

M. .... ou M. ....

à **l'effet d'accepter le bénéfice d'une promesse de vente**, avec faculté de substitution, qui sera consentie par M. ...., demeurant à .... au **mandant** moyennant le prix de .... euros, outre la commission de l'agence immobilière d'un montant TTC de .... euros à la charge de M. .... payable comptant le jour de la réitération des présentes par acte authentique, aux conditions particulières ci-après déterminées et aux autres charges et conditions ordinaires et de droit en pareille matière que le mandataire jugera convenables relativement aux biens et droits immobiliers ci-après désignés.

Désignation

– ....

Tels que lesdits biens existent, se poursuivent et comportent avec tous immeubles par destination pouvant en dépendre, sans aucune exception ni réserve.

▶ *Ajouter la mention obligatoire de superficie suivante pour les lots en copropriété.*

Conformément aux dispositions de la loi nº 96-1107 du 18 décembre 1996 intégrées dans l'article 46 de la loi du 10 juillet 1965 ci-après plus amplement relaté, il est ici indiqué la superficie de la partie privative des biens objets des présentes, soumis à ladite loi ainsi qu'à ses textes subséquents, savoir :

Lot nº ...., ... m^2,

Ainsi qu'il résulte de l'attestation et des plans délivrés par M. ...., géomètre-expert à ....

Pouvoirs

Sans que cette énonciation soit limitative, le mandataire reçoit les pouvoirs suivants :

– verser l'indemnité d'immobilisation, qui s'élève à .... euros;

– fixer le délai de réalisation qui expirera le .... à .... heures au plus tard;

– s'engager à prendre les biens et droits immobiliers vendus dans l'état où ils se trouvent, avec toutes leurs aisances et dépendances, sans recours contre le vendeur pour quelque cause que ce soit;

– s'engager à rembourser au vendeur le prorata de l'impôt foncier;

– faire son affaire personnelle du paiement de tous abonnements aux services tels que l'eau et l'électricité;

– faire toutes déclarations d'état civil et autres;

– déclarer notamment, comme le mandant le fait ici sans en justifier et sans que ces déclarations puissent dispenser les tiers d'exiger les justifications nécessaires :

  – qu'il n'est pas en état de redressement, de liquidation judiciaire ou de biens, ni mis sous sauvegarde de justice,

  – que son identité complète est celle indiquée en tête des présentes,

  – qu'il est de nationalité .... et réside en ....

Aux effets ci-dessus, passer et signer tous actes, documents et pièces, élire domicile, substituer et généralement faire le nécessaire.

Absence de prêt

Le mandant reconnaît avoir été informé des dispositions des articles L. 312-1 à L. 312-36 du Chapitre II du Livre III du Code de la consommation relative à la protection des emprunteurs dans le domaine immobilier et déclare ne vouloir recourir à aucun prêt pour le paiement du prix de cette acquisition.

Si contrairement à cette déclaration, il avait néanmoins recours à un tel prêt, il reconnaît avoir été informé qu'il ne pourrait, en aucun cas, se prévaloir des dispositions de ladite loi et notamment de la condition suspensive prévue aux articles L. 312-1 à L. 312-36 susvisés.

À cet égard, le mandant porte aux présentes sous la forme manuscrite la mention suivante prévue à l'article L. 312-17 du Code de la consommation.

« Je reconnais avoir été informé que si, contrairement aux indications portées aux présentes, j'ai besoin de recourir néanmoins à un prêt, je ne pourrai me prévaloir du statut protecteur institué par les articles L. 312-1 et suivants du Code de la consommation. »

[▶ *Recopier ici la mention manuscrite de la main du mandant.*]

Faculté de substitution

Le mandant déclare pouvoir substituer dans le bénéfice de la présente promesse de vente toute personne physique ou morale de son choix.

Nonobstant cette substitution, le mandant reconnaît avoir été informé que substitué et substituant resteront solidairement tenus des engagements souscrits en vertu de la promesse de vente en, faveur de M. ....

Fait à ....

L'an .... le ....

[▶ *Signature*] ■

3111

Vente d'immeuble sous condition suspensive sans le concours d'un prêt immobilier

@ à télécharger

Entre les soussignés,

M. ....

intervenant aux présentes sous la dénomination « le vendeur »,

d'une part.

Et,

M. …………

intervenant aux présentes sous la dénomination « l'acquéreur »,

d'autre part.

En présence et avec le concours de M. ………… exerçant l'activité d'agent immobilier à ………… [▶ *adresse*], titulaire de la carte professionnelle n° ………… délivrée par la Préfecture de ………… et garanti financièrement par ………… [▶ *nom et adresse du garant*] pour un montant de ………… euros.

IL A ÉTÉ FAIT ET CONVENU CE QUI SUIT :

Le vendeur, en s'obligeant à toutes les garanties ordinaires et de droit, VEND à l'acquéreur, qui l'accepte, mais sous les conditions suspensives ci-après exprimées, l'immeuble dont la désignation suit.

ARTICLE 1ER Désignation

…………

…………

Tel au surplus que ledit immeuble existe et se comporte en son état actuel avec toutes ses dépendances, sans aucune exception ni réserve.

L'acquéreur déclare bien le connaître, pour l'avoir vu et visité et dispense le vendeur d'une plus ample désignation.

▶ *Ajouter la mention obligatoire de superficie suivante pour les lots en copropriété.*

Conformément aux dispositions de la loi n° 96-1107 du 18 décembre 1996 intégrées dans l'article 46 de la loi du 10 juillet 1965 ci-après plus amplement relaté, il est ici indiqué la superficie de la partie privative des biens objets des présentes, soumis à ladite loi ainsi qu'à ses textes subséquents, savoir :

Lot n° …………, ………… m^2,

Ainsi qu'il résulte de l'attestation et des plans délivrés par M. …………, à …………

ART. 2 Origine de propriété

Le vendeur est propriétaire de l'immeuble objet des présentes pour l'avoir :

– …………

ART. 3 Propriété et jouissance

Le transfert de propriété s'opérera à compter de la signature de l'acte notarié à intervenir et l'acquéreur en aura la jouissance à compter du ………… par la prise de possession réelle ou par la perception des loyers. À ce sujet, il est précisé que : …………

ART. 4 Conditions

La présente vente est consentie et acceptée aux charges et conditions ordinaires et de droit, et plus spécialement aux conditions suivantes :

4.1 L'acquéreur prendra l'immeuble vendu dans l'état où il se trouve le jour de l'entrée en jouissance et renonce à tout recours contre le vendeur pour quelque cause que ce soit, en ce compris les vices cachés pouvant affectés le bien vendu.

4.2 L'acquéreur souffrira les servitudes passives, apparentes ou non apparentes, continues ou discontinues, pouvant grever le fonds vendu : il profitera des servitudes actives, s'il en existe. Il ne pourra exercer aucun recours contre le vendeur du chef des servitudes, droit de mitoyenneté ou autres, éventuellement invoquées par des tiers.

4.3 L'acquéreur paiera, à compter du jour de l'entrée en jouissance, les impositions et charges de toute nature auxquelles l'immeuble est ou sera assujetti, de telle façon que le vendeur ne puisse pas être recherché à ce sujet.

4.4 L'acquéreur fera son affaire personnelle, à compter de la même date, des polices d'assurance souscrites par le vendeur, soit qu'il prenne la suite, soit qu'il en demande la résiliation si elle est possible. Il acquittera à compter de la même date, les primes afférentes à ces polices, de telle façon que la responsabilité du vendeur ne puisse pas être recherchée à ce sujet.

4.5 L'acquéreur supportera également les taxes dues éventuellement à l'ANAH.

4.6 L'acquéreur paiera enfin tous les frais, droits et honoraires des présentes et ceux qui résulteront de l'acte authentique à intervenir, ainsi que tous ceux qui en seront la suite ou la conséquence.

4.7 Si les biens vendus sont en copropriété, l'acquéreur aura a sa charge tous les travaux votés à compter du ...., les travaux antérieurs restant à la charge du vendeur.

ART. 5 **Prix**

La présente vente est consentie et acceptée, sous les réserves ci-après, moyennant le prix principal de .... euros.

5.1 Sur cette somme, l'acquéreur a versé entre les mains de M. ...., agent immobilier, que les parties choisissent comme séquestre, et qui accepte, le montant de .... euros en un chèque n° .... tiré sur .... établi à l'ordre de la banque .... [▶ *indiquer les coordonnées de l'établissement de crédit*] où se trouve ouvert le compte prévu par l'article 55 du décret du 20 juillet 1972, sous le n° .... dont reçu a été remis aux parties qui le reconnaissent.

5.2 Cette somme tiendra lieu d'acompte, si la vente se réalise. Quant au solde, il sera payé de la manière suivante :

– ....

– ....

ART. 6 **Conditions suspensives**

La présente vente est soumise aux conditions suspensives suivantes :

– que le certificat d'urbanisme ne révèle aucune servitude ou emprise administrative qui soit de nature à compromettre gravement les droits de l'acquéreur,

– que les biens objets de la présente ne se trouvent grevés, au jour de la réalisation, d'aucune inscription ou privilège dont le montant total serait supérieur au prix de vente convenu.

ART. 7 **Situation de l'immeuble au regard de la réglementation**

Date de construction de l'immeuble : ....

7.1 Réglementation sur l'amiante

▶ *Information de l'acquéreur.*

L'article L. 1334-7 premier alinéa du Code de la santé publique commande au vendeur de faire établir un état constatant la présence ou l'absence de matériaux ou produits de construction contenant de l'amiante, état à annexer à l'avant-contrat et à la vente.

En l'absence d'un tel état annexé tant à l'avant-contrat qu'à la vente, ces deux conditions étant cumulatives dans la mesure où un avant-contrat a été établi, l'article L. 1334-7 susvisé dispose dans son deuxième alinéa que le vendeur ne peut s'exonérer de la garantie des vices cachés à raison des vices constitués par la présence d'amiante dans les éléments de construction tels qu'ils figurent en annexe des décrets susvisés.

Cet état s'impose à tous les bâtiments dont le permis de construire a été délivré avant le 1er juillet 1997.

Le vendeur déclare que l'immeuble dont il s'agit a fait l'objet d'un permis de construire délivré antérieurement au 1er juillet 1997.

> ▷ Ne remplir que dans l'hypothèse où le permis de construire de l'immeuble vendu a été délivré avant le 1er juillet 1997.

Par suite, les dispositions susvisées ont vocation à s'appliquer aux présentes.

Un constat établi par ...., titulaire d'une assurance responsabilité civile professionnelle, le ...., est demeuré ci-joint et annexé après mention.

Étant précisé que depuis le 1er janvier 2003, les contrôleurs et techniciens de la construction qui effectuent des missions de repérage et de diagnostic de l'état de conservation des matériaux et produits contenant de l'amiante doivent avoir obtenu une attestation de compétence. Une copie de ladite attestation de compétence est demeurée ci-annexée.

En conséquence, les parties sont expressément averties que les dispositions du deuxième alinéa de l'article L. 1334-7 du Code de la santé publique telles que relatées ci-dessus ont vocation à s'appliquer aux présentes.

Ce constat révèle …………

▶ *Ajouter pour les immeubles en copropriété.*

La fiche technique récapitulative du dossier technique amiante établie pour les parties communes, annexée ci-après, révèle …………

L'acquéreur déclare faire son affaire personnelle de cette situation et renonce en conséquence à tout recours contre le vendeur à ce sujet.

7.2 Lutte contre le saturnisme

Le rédacteur rappelle au vendeur les dispositions contenues aux premier et troisième alinéas de l'article L. 1334-5 du Code de la santé publique.

« Un état des risques d'accessibilité au plomb est annexé à toute promesse unilatérale de vente ou d'achat, à tout contrat réalisant ou constatant la vente d'un immeuble affecté en tout ou partie à l'habitation construit avant 1948 et situé dans une zone à risque d'exposition au plomb délimitée par le représentant de l'État dans le département. Cet état doit avoir été établi depuis moins d'un an à la date de la promesse de vente ou d'achat ou du contrat susvisé.

Aucune clause d'exonération de la garantie des vices cachés ne peut être stipulée à raison des vices constitués par l'accessibilité au plomb si l'état mentionné au premier alinéa n'est pas annexé aux actes susvisés. »

En conséquence, les parties sont expressément averties que les dispositions du Code de la santé publique telles que relatées ci-dessus ont [▶ ou *n'ont pas*] vocation à s'appliquer aux présentes.

▶ *En cas d'application, ajouter.*

Un état des risques d'accessibilité au plomb établi depuis moins d'un an est annexé aux présentes., établi par …………, en date du …………

Cet état révèle …………

L'acquéreur déclare faire son affaire personnelle de cette situation et renonce en conséquence à tout recours contre le vendeur à ce sujet.

7.3 Lutte contre les termites

Le rédacteur informe les parties des dispositions suivantes relatives à la lutte contre les termites.

La loi nº 99-471 du 8 juin 1999 instaure une impossibilité pour le vendeur d'un immeuble situé dans une zone contaminée, ou susceptible de l'être à court terme, délimitée par arrêté préfectoral de s'exonérer de la garantie des vices cachés résultant de la présence de termites sauf pour lui à remettre à ses frais à l'acquéreur un rapport sur l'état parasitaire de moins de trois mois devant être annexé à l'acte de vente étant observé que l'auteur de ce rapport doit justifier d'une assurance de responsabilité.

Il est précisé qu'à la connaissance des parties, l'immeuble dont il s'agit ne se trouve pas [▶ ou *se trouve*] à ce jour dans une zone délimitée par un arrêté préfectoral comme étant considérée comme contaminée par des foyers de termites ou susceptible de l'être à court terme.

▶ *Ajouter en cas d'arrêté préfectoral.*

Un état parasitaire relatif à la présence de termites dans un immeuble sera effectué, datant de moins de trois mois à la date de la signature de l'acte authentique.

Si l'état se révélait positif, l'acquéreur se réserve le droit de renoncer à la présente vente.

Cet état a été établi le ………… par ………… Cet état révèle …………

L'acquéreur déclare faire son affaire personnelle de cette situation et renonce à tout recours contre le vendeur à ce sujet.

7.4 Absence d'installation de gaz naturel

Conformément aux dispositions de l'article 17 de la loi nº 2003-8 du 3 janvier 2003, la vente d'un bien immobilier à usage d'habitation comportant une installation intérieure de gaz naturel doit être précédée d'un diagnostic de cette installation, diagnostic à annexer à l'acte de vente et devant avoir été établi moins d'un an avant la date de l'acte.

À défaut, le vendeur ne pourra se retrancher derrière la clause d'exonération de garantie prévue à l'article 1643 du Code civil.

Les parties déclarent en tant que de besoin et sous leur seule responsabilité que l'immeuble possède [▶ ou *ne possède pas*] une installation intérieure de gaz naturel.

▶ *En présence d'une telle installation, ajouter.*

Un diagnostique en date du .... établi par ...., est annexé aux présentes.

L'acquéreur déclare faire son affaire personnelle de cette situation et renonce en conséquence à tout recours contre le vendeur à ce sujet.

7.5 Absence de construction ou de rénovation depuis moins de dix ans

Les parties déclarent que le bien objet des présentes n'est pas concerné par les dispositions de la législation sur l'assurance dommages-ouvrage dont le rédacteur des présentes leur a donné parfaite connaissance ainsi qu'elles le reconnaissent, aucune construction ou rénovation concernant l'ensemble immobilier n'ayant été effectuée depuis moins de dix ans.

▶ *Dans le cas contraire, mentionner les coordonnées de la compagnie d'assurance et le numéro du contrat dont le bénéfice est transmis.*

ART. 8 Acte authentique

Les **présentes constituent, dès leur signature, un accord définitif sur la chose et le prix**. L'acte authentique sera établi par M. ...., notaire à .... [▶ *adresse*] avec le concours de M. ...., notaire à ...., que les parties choisissent à cet effet d'un commun accord, et au plus tard le ....

Dans le cas où l'une des parties viendrait à refuser de signer l'acte authentique, elle y sera contrainte par tous les moyens et voies de droit, en supportant les frais de poursuites, de justice, ainsi que tous droits et amendes et devra, en outre, payer à l'autre partie la somme de .... euros, à titre d'indemnité forfaitaire et de clause pénale.

ART. 9 Négociation

Les conditions suspensives une fois levées ou considérées inopérantes, le **présent acte constitue l'engagement des parties** au sens de l'article 6 de la loi du 20 janvier 1970 et des articles 73 et 74 du décret du 20 juillet 1972.

Les parties reconnaissent que les présentes ont été négociées par l'intermédiaire de M. .... En conséquence, le débiteur de la commission, c'est-à-dire M. .... s'engage expressément, à payer conformément au mandat, à M. ...., une rémunération hors taxe de .... euros plus TVA au taux de 19,6 % sur le montant de la rémunération, soit une somme globale de .... euros.

ART. 10 Déclarations

▷ Rayer la mention inutile ou compléter.

Le vendeur déclare :

– que rien dans sa situation juridique ou capacité ne s'oppose à la libre transmission de patrimoine;

– qu'il a la qualité de résident en France;

– être informé des dispositions du Code général des impôts, soumettant à l'impôt les plus values réalisées en cas de vente d'immeubles;

– que le bien a bénéficié de subventions de l'ANAH.

ART. 11 Obligation d'exécution

Dans le cas de décès de l'une ou l'autre des parties avant la signature de l'acte authentique, les héritiers de la partie décédée, fussent-ils mineurs, incapables, interdits ou autrement, seraient également tenus solidairement et indivisiblement entre eux par les présentes conventions.

ART. 12 Rédaction

Le présent engagement a été rédigé en autant d'exemplaires qu'il existe de parties ayant un intérêt distinct, plus un pour l'enregistrement, le cas échéant.

ART. 13 Affirmation de sincérité

Les parties soussignées affirment, sous les peines édictées par l'article 8 de la loi du 18 avril 1918 (art. 1837 du CGI) que le présent engagement exprime l'intégralité du prix convenu.

Fait à ...., le ...., en .... exemplaire(s)

Rayé .... ligne(s), ... mot(s), comme nul(s).

▷ Faire précéder chaque signature de la mention.

Le vendeur	L'acheteur
« Lu et approuvé. Bon pour accord. »	« Lu et approuvé. Bon pour accord. »

Mention manuscrite à reproduire par les acquéreurs (C. consom., art. 312-17) : « Je reconnais avoir été informé que si, contrairement aux indications portées aux présentes, j'ai besoin de recourir néanmoins à un prêt, je ne pourrai me prévaloir du statut protecteur institué par la loi du 13 juillet 1979 insérée dans le Code de la consommation. » ■

3112

@ à télécharger

Vente d'immeuble sous condition suspensive avec le concours d'un prêt immobilier

Entre les soussignés,

M. ....

intervenant aux présentes sous la dénomination « le vendeur », d'une part.

Et,

M. ....

intervenant aux présentes sous la dénomination « l'acquéreur », d'autre part.

En présence et avec le concours de M. ...., exerçant l'activité d'agent immobilier à .... [▶ *adresse*], titulaire de la carte professionnelle n° .... délivrée par la Préfecture de .... et garanti financièrement par .... [▶ *nom et adresse du garant*] pour un montant de .... euros.

IL A ÉTÉ FAIT ET CONVENU CE QUI SUIT :

Le vendeur, en s'obligeant à toutes les garanties ordinaires et de droit, VEND à l'acquéreur, qui l'accepte, mais sous les conditions suspensives ci-après exprimées, l'immeuble dont la désignation suit.

*ARTICLE 1ER* Désignation

....

....

Tel au surplus que ledit immeuble existe et se comporte en son état actuel avec toutes ses dépendances, sans aucune exception ni réserve.

L'acquéreur déclare bien le connaître, pour l'avoir vu et visité et dispense le vendeur d'une plus ample désignation.

▶ *Ajouter la mention obligatoire de superficie suivante pour les lots en copropriété.*

Conformément aux dispositions de la loi n° 96-1107 du 18 décembre 1996 intégrées dans l'article 46 de la loi du 10 juillet 1965 ci-après plus amplement relaté, il est ici indiqué la superficie de la partie privative des biens objets des présentes, soumis à ladite loi ainsi qu'à ses textes subséquents, savoir :

Lot n° ...., ... m^2,

Ainsi qu'il résulte de l'attestation et des plans délivrés par M. ...., à ....

ART. 2 Origine de propriété

Le vendeur est propriétaire de l'immeuble objet des présentes pour l'avoir :

– ....

ART. 3 Propriété et jouissance

Le transfert de propriété s'opérera à compter de la signature de l'acte notarié à intervenir et l'acquéreur en aura la jouissance à compter du .... par la prise de possession réelle ou par la perception des loyers. À ce sujet, il est précisé que : ....

ART. 4 **Conditions**

La présente vente est consentie et acceptée aux charges et conditions ordinaires et de droit, et plus spécialement aux conditions suivantes :

4.1 L'acquéreur prendra l'immeuble vendu dans l'état où il se trouve le jour de l'entrée en jouissance et renonce à tout recours contre le vendeur pour quelque cause que ce soit, en ce compris les vices cachés pouvant affectés le bien vendu.

4.2 L'acquéreur souffrira les servitudes passives, apparentes ou non apparentes, continues ou discontinues, pouvant grever le fonds vendu : il profitera des servitudes actives, s'il en existe. Il ne pourra exercer aucun recours contre le vendeur du chef des servitudes, droit de mitoyenneté ou autres, éventuellement invoquées par des tiers.

4.3 L'acquéreur paiera, à compter du jour de l'entrée en jouissance, les impositions et charges de toute nature auxquelles l'immeuble est ou sera assujetti, de telle façon que la responsabilité du vendeur ne puisse pas être recherchée à ce sujet.

4.4 L'acquéreur fera son affaire personnelle, à compter de la même date, des polices d'assurance souscrites par le vendeur, soit qu'il prenne la suite, soit qu'il en demande la résiliation si elle est possible. Il acquittera à compter de la même date, les primes afférentes à ces polices, de telle façon que la responsabilité du vendeur ne puisse pas être recherchée à ce sujet.

4.5 L'acquéreur supportera également les taxes dues éventuellement à l'ANAH.

4.6 L'acquéreur paiera enfin tous les frais, droits et honoraires des présentes et ceux qui résulteront de l'acte authentique à intervenir, ainsi que tous ceux qui en seront la suite ou la conséquence.

4.7 Si les biens vendus sont en copropriété, l'acquéreur aura à sa charge tous les travaux votés à compter du ...., les travaux antérieurs restant à la charge du vendeur.

ART. 5 **Prix**

La présente vente est consentie et acceptée, sous les réserves ci-après, moyennant le prix principal de .... euros, payable comptant lors de la signature de l'acte authentique, lequel sera financé de la manière suivante :

– des deniers de l'acquéreur à concurrence de ....

– au moyen d'un prêt à concurrence de ....

5.1 Sur cette somme, l'acquéreur a versé entre les mains de M. .... agent immobilier, que les parties choisissent comme séquestre, et qui accepte, le montant de .... euros en chèque n° .... tiré sur .... établi à l'ordre de la banque .... ▶ *indiquer les coordonnées de l'établissement de crédit*] où se trouve ouvert le compte prévu par l'article 55 du décret du 20 juillet 1972, sous le n° .... dont reçu a été remis aux parties qui le reconnaissent.

5.2 Cette somme tiendra lieu d'acompte, si la vente se réalise. Quant au solde, il sera payé de la manière suivante :

....

....

ART. 6 **Conditions suspensives**

La présente vente est soumise aux conditions suspensives suivantes :

– que le certificat d'urbanisme ne révèle aucune servitude ou emprise administrative qui soit de nature à compromettre gravement les droits de l'acquéreur :

– que les biens objets de la présente ne se trouvent grevés, au jour de la réalisation, d'aucune inscription ou privilège dont le montant total serait supérieur au prix de vente convenu,

– que le bénéficiaire obtienne, dans le délai de .... à compter de l'enregistrement de la présente promesse .... prêt(s) d'un montant total de .... euros, remboursable en .... années au taux maximum de ...... % l'an.

En conséquence, il s'engage à déposer son dossier auprès des organismes financiers de son choix .... dans un délai de dix jours à compter des présentes.

Il devra justifier auprès du promettant et du séquestre, du dépôt de son ou ses dossiers, de l'obtention ou de la non-obtention de l'offre de prêt, dans le délai et les conditions stipulés ci-dessus.

Si par suite d'une remise tardive de l'offre de prêt par l'organisme prêteur la fin du délai coïncide avec le délai de réflexion de dix jours accordé par l'article L. 312-10 du Code de la consommation à l'emprunteur, ladite condition suspensive serait prorogée automatiquement de quinze jours, à charge par l'emprunteur de justifier la date tardive de réception de l'offre de prêt.

Cependant, le délai de la condition suspensive déterminé plus haut pourrait être prorogé conventionnellement sur demande expresse de l'acquéreur et acceptée par écrit par le promettant.

Dans le cas où l'obtention du prêt ne serait pas intervenue dans les délais de la condition suspensive, sans qu'il y ait faute des parties, la présente promesse de vente serait considérée comme nulle et non avenue, sans qu'il soit nécessaire de sommation ou de mise en demeure.

L'indemnité d'immobilisation versée sera immédiatement restituée à l'acquéreur.

Chacune des parties reprendra alors son entière liberté, sans indemnité de part, ni d'autre.

Par contre, si la non-obtention de l'offre de prêt résultait du défaut de dépôt du dossier de prêt auprès des organismes désignés ou en cas de refus de l'offre d'un prêt correspondant aux caractéristiques de la demande, le promettant se réserve le droit de demander au tribunal de déclarer la condition suspensive de prêt non écrite, avec attribution de dommages-intérêts pour le préjudice subi du fait de l'immobilisation de son bien. Dans cette éventualité, le bénéficiaire devra également indemniser l'agent immobilier du préjudice que celui-ci subit par sa faute.

L'agent immobilier pourra proposer à l'acquéreur son concours pour la recherche d'un financement et pourra à cette occasion recevoir une rémunération du préteur représentant 1 % du montant du prêt obtenu.

ART. 7 Situation de l'immeuble au regard de la réglementation

Date de construction de l'immeuble : ....

7.1 Réglementation sur l'amiante

▶ *Information de l'acquéreur.*

L'article L. 1334-7 premier alinéa du Code de la santé publique commande au vendeur de faire établir un état constatant la présence ou l'absence de matériaux ou produits de construction contenant de l'amiante, état à annexer à l'avant-contrat et à la vente.

En l'absence d'un tel état annexé tant à l'avant-contrat qu'à la vente, ces deux conditions étant cumulatives dans la mesure où un avant-contrat a été établi, l'article L. 1334-7 susvisé dispose dans son deuxième alinéa que le vendeur ne peut s'exonérer de la garantie des vices cachés à raison des vices constitués par la présence d'amiante dans les éléments de construction tels qu'ils figurent en annexe des décrets susvisés.

▷ Ne remplir que dans l'hypothèse où le permis de construire de l'immeuble vendu a été délivré avant le 1er juillet 1997.

Cet état s'impose à tous les bâtiments dont le permis de construire a été délivré avant le 1er juillet 1997.

Le vendeur déclare que l'immeuble dont il s'agit a fait l'objet d'un permis de construire délivré antérieurement au 1er juillet 1997.

Par suite, les dispositions susvisées ont vocation à s'appliquer aux présentes.

Un constat établi par ...., titulaire d'une assurance responsabilité civile professionnelle, le ...., est demeuré ci-joint et annexé après mention.

Étant précisé que depuis le 1er janvier 2003, les contrôleurs et techniciens de la construction qui effectuent des missions de repérage et de diagnostic de l'état de conservation des matériaux et produits contenant de l'amiante doivent avoir obtenu une attestation de compétence. Une copie de ladite attestation de compétence est demeurée ci-annexée.

En conséquence, les parties sont expressément averties que les dispositions du deuxième alinéa de l'article L. 1334-7 du Code de la santé publique telles que relatées ci-dessus ont vocation à s'appliquer aux présentes.

Ce constat révèle ....

▶ *Ajouter pour les immeubles en copropriété.*

La fiche technique récapitulative du dossier technique amiante établie pour les parties communes, annexée ci-après, révèle ....

L'acquéreur déclare faire son affaire personnelle de cette situation et renonce en conséquence à tout recours contre le vendeur à ce sujet.

7.2 Lutte contre le saturnisme

Le rédacteur rappelle au vendeur les dispositions contenues aux premier et troisième alinéas de l'article L. 1334-5 du Code de la santé publique.

« Un état des risques d'accessibilité au plomb est annexé à toute promesse unilatérale de vente ou d'achat, à tout contrat réalisant ou constatant la vente d'un immeuble affecté en tout ou partie à l'habitation construit avant 1948 et situé dans une zone à risque d'exposition au plomb délimitée par le représentant de l'État dans le département. Cet état doit avoir été établi depuis moins d'un an à la date de la promesse de vente ou d'achat ou du contrat susvisé.

Aucune clause d'exonération de la garantie des vices cachés ne peut être stipulée à raison des vices constitués par l'accessibilité au plomb si l'état mentionné au premier alinéa n'est pas annexé aux actes susvisés. »

En conséquence, les parties sont expressément averties que les dispositions du Code de la santé publique telles que relatées ci-dessus ont [▶ ou *n'ont pas*] vocation à s'appliquer aux présentes.

▶ *En cas d'application, ajouter.*

Un état des risques d'accessibilité au plomb établi depuis moins d'un an est annexé aux présentes., établi par ...., en date du ....

Cet état révèle ....

L'acquéreur déclare faire son affaire personnelle de cette situation et renonce en conséquence à tout recours contre le vendeur à ce sujet.

7.3 Lutte contre les termites

Le rédacteur informe les parties des dispositions suivantes relatives à la lutte contre les termites.

La loi n° 99-471 du 8 juin 1999 instaure une impossibilité pour le vendeur d'un immeuble situé dans une zone contaminée, ou susceptible de l'être à court terme, délimitée par arrêté préfectoral de s'exonérer de la garantie des vices cachés résultant de la présence de termites sauf pour lui à remettre à ses frais à l'acquéreur un rapport sur l'état parasitaire de moins de trois mois devant être annexé à l'acte de vente étant observé que l'auteur de ce rapport doit justifier d'une assurance de responsabilité.

Il est précisé qu'à la connaissance des parties, l'immeuble dont il s'agit ne se trouve pas [▶ ou *se trouve*] à ce jour dans une zone délimitée par un arrêté préfectoral comme étant considérée comme contaminée par des foyers de termites ou susceptible de l'être à court terme.

▶ *Ajouter en cas d'arrêté préfectoral.*

Un état parasitaire relatif à la présence de termites dans un immeuble sera effectué, datant de moins de trois mois à la date de la signature de l'acte authentique.

Si l'état se révélait positif, l'acquéreur se réserve le droit de renoncer à la présente vente.

Cet état a été établi le .... par .... Cet état révèle ....

L'acquéreur déclare faire son affaire personnelle de cette situation et renonce à tout recours contre le vendeur à ce sujet.

7.4 Absence d'installation de gaz naturel

Conformément aux dispositions de l'article 17 de la loi n° 2003-8 du 3 janvier 2003, la vente d'un bien immobilier à usage d'habitation comportant une installation intérieure de gaz naturel doit être précédée d'un diagnostic de cette installation, diagnostic à annexer à l'acte de vente et devant avoir été établi moins d'un an avant la date de l'acte.

À défaut, le vendeur ne pourra se retrancher derrière la clause d'exonération de garantie prévue à l'article 1643 du Code civil.

Les parties déclarent en tant que de besoin et sous leur seule responsabilité que l'immeuble possède [▶ ou *ne possède pas*] une installation intérieure de gaz naturel.

▶ *En présence d'une telle installation, ajouter.*

Un diagnostique en date du .... établi par ...., est annexé aux présentes.

L'acquéreur déclare faire son affaire personnelle de cette situation et renonce en conséquence à tout recours contre le vendeur à ce sujet.

7.5 Absence de construction ou de rénovation depuis moins de dix ans

Les parties déclarent que le bien objet des présentes n'est pas concerné par les dispositions de la législation sur l'assurance dommages-ouvrage dont le rédacteur des présentes leur a donné parfaite connaissance ainsi qu'elles le reconnaissent, aucune construction ou rénovation concernant l'ensemble immobilier n'ayant été effectuée depuis moins de dix ans.

▶ *Dans le cas contraire, mentionner les coordonnées de la compagnie d'assurance et le numéro du contrat dont le bénéfice est transmis.*

ART. 8 Acte authentique

Les **présentes constituent, dès leur signature, un accord définitif sur la chose et le prix.** L'acte authentique sera établi par M. ...., notaire à .... [▶ *adresse*] avec le concours de M. ...., notaire à ...., que les parties choisissent à cet effet d'un commun accord, et au plus tard le ....

Dans le cas où l'une des parties viendrait à refuser de signer l'acte authentique, elle y sera contrainte par tous les moyens et voies de droit, en supportant les frais de poursuites, de justice, ainsi que tous droits et amendes et devra, en outre, payer à l'autre partie la somme de .... euros, à titre d'indemnité forfaitaire et de clause pénale.

ART. 9 Négociation

Les conditions suspensives une fois levées ou considérées inopérantes, le **présent acte constitue l'engagement des parties** au sens de l'article 6 de la loi du 20 janvier 1970 et des articles 73 et 74 du décret du 20 juillet 1972.

Les parties reconnaissent que les présentes ont été négociées par l'intermédiaire de M. .... En conséquence, le débiteur de la commission, c'est-à-dire M. .... s'engage expressément, à payer conformément au mandat, à M. ...., une rémunération hors taxe de .... euros plus TVA au taux de 19,6 % sur le montant de la rémunération, soit une somme globale de .... euros.

ART. 10 Déclarations

▷ Rayer la mention inutile ou compléter.

Le vendeur déclare :

- que rien dans sa situation juridique ou capacité ne s'oppose à la libre transmission de patrimoine;
- qu'il a la qualité de résident en France;
- être informé des dispositions du Code général des impôts, soumettant à l'impôt les plus values réalisées en cas de vente d'immeubles;
- que le bien a bénéficié de subventions de l'ANAH.

ART. 11 Obligation d'exécution

Dans le cas de décès de l'une ou l'autre des parties avant la signature de l'acte authentique, les héritiers de la partie décédée, fussent-ils mineurs, incapables, interdits ou autrement, seraient également tenus solidairement et indivisiblement entre eux par les présentes conventions.

ART. 12 Rédaction

Le présent engagement a été rédigé en autant d'exemplaires qu'il existe de parties ayant un intérêt distinct, plus un pour l'enregistrement, le cas échéant.

ART. 13 Affirmation de sincérité

Les parties soussignées affirment, sous les peines édictées par l'article 8 de la loi du 18 avril 1918 (art. 1837 du CGI) que le présent engagement exprime l'intégralité du prix convenu.

Fait à ...., le ...., en .... exemplaire(s)

Rayé .... ligne(s), ... mot(s), comme nul(s).

▷ Faire précéder chaque signature de la mention.

Le vendeur	L'acheteur
« Lu et approuvé. Bon pour accord ».	« Lu et approuvé. Bon pour accord ». ■

3113

Promesse unilatérale de vente de biens immobiliers en copropriété sans le concours d'un prêt immobilier

@ à télécharger

Entre les soussignés,

M. ...., dénommé(s) aux présentes sous le nom « le promettant »,

M. ...., dénommé(s) aux présentes sous le nom « le bénéficiaire »,

Et M. ...., dénommé(s) aux présentes sous le nom « l'agent immobilier ».

IL A ÉTÉ CONVENU CE QUI SUIT :

Le promettant, en s'obligeant et en obligeant ses héritiers, co-indivisaires, ayant-droits solidairement tenus entre eux, fussent-ils mineurs ou incapables, et en tant que de besoin, en se portant fort de leur acceptation, ou s'il y a lieu, de celle de leur représentant légal, PROMET de vendre au bénéficiaire, dans le délai et aux conditions indiqués ci-après, les biens et droits immobiliers, dont la désignation suit. Le bénéficiaire accepte la faculté qui lui est offerte, mais ne prend, quant à présent, aucun engagement d'acquérir.

ARTICLE 1ER Désignation

....

....

Tels que lesdits biens et droits immobiliers existent, s'étendent et se poursuivent et comportent, avec toutes circonstances et dépendances, sans aucune exception ni réserve, le bénéficiaire déclarant parfaitement les connaître.

► *Ajouter la mention obligatoire de superficie suivante pour les lots en copropriété*

Conformément aux dispositions de la loi n° 96-1107 du 18 décembre 1996 intégrées dans l'article 46 de la loi du 10 juillet 1965 ci-après plus amplement relaté, il est ici indiqué la superficie de la partie privative des biens objets des présentes, soumis à ladite loi ainsi qu'à ses textes subséquents, savoir :

Lot n° ...., ... m^2,

Ainsi qu'il résulte de l'attestation et des plans délivrés par M. ...., à ....

ART. 2 Origine de propriété

Le promettant déclare que les biens et droits immobiliers lui appartiennent pour les avoir acquis de ....

ART. 3 Propriété, jouissance

Le bénéficiaire sera propriétaire à compter du jour de la signature de l'acte authentique de vente : l'entrée en jouissance aura lieu à compter du .... par la prise de possession réelle ou par la perception des loyers.

À ce sujet, il est précisé que ....

ART. 4 Conditions de la vente éventuelle

La vente, en cas de réalisation définitive, aura lieu aux charges et conditions ordinaires et de droit en pareille matière, et notamment sous celles suivantes, auxquelles le bénéficiaire de la présente promesse devra se soumettre, savoir :

– il sera subrogé dans tous les droits et obligations du promettant;

– il prendra les biens et droits vendus, en l'état, bon ou mauvais, où ils se trouveront lors de l'entrée en jouissance et renonce à tout recours contre le vendeur pour quelque cause que ce soit, en ce compris les vices cachés pouvant affectés le bien vendu;

– il supportera les servitudes passives et profitera de celles actives, le tout s'il en existe, à ses risques et périls, sans recours contre le promettant.

À ce sujet, ce dernier déclare expressément que, personnellement, il n'a créé aucune servitude et qu'à sa connaissance, il n'en existe pas d'autres que celles qui peuvent résulter de la situation naturelle des lieux, des titres et pièces en sa possession;

– il acquittera, à compter de l'entrée en jouissance, les impôts, contributions et charges de toute nature, auxquels les biens en question peuvent et pourront être assujettis. Il fera son affaire personnelle de la continuation ou de la résiliation de toutes polices d'assurances contractées par le promettant;

– pour le cas où la vente serait soumise à un droit de préemption locatif ou administratif, le promettant s'engage à notifier sans délai avec le concours de son notaire, soit un congé avec offre de vente au locataire, soit une DIA à la personne publique bénéficiaire d'un droit de préemption.

ART. 5 **Travaux**

En ce qui concerne les travaux exécutés et non payés, ceux-ci demeurent à la charge du promettant.

Pour les travaux ayant fait l'objet d'une décision en assemblée générale et non encore exécutés, les parties conviennent qu'ils seront à la charge de M. ....

ART. 6 **Prix**

La vente, si elle se réalise, aura lieu moyennant le prix principal de .... euros que le bénéficiaire s'engage à payer comptant le jour de la signature de l'acte authentique de vente. Le bénéficiaire devra payer au plus tard le jour de la signature de l'acte authentique de vente, le prix de vente, les frais, droits et honoraires de l'acte authentique. Le montant lui en sera indiqué par le notaire. À défaut, le transfert de propriété ne pourra s'effectuer malgré la demande de réalisation.

ART. 7 **Indemnité d'immobilisation**

En conséquence de la présente promesse de vente et à titre d'indemnité forfaitaire pour l'immobilisation en résultant au préjudice du promettant, le bénéficiaire a versé ce jour la somme de .... euros.

Elle sera acquise au promettant si la vente ne se réalise pas pour une cause quelconque imputable au bénéficiaire, dans les délais et conditions convenus. Par contre, elle s'imputera sur le prix de vente, en cas de réalisation.

Le promettant, dont l'engagement résultant des présentes est ferme et définitif, ne pourra en aucun cas se refuser à réaliser la vente en se prévalant de l'article 1590 du Code civil, en restituant le double de la somme versée à titre de garantie.

ART. 8 **Constitution de séquestre**

D'un commun accord, les soussignés sont convenus de remettre ladite indemnité d'immobilisation de .... euros à M. .... agent immobilier désigné comme **séquestre** ; cette somme s'imputant sur le prix en cas de réalisation ou revenant au promettant en cas de non réalisation du fait du bénéficiaire.

Le séquestre sera déchargé de cette mission, par l'accord des parties qui précisera la destination des fonds, ou, à défaut, par décision de justice.

M. .... agent immobilier à .... [▶ *adresse*] déclare :

– qu'il exerce son activité d'agent immobilier à l'adresse sus-indiquée;

– qu'il est garanti par .... [▶ *nom et adresse du garant*] pour un montant de .... euros;

– qu'il est titulaire :

– de la carte professionnelle portant le n° .... qui lui a été délivrée le .... par ....;

– du mandat n° ....;

– qu'il accepte la mission de **séquestre** et reconnaît avoir reçu du bénéficiaire le montant de l'indemnité d'immobilisation, sous forme d'un chèque n° .... sur .... [▶ *indiquer les coordonnées de l'établissement de crédit*] en date du .... établi à l'ordre de .... pour être porté sur son compte « garantie » n° .... ouvert à .... dont le bénéficiaire reconnaît avoir en sa possession le reçu n° .... dont le duplicata a été remis au promettant qui le reconnaît et en donne décharge.

ART. 9 **Rémunération**

Les parties soussignées reconnaissent formellement que M. .... agent immobilier, les a mis en présence, a négocié les termes, prix et conditions des accords qu'elles ont contractés et a rédigé les présentes.

En conséquence la partie qui en a la seule charge, c'est-à-dire M. .... s'engage expressément à payer, conformément au mandat, à M. .... une rémunération hors taxe de .... euros, plus TVA au taux de ...... % sur le montant de la rémunération, soit au total une somme de .... euros, le jour où l'opération sera définitivement conclue selon l'article 6 de la loi du 2 janvier 1970, n° 70-9 et l'article 74 du décret n° 72-678 du 20 juillet 1972.

ART. 10 **Déclarations**

▷ Rayer les mentions inutiles.

Le promettant déclare :

– qu'il est né ainsi qu'il a été dit en tête des présentes;

– que rien dans sa situation juridique ou sa capacité civile ne s'oppose à la libre transmission du patrimoine dont il s'agit;

– qu'aucune opération d'expropriation n'a été portée à sa connaissance;

– que les biens dont il s'agit seront transmis exempts de toute inscription ou privilège et qu'il s'oblige en tant que de besoin, à rapporter mainlevée et radiation ou à fournir un état négatif;

– que pendant toute la durée des présentes, il s'interdit de conférer aucun droit réel ni personnel, ni charge quelconque sur les biens à vendre, de consentir aucun bail, location ou prorogation de bail, comme aussi d'y apporter aucun changement si ce n'est avec le consentement du bénéficiaire;

– que le bien a bénéficié de subventions de l'ANAH.

Le bénéficiaire déclare qu'il a les capacités juridiques et financières permettant de réaliser les présentes.

ART. 11 **Conditions suspensives**

La présente promesse est soumise aux conditions suspensives suivantes :

– que le certificat d'urbanisme ne révèle aucune servitude ou emprise administrative qui soit de nature à compromettre gravement les droits du bénéficiaire de la promesse;

– que les biens objet de la présente ne se trouvent grevés, au jour de la réalisation, d'aucune inscription ou privilège qui soit d'un montant supérieur au prix de vente convenu.

ART. 12 **Levée d'option**

12.1 Le bénéficiaire ne lève pas l'option : il devra faire connaître son intention de ne pas acquérir par lettre recommandée avec AR à l'agent immobilier, au plus tard le ....

12.2 Le bénéficiaire lève l'option : il s'oblige, dans le même délai, à porter cette acceptation avec signatures sur la présente convention.

Ce délai écoulé, sans que le bénéficiaire ait manifesté l'intention de profiter des présentes et d'acquérir les biens sus-désignés, le promettant sera délié de tout engagement du seul fait de l'expiration de ce délai, sans qu'il soit besoin pour lui de faire aucune sommation ni de remplir aucune formalité judiciaire et pourra prétendre au bénéfice de l'indemnité d'immobilisation.

Il reste entendu que la levée d'option n'emporte pas transfert de propriété à défaut de paiement du prix comme ci-dessus indiqué.

ART. 13 **Acte authentique**

L'acte sera reçu par M. ...., notaire à .... [▶ *adresse*] avec le concours de M. ...., notaire à .... au plus tard dans les quinze jours de la demande de réalisation.

Les soussignés s'obligent à fournir à première réquisition du notaire rédacteur du contrat, toutes pièces, documents et justifications nécessaires à l'établissement de l'acte authentique de vente.

ART. 14 **Situation de l'immeuble au regard de la réglementation**

Date de construction de l'immeuble : ....

▷ Ne remplir que dans l'hypothèse où le permis de construire de l'immeuble vendu a été délivré avant le 1er juillet 1997.

14.1 Réglementation sur l'amiante

▶ *Information de l'acquéreur.*

L'article L. 1334-7 premier alinéa du Code de la santé publique commande au vendeur de faire établir un état constatant la présence ou l'absence de matériaux ou produits de construction contenant de l'amiante, état à annexer à l'avant-contrat et à la vente.

En l'absence d'un tel état annexé tant à l'avant-contrat qu'à la vente, ces deux conditions étant cumulatives dans la mesure où un avant-contrat a été établi, l'article L. 1334-7 susvisé dispose dans son deuxième alinéa que le vendeur ne peut s'exonérer de la garantie des vices cachés à raison des vices constitués par la présence d'amiante dans les éléments de construction tels qu'ils figurent en annexe des décrets susvisés.

Cet état s'impose à tous les bâtiments dont le permis de construire a été délivré avant le 1er juillet 1997.

Le vendeur déclare que l'immeuble dont il s'agit a fait l'objet d'un permis de construire délivré antérieurement au 1er juillet 1997.

Par suite, les dispositions susvisées ont vocation à s'appliquer aux présentes.

Un constat établi par …………, titulaire d'une assurance responsabilité civile professionnelle, le …………, est demeuré ci-joint et annexé après mention.

Étant précisé que depuis le 1er janvier 2003, les contrôleurs et techniciens de la construction qui effectuent des missions de repérage et de diagnostic de l'état de conservation des matériaux et produits contenant de l'amiante doivent avoir obtenu une attestation de compétence. Une copie de ladite attestation de compétence est demeurée ci-annexée.

En conséquence, les parties sont expressément averties que les dispositions du deuxième alinéa de l'article L. 1334-7 du Code de la santé publique telles que relatées ci-dessus ont vocation à s'appliquer aux présentes.

Ce constat révèle …………

▶ *Ajouter pour les immeubles en copropriété.*

La fiche technique récapitulative du dossier technique amiante établie pour les parties communes, annexée ci-après, révèle …………

L'acquéreur déclare faire son affaire personnelle de cette situation et renonce en conséquence à tout recours contre le vendeur à ce sujet.

14.2 Lutte contre le saturnisme

Le rédacteur rappelle au vendeur les dispositions contenues aux premier et troisième alinéas de l'article L. 1334-5 du Code de la santé publique

« Un état des risques d'accessibilité au plomb est annexé à toute promesse unilatérale de vente ou d'achat, à tout contrat réalisant ou constatant la vente d'un immeuble affecté en tout ou partie à l'habitation construit avant 1948 et situé dans une zone à risque d'exposition au plomb délimitée par le représentant de l'État dans le département. Cet état doit avoir été établi depuis moins d'un an à la date de la promesse de vente ou d'achat ou du contrat susvisé.

Aucune clause d'exonération de la garantie des vices cachés ne peut être stipulée à raison des vices constitués par l'accessibilité au plomb si l'état mentionné au premier alinéa n'est pas annexé aux actes susvisés. »

En conséquence, les parties sont expressément averties que les dispositions du Code de la santé publique telles que relatées ci-dessus ont [▶ ou *n'ont pas*] vocation à s'appliquer aux présentes.

▶ *En cas d'application, ajouter.*

Un état des risques d'accessibilité au plomb établi depuis moins d'un an est annexé aux présentes, établi par …………, en date du …………

Cet état révèle …………

L'acquéreur déclare faire son affaire personnelle de cette situation et renonce en conséquence à tout recours contre le vendeur à ce sujet.

14.3 Lutte contre les termites

Le rédacteur informe les parties des dispositions suivantes relatives à la lutte contre les termites.

La loi no 99-471 du 8 juin 1999 instaure une impossibilité pour le vendeur d'un immeuble situé dans une zone contaminée, ou susceptible de l'être à court terme, délimitée par arrêté préfectoral de s'exonérer de la garantie des vices cachés résultant de la présence de termites sauf pour lui à remettre à ses frais à l'acquéreur un rapport sur l'état parasitaire de moins de trois mois devant être annexé à l'acte de vente étant observé que l'auteur de ce rapport doit justifier d'une assurance de responsabilité.

Il est précisé qu'à la connaissance des parties, l'immeuble dont il s'agit ne se trouve pas [▶ ou *se trouve*] à ce jour dans une zone délimitée par un arrêté préfectoral comme étant considérée comme contaminée par des foyers de termites ou susceptible de l'être à court terme.

▶ *Ajouter en cas d'arrêté préfectoral.*

Un état parasitaire relatif à la présence de termites dans un immeuble sera effectué, datant de moins de trois mois à la date de la signature de l'acte authentique.

Si l'état se révélait positif, l'acquéreur se réserve le droit de renoncer à la présente vente.

Cet état a été établi le .... par .... Cet état révèle ....

L'acquéreur déclare faire son affaire personnelle de cette situation et renonce à tout recours contre le vendeur à ce sujet.

14.4 Absence d'installation de gaz naturel

Conformément aux dispositions de l'article 17 de la loi n° 2003-8 du 3 janvier 2003, la vente d'un bien immobilier à usage d'habitation comportant une installation intérieure de gaz naturel doit être précédée d'un diagnostic de cette installation, diagnostic à annexer à l'acte de vente et devant avoir été établi moins d'un an avant la date de l'acte.

À défaut, le vendeur ne pourra se retrancher derrière la clause d'exonération de garantie prévue à l'article 1643 du Code civil.

Les parties déclarent en tant que de besoin et sous leur seule responsabilité que l'immeuble possède [▶ ou *ne possède pas*] une installation intérieure de gaz naturel.

▶ *En présence d'une telle installation, ajouter.*

Un diagnostique en date du .... établi par ...., est annexé aux présentes.

L'acquéreur déclare faire son affaire personnelle de cette situation et renonce en conséquence à tout recours contre le vendeur à ce sujet.

14.5 Absence de construction ou de rénovation depuis moins de dix ans

Les parties déclarent que le bien objet des présentes n'est pas concerné par les dispositions de la législation sur l'assurance dommages-ouvrage dont le rédacteur des présentes leur a donné parfaite connaissance ainsi qu'elles le reconnaissent, aucune construction ou rénovation concernant l'ensemble immobilier n'ayant été effectuée depuis moins de dix ans.

▶ *Dans le cas contraire, mentionner les coordonnées de la compagnie d'assurance et le numéro du contrat dont le bénéfice est transmis.*

ART. 15 **Intervention**

Aux présentes, intervient M. .... [▶ ou *Mme*] .... époux [▶ ou *épouse*] du promettant, lequel, après avoir pris connaissance des présentes, déclare :

- les avoir pour agréables;
- renoncer aux dispositions de l'article 215 du Code civil;
- s'interdire d'inscrire hypothèque légale ou acquiescer à en donner main levée.

ART. 16 **Enregistrement**

L'enregistrement des présentes, requis au droit fixe, sera effectué dans les dix jours de la signature du bénéficiaire à la diligence de l'agent immobilier, aux frais du bénéficiaire.

ART. 17 **Domicile**

Pour l'exécution des présentes et de leurs suites, les soussignés font élection de domicile en leur demeure respective indiquée en tête des présentes et s'obligent à dénoncer tout changement d'adresse ou de domicile.

Fait à ...., le ...., en .... exemplaire(s)

Coût de l'enregistrement : .... euros.

Timbres : .... euros.

Rayé .... ligne(s), ... mot(s), comme nul(s).

▷ Faire précéder chaque signature de la mention.

Le promettant
« Lu et approuvé. Bon pour accord. »

Le bénéficiaire
« Lu et approuvé. Bon pour accord. »

Mention manuscrite à reproduire par les acquéreurs (C. consom., art. 312-17) : « Je reconnais avoir été informé que si, contrairement aux indications portées aux présentes, j'ai besoin de recourir néanmoins à un prêt, je ne pourrai me prévaloir du statut protecteur institué par la loi du 13 juillet 1979 insérée dans le Code de la consommation. » ■

3114

@ à télécharger

Promesse unilatérale de vente de biens immobiliers en copropriété. Financement issu d'un ou de plusieurs prêts immobiliers

Entre les soussignés,

M. .... , dénommé(s) aux présentes sous le nom « le promettant »

M. ...., dénommé(s) aux présentes sous le nom « le bénéficiaire »

Et M. ...., dénommé(s) aux présentes sous le nom « l'agent immobilier »

IL A ÉTÉ CONVENU CE QUI SUIT :

Le promettant, en s'obligeant et en obligeant ses héritiers, co-indivisaires, ayants droits solidairement entre eux, fussent-ils mineurs ou incapables, et en tant que de besoin, en se portant fort de leur acceptation, ou s'il y a lieu, de celle de leur représentant légal, PROMET de vendre au bénéficiaire, dans le délai et dans les conditions indiqués ci-après, les biens et droits immobiliers, dont la désignation suit. Le bénéficiaire accepte la faculté qui lui est offerte, mais ne prend, quant à présent, aucun engagement d'acquérir.

ARTICLE 1ER Désignation

....

....

Tels que lesdits biens et droits immobiliers existent, s'étendent et se poursuivent et comportent, avec toutes circonstances et dépendances, sans aucune exception ni réserve, le bénéficiaire déclarant parfaitement les connaître.

▶ *Ajouter la mention obligatoire de superficie suivante pour les lots en copropriété.*

Conformément aux dispositions de la loi n° 96-1107 du 18 décembre 1996 intégrées dans l'article 46 de la loi du 10 juillet 1965 ci-après plus amplement relaté, il est ici indiqué la superficie de la partie privative des biens objets des présentes, soumis à ladite loi ainsi qu'à ses textes subséquents, savoir :

Lot n° ...., ... m²,

Ainsi qu'il résulte de l'attestation et des plans délivrés par M. ...., à ....

ART. 2 Origine de propriété

Le promettant déclare que les biens et droits immobiliers lui appartiennent pour les avoir acquis de ....

ART. 3 Propriété, jouissance

Le bénéficiaire sera propriétaire à compter du jour de la signature de l'acte authentique de vente : l'entrée en jouissance aura lieu à compter du .... par la prise de possession réelle ou par la perception des loyers.

À ce sujet, il est précisé que ....

ART. 4 Conditions de la vente éventuelle

La vente, en cas de réalisation définitive, aura lieu aux charges et conditions ordinaires et de droit en pareille matière, et notamment sous celles suivantes, auxquelles le bénéficiaire de la présente promesse devra se soumettre, savoir :

– il sera subrogé dans tous les droits et obligations du promettant;

– il prendra les biens et droits vendus, en l'état, bon ou mauvais, où ils se trouveront lors de l'entrée en jouissance et renonce à tout recours contre le vendeur pour quelque cause que ce soit, en ce compris les vices cachés pouvant affectés le bien vendu;

– il supportera les servitudes passives et profitera de celles actives, le tout s'il en existe, à ses risques et périls, sans recours contre le promettant.

À ce sujet, ce dernier déclare expressément que, personnellement, il n'a créé aucune servitude et qu'à sa connaissance, il n'en existe pas d'autres que celles qui peuvent résulter de la situation naturelle des lieux, des titres et pièces en sa possession.

– il acquittera, à compter de l'entrée en jouissance, les impôts, contributions et charges de toute nature, auxquels les biens en question peuvent et pourront être assujettis. Il fera son affaire personnelle de la continuation ou de la résiliation de toutes polices d'assurances contractées par le promettant;

– pour le cas où la vente serait soumise à un droit de préemption locatif ou administratif, le promettant s'engage à notifier sans délai avec le concours de son notaire, soit un congé avec offre de vente au locataire, soit une DIA à la personne publique bénéficiaire d'un droit de préemption.

ART. 5 **Travaux**

En ce qui concerne les travaux exécutés et non payés, ceux-ci demeurent à la charge du promettant. Pour les travaux ayant fait l'objet d'une décision en assemblée générale et non encore exécutés, les parties conviennent qu'ils seront à la charge de M. ....

ART. 6 **Prix**

La vente, si elle se réalise, aura lieu moyennant le prix principal de .... euros que le bénéficiaire s'engage à payer comptant le jour de la signature de l'acte authentique de vente. Le bénéficiaire devra payer au plus tard le jour de la signature de l'acte authentique de vente, le prix de vente, les frais, droits et honoraires de l'acte authentique. Le montant lui en sera indiqué par le notaire. À défaut, le transfert de propriété ne pourra s'effectuer malgré la demande de réalisation.

ART. 7 **Indemnité d'immobilisation**

En conséquence de la présente promesse de vente et à titre d'indemnité forfaitaire pour l'immobilisation en résultant au préjudice du promettant, le bénéficiaire a versé ce jour la somme de .... euros.

Elle sera acquise au promettant si la vente ne se réalise pas pour une cause quelconque imputable au bénéficiaire, dans les délais et conditions convenus. Par contre, elle s'imputera sur le prix de vente, en cas de réalisation.

Le promettant, dont l'engagement résultant des présentes est ferme et définitif, ne pourra en aucun cas se refuser à réaliser la vente en se prévalant de l'article 1590 du Code civil, en restituant le double de la somme versée à titre de garantie.

ART. 8 **Constitution de séquestre**

D'un commun accord, les soussignés sont convenus de remettre ladite indemnité d'immobilisation de .... euros, à M. ...., agent immobilier désigné comme **séquestre** : cette somme s'imputant sur le prix en cas de réalisation ou revenant au promettant en cas de non réalisation du fait du bénéficiaire.

Le séquestre sera déchargé de cette mission, par l'accord des parties qui précisera la destination des fonds, ou, à défaut, par décision de Justice.

M. ...., agent immobilier à .... [▶ *adresse*] déclare :

– qu'il exerce son activité d'agent immobilier à l'adresse sus-indiquée;

– qu'il est garanti par .... [▶ *nom et adresse du garant*] pour un montant de .... euros;

– qu'il est titulaire :

– de la carte professionnelle portant le n° .... qui lui a été délivrée le .... par ....,

– du mandat n° .... qu'il accepte la mission de **séquestre** et reconnaît avoir reçu du bénéficiaire le montant de l'indemnité d'immobilisation, sous forme d'un chèque n° .... sur

.... [▶ *indiquer les coordonnées de l'établissement de crédit*] en date du .... établi à l'ordre de .... pour être porté sur son compte « garantie » n° .... ouvert à .... dont le bénéficiaire reconnaît avoir en sa possession le reçu n° .... dont le duplicata a été remis au promettant qui le reconnaît et en donne décharge.

ART. 9 **Rémunération**

Les parties soussignées reconnaissent formellement que M. ...., agent immobilier, les a mis en présence, a négocié les termes, prix et conditions des accords qu'elles ont contractés et a rédigé les présentes.

En conséquence la partie qui en a la seule charge, c'est-à-dire M. .... s'engage expressément à payer, conformément au mandat, à M. .... une rémunération hors taxe de .... euros, plus TVA au taux de ...... % sur le montant de la rémunération, soit au total une somme de .... euros, le jour où l'opération sera définitivement conclue selon l'article 6 de la loi du 2 janvier 1970, n° 70-9 et l'article 74 du décret n° 72-678 du 20 juillet 1972.

ART. 10 **Déclarations**

▷ Rayer les mentions inutiles.

Le promettant déclare :

– qu'il est né ainsi qu'il a été dit en tête des présentes;

– que rien dans sa situation juridique ou sa capacité civile ne s'oppose à la libre transmission du patrimoine dont il s'agit;

– qu'aucune opération d'expropriation n'a été portée à sa connaissance;

– que les biens dont il s'agit seront transmis exempts de toute inscription ou privilège et qu'il s'oblige en tant que de besoin, à rapporter mainlevée et radiation ou à fournir un état négatif;

– que pendant toute la durée des présentes, il s'interdit de conférer aucun droit réel ni personnel, ni charge quelconque sur les biens à vendre, de consentir aucun bail, location ou prorogation de bail, comme aussi d'y apporter aucun changement si ce n'est avec le consentement du bénéficiaire;

– que le bien a bénéficié de subventions de l'ANAH.

Le bénéficiaire déclare qu'il a les capacités juridiques et financières permettant de réaliser les présentes.

ART. 11 **Conditions suspensives**

La présente promesse est soumise aux conditions suspensives suivantes :

– que le certificat d'urbanisme ne révèle aucune servitude ou emprise administrative qui soit de nature à compromettre gravement les droits du bénéficiaire de la promesse;

– que les biens objet de la présente ne se trouvent grevés, au jour de la réalisation, d'aucune inscription ou privilège qui soit d'un montant supérieur au prix de vente convenu ou qui soit de nature à faire échec à l'obtention d'un crédit;

– que le bénéficiaire obtienne, dans le délai de .... à compter de l'enregistrement de la présente promesse .... prêt(s) d'un montant total de .... euros, remboursable en .... années au taux maximum de ...... % l'an.

En conséquence, il s'engage à déposer son dossier auprès des organismes financiers de son choix dans un délai de dix jours à compter des présentes.

Il devra justifier auprès du promettant et du séquestre, du dépôt de son ou ses dossiers, de l'obtention ou de la non-obtention de l'offre de prêt, dans le délai et les conditions stipulés ci-dessus.

Si par suite d'une remise tardive de l'offre de prêt par l'organisme prêteur la fin du délai coïncidait avec le délai de réflexion de dix jours accordé par l'article L. 312-10 du Code de la consommation à l'emprunteur, ladite condition suspensive serait prorogée automatiquement de quinze jours, à charge par l'emprunteur de justifier la date tardive de réception de l'offre de prêt.

Cependant, le délai de la condition suspensive déterminé plus haut pourrait être prorogé conventionnellement sur demande expresse de l'acquéreur et acceptée par écrit par le promettant.

Dans le cas où l'obtention du prêt ne serait pas intervenue dans les délais de la condition suspensive, sans qu'il y ait faute des parties, la présente promesse de vente serait considérée comme nulle et non avenue, sans qu'il soit nécessaire de sommation ou de mise en demeure.

L'indemnité d'immobilisation versée sera immédiatement restituée à l'acquéreur.

Chacune des parties reprendra alors son entière liberté, sans indemnité de part, ni d'autre.

Par contre, si la non-obtention de l'offre de prêt résultait du défaut de dépôt du dossier de prêt auprès des organismes désignés ou en cas de refus de l'offre d'un prêt correspondant aux caractéristiques de la demande, le promettant se réserve le droit de demander au tribunal de déclarer la condition suspensive de prêt non écrite, avec attribution de dommages intérêts pour le préjudice subi du fait de l'immobilisation de son bien. Dans cette éventualité, le bénéficiaire devra également indemniser l'agent immobilier du préjudice que celui-ci subit par sa faute.

L'agent immobilier pourra proposer à l'acquéreur son concours pour la recherche d'un financement et pourra à cette occasion recevoir une rémunération du préteur représentant 1 % du montant du prêt obtenu.

ART. 12 Levée d'option

12.1 Le bénéficiaire ne lève pas l'option : il devra faire connaître son intention de ne pas acquérir par lettre recommandée avec AR à l'agent immobilier, au plus tard le ....

12.2 Le bénéficiaire lève l'option : il s'oblige, dans le même délai, à porter cette acceptation avec signatures sur la présente convention.

Ce délai écoulé, sans que le bénéficiaire ait manifesté l'intention de profiter des présentes et d'acquérir les biens sus-désignés, le promettant sera délié de tout engagement du seul fait de l'expiration de ce délai, sans qu'il soit besoin pour lui de faire aucune sommation ni de remplir aucune formalité judiciaire et pourra prétendre au bénéfice de l'indemnité d'immobilisation.

Il reste entendu que la levée d'option n'emporte pas transfert de propriété à défaut de paiement du prix comme ci-dessus indiqué.

ART. 13 Acte authentique

L'acte sera reçu par M. ...., notaire à .... [▶ *adresse*] avec le concours de M. ...., notaire à ...., au plus tard dans les quinze jours de la demande de réalisation.

Les soussignés s'obligent à fournir à première réquisition du notaire rédacteur du contrat, toutes pièces, documents et justifications nécessaires à l'établissement de l'acte authentique de vente.

ART. 14 Situation de l'immeuble au regard de la réglementation

Date de construction de l'immeuble : ....

14.1 Réglementation sur l'amiante

▶ *Information de l'acquéreur.*

L'article L. 1334-7 premier alinéa du Code de la santé publique commande au vendeur de faire établir un état constatant la présence ou l'absence de matériaux ou produits de construction contenant de l'amiante, état à annexer à l'avant-contrat et à la vente.

En l'absence d'un tel état annexé tant à l'avant-contrat qu'à la vente, ces deux conditions étant cumulatives dans la mesure où un avant-contrat a été établi, l'article L. 1334-7 susvisé dispose dans son deuxième alinéa que le vendeur ne peut s'exonérer de la garantie des vices cachés à raison des vices constitués par la présence d'amiante dans les éléments de construction tels qu'ils figurent en annexe des décrets susvisés.

Cet état s'impose à tous les bâtiments dont le permis de construire a été délivré avant le 1er juillet 1997.

> ▷ Ne remplir que dans l'hypothèse où le permis de construire de l'immeuble vendu a été délivré avant le 1er juillet 1997.

Le vendeur déclare que l'immeuble dont il s'agit a fait l'objet d'un permis de construire délivré antérieurement au 1er juillet 1997.

Par suite, les dispositions susvisées ont vocation à s'appliquer aux présentes.

Un constat établi par ...., titulaire d'une assurance responsabilité civile professionnelle, le ...., est demeuré ci-joint et annexé après mention.

Étant précisé que depuis le 1er janvier 2003, les contrôleurs et techniciens de la construction qui effectuent des missions de repérage et de diagnostic de l'état de conservation des matériaux et produits contenant de l'amiante doivent avoir obtenu une attestation de compétence. Une copie de ladite attestation de compétence est demeurée ci-annexée.

En conséquence, les parties sont expressément averties que les dispositions du deuxième alinéa de l'article L. 1334-7 du Code de la santé publique telles que relatées ci-dessus ont vocation à s'appliquer aux présentes.

Ce constat révèle …………

► *Ajouter pour les immeubles en copropriété.*

La fiche technique récapitulative du dossier technique amiante établie pour les parties communes, annexée ci-après, révèle …………

L'acquéreur déclare faire son affaire personnelle de cette situation et renonce en conséquence à tout recours contre le vendeur à ce sujet.

14.2 Lutte contre le saturnisme

Le rédacteur rappelle au vendeur les dispositions contenues aux premier et troisième alinéas de l'article L. 1334-5 du Code de la santé publique.

« Un état des risques d'accessibilité au plomb est annexé à toute promesse unilatérale de vente ou d'achat, à tout contrat réalisant ou constatant la vente d'un immeuble affecté en tout ou partie à l'habitation construit avant 1948 et situé dans une zone à risque d'exposition au plomb délimitée par le représentant de l'État dans le département. Cet état doit avoir été établi depuis moins d'un an à la date de la promesse de vente ou d'achat ou du contrat susvisé.

Aucune clause d'exonération de la garantie des vices cachés ne peut être stipulée à raison des vices constitués par l'accessibilité au plomb si l'état mentionné au premier alinéa n'est pas annexé aux actes susvisés. »

En conséquence, les parties sont expressément averties que les dispositions du Code de la santé publique telles que relatées ci-dessus ont [► ou *n'ont pas*] vocation à s'appliquer aux présentes.

► *En cas d'application, ajouter.*

Un état des risques d'accessibilité au plomb établi depuis moins d'un an est annexé aux présentes., établi par …………, en date du …………

Cet état révèle …………

L'acquéreur déclare faire son affaire personnelle de cette situation et renonce en conséquence à tout recours contre le vendeur à ce sujet.

14.3 Lutte contre les termites

Le rédacteur informe les parties des dispositions suivantes relatives à la lutte contre les termites.

La loi n° 99-471 du 8 juin 1999 instaure une impossibilité pour le vendeur d'un immeuble situé dans une zone contaminée, ou susceptible de l'être à court terme, délimitée par arrêté préfectoral de s'exonérer de la garantie des vices cachés résultant de la présence de termites sauf pour lui à remettre à ses frais à l'acquéreur un rapport sur l'état parasitaire de moins de trois mois devant être annexé à l'acte de vente étant observé que l'auteur de ce rapport doit justifier d'une assurance de responsabilité.

Il est précisé qu'à la connaissance des parties, l'immeuble dont il s'agit ne se trouve pas [► ou *se trouve*] à ce jour dans une zone délimitée par un arrêté préfectoral comme étant considérée comme contaminée par des foyers de termites ou susceptible de l'être à court terme.

► *Ajouter en cas d'arrêté préfectoral.*

Un état parasitaire relatif à la présence de termites dans un immeuble sera effectué, datant de moins de trois mois à la date de la signature de l'acte authentique.

Si l'état se révélait positif, l'acquéreur se réserve le droit de renoncer à la présente vente.

Cet état a été établi le ………… par ………… Cet état révèle …………

L'acquéreur déclare faire son affaire personnelle de cette situation et renonce à tout recours contre le vendeur à ce sujet.

14.4 Absence d'installation de gaz naturel

Conformément aux dispositions de l'article 17 de la loi n° 2003-8 du 3 janvier 2003, la vente d'un bien immobilier à usage d'habitation comportant une installation intérieure de gaz naturel doit être précédée d'un diagnostic de cette installation, diagnostic à annexer à l'acte de vente et devant avoir été établi moins d'un an avant la date de l'acte.

À défaut, le vendeur ne pourra se retrancher derrière la clause d'exonération de garantie prévue à l'article 1643 du Code civil.

Les parties déclarent en tant que de besoin et sous leur seule responsabilité que l'immeuble possède [► ou *ne possède pas*] une installation intérieure de gaz naturel.

► *En présence d'une telle installation, ajouter.*

Un diagnostique en date du ………… établi par …………, est annexé aux présentes.

L'acquéreur déclare faire son affaire personnelle de cette situation et renonce en conséquence à tout recours contre le vendeur à ce sujet.

14.5 Absence de construction ou de rénovation depuis moins de dix ans

Les parties déclarent que le bien objet des présentes n'est pas concerné par les dispositions de la législation sur l'assurance dommages-ouvrage dont le rédacteur des présentes leur a donné parfaite connaissance ainsi qu'elles le reconnaissent, aucune construction ou rénovation concernant l'ensemble immobilier n'ayant été effectuée depuis moins de dix ans.

▶ *Dans le cas contraire, mentionner les coordonnées de la compagnie d'assurance et le numéro du contrat dont le bénéfice est transmis.*

ART. 15 **Intervention**

Aux présentes, intervient M. .... [▶ ou *Mme*] .... époux [▶ ou *épouse*] du promettant, lequel, après avoir pris connaissance des présentes, déclare :

– les avoir pour agréables;

– renoncer aux dispositions de l'article 215 du Code civil;

– s'interdire d'inscrire hypothèque légale ou acquiescer à en donner main levée.

ART. 16 **Enregistrement**

L'enregistrement des présentes, requis au droit fixe, sera effectué dans les dix jours de la signature du bénéficiaire à la diligence de l'agent immobilier, aux frais du bénéficiaire.

ART. 17 **Domicile**

Pour l'exécution des présentes et de leurs suites, les soussignés font élection de domicile en leur demeure respective indiquée en tête des présentes et s'obligent à dénoncer tout changement d'adresse ou de domicile.

Fait à ...., le ...., en .... exemplaire(s)

Coût de l'Enregistrement : .... euros.

Timbres : .... euros.

Rayé .... ligne(s), ... mot(s), comme nul(s).

Le promettant	Le bénéficiaire
« Lu et approuvé. Bon pour accord. »	« Lu et approuvé. Bon pour accord. » ■

▷ Faire précéder chaque signature de la mention.

3115

Promesse unilatérale de vente de biens immobiliers en toute propriété sans le concours d'un prêt immobilier

@ à télécharger

Entre les soussignés,

M. ...., dénommé (s) aux présentes sous le nom « le promettant »,

M. ...., dénommé (s) aux présentes sous le nom « le bénéficiaire »,

Et M. ...., dénommé(s) aux présentes sous le nom « l'agent immobilier ».

IL A ÉTÉ CONVENU CE QUI SUIT :

Le promettant, en s'obligeant et en obligeant ses héritiers, co-indivisaires, ayants droits solidairement entre eux, fussent-ils mineurs ou incapables, et en tant que de besoin, en se portant fort de leur acceptation, ou s'il y a lieu, de celle de leur représentant légal, PROMET de vendre au bénéficiaire, dans le délai et dans les conditions indiqués ci-après, les biens et droits immobiliers, dont la désignation suit. Le bénéficiaire accepte la faculté qui lui est offerte, mais ne prend, quant à présent, aucun engagement d'acquérir.

*ARTICLE 1ER* **Désignation**

....

....

Tels que lesdits biens et droits immobiliers existent, s'étendent et se poursuivent et comportent, avec toutes circonstances et dépendances, sans aucune exception ni réserve, le bénéficiaire déclarant les parfaitement connaître.

ART. 2 Origine de propriété

Le promettant déclare que les biens et droits immobiliers lui appartiennent pour les avoir acquis de ....

ART. 3 Propriété, jouissance

Le bénéficiaire sera propriétaire à compter du jour de la signature de l'acte authentique de vente : l'entrée en jouissance aura lieu à compter du .... par la prise de possession réelle ou par la perception des loyers.

À ce sujet, il est précisé que ....

ART. 4 Conditions de la vente éventuelle

La vente, en cas de réalisation définitive, aura lieu aux charges et conditions ordinaires et de droit en pareille matière, et notamment sous celles suivantes, auxquelles le bénéficiaire de la présente promesse devra se soumettre, savoir :

– il sera subrogé dans tous les droits et obligations du promettant;

– il prendra les biens et droits vendus, en l'état, bon ou mauvais, où ils se trouveront lors de l'entrée en jouissance et renonce à tout recours contre le vendeur pour quelque cause que ce soit, en ce compris les vices cachés pouvant affectés le bien vendu;

– il supportera les servitudes passives et profitera de celles actives, le tout s'il en existe, à ses risques et périls, sans recours contre le promettant.

À ce sujet, ce dernier déclare expressément que, personnellement, il n'a créé aucune servitude et qu'à sa connaissance, il n'en existe pas d'autres que celles qui peuvent résulter de la situation naturelle des lieux, des titres et pièces en sa possession :

– il acquittera, à compter de l'entrée en jouissance, les impôts, contributions et charges de toute nature, auxquels les biens en question peuvent et pourront être assujettis. Il fera son affaire personnelle de la continuation ou de la résiliation de toutes polices d'assurances contractées par le promettant;

– pour le cas où la vente serait soumise à un droit de préemption locatif ou administratif, le promettant s'engage à notifier sans délai avec le concours de son notaire, soit un congé avec offre de vente au locataire, soit une DIA à la personne publique bénéficiaire d'un droit de préemption.

ART. 5 Travaux – Immeubles par destination

► *À préciser en fonction de l'accord des parties.*

ART. 6 Prix

La vente, si elle se réalise, aura lieu moyennant le prix principal de .... euros que le bénéficiaire s'engage à payer comptant le jour de la signature de l'acte authentique de vente. Le bénéficiaire devra payer au plus tard le jour de la signature de l'acte authentique de vente, le prix de vente, les frais, droits et honoraires de l'acte authentique. Le montant lui en sera indiqué par le notaire. À défaut, le transfert de propriété ne pourra s'effectuer malgré la demande de réalisation.

ART. 7 Indemnité d'immobilisation

En conséquence de la présente promesse de vente et à titre d'indemnité forfaitaire pour l'immobilisation en résultant au préjudice du promettant, le bénéficiaire a versé ce jour la somme de .... euros.

Elle sera acquise au promettant si la vente ne se réalise pas pour une cause quelconque imputable au bénéficiaire, dans les délais et conditions convenus. Par contre, elle s'imputera sur le prix de vente, en cas de réalisation.

Le promettant, dont l'engagement résultant des présentes est ferme et définitif, ne pourra en aucun cas se refuser à réaliser la vente en se prévalant de l'article 1590 du Code civil, en restituant le double de la somme versée à titre de garantie.

ART. 8 **Constitution de séquestre**

D'un commun accord, les soussignés sont convenus de remettre ladite indemnité d'immobilisation de .... euros à M. .... agent immobilier désigné comme **séquestre** : cette somme s'imputant sur le prix en cas de réalisation ou revenant au promettant en cas de non réalisation du fait du bénéficiaire.

Le séquestre sera déchargé de cette mission, par l'accord des parties qui précisera la destination des fonds, ou, à défaut, par décision de Justice.

M. .... agent immobilier à .... [▶ *adresse*] déclare :

– qu'il exerce son activité d'agent immobilier à l'adresse sus-indiquée.

– qu'il est garanti par .... [▶ *nom et adresse du garant*] pour un montant de .... euros.

– qu'il est titulaire :

– de la carte professionnelle portant le n° .... qui lui a été délivrée le .... par ....;

– du mandat n° ....;

– qu'il accepte la mission de **séquestre** et reconnaît avoir reçu du bénéficiaire le montant de l'indemnité d'immobilisation, sous forme d'un chèque n° .... sur .... [▶ *indiquer les coordonnées de l'établissement de crédit*] en date du .... établi à l'ordre de .... pour être porté sur son compte garantie n° .... ouvert à .... dont le bénéficiaire reconnaît avoir en sa possession le reçu n° .... dont le duplicata a été remis au promettant qui le reconnaît et en donne décharge.

ART. 9 **Rémunération**

Les parties soussignées reconnaissent formellement que M. .... agent immobilier, les a mis en présence, a négocié les termes, prix et conditions des accords qu'elles ont contractés et a rédigé les présentes.

En conséquence la partie qui en a la seule charge, c'est-à-dire M. .... s'engage expressément à payer, conformément au mandat, à M. .... une rémunération hors taxe de .... euros, plus TVA au taux de ...... % sur le montant de la rémunération, soit au total une somme de .... euros, le jour où l'opération sera définitivement conclue selon l'article 6 de la loi n° 70-9 du 2 janvier 1970, et l'article 74 du décret n° 72-678 du 20 juillet 1972.

ART. 10 **Déclarations**

▷ Rayer les mentions inutiles.

Le promettant déclare :

– qu'il est né ainsi qu'il a été dit en tête des présentes;

– que rien dans sa situation juridique ou sa capacité civile ne s'oppose à la libre transmission du patrimoine dont il s'agit;

– qu'aucune opération d'expropriation n'a été portée à sa connaissance;

– que les biens dont il s'agit seront transmis exempts de toute inscription ou privilège et qu'il s'oblige en tant que de besoin, à rapporter mainlevée et radiation ou à fournir un état négatif;

– que pendant toute la durée des présentes, il s'interdit de conférer aucun droit réel ni personnel, ni charge quelconque sur les biens à vendre, de consentir aucun bail, location ou prorogation de bail, comme aussi d'y apporter aucun changement si ce n'est avec le consentement du bénéficiaire;

– que le bien a bénéficié de subventions de l'ANAH.

Le bénéficiaire déclare qu'il a les capacités juridiques et financières permettant de réaliser les présentes.

ART. 11 **Conditions suspensives**

La présente promesse est soumise aux conditions suspensives suivantes :

– que le certificat d'urbanisme ne révèle aucune servitude ou emprise administrative qui soit de nature à compromettre gravement les droits du bénéficiaire de la promesse;

– que les biens objet de la présente ne se trouvent grevés, au jour de la réalisation, d'aucune inscription ou privilège qui soit d'un montant supérieur au prix de vente convenu.

ART. 12 Levée d'option

12.1 Le bénéficiaire ne lève pas l'option : il devra faire connaître son intention de ne pas acquérir par lettre recommandée avec AR à l'agent immobilier, au plus tard le ....

12.2 Le bénéficiaire lève l'option : il s'oblige, dans le même délai, à porter cette acceptation avec signatures sur la présente convention.

Ce délai écoulé, sans que le bénéficiaire ait manifesté l'intention de profiter des présentes et d'acquérir les biens sus-désignés, le promettant sera délié de tout engagement du seul fait de l'expiration de ce délai, sans qu'il soit besoin pour lui de faire aucune sommation ni de remplir aucune formalité judiciaire et pourra prétendre au bénéfice de l'indemnité d'immobilisation.

Il reste entendu que la levée d'option n'emporte pas transfert de propriété à défaut de paiement du prix comme ci-dessus indiqué.

ART. 13 Acte authentique

L'acte sera reçu par M. ...., notaire, à .... [▶ *adresse*] avec le concours de M. .... notaire à .... au plus tard dans les quinze jours de la demande de réalisation.

Les soussignés s'obligent à fournir à première réquisition du notaire rédacteur du contrat, toutes pièces, documents et justifications nécessaires à l'établissement de l'acte authentique de vente.

ART. 14 Situation de l'immeuble au regard de la réglementation

Date de construction de l'immeuble : ....

14.1 Réglementation sur l'amiante

▶ *Information de l'acquéreur.*

L'article L. 1334-7 premier alinéa du Code de la santé publique commande au vendeur de faire établir un état constatant la présence ou l'absence de matériaux ou produits de construction contenant de l'amiante, état à annexer à l'avant-contrat et à la vente.

En l'absence d'un tel état annexé tant à l'avant-contrat qu'à la vente, ces deux conditions étant cumulatives dans la mesure où un avant-contrat a été établi, l'article L. 1334-7 susvisé dispose dans son deuxième alinéa que le vendeur ne peut s'exonérer de la garantie des vices cachés à raison des vices constitués par la présence d'amiante dans les éléments de construction tels qu'ils figurent en annexe des décrets susvisés.

▷ Ne remplir que dans l'hypothèse où le permis de construire de l'immeuble vendu a été délivré avant le 1er juillet 1997.

Cet état s'impose à tous les bâtiments dont le permis de construire a été délivré avant le 1er juillet 1997.

Le vendeur déclare que l'immeuble dont il s'agit a fait l'objet d'un permis de construire délivré antérieurement au 1er juillet 1997.

Par suite, les dispositions susvisées ont vocation à s'appliquer aux présentes.

Un constat établi par ...., titulaire d'une assurance responsabilité civile professionnelle, le ...., est demeuré ci-joint et annexé après mention.

Étant précisé que depuis le 1er janvier 2003, les contrôleurs et techniciens de la construction qui effectuent des missions de repérage et de diagnostic de l'état de conservation des matériaux et produits contenant de l'amiante doivent avoir obtenu une attestation de compétence. Une copie de ladite attestation de compétence est demeurée ci-annexée.

En conséquence, les parties sont expressément averties que les dispositions du deuxième alinéa de l'article L. 1334-7 du Code de la santé publique telles que relatées ci-dessus ont vocation à s'appliquer aux présentes.

Ce constat révèle ....

▶ *Ajouter pour les immeubles en copropriété.*

La fiche technique récapitulative du dossier technique amiante établie pour les parties communes, annexée ci-après, révèle ....

L'acquéreur déclare faire son affaire personnelle de cette situation et renonce en conséquence à tout recours contre le vendeur à ce sujet.

14.2 Lutte contre le saturnisme

Le rédacteur rappelle au vendeur les dispositions contenues aux premier et troisième alinéas de l'article L. 1334-5 du Code de la santé publique.

« Un état des risques d'accessibilité au plomb est annexé à toute promesse unilatérale de vente ou d'achat, à tout contrat réalisant ou constatant la vente d'un immeuble affecté en tout ou partie à l'habitation construit avant 1948 et situé dans une zone à risque d'exposition au plomb délimitée par le représentant de l'État dans le département. Cet état doit avoir été établi depuis moins d'un an à la date de la promesse de vente ou d'achat ou du contrat susvisé.

Aucune clause d'exonération de la garantie des vices cachés ne peut être stipulée à raison des vices constitués par l'accessibilité au plomb si l'état mentionné au premier alinéa n'est pas annexé aux actes susvisés. »

En conséquence, les parties sont expressément averties que les dispositions du Code de la santé publique telles que relatées ci-dessus ont [▶ ou *n'ont pas*] vocation à s'appliquer aux présentes.

▶ *En cas d'application, ajouter.*

Un état des risques d'accessibilité au plomb établi depuis moins d'un an est annexé aux présentes., établi par …………, en date du …………

Cet état révèle …………

L'acquéreur déclare faire son affaire personnelle de cette situation et renonce en conséquence à tout recours contre le vendeur à ce sujet.

14.3 Lutte contre les termites

Le rédacteur informe les parties des dispositions suivantes relatives à la lutte contre les termites.

La loi n° 99-471 du 8 juin 1999 instaure une impossibilité pour le vendeur d'un immeuble situé dans une zone contaminée, ou susceptible de l'être à court terme, délimitée par arrêté préfectoral de s'exonérer de la garantie des vices cachés résultant de la présence de termites sauf pour lui à remettre à ses frais à l'acquéreur un rapport sur l'état parasitaire de moins de trois mois devant être annexé à l'acte de vente étant observé que l'auteur de ce rapport doit justifier d'une assurance de responsabilité.

Il est précisé qu'à la connaissance des parties, l'immeuble dont il s'agit ne se trouve pas [▶ ou *se trouve*] à ce jour dans une zone délimitée par un arrêté préfectoral comme étant considérée comme contaminée par des foyers de termites ou susceptible de l'être à court terme.

▶ *Ajouter en cas d'arrêté préfectoral.*

Un état parasitaire relatif à la présence de termites dans un immeuble sera effectué, datant de moins de trois mois à la date de la signature de l'acte authentique.

Si l'état se révélait positif, l'acquéreur se réserve le droit de renoncer à la présente vente.

Cet état a été établi le ………… par ………… Cet état révèle …………

L'acquéreur déclare faire son affaire personnelle de cette situation et renonce à tout recours contre le vendeur à ce sujet.

14.4 Absence d'installation de gaz naturel

Conformément aux dispositions de l'article 17 de la loi n° 2003-8 du 3 janvier 2003, la vente d'un bien immobilier à usage d'habitation comportant une installation intérieure de gaz naturel doit être précédée d'un diagnostic de cette installation, diagnostic à annexer à l'acte de vente et devant avoir été établi moins d'un an avant la date de l'acte.

À défaut, le vendeur ne pourra se retrancher derrière la clause d'exonération de garantie prévue à l'article 1643 du Code civil.

Les parties déclarent en tant que de besoin et sous leur seule responsabilité que l'immeuble possède [▶ ou *ne possède pas*] une installation intérieure de gaz naturel.

▶ *En présence d'une telle installation, ajouter.*

Un diagnostique en date du ………… établi par …………, est annexé aux présentes.

L'acquéreur déclare faire son affaire personnelle de cette situation et renonce en conséquence à tout recours contre le vendeur à ce sujet.

14.5 Absence de construction ou de rénovation depuis moins de dix ans

Les parties déclarent que le bien objet des présentes n'est pas concerné par les dispositions de la législation sur l'assurance dommages-ouvrage dont le rédacteur des présentes leur a donné parfaite connaissance ainsi qu'elles le reconnaissent, aucune construction ou rénovation concernant l'ensemble immobilier n'ayant été effectuée depuis moins de dix ans.

▶ *Dans le cas contraire, mentionner les coordonnées de la compagnie d'assurance et le numéro du contrat dont le bénéfice est transmis.*

ART. 15 **Intervention**

Aux présentes, intervient M. .... [▶ ou *Mme*] .... époux [▶ ou *épouse*] du promettant, lequel, après avoir pris connaissance des présentes, déclare :

– les avoir pour agréables;

– renoncer aux dispositions de l'article 215 du Code civil;

– s'interdire d'inscrire hypothèque légale ou acquiescer à en donner mainlevée.

ART. 16 **Enregistrement**

L'enregistrement des présentes, requis au droit fixe, sera effectué dans les dix jours de la signature du bénéficiaire à la diligence de l'agent immobilier, aux frais du bénéficiaire.

ART. 17 **Domicile**

Pour l'exécution des présentes et de leurs suites, les soussignés font élection de domicile en leur demeure respective indiquée en tête des présentes et s'obligent à dénoncer tout changement d'adresse ou de domicile.

Fait à ...., le ...., en .... exemplaire(s)

Coût de l'Enregistrement : .... euros.

Timbres : .... euros.

Rayé .... ligne(s), ... mot(s), comme nul(s).

▷ Faire précéder chaque signature de la mention.

Le promettant « Lu et approuvé. Bon pour accord. »

Le bénéficiaire « Lu et approuvé. Bon pour accord. »

Mention manuscrite des acquéreurs (C. consom., art. 312-17) : Je reconnais avoir été informé que si, contrairement aux indications portées aux présentes, j'ai besoin de recourir néanmoins à un prêt, je ne pourrai me prévaloir du statut protecteur institué par les articles L. 312-1 et suivants du Code de la consommation. » ■

3116

@ à télécharger

Promesse unilatérale de vente de biens immobiliers en toute propriété. Financement issu d'un ou de plusieurs prêts immobiliers

Entre les soussignés,

M. .... dénommé(s) aux présentes sous le nom « le promettant »,

M. .... dénommé(s) aux présentes sous le nom « le bénéficiaire »,

Et M. ...., dénommé(s) aux présentes sous le nom « l'agent immobilier ».

IL A ÉTÉ CONVENU CE QUI SUIT :

Le promettant, en s'obligeant et en obligeant ses héritiers, co-indivisaires, ayants droits solidairement entre eux, fussent-ils mineurs ou incapables, et en tant que de besoin, en se portant fort de leur acceptation, ou s'il y a lieu, de celle de leur représentant légal, PROMET de vendre au bénéficiaire, dans le délai et dans les conditions indiqués ci-après, les biens et droits immobiliers, dont la désignation suit. Le bénéficiaire accepte la faculté qui lui est offerte, mais ne prend, quant à présent, aucun engagement d'acquérir.

*ARTICLE 1ER* **Désignation**

....

....

Tels que lesdits biens et droits immobiliers existent, s'étendent et se poursuivent et comportent, avec toutes circonstances et dépendances, sans aucune exception ni réserve, le bénéficiaire déclarant parfaitement les connaître.

ART. 2 Origine de propriété

Le promettant déclare que les biens et droits immobiliers lui appartiennent pour les avoir acquis de ....

ART. 3 Propriété, jouissance

Le bénéficiaire sera propriétaire à compter du jour de la signature de l'acte authentique de vente : l'entrée en jouissance aura lieu à compter du .... par la prise de possession réelle ou par la perception des loyers.

À ce sujet, il est précisé que ....

ART. 4 Conditions de la vente éventuelle

La vente, en cas de réalisation définitive, aura lieu aux charges et conditions ordinaires et de droit en pareille matière, et notamment sous celles suivantes, auxquelles le bénéficiaire de la présente promesse devra se soumettre, savoir :

– il sera subrogé dans tous les droits et obligations du promettant;

– il prendra les biens et droits vendus, en l'état, bon ou mauvais, où ils se trouveront lors de l'entrée en jouissance et renonce à tout recours contre le vendeur pour quelque cause que ce soit, en ce compris les vices cachés pouvant affectés le bien vendu;

– il supportera les servitudes passives et profitera de celles actives, le tout s'il en existe, à ses risques et périls, sans recours contre le promettant.

À ce sujet, ce dernier déclare expressément que, personnellement, il n'a créé aucune servitude et qu'à sa connaissance, il n'en existe pas d'autres que celles qui peuvent résulter de la situation naturelle des lieux, des titres et pièces en sa possession :

– il acquittera, à compter de l'entrée en jouissance, les impôts, contributions et charges de toute nature, auxquels les biens en question peuvent et pourront être assujettis. Il fera son affaire personnelle de la continuation ou de la résiliation de toutes polices d'assurances contractées par le promettant;

– pour le cas où la vente serait soumise à un droit de préemption locatif ou administratif, le promettant s'engage à notifier sans délai avec le concours de son notaire, soit un congé avec offre de vente au locataire, soit une DIA à la personne publique bénéficiaire d'un droit de préemption.

ART. 5 Travaux – Immeubles par destination

► *À préciser le cas échéant en fonction de l'accord des parties.*

ART. 6 Prix

La vente, si elle se réalise, aura lieu moyennant le prix principal de .... euros que le bénéficiaire s'engage à payer comptant le jour de la signature de l'acte authentique de vente. Le bénéficiaire devra payer au plus tard le jour de la signature de l'acte authentique de vente, le prix de vente, les frais, droits et honoraires de l'acte authentique. Le montant lui en sera indiqué par le notaire. À défaut, le transfert de propriété ne pourra s'effectuer malgré la demande de réalisation.

ART. 7 Indemnité d'immobilisation

En conséquence de la présente promesse de vente et à titre d'indemnité forfaitaire pour l'immobilisation en résultant au préjudice du promettant, le bénéficiaire a versé ce jour la somme de .... euros.

Elle sera acquise au promettant si la vente ne se réalise pas pour une cause quelconque imputable au bénéficiaire, dans les délais et conditions convenus. Par contre, elle s'imputera sur le prix de vente, en cas de réalisation.

Le promettant, dont l'engagement résultant des présentes est ferme et définitif, ne pourra en aucun cas se refuser à réaliser la vente en se prévalant de l'article 1590 du Code civil, en restituant le double de la somme versée à titre de garantie.

ART. 8 Constitution de séquestre

D'un commun accord, les soussignés sont convenus de remettre ladite indemnité d'immobilisation de .... euros à M. .... agent immobilier désigné comme **séquestre** : cette somme s'imputant sur le prix en cas de réalisation ou revenant au promettant en cas de non réalisation du fait du bénéficiaire.

Le séquestre sera déchargé de cette mission, par l'accord des parties qui précisera la destination des fonds, ou, à défaut, par décision de Justice.

M. .... agent immobilier à .... [▶ *adresse*] déclare :

– qu'il exerce son activité d'agent immobilier à l'adresse sus-indiquée;

– qu'il est garanti par .... [▶ *nom et adresse du garant*] pour un montant de .... euros;

– qu'il est titulaire :

– de la carte professionnelle portant le n° .... qui lui a été délivrée le .... par ....

– du mandat n° ....

– qu'il accepte la mission de **séquestre** et reconnaît avoir reçu du bénéficiaire le montant de l'indemnité d'immobilisation, sous forme d'un chèque n° .... sur .... [▶ *indiquer les coordonnées de l'établissement de crédit*] en date du .... établi à l'ordre de .... pour être porté sur son compte garantie n° .... ouvert à .... dont le bénéficiaire reconnaît avoir en sa possession le reçu n° .... dont le duplicata a été remis au promettant qui le reconnaît et en donne décharge.

ART. 9 Rémunération

Les parties soussignées reconnaissent formellement que M. .... agent immobilier, les a mis en présence, a négocié les termes, prix et conditions des accords qu'elles ont contractés et a rédigé les présentes.

En conséquence la partie qui en a la seule charge, c'est-à-dire M. .... s'engage expressément à payer, conformément au mandat, à M. .... une rémunération hors taxe de .... euros, plus TVA au taux de ...... % sur le montant de la rémunération, soit au total une somme de .... euros le jour où l'opération sera définitivement conclue selon l'article 6 de la loi du 2 janvier 1970, n° 70-9 et l'article 74 du décret n° 72-678 du 20 juillet 1972.

ART. 10 Déclarations

▷ Rayer les mentions inutiles.

Le promettant déclare :

– qu'il est né ainsi qu'il a été dit en tête des présentes;

– que rien dans sa situation juridique ou sa capacité civile ne s'oppose à la libre transmission du patrimoine dont il s'agit;

– qu'aucune opération d'expropriation n'a été portée à sa connaissance;

– que les biens dont il s'agit seront transmis exempts de toute inscription ou privilège et qu'il s'oblige en tant que de besoin, à rapporter mainlevée et radiation ou à fournir un état négatif;

– que pendant toute la durée des présentes, il s'interdit de conférer aucun droit réel ni personnel, ni charge quelconque sur les biens à vendre, de consentir aucun bail, location ou prorogation de bail, comme aussi d'y apporter aucun changement si ce n'est avec le consentement du bénéficiaire;

– que le bien a bénéficié de subventions de l'ANAH.

Le bénéficiaire déclare qu'il a les capacités juridiques et financières permettant de réaliser les présentes.

ART. 11 Conditions suspensives

La présente promesse est soumise aux conditions suspensives suivantes :

– que le certificat d'urbanisme ne révèle aucune servitude ou emprise administrative qui soit de nature à compromettre gravement les droits du bénéficiaire de la promesse;

– que les biens objet de la présente ne se trouvent grevés, au jour de la réalisation, d'aucune inscription ou privilège qui soit d'un montant supérieur au prix de vente convenu ou qui soit de nature à faire échec à l'obtention d'un crédit;

– que le bénéficiaire obtienne, dans le délai de .... à compter de l'enregistrement de la présente promesse .... prêt(s) d'un montant total de .... euros, remboursable en .... années au taux maximum de ...... % l'an.

En conséquence, il s'engage à déposer son dossier auprès des organismes financiers de son choix dans un délai de dix jours à compter des présentes.

Il devra justifier auprès du promettant et du séquestre, du dépôt de son ou ses dossiers, de l'obtention ou de la non-obtention de l'offre de prêt, dans le délai et les conditions stipulés ci-dessus.

Si par suite d'une remise tardive de l'offre de prêt par l'organisme prêteur la fin du délai coïncidait avec le délai de réflexion de dix jours accordé par l'article L. 312-10 du Code de la consommation à l'emprunteur, ladite condition suspensive serait prorogée automatiquement de quinze jours, à charge par l'emprunteur de justifier la date tardive de réception de l'offre de prêt.

Cependant, le délai de la condition suspensive déterminé plus haut pourrait être prorogé conventionnellement sur demande expresse de l'acquéreur et acceptée par écrit par le Promettant.

Dans le cas où l'obtention du prêt ne serait pas intervenue dans les délais de la condition suspensive, sans qu'il y ait faute des parties, la présente promesse de vente serait considérée comme nulle et non avenue, sans qu'il soit nécessaire de sommation ou de mise en demeure.

L'indemnité d'immobilisation versée sera immédiatement restituée à l'acquéreur.

Chacune des parties reprendra alors son entière liberté, sans indemnité de part, ni d'autre.

Par contre, si la non-obtention de l'offre de prêt résultait du défaut de dépôt du dossier de prêt auprès des organismes désignés ou en cas de refus de l'offre d'un prêt correspondant aux caractéristiques de la demande, le promettant se réserve le droit de demander au tribunal de déclarer la condition suspensive de prêt non écrite, avec attribution de dommages intérêts pour le préjudice subi du fait de l'immobilisation de son bien. Dans cette éventualité, le bénéficiaire devra également indemniser l'agent immobilier du préjudice que celui-ci subit par sa faute.

L'agent immobilier pourra proposer à l'acquéreur son concours pour la recherche d'un financement et pourra à cette occasion recevoir une rémunération du préteur représentant 1 % du montant du prêt obtenu.

ART. 12 Levée d'option

12.1 Le bénéficiaire ne lève pas l'option : il devra faire connaître son intention de ne pas acquérir par lettre recommandée avec AR à l'agent immobilier, au plus tard le ....

12.2 Le bénéficiaire lève l'option : il s'oblige, dans le même délai, à porter cette acceptation avec signatures sur la présente convention.

Ce délai écoulé, sans que le bénéficiaire ait manifesté l'intention de profiter des présentes et d'acquérir les biens sus-désignés, le promettant sera délié de tout engagement du seul fait de l'expiration de ce délai, sans qu'il soit besoin pour lui de faire aucune sommation ni de remplir aucune formalité judiciaire et pourra prétendre au bénéfice de l'indemnité d'immobilisation.

Il reste entendu que la levée d'option n'emporte pas transfert de propriété à défaut de paiement du prix comme ci-dessus indiqué.

ART. 13 Acte authentique

L'acte sera reçu par M. ...., notaire à .... [▶ *adresse*] avec le concours de M. ...., notaire à .... au plus tard dans les quinze jours de la demande de réalisation.

Les SOUSSIGNÉS s'obligent à fournir à première réquisition du Notaire rédacteur du contrat, toutes pièces, documents et justifications nécessaires à l'établissement de l'acte authentique de vente.

ART. 14 Situation de l'immeuble au regard de la réglementation

Date de construction de l'immeuble : ....

14.1 Réglementation sur l'amiante

▶ *Information de l'acquéreur.*

L'article L. 1334-7 premier alinéa du Code de la santé publique commande au vendeur de faire établir un état constatant la présence ou l'absence de matériaux ou produits de construction contenant de l'amiante, état à annexer à l'avant-contrat et à la vente.

En l'absence d'un tel état annexé tant à l'avant-contrat qu'à la vente, ces deux conditions étant cumulatives dans la mesure où un avant-contrat a été établi, l'article L. 1334-7 susvisé dispose dans son deuxième alinéa que le vendeur ne peut s'exonérer de la garantie des vices cachés à rai-

▷ Ne remplir que dans l'hypothèse où le permis de construire de l'immeuble vendu a été délivré avant le 1er juillet 1997.

son des vices constitués par la présence d'amiante dans les éléments de construction tels qu'ils figurent en annexe des décrets susvisés.

Cet état s'impose à tous les bâtiments dont le permis de construire a été délivré avant le 1er juillet 1997.

Le vendeur déclare que l'immeuble dont il s'agit a fait l'objet d'un permis de construire délivré antérieurement au 1er juillet 1997.

Par suite, les dispositions susvisées ont vocation à s'appliquer aux présentes.

Un constat établi par …………, titulaire d'une assurance responsabilité civile professionnelle, le …………, est demeuré ci-joint et annexé après mention.

Étant précisé que depuis le 1er janvier 2003, les contrôleurs et techniciens de la construction qui effectuent des missions de repérage et de diagnostic de l'état de conservation des matériaux et produits contenant de l'amiante doivent avoir obtenu une attestation de compétence. Une copie de ladite attestation de compétence est demeurée ci-annexée.

En conséquence, les parties sont expressément averties que les dispositions du deuxième alinéa de l'article L. 1334-7 du Code de la santé publique telles que relatées ci-dessus ont vocation à s'appliquer aux présentes.

Ce constat révèle …………

► *Ajouter pour les immeubles en copropriété.*

La fiche technique récapitulative du dossier technique amiante établie pour les parties communes, annexée ci-après, révèle …………

L'acquéreur déclare faire son affaire personnelle de cette situation et renonce en conséquence à tout recours contre le vendeur à ce sujet.

14.2 Lutte contre le saturnisme

Le rédacteur rappelle au vendeur les dispositions contenues aux premier et troisième alinéas de l'article L. 1334-5 du Code de la santé publique.

« Un état des risques d'accessibilité au plomb est annexé à toute promesse unilatérale de vente ou d'achat, à tout contrat réalisant ou constatant la vente d'un immeuble affecté en tout ou partie à l'habitation construit avant 1948 et situé dans une zone à risque d'exposition au plomb délimitée par le représentant de l'État dans le département. Cet état doit avoir été établi depuis moins d'un an à la date de la promesse de vente ou d'achat ou du contrat susvisé.

Aucune clause d'exonération de la garantie des vices cachés ne peut être stipulée à raison des vices constitués par l'accessibilité au plomb si l'état mentionné au premier alinéa n'est pas annexé aux actes susvisés. »

En conséquence, les parties sont expressément averties que les dispositions du Code de la santé publique telles que relatées ci-dessus ont [► ou *n'ont pas*] vocation à s'appliquer aux présentes.

► *En cas d'application, ajouter.*

Un état des risques d'accessibilité au plomb établi depuis moins d'un an est annexé aux présentes., établi par …………, en date du …………

Cet état révèle …………

L'acquéreur déclare faire son affaire personnelle de cette situation et renonce en conséquence à tout recours contre le vendeur à ce sujet.

14.3 Lutte contre les termites

Le rédacteur informe les parties des dispositions suivantes relatives à la lutte contre les termites.

La loi nº 99-471 du 8 juin 1999 instaure une impossibilité pour le vendeur d'un immeuble situé dans une zone contaminée, ou susceptible de l'être à court terme, délimitée par arrêté préfectoral de s'exonérer de la garantie des vices cachés résultant de la présence de termites sauf pour lui à remettre à ses frais à l'acquéreur un rapport sur l'état parasitaire de moins de trois mois devant être annexé à l'acte de vente étant observé que l'auteur de ce rapport doit justifier d'une assurance de responsabilité.

Il est précisé qu'à la connaissance des parties, l'immeuble dont il s'agit ne se trouve pas [► ou *se trouve*] à ce jour dans une zone délimitée par un arrêté préfectoral comme étant considérée comme contaminée par des foyers de termites ou susceptible de l'être à court terme.

► *Ajouter en cas d'arrêté préfectoral.*

Un état parasitaire relatif à la présence de termites dans un immeuble sera effectué, datant de moins de trois mois à la date de la signature de l'acte authentique.

Si l'état se révélait positif, l'acquéreur se réserve le droit de renoncer à la présente vente.

Cet état a été établi le .... par .... Cet état révèle ....

L'acquéreur déclare faire son affaire personnelle de cette situation et renonce à tout recours contre le vendeur à ce sujet.

14.4 Absence d'installation de gaz naturel

Conformément aux dispositions de l'article 17 de la loi n° 2003-8 du 3 janvier 2003, la vente d'un bien immobilier à usage d'habitation comportant une installation intérieure de gaz naturel doit être précédée d'un diagnostic de cette installation, diagnostic à annexer à l'acte de vente et devant avoir été établi moins d'un an avant la date de l'acte.

À défaut, le vendeur ne pourra se retrancher derrière la clause d'exonération de garantie prévue à l'article 1643 du Code civil.

Les parties déclarent en tant que de besoin et sous leur seule responsabilité que l'immeuble possède [▶ ou *ne possède pas*] une installation intérieure de gaz naturel.

▶ *En présence d'une telle installation, ajouter.*

Un diagnostique en date du .... établi par ...., est annexé aux présentes.

L'acquéreur déclare faire son affaire personnelle de cette situation et renonce en conséquence à tout recours contre le vendeur à ce sujet.

14.5 Absence de construction ou de rénovation depuis moins de dix ans

Les parties déclarent que le bien objet des présentes n'est pas concerné par les dispositions de la législation sur l'assurance dommages-ouvrage dont le rédacteur des présentes leur a donné parfaite connaissance ainsi qu'elles le reconnaissent, aucune construction ou rénovation concernant l'ensemble immobilier n'ayant été effectuée depuis moins de dix ans.

▶ *Dans le cas contraire, mentionner les coordonnées de la compagnie d'assurance et le numéro du contrat dont le bénéfice est transmis.*

ART. 15 Intervention

Aux présentes, intervient M. .... [▶ ou *Mme*] .... époux [▶ ou *épouse*] du promettant, lequel, après avoir pris connaissance des présentes, déclare :

- les avoir pour agréables;
- renoncer aux dispositions de l'article 215 du Code civil;
- s'interdire d'inscrire hypothèque légale ou acquiescer à en donner main levée.

ART. 16 Enregistrement

L'enregistrement des présentes, requis au droit fixe, sera effectué dans les dix jours de la signature du bénéficiaire à la diligence de l'agent immobilier, aux frais du bénéficiaire.

ART. 17 Domicile

Pour l'exécution des présentes et de leurs suites, les soussignés font élection de domicile en leur demeure respective indiquée en tête des présentes et s'obligent à dénoncer tout changement d'adresse ou de domicile.

Fait à ...., le ...., en .... exemplaire(s)

Coût de l'enregistrement : .... euros.

Timbres : .... euros.

Rayé .... ligne(s), ... mot(s), comme nul(s).

Le promettant	Le bénéficiaire
« Lu et approuvé. Bon pour mandat. »	« Lu et approuvé. Bon pour accord. » ■

▷ Faire précéder chaque signature de la mention.

3117

@ à télécharger

Modèle de notification (CCH, art. L. 271-1)

► *Courrier à adresser en lettre recommandée avec AR.*

Chère Madame, Cher Monsieur,

Vous trouverez ci-joint, en application de l'article L. 271-1 du Code de la construction et de l'habitation, un exemplaire de la promesse de vente que vous avez signé le .... pour l'acquisition de ....

Nous vous rappelons que vous bénéficiez d'une possibilité de rétractation dans un délai de sept jours à compter du lendemain de la première présentation de cette lettre vous notifiant le compromis.

Si vous entendez vous rétracter, vous êtes tenu de nous adresser avant l'expiration de ce délai une lettre recommandée avec accusé de réception mentionnant que vous renoncez à cette acquisition.

Dans cette éventualité, nous vous adresserons par retour le montant des fonds que vous avez consigné à l'appui du compromis de vente et vous vous trouverez dégagé de toute obligation.

En l'absence de rétractation de votre part dans ce délai, la promesse de vente que vous avez signé rendra exécutoire toutes les obligations que vous avez contractées dans celle-ci.

Veuillez .... ■

2. Textes et jurisprudence

3201

Jurisprudence

La consultation du tableau qui suit permettra au lecteur de retrouver les principaux enseignements retirés de la jurisprudence se rapportant aux agents immobiliers. Le texte des décisions mentionnées est disponible – intégralement ou sous la forme d'extraits – sur notre site www.editions-delmas.com, à la suite des modèles présentés dans l'ouvrage. Le numéro indiqué dans la colonne de droite correspond au numéro d'ordre de la décision.

Sujet	*Enseignement*	*Références*	@
Droit à la commission de l'agent immobilier	La détention d'un mandat écrit conditionne le droit à commission	Cass. com. 9 nov. 1970 Cass. 1re civ. 16 mai 1995	1
	Le mandant qui refuse de consentir à la vente aux conditions prévues dans le mandat encourt des dommages et intérêts équivalents à la commission dont il aurait dû s'acquitter	TGI Paris, 2 juill. 1976 TGI Évry, 21 mars 1977	2
	Le mandataire ayant présenté le client, le mandant ne doit pas traiter la vente sans son intervention et ce à peine de dommages et intérêts. La présentation du client au mandant conditionne le droit à rémunération du mandataire.	CA Bourges, 4 févr. 1976 Cass. 1re civ., 3 févr. 1998	3
	En traitant directement la vente avec un acquéreur présenté par le mandataire, le mandant devient responsable du paiement de sa commission	CA Lyon, 14 déc. 1978	4
	Le sous-mandataire peut agir directement en paiement de sa commission contre le mandant en cas de carence du mandataire	CA Paris, 16 nov. 1984	5
	La signature d'un bon de visite n'oblige pas le client au paiement d'une commission	Cass. 1re civ., 2 mai 1978	6
	La détention d'un bon de visite n'autorise pas le mandataire à réclamer le paiement d'une com-mission	Cass. 1re civ., 6 oct. 1993	7
	La non-réalisation d'une promesse unilatérale de vente interdit le paiement de la commission	CA Paris, 8 déc. 1978	8
	Un seul acte écrit constatant l'accord des parties autorise seul le versement d'une commission	Cass. 1re civ., 18 juin 1980	9
	En cas de préemption, la subs-titution d'acquéreur ne remet pas en cause le droit à com-mission	Cass. 1re civ., 9 mars 1999; Cass. 1re civ., 26 mars 1996	10
	La préemption entraîne une subs-titution d'acquéreur et l'acquéreur substitué est tenu au paiement de la commission	TGI Paris, 17 avril 1991 CA Paris, 4 déc. 2001	11
	L'action du client contre le garant est indépendante de la faillite du mandant et n'est pas conditionnée par une déclaration de créance	Cass. Ass. Plén., 4 juin 1999	12
	La renonciation du promettant à la vente ne permet pas au bénéficiaire d'en demander la réalisation, mais seulement des dommages et intérêts	Cass 3e civ., 15 déc. 1993	13
	La renonciation au bénéfice d'un prêt doit résulter dans l'engagement des parties d'une mention manuscrite conforme à l'article 18 de la loi du 13 juillet 1979	CA Paris, 13 mai 1992	14
	La procuration générale d'acheter un bien immobilier doit comporter la formule de renonciation au bénéfice de la protection de l'emprunteur de la main du mandant	CA Paris, 22 sept. 1999	15
	La vente doit être effectivement réalisée pour autoriser le mandataire à percevoir sa commission	Cass. 1re civ., 19 mai 1999	16
	Le double commissionnement avec un double mandat est licite	Cass. 1re civ., 13 mai 1998	17
	Le jeu de la clause résolutoire ne porte pas atteinte au droit à commission de l'agent immobilier	Cass. 1re civ., 17 février 1998	18
	Le mandant de la commission et la partie qui en a la charge doivent être déterminés	Cass. 1re civ., 9 nov. 1999	19

Exécution du mandat	Le mandataire doit informer le mandant des diligences qu'il a accomplies	CA Reims, 22 mai 1978	20
	L'offre d'acquisition n'oblige le mandant que si elle est conforme aux obligations prévues par le mandat	Cass. 1re civ., 14 oct. 1981	21
	Le mandataire ne peut engager le mandant au-delà des conditions stipulées dans le mandat	TGI Pontoise, 17 sept. 1980	22
	Des dommages et intérêts sont dus au mandataire en cas de faute du mandant dans l'exécution de ses obligations	CA Paris, 17 févr. 1981 TGI Paris, 23 févr. 1978	23
	Le mandat exclusif ne peut être résilié unilatéralement avant son terme sous peine de dommages et intérêts	TGI Paris, 17 janv. 1975 TGI Paris, 23 mars 1978 TGI Paris, 13 janv. 1978	24
	Le mandataire ne peut directement ou indirectement se porter acquéreur d'un bien qu'il est chargé de vendre	Cass. 1re civ., 2 oct. 1980	25
	Le mandataire peut déléguer son mandat à un sous-mandataire	CA Versailles, 27 oct. 1981	26
	Le mandant doit agir de bonne foi dans ses rapports avec son mandataire	CA Paris, 4 oct. 1988	27
	La substitution d'acquéreur dans une promesse de vente n'est pas une cession de promesse	Cass. 3e civ., 1er avr. 1987	28
	La loi du 2 janvier 1970 n'est pas applicable entre professionnels pour le partage d'une commission	Cass. 1re civ., 3 janv. 1996 Cass. 1re civ., 13 mai 1997	29
	À peine de nullité du mandat, une clause de tacite reconduction doit être limitée dans le temps	Cass. 1re civ., 13 avr. 1983 CA Aix-en-Provence, 3 juill. 1985	30
	Le mandat reste valable pendant la première période avant que ne joue la clause de tacite reconduction nulle pour non-limitation dans le temps	Cass. 1re civ., 22 mai 1985	31
	Lorsque la nullité du mandat résulte d'une faute du mandant, ce dernier peut être condamné à des dommages et intérêts au profit du mandataire	CA Paris, 8 juin 1977 CA Paris, 10 juill. 1992	32
Portée du mandat	À peine de nullité, le numéro du registre des mandats doit être reporté sur l'exemplaire resté en la possession du mandant	Cass. 1re civ., 26 nov. 1996	33
	Un mandat de recherche d'acquéreur n'est pas un pouvoir de vente	TGI Paris, 16 févr. 1987	34
	La loi du 2 janvier 1970 est applicable dans les rapports entre professionnels de l'immobilier ce qui implique la détention d'un mandat pour prétendre au paiement d'une commission	Cass. 1re civ., 17 déc. 1991	35
	Un agent immobilier peut légalement recevoir un mandat distinct de chacune des parties	CA Douai, 2 mai 1996	36
	La cession d'un droit au bail commercial rentre dans les prévisions de la loi du 2 janvier 1970	Cass. crim., 25 mars 1991	37
	La cession de promesse de vente peut constituer un acte de négociation régi par la loi du 2 janvier 1970	Cass. com., 19 juin 1972	38
	Le mandat n'est exigé que pour les négociations et non pour une simple publicité	Cass. crim., 24 juin 1976	39
Responsabilité	La faute dans le devoir de conseil se répare par le versement de dommages et intérêts à la victime	Cass. 1re civ., 25 nov. 1997	40
	Les caisses de garantie ont une obligation de contrôle des comptes de leurs adhérents	Cass. com., 25 janv. 1984	41
Statut de l'intermédiaire	La qualité de représentant (VRP) implique une activité extérieure de recherche de clientèle	CE, 21 mars 1983	42
	Le contrat d'agent commercial peut être requalifié en contrat de travail s'il est démontré l'existence d'un lien de subordination	CA Paris 8e ch. sect. A 24 oct. 1978	43
	Un changement de régime social ne peut avoir de caractère rétroactif	CPAM Paris, Commission de recours gracieux, 7 août 1984, Flabeau c/Caisse primaire	44
	L'inscription de l'agent commercial au registre des agents commerciaux et le paiement des charges liées à un régime interdit l'affiliation au régime des salariés	CA Versailles, 13 mars 1987	45
	La présence de critères de contrat de travail peut entraîner la requalification du contrat d'agent commercial en contrat de travail	CA Aix-en-Provence, 4 oct. 1999 Cass. soc., 21 oct. 1999	46
	L'emploi d'un salarié chez un titulaire des cartes professionnelles gestion et transactions le qualifie pour obtenir la délivrance de l'une ou l'autre de ces cartes quel que soit par ailleurs le secteur d'activité où il a été employé	TA Strasbourg, 1er juin 1989	47

3202

Loi n° 70-9 du 2 janvier 1970 Réglementant les conditions d'exercice des activités relatives à certaines opérations portant sur les immeubles et les fonds de commerce

TITRE PREMIER

DES CONDITIONS D'ACCÈS À LA PROFESSION ET DE SON EXERCICE

Art. 1er — Les dispositions de la présente loi s'appliquent aux personnes physiques ou morales qui, d'une manière habituelle, se livrent ou prêtent leur concours, même à titre accessoire, aux opérations portant sur les biens d'autrui et relatives à :

1° L'achat, la vente, l'échange, la location ou sous-location en nu ou en meublé d'immeubles bâtis ou non bâtis.

2° L'achat, la vente ou la location-gérance de fonds de commerce.

3° La cession d'un cheptel mort ou vif.

4° La souscription, l'achat, la vente d'actions ou de parts de sociétés immobilières donnant vocation à une attribution de locaux en jouissance ou en propriété.

5° L'achat, la vente de parts sociales non négociables lorsque l'actif social comprend un immeuble ou un fonds de commerce.

6° La gestion immobilière.

« 7° À l'exclusion des publications par voie de presse, la vente de listes ou de fichiers relatifs à l'achat, la vente, la location ou sous-location en nu ou en meublé d'immeubles bâtis ou non bâtis.

8° La conclusion de tout contrat de jouissance d'immeuble à temps partagé régi par les articles L. 121-60 et suivants du Code de la consommation. »

Art. 2 — Les dispositions de la présente loi ne sont pas applicables :

Aux membres des professions dont la liste sera fixée par décret, en considération du contrôle dont leur activité professionnelle fait l'objet ainsi que des garanties financières qu'ils offrent pour l'exercice de cette activité. – *La loi du 2 janv. 1970 n'est pas applicable aux avocats (Décr. n° 91-1197 du 27 nov. 1991, art. 164, applicable à compter du 1er janv. 1992). V. aussi* infra *Décr. n° 72678 du 20 juill. 1972, art.* 95.

Aux personnes ou à leur conjoint qui, à titre non professionnel, se livrent ou prêtent leur concours à des opérations relatives à des biens sur lesquels elles ont des droits réels divis ou indivis.

Aux personnes agissant pour le compte de leur conjoint, de parents en ordre successible, ou pour le compte de majeurs protégés ou de mineurs dans les conditions prévues aux titres X et XI du Code civil.

Aux représentants légaux ou statutaires de sociétés de construction régies par la loi du 28 juin 1938 [*C. constr. et habit., art. L.* 211-1 *s.*] pour la réalisation des premières cessions des parts ou actions.

Art. 3 — Les activités visées à l'article 1er ne peuvent être exercées que par les personnes physiques ou morales titulaires d'une carte professionnelle, délivrée par le préfet, précisant celles des opérations qu'elles peuvent accomplir.

Cette carte ne peut être délivrée qu'aux personnes physiques qui satisfont aux conditions suivantes :

1° Justifier de leur aptitude professionnelle.

2° Justifier d'une garantie financière suffisante résultant d'un cautionnement spécialement affecté au remboursement des fonds, effets ou valeurs déposés ou de l'engagement soit d'un organisme de garantie collective, soit d'un établissement bancaire.

3° Contracter une assurance contre les conséquences pécuniaires de leur responsabilité civile professionnelle.

4° Ne pas être frappées d'une des incapacités ou interdictions d'exercer définies au titre II ci-après.

La carte n'est délivrée aux personnes morales que si lesdites personnes satisfont aux conditions prévues aux 2° et 3° ci-dessus et que si leurs représentants légaux et statutaires satisfont aux conditions prévues aux 1° et 4° ci-dessus.

Les personnes qui assurent la direction de chaque établissement, succursale ou agence doivent également satisfaire aux 1° et 4° ci-dessus.

Art. 4 — Toute personne habilitée par un titulaire de la carte professionnelle à négocier, s'entremettre ou s'engager pour le compte de ce dernier justifie de sa qualité et de l'étendue de ses pouvoirs dans les conditions fixées par décret en Conseil d'État. Les dispositions du titre II de la présente loi lui sont applicables. – *V.* infra, *Décr. n° 72-678 du 20 juill. 1972, art.* 9.

Art. 5 — Les personnes visées à l'article 1er qui reçoivent, détiennent des sommes d'argent, des biens, des effets ou des valeurs, ou en disposent, à quelque titre et de quelque manière que ce soit, à l'occasion des opérations spécifiées audit article, doivent respecter les conditions prévues par décret en Conseil d'État, notamment les formalités de tenue des registres et de délivrance de reçus, ainsi que les autres obligations découlant du mandat. *V.* infra, *Décr. n° 72-678 du 20 juill. 1972, art. 51 s.*

Art. 6 — Les conventions conclues avec les personnes visées à l'article 1er ci-dessus et relatives aux opérations qu'il mentionne (*L. n° 94-624 du 21 juill. 1994*) « en ses 1° à 6° », doivent être rédigées par écrit et préciser conformément aux dispositions d'un décret en Conseil d'État.

Les conditions dans lesquelles ces personnes sont autorisées à recevoir, verser ou remettre des sommes d'argent, biens, effets ou valeurs à l'occasion de l'opération dont il s'agit.

Les modalités de la reddition de compte.

Les conditions de détermination de la rémunération, ainsi que l'indication de la partie qui en aura la charge.

Les dispositions de l'article 1325 du Code civil leur sont applicables.

Aucun bien, effet, valeur, somme d'argent, représentatif de commissions, de frais de recherche, de démarche, de publicité ou d'entremise quelconque, n'est dû aux personnes indiquées à l'article 1er ou ne peut être exigé ou accepté par elles, avant qu'une des opérations visées audit article ait été effectivement conclue et constatée dans un seul acte écrit contenant l'engagement des parties.

Toutefois, lorsqu'un mandat est assorti d'une clause d'exclusivité ou d'une clause pénale ou lorsqu'il comporte une clause aux termes de laquelle une commission sera due par le mandant, même si l'opération est conclue sans les soins de l'intermédiaire, cette clause recevra application dans les conditions qui seront fixées par décret.

(*L. n° 94-624 du 21 juill. 1994*) « Aucune somme d'argent ou rémunération de quelque nature que ce soit n'est due à une personne qui se livre à l'activité mentionnée au 7° de l'article 1er ou ne peut être acceptée ou exigée par elle préalablement à la conclusion d'une convention rédigée par écrit et à la remise au client d'un original de cette convention conformément aux dispositions de l'article 1325 du Code civil. Cette convention doit préciser :

« – les caractéristiques du bien immobilier recherché par le client;

« – la nature de la prestation à fournir au client;

« – le montant de la rémunération;

« – les conditions de remboursement de tout ou partie de la rémunération lorsque la prestation n'est pas fournie au client dans le délai prévu. » – *Les dispositions résultant de la loi n°* 94-624 *du 21 juill. 1994 entrent en vigueur le 1er juill.* 1995 (*art. 46-V de la loi*). – *V.* infra *Décr. n° 72-678 du 20 juill. 1972, art. 64 s. et 72 s.*

Art. 7 — Sont nulles les promesses et les conventions de toute nature relatives aux opérations visées à l'article 1er qui ne comportent pas une limitation de leurs effets dans le temps.

Art. 8 — L'obtention ou le renouvellement de la carte professionnelle donne lieu à la perception d'un droit de constitution et de tenue des dossiers dont le montant sera fixé par arrêté des ministres intéressés.

TITRE II

DES INCAPACITÉS

Art. 9 — Nul ne peut, d'une manière habituelle, se livrer ou prêter son concours, même à titre accessoire, aux opérations portant sur les biens d'autrui visées à l'article 1er s'il a fait l'objet de l'une des condamnations énumérées à l'article 1er de la loi du 30 août 1947 relative à l'assainissement des professions commerciales et industrielles ou d'une condamnation à une peine d'emprisonnement avec ou sans sursis pour l'une des infractions ci-après :

1° Faux et usage de faux en écriture privée, de commerce ou de banque, faux prévu par les articles 153 et 154 du Code pénal (*abrogés par les art. 372 et 373 de la loi n° 92-1336 du 16 déc. 1992*).

2° Vol, recel, escroquerie, abus de confiance, banqueroute, extorsion de fonds, valeurs ou signatures, délits punis des peines d'escroquerie, de l'abus de confiance ou de la banqueroute.

(*L. n° 94-624 du 21 juill. 1994*) « 2 *bis*. Infractions punies des peines prévues à l'article L. 121-28 ou à l'article L. 213-1 du Code de la consommation » (*art. 46-V de la loi du 21 juill. 1994*).

3° Émission de mauvaise foi de chèque sans provision, usure et délit réprimés par l'article 15 de la loi n° 66-1010 du 28 décembre 1966 relative à l'usure, aux prêts d'argent et à certaines opérations de démarchage et de publicité [*C. mon. fin., art. L. 353-1*; *cet article a été abrogé par la loi n° 2003-706 du 1er août 2003*].

4° Soustraction commise par dépositaire public, concussion commise par fonctionnaire public, corruption de fonctionnaires publics et des employés des entreprises privées, communications de secrets de fabrique;

5° Atteinte au crédit de l'État, organisation du refus collectif de l'impôt.

6° Faux témoignage, faux serment, subordination de témoin.

7° Proxénétisme ou délit puni des peines du proxénétisme.

8° Délits prévus par les articles 423, 425, 432, 433, 434, 435, 437, 449 et 457 de la loi n° 66-537 du 24 juillet 1966 sur les sociétés commerciales [*C. com., art. L. 241-1, L. 241-3, L. 242-1 à L. 242-4, L. 242-6, L. 242-17 et L. 242-27*].

9° Délit prévu par l'article 13 de la loi n° 52-332 du 24 mars 1952 relative aux entreprises de crédit différé.

10° Délit prévu par l'article 21 de la loi du 13 juin 1941 sur l'exercice de la profession bancaire, délit prévu par l'article 6, alinéa 2, de la loi du 14 juin 1941 relative à la réglementation et à l'organisation des professions se rattachant à la profession de banquier [*lois abrogées par L. n° 84-46 du 24 janv. 1984, art. 94-I*].

11° Délit prévu par l'article 4 de la loi n° 60-580 du 21 juin 1960 interdisant certaines pratiques en matière de transaction portant sur des immeubles et des fonds de commerce, par les articles 16, 17 et 18 de la présente loi, et par les articles 13 et 14 de la loi n° 67-3 du 3 janvier 1967, modifiée, relative aux ventes d'immeubles à construire et à l'obligation de garantie à raison des vices de construction [*CCH, art. L. 261-17 et L. 261-18*].

12° Délit prévu par l'article 59 de la loi n° 57-908 du 7 août 1957 tendant à favoriser la construction de logements et les équipements collectifs.

(*L. n° 71-580 du 16 juill. 1971*) « 13° Délits prévus par les articles 188, 189 et 190 du Code de l'urbanisme et de l'habitation [*CCH art. L. 423-9, L. 423-10 et L. 423-11*] ».

Art. 10 — La même interdiction est encourue :

a) Par les faillis non réhabilités et par les personnes frappées soit de faillite personnelle, soit de l'une des interdictions de diriger, gérer, administrer ou contrôler toute entreprise commerciale prévues aux articles 108 et 109 de la loi n° 67-563 du 13 juillet 1967 sur le règlement judiciaire, la liquidation des biens, la faillite personnelle et les banqueroutes [*remplacées par L. n° 85-98 du 25 janv. 1985, art. 189-5° et 190, elle-même codifiée, C. com., art. L. 625-5 et L. 625-6*];

b) Par les officiers publics et ministériels destitués;

c) Par les agréés, syndics et administrateurs judiciaires révoqués;

d) Par les membres radiés disciplinairement et à titre définitif, pour manquement à la probité, des professions constituées en ordres.

Art. 11 — En cas de condamnation prononcée par une juridiction étrangère et passée en force de chose jugée pour une infraction constituant, d'après la loi française, un des crimes ou délits spécifiés à l'article 9, le tribunal correctionnel du domicile de l'individu dont il s'agit, statuant en chambre du conseil, déclare, à la requête du ministère public, après vérification de la régularité et de la légalité de la condamnation, l'intéressé dûment appelé, qu'il y a lieu à l'application de la susdite interdiction.

Cette interdiction s'applique aux faillis non réhabilités dont la faillite a été déclarée par une juridiction étrangère, quand le jugement déclaratif a été déclaré exécutoire en France : la demande d'exequatur peut être, à cette fin seulement, formée devant le tribunal de grande instance du domicile du failli, par le ministère public.

Art. 12 — Les personnes auxquelles l'exercice d'une activité professionnelle est interdit par la présente loi ne peuvent ni exercer cette activité sous le couvert d'un tiers ni être employés à un titre quelconque, soit par l'établissement qu'elles exploitaient, soit par la société qu'elles dirigeaient, géraient, administraient ou dont elles avaient la signature, ni gérer, diriger, administrer une personne morale quelconque exerçant cette activité. Elles ne peuvent davantage être employées au service de l'acquéreur, du gérant ou du locataire de leur ancienne entreprise.

Art. 13 — Les personnes exerçant une profession ou activité visée aux articles 1er et 4 qui, postérieurement à la publication de la présente loi, auront encouru l'interdiction résultant de l'application des articles qui précèdent, devront cesser leur profession ou activité dans un délai de trois mois à compter du moment où la décision est devenue définitive. Ce délai peut être réduit ou même supprimé par la juridiction qui prononce la décision entraînant l'interdiction.

Le tribunal fixe la durée de l'incapacité lors du prononcé du jugement. Celle-ci ne peut être inférieure à cinq ans.

Toutefois, si la condamnation est prononcée pour des faits antérieurs à la publication de la présente loi, le tribunal peut ne pas prononcer l'incapacité.

Art. 14 — Les personnes exerçant une profession ou activité visée aux articles 1er et 4 qui, antérieurement à la publication de la présente loi, ont encouru l'interdiction résultant de l'application des articles qui précèdent, devront cesser leur profession ou activité dans un délai de trois mois à compter de ladite publication.

Toutefois, ces personnes peuvent, dans ce délai, demander à la juridiction qui les a condamnées ou, en cas de pluralité de condamnations, à la dernière juridiction qui a statué, soit de les relever de l'incapacité dont elles sont frappées, soit d'en déterminer la durée. Les personnes qui font usage de ce droit peuvent exercer leur profession ou activité jusqu'à ce qu'il ait été statué sur leur demande.

Si la juridiction qui a statué n'existe plus ou s'il s'agit d'une juridiction étrangère, la chambre d'accusation de la cour d'appel dans le ressort de laquelle le requérant a sa résidence est compétente. Il en est de même si l'incapacité résulte d'une décision disciplinaire.

Art. 15 — Les personnes n'exerçant pas une profession ou activité visée aux articles 1er et 4, qui ont encouru l'interdiction résultant de l'application des articles qui précèdent, peuvent demander à la juridiction qui les a condamnées ou, en cas de pluralité de condamnations, à la dernière juridiction qui a statué, soit de les relever de l'incapacité dont elles sont frappées, soit d'en déterminer la durée.

TITRE III

DES SANCTIONS

Art. 16 — Sera punie d'une amende de 4 500 euros et, en cas de récidive, d'une amende de 9 000 euros et d'un emprisonnement de six mois ou de l'une de ces deux peines seulement :

1° Toute personne qui, d'une manière habituelle, se livre ou prête son concours, même à titre accessoire, à des opérations visées à l'article 1er sans être titulaire de la carte instituée par l'article 3 ou après avoir cessé de remplir les conditions auxquelles la délivrance de cette carte est subordonnée.

2° Toute personne qui exercera les fonctions de représentant légal ou statutaire d'une personne morale qui, d'une manière habituelle, se livre ou prête son concours, même à titre accessoire, à des opérations visées à l'article 1er lorsqu'elle ne remplit pas ou cesse de remplir les conditions prévues aux 1° et 4° de l'article 3.

Les mêmes peines sont applicables à toute personne qui, sans y avoir été habilitée, négocie, s'entremet ou prend des engagements pour le compte du titulaire d'une carte professionnelle.

Art. 17 — Toute personne qui contrevient à l'interdiction résultant de l'application des articles 9 à 12 est punie d'un emprisonnement de deux ans au plus et d'une amende de 22 500 euros au plus, ou de l'une de ces deux peines seulement.

Art. 18 — Sera punie d'un emprisonnement de six mois et d'une amende de 4 500 euros ou de l'une de ces deux peines seulement :

1° Toute personne qui, à l'occasion d'opérations visées à l'article 1er, aura reçu ou détenu, à quelque titre et de quelque manière que ce soit, des sommes d'argent, biens, effets ou valeurs quelconques, ou en aura disposé :

a) Soit en violation de l'article 3;

b) Soit sans avoir, dans des conditions fixées par le décret prévu à l'article 5, tenu les documents ou délivré les reçus exigés.

2° Toute personne qui aura exigé ou accepté des sommes d'argent, biens, effets ou valeurs quelconques, en infraction aux dispositions de l'article 6.

3° Toute personne qui n'aura pas communiqué, sur leur demande, aux fonctionnaires chargés du contrôle les documents visés au 1°-*b* du présent article, ainsi que, le cas échéant, tous documents bancaires ou comptables ou tous mandats écrits ou qui, d'une manière générale, aura mis obstacle à l'exercice de la mission de ces fonctionnaires.

TITRE IV
DISPOSITIONS DIVERSES

Art. 19 — La loi n° 60-580 du 21 juin 1960 interdisant certaines pratiques en matière de transactions portant sur des immeubles et des fonds de commerce et complétant l'article 408 du Code pénal, est abrogée dès la mise en vigueur de la présente loi, à l'exception de la modification apportée à l'article 408 du Code pénal par l'article 5 de ladite loi.

Les dispositions de la présente loi entreront en vigueur le premier jour du sixième mois suivant la publication du décret prévu à l'article suivant.

Jusqu'à cette date, les dispositions de la loi n° 60-580 du 21 juin 1960 et des textes pris pour son application demeurent en vigueur.

Art. 20 — Les conditions d'application de la présente loi seront fixées par un décret en Conseil d'État. ■

3203

Décret n° 72-678 du 20 juillet 1972
Fixant les conditions d'application de la loi n° 70-9 du 2 janvier 1970 réglementant les conditions d'exercice des activités relatives à certaines opérations portant sur les immeubles et les fonds de commerce

CHAPITRE PREMIER
LA CARTE PROFESSIONNELLE

Art. 1er — La carte professionnelle délivrée aux personnes qui exercent une des activités visées à (*Décr. n° 95-818 du 29 juin 1995*) « l'article 1er (1° à 5° et 7°) » de la loi susvisée du 2 janvier 1970 porte la mention « Transactions sur immeubles et fonds de commerce ».

Celle qui est délivrée aux personnes qui exercent l'activité visée à l'article 1er (6°) de cette loi, porte la mention « Gestion immobilière ». (*Décr. n° 93-199 du 9 févr. 1993*) « La carte professionnelle délivrée aux personnes physiques ou morales non établies sur le territoire national porte la mention « Prestations de services en transactions sur immeubles et fonds de commerce » ou « Prestations de services en gestion immobilière ».

« Lorsqu'une même personne physique ou morale se livre ou prête son concours à des opérations de transaction et de gestion, il lui est délivré une carte professionnelle pour chacune de ces deux catégories d'activités. »

Ces cartes sont conformes à un modèle établi par arrêté conjoint du garde des sceaux, ministre de la justice, du ministre de l'intérieur et du ministre de l'économie et des finances. – *V. Arr.* 15 sept. 1972 (JO 28 sept.), *mod. par Arr.* 13 oct. 1993 (JO 18 nov.).

Art. 2 — La délivrance de la carte professionnelle est sollicitée par la personne physique ou par le ou les représentants légaux ou statutaires de la personne morale, qui se livre ou prête son concours aux opérations énumérées par l'article 1er de la loi susvisée du 2 janvier 1970.

La demande précise la nature des opérations pour lesquelles la carte est demandée.

Lorsque la demande est faite par une personne physique, elle mentionne l'état civil, la profession, le domicile et le lieu de l'activité professionnelle de cette personne.

Lorsque la demande est présentée au nom d'une personne morale, elle indique la dénomination, la forme juridique, le siège, l'objet de la personne morale, ainsi que l'état civil, le domicile, la profession et la qualité du ou des représentants légaux ou statutaires.

La demande est présentée par la personne physique ou par le ou les représentants légaux ou statutaires de la personne morale ou, le cas échéant, par le locataire-gérant qui exerce ou envisage d'exercer l'activité considérée. Si la direction de l'entreprise est assumée par un préposé ou un gérant, mandataire ou salarié, la demande indique également, dans ce cas, l'état civil, la qualité, le domicile de cette personne qui doit, en outre, justifier qu'elle satisfait aux conditions prévues par l'article 3 (1° et 4°) de la loi susvisée du 2 janvier 1970, par les articles 3 (alinéas 2 et 3) et 16 du présent décret.

Art. 3 — La demande doit être accompagnée :

1° De la justification qu'il est satisfait par le ou les demandeurs aux conditions d'aptitude professionnelle spécifiées au chapitre II ci-après.

2° De l'attestation de garantie financière suffisante délivrée dans les conditions prévues à l'article 37 ci-après.

3° De l'attestation d'assurance contre les conséquences pécuniaires de la responsabilité civile professionnelle délivrée conformément à l'article 49 (alinéa 2).

4° Du paiement ou de la justification du paiement du droit prévu à l'article 8 de la loi susvisée du 2 janvier 1970.

5° D'un extrait du registre du commerce datant de moins d'un mois si l'entreprise est immatriculée à ce registre ou d'un double de la demande si elle doit y être immatriculée.

6° Suivant les cas, d'une attestation délivrée par la banque qui a ouvert le compte prévu, soit par l'article 55, soit par l'article 59 du présent décret, avec l'indication du numéro de compte et de la succursale qui le tient, ou d'une attestation d'ouverture au nom de chaque mandant de comptes bancaires ou postaux prévus par l'article 71 ci-après.

7° Le cas échéant, lorsque la demande tend à la délivrance de la carte prévue à l'article 1er (alinéa 1er) du présent décret, de la déclaration sur l'honneur qu'il n'est reçu aucun fonds, effet ou valeur à l'occasion des opérations spécifiées par (*Décr. n° 95-818 du 29 juin 1995*) « l'article 1er (1° à 5° et 7°) » de la loi susvisée du 2 janvier 1970.

L'absence d'incapacité ou d'interdiction d'exercer définie au titre II de la loi susvisée du 2 janvier 1970 est établie par un bulletin n° 2 du casier judiciaire qui est délivré à la demande du préfet.

Dans les cas prévus aux articles 14 et 15 de ladite loi, le demandeur produit les justifications de nature à établir qu'il peut recevoir la carte professionnelle.

Art. 4 — Une liste des établissements, succursales, agences ou bureaux, qui dépendent du même déclarant est, s'il y a lieu, jointe à la demande.

Cette liste précise la dénomination et l'adresse de chaque établissement, succursale, agence ou bureau, même s'ils ne sont ouverts qu'à titre temporaire.

Le titulaire de la carte professionnelle, son ou ses représentants légaux ou statutaires, s'il s'agit d'une personne morale, avise immédiatement le préfet qui a délivré la carte, de tout changement d'adresse et de toute ouverture ou fermeture d'établissement, succursale, agence ou bureau.

Art. 5 — La carte professionnelle est délivrée par le préfet du département où le demandeur a le siège de ses activités et pour Paris par le préfet de police.

(*Décr. n° 93-199 du 9 févr. 1993*) « Elle est délivrée par le préfet de police aux personnes physiques ou morales qui n'ont en France aucun établissement, succursale, agence ou bureau. »

Art. 6 — Un dossier portant un numéro d'identification est ouvert à la préfecture au nom du ou des demandeurs.

Tout changement d'adresse du siège de l'activité doit être déclaré à la ou aux préfectures intéressées.

Une demande doit également être faite en cas de changement dans l'identité du ou des représentants légaux ou statutaires, dans la dénomination ou dans la forme de la personne morale. Une déclaration est faite en cas d'avenants à la garantie financière ou à l'assurance contre les conséquences pécuniaires de la responsabilité civile professionnelle. Il est alors délivré une nouvelle carte sur remise de l'ancienne.

Art. 7 — En cas de cessation de la garantie financière, de suspension, d'expiration ou de dénonciation du contrat d'assurance contre les conséquences pécuniaires de la responsabilité civile professionnelle, ainsi qu'en cas d'interdiction ou d'incapacité d'exercer, le titulaire de la carte professionnelle doit la restituer immédiatement à la préfecture qui l'a délivrée : il est tenu, ainsi que toute personne qui en serait porteur, de la remettre sur la simple réquisition d'un agent de l'autorité publique.

Art. 8 — Une déclaration préalable d'activité est souscrite à la préfecture du département de situation, ou à la préfecture de police pour Paris, pour chaque établissement, succursale, agence ou bureau visés à l'article 4 ci-dessus, par la personne qui en assume la direction.

Cette déclaration contient les renseignements mentionnés soit à l'alinéa 3, soit à l'alinéa 4 de l'article 2 ci-dessus, suivant les cas, ainsi que l'indication de la préfecture qui a délivré la carte professionnelle et le numéro de celle-ci.

Elle comporte également l'état civil, la qualité et le domicile personnel du déclarant.

Un dossier numéroté est ouvert pour chaque établissement, succursale, agence ou bureau, à la préfecture qui a reçu la déclaration.

Après justification, conformément aux dispositions des articles 3 (alinéas 2 et 3) et 16 du présent décret, de ce qu'il remplit les conditions prévues à l'article 3 (1° et 4°) de la loi du 2 janvier 1970, il est remis à la personne qui dirige l'établissement, la succursale, l'agence ou le bureau, un récépissé de déclaration conforme à un modèle fixé par arrêté conjoint du garde des sceaux, ministre de la justice, du ministre de l'intérieur et du ministre de l'économie et des finances.

Tout changement d'adresse de l'établissement, de la succursale, de l'agence ou du bureau, ainsi que tout changement de la personne qui en assume la direction, donne lieu à déclaration à la ou aux préfectures intéressées. Après que sont apportées, s'il y a lieu, les justifications rappelées au précédent alinéa, il est délivré un nouveau récépissé sur remise de l'ancien.

Toute personne qui détient ce récépissé de déclaration est tenue, lorsque les conditions mises à sa délivrance ne sont plus remplies, de restituer ce document sur la simple réquisition d'un agent de l'autorité publique.

Les dispositions prévues à l'article 4 ci-dessus et au présent article ne sont pas applicables aux services de gestion, implantés dans les ensembles immobiliers, qui ne disposent d'aucune autonomie administrative et financière.

Art. 9 — Toute personne habilitée par un titulaire de la carte professionnelle à négocier, s'entremettre ou s'engager pour le compte de ce dernier, justifie de la qualité et de l'étendue de ses pouvoirs par la production d'une attestation conforme à un modèle déterminé par arrêté conjoint du garde des sceaux, ministre de la justice, du ministre de l'intérieur et du ministre de l'Économie et des Finances.

Cette attestation est délivrée par le titulaire de la carte professionnelle, après avoir été visée par le préfet compétent en vertu des dispositions de l'article 5 du présent décret. Les dispositions des deux derniers alinéas de l'article 3 ci-dessus sont applicables pour le visa de l'attestation par le préfet.

Toute personne qui détient une attestation est tenue de la restituer au titulaire de la carte professionnelle qui la lui a délivrée, dans les vingt-quatre heures de la demande qui en a été faite par lettre recommandée avec demande d'avis de réception.

Sur simple demande du préfet ou du procureur de la République formulée à cet effet, l'attestation doit être retirée.

En cas de non restitution de cette attestation, le titulaire de la carte professionnelle doit en aviser aussitôt le procureur de la République, ainsi que le préfet.

Toute modification dans les énonciations de l'attestation donne lieu à délivrance d'un nouveau document sur remise de l'ancien.

Les nom et qualité du titulaire de l'attestation doivent être mentionnés dans les conventions visées à l'article 6 (alinéas 1er et 3) de la loi du 2 janvier 1970 susvisée lorsqu'il intervient dans leur conclusion, ainsi que sur les reçus de versements ou remises lorsqu'il en délivre.

Art. 10 — En cas de négociation, entremise, démarchage, versement de fonds, remise de titres ou effets, engagement ou convention, à l'occasion de l'une des opérations spécifiées à l'article 1er de la loi du 2 janvier 1970, toute personne intéressée peut exiger la présentation, suivant les cas, de la carte professionnelle, du récépissé de la déclaration d'activité ou de l'attestation prévue à l'article précédent.

CHAPITRE II
L'APTITUDE PROFESSIONNELLE

Section première
Aptitude professionnelle acquise en France
(*Décr. n° 93-199 du 9 févr. 1993*)

Art. 11 — Pour obtenir l'une des cartes professionnelles prévues à l'article 1er du présent décret, sont regardées comme justifiant de l'aptitude professionnelle les personnes qui produisent :

a) Soit le diplôme délivré par l'État à l'issue du deuxième examen de la licence en droit ou en sciences économiques, ou un diplôme délivré par l'État sanctionnant des études juridiques, économiques ou commerciales, d'un niveau égal ou supérieur, ou un diplôme universitaire de technologie ou le brevet de technicien supérieur, pour les mêmes disciplines;

b) Soit un diplôme sanctionnant des études supérieures juridiques, économiques ou commerciales, et délivré par un établissement reconnu par l'État et figurant sur une liste fixée par arrêté conjoint du garde des Sceaux, ministre de la Justice, et du ministre de l'Éducation nationale;

c) Soit l'un des diplômes suivants :

Diplôme d'aptitude professionnelle aux fonctions de notaire délivré par une chambre départementale de notaires.

Diplôme d'aptitude de premier clerc de notaire.

Diplôme de l'institut d'études économiques et juridiques appliquées à la construction et à l'habitation, option Vente et gestion d'immeubles.

d) (*Décr. n° 74-1179 du 31 déc. 1974*) « Soit une attestation délivrée :

« Par leur ordre respectif aux anciens notaires, aux anciens avoués près les cours d'appel, aux anciens huissiers de justice, aux anciens géomètres experts habilités à se livrer à l'administration de biens.

« Par le procureur de la République, aux anciens greffiers titulaires de charge, aux anciens avoués près les tribunaux de grande instance, aux anciens agréés près les tribunaux de commerce, aux anciens syndics et administrateurs judiciaires. »

Art. 12 — Pour obtenir l'une des cartes professionnelles prévues à l'article 1er du présent décret, sont regardés comme justifiant de l'aptitude professionnelle requise les personnes qui remplissent les deux conditions suivantes :

1° Être titulaire :

a) Soit du baccalauréat ou du baccalauréat de technicien ou d'un diplôme délivré par l'État sanctionnant des études d'un niveau égal ou supérieur, ou du brevet de technicien ou de la capacité en droit;

b) Soit de l'un des diplômes figurant sur une liste établie par un arrêté conjoint du garde des sceaux, ministre de la justice, et du ministre de l'éducation nationale et délivré par l'État ou par un établissement reconnu par l'État.

2° Avoir occupé pendant un an au moins pour les titulaires des diplômes visés au 1°-*a*, pendant deux ans au moins pour les titulaires des diplômes visés au 1°-*b*, l'un des emplois suivants :

Emploi dans des organismes d'habitations à loyer modéré.

Emploi dans un établissement relevant d'un titulaire de la carte professionnelle sollicitée.

Clerc de notaire, clerc d'avoué ou secrétaire d'agréé.

Emploi public se rattachant à une activité relative aux transactions immobilières ou à la gestion immobilière.

Art. 13 — Sont regardées comme justifiant de l'aptitude professionnelle en vue de la délivrance de l'une des cartes prévues à l'article 1er du présent décret les personnes qui, ne pouvant produire les diplômes prévus à l'article 12 (1°), ont occupé pendant au moins quatre ans l'un des emplois ci-après :

Emploi de cadre dans un organisme d'habitations à loyer modéré.

Emploi de cadre, affilié à la casse de retraite et de prévoyance des cadres, dans un établissement relevant d'une personne titulaire de la carte professionnelle sollicitée.

Clerc de noire (2e catégorie) tel que défini par la convention collective nationale du notariat.

Sous-principal clerc d'avoué ou d'agréé, tel que défini par la convention collective nationale réglant les rapports entre les avoués près le tribunal de grande instance et les avoués près la cour d'appel et leur personnel.

Emploi public de la catégorie B dans une activité se rattachant aux transactions immobilières ou à la gestion immobilière.

Art. 14 — Sont regardées comme justifiant de l'aptitude professionnelle en vue de la délivrance de l'une des cartes prévues à l'article 1er du présent décret les personnes qui ont occupé, pendant au moins dix ans, l'un des emplois énumérés à l'article 12 (2°). Il n'est pas nécessaire que ladite occupation ait été continue et qu'elle ait porté, pendant la durée précitée, sur un emploi de la même catégorie.

Art. 15 — Pour être pris en considération, les emplois prévus aux articles 12, 13 et 14 doivent avoir été occupés d'une manière permanente en y consacrant tout le temps de la durée normale du travail exigée dans lesdits emplois.

Art. 16 — Les personnes qui, sans être titulaires de la carte professionnelle, assument la direction de l'entreprise, telles que les gérants, mandataires ou salariés, ou celle d'un établissement, d'une succursale, d'une agence ou d'un bureau, ont à justifier de leur aptitude professionnelle dans les conditions prévues à l'article 11 ou dans celles prévues aux articles 12 et 13, ou à l'article 14, avec un temps d'activité réduit de moitié.

Section II

Aptitude professionnelle acquise dans un autre État membre des communautés européennes (*Décr. nº 93-199 du 9 févr. 1993*)

Art. 16-1 — (*Décr. nº 93-199 du 9 févr. 1993*) Peuvent obtenir la carte professionnelle prévue à l'article 1er, sans posséder les diplômes exigés par l'article 11 (*b*), les ressortissants d'un État membre des communautés européennes qui ont suivi avec succès un cycle d'études d'une durée minimale de trois ans ou d'une durée équivalente à temps partiel dans une université ou un établissement d'enseignement supérieur ou dans un autre établissement de même niveau de formation d'un État membre, ainsi que, le cas échéant, la formation professionnelle requise en plus de ce cycle d'études, et qui justifient :

1° De diplômes, certificats ou autres titres permettant l'exercice à titre professionnel des activités mentionnées à l'article 1er de la loi du 2 janvier 1970 susvisée dans l'État membre d'origine ou de provenance délivrés.

a) Soit par l'autorité compétente de cet État et sanctionnant une formation acquise de façon prépondérante dans la Communauté;

b) Soit par un pays tiers, à condition que soit fournie une attestation émanant de l'autorité compétente de l'État membre qui a reconnu les diplômes, certificats ou autres titres certifiant que leur titulaire a exercé dans cet État à titre professionnel les activités mentionnées à l'article 1er de la loi du 2 janvier 1970 susvisée pendant une durée de trois ans au moins.

2° Ou de l'exercice à plein temps des mêmes activités pendant deux ans au moins au cours des dix années précédentes dans un État membre d'origine ou de provenance qui ne réglemente pas l'accès ou l'exercice de cette profession, à condition que cet exercice soit attesté par l'autorité compétente de cet État membre.

Art. 16-2 — (*Décr. nº 93-199 du 9 févr. 1993*) Peuvent obtenir la carte professionnelle prévue à l'article 1er sans remplir les conditions exigées par les articles 11 (*a*) et 12 les ressortissants d'un État membre des communautés européennes qui satisfont aux conditions suivantes :

1° Soit être titulaires de diplômes, certificats ou autres titres délivrés par l'État membre d'origine ou de provenance et sanctionnant des études juridiques, économiques ou commerciales d'une durée minimale de deux années après le baccalauréat.

2° Soit être titulaires du baccalauréat délivré par l'État membre d'origine ou de provenance et avoir occupé pendant deux ans au moins dans cet État membre, dans les conditions prévues par l'article 15, un emploi se rattachant à une activité mentionnée à l'article 1er de la loi du 2 janvier 1970 susvisée.

3° Soit être titulaires du baccalauréat délivré par l'État membre d'origine ou de provenance et avoir occupé en France, pendant un au moins, dans les conditions prévues par l'article 15, un emploi dans un établissement relevant d'un titulaire de la carte professionnelle sollicitée.

Art. 16-3 — (*Décr. nº 93-199 du 9 févr. 1993*) Une connaissance suffisante de la langue française est requise du demandeur. Elle est vérifiée dans les conditions fixées par un arrêté conjoint du garde des sceaux, ministre de la justice, et du ministre de l'Éducation nationale.

Art. 16-4 — (*Décr. nº 93-199 du 9 févr. 1993*) Lorsque la formation du demandeur porte sur des matières substantiellement différentes de celles couvertes par les diplômes requis des nationaux ou lorsqu'une ou plusieurs des activités professionnelles mentionnées à l'article 1er de la loi du 2 janvier 1970 susvisée ne sont pas réglementées dans l'État membre d'origine ou de provenance du demandeur ou sont réglementées de manière différente, le préfet peut exiger que l'intéressé choisisse soit de se soumettre à une épreuve d'aptitude, soit d'accomplir un stage d'adaptation dont la durée ne peut excéder trois ans.

L'arrêté prévu par l'article 16-3 fixe le programme et les modalités de l'épreuve d'aptitude, notamment les modalités de désignation du jury. Il fixe également les conditions d'organisation du stage d'adaptation, qui doit être effectué chez un professionnel titulaire d'une carte professionnelle de la catégorie sollicitée depuis au moins cinq ans et inscrit sur une liste établie par cet arrêté.

Art. 16-5 — (*Décr. nº 93-199 du 9 févr. 1993*) Les personnes se prévalent d'une aptitude professionnelle acquise dans les conditions prévues par la présente section adressent leur demande de carte professionnelle au préfet. Cette demande est accompagnée d'un dossier dont la composition est fixée par l'arrêté mentionné à l'article 16-3. Il en est délivré récépissé à la réception du dossier complet. – *V. Arr. 13 oct. 1993* (JO 24 nov.).

La décision motivée du préfet intervient au plus tard quatre mois après la date du récépissé.

CHAPITRE III

LA GARANTIE FINANCIÉRE

Section première

Dispositions particulières aux différents modes de garantie financière

Art. 17 — (*Décr. nº 95-818 du 29 juin 1995*) La garantie financière prévue au 2° du deuxième alinéa de l'article 3 de la loi du 2 janvier 1970 susvisée résulte :

1° Soit d'un cautionnement déposé par la personne mentionnée à l'article 1er du présent décret à la Caisse des dépôts et consignations et spécialement affecté aux fins prévues par la loi susvisée.

2° Soit d'une caution écrite fournie par une entreprise d'assurance agréée à cet effet.

3° Soit d'une caution écrite fournie par un établissement de crédit habilité à donner caution.

Art. 18 — *Annulé par décisions du Conseil d'État statuant au contentieux nº* 88,813 *à* 88,815 *du* 27 *nov. 1974* (JO 5 janv. 1975).

Art. 19 — (*Décr. nº 95-818 du 29 juin 1995*) Lorsque l'établissement de crédit mentionné au 3° de l'article 17 du présent décret est une société de caution mutuelle régie par la loi du 13 mars 1917 susvisée, cette société a pour objet de garantir :

1° Dans les conditions prévues par la loi du 2 janvier 1970 susvisée et par le présent décret, les remboursements ou restitutions des versements ou remises visés à l'article 5 de ladite loi.

2° Dans les conditions prévues par l'article 12 de la loi nº 92-645 du 13 juillet 1992 fixant les conditions d'exercice des activités relatives à l'organisation et à la vente de voyages ou de séjours et par le présent décret, le remboursement des fonds reçus, la délivrance des prestations de substitution et les frais de rapatriement.

3° Dans les États parties à l'accord sur l'Espace économique européen autres que la France, les remboursements et restitutions des sommes d'argent, biens, effets ou valeurs reçus à l'occasion des opérations énumérées à l'article 1er de la loi du 2 janvier 1970 susvisée.

Art. 20 — *Abrogé par Décr. nº 90-690 du 1er août 1990, art. 6.*

Art. 21 — (*Décr. nº 90-690 du 1er août 1990*) Les conditions d'adhésion, de démission et de contrôle des associés, ainsi que celles qui sont relatives à la suspension et au retrait de la garantie sont fixées par les statuts et par le règlement intérieur de chaque société de caution mutuelle.

Art. 22 — (*Décr. nº 95-818 du 29 juin 1995*) « La caution écrite d'une entreprise d'assurance ou d'un établissement de crédit mentionné à l'article 17 du présent décret » prend la forme d'une caution donnée, dans les conditions prévues par le présent décret, par un établissement ayant son siège ou une succursale en France.

(*Décr. nº 95-818 du 29 juin 1995*) « Pour l'application de l'alinéa précédent, les établissements de crédit agréés dans la Principauté de Monaco sont réputés avoir leur siège en France. »

Cette caution résulte d'une convention écrite qui en fixe les conditions générales et notamment précise le montant de la garantie accordée, les conditions de rémunération, les modalités de contrôle comptable, ainsi que les contre-garanties éventuellement exigées par le garant.

Art. 23 — La garantie financière peut aussi résulter d'une consignation qui est déposée à un compte ouvert par la caisse des dépôts et consignations au nom de la personne visée à l'article 1er du présent décret et qui est spécialement affecté aux fins spécifiées par la loi susvisée du 2 janvier 1970.

Ce compte comprend deux sous-comptes :

Le premier sous-compte est exclusivement affecté au remboursement ou à la restitution des versements et remises définis par l'article 5 de la loi susvisée du 2 janvier 1970. Le montant de la consignation déposée à ce sous-compte doit toujours être au moins égal au montant de la garantie déterminé comme il est dit à la section II du présent chapitre.

Le deuxième sous-compte est exclusivement affecté au paiement de la publicité prévue aux articles 45 et 46, ainsi qu'à la rémunération de l'administrateur désigné dans les conditions prévues aux articles 41 et 47 ci-après. Le montant de la consignation déposée à ce sous-compte doit en permanence être au moins égal à une somme calculée suivant un barème fixé par arrêté du garde des sceaux, ministre de la Justice, et du ministre de l'Économie et des finances.

Il est procédé à une réévaluation annuelle des valeurs qui constituent en tout ou en partie la consignation.

Si le montant de la consignation devient inférieur au montant de la garantie ou aux indications du barème des frais, notamment par suite d'un paiement ou d'une réévaluation des valeurs, la caisse des dépôts et consignations invite immédiatement le titulaire du compte à en parfaire le montant. Faute d'effectuer le versement complémentaire dans un délai de trois jours francs à compter de la notification à personne ou à domicile, la garantie cesse de plein droit.

Art. 24 — Le dépôt prévu à l'article précédent ne peut être effectué qu'en espèces, en chèques certifiés par une banque, en titres, dont la liste, ainsi que le mode de calcul de la valeur retenue pour chaque catégorie de titres, sont fixés par arrêté conjoint du garde des sceaux, ministre de la justice, et du ministre de l'économie et des finances.

Un récépissé de dépôt est délivré par la caisse des dépôts et consignations après versement des espèces, remise des chèques, dépôt des valeurs. Un récépissé est également délivré dans les mêmes conditions en cas de versement complémentaire destiné à parfaire le montant de la garantie après augmentation de ce montant, après réévaluation du dépôt ou de l'avance sur frais ou après paiement partiel.

Ces récépissés constatent la garantie pour le montant du dépôt qu'ils indiquent.

Art. 25 — Pendant le cours de la garantie, le montant de la consignation ne peut être versé qu'aux créanciers déterminés, comme il est dit à l'article 39, ou à leurs ayants droit, et dans les cas et conditions définies à la section III du présent chapitre.

En cas de cessation de la garantie, la consignation, sous réserve de la déduction des frais de publicité, peut être restituée au déposant ou à ses ayants droit, en l'absence de toute demande de paiement, à l'expiration des délais après accomplissement des formalités prévues à l'article 47 ci-après.

Si des réclamations ont été produites, la restitution tient compte des paiements auxquels elles ont pu donner lieu dans les conditions prévues à la section III du présent chapitre, ainsi que des frais occasionnés.

Section II

La détermination de la garantie financière

Art. 26 — Lorsqu'une même personne physique ou morale se livre ou prête son concours à des opérations énumérées à l'article 1er de la loi susvisée du 2 janvier 1970, le montant de la garantie est déterminé d'une manière distincte pour chacune des deux catégories d'activités auxquelles correspondent les cartes professionnelles prévues à l'article 1er du présent décret.

Art. 27 — (*Décr. nº 95-818 du 29 juin 1995*) Une même personne physique ou morale ne peut placer l'ensemble des opérations relevant de chacune des catégories d'activités spécifiées à l'article 1er du présent décret que sous un seul mode de garantie résultant soit d'un cautionnement déposé à la Caisse des dépôts et consignations, soit de l'engagement d'un établissement de crédit ou d'une entreprise d'assurance.

Art. 28 — Le titulaire de la carte professionnelle ou la personne qui demande la délivrance de cette carte doit solliciter une garantie financière d'un montant au moins égal au montant maximal des fonds qu'il envisage de détenir.

Art. 29 — Le montant de la garantie financière fixée par la convention ne peut être inférieur au montant maximal des sommes dont le titulaire de la carte professionnelle demeure redevable à tout moment sur les versements et remises qui lui ont été faits à l'occasion des opérations mentionnées par l'article 1er de la loi susvisée du 2 janvier 1970.

Pour la détermination de ce montant, il ne peut être tenu compte que des règlements qui ont été régulièrement et effectivement opérés au profit ou pour le compte des personnes qui doivent en être les bénéficiaires définitifs.

Sauf circonstances particulières dûment justifiées, le montant de la garantie financière ne peut être inférieur au montant maximal des sommes détenues au cours de la précédente période de garantie, calculé conformément aux dispositions des deux précédents alinéas.

Art. 30 — (*Décr. n° 95-818 du 29 juin 1995*) Le montant de la garantie financière qui résulte soit d'un cautionnement déposé à la Caisse des dépôts et consignations. soit d'une caution écrite fournie par une entreprise d'assurance ou par un établissement de crédit, doit être au moins égal à la somme de 110 000 euros.

Art. 31 — Le montant de la garantie est révisé à la fin de chaque période annuelle ou lors de circonstances exceptionnelles survenues en cours d'année.

Art. 32 — (*Décr. n° 95-818 du 29 juin 1995*) La garantie minimale prévue à l'article 30 ci-dessus est fixée à 30 000 euros pour les deux premières années d'exercice. Toutefois cette disposition n'est pas applicable aux personnes morales dont l'un au moins des représentants légaux ou statutaires a déjà été soumis aux dispositions de la loi du 2 janvier 1970 susvisée.

Art. 33 — Dans les cas prévus à l'article 32, la révision en hausse du montant de la garantie est de droit, à la demande de chacune des parties, à l'expiration de chacune des périodes de trois mois au cours de la première année, et de chacune des périodes de six mois au cours de la deuxième année.

Le garant peut alors exiger que la personne garantie soit titulaire d'un compte fonctionnant dans les conditions prévues aux articles 59 et suivants du présent décret.

Art. 34 — (*Décr. n° 74-1179 du 31 déc. 1974*) « Au cours des quatre premières années » d'application de la loi susvisée du 2 janvier 1970, les personnes physiques ou morales qui, à la date de publication du présent décret, bénéficient déjà d'une garantie au plus égale au minimum fixé par l'article 30 ci-dessus, ne peuvent obtenir une garantie d'un montant inférieur à celui qui leur était accordé à cette date.

Art. 35 — Lorsque le titulaire de la carte professionnelle prévue à l'article 1er (alinéa 1er) du présent décret ou la personne qui en sollicite la délivrance a déclaré, dans sa demande, son intention de ne recevoir aucun fonds, effet ou valeur à l'occasion des opérations spécifiées par (*Décr. n° 95-818 du 29 juin 1995*) « l'article 1er (1° à 5° et 7°) » de la loi susvisée du 2 janvier 1970. Le montant de la garantie, par dérogation aux dispositions des articles 30, 32 à 34 ci-dessus, ne peut être inférieur à 30 000 euros.

Art. 36 — Sous réserve de l'application des dispositions du précédent article, le titulaire de la carte professionnelle ne peut recevoir ou accepter de versements et remises que dans la limite du montant de la garantie accordée.

Art. 37 — La caisse des dépôts et consignations, (*Décr. n° 95-818 du 29 juin 1995*) « l'entreprise d'assurance ou l'établissement de crédit », suivant le cas, délivrent à la personne garantie une attestation conforme à un modèle établi par arrêté conjoint du garde des sceaux, ministre de la justice, du ministre de l'intérieur et du ministre de l'économie et des finances.

Art. 38 — La caisse des dépôts et consignations ne peut délivrer l'attestation prévue à l'article précédent que sur production d'un relevé délivré par un expert-comptable ou un comptable agréé, qui indique :

1° Lorsqu'il s'agit d'une personne morale demandant la carte « Transactions sur immeubles et fonds de commerce » : le montant maximal des fonds reçus à ce titre. au cours de l'année précédente, ainsi que le montant du chiffre d'affaires réalisé au cours de la même période.

2° Lorsqu'il s'agit d'une personne demandant la carte « Gestion immobilière » : le montant total des fonds reçus ainsi que le montant maximal des fonds détenus au cours du même exercice.

Les personnes visées au 1° ci-dessus doivent communiquer le registre répertoire prévu à l'article 51 ci-dessous, ainsi que le relevé intégral pour l'année écoulée du compte bancaire prévu, soit à l'article 55, soit à l'article 59.

Les personnes visées au 2° ci-dessus doivent communiquer le registre des mandats, prévu à l'article 65 ci-dessous, ainsi que le relevé intégral pour l'année écoulée des comptes prévus à l'article 71.

Pour la détermination des montants définis aux 1° et 2° ci-dessus, l'expert-comptable, le comptable agréé ou le garant tient compte, le cas échéant, des dispositions de l'article 29 (alinéas 1er et 2).

Section III

La mise en œuvre de la garantie financière

Art. 39 — La garantie financière s'applique à toute créance ayant pour origine un versement ou une remise effectué à l'occasion d'une opération prévue. soit par (*Décr. n° 95-818 du 29 juin 1995*) « les 1° à 5° et 7° » soit par le 6° de l'article 1er de la loi susvisée du 2 janvier 1970. suivant que la garantie est accordée au titulaire d'une carte « Transactions sur immeubles et fonds de commerce » ou au titulaire d'une carte « Gestion immobilière ».

Elle joue sur les seules justifications que la créance soit certaine, liquide et exigible, et que la personne garantie soit défaillante sans que le garant puisse opposer au créancier le bénéfice de discussion.

En cas d'instance en justice. Le demandeur doit aviser le cosignataire ou le garant de l'assignation par lettre recommandée avec demande d'avis de réception.

Pour le consignataire ou le garant, la défaillance de la personne garantie peut résulter d'une sommation de paver suivie de refus ou demeurée sans effet. pendant un délai d'un mois à compter de la signification de la sommation faite à celle-ci.

Si le garant conteste l'existence des conditions d'ouverture du droit au paiement ou le montant de la créance. Le créancier peut assigner directement le garant devant la juridiction compétente.

Art. 40 — Lorsque la garantie résulte d'une consignation, la caisse des dépôts et consignations informe immédiatement le préfet qui a délivré la carte professionnelle de toute demande en paiement, judiciaire ou non, qui lui est présentée.

La personne garantie pourra être considérée par la caisse des dépôts et consignations comme ayant acquiescé à la demande en paiement si, dans le délai d'un mois suivant la signification de la sommation, elle n'a pas judiciairement contesté la cause ou le montant de la demande ou rapporté une renonciation du demandeur.

Art. 41 — Le garant ou. lorsque la garantie résulte d'une consignation, le plus diligent des créanciers peut présenter requête au président du tribunal de grande instance aux fins de désignation d'un administrateur (*Décr. n° 95-818 du 29 juin 1995*) « judiciaire ou d'un expert » chargé de dresser l'état des créances, compte tenu des délais indiqués aux articles 42, 45 et 46.

Art. 42 — Le paiement est effectué par le consignataire ou par le garant à l'expiration d'un délai de trois mois à compter de la présentation d'une demande écrite (*Décr. n° 95-818 du 29 juin 1995*) « accompagnée de justificatifs ». En cas de cessation de la garantie avant l'expiration de ce délai, son point de départ est reporté à la date de publication de l'avis prévu à l'article 45.

Si plusieurs demandes sont reçues pendant ce délai, une répartition a lieu au marc le franc dans le cas où le montant total des demandes excéderait le montant de la garantie.

(*Décr. n° 95-818 du 29 juin 1995*) « Toutefois, si la personne garantie fait l'objet d'une procédure collective pendant le délai fixé au premier alinéa, le règlement des créances peut être différé jusqu'au dépôt de l'état des créances au greffe du tribunal dans les conditions des articles 82 et suivants du décret n° *85-1388* du *27 décembre 1985* relatif au redressement et à la liquidation judiciaires des entreprises. » (V. ce texte au Code de commerce Dalloz).

Art. 43 — (*Décr. n° 95-818 du 29 juin 1995*) « L'établissement de crédit ou l'entreprise d'assurance » dont la garantie a été mise en jeu est subrogé de plein droit dans tous les droits et actions du créancier désintéressé, ainsi qu'il est dit à l'article 2029 du Code civil, en ce qui concerne la dette de la personne garantie et dans la limite du remboursement ou de la restitution faite par lui.

Section IV

Cessation de la garantie

Art. 44 — La garantie cesse en raison de la démission de l'adhérent d'une société de caution mutuelle. de la dénonciation du contrat de caution ou de l'expiration de ce contrat.

Elle cesse également en raison de la fermeture de l'établissement, du décès ou de la cessation d'activité de la personne garantie ou de la mise en location-gérance du fonds de commerce. si elle est possible.

En aucun cas, la garantie ne peut cesser avant l'expiration d'un délai de trois jours francs suivant la publication d'un avis dans deux journaux, dont un quotidien, paraissant ou, à défaut distribués dans le département où est situé le siège de l'entreprise à laquelle a été donnée la garantie, et, le cas échéant, les établissements, les succursales, les agences ou les bureaux qui en dépendent.

Ces publications produisent les effets prévus par l'article 45 (alinéa 3) ci-dessous. si elles satisfont également aux prescriptions de cet article.

Toutefois, en cas de décès, la garantie peut être prorogée, à titre exceptionnel et provisoire, pour une durée qui ne peut excéder un an, si la direction de l'entreprise est assumée de convention expresse entre les parties, par une autre personne qui est titulaire de la carte professionnelle concernant la même catégorie d'activités et qui est garantie par le même garant.

Art. 45 — Dans les différents cas visés à l'article précédent, le garant est tenu d'informer immédiatement, par lettre recommandée avec demande d'avis de réception, les personnes ayant fait des versements ou des remises au titulaire de la carte professionnelle, et dont les noms et adresses figurent sur le registre-répertoire prévu à l'article 51 ci-après.

En outre, une publication est faite à la diligence du garant. conformément aux dispositions du troisième alinéa du précédent article.

Toutes les créances visées à l'article 39 ci-dessus, qui ont pour origine un versement ou une remise fait antérieurement à la date de la cessation de la garantie restent couvertes par le garant, si elles sont produites par le créancier dans un délai de trois mois à compter de la date de la formalité prévue à l'alinéa 1er ci-dessus pour les personnes qu'elles concernent ou de la date prévue au troisième alinéa de l'article précédent pour les autres personnes. Ce délai ne court que si l'avis et les insertions mentionnent le délai de trois mois ouvert aux créanciers pour produire.

Art. 46 — Lorsque la cessation de garantie prévue à l'article 44 concerne un titulaire de la carte professionnelle « Gestion immobilière », le garant est alors tenu d'informer immédiatement. par lettre recommandée avec demande d'avis de réception, les personnes ayant donné mandat de gérer leurs immeubles et dont les noms et adresses figurent sur le registre des mandats prévu à l'article 65.

S'il s'agit d'un syndic de copropriété ou d'un gérant de société, le garant est tenu d'informer, par lettre recommandée avec demande d'avis de réception. le président ou, à défaut, les membres du conseil syndical ou du conseil de surveillance. suivant le cas.

Le garant est tenu d'apposer ou de faire apposer une affiche informant de la cessation de garantie à la porte principale de l'immeuble ou de l'ensemble immobilier et, s'il échet, à la porte principale de chaque bâtiment dépendant du syndicat ou de la société.

En outre, les dispositions des alinéas 2 et 3 de l'article précédent sont applicables.

Art. 47 — La garantie, lorsqu'elle résulte d'une consignation, prend fin soit dans les conditions prévues à l'article 23, dernier alinéa, soit dans les conditions indiquées à l'article 44, alinéa 3.

La publicité prescrite aux trois précédents articles est alors accomplie par un administrateur désigné sur requête par le président du tribunal de grande instance ou par l'administrateur prévu à l'article 41 ci-dessus, s'il en a été désigné un. Les frais sont imputés sur la partie de la consignation affectée à cet effet et déposés au deuxième sous-compte.

Art. 48 — Le consignataire ou le garant, suivant le cas, informe immédiatement de la cessation de la garantie ou de la modification de son montant le préfet qui a délivré la carte professionnelle ainsi que l'établissement bancaire dans lequel est ouvert l'un des comptes prévus par les articles 55, 59 et 71.

Section V

Détermination, mise en œuvre et cessation de la garantie financière pour les prestations touristiques (*Décr. n° 95-818 du 29 juin 1995*)

Art. 48-1 — (*Décr. n° 95-818 du 29 juin 1995*) La garantie financière prévue pour les agents immobiliers et administrateurs de biens habilités en vertu du titre IV du décret n° 94-490 du 15 juin 1994 pris en application de la loi n° 92-645 du 13 juillet 1992 précitée résulte :

1° Soit d'un cautionnement déposé à la Caisse des dépôts et consignations, et spécialement affecté aux fins prévues par la loi susvisée.

2° Soit d'une caution écrite fournie par l'un des garants visés à l'article 17 du présent décret.

Cette garantie financière est spécialement affectée au remboursement en principal des fonds reçus par la personne titulaire de l'habilitation au titre des engagements qu'elle a contractés à l'égard de sa clientèle pour des prestations touristiques en cours ou à servir, à l'exception des locations saisonnières mentionnées à l'article 68 du présent décret. Elle permet d'assurer. notamment en cas d'insolvabilité caractérisée par un dépôt de bilan, le rapatriement des voyageurs.

Art. 48-2 — (*Décr. n° 95-818 du 29 juin 1995*) Le montant minimum de la garantie financière est fixé, par catégorie d'activités soumises à habilitation, par arrêté du ministre chargé du Tourisme après avis du Conseil national du tourisme. Cet arrêté définit, en outre. Les modalités de calcul de la garantie en fonction des recettes réalisées annuellement au titre des opérations couvertes par l'habilitation en tenant compte de la nature des prestations touristiques fournies par l'entreprise habilitée. À défaut d'exercice antérieur de référence, il est fait application du montant minimum de garantie.

Le montant de la garantie financière est fixé par le préfet pour chaque titulaire de l'habilitation. À cet effet, un document comptable faisant état de la totalité des sommes encaissées au titre des opérations réalisées sous le régime de l'habilitation est transmis annuellement au préfet compétent. Cette déclaration précise la nature des prestations touristiques fournies par l'entreprise.

Art. 48-3 — (*Décr. n° 95-818 du 29 juin 1995*) Les opérations relevant de la loi du 2 janvier 1970 susvisée et celles relevant de l'article 12 de la loi du 13 juillet 1992 précitée ne peuvent être placées que sous un seul mode de garantie dépendant d'un même garant.

Art. 48-4 — (*Décr. n° 95-818 du 29 juin 1995*) Le garant délivre au titulaire de l'habilitation une attestation conforme à un modèle établi par arrêté conjoint du garde des sceaux, ministre de la justice, du ministre de l'Intérieur et du ministre chargé du Tourisme.

Art. 48-5 — (*Décr. n° 95-818 du 29 juin 1995*) La garantie intervient sur les seules justifications présentées par le créancier à l'organisme garant, établissant que la créance est certaine et exigible et que l'agence garantie est défaillante, sans que le garant puisse opposer au créancier le bénéfice de division et de discussion.

La défaillance de l'agent garanti peut résulter soit d'un dépôt de bilan, soit d'une sommation de payer par exploit d'huissier ou lettre recommandée avec avis de réception, suivie de refus ou demeurée sans effet pendant un délai de quarante-cinq jours à compter de la signification de la sommation.

En cas d'instance en justice, le demandeur doit aviser le garant de l'assignation par lettre recommandée avec avis de réception.

Si le garant conteste l'existence des conditions d'ouverture du droit au paiement ou le montant de la créance, le créancier peut assigner directement devant la juridiction compétente.

Par dérogation aux dispositions qui précèdent, la mise en œuvre, en urgence, de la garantie en vue d'assurer le rapatriement des clients d'une agence est décidée par le préfet qui requiert le garant de libérer, immédiatement et par priorité, les fonds nécessaires pour couvrir les frais inhérents à l'opération de rapatriement.

Art. 48-6 — (*Décr. n° 95-818 du 29 juin 1995*) Sauf cas de rapatriement, le paiement est effectué par le garant dans un délai de trois mois à compter de la présentation de la demande écrite accompagnée des justificatifs.

En cas de cessation de la garantie avant l'expiration de ce délai, le point de départ de celui-ci est reporté à la date de publication de l'avis prévu à l'article 48-7.

Si plusieurs demandes sont reçues pendant ce délai, une répartition a lieu au marc le franc dans le cas où le montant total des demandes excéderait le montant de la garantie.

Toutefois, si la personne garantie fait l'objet d'une procédure collective pendant le délai fixé au premier alinéa, le règlement des créances peut être différé jusqu'au dépôt de l'état des créances au greffe du tribunal dans les conditions des articles 82 et suivants du décret n° 85-1388 du 27 décembre 1985 relatif au redressement et à la liquidation judiciaires des entreprises.

Le garant dont la garantie a été mise en jeu est subrogé de plein droit à tous les droits du créancier désintéressé, ainsi qu'il est dit à l'article 2029 du Code civil, en ce qui concerne la dette de la personne garantie et dans la limite du remboursement ou de la restitution faite par lui.

Art. 48-7 — (*Décr. n° 95-818 du 29 juin 1995*) La garantie cesse par son exécution ou pour les raisons suivantes :

– dénonciation de l'engagement de garantie financière pris par un établissement de crédit ou une entreprise d'assurance;

– retrait par le préfet de l'habilitation.

L'organisme garant informe, sans délai, le préfet par lettre recommandée de la cessation de la garantie financière.

Un avis annonçant la cessation de la garantie et précisant qu'elle cessera à l'expiration d'un délai de trois jours suivant la publication dudit avis est publié à la diligence du garant dans deux journaux, dont un quotidien, distribués dans le ou les départements où sont installés le siège de l'agence garantie et, le cas échéant, ses succursales ou ses points de vente.

L'avis indique qu'un délai de trois mois est ouvert aux créanciers éventuels pour produire leurs créances.

Ces avis sont communiqués le même jour au préfet par le garant.

Si le titulaire de l'habilitation bénéficie d'une nouvelle garantie accordée par un autre organisme. il doit en informer le public par insertion d'un avis publié dans la presse ou apposé sur son local.

Sans préjudice de la mise en œuvre éventuelle des mesures d'urgence prévues à l'article 48-5. Les créances nées antérieurement à la date de cessation de la garantie restent couvertes par le garant si elles sont produites par le créancier dans un délai de trois mois à compter de la date des publications prescrites ci-dessus.

Le garant tient à la disposition du préfet le contenu des demandes qui lui sont présentées et de la suite qui leur est donnée.

CHAPITRE IV
ASSURANCE DE LA RESPONSABILITÉ CIVILE PROFESSIONNELLE

Art. 49 — Les personnes visées à l'article 1er du présent décret doivent justifier qu'elles sont couvertes pour chaque établissement, succursale, agence ou bureau, contre les conséquences pécuniaires de la responsabilité civile professionnelle qu'elles peuvent encourir en raison de leurs activités, par un contrat souscrit par elles auprès d'une société d'assurances ou d'un assureur agréé en application du décret du 14 juin 1938 [*C. assur. art. L.* 310-1 s., *R.* 310-1 s., L. 511-1 s. *et R.* 511-1 s.].

Un arrêté conjoint du garde des sceaux, ministre de la Justice, et du ministre de l'Économie et des Finances, fixe les conditions minimales que doit comporter ce contrat et la forme du document justificatif d'assurance qui devra être remis au préfet au moment de la demande de délivrance ou de renouvellement de la carte professionnelle. – V. Arr. 1er sept. 1972 (JO 13 sept.).

Art. 50 — Toute suspension de garantie, dénonciation de la tacite reconduction ou résiliation du contrat d'assurance est portée sans délai par la société d'assurance ou l'assureur agréé à la connaissance du préfet qui a délivré la carte professionnelle.

CHAPITRE V
OBLIGATIONS PARTICULIÈRES EN CAS DE RÉCEPTION, DÉTENTION OU DISPOSITION DE FONDS, EFFETS OU VALEURS PAR LES INTERMÉDIAIRES

Section première
Registres-répertoires et reçus

Art. 51 — Tous les versements ou remises faits au titulaire de la carte « Transactions sur immeubles et fonds de commerce » doivent être immédiatement mentionnés sur un registre-répertoire dit « De la loi du 2 janvier 1970 » conforme au modèle fixé par arrêté conjoint du garde des Sceaux, ministre de la Justice, et du ministre de l'Économie et des Finances.

Le registre-répertoire est, à l'avance, relié et coté sans discontinuité.

L'existence de ce registre ne dispense pas son titulaire de satisfaire, en ce qui concerne la tenue des autres livres ou registres, aux obligations auxquelles il est astreint en raison de sa qualité ou de la nature des opérations auxquelles il se livre.

Le registre-répertoire est tenu sous la responsabilité du titulaire de la carte professionnelle, ou de ses représentants légaux ou statutaires, s'il s'agit d'une personne morale.

Indépendamment du registre-répertoire tenu par le titulaire de la carte professionnelle pour l'ensemble des activités correspondant à cette carte, il est tenu un registre-répertoire pour les versements ou remises particuliers à chaque établissement, succursale, agence ou bureau, sous la responsabilité de la personne qui la dirige.

Le garant peut demander, à tout moment, communication du registre-répertoire.

Art. 52 — Tous les versements ou remises doivent donner lieu à la délivrance d'un reçu. Ce reçu est conforme à un modèle fixé par arrêté conjoint du garde des Sceaux, ministre de la Justice, et du ministre de l'Économie et des Finances. Un double du reçu demeure dans un carnet de reçus.

Cet arrêté fixe également les mentions que le reçu devra contenir.

Le garant peut demander qu'un double de chaque reçu lui soit adressé.

Le titulaire du registre-répertoire peut, sous sa responsabilité et sous réserve des stipulations du contrat qui accorde la garantie, remettre des carnets de reçus à des personnes agissant pour son compte et titulaires du récépissé ou de l'attestation prévus aux articles 8 et 9 ci-dessus.

Le titulaire du registre-répertoire doit porter sur un état spécial la date de la mise en service de chaque carnet de reçus en précisant son numéro, ainsi que, le cas échéant, le nom, la qualité de son détenteur, ainsi que le numéro du récépissé ou de l'attestation.

Les versements ou remises reçus par ces personnes doivent être mentionnés sur le registre-répertoire de celui pour le compte duquel elles détiennent les carnets, dans les cinq jours francs de la délivrance du reçu.

Art. 53 — Les registres et documents visés aux articles 51 et *52* ci-dessus doivent être conservés pendant dix ans.

Art. 54 — La carte professionnelle « transactions sur immeubles et fonds de commerce » n'autorise pas son titulaire à recevoir à ce titre, même occasionnellement, des versements ou remises énumérés à l'article 64 ci-après, à l'occasion de la location ou de la sous-location en nu ou en meublé d'immeubles bâtis ou non bâtis, ni des redevances de location-gérance d'un fonds de commerce.

Section II

Obligations concernant les intermédiaires garantis par un établissement de crédit ou par une entreprise d'assurance (*Décr. n° 95-818 du 29 juin 1995*)

Art. 55 — (*Décr. 95-818 du 29 juin 1995*) « Lorsque la garantie est donnée par un établissement de crédit ou une entreprise d'assurance, le titulaire de la carte professionnelle prévue au premier alinéa de l'article 1er du présent décret est tenu de faire ouvrir, à son nom. dans un établissement de crédit un compte qui est exclusivement affecté à la réception des versements ou remises visés à l'article 5 de la loi du *2 janv*ier 1970 susvisée. »

Il ne peut être ouvert qu'un seul compte de cette nature par titulaire de carte professionnelle.

Ce compte fonctionne exclusivement sous la signature du titulaire de la carte professionnelle. de son ou de ses représentants légaux ou statutaires, s'il s'agit d'une personne morale et, le cas échéant, du gérant, mandataire ou salarié, et des préposés spécialement habilités à cet effet, (*Décr. n° 95-818 du 9 juin 1995*) « L'administrateur ou le liquidateur. en cas de redressement judiciaire ou de liquidation judiciaire. ou un mandataire de justice si le titulaire du compte est dans l'impossibilité de manifester sa volonté, peut opérer les retraits. »

Il ne peut y avoir compensation ou convention de fusion entre ce compte et tout autre compte ouvert au nom de son titulaire dans (*Décr. n° 95-818 du 29 juin 1995*) « le même établissement de crédit ».

Art. 56 — (*Décr n° 95-818 du 29 juin 1995*) « Tous les versements reçus par le titulaire de la carte professionnelle sont obligatoirement faits au moyen soit de chèques barrés à l'ordre de l'établissement de crédit où le compte est ouvert soit par virements, soit par mandats postaux à l'ordre dudit établissement de crédit, avec indication du numéro de compte. »

Les effets, ainsi que les valeurs reçus par le titulaire du compte sont obligatoirement remis à l'établissement où est ouvert ce compte.

Les versements ou remises sont reçus dans les mêmes formes par les titulaires du récépissé de la déclaration ou de l'attestation prévus aux articles 8 et 9, au nom et pour le compte du titulaire de la carte professionnelle, et doivent également être déposés dans les conditions prévues aux alinéas précédents.

Art. 57 — Les retraits du compte prévu à l'article *55* ne peuvent être faits que (*Décr. n° 95-818 du 29 juin* 1995) « par virement ou par la délivrance d'un chèque barré » ou encore, s'il s'agit de valeurs ou d'effets, par un récépissé de retrait.

Art. 58 — Dès la notification de la cessation de la garantie à (*Décr. n° 95-818 du 29 juin 1995*) « l'établissement de crédit » qui tient le compte, il ne peut être procédé à des retraits qu'avec l'accord du garant.

Si le titulaire du compte refuse d'effectuer un retrait, la désignation d'un administrateur provisoire peut être demandée au président du tribunal de grande instance statuant en référé.

En cas de changement de garantie financière, les fonds provenant des opérations en cours au moment de la cessation de la garantie antérieure ne peuvent être transférés à un autre compte de même nature ou un compte spécial à rubrique prévu ci-après, suivant le cas, que s'ils sont pris en charge au titre de la nouvelle garantie.

Section III

Obligations concernant les intermédiaires dont la garantie résulte d'une consignation

Art. 59 — Lorsque la garantie résulte d'une consignation, la personne qui est titulaire de la carte professionnelle « transactions sur immeubles et fonds de commerce » est tenue de faire ouvrir un compte spécial à rubriques qui est exclusivement affecté à la réception des versements et remises visés à l'article *5* de la loi susvisée du 2 janvier *1970*. Ce compte est ouvert dans (*Décr. n° 95-818 du 29 juin 1995*) « un établissement de crédit » ou à la caisse des dépôts et consignations. Les versements et remises reçus par le titulaire de la carte à l'occasion des opérations visées à (*Décr. n° 95-818 du 29 juin 1995*) « l'article 1° à 5° et 7° » de la loi, sont obligatoirement déposés à ce compte dans les conditions suivantes.

Les versements sont obligatoirement faits au moyen, soit de chèques à l'ordre de l'établissement où le compte est ouvert et barrés, soit par virements de banque à banque, soit par mandats ou virements postaux à l'ordre dudit établissement.

Ces versements doivent mentionner l'opération à laquelle ils se rapportent, le nom de la personne qui y a procédé, et celui de la ou des personnes qui peuvent en être les bénéficiaires. Ils sont inscrits au compte sous une rubrique reprenant ces diverses mentions.

Les effets, ainsi que les valeurs reçus par le titulaire du compte sont obligatoirement placés au compte spécial à rubriques et leur dépôt est effectué à l'établissement dans les conditions prévues à l'alinéa précédent.

Lorsque les titulaires d'un récépissé de déclaration ou d'attestation prévus par les articles 8 et 9 agissent au nom et pour le compte de la personne qui est titulaire du compte spécial à rubriques, les versements et remises qu'ils reçoivent doivent être faits dans les formes prévues au présent article.

Art. 60 — Les retraits du compte spécial à rubriques ne peuvent être faits que par virements de banque à banque ou à un compte de chèques postaux, par la délivrance d'un chèque bancaire barré, ou encore, s'il s'agit de valeurs ou d'effets, par un récépissé de retrait.

Art. 61 — Le titulaire du compte peut disposer sous sa seule signature des sommes ou valeurs figurant à une rubrique du compte, mais seulement au profit :

1° D'un notaire.

2° De la personne ayant procédé au versement ou à la remise.

3° Des personnes désignées comme bénéficiaires lors de l'inscription au compte, à l'exception de lui-même.

4° D'un séquestre judiciaire ou de créanciers des personnes propriétaires des fonds ou valeurs.

5° De lui-même. à la condition qu'il justifie d'une créance née de la transmission d'un droit se rapportant à des opérations spécifiées à (*Décr. n° 95-818 du 29 juin 1995*) « l'article 1er de la loi du 2 janvier 1970 susvisée (1° à 5° inclus et 7°) ».

Le syndic, en cas de règlement judiciaire ou de liquidation de biens [*l'administrateur ou le liquidateur, en cas de redressement ou de liquidation judiciaire]*, ou un mandataire de justice si le titulaire du compte est dans l'impossibilité de manifester sa volonté, peut opérer les retraits à la place du titulaire.

La justification de la qualité de créancier du vendeur d'un fonds de commerce peut suffisamment résulter pour la banque du caractère conjoint de l'ordre de disposition donné par le titulaire du compte et par le vendeur lui-même.

Art. 62 — Sauf instructions particulières du titulaire du compte spécial à rubriques. l'établissement détenteur des valeurs ou effets remis n'est pas tenu de surveiller les échéances de valeurs ou d'effets.

Les sommes provenant de l'encaissement de valeurs ou effets sont directement portées au crédit de la rubrique correspondant à l'opération.

L'établissement qui tient le compte est tenu de vérifier que les bénéficiaires des retraits figurent parmi les personnes énumérées à l'article 61 ci-dessus. Toute opposition ou saisie-arrêt visant des avoirs figurant à une rubrique du compte doit être obligatoirement pratiquée entre les mains du titulaire du compte.

Art. 63 — Dès la notification de la cessation de la garantie à l'établissement qui tient le compte. il ne peut être procédé à des retraits que par un administrateur désigné par le président du tribunal de grande instance sur simple requête.

En cas de changement de garantie financière, les fonds provenant des opérations en cours au moment de la cessation de la garantie antérieure ne peuvent être transférés à un compte prévu par l'article 55 que s'ils sont pris en charge au titre de la nouvelle garantie.

CHAPITRE VI
DISPOSITIONS PARTICULIÈRES À LA GESTION IMMOBILIÈRE

Art. 64 — Le titulaire de la carte professionnelle « gestion immobilière » peut recevoir des sommes représentant des loyers, charges, indemnités d'occupation, prestations cautionnements, avances sur travaux et plus généralement. tous biens. sommes ou valeurs dont la perception est la conséquence de l'administration des biens d'autrui.

À moins que le titulaire de la carte professionnelle « gestion immobilière » représente la personne morale qu'il administre, notamment un syndicat de copropriétaires, une société ou une association, il doit détenir un mandat écrit qui précise l'étendue de ses pouvoirs et qui l'autorise expressément à recevoir des biens, sommes ou valeurs, à l'occasion de la gestion dont il est chargé.

Art. 65 — Le titulaire de la carte professionnelle « gestion immobilière », son ou ses représentants légaux ou statutaires, s'il s'agit d'une personne morale, doit tenir, sous sa responsabilité, un registre des mandats, conforme à un modèle fixé par arrêté conjoint du garde des sceaux, ministre de la Justice, du ministre de l'Intérieur et du ministre de l'Économie et des Finances, sur lequel les mandats prévus à l'article précédent sont mentionnés par ordre chronologique.

Le numéro d'inscription sur le registre des mandats est reporté sur celui des exemplaires du mandat qui reste en la possession du mandant.

Les décisions de toute nature qui confient au titulaire du registre des mandats la gestion d'un syndicat de copropriétaires, d'une société ou d'une association doivent être mentionnées à leur date sur le registre.

Ce registre est, à l'avance, coté sans discontinuité et relié.

En cas de cessation de garantie, ce registre est communiqué au garant ou à l'administrateur désigné.

Art. 66 — Le mandat précise les conditions de la reddition de comptes qui doit intervenir au moins tous les ans.

Le mandataire ne peut demander ni recevoir, directement ou indirectement d'autres rémunérations, à l'occasion des opérations dont il est chargé, que celles dont les conditions de détermination sont précisées dans le mandat ou dans la décision de nomination, ni de personnes autres que celles qui y sont désignées.

Art. 67 — Les loyers payés d'avance entre les mains d'un mandataire, sous quelque forme et pour quelque cause que ce soit, à l'occasion d'un louage de choses, ne peuvent excéder une somme correspondant au montant du loyer afférent à la période de location lorsqu'elle n'excède pas trois mois. Pour les locations d'une durée supérieure à trois mois, les sommes ainsi payées ne peuvent dépasser un montant qui excède trois mois de loyers pour les locaux d'habitation, les locaux à usage professionnel et les locaux à usage professionnel et d'habitation, et six mois de loyers pour les locaux a usage commercial, industriel ou artisanal.

Les versements ou remises faits entre les mains d'un mandataire et correspondant à un cautionnement ou à un loyer payé d'avance ne peuvent être acceptés par le mandataire plus de trois mois avant l'entrée dans les lieux ou la remise des clés.

Avis des versements ou remises afférents à des locations nouvelles doit être donné au propriétaire ou au bailleur par lettre recommandée ou par un écrit remis contre un récépissé. au plus tard dans les huit jours de la remise des fonds.

Art. 68 — En ce qui concerne les locations dites saisonnières de locaux meublés. d'une durée maximale non renouvelable de 90 jours, les versements et remises faits au nom du mandataire ne peuvent être reçus par ce dernier plus de six mois avant le début de la location ni excéder en aucun cas, lorsqu'ils sont faits avant l'entrée dans les lieux, le quart du montant du loyer : le versement du solde du loyer peut être exigé contre la remise des clés.

Avis de ces versements ou remises doit être donné au propriétaire ou au bailleur dans les conditions stipulées au mandat.

Art. 69 — La *[Le]* titulaire de la carte professionnelle « gestion immobilière » peut recevoir des versements ou remises, autres que ceux mentionnés par l'article 64. et même un prix de vente, à l'occasion de l'une des opérations spécifiées à l'article 1er (1° à 5°) de la loi susvisée du 2 janvier 1970, mais seulement à titre occasionnel et sous les conditions suivantes :

1° Il doit gérer depuis plus de trois ans le bien qui est l'objet du contrat.

2° Les fonds, biens, effets ou valeurs reçus ou détenus, dans ces conditions, doivent être compris dans le montant de la garantie financière, conformément aux dispositions de l'article 29 ci-dessus.

3° Il doit avoir reçu un mandat spécial répondant aux conditions prévues aux articles 72 et suivants, à l'effet de procéder à l'opération dont s'agit.

4° Les conséquences pécuniaires de la responsabilité civile professionnelle qui peut être encourue à cette occasion, doivent être couvertes, soit par la police relative aux activités de gestion immobilière, soit par une police spéciale ou complémentaire souscrite auprès d'une société d'assurances ou d'un assureur agréé en application du décret susvisé du 14 juin 1938.

Art. 70 — En cas de cessation de la garantie, la personne visée à l'article 1er (6°) de la loi du 2 janvier 1970, doit verser immédiatement les fonds, biens, effets ou valeurs qu'elle détient pour les mandants à un compte ouvert dans un (*Décr. n° 95-818 du 29 juin 1995*) « établissement de crédit ».

Les retraits du compte ouvert en application de l'alinéa premier ci-dessus sont opérés, avec l'accord du garant, sous la signature du titulaire du compte ou de la personne qui est habilitée par la loi à le représenter.

En cas de refus ou d'impossibilité d'opérer le versement ou les retraits prévus aux alinéas précédents, le garant peut demander, au juge des référés la désignation d'un administrateur.

Art. 71 — Lorsque la garantie résulte d'une consignation, les versements ou remises mentionnés à l'article 64 doivent être faits à un compte ouvert, par (*Décr. n° 95-818 du 29 juin 1995*) « un établissement de crédit » ou par la caisse des dépôts et consignations ou par un centre de chèques postaux, au nom de chaque mandant ou de chaque indivision.

Toutes les sommes ou valeurs reçues à l'occasion des opérations de gestion immobilière doivent être versées dans les trois jours francs à ce compte.

En cas de cessation de garantie, les retraits du compte ouvert en application de l'alinéa premier sont opérés sous la double signature du ou des mandants et du gestionnaire, ou, en cas d'impossibilité ou de refus de sa part, de la personne qui est habilitée par la loi à le représenter ou, le cas échéant, d'un administrateur désigné par ordonnance du président du tribunal de grande instance rendue sur requête.

CHAPITRE VII
LES CONVENTIONS PRÉVUES PAR L'ARTICLE 6 DE LA LOI DU 2 JANVIER 1970 SUSVISÉE
(*Décr. n° 95-818 du 29 juin 1995*)

Section première
Les conventions relatives aux opérations de l'article 1er (1° à 5°) de la loi du 2 janvier 1970 susvisée
(*Décr. n° 95-818 du 29 juin 1995*)

Art. 72 — Le titulaire de la carte prévue à l'article 1er (alinéa 1er) du présent décret ne peut négocier *ou* s'engager à l'occasion d'opérations spécifiées à l'article 1er (1° à 5°) de la loi susvisée du *2 janv*ier 1970, sans détenir un mandat écrit préalablement délivré à cet effet par l'une des parties.

Le mandat précise son objet et contient les indications prévues à l'article 73.

Lorsqu'il comporte l'autorisation de s'engager pour une opération déterminée, le mandat en fait expressément mention.

Tous les mandats sont mentionnés par ordre chronologique sur un registre des mandats conforme à un modèle fixé par arrêté conjoint du garde des sceaux. ministre de la justice, du ministre de l'intérieur et du ministre de l'économie et des finances.

Le numéro d'inscription sur le registre des mandats est reporté sur celui des exemplaires du mandat qui reste en la possession du mandant.

Ce registre est à l'avance coté sans discontinuité et relié

Les mandats et le registre des mandats sont conservés pendant dix ans.

Art. 73 — Le titulaire de la carte professionnelle prévue à l'article 1er (alinéa 1er) du présent décret, son ou ses représentants légaux ou statutaires, s'il s'agit d'une personne morale, qui doit recevoir le mandat prévu à l'article 72, ne peut demander, ni recevoir, directement ou indirectement, d'autre rémunération ou commission à l'occasion d'une opération spécifiée à l'article 1er (1° à 5°) de la loi susvisée du 2 janvier 1970 que celle dont les conditions de détermination sont précisées dans le mandat.

Le mandat doit préciser si cette rémunération est à la charge exclusive de l'une des parties à l'opération ou si elle est partagée. Dans ce dernier cas, les conditions et modalités de ce partage sont indiquées dans le mandat et reprises dans l'engagement des parties. Le montant de la rémunération ou de la commission, ainsi que l'indication de la ou des parties qui en ont la charge, sont portés dans l'engagement des parties. Il en est de même, le cas échéant, des honoraires de rédaction d'actes et de séquestre.

Le titulaire de la carte ne peut demander, ni recevoir, directement ou indirectement, des commissions ou des rémunérations à l'occasion de cette opération d'une personne autre que celles mentionnées comme en ayant la charge dans le mandat et dans l'engagement des parties.

Art. 74 — Lorsque l'engagement des parties contient une clause de dédit ou une condition suspensive, l'opération ne peut être regardée comme effectivement conclue pour l'application du troisième alinéa de l'article 6 de la loi susvisée du 2 janvier 1970, s'il y a dédit ou tant que la faculté de dédit subsiste, ou tant que la condition suspensive n'est pas réalisée.

Art. 75 — Si le mandat prévoit une rémunération forfaitaire, celle-ci peut être modifiée lorsque le prix de vente ou de cession retenu par l'engagement des parties est différent du prix figurant dans le mandat.

Art. 76 — Le titulaire de la carte n'est autorisé à verser pour un montant maximal à recevoir ou à détenir des fonds. biens, effets ou valeurs, ou à en disposer, à l'occasion d'une opération spécifiée à l'article 1er (1° à 5°) de la loi susvisée du 2 janvier 1970 que dans la mesure et dans les conditions précisées par une clause expresse du mandat, compte tenu des dispositions de cette loi et du présent décret.

Le mandat d'acheter ou de prendre à bail un bien non identifié ne doit contenir aucune clause fixant à l'avance le montant des dommages-intérêts ou du dédit éventuellement dû par la partie qui ne remplirait pas ses engagements.

Art. 77 — Le titulaire de la carte devra, dans le délai stipulé et, en tout cas, dans les huit jours de l'opération, informer son mandant de l'accomplissement du mandat de vendre ou d'acheter.

L'information est faite par lettre recommandée avec demande d'avis de réception ou par tout autre écrit remis contre récépissé ou émargement.

L'intermédiaire remet à son mandant, dans les mêmes conditions que ce ! les prévues aux deux alinéas précédents, une copie de la quittance ou du reçu délivré.

Art. 78 — Lorsqu'un mandat est assorti d'une clause d'exclusivité ou d'une clause pénale, ou lorsqu'il comporte une clause aux termes de laquelle une commission sera due par le mandant, même si l'opération est conclue sans les soins de l'intermédiaire, cette clause ne peut recevoir application que si elle résulte d'une stipulation expresse d'un mandat dont un exemplaire a été remis au mandant. Cette clause est mentionnée en caractères très apparents.

Passé un délai de trois mois à compter de sa signature, le mandat contenant une telle clause peut être dénoncé à tout moment par chacune des parties, à charge pour celle qui entend y mettre fin d'en aviser l'autre partie quinze jours au moins à l'avance par lettre recommandée avec demande d'avis de réception.

Toutefois, les dispositions du précédent alinéa ne s'appliquent pas lorsque le mandat est donné en vue de :

1° La vente d'immeuble par lots.

2° La souscription ou la première cession d'actions ou de parts de société immobilière donnant vocation à une attribution de locaux en jouissance ou en propriété.

3° La location, par fractions, de tout ou partie des locaux à usage commercial dépendant d'un même ensemble commercial.

Dans les trois cas prévus au précédent alinéa, le mandat doit néanmoins préciser les cas et conditions dans lesquels il peut être dénoncé avant sa complète exécution lorsque l'opération porte en totalité sur un immeuble déjà achevé.

Art. 79 — Lorsque le titulaire de la carte professionnelle prévue à l'article 1er (alinéa 1er du présent décret) reçoit un versement ou une remise à l'occasion d'une opération visée à l'article 1er de la loi susvisée du 2 janvier 1970, l'acte écrit contenant l'engagement des parties comporte l'indication du mode et du montant de la garantie et celle du garant ou du consignataire.

Section III

Les conventions relatives aux opérations de l'article 1er (7°) de la loi du 2 janvier 1970 susvisée (*Décr. no 95-818 du 29 juin 1995*)

Art. 79-1 — (*Décr. no 95-818 du 29 juin 1995*) Pour l'exercice de l'activité mentionnée au 7° de l'article 1er de la loi du *2 janvier* 1970 susvisée. Le titulaire de la carte prévue au premier alinéa de l'article 1er du présent décret ne peut procéder à l'inscription d'un bien immobilier dans un fichier ou sur une liste sans détenir préalablement une convention à cet effet rédigée par écrit et signée par le propriétaire du bien ou le titulaire de droits sur ce bien.

Cette convention précise son objet, sa durée, la description du bien ou des biens sur lesquels elle porte. S'il est prévu une rémunération à la charge du propriétaire ou du titulaire de droits sur le bien, elle indique le montant de cette rémunération. Elle prévoit les moyens à mettre en œuvre par l'une et l'autre des parties afin que ne figurent dans le fichier ou sur la liste que des biens disponibles au regard de son objet.

Toutes les conventions prévues au présent article sont mentionnées par ordre chronologique sur un registre spécial conforme à un modèle fixé par arrêté conjoint du garde des sceaux, ministre de la Justice, du ministre de l'Intérieur et du ministre de l'Économie et des Finances.

Le numéro d'inscription sur ce registre spécial est reporté sur celui des exemplaires de la convention qui reste en la possession du propriétaire du bien ou du titulaire de droits sur ce bien.

Les conventions et le registre spécial sont conservés pendant dix ans.

Art. 79-2 — (*Décr. no 95-818 du 29 juin 1995*) La convention conclue entre l'acheteur de listes et le titulaire de la carte prévue au premier alinéa de l'article 1er précise son objet, sa durée, les caractéristiques du bien recherché et le montant de la rémunération convenue.

Si un versement sur la rémunération est effectué préalablement à la fourniture de la prestation de vente de listes, ou en cas de prestations successives avant la dernière des prestations prévues, la convention indique les conditions éventuelles du remboursement de ce versement.

Toutes les conventions prévues au présent article sont mentionnées par ordre chronologique sur un registre spécial conforme à un modèle fixé par arrêté conjoint du garde des sceaux, ministre de la Justice, du ministre de l'Intérieur et du ministre de l'Économie et des Finances.

Le numéro d'inscription sur ce registre spécial est reporté sur celui des exemplaires de la convention qui reste en la possession de l'acquéreur de listes.

Les conventions et le registre spécial sont conservés pendant dix ans.

Art. 79-3 — (*Décr. nº 95-818 du 29 juin 1995*) Le titulaire de la carte prévue au premier alinéa de l'article 1er ne peut, à l'occasion d'une opération portant sur un même bien ou sur une même demande, se livrer simultanément à l'activité mentionnée à l'article 1er (7°) de la loi du 2 janvier 1970 susvisée et à une des activités mentionnées à l'article 1er (1° à 5°) de la même loi.

Si, à l'occasion d'une opération portant sur un même bien ou sur une même demande, la convention prévue à l'article 79-1 ou celle prévue à l'article 79-2 est suivie du mandat prévu à l'article 72. Le titulaire de la carte doit, préalablement à l'acceptation du mandat, rembourser au mandant la rémunération que celui-ci a versée en application de l'une des conventions prévues aux articles 79-1 ou 79-2 précités.

L'obligation de remboursement, dans le cas visé à l'alinéa ci-dessus, doit figurer expressément dans les conventions prévues aux articles 79-1 et 79-2.

CHAPITRE VIII
RENOUVELLEMENT DES CARTES PROFESSIONNELLES ET CONTRÔLE

Art. 80 — La carte professionnelle est valable un an.

Son renouvellement intervient sur présentation au préfet compétent, en vertu de l'article 5 ci-dessus, d'une demande écrite conforme aux dispositions de l'article 2.

Sont joints à cette demande :

1° Une attestation de garantie financière délivrée conformément aux dispositions de l'article 37 ci-dessus.

2° Une attestation d'assurance contre les conséquences pécuniaires de la responsabilité civile professionnelle délivrée conformément aux dispositions de l'article 49 (alinéa 2).

3° La justification du paiement des droits prévus à l'article 8 de la loi susvisée du 2 janvier 1970.

4° Le cas échéant, lorsqu'il s'agit du renouvellement de la carte prévue à l'article 1er (alinéa 1er) du présent décret, une déclaration sur l'honneur qu'il n'est reçu aucun fonds, effet ou valeur à l'occasion des opérations spécifiées par (*Décr. nº 95-818 du 29 juin 1995*) « l'article 1er (1° à 5° et 7°) » de la loi susvisée du 2 janvier 1970.

Le préfet vérifie, en se faisant délivrer un bulletin nº 2 du casier judiciaire, que le demandeur n'est pas frappé de l'une des interdictions ou incapacités d'exercer définies au titre II de la loi du 2 janvier 1970. Le demandeur produit, s'il y a lieu, les documents prévus à l'article 3 (dernier alinéa) du présent décret.

La nouvelle carte est délivrée sur remise de l'ancienne.

Art. 81 — Pour chaque département, le préfet fixe les dates auxquelles doivent être présentées les demandes de renouvellement de la carte professionnelle.

Art. 82 — La demande de renouvellement de la carte « Transactions sur immeubles et fonds de commerce » est, en outre, accompagnée d'un arrêté de comptes certifié exact, afférent à la période écoulée depuis la première délivrance de la carte professionnelle et ensuite depuis le précédent arrêté de comptes.

Ce document indique le montant maximal des fonds, effets ou valeurs détenus au cours de cette période.

Ces sommes doivent toujours être au plus égales au montant de la garantie.

Cet arrêté de comptes est délivré par un expert comptable, un comptable agréé ou par le garant.

Art. 83 — La demande de renouvellement de la carte « Gestion immobilière » est. en outre, accompagnée, lorsque la garantie est donnée (*Décr. nº 95-818 du 29 juin 1995*) « par un établissement de crédit ou une entreprise d'assurance », d'un arrêté de comptes faisant apparaître le montant maximal des fonds détenus depuis la première délivrance de la carte et ensuite depuis le précédent arrêté de comptes. Ce montant est au plus égal au montant de la garantie.

Cet arrêté est délivré par un expert comptable, un comptable agréé ou par le garant.

Art. 84 — Lorsque la garantie résulte d'une consignation, la demande de renouvellement de la carte « Gestion immobilière » est accompagnée :

1° D'un état des mandants établi par le demandeur au vu du registre des mandats.

2° Des attestations d'ouverture des comptes prévus à l'article 71 ci-dessus et délivrées par les établissements où ces comptes sont ouverts.

3° D'un état faisant apparaître, depuis la première délivrance de la carte professionnelle et ensuite depuis la date du dernier état, pour chacun de ces comptes.

Le montant maximal des fonds détenus.

Le solde de chacun de ces comptes à la date de l'état qui ne peut être antérieure de plus de quinze jours à la demande de renouvellement.

La récapitulation totale de ces montants, d'une part, et de ces soldes. d'autre part, doit être au plus égale au montant de la garantie.

L'état prévu au 3° ci-dessus peut être établi par le demandeur lorsqu'il comporte en annexe un document bancaire indiquant, pour chacun des comptes, le montant maximal des fonds détenus et le solde. Il peut aussi être établi par un établissement bancaire ou par un expert comptable, ou un comptable agréé.

Art. 85 — Les documents bancaires mentionnés aux articles 81 à 84 ci-dessus doivent être délivrés dans les quinze jours suivant la réception de la demande qui en est faite.

Ils ne doivent pas être antérieurs de plus de quinze jours à la demande de renouvellement.

Art. 86 — Les fonctionnaires et les techniciens désignés à cet effet par le préfet ainsi que les garants peuvent, à tout moment, se faire communiquer tous les documents qu'ils estiment nécessaires à la vérification de la suffisance de la garantie.

Ils peuvent notamment se faire produire :

Par les titulaires de la carte « Transactions sur immeubles et fonds de commerce » : le registre-répertoire dit « de la loi du 2 janvier 1970 », les carnets de reçus, l'état spécial de mise en service de ces carnets, le registre des mandats, les conventions visées à l'article 6 (alinéa 1er) de la loi susvisée du 2 janvier 1970, les relevés du compte visé à l'article 55 du présent décret, ceux du compte spécial à rubriques, les copies des avis prévus aux articles 67 et 68 ci-dessus.

Par les titulaires de la carte « Gestion immobilière » : le livre de caisse, les livres de banque et chèques postaux, le registre des mandats, les conventions visées à l'article 6 (alinéa 1er) de la loi susvisée du 2 janvier 1970, les relevés des comptes bancaires ou postaux, et notamment ceux visés à l'article 71, les copies des documents constatant les redditions de comptes.

Les documents mentionnés à l'alinéa précédent doivent être conservés par les titulaires de la carte professionnelle pendant au moins dix ans.

CHAPITRE IX
DISPOSITIONS TRANSITOIRES

Art. 87 — Chacune des cartes professionnelles prévues à l'article 1er ci-dessus est délivrée, après l'entrée en vigueur de la loi susvisée du 2 janvier 1970, aux personnes physiques ainsi qu'aux représentants légaux ou statutaires des personnes morales qui justifient de l'exercice de l'activité considérée, à la date de publication du présent décret, sans qu'ils aient à justifier de leur aptitude professionnelle.

Art. 88 — Pour la délivrance, après l'entrée en vigueur de la loi susvisée du 2 janvier 1970, des récépissés de déclarations prévus par l'article 8 ci-dessus, les personnes qui, à la date de la publication du présent décret, assument la direction d'un établissement, d'une succursale, d'une agence ou d'un bureau, sont dispensées de justifier de leur aptitude professionnelle.

Art. 89 — Les personnes qui, à la date de la publication du présent décret, n'exercent pas les activités pour lesquelles elles sollicitent la délivrance de la carte professionnelle dans les deux années qui suivent l'entrée en vigueur de la loi susvisée du 2 janvier 1970, justifient de leur aptitude professionnelle si elles sont titulaires de l'un des diplômes visés par les articles 11 et 12, ou si elles justifient avoir exercé l'une des activités professionnelles visées aux articles 13 et 14 pendant la durée prévue auxdits articles réduite de moitié.

Art. 90 — Pendant les deux premières années d'application de la loi susvisée du 2 janvier 1970, les personnes qui assument la direction d'un établissement, d'une succursale, d'une agence ou d'un bureau, justifient de leur aptitude professionnelle si elles sont titulaires de l'un des diplômes prévus par les articles 11 et 12 ou si elles ont exercé les activités visées à l'article 13 pendant un an ou celles visées à l'article 14 pendant trois ans.

Art. 91 — Pour la première délivrance de la carte professionnelle à la suite de l'entrée en vigueur de la loi du 2 janvier 1970 aux personnes qui, à la date de cette entrée en vigueur, exercent l'activité considérée, le montant de la garantie peut être déterminé.

Au vu du montant de la garantie précédemment accordée par une société de caution mutuelle mais seulement pour les intermédiaires cautionnés par de telles sociétés sous l'empire de la loi du 21 juin 1960.

Au vu d'une attestation délivrée par un expert comptable ou un comptable agréé qui indique pour le dernier exercice le montant maximal des versements et remises ainsi que le montant total des fonds, effets et valeurs détenus.

Au vu des déclarations et impositions au titre du chiffre d'affaires concernant l'activité considérée au cours des trois dernières années.

La société de caution mutuelle, la banque ou l'établissement financier qui donne la garantie peut exiger la communication des registres, livres, relevés de comptes et autres documents comptables, de nature à permettre la détermination du montant maximal et du montant total des versements et remises au cours des trois précédents exercices.

CHAPITRE X
DISPOSITIONS DIVERSES

Art. 92 — Les personnes visées à l'article 1er de la loi du 2 janvier 1970 doivent faire figurer sur tous documents, contrats et correspondance à usage professionnel.

Le numéro et le lieu de délivrance de la carte professionnelle.

Le nom ou la raison sociale et l'adresse de l'entreprise ainsi que l'activité exercée.

Le nom et l'adresse du garant.

Ces indications ne doivent être accompagnées d'aucune mention de nature à faire croire, d'une quelconque manière, à une assermentation, à une inscription, à une commission, à un accréditement (*Décr. n° 95-818 du 29 juin 1995*) « ou à un agrément ».

Art. 93 — Le titulaire de la carte professionnelle est tenu d'apposer. en évidence, dans tous les lieux où est reçue la clientèle. une affiche indiquant :

Le numéro de la carte professionnelle.

Le montant de la garantie.

La dénomination et l'adresse du consignataire ou du garant.

S'il s'agit des personnes visées à l'article 1er (alinéa 1er) l'affiche indiquera, en outre, *(Décr. n° 95-818 du 29 juin 1995)* « l'établissement de crédit » et le numéro du compte où doivent être effectués les versements et remises ainsi que les modes obligatoires de versement. Elle reproduira les dispositions du premier alinéa de l'article 52 ci-dessus.

Art. 94 — Lorsque le titulaire de la carte « transactions sur immeubles et fonds de commerce » a souscrit la déclaration prévue aux articles 3 (alinéa 1er, 7°), 85 (alinéa 1er, 1°), les documents et affiches visés aux deux précédents articles indiquent que l'intéressé ne doit recevoir aucun fonds, effet ou valeur. En outre, dans ce cas, une affiche comportant cette mention doit être apposée, en évidence, dans la vitrine ou sur le panneau publicitaire extérieur. s'il en existe un.

Cette indication est portée en utilisant des caractères très apparents.

Art. 95 — (*Décr. n° 95-818 du 29 juin 1995*) Les dispositions réglementant les conditions d'exercice des activités relatives à certaines opérations portant sur les immeubles et les fonds de commerce ne sont pas applicables, pour les opérations qu'ils sont régulièrement habilités à réaliser dans le cadre de la réglementation de leur profession, aux notaires, aux avoués, aux avocats, aux huissiers de justice, aux géomètres experts aux administrateurs judiciaires.

Ces dispositions ne s'appliquent pas aux sociétés filiales de sociétés nationales ou d'entreprises publiques qui gèrent exclusivement les immeubles de ces sociétés ou entreprises, ni aux organismes collecteurs de la participation des employeurs à l'effort de construction, dans la mesure où ces organismes gèrent les immeubles qu'ils ont construits. Elles ne s'appliquent pas non plus aux sociétés d'économie mixte dont l'État ou une collectivité locale détient au moins 35 p. 100 du capital social, ni aux sociétés d'aménagement foncier et d'établissement rural *(Abrogé par Décr. n° 2002-642 du 29 avr. 2002) « pour les missions qui leur sont confiées par les collectivités territoriales ou les établissements publics qui leur sont rattachés. »*

(*Décr. n° 2002-642 du 29 avr. 2002*) Ces dispositions ne s'appliquent pas non plus, dans les limites de leur compétence, aux sociétés anonymes coopératives d'habitation à loyer modéré de location-attribution mentionnées aux articles L. 422-13 et suivants du Code de la construction et de l'habitation, ni aux organismes d'habitation à loyer modéré mentionnés à l'article L. 411-2 du Code de la construction et de l'habitation pour :

1° La gestion et l'entremise immobilières relatives aux immeubles appartenant à d'autres organismes d'habitation à loyer modéré, à des collectivités publiques, à des sociétés d'économie mixte, à des organismes à but non lucratif, à des sociétés civiles coopératives de construction ;

2° L'exercice des fonctions de syndic de copropriété, en application de l'article L. 443-15 du Code de la construction et de l'habitation.

Pour l'exercice des activités de gestion et d'entremise immobilières ne faisant pas l'objet des exemptions prévues ci-dessus, les personnes mentionnées à l'alinéa précédent sont dispensées des justifications prévues au chapitre II.

Les architectes, les agréés en architecture et les sociétés d'architecture, inscrits à l'ordre, sont dispensés de la production des justifications prévues au chapitre II pour l'exercice des activités de gestion immobilière.

Art. 95-1 — (*Décr. n° 95-818 du 29 juin 1995*) Pour l'exercice des activités de location de meublés saisonniers à usage touristique, les personnes titulaires d'une licence, d'un agrément, d'une autorisation ou d'une habilitation prévus par la loi précitée du 13 juillet 1992 sont dispensées des justifications prévues au chapitre II. Elles doivent justifier avoir souscrit, dans les conditions prévues par cette loi, une assurance contre les risques pécuniaires de la responsabilité civile professionnelle et la garantie financière couvrant ces activités.

Art. 95-2 — (*Décr. n° 95-818 du 29 juin 1995*) Peuvent obtenir la carte professionnelle prévue au premier alinéa de l'article 1er sans remplir les conditions d'aptitude exigées par le chapitre II, les personnes qui, présentant leur demande à la préfecture dans les trois mois de la publication du décret n° 95-818 du 29 juin 1995 [*JO* 30 juin] satisfont aux conditions suivantes :

1° Exercer depuis au moins la date de publication de la loi n° 94-624 du 21 juillet 1994 relative à l'habitat [*JO* 24 juill.], l'activité mentionnée au 7° de l'article 1er de la loi du 2 janvier 1970 susvisée.

2° Prendre l'engagement sur l'honneur de suivre le cours annuel dispensé par l'institut d'études économiques et juridiques appliquées à la construction et à l'habitat relatif à la réglementation professionnelle prévue par la loi susvisée du 2 janvier 1970 et son décret d'application, ou une formation portant sur la même matière de 50 heures dispensée par un autre organisme d'enseignement ou de formation professionnelle.

Lorsque la demande est présentée au nom d'une personne morale, celle-ci doit satisfaire à la condition prévue au 1° ci-dessus, et ses représentants légaux et statutaires doivent satisfaire aux conditions prévues au 2°.

À l'expiration de sa validité, la carte ainsi délivrée ne sera renouvelée que si le titulaire ou les représentants légaux et statutaires de la personne morale titulaire justifient avoir suivi la formation prévue au 2°. ■

3204

Dispositif Loi Carrez

• Loi n° 65-557 du 10 juillet 1965 fixant le statut de la copropriété des immeubles bâtis

Art. 46 — (*L. n° 96-1107 du 18 déc. 1996*) Toute promesse unilatérale de vente ou d'achat, tout contrat réalisant ou constatant la vente d'un lot ou d'une fraction de lot mentionne la superficie de la partie privative de ce lot ou de cette fraction de lot. La nullité de l'acte peut être invoquée sur le fondement de l'absence de toute mention de superficie.

Cette superficie est définie par le décret en Conseil d'État prévu à l'article 47.

Les dispositions du premier alinéa ci-dessus ne sont pas applicables aux caves, garages, emplacements de stationnement ni aux lots ou fractions de lots d'une superficie inférieure à un seuil fixé par le décret en Conseil d'État prévu à l'article 47.

Le bénéficiaire en cas de promesse de vente, le promettant en cas de promesse d'achat ou l'acquéreur peut intenter l'action en nullité, au plus tard à l'expiration d'un délai d'un mois à compter de l'acte authentique constatant la réalisation de la vente.

La signature de l'acte authentique constatant la réalisation de la vente mentionnant la superficie de la partie privative du lot ou de la fraction de lot entraîne la déchéance du droit à engager ou à poursuivre une action en nullité de la promesse ou du contrat qui l'a précédé, fondée sur l'absence de mention de cette superficie.

Si la superficie est supérieure à celle exprimée dans l'acte, l'excédent de mesure ne donne lieu à aucun supplément de prix.

Si la superficie est inférieure de plus d'un vingtième à celle exprimée dans l'acte, le vendeur, à la demande de l'acquéreur, supporte une diminution du prix proportionnelle à la moindre mesure.

L'action en diminution du prix doit être intentée par l'acquéreur dans un délai d'un an à compter de l'acte authentique constatant la réalisation de la vente, à peine de déchéance.

• Décret n° 67-223 du 17 mars 1967, modifié

Art. 4-1 — (*Décr. n° 97-532 du 23 mai 1997*) La superficie de la partie privative d'un lot ou d'une fraction de lot mentionnée à l'article 46 de la loi du 10 juillet 1965 est la superficie des planchers des locaux clos et couverts après déduction des surfaces occupées par les murs, cloisons, marches et cages d'escalier, gaines, embrasures de portes et de fenêtres. Il n'est pas tenu compte des planchers des parties des locaux d'une hauteur inférieure à 1,80 mètre.

Art. 4-2 — (*Décr. n° 97-532 du 23 mai 1997*) Les lots ou fractions de lots d'une superficie inférieure à 8 mètres carrés ne sont pas pris en compte pour le calcul de la superficie mentionnée à l'article 4-1.

Art. 4-3 — (*Décr. n° 97-532 du 23 mai 1997*) Le jour de la signature de l'acte authentique constatant la réalisation de la vente, le notaire, ou l'autorité administrative qui authentifie la convention, remet aux parties, contre émargement ou récépissé, une copie simple de l'acte signé ou un certificat reproduisant la clause de l'acte mentionnant la superficie de la partie privative du lot ou de la fraction du lot vendu, ainsi qu'une copie des dispositions de l'article 46 de la loi du 10 juillet 1965 lorsque ces dispositions ne sont pas reprises intégralement dans l'acte ou le certificat. ■

3205

Code de la consommation (extraits)

CHAPITRE II
CRÉDIT IMMOBILIER

Section première
Champ d'application

Art. L. 312-1 — Au sens du présent chapitre, est considérée comme :

a) Acquéreur, toute personne qui acquiert, souscrit ou commande au moyen des prêts mentionnés à l'article L. 312-2;

b) Vendeur, l'autre partie à ces mêmes opérations.

Art. L. 312-2 — Les dispositions du présent chapitre s'appliquent aux prêts qui, quelle que soit leur qualification ou leur technique, sont consentis de manière habituelle par toute personne physique ou morale en vue de financer les opérations suivantes :

1° Pour les immeubles à usage d'habitation ou à usage professionnel [et] d'habitation :

a) Leur acquisition en propriété ou en jouissance;

b) La souscription ou l'achat de parts ou actions de sociétés donnant vocation à leur attribution en propriété ou en jouissance;

c) Les dépenses relatives à leur construction, leur réparation, leur amélioration ou leur entretien lorsque le montant de ces dépenses est supérieur à celui fixé en exécution du dernier alinéa de l'article L. 311-3;

2° L'achat de terrains destinés à la construction des immeubles mentionnés au 1° ci-dessus.

Art. L. 312-3 — Sont exclus du champ d'application du présent chapitre :

1° Les prêts consentis à des personnes morales de droit public.

2° Ceux destinés, sous quelque forme que ce soit, à financer une activité professionnelle, notamment celle des personnes physiques ou morales qui, à titre habituel, même accessoire à une autre activité, ou en vertu de leur objet social, procurent, sous quelque forme que ce soit, des immeubles ou fractions d'immeubles, bâtis ou non, achevés ou non, collectifs ou individuels, en propriété ou en jouissance.

3° Les opérations de crédit différé régies par la loi n° 52-332 du 24 mars 1952 relative aux entreprises de crédit différé lorsqu'elles ne sont pas associées à un crédit d'anticipation.

Section II
Publicité

Art. L. 312-4 — Toute publicité faite, reçue ou perçue en France, qui, quel que soit son support, porte sur l'un des prêts mentionnés à l'article L. 312-2, doit :

1° Préciser l'identité du prêteur, la nature et l'objet du prêt.

2° (*L. n° 2003-706 du 1er août 2003, art. 87*) « Préciser, si elle comporte un ou plusieurs éléments chiffrés, la durée de l'opération proposée ainsi que le coût total et le taux effectif global annuel du crédit, à l'exclusion de tout autre taux ».

Toutes les mentions obligatoires doivent être présentées de manière parfaitement lisible et compréhensible par le consommateur.

Art. L. 312-5 — Tout document publicitaire ou tout document d'information remis à l'emprunteur et portant sur l'une des opérations visées à l'article L. 312-2 doit mentionner que l'emprunteur dispose d'un délai de réflexion de dix jours, que la vente est subordonnée à l'obtention du prêt et que si celui-ci n'est pas obtenu, le vendeur doit lui rembourser les sommes versées.

Art. L. 312-6 — Est interdite toute publicité assimilant les mensualités de remboursement à des loyers ou faisant référence, pour le calcul des échéances, à des prestations sociales qui ne sont pas assurées pendant toute la durée du contrat.

Section III
Le contrat de crédit

Art. L. 312-7[1] — Pour les prêts mentionnés à l'article L. 312-2, le prêteur est tenu de formuler par écrit une offre adressée gra-

1. Loi n° 96-314 du 12 avr. 1996, *portant diverses dispositions d'ordre économique et financier* (JO 13 avr.). Art. 87 I Sous réserve des décisions de justice passées en force de chose jugée, les offres de prêts mentionnés à l'article L. 312-7 du Code de la consommation et émises avant le 31 décembre 1994 sont réputées régulières au regard des dispositions relatives à l'échéancier des amortissements prévues par le 2° de l'article L. 312-8 du même code, dès lors qu'elles ont indiqué le montant des échéances de remboursement du prêt, leur pério-dicité, leur nombre ou la durée du prêt, ainsi que, le cas échéant, les modalités de leurs variations. – *L'art. 87-I de la loi du 12 avr. 1996 a été jugé confor-me à la Constitution par le Conseil constitutionnel (Décision n° 96-375 DC du 9 avr. 1996, JO 13 avr.).*

tuitement par voie postale à l'emprunteur éventuel ainsi qu'aux cautions déclarées par l'emprunteur lorsqu'il s'agit de personnes physiques.

Art. L. 312-8 — L'offre définie à l'article précédent :

1° Mentionne l'identité des parties, et éventuellement des cautions déclarées.

2° Précise la nature, l'objet, les modalités du prêt, notamment celles qui sont relatives aux dates et conditions de mise à disposition des fonds (*Abrogé par L. n° 96-314 du 12 avr. 1996, art. 87-II*) « *ainsi qu'à l'échéancier des amortissements* ».

(*L. n° 96-314 du 12 avr. 1996, art. 87-II*) « 2° *bis* Comprend un échéancier des amortissements détaillant pour chaque échéance la répartition du remboursement entre le capital et les intérêts. Toutefois, cette disposition ne concerne pas les offres de prêts à taux variable. »

3° Indique, outre le montant du crédit susceptible d'être consenti, et, le cas échéant, celui de ses fractions périodiquement disponibles, son coût total, son taux défini conformément à l'article L. 313-1 ainsi que, s'il y a lieu, les modalités de l'indexation.

4° Énonce, en donnant une évaluation de leur coût, les stipulations, les assurances et les sûretés réelles ou personnelles exigées, qui conditionnent la conclusion du prêt.

5° Fait état des conditions requises pour un transfert éventuel du prêt à une tierce personne.

6° Rappelle les dispositions de l'article L. 312-10.

Toute modification des conditions d'obtention du prêt, notamment le montant ou le taux du crédit, donne lieu à la remise à l'emprunteur d'une nouvelle offre préalable.

Toutefois, cette obligation n'est pas applicable aux prêts dont le taux d'intérêt est variable, dès lors qu'a été remise à l'emprunteur avec l'offre préalable une notice présentant les conditions et modalités de variation du taux.

Art. L. 312-9 Lorsque le prêteur offre à l'emprunteur ou exige de lui l'adhésion à un contrat d'assurance collective qu'il a souscrit en vue de garantir en cas de survenance d'un des risques que ce montant définit, soit le remboursement total ou partiel du montant du prêt restant dû, soit le paiement de tout ou partie des échéances dudit prêt, les dispositions suivantes sont obligatoirement appliquées :

1° Au contrat de prêt est annexée une notice énumérant les risques garantis et précisant toutes les modalités de la mise en jeu de l'assurance.

2° Toute modification apportée ultérieurement à la définition des risques garantis ou aux modalités de la mise en jeu de l'assurance est inopposable à l'emprunteur qui n'y a pas donné son acceptation.

3° Lorsque l'assureur a subordonné sa garantie à l'agrément de la personne de l'assuré et que cet agrément n'est pas donné, le contrat de prêt est résolu de plein droit à la demande de l'emprunteur sans frais ni pénalité d'aucune sorte. Cette demande doit être présentée dans le délai d'un mois à compter de la notification du refus de l'agrément.

Art. L. 312-10 — L'envoi de l'offre oblige le prêteur à maintenir les conditions qu'elle indique pendant une durée minimale de trente jours à compter de sa réception par l'emprunteur.

L'offre est soumise à l'acceptation de l'emprunteur et des cautions, personnes physiques, déclarées. L'emprunteur et les cautions ne peuvent accepter l'offre que dix jours après qu'ils l'ont reçue. L'acceptation doit être donnée par lettre, le cachet de la poste faisant foi.

Art. L. 312-11 — Jusqu'à l'acceptation de l'offre par l'emprunteur, aucun versement, sous quelque forme que ce soit, ne peut, au titre de l'opération en cause, être fait par le prêteur à l'emprunteur ou pour le compte de celui-ci, ni par l'emprunteur au prêteur. Jusqu'à cette acceptation, l'emprunteur ne peut, au même titre, faire aucun dépôt, souscrire ou avaliser aucun effet de commerce, ni signer aucun chèque. Si une autorisation de prélèvement sur compte bancaire ou postal est signée par l'emprunteur, sa validité et sa prise d'effet sont subordonnées à celle du contrat de crédit.

Art. L. 312-12 — L'offre est toujours acceptée sous la condition résolutoire de la non-conclusion, dans un délai de quatre mois à compter de son acceptation, du contrat pour lequel le prêt est demandé.

Les parties peuvent convenir d'un délai plus long que celui défini à l'alinéa précédent.

Art. L. 312-13 — Lorsque l'emprunteur informe ses prêteurs qu'il recourt à plusieurs prêts pour la même opération, chaque prêt est conclu sous la condition suspensive de l'octroi de chacun des autres prêts. Cette disposition ne s'applique qu'aux prêts dont le montant est supérieur à 10 % du crédit total.

Art. L. 312-14 — Lorsque le contrat en vue duquel le prêt a été demandé n'est pas conclu dans le délai fixé en application de l'article L. 312-12, l'emprunteur est tenu de rembourser la totalité des sommes que le prêteur lui aurait déjà effectivement versées ou qu'il aurait versées pour son compte ainsi que les intérêts y afférent : le prêteur ne peut retenir ou demander que des frais d'étude dont le montant maximum est fixé suivant un barème déterminé par décret.

Le montant de ces frais, ainsi que les conditions dans lesquelles ils sont perçus, doivent figurer directement dans l'offre.

Art. L. 312-14-1 — (*L. n° 99-532 du 25 juin 1999, art. 115*) En cas de renégociation de prêt, les modifications au contrat de prêt initial sont apportées sous la seule forme d'un avenant. Cet avenant comprend, d'une part, un échéancier des amortissements détaillant pour chaque échéance le capital restant dû en cas de remboursement anticipé et, d'autre part, le taux effectif global ainsi que le coût du crédit calculés sur la base des seuls échéances et frais à venir. Pour les prêts à taux variable, l'avenant comprend le taux effectif global ainsi que le coût du crédit calculés sur la base des seuls échéances et frais à venir jusqu'à la date de la révision du taux, ainsi que les conditions et modalités de variation du taux. L'emprunteur dispose d'un délai de réflexion de dix jours à compter de la réception des informations mentionnées ci-dessus.

Section IV

Le contrat principal

Art. L. 312-15 — L'acte écrit, y compris la promesse unilatérale de vente acceptée, ayant pour objet de constater l'une des opérations mentionnées à l'article L. 312-2, doit indiquer si le prix sera payé directement ou indirectement, même en partie, avec ou sans l'aide d'un ou plusieurs prêts régis par les sections 1 à 3 du présent chapitre.

Art. L. 312-16 — Lorsque l'acte mentionné à l'article L. 312-15 indique que le prix est payé, directement ou indirectement, même partiellement, à l'aide d'un ou plusieurs prêts régis par les sections 1 à 3 et la section V du présent chapitre, cet acte est conclu sous la condition suspensive de l'obtention du ou des prêts qui en assument le financement. La durée de validité de cette condition suspensive ne pourra être inférieure à un mois à compter de la date de la signature de l'acte ou, s'il s'agit d'un acte sous seing privé soumis à peine de nullité à la formalité de l'enregistrement, à compter de la date de l'enregistrement.

Lorsque la condition suspensive prévue au premier alinéa du présent article n'est pas réalisée, toute somme versée d'avance par l'acquéreur à l'autre partie ou pour le compte de cette dernière est immédiatement et intégralement remboursable sans retenue ni indemnité à quelque titre que ce soit. À compter du quinzième jour suivant la demande de remboursement, cette somme est productive d'in-térêts au taux légal majoré de moitié.

Art. L. 312-17 — Lorsque l'acte mentionné à l'article L. 312-15 indique que le prix sera payé sans l'aide d'un ou plusieurs prêts, cet acte doit porter, de la main de l'acquéreur, une mention par laquelle celui-ci reconnaît avoir été informé que s'il recourt néanmoins à un prêt il ne peut se prévaloir du présent chapitre.

En l'absence de l'indication prescrite à l'article L. 312-15 ou si la mention exigée au premier alinéa du présent article manque ou n'est pas de la main de l'acquéreur et si un prêt est néanmoins demandé, le contrat est considéré comme conclu sous la condition suspensive prévue à l'article L. 312-16.

Art. L. 312-18 — Pour les dépenses désignées au *c* du 1° de l'article L. 312-2, et à défaut d'un contrat signé des deux parties, la condition suspensive prévue à l'article L. 312-16 ne pourra résulter que d'un avis donné par le maître de l'ouvrage par écrit avant tout commencement d'exécution des travaux indiquant qu'il entend en payer le prix directement ou indirectement, même en partie, avec l'aide d'un ou plusieurs prêts.

Art. L. 312-19 — Lorsqu'il est déclaré dans l'acte constatant le prêt que celui-ci est destiné à financer des ouvrages ou des travaux immobiliers au moyen d'un contrat de promotion, de construction, de maîtrise d'œuvre ou d'entreprise, le tribunal peut, en cas de contestation ou d'accidents affectant l'exécution des contrats et jusqu'à la solution du litige, suspendre l'exécution du contrat de prêt sans préjudice du droit éventuel du prêteur à l'indemnisation. Ces dispositions ne sont applicables que si le prêteur est intervenu à l'instance ou s'il a été mis en cause par l'une des parties.

Art. L. 312-20 — Les dispositions de la présente section ne sont pas applicables aux ventes par adjudication.

Section V

Remboursement anticipé du crédit et défaillance de l'emprunteur

Sous-section 1

Remboursement anticipé

Art. L. 312-21 — L'emprunteur peut toujours, à son initiative, rembourser par anticipation, en partie ou en totalité, les prêts régis par les sections 1 à 3 du présent chapitre. Le contrat de prêt peut interdire les remboursements égaux ou inférieurs à 10 % du montant initial du prêt, sauf s'il s'agit de son solde.

Si le contrat de prêt comporte une clause aux termes de laquelle, en cas de remboursement par anticipation, le prêteur est en droit d'exiger une indemnité au titre des intérêts non encore échus, celle-ci ne peut, sans préjudice de l'application de l'article 1152 du Code civil, excéder un montant qui, dépendant de la durée restant à courir du contrat, est fixé suivant un barème déterminé par décret.

(*L. nº 99-532 du 25 juin 1999, art. 97*) « Pour les contrats conclus à compter de la date d'entrée en vigueur de la loi nº 99-532 du 25 juin 1999 relative à l'épargne et à la sécurité financière [JO 29 juin], aucune indemnité n'est due par l'emprunteur en cas de remboursement par anticipation lorsque le remboursement est motivé par la vente du bien immobilier faisant suite à un changement du lieu d'activité professionnelle de l'emprunteur ou de son conjoint, par le décès ou par la cessation forcée de l'activité professionnelle de ces derniers. »

Sous-section 2

Défaillance de l'emprunteur

Art. L. 312-22 — En cas de défaillance de l'emprunteur et lorsque le prêteur n'exige pas le remboursement immédiat du capital restant dû, il peut majorer, dans des limites fixées par décret, le taux d'intérêt que l'emprunteur aura à payer jusqu'à ce qu'il ait repris le cours normal des échéances contractuelles. Lorsque le prêteur est amené à demander la résolution du contrat, il peut exiger le remboursement immédiat du capital restant dû, ainsi que le paiement des intérêts échus. Jusqu'à la date du règlement effectif, les sommes restant dues produisent des intérêts de retard à un taux égal à celui du prêt. En outre, le prêteur peut demander à l'emprunteur défaillant une indemnité qui, sans préjudice de l'application des articles 1152 et 1231 du Code civil, ne peut excéder un montant qui, dépendant de la durée restant à courir du contrat, est fixé suivant un barème déterminé par décret.

Sous-section 3

Dispositions communes

Art. L. 312-23 — Aucune indemnité ni aucun coût autres que ceux qui sont mentionnés aux articles L. 312-21 et L. 312-22 ne peuvent être mis à la charge de l'emprunteur dans les cas de remboursement par anticipation ou de défaillance prévus par ces articles.

Toutefois, le prêteur pourra réclamer à l'emprunteur, en cas de défaillance de celui-ci, le remboursement, sur justification, des frais taxables qui lui auront été occasionnés par cette défaillance à l'exclusion de tout remboursement forfaitaire de frais de recouvrement.

Section VI

La location-vente et la location assortie d'une promesse de vente

Art. L. 312-24 — Sous réserve des dispositions des 1° et 2° de l'article L. 312-3, les contrats de location-vente ou de location assortis d'une promesse de vente relatifs aux immeubles mentionnés [*mentionnés*] au 1° de l'article L. 312-2 sont soumis au présent chapitre, dans des conditions fixées à la présente section.

Art. L. 312-25 — Toute publicité faite, reçue ou perçue en France, qui, quel que soit son support, porte sur l'un des contrats régis par la présente section, doit préciser l'identité du bailleur, la nature et l'objet du contrat.

Si cette publicité comporte un ou plusieurs éléments chiffrés, elle doit mentionner la durée du bail ainsi que le coût annuel et le coût total de l'opération.

Art. L. 312-26 — Pour les contrats régis par la présente section, le bailleur est tenu de formuler par écrit une offre adressée gratuitement par voie postale au preneur éventuel.

Cette offre mentionne l'identité des parties. Elle précise la nature et l'objet du contrat ainsi que ses modalités, notamment en ce qui concerne les dates et conditions de mise à disposition du bien, le montant des versements initiaux et celui des loyers ainsi que les modalités éventuelles d'indexation. Elle rappelle, en outre, les dispositions de l'article L. 312-27.

Pour les contrats de location assortis d'une promesse de vente, elle fixe également :

1° Les conditions de levée de l'option et son coût décomposé entre, d'une part, la fraction des versements initiaux et des loyers prise en compte pour le paiement du prix et, d'autre part, la valeur résiduelle du bien, compte tenu de l'incidence des clauses de révision éventuellement prévues au contrat.

2° Les conditions et le coût de la non-réalisation de la vente.

Art. L. 312-27 — L'envoi de l'offre oblige le bailleur à maintenir les conditions qu'elle indique pendant une durée minimale de trente jours à compter de sa réception par le preneur.

L'offre est soumise à l'acceptation du preneur qui ne peut accepter l'offre que dix jours après qu'il l'a reçue. L'acceptation doit être donnée par lettre, le cachet de la poste faisant foi.

Art. L. 312-28 — Jusqu'à acceptation de l'offre, le preneur ne peut faire aucun dépôt, souscrire ou avaliser aucun effet de commerce, signer aucun chèque ni aucune autorisation de prélèvement sur compte bancaire ou postal au profit du bailleur ou pour le compte de celui-ci.

Art. L. 312-29 — En cas de défaillance, du preneur dans l'exécution d'un contrat régi par la présente section, le bailleur est en droit d'exiger, outre le paiement des loyers échus et non réglés, une indemnité qui, sans préjudice de l'application de l'article 1152 du Code civil, ne peut excéder un montant dépendant de la durée restant à courir du contrat et fixé suivant un barème déterminé par décret.

En cas de location-vente, le bailleur ne peut exiger la remise du bien qu'après remboursement de la part des sommes versées correspondant à la valeur en capital de ce bien.

Aucune indemnité ni aucun coût autres que ceux qui sont mentionnés ci-dessus ne peuvent être mis à la charge du preneur. Toutefois, le bailleur pourra réclamer au preneur, en cas de défaillance de celui-ci, le remboursement sur justification des frais taxables qui lui auront été occasionnés par cette défaillance, à l'exclusion de tout remboursement forfaitaire de frais de recouvrement.

Art. L. 312-30 — En cas de location assortie d'une promesse de vente, l'acte constatant la levée de l'option est conclu sous la condition suspensive prévue à l'article L. 312-16.

Lorsque cette condition n'est pas réalisée, le bailleur est tenu de restituer toutes sommes versées par le preneur à l'exception des loyers et des frais de remise en état du bien.

À compter du quinzième jour suivant la demande de remboursement cette somme est productive d'intérêts au taux légal majoré de moitié.

Art. L. 312-31 — Les dispositions de l'article L. 313-12 sont applicables aux contrats soumis aux dispositions de la présente section.

Section VII

Sanctions

Art. L. 312-32 — L'annonceur pour le compte de qui est diffusé une publicité non conforme aux dispositions des articles L. 312-4 à L. 312-6 ou de l'article L. 312-25 sera puni d'une amende de 30 000 euros.

Les dispositions des articles L. 121-2 à L. 121-7 sont applicables aux infractions relatives à la publicité relevées dans le cadre du présent chapitre.

Art. L. 312-33 — Le prêteur ou le bailleur qui ne respecte pas l'une des obligations prévues aux articles L. 312-7 et L. 312-8, à l'article L. 312-14, deuxième alinéa, ou à l'article L. 312-26 sera puni d'une amende de 3 750 euros.

Le prêteur qui fait souscrire par l'emprunteur ou les cautions déclarées, ou reçoit de leur part l'acceptation de l'offre sans que celle-ci comporte de date ou dans le cas où elle comporte une date fausse de nature à faire croire qu'elle a été donnée après expiration du délai de dix jours prescrit à l'article L. 312-10, sera puni d'une amende de 30 000 euros.

La même peine sera applicable au bailleur qui fait souscrire par le preneur ou qui reçoit de sa part l'acceptation de l'offre sans que celle-ci comporte de date ou dans le cas où elle comporte une date fausse de nature à faire croire qu'elle a été donnée après l'expiration du délai de dix jours prescrit à l'article L. 312-27.

Dans les cas prévus aux alinéas précédents, le prêteur ou le bailleur pourra en outre être déchu du droit aux intérêts, en totalité ou dans la proportion fixée par le juge.

Art. L. 312-34 — Le prêteur ou le bailleur qui, en infraction aux dispositions de l'article L. 312-11 ou de l'article L. 312-28, accepte de recevoir de l'emprunteur ou du preneur, ou pour le compte d'un de ces derniers, un versement ou un dépôt, un chèque ou un effet de commerce souscrit, endossé ou avalisé à son profit, ou utilise une autorisation de prélèvement sur compte bancaire ou postal, sera puni d'une amende de 30 000 euros.

Art. L. 312-35 — Le prêteur, en infraction aux dispositions du premier alinéa de l'article L. 312-14, ou le vendeur, en infraction aux dispositions de l'article L. 312-16, ou le bailleur, en infraction aux dispositions du dernier alinéa de l'article L. 312-30, qui ne restitue pas les sommes visées à ces articles, sera puni d'une amende de 200 000 F.

La même peine sera applicable à celui qui réclame à l'emprunteur ou au preneur ou retient sur son compte des sommes supérieures à celles qu'il est autorisé à réclamer ou à retenir en application des dispositions de l'article L. 312-23 ou des deux derniers alinéas de l'article L. 312-29.

Section VIII

Procédure

Art. L. 312-36 — Le tribunal d'instance connaît des actions nées de l'application des articles L. 312-31 et L. 313-12. [...]

Section IX

Les cautions

Art. L. 313-7 — La personne physique qui s'engage par acte sous seing privé en qualité de caution pour l'une des opérations relevant des chapitres Ier ou II du présent titre doit, à peine de nullité de son engagement, faire précéder sa signature de la mention manuscrite suivante, et uniquement de celle-ci.

« En me portant caution de X..., dans la limite de la somme de... couvrant le paiement du principal, des intérêts et, le cas échéant, des pénalités ou intérêts de retard et pour la durée de..., je m'engage à rembourser au prêteur les sommes dues sur mes revenus et mes biens si X... n'y satisfait pas lui-même. »

Art. L. 313-8 — Lorsque le créancier demande un cautionnement solidaire pour l'une des opérations relevant des chapitres Ier ou II du présent titre, la personne physique qui se porte caution doit, à peine de nullité de son engagement, faire précéder sa signature de la mention manuscrite suivante :

« En renonçant au bénéfice de discussion défini à l'article 2021 du Code civil et en m'obligeant solidairement avec X..., je m'engage à rembourser le créancier sans pouvoir exiger qu'il poursuive préalablement X... »

Art. L. 313-9 — Toute personne physique qui s'est portée caution à l'occasion d'une opération de crédit relevant des chapitres Ier ou II du présent titre doit être informée par l'établissement prêteur de la défaillance du débiteur principal dès le premier incident de paiement caractérisé susceptible d'inscription au fichier institué à l'article L. 333-4. Si l'établissement prêteur ne se conforme pas à cette obligation, la caution ne saurait être tenue au paiement des pénalités ou intérêts de retard échus entre la date de ce premier incident et celle à laquelle elle en a été informée.

Art. L. 313-10 — Un établissement de crédit ne peut se prévaloir d'un contrat de cautionnement d'une opération de crédit relevant des chapitres Ier ou II du présent titre, conclu par une personne physique dont l'engagement était, lors de sa conclusion, manifestement disproportionné à ses biens et revenus, à moins que le patrimoine de cette caution, au moment où celle-ci est appelée, ne lui permette de faire face à son obligation.

Section X

Rémunérations du vendeur

Art. L. 313-11 — Tout vendeur, salarié ou non d'un organisme bancaire ou de crédit, ne peut, en aucun cas, être rémunéré en fonction du taux du crédit qu'il a fait contracter à l'acheteur d'un bien mobilier ou immobilier.

Section XI

Délais de grâce

Art. L. 313-12 L'exécution des obligations du débiteur peut être, notamment en cas de licenciement, suspendue par ordonnance du juge d'instance dans les conditions prévues aux articles 1244-1 à 1244-3 du Code civil. L'ordonnance peut décider que, durant le délai de grâce, les sommes dues ne produiront point intérêt.

En outre, le juge peut déterminer dans son ordonnance les modalités de paiement des sommes qui seront exigibles au terme du délai de suspension, sans que le dernier versement puisse excéder de plus de deux ans le terme initialement prévu pour le remboursement du prêt : il peut cependant surseoir à statuer sur ces modalités jusqu'au terme du délai de suspension. ■

3206

Recommandations de la Commission des clauses abusives

Sont mentionnées dans le tableau qui suit les principales recommandations de la Commission des clauses abusives se rapportant à l'achat, la vente ou la location de biens immobiliers.

Le texte intégral de toutes les recommandations de la Commission des clauses abusives est disponible gratuitement sur le site de cet organisme (www.clauses-abusives.fr).

Numéro	Thème	Publication au BOCCRF
02-01	Contrats de vente de listes en matière immobilière	26/02/02
00-01	Contrats de location de locaux à usage d'habitation (complément de la recommandation n° 80-04)	22/06/00
97-02	Contrats de maintenance de certains équipements d'immeubles	12/12/97
94-04	Contrats de locations saisonnières	27/10/94 et 09/12/94 (rectificatif)
91-03	Contrats de construction de maisons individuelles selon un plan établi à l'avance et proposé par le constructeur (complément de la recommandation n° 81-02)	06/09/91
90-01	Contrats d'assurance complémentaires à un contrat de crédit à la consommation ou immobilier ou à un contrat de location avec option d'achat	28/08/90
88-01	Prêts dans les contrats d'accession à la propriété immobilière conclus entre professionnels et consommateurs ou non-professionnels	30/06/88
81-02	Contrats de construction de maisons individuelles selon un plan établi à l'avance et proposé par le constructeur	16/01/81
80-04	Contrats de location de locaux à usage d'habitation	17/10/80
80-02	Contrats de vente immobilière et imposant à l'acquéreur la continuation de l'assurance souscrite par le vendeur	15/05/80

3207

Instruction du 8 septembre 1994 Précisions relatives au champ d'application de la TVA notions de lien direct, services publics, règles du droit à déduction applicables aux assujettis partiels à la TVA – CGI art. 256, 256 B, 271, 273 : 207 *bis* et 212 de l'annexe II à ce même code BOI n° 181 du 22 septembre 1994 (3 CA 94)

Cette instruction apporte des précisions sur le champ d'application de la TVA et notamment sur la notion de « lien direct » qui résulte de la jurisprudence de la Cour de justice des communautés européennes (CJCE).

Elle indique en particulier les règles qu'il convient désormais d'appliquer aux subventions, aux abandons de créances et aux indemnités.

Elle décrit par ailleurs les règles de droit à déduction applicables aux redevables qui réalisent des opérations placées hors du champ d'application de la TVA compte tenu notamment de l'arrêt de la CJCE dans l'affaire Satam et de l'article 17 de la loi de finances rectificative pour 1993.

Enfin, elle redéfinit certaines règles de déduction applicables aux redevables qui réalisent des opérations taxables et des opérations exonérées.

Les produits financiers exonérés de TVA

I. Les produits financiers perçus par les redevables autres que les établissements de crédits, les établissements financiers et les établissements assimilés

Art. 154 — Les produits financiers, intérêts des prêts ou placements et autres sommes reçus au titre d'une activité financière exonérée de TVA en application des dispositions de l'article 261C du Code général des impôts doivent en principe être inscrits au dénominateur du rapport défini à l'article 212 de l'annexe II au code général des impôts.

Art. 155 — Toutefois, il est fait abstraction pour le calcul du pourcentage de déduction du produit des opérations immobilières et financières exonérées de la TVA et présentant un caractère accessoire par rapport à l'activité principale de l'entreprise, à la condition que ce produit représente au total 5 % au plus du montant du chiffre d'affaires total, toutes taxes comprises du recevable (CGI, ann. II, art. 212).

Cette règle appelle les précisions suivantes (pour les opérations immobilières, *cf.* n° 165).

Art. 156 — L'exclusion des produits financiers pour le calcul du pourcentage de déduction est subordonnée à certaines conditions.

L'article 212 de l'annexe II au code général des impôts pose deux conditions cumulatives.

Art. 157 — Un critère qualitatif : il faut que les opérations financières présentent un caractère accessoire par rapport à l'activité principale de l'entreprise, c'est-à-dire que la perception de produits financiers résulte de la gestion de sa trésorerie.

Lorsqu'il apparaît en revanche que la perception de produits financiers exonérés de TVA est inhérente à l'objet même de l'activité du redevable, et qu'elle en constitue le prolongement, il ne peut plus être considéré que cette activité est accessoire.

Ainsi, il a été jugé que les opérations de placement effectuées pour son compte par un gérant d'immeubles et syndic de copropriété avec les sommes encaissées des locataires et copropriétaires sont inhérentes à l'objet même de son activité ainsi qu'aux conditions dans lesquelles il l'exerce et en constituent le prolongement direct et permanent : ces placements ne peuvent donc pas être qualifiés d'opérations accessoires financières (CAA – Lyon, 12/02/93, n° 90-609).

Art. 158 — Un critère quantitatif : il faut que les produits des opérations financières (y compris le cas échéant les opérations immobilières, *cf.* n° 166) n'excèdent pas 5 % du chiffre d'affaires total toutes taxes comprises (y compris la TVA) du redevable…

Bien entendu, les opérations financières situées hors du champ d'application de la TVA (*cf.* n° 71 et 72) ne sont pas à prendre en compte pour le calcul du seuil de 5 %.

Art. 159 — Les règles applicables aux produits financiers qui ne remplissent pas les conditions pour ne pas être pris en compte pour le calcul du pourcentage de déduction.

Si les conditions décrites ci-dessus ne sont pas remplies, les produits financiers exonérés doivent être inscrits au dénominateur du rapport qui détermine le pourcentage de déduction.

Toutefois, lorsque les produits financiers répondent au critère qualitatif (*cf.* n° 157) mais excèdent la limite de 5 % (*cf.* n° 158), il est admis de considérer que les opérations financières en cause constituent un secteur distinct d'activité sous réserve que le redevable se soumette à l'ensemble des règles et des obligations de forme (comptes distincts, déclaration au service des impôts) résultant de la constitution de secteurs distincts au sens des dispositions de l'article 213 de l'annexe II au code général des impôts.

Art. 160 — Dans cette situation le redevable est autorisé à appliquer pour les biens utilisés à la fois pour ce secteur financier et un autre secteur une clef de répartition physique déterminée selon les mêmes critères que ceux décrits aux n°s 90 et 95 pour les assujettis partiels.

Le redevable peut donc notamment utiliser la règle de l'affectation pour les immobilisations et répartir les immobilisations utilisées à la fois pour le secteur financier et les autres secteurs en fonction de cette clef de répartition. Cette tolérance est strictement réservée au secteur financier constitué conformément aux règles exposées au n° 159.

Exemple :

Une société exerce une activité de prestations de services informatiques et réalise à ce titre l'année N un chiffre d'affaires TTC de 40 MF. Elle perçoit en outre des produits financiers exonérés provenant de la gestion de sa trésorerie pour un montant de 5 MF.

Les produits financiers exonérés (5 MF) représentent plus de 5 % du chiffre d'affaires total TTC (45 MF). La société peut ériger un secteur distinct d'activité pour son activité financière exonérée.

Son service de trésorerie utilisant le dixième de ses bureaux, elle déduit l'ensemble des immobilisations et des dépenses « mixtes » (utilisé pour les deux activités) à concurrence de 9/10e.

Ainsi, pour l'achat d'un ordinateur de 100 000 F HT (+ TVA 18 600 F), elle déduira 18 600 F × 9/10 = 16 740 F.

Art. 161 — D'autre part si un redevable perçoit des produits financiers accessoires mais excédant 5 % (*cf.* n° 158) et en outre des recettes financières placées hors du champ d'application de la TVA (*cf.* n° 71 et 72) il est admis à titre de règle pratique qu'il retienne une clef de répartition physique unique pour l'ensemble des recettes financières hors du champ et dans le champ d'application de la TVA.

Exemple :

Une société holding perçoit l'année *N* :

- des dividendes : 5 MF;
- des produits financiers exonérés : 2 MF;
- des recettes de conseil, audit et locations imposées : 10 MF.

Les services chargés de la gestion des dividendes et des produits financiers occupent le quart des salariés.

Il déduit 75 % de la TVA afférente à l'ensemble des immobilisations et des biens autres que les immobilisations et des services utilisés concurremment pour les diverses activités du holding.

Ainsi l'achat d'une photocopieuse d'un prix de 10 000 F HT ouvre droit à déduction pour un montant de TVA égal à 1 860 F × 75 % = 1 395 F.

L'ensemble des règles pratiques visées aux n°s 160 et 161 sont strictement réservées aux entreprises qui réalisent des activités imposables et qui ont un secteur financier.

II. Situation des établissements de crédits, des établissements financiers et des établissements assimilés

Art. 162 — Les solutions exposées dans les instructions des 10 novembre 1987 (BOI 3 L-6-87) et 6 juin 1969 (BOI 3 L-3-89) sont confirmées dans leur principe, mais nécessitent d'être adaptées pour tenir compte du fait que les dividendes de titres de placement ou de participation, immobilisés ou non, sont des produits d'une activité placée hors du champ d'application de la TVA.

Ces dividendes ne doivent en aucun cas être inscrits au dénominateur du rapport prévu à l'article 212 de l'annexe II au code général des impôts qui détermine le pourcentage de déduction des établissements concernés. ■

3208

Arrêté du 29 juin 1990
Relatif à la publicité des prix pratiqués par des professionnels intervenant dans les transactions immobilières

Art. 1er — Les dispositions du présent arrêté s'appliquent à tout professionnel qui, à quelque titre que ce soit, intervient pour mettre en relation acquéreurs ou locataires et vendeurs ou bailleurs de biens immobiliers.

Elles ne s'appliquent pas aux organes de presse lorsqu'ils interviennent en tant que supports des annonces immobilières.

Art. 2 — Les professionnels visés à l'article 1er sont tenus d'afficher à l'entrée de leur établissement, de façon visible et lisible de la clientèle, les prix des prestations qu'ils assurent, et notamment celles liées à la vente ou à la location de biens et à la rédaction de bail, en indiquant pour chacune de ces prestations à qui incombe le paiement de cette rémunération.

Lorsque l'établissement dispose d'un accès indépendant à partir de la voie publique, ou d'une vitrine, ces mêmes informations doivent être affichées de façon visible et lisible de l'extérieur.

Art. 3 — Les prix des prestations doivent être indiqués toutes taxes comprises.

Lorsque ces prix sont fixés proportionnellement à la valeur du bien vendu ou au montant du loyer, l'affichage extérieur et intérieur doit indiquer le ou les pourcentages prélevés, en précisant, le cas échéant, les tranches de prix correspondantes, et faire apparaître tous les éléments auxquels se rapportent ces pourcentages.

Art. 4 — Toute publicité effectuée par l'un des professionnels visés à l'article 1er, et relative au prix de location ou de vente d'un bien déterminé, doit, quel que soit le support utilisé, mentionner le montant toutes taxes comprises (TTC) de la rémunération de l'intermédiaire lorsqu'elle est à la charge du locataire ou de l'acquéreur, et qu'elle n'est pas incluse dans le prix annoncé.

Art. 5 — Le présent arrêté entrera en vigueur le 1er septembre 1990 et sera publié au *Journal officiel* de la République française. ■

3209

Arrêté du 1er septembre 1972
Relatif aux titres admis en dépôt et fixation de leur valeur pour la constitution de la garantie financière exigée par l'article 3 (2°) de la loi n° 70-9 du 2 janvier 1970 réglementant les conditions d'exercice des activités relatives à certaines opérations sur les immeubles et les fonds de commerce (JO du 13 sept. 1972 p. 9773)

Art. 1er — Lorsque la garantie financière exigée par l'article 3 de la loi susvisée du 2 janvier 1970 est constituée par un cautionnement déposé auprès de la caisse des dépôts et consignations, ce cautionnement peut consister en valeurs d'État ou jouissant de la garantie de l'État, en obligations de la caisse d'aide à l'équipement des collectivités locales ou en obligations émises par des collectivités locales et inscrites à la cote officielle des bourses de valeur.

Art. 2 — Les bons du Trésor à affecter au cautionnement sont acceptés pour leur valeur nominale.

Les autres valeurs déposées sont évaluées d'après le dernier cours publié à la cote officielle de la Bourse de Paris.

Les titres non encore cotés sont reçus pour leur valeur d'émission.

Art. 3 — Lorsque les valeurs affectées à un cautionnement donnent lieu à remboursement, la somme remboursée est encaissée par la caisse des dépôts et consignations et cette somme demeure affectée au cautionnement à due concurrence, à moins que le cautionnement ne soit reconstitué au choix du titulaire en valeurs prévues à l'article 1er du présent arrêté. ■

3210

Arrêté du 1er septembre 1972 Relatif au barème des sommes à consigner au deuxième sous-compte prévu par l'article 23 du décret n° 72-678 du 20 juillet 1972 fixant les conditions d'application de la loi n° 70-9 du 2 janvier 1970 réglementant les conditions d'exercice des activités relatives à certaines opérations portant sur les immeubles et les fonds de commerce (JO du 13 sept. 1972 p. 9773)

Art. 1er — La somme à consigner à la caisse des dépôts et consignations au titre du deuxième sous-compte prévu par l'article 23 (alinéa 2) du décret susvisé du 20 juillet 1972 comprend dans tous les cas une partie fixe d'un montant de 3 000 F.

Art. 2 — Une somme de 600 F par tranche de 100 mandats est en outre consignée à ce deuxième sous-compte par la personne qui est titulaire de la carte professionnelle Transactions sur immeubles et fonds de commerce ou par celle qui en sollicite la délivrance.

Art. 3 — Une somme de 600 F par tranche de 100 mandats est en outre consignée à ce deuxième sous-compte par la personne qui est titulaire de la carte professionnelle Gestion immobilière ou par celle qui en demande la délivrance.

Art. 4 — Le nombre des mandats à prendre en considération pour la détermination de la consignation prévue aux articles 2 et 3 ci-dessus est celui des mandats reçus au titre de l'année civile précédente.

Art. 5 — En cas de création d'une activité nouvelle, il est consigné, pour la première année, par dérogation aux dispositions du présent article, une somme correspondant à 100 mandats : il y a lieu à versement complémentaire dans les trois jours francs chaque fois qu'une nouvelle tranche de 100 mandats est commencée. ■

3211

Arrêté du 1er septembre 1972 Relatif aux conditions minimales du contrat d'assurance et forme du document justificatif prévus par le décret n° 72-678 du 20 juillet 1972 fixant les conditions d'application de la loi n° 70-9 du 2 janvier 1970 réglementant les conditions d'exercice des activités relatives à certaines opérations portant sur les immeubles et les fonds de commerce (JO du 13 sept. 1972 p. 9773 et 9774)

Art. 1er — Les contrats d'assurance visés à l'article 49 (alinéa 1) du décret susvisé du 20 juillet 1972 doivent comporter des garanties et conditions conformes ou au moins équivalents à celles qui sont définies par les clauses annexées au présent arrêté.

Ils doivent spécifier en caractères très apparents qu'en cas d'opposition ou de différence entre les termes du contrat et ceux des clauses précitées, l'assuré bénéficie de celles de ces dispositions qui lui sont le plus favorables.

Art. 2 — Les contrats visés à l'article 1er ne doivent pas comporter une limite de garantie inférieure à 500 000 F par année pour un même assuré. Ils ne doivent pas prévoir de franchise à la charge de l'assuré supérieure à 10 % des indemnités dues.

Art. 3 — Ces mêmes contrats doivent comporter une clause de tacite reconduction annuelle.

Art. 4 — Le document justificatif prévu à l'article 49 (alinéa 2) du décret susvisé du 20 juillet 1972 doit être conforme au modèle annexé au présent arrêté.

Art. 5 — Le directeur des affaires civiles et du sceau et le directeur des assurances sont chargés, chacun en ce qui le concerne, de l'application du présent arrêté, qui sera publié au *Journal officiel* de la République française.

Annexe I

Conditions minimales d'assurance de la responsabilité professionnelle des personnes visées à l'article 3 de la loi n° 70-9 du 2 janvier 1970

Art. 1er — Le présent contrat a pour objet de garantir l'assuré, sous réserve des limites et exclusions prévues aux articles 2 et 3, contre les conséquences pécuniaires de la responsabilité qu'il peut encourir dans l'exercice de l'activité professionnelle définie aux conditions particulières du fait des dommages incorporels causé à autrui par suite d'erreurs, omissions ou négligences commises par l'assuré, ses collaborateurs ou préposés, ou par suite de perte ou de destruction des pièces ou de documents à eux confiés.

A. Lorsqu'il se livre ou participe à des opérations d'achat, de vente, d'échange, de location ou de sous-location en nu ou en meublé d'immeubles bâtis ou non bâtis, à des opérations d'achat, de vente ou de location-gérance de fonds de commerce à des opérations de cession d'un cheptel agricole mort ou vif ainsi qu'à des opérations de souscription, d'achat ou de vente d'actions ou de parts de sociétés immobilières donnant vocation à une attribution de locaux en jouissance ou en propriété, ou encore à des opérations d'achat, de vente de parts sociales non négociables lorsque l'actif social comprend un immeuble ou un fonds de commerce.

B. Lorsqu'il se livre ou prête son concours à des opérations de gestion immobilière.

(Supprimé par Arr. 5 févr. 2002) « *Cette garantie s'applique exclusivement aux cas de responsabilité matérielle relative à des dommages porté à la connaissance de l'assuré pendant la période de garantie. Toutefois, la garantie est étendue à la réparation de tout sinistre connu de l'assuré dans un délai maximum de douze mois à compter de l'expiration du contrat, à condition que le fait générateur de ce sinistre se soit produit pendant la période de validité dudit contrat.*

Par ailleurs, si les faits générateurs des dommages sont survenus avant la souscription du contrat, la garantie ne les couvrira que si :

– lesdits faits générateurs se sont produits au cours de la période de douze mois précédant la souscription du contrat et postérieurement à l'entrée en vigueur de la loi n° 70-9 du 2 janvier 1970;

– l'assuré n'en a pas eu connaissance avant cette souscription, la charge de la preuve de cette connaissance incombant à l'assureur;

– *lesdits dommages ne sont pas déjà garantis par un autre contrat souscrit antérieurement* ».

Art. 2 — La garantie du présent contrat s'applique à concurrence de la limite par année et par assuré fixée aux conditions particulières.

Les frais de procès, quittance et autres frais du règlement ne viennent pas en déduction du montant de la garantie. Toutefois, en cas de condamnation supérieure à ce montant, ils seront supportés par l'assureur et l'assuré dans la proportion de leur part respective dans la condamnation.

Art. 3 — Sont exclus de la garantie définie à l'article 1er :

1° Les dommages causés :

a) Aux conjoints, ascendants et descendants de l'assuré;

b) À ses associés dans l'exercice d'une activité professionnelle commune;

c) À ses collaborateurs et préposés dans l'exercice de leurs fonctions;

d) Lorsque l'assuré est une personne morale, à ses présidents administrateurs, directeurs généraux et gérants ainsi qu'à leurs conjoints, ascendants et descendants.

2° Les dommages provenant d'une faute intentionnelle ou dolosive de l'assuré.

3° Les conséquences pécuniaires de la responsabilité du fait de toute activité d'administrateur de société de construction ou de promoteur de construction.

4° Le non-versement ou la non-restitution des fonds, effets ou valeurs reçus à quelque titre que ce soit par l'assuré, ses collaborateurs ou ses préposés.

5° Les indemnités de dédit stipulées à la charge de l'assuré, ainsi que toutes indemnités fondées sur l'inexécution d'engagement comportant une garantie personnelle pécuniaire pris par l'assuré ou par tout collaborateur ou préposé dont il répond, dans la mesure où les obligations qui résultent de ces engagements excèdent celles auxquelles il est tenu en vertu des textes légaux sur la responsabilité.

6° Les dommages visés à l'article 34 de la loi du 13 juillet 1930.

7° Les dommages résultant d'un accident imputable à l'assuré ou à toute personne dont il doit répondre, c'est-à-dire de tout événement soudain, imprévu et extérieur à la victime et à la chose endommagée, constituant la cause d'une atteinte corporelle à un être vivant, ou d'une détérioration, destruction ou perte d'une chose ou substance autre que les pièces et documents visés au premier alinéa de l'article 1er.

8° Les amendes fiscales et autres pénalités infligées à titre personnel à l'assuré.

Art. 4 — Les déchéances motivées par un manquement de l'assuré commis postérieurement au sinistre ne sont pas opposables aux victimes ou à leurs ayants droit.

Art. 5 — Le présent contrat prend effet à la date fixée aux conditions particulières et pour la durée prévue par celles-ci. Il est à l'expiration de cette durée reconduit de plein droit d'année en année, sauf dénonciation par l'une ou l'autre des deux parties notifiée à l'autre partie par lettre recommandée un mois au moins avant l'expiration de la période d'assurance en cours.

Art. 6 — La garantie ne prend effet qu'à la date de délivrance de la carte professionnelle et cesse de plein droit par le retrait de celle-ci.

Art. 7 — La suspension de garantie, la résiliation du contrat autre que celle résultant du retrait de la carte professionnelle et sauf en cas de retrait total d'agrément ou la dénonciation de la tacite reconduction ne peuvent prendre effet avant la date à laquelle elles auront été portées à la connaissance du préfet qui a délivré la carte professionnelle.

Art. 8 — En cas d'opposition ou de différence entre les termes du présent contrat et ceux des conditions minimales de garantie prévues à l'arrêté du 1er septembre 1972 l'assuré bénéficie de celles de ces dispositions qui lui sont le plus favorables.

Annexe II

(Assuré personne physique)

SOCIÉTÉ

Attestation d'assurance de la responsabilité civile professionnelle.

(*Loi du 2 janvier 1970 et décret du 20 juillet 1972*).

L'assureur désigné ci-dessus atteste que l'assuré désigné ci-après a souscrit pour son compte un contrat d'assurance comportant des garanties au moins équivalentes à celles prévues par l'arrêté du 1er septembre 1972.

Assuré[1] ....

Représenté par[2] ....

Activité professionnelle garantie ....

Police n° ....

Date de prise d'effet du contrat : ....

La présente attestation n'implique qu'une présomption de garantie à la charge de l'assureur. ■

3212

Arrêté du 15 septembre 1972
Relatif à l'établissement du modèle des cartes professionnelles, de la déclaration d'activité et de l'attestation prévues par le décret n° 72-678 du 20 juillet 1972 fixant les conditions d'application de la loi n° 70-9 du 2 janvier 1970 réglementant les conditions d'exercice des activités relatives à certaines opérations portant sur les immeubles et les fonds de commerce (JO du 28 sept. 1972 p. 10247)

Art. 1er — La carte professionnelle « Transactions sur immeubles et fonds de commerce », qui est prévue par l'article 1er (alinéa 1) du décret susvisé du 20 juillet 1972, est conforme, à la dimension près, au modèle figurant :
– à l'annexe I du présent arrêté, lorsqu'elle est délivrée à une personne physique;
– à l'annexe II du présent arrêté, lorsqu'elle est délivrée à une personne morale.

Lorsque la déclaration prévue aux articles 3 (7°) et 80 (4°) du décret susvisé du 20 juillet 1972 a été souscrite, la carte mentionne que l'intéressé s'est engagé à ne recevoir aucun fonds, effet ou valeur.

Art. 1 *bis* — (*Arr. 13 oct. 1993,* JO *18 nov. 1993*) « La carte professionnelle Prestations de services en transactions sur immeubles et fonds de commerce, qui est prévue par l'article 1er (alinéa 3) du décret du 20 juillet 1972 susvisé, modifié par le décret du 9 février 1993, est conforme, à la dimension près, au modèle figurant :
– à l'annexe VII du présent arrêté lorsqu'elle est délivrée à une personne physique;
– à l'annexe VIII du présent arrêté lorsqu'elle est délivrée à une personne morale.

Lorsque la déclaration prévue aux articles 3 (7°) et 80 (4°) du décret du 20 juillet 1972 susvisé a été souscrite, la carte mentionne que l'intéressé s'est engagé à ne recevoir aucun fonds, effet ou valeur. »

Art. 2 — La carte professionnelle « Gestion immobilière », qui est prévue par l'article 1er (alinéa 2) du décret susvisé du 20 juillet 1972, doit être conforme, à la dimension près, au modèle figurant :
– à l'annexe III du présent arrêté, lorsqu'elle est délivrée à une personne physique;
– à l'annexe IV du présent arrêté, lorsqu'elle est délivrée à une personne morale.

Art. 2 *bis* — (*Arr. 13 oct. 1993,* JO *18 nov. 1993*) « La carte professionnelle Pres-tations de services en gestion immobilière, qui est prévue par l'article 1er (alinéa 3) du décret du 20 juillet 1972 susvisé, doit être conforme, à la dimension près, au modèle figurant :
– à l'annexe IX du présent arrêté lorsqu'elle est délivrée à une personne physique;
– à l'annexe X du présent arrêté lorsqu'elle est délivrée à une personne morale. »

Art. 3 — La déclaration d'activité souscrite pour chaque établissement, succursale, agence ou bureau qui est prévue par l'article 8 du décret susvisé du 20 juillet 1972 doit être conforme, à la dimension près, au modèle figurant à l'annexe V du présent arrêté.

Art. 4 — L'attestation prévue par l'article 9 du décret susvisé du 20 juillet 1972 doit être conforme, à la dimension près, au modèle figurant à l'annexe VI du présent arrêté.

Art. 5 — Ces documents sont établis sur papier cartonné de couleur. ■

3213

Arrêté du 15 septembre 1972
Relatif au modèle des registres des mandats prévus par le décret n° 72-678 du 20 juillet 1972 (JO du 28 sept. 1972 p. 10254)

Le garde des sceaux, ministre de la Justice, le ministre de l'Intérieur et le ministre de l'Économie et des Finances,

Vu les articles 65 et 72 du décret n° 72-678 du 20 juillet 1972,

Arrêtent :

Art. 1er — Le registre des mandats dont la tenue par les titulaires de la carte « Gestion

1. Nom, prénoms, domicile, enseigne commerciale et adresse professionnelle.
2. À ne remplir que si le souscripteur est une personne morale. Dans ce cas, il y a lieu d'indiquer les nom, prénoms, domicile et qualité du ou des représentants légaux ou statutaires.

immobilière » est prévue par l'article 65 (alinéa 1er) du décret nº 72-678 du 20 juillet 1972 doit être conforme, à la dimension près, au modèle figurant à l'annexe I du présent arrêté.

Art. 2 — Le registre des mandats dont la tenue par les titulaires de la carte « Transactions sur immeubles et fonds de commerce » est prévue par l'article 72 (alinéa 4) du décret nº 72-678 du 20 juillet 1972 doit être conforme, à la dimension près, au modèle figurant à l'annexe II du présent arrêté.

Annexe I[a]

Registre des mandats
(art. 65 du décret nº 72-678 du 20 juillet 1972)

NUMÉRO d'ordre (b)	*DATE du mandat (c)*	*NOM du ou des mandants (d)*	*ADRESSE du ou des mandants (e)*	*SITUATION de l'immeuble ou des immeubles*	*CONSEIL SYNDICAL, conseil de surveillance (f)*	*DATE de la fin du mandat (g)*	*OBSERVATIONS (h)*

a) Numéro de la page.
b) Numéro d'ordre à reporter sur les mandats.
c) Date du mandat s'il s'agit d'une copropriété ou d'une société : date de la décision portant désignation.
d) Personnes physiques : nom (prénom s'il figure au mandat) : en cas de pluralité de mandants, une ligne par mandant.
Personnes morales : (syndicats, associations, sociétés) dénomination et indication de l'organe de décision (ex. assemblée générale).
e) Adresse figurant au mandat siége social pour les sociétés situation de l'immeuble pour les syndicats de copropriétaires.
f) Mention de l'existence du conseil nom et adresse du président au jour du mandat.
g) Date de la cessation effective du mandat.
h) Notamment date de la reddition des comptes et de la restitution des fonds aprés la fin du mandat.

a.Rectificatif dans le *JO* du 17 novembre 1972 p. 11926.

Annexe II[a]

Registre des mandats
(art. 65 du décret nº 72-678 du 20 juillet 1972)

NUMÉRO d'ordre (b)	*DATE du mandat*	*NOM du ou des mandants*	*ADRESSE du ou des mandants (c)*	*OBJET du mandant (d)*	*NATURE et situation des biens (e)*	*NUMÉRO du registre répertoire (g)*	*OBSERVATIONS*

a) Numéro de la page.
b) Numéro à reporter sur les mandats.
c) Adresse figurant sur le mandat une ligne par mandant s'il y en a plusieurs.
d) Exemple : publicité, entremise, négociation, séquestre, inventaire.
e) Exemple : immeuble, fonds de commerce.
g) Ne remplir que si l'opération donne lieu à mention sur le registre répertoire.

a.Rectificatif dans le *JO* du 17 novembre 1972 p. 11926. ■

3214

Arrêté du 15 septembre 1972 Relatif au modèle de l'attestation de caution ou de consignation prévue par le décret nº 72-678 du 20 juillet 1972 (JO du 28 sept. 1972 p. 10255)

Art. 1er — L'attestation délivrée à la personne garantie par la caisse des dépôts et consignations doit être conforme, à la dimension près, au modèle figurant à l'annexe I du présent arrêté.

Art. 2 — L'attestation délivrée à la personne garantie par une banque, par un établissement financier habilité à donner caution, par une société de caution mutuelle, suivant le cas, doit être conforme, à la dimension près, au modèle figurant à l'annexe II du présent arrêté.

Art. 3 — Le présent arrêté sera publié au *Journal officiel* de la République française.

Annexe I

Attestation de garantie
(Décret n° 72-678 du 20 juillet 1972)

(a) ....
....
atteste que *(b)* ....
....
....
a déposé le ....
au compte n° ....
ouvert dans ses caisses :
1. Pour le premier sous-compte, une somme de ....
....
2. Pour le deuxième sous-compte, une somme de ....
....
au titre de *(c)* ....
Fait à..............., le...............

(a) Indication de la caisse des dépôts et consignations et de son adresse ainsi que du caissier qui a reçu le dépôt.

(b) D'après les documents communiqués : état civil, domicile, lieu de l'activité professionnelle de la personne physique : dénomination, forme juridique, siège de la personne morale, ainsi que l'état civil, le domicile et la qualité du ou des représentants légaux ou statutaires : s'il s'agit d'un versement complémentaire : indications du numéro de la carte professionnelle et de la préfecture qui l'a délivrée.

(c) Activité garantie : Transactions sur immeubles et fonds de commerce ou Gestion immobilières.

Annexe II

Attestation de garantie
(Décret n° 72-678 du 20 juillet 1972)

(a) ....
....
atteste qu'une caution d'un montant de ....
....
a été donnée par elle à *(b)* ....
....
....
au titre de l'activité de *(c)* ....
à compter du *(d)* ....
Fait à..............., le..................

(a) Indication de la dénomination et du siége de la banque, de l'établissement financier habilité à donner caution ou de la société de caution mutuelle.

(b) D'aprés les documents communiqués : état civil, domicile, lieu de l'activité professionnelle de la personne physique : dénomination, forme juridique, siège de la personne morale, ainsi que : état civil, domicile et qualité de son ou de ses représentants légaux ou statutaires.

(c) Activité garantie : transactions sur immeubles et fonds de commerce ou Gestion immobilière.

(d) Préciser la date retenue à la convention : exemple : date de la délivrance de la carte professionnelle.

■

3215

Arrêté du 2 octobre 1972
Relatif aux brevets professionnels des professions immobilières (JO du 15 oct. 1972 p. 10849)

Art. 1er — Il est institué sur le plan national un brevet professionnel des professions immobilières comportant deux options :

A. Administrateur de biens et syndic de propriété.

B. Agent immobilier et mandataire en vente de fonds de commerce.

Art. 2 — L'examen conduisant à la délivrance du brevet professionnel des professions immobilières comprend trois séries d'épreuves indépendantes les unes des autres qui doivent être subies par les candidats dans les conditions suivantes :

Séries I et II :

Soit au cours d'une même session.

Soit au cours de deux sessions différentes, dans l'ordre choisi par le candidat.

Série III :

Un an au moins après avoir subi avec succès les épreuves des séries I et II.

Le règlement et le programme de l'examen sont annexés au présent arrêté[1].

Art. 3 — L'examen est organisé dans le cadre académique. Toutefois, après accord entre les recteurs intéressés, un centre d'examen interacadémique peut regrouper les candidats de deux ou plusieurs académies.

Les sujets des épreuves sont choisis par le ministre de l'Éducation nationale.

Art. 4 — Le jury est désigné par le recteur de l'académie où est ouvert le centre d'examen.

Il est présidé par un inspecteur principal de l'enseignement technique et composé de membres de la profession (employeurs et salariés) choisis après consultation des organismes professionnels intéressés, et de membres de l'enseignement public et privé.

Art. 5 — Peuvent faire acte de candidature au brevet professionnel des professions immobilières :

a) Les titulaires des diplômes énumérés ci-après, sous réserve de justifier d'une année au moins de pratique professionnelle dans un emploi relevant des professions immobilières.

Certificat d'aptitude professionnelle de commis d'administrateur de biens ou d'un certificat d'aptitude professionnelle relevant du travail de bureau.

Brevet d'études professionnelles ou brevet de technicien relevant soit du travail de bureau, soit du secteur bâtiment et travaux publics.

Brevet d'enseignement commercial et brevet supérieur d'enseignement commercial.

Baccalauréat de l'enseignement secondaire ou baccalauréat de technicien des séries GI, G2, G3, H et Fg.

Capacité en droit.

Diplômes délivrés par l'école nationale de droit et de procédure, par l'école nationale de procédure ou par les écoles de notariat reconnues par l'État.

b) Les professionnels pouvant justifier de cinq années d'activité dans un emploi relevant des professions immobilières.

Tous les candidats doivent justifier en outre d'avoir accompli un stage de promotion professionnelle ou de perfectionnement des connaissances tels qu'ils sont définis par la loi n° 71-575 du 16 juillet 1971 ou avoir suivi pendant un an au moins des cours de perfectionnement. Ces cours peuvent éventuellement être dispensés par un organisme d'enseignement à distance légalement autorisé.

Art. 6 — Pour être admis à subir les épreuves de la série III, les candidats doivent satisfaire aux conditions suivantes :

Avoir obtenu à chacune des séries I et II une moyenne générale au moins égale à 10 sur 20.

Avoir continué à exercer au moins pendant un an après avoir subi avec succès les épreuves des séries I et II une activité relevant des professions immobilières.

Avoir suivi également une année supplémentaire de cours de perfectionnement.

Art. 7 — Les titulaires du brevet d'enseignement commercial, du brevet supérieur d'enseignement commercial, du baccalauréat de l'enseignement secondaire ou d'un baccalauréat de technicien, de la capacité en droit ou d'un diplôme délivré par l'école nationale de droit et de procédure, l'école nationale de procédure ou les écoles de notariat reconnues par l'État sont dispensés de subir les épreuves de la série I.

Ils doivent néanmoins remplir les conditions relatives à l'exercice de la profession et à la fréquentation des cours de perfectionnement prévues à l'article 5 ci-dessus.

Les personnes atteintes d'une longue maladie ou d'une infirmité grave peuvent être autorisées par le recteur de l'académie dont relève leur domicile à poser leur candidature dans les conditions dérogatoires aux dispositions du présent arrêté, notamment en ce qui concerne l'exercice préalable d'une activité dans la profession.

Art. 8 — Pour être déclarés définitivement admis à l'examen, les candidats doivent obtenir à l'ensemble des épreuves de la série III une moyenne au moins égale à 10 sur 20.

1. L'annexe II fixant le programme sera publiée par les soins du *Bulletin officiel* de l'Éducation nationale.

Annexe I

Option Administrateur de biens
et syndic de propriété
Règlement d'examen

NATURE DES ÉPREUVES	*DURÉES*	*NOTES éliminatoires (1)*	*COEF-FICIENTS*
I. Première série d'épreuves			
1. Composition française sur un sujet d'ordre général (épreuve écrite)	2 h	0	4
2. Droit (épreuve orale)	20 mn	0	3
3. Économie des entreprises (épreuve orale)	15 mn	0	3
Total			10
II. Deuxième série d'épreuve			
1. Droit spécialisé (épreuve écrite)	1 h	0	3
2. Économie et gestion des entreprises immobilières (épreuve écrite)	3 h	0	5
3. Économie générale (épreuve orale)	15 mn	0	2
Total			10
(Les sujets des épreuves des deux premières séries sont communs aux deux options « Administrateur de biens et syndic de propriété » et « Agent immobilier et mandataire en vente de fonds de commerce ».)			
III. Troisième série d'épreuves			
1. Épreuve écrite comprenant deux parties :			
a) Économie appliquée et organisation des cabinets d'administration de biens	2 h	0	1
b) Droit spécialisé	1 h	0	1
2. Épreuve pratique portant sur les travaux effectués dans un cabinet administrateur de biens	3 à 4 h	7	3
Total			5
IV. Épreuve facultative de langue vivante étrangère			
Comprenant :			
– un exercice simple de correspondance commerciale dans la langue choisie par le candidat	1 h		
– une traduction orale d'un texte étranger relatif aux questions immobilières	15 mn		
Chacun de ces exercices est noté sur 10.			

(1) Pour les notes autres que zéro, note éliminatoire inférieure à 5 ou à 7.

Annexe I

Option Agent immobilier et mandataire
en vente de fonds de commerce
Règlement d'examen

NATURE DES ÉPREUVES	*DURÉES*	*NOTES éliminatoires (1)*	*COEF-FICIENTS*
I. Première série d'épreuves			
1. Composition française sur un sujet d'ordre général (épreuve écrite)	2 h	0	4
2. Droit (épreuve orale)	20 mn	0	3
3. Économie des entreprises (épreuve orale)	15 mn	0	3
Total			10
II. Deuxième série d'épreuve			
1. Droit spécialisé (épreuve écrite)	1 h	0	3
2. Économie et gestion des entreprises immobilières (épreuve écrite)	3 h	5	5
3. Économie générale (épreuve orale)	15 mn	0	2
Total			10
(Les sujets des épreuves des deux premières séries sont communs aux deux options « Administrateur de biens et syndic de propriété » et « Agent immobilier et mandataire en vente de fonds de commerce ».)			
III. Troisième série d'épreuves			
1. Épreuve écrite comprenant deux parties :			
a) Économie appliquée et organisation des agences immobilières	2 h	0	1
b) Droit spécialisé	1 h	0	1
2. Épreuve pratique portant sur les travaux effectués dans un cabinet d'agent immobilier mandataire en vente de fonds de commerce	3 à 4 h	7	3
Total			5
IV. Épreuve facultative de langue vivante étrangère			
Comprenant :			
– un exercice simple de correspondance commerciale dans la langue choisie par le candidat	1 h		
– une traduction orale d'un texte étranger relatif aux questions immobilières	15 mn		
Chacun de ces exercices est noté sur 10.			

(1) Pour les notes autres que zéro, note éliminatoire inférieure à 5 ou à 7.

3216

Arrêté du 28 décembre 1972 Relatif à la liste des diplômes pris en considération pour la justification de l'aptitude professionnelle en vue de la délivrance des cartes professionnelles instituées par l'article 3 (alinéa 1er) de la loi nº 70-9 du 2 janvier 1970 et prévues par l'article 1er du décret nº 72-678 du 20 juillet 1972 (JO du 2 janv. 1973 p. 6)

Art. 1er — Pour l'application de l'article 11 *b* du décret susvisé du 20 juillet 1972, sont regardés comme justifiant de l'aptitude professionnelle les personnes qui sont titulaire de l'un des diplômes suivants :

Diplôme de l'institut du droit des affaires de la faculté de droit et des sciences économiques de Paris, délivré antérieurement au 1er janvier 1971.

Diplôme de l'institut du droit des affaires de l'université de Paris-II délivré après le 1er janvier 1971.

Diplôme de l'école des hautes études commerciales.

Diplôme de l'école du haut enseignement commercial pour jeunes filles.

Diplôme de l'institut supérieur des affaires.

Diplôme de l'école supérieure de commerce de Paris.

Diplôme de l'école supérieure des sciences économiques et commerciales.

Diplôme d'une école supérieure de commerce et d'administration des entreprises.

Diplôme de l'institut commercial de l'université de Nancy.

Diplôme de l'institut d'enseignement commercial supérieur de Strasbourg.

Diplôme de l'institut d'études commerciales de Grenoble, délivré à dater de 1966.

Diplôme de l'école supérieure du bois.

Diplôme du centre de perfectionnement des affaires.

Diplôme de l'institut des hautes études de droit rural et d'économie agricole.

Diplôme d'ingénieur décerné par une école habilitée par la commission des titres d'ingénieur à délivrer un diplôme d'ingénieur dans les disciplines juridiques, économiques, commerciales, agricoles et immobilières.

Art. 2 — Pour la justification de l'aptitude professionnelle, sont pris en considération en vue de l'application de l'article 12, 1°, *b* du décret susvisé du 20 juillet 1972 les diplômes et examens suivants :

Examen spécial d'entrée dans les universités.

Brevet supérieur d'études commerciales.

Certificat d'études juridiques de l'urbanisme et de la construction délivré par l'université de Toulouse-I.

Diplôme d'études immobilières délivré par l'université de Limoges.

Certificat d'élève diplômé d'une école de notariat reconnue par l'État.

Brevets professionnels.

Des professions immobilières (option A).

D'employé d'assurances.

De comptable, pour la carte prévue à l'article 1er (alinéa 2) du décret susvisé du 20 juillet 1972.

Brevets professionnels.

Des professions immobilières (option B).

D'employé de banque.

De secrétaire.

De chef de brigade géomètre, pour la carte prévue à l'article 1er, alinéa 1er, du décret susvisé du 20 juillet 1972.

Art. 3 — Le directeur des affaires civiles et du sceau, le directeur chargé des universités, des établissements d'enseignement supérieur et de recherche et le directeur chargé des établissements d'enseignement élémentaire et secondaire sont chargés, chacun en ce qui le concerne, de l'application du présent arrêté, qui sera publié au *Journal officiel* de la République française. ■

3. Lexique

Remarque : ce glossaire est extrait du lexique publié par le Bureau de vérification de la publicité dans son recueil de règles déontologiques (Recommandation Immobilier maisons individuelles), disponible sur le site www.bvp.org

Aménagement : tout ce qui concerne l'organisation et l'équipement (voirie, réseaux divers) du terrain sur lequel sont réalisés les immeubles.

Ancien : immeuble construit avant 1948.

Appartement : logement constitué d'une ou plusieurs pièces et situé dans un bâtiment.

Appartement témoin : appartement réalisé par le maître d'ouvrage et présenté en stricte conformité avec les prestations prévues dans les documents contractuels, sans adjonction ni modification d'aucune sorte.

Appartement modèle : appartement réalisé par le maître d'ouvrage en stricte conformité avec les prestations prévues dans les documents contractuels, et présenté sans modification mais comportant des éléments de décor ajoutés.

Appartement décoré : appartement présenté avec des modifications par rapport aux documents contractuels.

Après-vente : l'après-vente se distingue des garanties légales, c'est un service assuré volontairement par le constructeur après livraison ou réception.

Balcon : espace ouvert situé en saillie, par rapport au nu courant de la façade et muni d'un garde-corps.

Box : emplacement de stationnement d'un ou plusieurs véhicules, couvert et cloisonné, mais sans fermeture.

Cabine : réduit dans lequel on peut mettre 1 ou 2 lits superposés.

Cabinet de toilette : local aménagé pour les soins corporels et comportant au moins un lavabo.

Cage d'escalier : volume où se développe l'escalier.

Cave : local souterrain à usages divers.

Cellier : local à usages divers situé en surface.

Chambre indépendante : pièce habitable comportant un point d'eau et un WC, indépendants ou collectifs.

Chambre de service : pièce habitable située à l'extérieur de l'appartement, comportant un point d'eau et un WC, indépendants ou collectifs.

Chien-assis : lucarne dont la couverture ne compte qu'une seule pente en sens inverse de celle du toit.

Clés en main : se dit d'une vente portant sur un logement achevé à la date de la transaction.

Cloison : paroi verticale non portante destinée à compartimenter l'intérieur du logement.

Combles : volume délimité par la toiture d'une construction et le plancher haut du dernier étage et susceptible ou non d'être aménagé en pièces d'habitation.

Confortable : comportant au minimum salle d'eau, WC, coin cuisine et chauffage.

Coin cuisine : emplacement à usage de cuisine incorporé à une pièce principale.

Cuisine : pièce destinée à la préparation des repas et comportant un évier ainsi que les emplacements et branchements nécessaires à l'installation et l'utilisation d'appareils électroménagers et de cuisson.

Cuisinette : petite cuisine.

Dalle flottante : chape, généralement en béton, de faible épaisseur, permettant de désolidariser le revêtement de sol de l'ossature de l'immeuble et des éléments de second œuvre.

Dégagements : espaces de communication entre les pièces d'un logement.

Délai de construction : période nécessaire à la réalisation de la maison. Ce délai court à partir de l'ouverture du chantier.

Dépendances : locaux à usage privatif, extérieurs au logement.

Descriptif : état détaillé des travaux proposés.

Documents contractuels : ensemble de documents constitué par le contrat proprement dit et les documents annexés et signés des parties ou déposés au rang des minutes du notaire.

« Dressing-Room » (Garde-Robe) : local équipé pour le rangement et permettant de s'habiller.

Ébrasement, Ébrasure : partie évasée dans une ouverture du mur.

Emplacement de parking : espace à usage privatif matérialisé dans un parc de stationnement.

Emplacement de placard : volume susceptible d'être équipé en placard.

Emprise : surface occupée au sol par un élément de construction.

Équipements collectifs : équipements extérieurs publics ou privés à usage commun.

Équipement intérieur : ensemble des installations, appareillages, matériels et produits finis prévus à l'intérieur du logement par les documents contractuels.

État neuf : jamais habité depuis la remise à neuf.

Façade : s'entend de la façade principale d'une construction.

Faîtière : se dit de ce qui touche au faîte de la construction (lucarne faîtière, tuile faîtière).

Fondations : ensemble des travaux et ouvrages destinés à assurer, à la base, la stabilité d'une construction (voir vide sanitaire, sous-sol).

Frais annexes : frais autres que ceux prévus dans le contrat, y compris les frais d'adaptation de la maison au sol (par exemple, les honoraires de notaire).

Gaine : volume prévu pour recevoir des canalisations ou des circuits.

Garage : espace couvert et clos pour remiser un ou plusieurs véhicules.

Grenier : combles accessibles, non habitables.

Lingerie : local réservé au rangement, à l'entretien et au repassage du linge.

Livraison : mise à disposition matérielle d'une construction à son destinataire.

Loggia : soit un balcon couvert et fermé au moins sur un côté, soit un espace ouvert situé en deçà du nu courant de la façade.

Lucarne : croisée ou châssis en saillie sur la pente d'un toit pour donner du jour aux combles ou grenier.

Maison témoin : mêmes définitions que pour un appartement témoin.

Maison modèle : mêmes définitions que pour un appartement témoin.

Maison décorée : mêmes définitions que pour un appartement témoin.

Maître d'œuvre (ou de l'œuvre) : personne physique ou morale chargée de tout ou partie de la conception ou de la direction de la réalisation technique d'une construction.

Maître d'ouvrage (ou de l'ouvrage) : personne physique ou morale, propriétaire du terrain ou titulaire du droit de construire, pour laquelle est réalisée l'opération de construction.

Mansarde : pièce située dans les combles brisés.

Moquette : tapis généralement commercialisé au mètre, dont la surface d'utilisation est un velours (norme Afnor G 35.000).

Neuf : jamais habité.

Option : possibilité de choix avec ou sans modification de prix.

Papier d'apprêt : papier de premier recouvrement destiné à servir de sous-couche à un papier peint.

Parc : terrain clos, planté d'arbres et aménagé en vue de l'agrément.

Parking, parc de stationnement, aire de parcage : zone couverte ou non, destinée au stationnement des véhicules en dehors de la voie publique.

Penderie : volume de rangement équipé pour suspendre des vêtements.

Permis de construire : autorisation administrative d'édifier de nouvelles constructions ou d'effectuer des travaux augmentant l'habitabilité des bâtiments existants.

Pièce : espace entièrement clos comportant une ou plusieurs ouvertures et constituant l'un des éléments du logement.

Pièce principale : pièce destinée au séjour ou au sommeil.

Placard : enfoncement, saillie, recoin de mur ou de cloison, fermé par une porte et constituant une armoire fixe.

Plan de financement : modalité de paiement de la construction propre à chaque acquéreur, compte tenu de l'apport personnel et des prêts nécessaires au financement.

Porteur (mur) : élément de la structure d'assise de la construction.

Prestations : ensemble des services, fournitures techniques et des éléments d'équipement prévus dans les documents publicitaires et contractuels.

Prix définitif : prix qui ne peut varier d'aucune manière pour une construction donnée.

Prix révisable : prix qui peut varier, après la signature du contrat, par révision en fonction d'un index ou d'un indice déterminé à l'avance.

Prix ferme : à éviter, car pouvant prêter à confusion.

Programme de logements : ensemble de logements et d'équipements annexes dont la réalisation, en un même lieu, est décidée par un seul maître d'ouvrage. Un programme peut être réalisé par tranches.

Rangement : volume fermé destiné à entreposer des objets et situé à l'intérieur d'une maison.

Récent : immeuble construit après 1948.

Réception (de travaux) : acte par lequel le maître de l'ouvrage déclare accepter l'ouvrage avec ou sans réserves.

Remise des clefs : voir « livraison ».

Revêtement extérieur : placage ou enduit dont on recouvre les murs extérieurs d'une maison pour les protéger ou les décorer.

Révision de prix : modification, dans le temps, du prix contractuel d'un ouvrage, en fonction de la variation entre deux dates, d'un index ou d'un indice officiel de référence.

Salle d'eau : local aménagé pour les soins corporels et comportant au moins une douche et un lavabo.

Salle de bains : pièce aménagée pour les soins corporels et comprenant une baignoire, un lavabo et parfois un bidet et une douche.

Séchoir : emplacement prévu pour le séchage du linge.

Séjour double : pièce éventuellement décloisonnée, comportant au moins deux fenêtres et pouvant faire deux pièces habitables séparées.

Sous-sol : partie d'une maison aménagée sous le rez-de-chaussée.

Studio : logement comportant une seule pièce principale, un coin cuisine, une salle d'eau et un WC.

Surfaces annexes : ensemble des surfaces bâties non habitables.

Terrasse : toiture horizontale pouvant être accessible pour un usage collectif ou privatif dans des conditions fixées par le règlement de copropriété.

Terrasse-jardin : terrasse partiellement ou totalement aménagée en jardin dans des conditions fixées par le règlement de copropriété.

Tranche : partie de programme dont les conditions techniques et l'utilisation ne sont pas subordonnées à la réalisation du reste du programme.

Tout confort : desservi par un ascenseur-descendeur, avec cuisine, salle de bains, WC intérieur et chauffage.

Véranda : terrasse, loggia ou balcon clos de vitrage et couvert.

Vide sanitaire : mode de construction du plancher qui permet de maintenir une couche d'air entre le sol et la maison pour préserver des actions de l'humidité.

Village : groupe d'habitations et de services assez importants pour constituer un ensemble distinct et ordonné. ■

Index thématique alphabétique

Les numéros renvoient aux paragraphes

A

Abus de confiance .... 1702 et s.

Achat
- célibataire 1302
- concubins .... 1304 et s.
- couple marié 1303
- croisé 1308
- du bien par l'agent immobilier .... 750 et s.
- locatif 1309
- PACS 1305
- par une SCI .... 1307 et s.
- tontine 1306

Acte authentique .... 823 et s., 829

Acte sous seing privé .... 821 et s., 828

Administrateur de biens
- comptes séparés 1205
- définition 112
- obligations spécifiques 317
- produits financiers .... 1206 et s.
- rémunération .... 1201 et s.
- TVA et produits financiers .... 1208 et s

Agent commercial (voir *VRP*) .... 401 et s., 411 et s.

Agent immobilier
- acte écrit .... 1114 et s.
- activités connexes .... 611 et s.
- ancienneté .... 210 et s.
- aptitude professionnelle .... 204 et s.
- assurance responsabilité 218
- commission .... 1101 et s.
- commission perçue de tiers 1127
- conseil 919, 1012
- contrepartie de l'agent immobilier .... 750 et s.
- décès 229
- définition 111
- diplômes .... 205 à 210
- garanties financières 220
- incapacité d'exercer 230
- mandat .... 701 et s.
- obligations professionnelles .... 301 et s.
- personnes concernées par la loi .... 110 et s.
- rédaction d'actes .... 1012 et s.
- registre du commerce et des sociétés 202
- responsabilité civile .... 1601 et s.
- responsabilité pénale .... 1701 et s.
- Union européenne 217

Amiante 1008

Apport en société (cession de bail) 1043

Aptitude professionnelle .... 204 et s.

Asset manager .... 1213 et s.

Association (voir *Groupement*)

Assurance (caution, garantie financière) 224

Assurance responsabilité civile 218

Audit du bien immobilier 1007, 1008

Avant-contrats .... 801 et s., 912, 921

B

Bail commercial .... 1042 et s.

Bail d'habitation .... 1024 et s.
- locataire .... 925 et s.

Bail rural .... 944 et s.

Banque et commission 1128

Besson (Loi) 1314

Bon de visite 1104

Budget des acquéreurs .... 1407 et s.

C

Caisse des dépôts et consignations (Garantie financière) 221

Carrez (loi) .... 1007 et s.

Carte professionnelle
- aptitude (voir *Agent immobilier*)
- caution mutuelle (société) 223
- cautionnement (voir *Garantie financière*)
- défaut 1706
- demande de délivrance 231
- formalités 231
- incapacité 230
- renouvellement 232

Caution mutuelle (Caisse de garantie) 223

Cautionnement (Garantie financière) 221

Cautionnement bancaire 222

Cessation de la garantie financière 228

Cession de bail .... 1041 et s.
- Clause limitative 1044

Cession de fonds de commerce .... 1058 et s.

Cession de parts 119, 819, 1010, 1023

Changement d'affectation du bien 1009
Choix d'un avant-contrat .... 801 et s., 812 et s.
Clause d'exclusivité 419
Clause de non-concurrence 415
Clause de tacite reconduction .... 736 et s.
Collaborateurs de l'agence .... 401 et s.
Commission
- après réalisation 1123
- et préemption 1122
- et promesse de vente 1112
- de retour sur échantillonnage 408
Compromis (voir *Promesse*)
Comptabilité 303
Condition de prêt (voir *Prêt*)
Condition résolutoire 903
Condition suspensive 902
- d'obtention du prêt .... 905 et s., 1109 et s.
Congé (bail d'habitation) 1030
Contrat de travail .... 401 et s.
- requalification 419
Contrepartie (interdiction de) 743
Crédit-bail immobilier .... 1501 et s.

D

Déclaration d'intention d'aliéné (DIA) 959
Délais de préemption
- DPU ....951 et s.
fermier 944
- indivisaire ....969 et s.
- locataire ....925 et s.
- SAFER ....960 et s.
Délai de réflexion .... 823 et s.
Délégation de mandat .... 753 et s.
Délivrance d'un reçu 310
Démarchage à domicile .... 712 et s.
Déontologie .... 616 et s.
- achat du bien par l'agent immobilier mandataire 750 et s.
Dépassement du plafond de garantie 228
Dépôt de garantie 1034
De Robien (régime) 1314
Devoir de conseil (voir *Responsabilité civile*)
Diagnostics 1008
Diplômes .... 205 et s.
Directeur d'agence 420
Double mandatement 711
Droit d'enregistrement 103, 1310, 1428
Droit de reprise du locataire .... 937 et s.
Droit de rétractation .... 821 et s.
Droits de préemption .... 923 et s.

E

Enregistrement de la promesse unilatérale de vente 809, 810
Envoi d'un mandat à un client .... 738 et s.
État hypothécaire 1020
EURL 1337
Exercice de la profession .... 213 et s., 230 et s.
Expertise immobilière 614

F

Faculté de dédit 904
Faute (responsabilité civile) .... 1601 et s
Fichier informatique 606, 608
Financement .... 1401 et s., 1501 et s.
- aidé 1403, 1414
- catégories de prêt ....1413 et s.
- crédit-bail immobilier ....1501 et s.
- dossier de prêt 1426
- fonds de commerce (voir *Cession et Location-gérance*) .... 1058 et s.
- logement ....1406 et s.
- PEL/CEL 1418
- plan de financement 1412
- prêt amortissable ....1420 et s.
Fiscalité .... 1310 et s., 1427 et s.
Franchise (voir *Groupement*)

G

Garantie financière
- assurance dépôt des fonds 224
- caisse des dépôts et consignations (cdc) 221
- caution mutuelle 223
- cautionnement bancaire 222
- cessation de la garantie 228
- mise en jeu 226
- montant de la garantie 225
- responsabilité du garant 227

Gaz naturel 1008
Géomètre-expert 209, 1007
Gestionnaire pour compte de tiers . . . . . . 1213 et s.
Groupement 502
- association 505
- franchise 507
- réseau intégré 508
- syndicat 502

H

Historique de la réglementation 106
Hoguet (loi) . . . . . . 106 et s.
Huissier 209, 822
Hypothèque 803, 1411

I

Impôts
- comparatif IRPP et IS 1315
- droits de mutation . . . . . . 1427 et s.
- immeuble en TVA 1428
- revenus fonciers 1314
- sur la fortune 1441
- sur les sociétés 1315

Incapacité professionnelle 230, 1710
Indemnité de clientèle 409
Indivision . . . . . . 969 et s.
Information des consommateurs . . . . . . 311 et s.
Inscription au RCS 202
Interdiction de versement d'une somme d'argent . . . . . . 826 et s.
Internet 313
Investissement
- financement . . . . . . 1401 et s., 1501 et s.
- stratégie . . . . . . 1309 et s.
- structure d'accueil . . . . . . 1319 et s.

ISF 1441

J

Journal d'annonces immobilières 604

L

Lettre recommandée avec AR 822
Licenciement d'un collaborateur 407, 415
Liste (voir *Vendeur de listes*)
Litige (voir *Promesse*) . . . . . . 813 et s.
Locataire . . . . . . 925 et s.
Location-gérance de fonds de commerce . . . . . . 1046 et s.
Lot de copropriété 1007, 1008

M

Mandat . . . . . . 701 et s.
- achat ou vente 709, 710
- administrateur de biens . . . . . . 703, 758 et s.
- agent commercial . . . . . . 411 et s.
- agent immobilier . . . . . . 702 et s.
- application aux professionnels 116
- contrepartie . . . . . . 743 et s.
- délégation . . . . . . 746 et s
- délivrance 707
- démarchage à domicile . . . . . . 712 et s.
- détention (moment) 707
- devoir de conseil 720
- domaine d'application 108
- double mandat 710
- durée . . . . . . 732 et s.
- écrit 702
- étendue 704
- évolution de la réglementation 109
- exclusif 718
- extinction . . . . . . 744 et s.
- information du mandataire 725
- mandant . . . . . . 721 et s., 727 et s.
- mandat et sociétés immobilières 119
- mandataire . . . . . . 719 et s.
- modèles . . . . . . 3103 et s.
- nullité 706
- par correspondance . . . . . . 738 et s.
- personnes concernées 110
- révocation . . . . . . 744, 745 et s.
- simple 716
- syndic 703
- tacite reconduction . . . . . . 736 et s.

Mandat d'intérêt commun 415
Marchand de biens 113
Méhaignerie (voir *Baux d'habitation*)
Micro foncier 1314
Modèles
- contrat d'agent commercial 3102
- contrat de travail de négociateur immobilier assimilé VRP 3101

- mandat de location 3103, 3104
- mandat de recherche d'un acquéreur et de négociation 3107, 3108
- mandat de recherche d'un bien à acquérir 3105, 3106
- notification 3117
- offre d'achat de biens immobiliers 3109
- procuration générale d'achat 3110
- promesse unilatérale de vente de biens immobiliers .....3113 et s.
- vente d'immeuble sous condition suspensive 3111, 3112

Mort du mandant 749

N

Nantissement 1017, 1070

Négociateur (voir *VRP et Agent commercial*)
- Indépendant 411
- Salarié 403

Nullité de la promesse unilatérale de vente 810

Nullité du mandat 704, 706
- Démarchage à domicile 713
- Limitation dans le temps .....732 et s.

Notaire
- émolument 1411
- rédaction d'actes 823, 824, 1012

Notification (Loi SRU) .....813 et s., 3117

O

Obligation professionnelle .....301 et s.
- entreprises individuelles 304
- sociétés de personnes 304
- sociétés soumises à l'IS 306

Obligations du mandant .....721 et s.

Obligations du mandataire .....719 et s.

Offre d'achat 805, 827, 3109

Offre de prêt 909

Ordre public 116

P

Pacte civil de solidarité (Pacs) 1006, 1305

Périssol (Régime) 1314

Plomb 1008

Plus-value
- des particuliers .....1326, 1431 et s.
- professionnelle .....1442 et s.

Pouvoir (mandat) .....710 et s.

Préemption
- commune (ZUD, ZAD) .....951 et s.
- fermier 944
- indivisaire .....969 et s.
- locataire .....925 et s.
- SAFER .....960 et s.

Préjudice (voir *Responsabilité civile et pénale*)

Présentation du client .....1103 et s.

Prêt immobilier
- acceptation 911
- commissions versées par les banques 1128
- condition suspensive .....905 et s.
- fraude de l'acquéreur .....916 et s.
- obtention 915
- offre 910
- protection des emprunteurs .....906 et s.
- renonciation 922
- sanctions pénales .....918 et s.

Privilège du vendeur 1068

Prix (réglementation) 316

Procédure collective 227

Produits financiers (administrateur de biens) .....1205 et s.

Promesse
- choix de l'avant-contrat .....812 et s.
- d'achat 805, 827
- indemnité d'immobilisation 808
- enregistrement 809
- rédaction .....1001 et s.
- rétractation .....821 et s.
- synallagmatique de vente 806, 807, 813
- unilatérale de vente .....808 et s., 1111

Promoteur immobilier 115

Publicité
- dans les locaux 311
- en l'absence de mandat 708
- en matière de vente 314
- extérieure 313
- location 315
- sur les papiers commerciaux 312

Publicité foncière 803

R

Recherche d'un acquéreur
- agent immobilier .....750 et s.
- mandat .....701 et s.
- modèles de mandat 3107, 3108

Recherche d'un bien à acquérir .....602 et s.
- mandat .....701 et s.
- modèles de mandat 3105, 3106

Reçu de fonds (délivrance) 310

Rédaction d'un avant-contrat .... 1001 et s.

Rédaction d'une annonce 313

Registre
- mandat 307
- répertoire 308

Registre du commerce et des sociétés 202, 203, 304, 1051, 1065

Réglementation du crédit .... 920 et s.

Réglementation du mandat .... 701 et s.

Rémunération
- administrateur de biens .... 1201 et s.
- agent immobilier .... 1101 et s.
- tiers .... 1127 et s.

Renouvellement de la carte professionnelle (voir *Carte professionnelle*)

Réseau (voir *Groupement*)

Responsabilité
- civile .... 1601 et s.
- pénale .... 1701 et s.
- professionnelle 218

Ressortissant de l'UE (voir *Agent immobilier*)

Rétractation du bénéficiaire de la promesse .... 821 et s.

Rétractation du promettant 815

Revente d'un bien immobilier 104

Revenus fonciers .... 1312 et s.

Révocation du mandat .... 744 et s.

S

SAFER 960

Salarié de l'agence .... 401 et s.

Saturnisme 1008

Sécurité sociale (négociateur) .... 418 et s.

Séquestre .... 1011, 1711 et s.

Société (exercice de la profession) 304, 305

Sociétés
- EURL 1337
- SARL de famille .... 1338 et s.
- société civile immobilière (SCI) .... 1307, 1319 et s
- société en nom collectif .... 1328 et s.
- société soumise à l'IS .... 1341 et s.

SRU .... 816 et s.

Structure d'investissement .... 1320 et s.

Substitution
- d'acquéreur 1113
- de mandataire .... 753 et s.

Surface du lot 1007

Syndic (voir *Administrateur de biens*)

Syndicat (voir *Groupement*)

T

Taxe sur les salaires 1212

Termites 1008

Titre de propriété .... 1015 et s.

Tontine (voir *Achat*) 1306

TVA .... 1429, 1435 et s., 1450 et s.
(voir *Administrateur de biens*)

U

Usufruitier 1004

V

Vendeur de listes 114, 318

Vente
- de plus de dix logements dans un même immeuble 936
- d'un lot de copropriété 1007

VRP .... 401 et s.
- congés payés 406
- lien de subordination 404
- mission 405
- salaire minimum garanti 406

Vente (voir *Mandat*)

Vente effectivement conclue 1107

Z

Zone d'aménagement différé (ZAD) (voir *Droit de préemption des communes*)

Zone urbaine (ZU) (voir *Droit de préemption des communes*)

Zones d'urbanisation future (ZUF) (voir *Droit de préemption des communes*)

PHOTOCOMPOSITION : **SCM**,
TOULOUSE

705411 (1) OSB-SE 80 G SCM
DÉPÔT LÉGAL : DÉCEMBRE 2003
IMPRIMÉ EN FRANCE PAR IME
N° IMPRIMEUR : 17195